CONCEPT and STRATEGY

제3판

e-Business.com

e-비즈니스.com

김성희 장기진

도서출판 청람

▪ 제3판 머리말 ▪

최근의 정보통신기술(ICT) 산업을 중심으로 스마트화와 타 산업 및 업종 간의 융·복합화의 변혁이 나타나면서 기술 및 비즈니스 모형 간의 혁신(이노베이션)의 중요성이 매우 강조되고 있다. 미래창조시대에 맞는 비즈니스 수익성을 찾기 위해 기업들은 이노베이터를 꿈꾸지만, 시대의 변화흐름에 맞게 효과적이며 차별적인 혁신방안을 지속적으로 확보하여 나아가기는 매우 힘든 일이다. 기업 및 정부, 공공기관 등은 지속적인 창의적인 혁신을 위해 혁신에 대한 과거에 추진되었던 관점을 과감히 벗어나 새로운 창의적인 혁신의 흐름을 인식하고 이러한 혁신차원을 수행해야 할 것이다.

진정한 창의적인 혁신으로 도약하기 위하여 과거의 행동을 답습하기보다는 고객가치실현, 고부가치 구현, 실질적 시장선도, 국내외 단발성이 아닌 지속적인 혁신 등이야말로 기업의 운명이 달려 있다고 할 수 있다. 기업가치를 지속적으로 높여나갈 수 있는 혁신을 위하여는 산업 내·외부 간의 검증된 기술이나 아이디어를 가져와 새로운 가치를 만들어 내는 e-비즈니스화를 근본으로 하는 재조합적 혁신에 역량을 두어야 한다. 스마트화와 융합을 강조하는 새로운 비즈니스 영역의 발굴, 물리적인 시장창출 여부에 관계없이 새로운 고객가치를 만들어 내는 관점으로 e-비즈니스화를 핵심영역에서 확장할 필요가 있다. 또한 기존의 기업은 제품서비스에 관심이 있었다면 공급체인 간의 연계를 강조하는 SCM에서는 고객경험 사이클 전반으로 확대하여 문제점을 해결하고 새로운 가치를 만들어 내는 혁신으로 외부영역 간 혁신이 확대되어야 한다. 이러한 환경들의 핵심요소는 e-비즈니스가 만들어 내는 혁신역량인 것이다. 기업들이 현재의 변화의 흐름과 불확실성을 지혜롭게 헤쳐나가기 위하여는 스마트화시대의 e-비즈니스는 필연적인 영역임을 직시하여야 한다.

본 3판 개정판에서는 제2판의 일부 장을 제외하고는 전체적으로 내용을 대폭 수정·보완하였으며 대학 학기과정에 맞게 전체를 15장으로 구성하였다.

제1부 디지털경제와 e-비즈니스에서는 디지털경제환경에서의 스마트 비즈니스 출현배경과 모형, 모바일 비즈니스와 소셜네트워크를 추가하여 보다 자세한 내용을 구성하였다.

제2부 전자적 시대의 e-비즈니스 경쟁요소에서는 경영전략 및 가치체인, 지식경영과 새로운 지식서비스영역을 수정 · 보완하였다.

제3부 인터넷비즈니스의 대표적 유형에서는 기업과 소비자 간의 상거래와 기업과 기업 간 상거래 유형을 최신내용으로 구성하였다.

제4부 기업환경과 e-비즈니스에서는 경영혁신, 기업정보시스템, SCM, CRM, 인터넷마케팅과 광고를 최신내용으로 대폭 · 수정하였다.

제5부 e-비즈니스전략 및 통합업무에서는 새로운 내용을 추가하였다.

제6부 정보통신 환경과 e-비즈니스 관련기술에서는 최근의 기술현황 및 트렌드 등 새로운 내용으로 대폭 수정하였다.

이번 3판 개정판이 완성되기까지에는 여러 사람들의 헌신적인 도움이 컸다. 특히 본 책이 완성되기까지 꼼꼼히 교정을 이행해 준 편집부와 도서출판 청람의 이수영 사장님에게 진심으로 감사드린다. 아울러 본 책을 통하여 고객들이 한 차원 앞선 지식습득을 기대하면서 원고정리를 마감한다.

2013년 7월

저자

▪ 초판 머리말 ▪

IMF환난시대를 전후하여 나온 매킨지보고서 등 각종 보고서가 한결같이 우리나라에 대해 지적한 것은 분명 우리나라의 모든 산업이 3차산업이 되어야 하고, 수출지향산업이 되어야 한다는 것이었다. 제조업이 3차산업이 될 수는 없더라도 분명 2.5차산업화 정도는 되어야 함을 실리콘밸리는 지적하고 있다. 그러면 과연 2.5라고 할 때 0.5차의 의미는 무엇일까? 최근에 e-GM이라는 e-비즈니스 회사를 세운 미국 자동차 제조회사 GM의 예를 들어보면, 중형차 한 대 가격은 2천만 원이지만, 그 자동차에 소요되는 보험가입, 사고처리, 유류소모비 등 모두를 합치면 2억이나 된다고 한다. 그러면 자동차 제조회사가 어디에 초점을 맞추어 영업을 해야 할 것인가가 분명해지기 때문에, 제조와 각종 관련정보를 통합한 e-GM을 세우게 되었다고 한다. 분명 이제 모든 제조업체들은 제조 자체는 물론 네트워크 기반의 관련 정보서비스업체로의 탈바꿈이 불가피하게 되었다고 볼 수 있다.

우리는 디지털 또는 네트워크시대에 살고 있다고들 한다. 네트워크가 다 진행된 후의 시대에서는 특정분야에서 세계 1, 2위의 기업은 살아남아 있지만, 그 외의 기업들은 그 기반이 상당히 축소될 것이라는 것은 쉽고 분명하게 추측할 수 있다. 그렇게 볼 때 현재 이 순간에도 그동안 기존 기업들의 중추가 되어온 핵심역량은 줄고 있는 것이다. 따라서 과거의 부를 지속시키기 위해서는 파트너십 전략을 새로이 구사한다든가, 모든 거래방식을 시공을 초월하는 네트워크시대의 형태에 맞추어 새롭게 고치는 e-비즈니스 전략들을 추상적 개념화가 아닌 구체적 형태로 모두 실현화시켜야 할 것이다.

본 서는 저자들이 대학에서 전자상거래에 대해 연구한 내용과 프로젝트의 수행 및 몇 학기에 걸친 전자상거래 관련 과목에 대한 자료와 결과를 정리한 것이다. 특히 관련 자료들은 중소기업진흥공단, 한국생산성본부, 한국무역정보통신 및 여러 기업체에서 강의한 내용도 포함되어 있으며 이론적인 내용보다는 실무적인 내용을 강화하였으며, 전자상거래에 대한 이론적인 기반이 없는 독자들을 위하여 기초부터 쉽게 설명하도록 구성하였다. 가급적 책구성에 그림과

도표를 많이 제시하여 이해에 대한 도움을 주도록 하였다. 아무쪼록 본 서가 e-비즈니스 원론서로서 충족될 수 있기를 저자들은 바랄 뿐이다.

본 서에서는 정보통신기술환경을 이해하고 전통적 기업이 디지털환경으로의 접근해 나가는 e-비즈니스 수행전략과 분석, 그리고 모델의 성공적인 전략들에 대한 요소 및 주요 원칙들을 살펴봄으로써 e-비즈니스에 대한 원론적인 지향점을 명확히 할 수 있는 개념틀을 제시하고자 한다.

본 서의 구성은 크게 7부문으로 구성되어 있다.

Part 1에서는 정보통신기술환경과 e-비즈니스에 대하여 소개한다. 여기서는 정보통신의 흐름과 접속방법, 인터넷 응용기술, 디지털경제의 특징과 e-비즈니스 발전단계와 모델 정의, 무선인터넷 비즈니스, m-commerce와 기업의 대응전략에 대하여도 소개한다.

Part 2에서는 전자적 시대의 e-비즈니스에 대해 소개하였는데 통합적 시대의 기업환경에 맞는 가치체인과 디지털환경, 그리고 지식경영과 e-비즈니스에 대하여 자세히 제시하고 있다.

Part 3에서는 기업과 소비자 간의 e-비즈니스를 소개하여 인터넷 비즈니스 상거래가 확산되고 있는 쇼핑몰의 개념과 정의, 쇼핑몰 관련기술에 대하여 자세히 제시하였다.

Part 4에서는 기업과 기업 간 거래의 e-비즈니스에 대하여 소개한다. 전통적인 네트워크시대에서의 EDI의 정의, 기술, 효과, 새로운 웹-EDI에 대하여 소개하고, 기업 간 거래의 대표적인 CALS에 대한 전반적인 사항과 현재 기업환경의 주요 구조인 PDM, ERP, SCM에 대하여도 소개한다. 그리고 최근에 이슈화되고 있는 e-마켓플레이스에 대한 배경, 정의 유형, 모델, 주요 구성요소 등에 대하여도 심도 있게 다루었다.

Part 5에서는 e-비즈니스 수행전략과 분석에 대하여 소개한다. 여기서는 전통적인 기업과 e-비즈니스 관계, 디지털로의 변환단계, e-비즈니스전략 및 설계, e-비즈니스 모델의 실행 및 성공전략에 대하여 소개한다.

Part 6에서는 고객관리(CRM)와 인터넷 마케팅에 대하여 소개하며, CRM에 대한 정의, 구조와 기능, 고객데이터베이스의 분석방법론에 대하여 다루며, 전통적 마케팅과 인터넷 마케팅의 비교, 전략과 믹스, 성공적인 웹사이트 구축단계와 성공전략에 대하여 소개한다.

Part 7에서는 e-비즈니스 구현기술 및 향후 전망으로 e-비즈니스 실현기술에서의 보안, 암호화, 전자결제시스템, 인증에 대한 내용과 e-비즈니스 활성화 단계 및 장애요인에 대해 소개하고, 관련법과 조세제도에 대하여도 언급하고 있다.

따라서 이 책은 학부학생들은 물론 대학원생과 기업실무자 그리고 정보기술 분야에 종사하는 여러분에게 실질적인 도움이 될 수 있을 것이다. 본 서는 대학의 교양과목에서의 전자상거래 입문 그리고 경영학과, 무역학과, 경영정보학과, 컴퓨터공학과, 정보통신공학과, 산업공학과, 인터넷비즈니스학과, 사무자동화과 등의 전자상거래 또는 e-비즈니스개론과 응용의 강의 교재로 구성되어, 매우 기초적이면서 전문적인 영역으로 넓히기 위한 강의에 맞게 구성되어 있다.

부족한 자자들이 이 책을 완성하기까지에는 실로 여러 사람들의 헌신적인 도움이 컸다. 도서출판 청람의 관계자 여러분께 감사드린다.

기존 산업체 강의자료와 저자들이 쓴 인터넷 전자상거래를 바탕으로 가능한 빠른 시간 안에 출간하려고 하였으며, 아직도 미진한 부분이 많을 것이라고 생각이 든다. 아울러 e-비즈니스의 원론적인 수준에서 공부하고자 하는 모든 이에게 좋은 길잡이가 될 것이라고 믿는다. 또한 빠른 시일 내에 내용을 수정 및 보완한 개정증보판을 발간할 것을 약속드리며, 독자들의 비평을 기대한다.

2004년 1월 20일

김성희(seekim@business.kaist.ac.kr)
장기진(kjjang@kdu.ac.kr)

▪ 차 례 ▪

Part 01 | 디지털경제와 e-비즈니스

Chapter 01 디지털경제와 스마트 비즈니스

1.1 디지털경제의 출현 및 특징 4
가. 디지털경제의 출현 4
나. 디지털경제의 특징 7
다. 디지털경제의 실체 8

1.2 디지털시대의 기업변화 모델 10
가. 비즈니스 방식의 변화 10
나. 디지털시대에 맞는 변화 12
다. 전통기업과 디지털 전환 16
라. 전통기업과 스마트 비즈니스 18

1.3 비즈니스모델의 조건과 성공요인 20
가. 비즈니스모델의 구성요소 20
나. 비즈니스모델의 성공요인 23

1.4 디지털환경과 융합비즈니스 25
가. 미래 변화의 융합기술 25
나. 융합경영시대의 경쟁전략 33
다. 융합비즈니스시대의 기업대응 방안 37
라. 융합비즈니스시대의 롱테일법칙 39

1.5 스마트시대의 스마트경영 41
연•습•문•제 46

Chapter 02 e-비즈니스 정의 및 특징

2.1 비즈니스의 패러다임 변화와 경쟁구도 48
가. 신규진입의 위협 50
나. 공급자 협상력 53

다. 구매자 협상력 54
라. 대체재의 위협 55
마. 기존기업 간 경쟁 56
2.2 e-비즈니스의 발전단계와 정의 57
가. e-비즈니스의 발전단계 58
나. e-비즈니스의 정의 59
다. e-비즈니스 유형 분류 62
2.3 e-비즈니스모델 분류 65
가. e-비즈니스모델의 정의 66
나. e-비즈니스모델의 분류 67
2.4 e-비즈니스 기능별 요소와 교차기능별 실행 71
가. e-비즈니스 기능별 요소 71
나. 교차기능별(cross-functional) e-비즈니스 관계 74
2.5 새로운 스마트 비즈니스 변화 77
가. e-economy, e-commerce, e-enterprise의 정의 77
나. 모바일 혁명과 스마트 비즈니스 78
다. 새로운 경영모델 : 스마트 비즈니스모델 79
라. 기업의 환경에 맞는 스마트 비즈니스모델 제시가 필수적 82
연•습•문•제 83

Chapter 03 모바일 비즈니스와 소셜네트워크

3.1 무선인터넷 환경 86
3.2 무선인터넷 비즈니스모델과 특징 90
가. 무선인터넷 비즈니스모델 90
나. 무선인터넷의 특징 92
3.3 모바일 인터넷환경 및 모바일 컴퓨팅 95
가 모바일 인터넷환경 95
나. 모바일컴퓨팅(mobile computing) 99
3.4 모바일 상거래(m-commerce)와 모바일 오피스 106
가. 모바일 상거래서비스 유형 108
나. 모바일 상거래기술 109
다. 모바일 오피스 113
3.5 소셜네트워크와 애플리케이션(앱) 117
가. 소셜네트워크 117
나. 스마트폰과 애플리케이션(앱) 119
3.6 소셜커머스와 소셜비즈니스 122

가. 소셜커머스 122
나. 소셜비즈니스 126
3.7 위치기반서비스(LBS) 127
가. LBS의 정의 129
나. LBS의 요소기술 130
3.8 증강현실(AR) 132
가. 가상현실과는 다른 증강현실 133
나. 휴대폰 속으로 들어오는 증강현실 134
다. 체험형 가상 콘텐츠의 활성화 135
3.9 GPS와 TPEG 135
가. GPS(위성항법시스템) 135
나. TPEG 139
연•습•문•제 141

Chapter 04 유비쿼터스와 RFID

4.1 컴퓨팅의 환경변화와 유비쿼터스 144
가. 전산화단계 144
나. 정보화단계 145
다. 지식화단계 146
라. 유비쿼터스단계 146
4.2 유비쿼터스의 의미와 RFID 146
가. 유비쿼터스공간(제3공간) 149
나. 유비쿼터스의 지향점 152
다. 유비쿼터스컴퓨팅과 기술활용 154
라. 무선인식, RFID란? 156
마. QR(Quick Response) Code 167
4.3 USN기술 169
4.4 유비쿼터스 응용분야 173
가. 유비쿼터스 홈네트워킹 173
나. 유비쿼터스 도시(u-city) 174
다. u-헬스케어 179
라. u-교통 181
마. 기타 : 교육, 안전 183
4.5 유비쿼터스 비즈니스 184
연•습•문•제 188

Part 02 | 전자적 시대의 e-비즈니스 경쟁요소

Chapter 05 경영전략 및 가치체인

5.1 기업경영전략의 환경 192
가. 혁신의 의미 192
나. 전략적 혁신 194
5.2 정보기술과 경영전략 196
가. 정보기술의 경영환경 196
나. 정보기술의 경영전략 197
다. 경영전략과 정보전략 연계 200
라. 정보기술의 전략적 접근 및 효과 202
5.3 경영전략 및 가치체인 203
5.4 가치체인(value chain)의 정의 및 확장 207
가. 가치체인의 정의 및 확장 207
나. 가치체인의 공급력(supply chain) 확장 213
5.5 디지털시대의 가치시스템 변화 217
가. 정보통신기술의 변화 217
나. 고객주도형(customer driven) 시장환경 219
다. 가치체인의 통합 유형과 가치시스템의 진화 220
5.6 스마트 비즈니스에서의 가치체인 변화 223
가. 스마트 비즈니스환경에서의 본원적 활동(primary activities) 225
나. 스마트 비즈니스환경에서의 지원활동(support activities) 227
연•습•문•제 228

Chapter 06 지식경영과 지식서비스

6.1 정보의 의미 230
가. 정보의 조건 232
나. 정보의 기능과 특징 233
다. 정보의 가치와 의사결정 234
6.2 지식과 지식경영 235
가. 지식과 정보의 배경 237
나. 지식경영의 정의 239
다. 지식경영의 구성요소 241
라. 지식경영 패러다임의 전환 242
6.3 지식경영과 지식경영시스템 246
가. 인터넷/인트라넷/엑스트라넷 248

나. 데이터베이스 249
다. 전자문서관리시스템 249
라. 검색 및 검색엔진 250
마. 협업 250
바. 보안 251
사. 기업지식포털(EKP : Enterprise Knowledge Portal) 251
아. 데이터웨어하우징과 데이터마이닝 251
6.4 지식서비스의 정의와 분류 252
가. 지식기반경제의 특징 252
나. 지식서비스의 배경과 정의 254
다. 지식서비스산업의 분류 257
라. 지식서비스산업의 특징 267
연•습•문•제 269

Part 03 | 인터넷비즈니스의 대표적인 유형

Chapter 07 기업과 소비자간(B2C) 상거래
7.1 인터넷쇼핑몰의 흐름도 274
7.2 인터넷쇼핑몰의 기획 277
7.3 인터넷쇼핑몰의 구성요소 280
가. 상점 및 상품관리 280
나. 고객주문 280
다. 상품대금처리 281
라. 상품배송 284
마. 프로모션/마케팅 284
7.4 인터넷쇼핑몰의 장점 285
7.5 인터넷쇼핑몰 프로세스 절차 287
7.6 기업과 소비자간(B2C)의 비즈니스모델 290
연•습•문•제 293

Chapter 08 기업과 기업간(B2B) 상거래
8.1 기업과 기업간 상거래(B2B)의 배경 296
8.2 기업간 상거래(B2B) 거래유형, 특징 및 장점 298
가. 기업과 기업간(B2B) 거래유형 298
나. 기업간(B2B) 상거래의 특징 300

다. 기업과 기업간 전자상거래의 장점 302

8.3 기업과 기업간 전자상거래의 분류 303

가. 판매자측(sell-side) 전자시장(e-marketplace) : 일대다(one-to-many) 303

나. 구매주도형(buy-side) 전자시장(e-marketplace)과 전자조달 : 다대일(One-From-Many) 305

다. 전자교환시장(exchange) 312

라. 협업상거래 유형 316

8.4 기업과 기업간(B2B)의 비즈니스모델 323

연•습•문•제 324

Part 04 | 기업환경과 e-비즈니스

Chapter 09 경영혁신관리(BPM)와 기업정보시스템

9.1 프로세스와 경영혁신(BPR) 328

가. 프로세스의 정의 328

나. BPR의 혁신이론 330

다. BPR의 기본개념 331

라. BPR과 정보기술과의 관계 332

마. BPR의 5단계 335

바. BPR의 7가지 원칙 336

9.2 비즈니스 프로세스관리(BPM) 338

가. BPM의 배경과 정의 338

나. BPM으로 실현하는 프로세스관리 340

다. BPM의 기능 342

라. BPM 실행 프레임워크 343

마. BPM의 모델 346

바. BPM의 도입효과 348

9.3 e-매뉴팩처링(PDM/PLM과 MES) 349

가. PDM(제품데이터관리) 350

나. PLM(제품라이프사이클관리) 353

다. MES(제조실행시스템) 359

9.4 ERP(전사적자원관리) 361

가. ERP 개요 361

나. ERP의 특징과 기능 364

연•습•문•제 371

Chapter 10 공급체계관리(SCM)와 전자무역론

10.1 공급체계관리(SCM)의 환경 374

10.2 SCM의 다양한 기술 379

10.3 SCM의 도입효과 384

10.4 업종별 SCM의 추진현황 385

가. 섬유, 의류(QR) 386

나. 식품 및 잡화(ECR : Efficient Consumer Response) 388

다. 해외기업 구축사례 392

라. 의약품(EHCR : Efficient Healthcare Consumer Response) 394

10.5 바코드(Bar Code)와 국제표준코드 396

가. 바코드의 분류와 특징 397

나. 바코드의 종류 398

다. POS(Point Of Sale)시스템과 도입효과 405

라. 국제표준코드의 표현 및 GS1 406

10.6 유비쿼터스 기반의 물류/유통 408

가. u-물류관리 409

나. u-물류관리의 구현기술 410

10.7 무역과 전자무역 412

가. 무역이란? 412

나. 인터넷무역 및 프로세스 415

다. 전자무역 419

연•습•문•제 429

Chapter 11 고객관계관리(CRM)

11.1 고객이란? 432

가. 고객의 다양성의 증대 434

나. 1일 생활방식의 변화 434

다. 정보 및 지식사회 434

라. 고객만족의 변화 435

11.2 CRM 등장배경 436

가. CRM의 정의 438

나. CRM의 구조 440

11.3 고객데이터 분석방법론 444

가. 고객관계 전제조건 및 관리 447

나. 고객 개인정보 수집 및 분석 448

11.4 CRM 구성과 기능 451

가. CRM의 구성 451
나. CRM의 기능 453
다. CRM 추진전략 및 방안 460
라. 고객관계관리(CRM)의 성공조건 463
연•습•문•제 463

Chapter 12 인터넷마케팅과 광고

12.1 인터넷환경 및 변화 466
가. 소비자환경 및 마케팅 466
나. 마케팅의 변화도 471
다. 전통적 마케팅과 인터넷마케팅의 비교 475
12.2 인터넷마케팅의 정의와 장 · 단점 476
가. 인터넷마케팅의 정의 476
나. 인터넷마케팅의 장점 477
다. 인터넷마케팅의 단점 480
라. 인터넷마케팅의 방법과 도구 480
12.3 인터넷마케팅 추진전략과 믹스 482
가. 고객전략 484
나. 콘텐츠전략 485
다. 제품전략 486
라. 가격전략 488
마. 유통전략 491
바. 촉진전략 494
12.4 모바일마케팅과 유비쿼터스마케팅 496
가. 모바일마케팅 496
나. 유비쿼터스(ubiquitous)마케팅 501
다. 앱(App.)마케팅 503
12.5 인터넷광고 506
가. 인터넷과 각 매체와의 특성비교 509
나. 인터넷광고의 유형 509
다. 인터넷광고의 특징 510
12.6 인터넷광고 전략 및 측정 514
가. 웹사이트 광고전략 514
나. 인터넷광고 전략 514
다. 배너광고 전략 515
라. 모바일광고 516
마. 인터넷광고 측정 517

연·습·문·제 520

Part 05 | e-비즈니스전략 및 통합업무

Chapter 13 e-비즈니스전략 및 실행

13.1 e-비즈니스전략 524
가. e-비즈니스전략과 기존전략의 차이점 524
나. 유연한 e-비즈니스전략 526
다. 전략적 제휴와 e-마켓플레이스의 형성 527
라. e-비즈니스 변화를 성공적으로 이끌기 위한 요소 529
13.2 e-비즈니스와 클라우드서비스전략 533
가. e-비즈니스와 ASP 533
나. e-비즈니스와 클라우드서비스 534
다. e-비즈니스와 정보기술 사업전략 540
라. 온라인화의 개발전략 및 가치창출기회 541
13.3 전통기업의 e-비즈니스 실행단계 545
가. 기반단계 546
나. 기초 및 도약단계 547
다. 전문화단계 547
13.4 e-비즈니스 조직활성화 방안 549
가. e-비즈니스 인재의 확보 550
나. 채널갈등의 해소 551
13.5 e-비즈니스 성공전략 552
가. 고객지향의 가치체인의 효율화 552
나. 모든 기업이 유통포털지향 553
다. 고객에게 친숙한 비즈니스모델로 차별성 추구 554
라. 토털 솔루션 능력 제고 554
마. 지식기반형 e-비즈니스지향 555
13.6 e-비즈니스의 지속적인 혁신전략 556
가. 지속적 혁신(이노베이션)의 필요성 556
나. 새로운 혁신에 대한 이해 557
연·습·문·제 562

Chapter 14 e-비즈니스 통합업무 및 관련기술

14.1 e-비즈니스 통합업무 환경 564

가. EAI시스템 통합에 필요한 요소 567
나. 비즈니스 통합업무의 솔루션 569
다. EAI에 요구되는 기능과 기대효과 571
14.2 SOA를 통한 비즈니스프로세스 혁신 573
14.3 e-비즈니스 통합시스템관리(SMS) 574
가. 통합시스템관리(SMS)의 배경 574
나. 효과적인 통합관리요소 575
14.4 전사적지식포털(EKP) 578
가. EKP 개념 및 발전단계 578
나. EKP기반 지식관리시스템의 기능구성 581
다. EKP 도입절차 및 성공요인 585
14.5 실시간 기업활동(RTE) 589
가. RTE(Real-Time Enterprise)의 등장배경 589
나. RTE란? 591
다. RTE 비즈니스 프로세스 595
라. RTE 비즈니스 아키텍처 596
마. RTE의 효과성 598
14.6 비즈니스 인텔리전스(BI) 599
가. 비즈니스 인텔리전스(BI)의 정의 600
나. 비즈니스 인텔리전스의 범위 601
다. 비즈니스 인텔리전스의 활용 618
연•습•문•제 619

Part 06 | 정보통신환경과 e-비즈니스 관련기술

Chapter 15 인터넷과 e-비즈니스 관련기술

15.1 인터넷환경과 구성요소 624
가. 인터넷(INTERNET)의 정의 625
나. 인터넷의 역사 626
다. 인터넷의 구성도 629
라. 인터넷 접속기술 633
마. URL(Uniform Resource Locator) 645
바. 웹브라우저 647
사. VoIP(Voice over Internet Protocol) : 인터넷전화 650
아. 소셜네트워크 656

15.2 네트워크와 전용회선 659
가. 근거리통신망(LAN) 660
나. 광역통신망(WAN) 662
다. 홈네트워크 664
라. 네트워크 상태를 점검 · 진단하는 명령어 : ping 669
마. 네트워크 장비 671
바. 전용회선 675
15.3 이동통신의 개요 679
가. 이동통신의 의미 679
나. 이동통신규격의 발전과정 681
다. 스마트폰의 통신규격 : WiFi 689
라. 로밍서비스의 의미 691
마. IPTV 694
바. DMB 697
15.4 e-비즈니스 관련기술 699
가. 기업 내외 간 정보시스템 699
나. 엑스트라넷 702
다. e-비즈니스 적용기술 703
라. 디지털콘텐츠 보호기능(DRM) 704
마. 인터넷비즈니스 보안 706
바. 전자결제시스템 710
사. 디지털서명과 인증 714
연 • 습 • 문 • 제 719

■ 참고문헌 721
■ 찾아보기 723

Part 01

디지털경제와 e-비즈니스

Chapter 01 디지털경제와 스마트 비즈니스
Chapter 02 e-비즈니스 정의 및 특징
Chapter 03 모바일 비즈니스와 소셜네트워크
Chapter 04 유비쿼터스와 RFID

e - 비 즈 니 스 . c o m

Chapter 01

디지털경제와 스마트 비즈니스

1.1 디지털경제의 출현 및 특징
1.2 디지털시대의 기업변화 모델
1.3 비즈니스모델의 조건
1.4 디지털환경과 융합비즈니스
1.5 스마트시대의 스마트경영

디지털경제의 출현은 유통구조의 혁명과 생산성 향상을 가져왔으며, 사회 · 경제적으로 많은 변화를 가져왔다. 이러한 물결은 글로벌 비즈니스와 혁신적 변화 그리고 창의/창조로서의 변화물결로 진행되고 있다. 따라서 기업, 정부, 고객들은 디지털환경의 특징, 새로운 비즈니스 요소들을 발빠르게 습득하여 미래경영환경에 보다 철저하게 대처하여야 한다. 본 장에서는 이러한 디지털환경의 특징, 비즈니스모델, 융합비즈니스, 스마트경영 등을 학습하고자 한다.

1.1 디지털경제의 출현 및 특징

가. 디지털경제의 출현

디지털경제의 기반은 정보통신기술(ICT : Information Communication Technology)의 발전과 더불어 컴퓨터, 인터넷 기반의 통신 그리고

그림 1-1 디지털경제의 기반

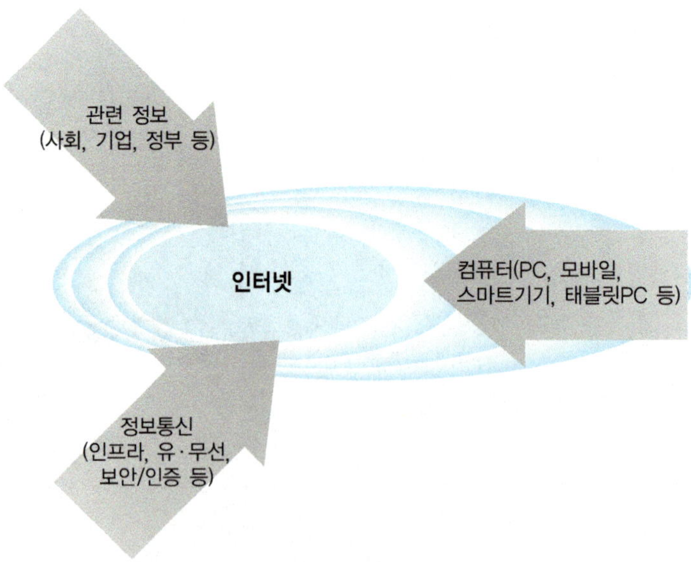

자료 : 美 상무성, Modelling of the Digital Economy, 1999, 저자 수정본.

사회, 기업, 정부 등의 관련정보가 융합되어 만나는 인터넷을 통하여 급속도로 발전하고 있다. 최근에서는 인터넷이 단순히 정보연결의 의미를 떠나 다양한 기기와 매체 등을 통하여 확산이 빠르게 진행되고 있다. 모든 사회 · 경제적인 요소가 인터넷 기반의 성장체제 중심으로 커져가고 있다. 한편 산업사회의 기반은 19C에 이루어진 철도망의 구축과 20C의 도로망 확충으로 자본과 노동의 효율적 배분이 가능해지고 상대적으로 자본의 가치가 급증하면서 형성되었다. 그러나 정보가 인터넷을 통해 효율적으로 배분되기 시작하면서, 이와는 비교할 수 없을 만큼 막대한 부가가치가 창출되고 있다([그림 1-1]). 디지털경제 기반으로 관련정보, 컴퓨터, 정보통신 등이 인터넷을 중심으로 핵심을 이루고 있다.

2000년대 초에 인터넷을 기반으로 전자상거래 등과 같은 새로운 상거래의 출현 및 경제사회 구조변화를 초래하면서 형성된 디지털경제는 유통구조의 혁명과 생산성 향상을 견인하고 있다. 그리고 경제구조는 보다 역동적이고 '원자적 경쟁(atomistic competition)체제'로 재편되고 있다. 또한 정보의 확산으로 디지털경제의 강화 등 사회 · 경제적 변화가 급속하게 이루어지고 있으며, 최근에는 스마트경제로의 글로벌 비즈니스와 혁신적 변화 그리고 창의/창조로서의 변화물결이 빠르게 진행되고 있다.

그림 1-2 디지털경제의 변화

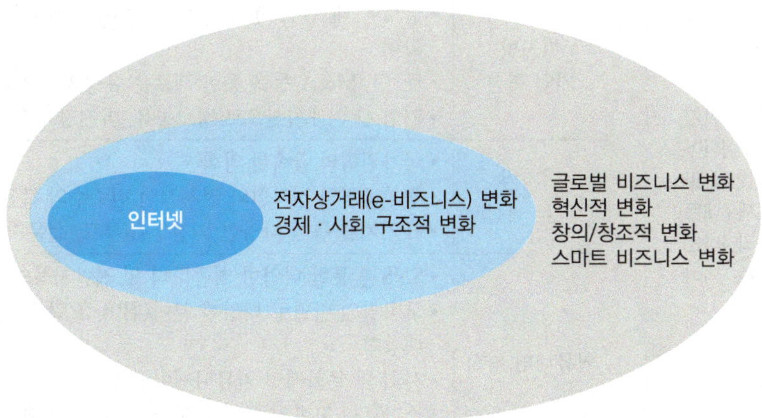

자료 : 美 상무성, Modelling of the Digital Economy, 1999, 저자 수정본.

디지털혁명은 농업혁명과 산업혁명에 이어 인류사에 있어서 세 번째의 큰 변혁을 의미한다. 디지털혁명은 생산요소 · 수단의 혁신과 더불어 유통 · 소비과정과 더불어 전 산업기능의 변혁이라고 할 수 있다. 디지털혁명의 주체는 창의/창조적인 지식인과 기업이며 계층구조 또한 수평적 구조를 가진다. 디지털혁명은 기술, 산업, 경제, 사회, 나아가 국가 간 관계에까지 총체적이며 획기적인 변화를 유발시키고 경제 · 사회현상의 변화는 새로운 패러다임에 대한 인식을 초래한다. 따라서 디지털경제는 창조경제의 필요조건이면서 디지털혁명으로 인한 IT산업과 디지털기업, 디지털정부, 커뮤니티에 대한 사회 · 경제적 변화를 가져온다 (표 1-1] 참조).

디지털환경 및 기술은 경영활동을 하는 기업에게 무한한 사업기회를

IPO(Initial Public Offering)
주식공개나 기업공개를 의미한다. 개인이나 소주주로 구성되어 소유구조가 폐쇄적인 기업이 일반에 주식을 공개하고 재무내용을 공시하는 것이다. 우리나라는 주로 코스닥에 등록한다는 의미로 많이 쓰인다.

표 1-1 ■ 디지털경제의 변화와 혁신의 내용

구분	변화와 혁신의 내용
창조경제 (스마트경제)	• 경제성장률 둔화, 물가불안, 국제금융 불안 요소 • 지식기반의 창조경제로의 전환이 필요 • 디지털로의 격차로 인한 대기업과 중소기업 간, 소득계층 간 차이 확대 • 기존제품에 새로운 아이디어를 접목하고 기술을 융 · 복합 확대
IT산업 혁신	• IT산업 팽창으로 신규산업보다는 전통산업으로의 IT화가 진행 • IT의 집약화, 제조업, 서비스업의 융합비즈니스 혁신 • 스마트비즈니스 확산과 유통 · 통신 · 금융의 융합화
디지털 기업 혁신	• 글로벌 네트워크형 기업으로 새로운 형태의 기업비즈니스 모델 확대 • IPO, M&A 등을 통한 새로운 유형의 비즈니스 출현 • 기업 간 거래확산으로 정보공유, 마케팅 등의 업무협조의 전자화
디지털 정부 혁신	• 국가권력의 급속한 약화 • 정부조직의 전자화와 전자적인 민주주의 확산 • IT기기를 통한 다양한 의견청취(투표, 설문지 등의 실시간 반영)
디지털 커뮤니티 혁신	• SNS를 통한 다양한 커뮤니티 및 집단지성의 유발 • 모바일의 발달로 다양한 분야(취미, 오락 등)에서도 고객과의 유대강화 • 사회 및 문화적인 커뮤니케이션을 통한 공동체의 유대 확대 • 스마트형 모바일 확대로 시간, 장소 등의 제한 없이 의견반영

자료 : 삼성경제연구소, 2000. 1, 저자 수정본.

제공함과 동시에 예측불허의 위험을 안겨줄 수도 있다. 그러나 분명한 것은 디지털환경이 기업활동을 구성하고 있는 고객, 공급업체, 종업원, 외부 파트너와의 관계를 새롭게 변화시키고 있다는 사실이다. 따라서 디지털환경으로 인하여 나타나는 스마트한 기업요소를 기업과 사회 · 정부에서도 미래의 경쟁력을 확보하기 위해 실시간 정보처리와 내 · 외부 간 관련 정보를 통해 분석하여야 한다.

나. 디지털경제의 특징

디지털경제로의 이행과정에서 고성장, 저물가, 저실업의 신경제현상이 나타나면서 디지털경제로의 이행을 위한 IT산업에 대한 대규모 투자는 생산성 향상과 경제성장을 촉진하고 있다. 산업과의 디지털경제(Economy of Network)로 인해 네트워크의 비중이 높아짐에 따라 생산성 증가가 경제 전반에 파급효과를 가져온다.

디지털경제의 심화에 따라 IT산업에서의 기술의 발달로 인하여 생산량의 증가에 따라 필요한 생산요소 투입량이 적어지는 현장, 즉 수확체증현상의 발생으로 인하여 원가절감과 가격경쟁력이 치열해지고 있으며, 동시에 유통비용의 감소로 인해 물가변동폭이 매우 크게 작용한다. 초기의 디지털경제에서는 투자수요 확대 및 주식시장 활황에 따른 부의 효과로 물가상승 요인도 상존하는 기현상도 발생되곤 했다. 그러나 새로운 디지털산업의 각광으로 인하여 전통산업과 디지털산업 간의 격차를 해소할 수 있는 방안수립이 요구되고 있으며, 계층 간, 기업 간의 정보격차를 줄일 수 있는 개선책이 서둘러 도입되어야 하는 당위성도 존재한다.

한편, 디지털격차가 확대되는 등 부작용 또한 발생한다. 미국의 경우 실업률 하락에도 불구하고 빈부격차 확대로 교육의 중요성이 더욱 강조되고 있다. 그리고 디지털경제의 확산에 따라 국제분업 심화가 예상된다. 미국 제조업의 경우, 경쟁력이 있는 산업과 없는 산업 간의 명암이 뚜렷해지면서 종이 및 신문산업은 인터넷의 확산, 전자신문의 발달로 쇠퇴하고 있으며 비교우위가 없는 신발, 가죽, 의류 등의 산업에서는 위

수확체증의 법칙
투입된 생산요소가 늘어나면 늘어날수록 그에 따라 산출량이 기하급수적으로 증가하는 현상을 말함. 생산량의 증가에 따라 필요한 생산요소의 투입량이 점점 적어지는 현상이다.
IT산업에 있어서 일정 규모의 시장을 형성하게 되면 소비자들은 네트워크 효과를 고려해 그 기업의 고객이 되고 기업은 다양한 서비스를 개발해 고객에게 제공하는 것이 가능하다.

수확체감의 법칙
자본과 노동 등 생산요소가 한 단위 추가될 때 이로 인해 늘어나는 한계생산량은 점차 줄어듦. 즉 생산요소를 추가적으로 계속 투입해 나갈 때 어느 시점이 지나면 새롭게 투입하는 요소로 인해 발생하는 수확의 증가량은 감소한다는 것, 즉 어떤 산업이든지 일정 수준에 도달하면 성장이 정체될 수밖에 없다는 결론에 도달한다.

축속도가 가속화되고 있다. 이러한 경쟁요소를 가지기 위해서는 디지털의 의미를 되새겨보면서 전통산업에 디지털기술을 접목시키는 융합·복합기술이야말로 전통산업의 경쟁을 이끌어 올릴 수 있는 대안으로 떠오르고 있다.

다. 디지털경제의 실체

디지털경제의 실체는 아날로그환경을 디지털환경으로 변환하는 것을 의미하고 기업측면에서는 오프라인(off-line) 기업환경에서 온라인(on-line) 기업환경으로의 변환을 의미하는데, 이는 아날로그에서 디지털로의 변화가 주요 출발점이 된다. 원래 디지털기술은 문자, 영상, 음성 등 자연신호를 0과 1이라는 이진수(디지털신호)로 변환시키고 이를 다시 자연신호로 재변환하는 것을 의미한다. 주요 디지털기술의 특징은 다음과 같다.

- **단일성** : 자연신호를 동일 매체로 저장, 재생, 전송가능
- **무한 반복 재현성** : 반복사용 및 복사해도 원래의 자연신호 유지
- **조작의 용이성** : 자연신호의 가공이 쉽고 다양한 형태로 변형

기업환경이 인터넷에 의해 온라인화되면서 가상공간에 실제기업이 존재하는 가상기업공간이 출현하여 무한경쟁시대가 도래되었다. 2000년도에 등장한 e-마켓플레이스도 전통 제조업, 소매업 등을 통신망으로 연결하자는 의미에서 매우 뜻깊은 사례가 되었다. 이러한 추세는 점차 더욱 많은 기업에서 지향하고 있으며 전 세계가 단일망으로 통합되는 네트워크시대가 도래하고 있다. 대부분의 현대기업이 추구하는 네트워크 상황은 실생활에서도 찾아볼 수 있으며 변화와 혁신의 물결은 매우 크다고 할 수 있다. 단순한 디지털경제는 온라인매체를 떠나 어느 장소, 환경, 기기에 변화없이 항상 실시간으로 업무처리를 할 수 있는 공간으로 바뀌어 가고 있다.

한편 디지털기술이 직접 응용되는 음악, 문서, 사진, 동영상 등의 분야에서 보다 빨리 디지털화가 진행되고 있으며 처리속도와 용량면에서

그림 1-3 디지털경제의 파급효과

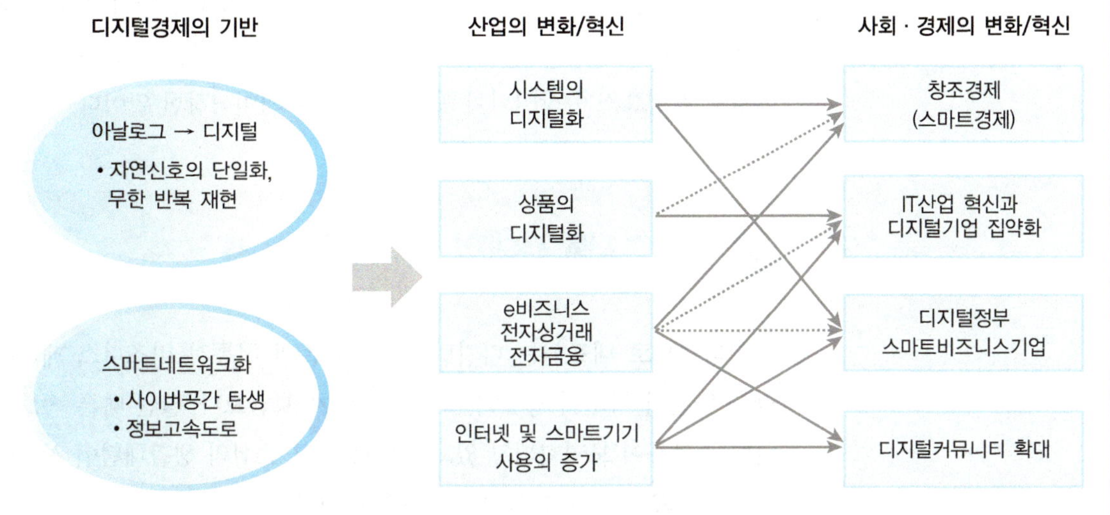

자료 : 삼성경제연구소, 디지털혁명의 충격과 대응, 2000, 저자 수정본.

도 크게 확대되고 있을 뿐만 아니라 동시에 고객들의 좋은 반응을 얻고 있다. 정부와 기업조직도 인터넷 사용이 보편화되고 수평적 구조로 변화되면서 정책결정, 지식축적과 활용, 행정서비스 제공 등에의 인터넷 활용이 대단히 빠르게 확산되고 있다. 모바일기기, 즉 스마트환경의 도래로 인하여 다양한 업무환경이 점점 정적에서 동적으로 변화는 모습으로 모바일오피스가 구현되고 있는 것이다.

또한 인터넷기술을 바탕으로 기업 내 및 기업 간 업무 프로세스가 통합되는 인트라넷과 엑스트라넷의 개념이 도입되면서 구매비용절감, 재고감소 등을 목적으로 e-비즈니스를 활용한 전자조달 등의 외주가 확산되고 있다.

디지털환경에서의 주도권을 둘러싼 국가 간 경쟁은 이미 시작되었다. 대부분 미국의 압도적 우위 아래 다른 국가들도 21세기 국가전략을 디지털혁명에 초점을 맞추고 추격하고 있는 실정이다. 미국은 컴퓨터, 소프트웨어, 통신인프라, 인터넷 등 디지털의 핵심영역에서 확실한 주도권을 장악하고 있으며 우리나라와 통신인프라 측면에서 거의 쌍벽을 이룰 정도로 기술의 발전과 응용력의 적용 또한 만만치 않다. 그러나 우리

디지털혁명
기술, 산업, 경제, 생활 나아가 국가간 관계에 이르기까지 총체적이면서 획기적인 변화를 유발하여 향후 디지털경제 발전과 사회변혁을 주도함을 의미한다.

와 가까운 일본은 디지털경제를 소홀히 한 결과로 디지털경제에 위기감을 느끼면서, 특히 표준, 지적재산권, 네트워크 연계 등에서 매우 취약성을 노출하고 있으며 이에 다양한 분야의 산업 및 기술, 비즈니스 모형에서도 경쟁요소가 상실되어 가는 것은 매우 의미심장한 일이다.

1.2 디지털시대의 기업변화 모델

인터넷으로 대표되는 디지털환경은 기존의 전통적 비즈니스 패러다임을 완전히 바꾸어 놓았다. TV나 자동차 보급보다 훨씬 빠른 속도로 인터넷 활용이 보편화되고 있고, 디지털정보 중심의 생활패턴이 신세대를 중심으로 빠르게 확산되고 있기 때문이다.

디지털화는 인터넷을 비롯한 디지털도구를 활용해 광범위한 정보를 무제한적으로 창출하고, 그러한 정보에 언제, 어디서든 실시간(real-time)으로 접근할 수 있으며, 시간과 지역을 초월해 대화형으로 정보를 공유할 수 있는 새로운 가상공간 출현을 가능하게 한다.

실시간(real time)
지정된 시간 안에 반드시 결과가 리턴돼야 하는 제약조건을 만족하는 시스템. 즉 컴퓨터 외부로부터의 시간적 요구사항을 외부의 다른 프로세스와 연결하여 데이터를 처리하는 것

비즈니스 측면으로는 단말기 하나로 모든 정보를 탐색하고, 어디서든 원하는 사람과 실시간으로 업무를 처리하는 것이 가능하게 되었다. 대부분의 일상적인 일은 잘 짜여진 네트워크시스템에 의해 자동적으로 수행되고 있으며, 이를 기반으로 재택근무가 보편화될 것이고, 창의/창조적인 아이디어를 가진 직원이 인정받을 것이며, 경쟁력의 원천도 단지 제품의 특성, 비용을 줄이는 차원이 아닌 훨씬 더 전략적인 수준에서 모색될 것이다. 다가오는 디지털시대는 TV 한 대로 방송시청뿐만 아니라 인터넷, 화상전화 등이 모두 가능한 스마트시대가 될 것이다.

가. 비즈니스 방식의 변화

디지털환경 및 기술은 경영활동을 하는 기업에게 무한한 사업기회를 제공함과 동시에 예측불허의 위험을 안겨 줄 수도 있다. 그러나 분명한 것은 디지털환경이 기업활동을 구성하고 있는 고객, 공급업체, 종업원,

외부 파트너와의 관계를 새롭게 변화시키고 있다는 사실이다([표 1-2] 참조). 디지털환경이 비즈니스 측면에 끼치는 영향은 다음과 같이 집약될 수 있다.

표 1-2 ■ 비즈니스 관계의 변화

구분	아날로그시대	디지털시대
기업	내부지향적(국내적 개념)	기업개념의 확장(글로벌 개념)
고객	생산업체에 대한 제한적 접근	생산업체에 대한 직접적인 접근과 참여
공급업체	일정거리 유지	전자적 관계
중개업체	독립적이고 분리된 프로세스	확장, 공유 개념의 프로세스
종업원	수직적, 기능적 관리	권한이양, 네트워크 개념의 확장

(1) 비즈니스 개념의 변화

디지털기술은 조립업체 및 부품업체에서 고객에 이르는 비즈니스 가치체인(value chain)을 단순화시킬 것이다. 실례로 중개인을 배제한 새로운 유통채널은 시장접근 및 브랜드 인지방법을 바꿀 가능성이 매우 크다. 따라서 기업은 관련 납품고객과 직접적이고 실시간적인 관계를 구축함으로써 서비스 개선 및 비용절감효과를 동시에 얻는 효과를 가져올 수 있다. 또한 비즈니스 범위가 전 세계의 고객, 협력업체, 심지어 경쟁업체를 하나로 묶는 전자적 네트워크인 e-비즈니스가 전자적으로 이루어지는 것이다. 향후 나타나는 비즈니스 개념의 변화는 오늘보다는 내일의 상황이 정보환경과 더불어 빠르게 변화될 것이다.

(2) 의사결정과 고객에 대한 반응 양상

정보 요구에 대한 속도가 더욱 고속화됨에 따라 비즈니스 의사결정 및 고객에 대한 대응관점이 매우 빨라질 수밖에 없다. 고객은 풍부한 정보에 무제한적으로 접근할 수 있어 더욱 더 많은 요구사항을 쏟아 낼 것이다. 또한 언제, 어떠한 맞춤식 서비스를 요구할지 조차도 가늠하기 힘든 상황이 될 것이다. 따라서 기업입장에서 자사 브랜드에 대한 고객충성도를 단순히 유지하는 것이 결코 예전처럼 쉽지는 않을 것이므로 다각적인 측면에서 고객과의 유대관계를 지속할 수 있는 경영관점의 전략적인 접근이 준비되어야 한다.

(3) 디지털정보의 전략적 활용

향후 미래기업환경은 정보 또는 지식이 경쟁력의 원천이자 핵심자산이 될 것이다. 기업은 더 이상 지식자산을 영업권의 범주로 생각하지 않을 것이고, 지식기반의 다양한 경영으로 더욱 빠른 이행과 더불어 고객, 종업원, 공급원 간의 생활형태와 기업 내 · 외부 간에 연계가 되어 있어야 할 것이다. 특히 인터넷은 기업 내부의 경계를 극복하게 만들 요인이 매우 큼을 말해 준다. 디지털시대에 있어 사업단위, 프로세스, 기능과 같은 내부경계는 구시대적 산물에 불과하다. 따라서 경쟁력의 원천은 디지털정보를 축적 · 공유하고, 이를 전략적으로 활용해 실제적인 혁신이나 효율성 제고와 연결시키는 데 있다.

나. 디지털시대에 맞는 변화

인터넷을 정점으로 한 디지털문화는 단지 마케팅 채널, 또는 커뮤니케이션 채널이 변화하는 것 이상의 의미를 가진다. 최고경영자는 기업의 비전과 미션, 사업전략을 전사차원에서 재조명해야 하고, 아울러 프로세스, 조직체계, 기업문화 등도 디지털환경에 맞게 변혁시켜야 한다. 한마디로 디지털환경에 맞는 전사적인 변화와 혁신관리가 필요하다고 할 수 있다([그림 1-4]). 디지털시대를 주도적으로 이끌어 가느냐, 아니면 변화와 혁신의 물결에 단지 편승하느냐는 비단 첨단산업에 국한되는 문제만은 아닐 것이다. 모든 산업분야에서 나타나는 요소로 컴퓨터와 정보기반하에 융합된 비즈니스로의 역량으로 개발되어야 한다.

(1) 디지털환경에 맞는 방향성 재정립

국내 기업의 최고경영자들은 디지털화의 메가트렌드 조망을 통해 과연 우리 기업이 반드시 생존해야 하는 이유 및 추구하는 목표가 무엇인지를 장기적인 관점에서 고민할 필요가 있다. 즉, 디지털시대의 고객,

그림 1-4 디지털시대의 기업의 변화모델

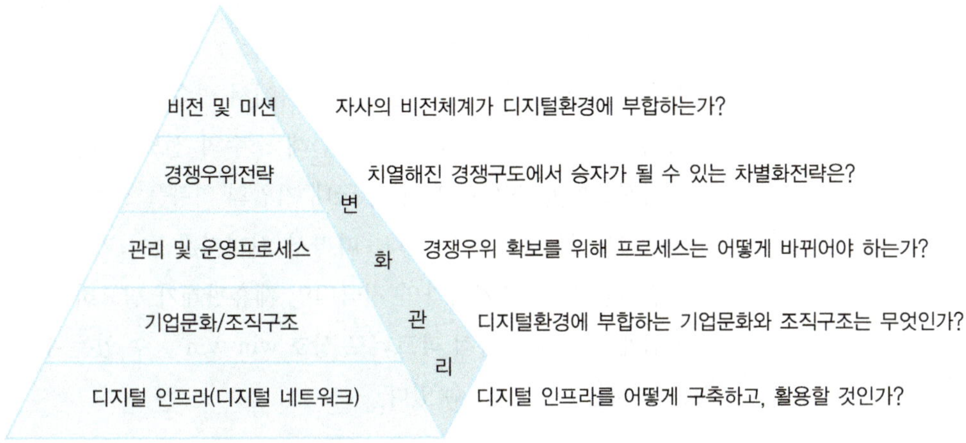

자료 : 삼성경제연구소, 디지털혁명의 충격과 대응, 2000, 저자 수정본.

기술, 경쟁구도의 흐름이 자사에 어떠한 영향을 미치는지, 현재의 역량을 감안할 때 아날로그시대에 설정된 사업 전개방향이 여전히 유효한지 물어볼 필요가 있다.

디지털시대의 키워드라 할 수 있는 정보 · 지식중심, 스피드, 글로벌 네트워크, 고객, 개방성 및 유연성, 인재, 유비쿼터스사회 및 자동화시대, 스마트경제 및 창조경영시대 등의 의미가 조직의 신조어로 여겨지고 있고, 그에 따라 조직 전체가 일사불란하게 움직이고 있는지 재검토해 보아야 한다. 너무도 빠르게 변화하고 있는 글로벌 경쟁에서 이기기 위하여는 기업 내 · 외부 간에 일치단결하여 새로운 환경 도래에 철저하게 대처하여야 한다.

(2) 핵심역량에 기반한 경쟁우위 전략

디지털화가 제공하는 사업기회를 가치창출로 연결시키는 것은 전적으로 기업 내부의 몫이다. 최고경영자는 자사가 디지털시대에도 글로벌 기업으로 자리매김할 수 있는 핵심역량을 확보하고 있는지 냉철하게 분석할 필요가 있다. 국내기업의 경우, 기본적으로 경쟁우위 확보를 위해서는 자신이 있는 분야에 역량을 집중하되, 새롭게 떠오르는 사업부문, 즉 모바일 환경인 스마트경영에 대해서는 투자 여부 및 자원의 집중이 신속하게 결정, 수행되어야 한다.

특히 전략적 제휴관계는 선택적 개념에서 필수적인 조건으로 인식되어야 한다. 왜냐하면 디지털화로 인해 소수의 선도기업만이 생존하는 무한경쟁상황이 전개되고 있고, 국내 기업의 역량을 감안하더라도 홀로서기는 그만큼 용이하지 않다. 따라서 시너지창출이 가능한 부문에서 글로벌기업 및 선도기업과의 적극적인 제휴관계가 필요하며, 나아가서 경쟁업체에 의해 전략적 파트너로 상호 win-win할 수 있는 수준의 역량 확보가 시급하다고 할 수 있다.

(3) 기업문화 및 조직체계의 디지털화

국내기업에서도 인터넷비즈니스 및 상거래 등과 디지털 기반의 사업이 활성화되고 있지만, 실질적인 성과를 내기 위해서는 아날로그시대의 기업문화나 조직체계의 관행에서 과감히 탈피하여 조직의 유연성 확보

표 1-3 ■ 기업문화 및 조직체계의 비교

구분	아날로그시대	디지털시대
비즈니스 범위	• 다국적 개념 • 가치체인(value chain) • 필요에 의한 제휴관계 • 지식의 산재 • 경계가 명확하고 제한적인 관계	• 글로벌 개념 • 통합 네트워크(integrated network) • 제휴관계는 기본 • 지식의 공유 • 경계가 불분명하고 영역구분이 없음
기업문화	• 상위하달식(top-down) 통제 • 책임에 초점 • 부분적인 혁신 • 효율성 제고를 위한 관리 • 학습 후 실행	• 대폭적인 권한이행 • 비전/전략에 초점 • 지속적인 혁신 • 변화를 위한 관리 • 실행 후 학습
조직	• 수직적인 명령/통제조직 • 대면접촉을 통한 커뮤니케이션 • 팀중심의 프로젝트 수행 • 비전자적 거래	• 유연한 조직 • 비대면접촉을 통한 커뮤니케이션 • 팀중심의 비즈니스 수행 • 전자적(e-비즈니스/스마트 비즈니스) 거래

에 대처하여야 한다. 디지털시대의 기업문화는 기존의 상위하달식 통제 및 명령에서 벗어나 고객, 구성원, 기업 모두의 비전을 달성할 수 있는 방향으로 형성되어질 것이다. 특히 실패를 두려워하지 않고 시행착오를 통해 학습하는 모험가정신이 지배하게 되고, 끊임없이 변화와 혁신이 되어야만 개인과 기업, 모두 생존할 수 있다는 사고가 이루어질 것이다 ([표 1-3] 참조).

(4) 장기적인 안목의 디지털 인프라 구축

전 세계 선도기업 중 e-비즈니스 등을 통해 이익을 창출하는 규모가 점점 커지고 있다. 일반적으로 최고경영자는 디지털 인프라 구축을 통해 고객과의 접점을 강화하거나, 다양한 유통채널을 확보하거나, 아니면 내부적인 지식공유를 기대한다. 웹사이트, 인트라넷, 엑스트라넷, 데이터웨어하우스 등 디지털 인프라 투자를 통해 얻을 수 있는 투자수익률이 막대한 변화와 이익을 가져다 줄 것이라는 암묵적인 믿음이 형성되어 있다는 것이다.

데이터웨어하우스(datawarehous)
나중에 있을 분석과 리포팅을 위해 기존에 이루어진 다양한 트랜잭션 처리 데이터를 중앙에 저장하는 방식

따라서 국내기업들도 장기적인 안목에서 디지털 인프라를 생각해야 하며, 기업전략의 핵심으로 이를 활용해야만 한다. 가령 인터넷을 통해 보다 빠르고, 저렴하고, 더 나은 서비스를 제공할 수 없다면 인터넷을 통해 아무 것도 하지 못하는 것과 같을 것이다. 현재의 인터넷문화에 기업 내·외부 간의 역량이 심취되어야 할 것이다. 모든 분야가 인터넷 기반에서 새로운 기업경영이 이루어지고 있는 것이다.

디지털화로 집약되는 21세기의 새로운 비즈니스환경이 몰고 올 파급효과는 예상외로 크고 빠르게 전개되고 있다. 일상생활의 패턴이 달라지고, 현재 진행되는 경영환경의 비즈니스방식이 완전히 바뀔 것이다.

국내기업들은 효율성 제고를 위해 수많은 혁신활동을 전개해 왔다. 그러나 이것으로 충분하지 않음은 자명하다. 디지털기술이 몰고 올 변화의 물결을 슬기롭게 헤쳐나가기 위해서는 기업의 핵심가치부터 실행프로세스, 정보통신기술 인프라에 이르기까지 전사적인 변화관리를 적극적으로 모색하여 철저하게 준비되어야 한다.

다. 전통기업의 디지털 전환

디지털 전환의 핵심은 기존 사업의 디지털화와 신규 인터넷사업 진입이다. 기존 사업의 디지털화로는 ① 제품의 디지털화, ② 디지털(인터넷) 사업영역 확대, ③ 디지털(인터넷) 활용의 강화(e-비즈니스 모델 및 스마트경영 모델), ④ 조직 내외부 간의 디지털화는 [그림 1-5]에 나타난 바와 같다. 그리고 기존 전통적 사업과는 별도로 인터넷을 기반으로 한 사업으로 다각화가 가능한 것이 주요 특징이다.

제품의 디지털화는 정보재와 같은 소프트 제품의 경우(문자, 소리, 동영상, 멀티미디어 등) 디지털화가 가능한 제품으로 구성된다. MP3, 음악파일, 디지털책(e-Book) 등이 빠르게 발전하고 있다. 아날로그 제품의 디지털화는 기존제품과 디지털 네트워크의 연결을 의미한다. 현재의 제품 이외의 디지털화가 기반이 되었다면 이제는 일상생활부터 기업의 전반적인 영역에까지 디지털화가 빠르게 변화하고 있다. 특히 스마트기기 등을 통한 정보의 연계성은 매우 효율적으로 변화하고 있고 대중에게 인지도가 변화하여 향후 도래할 지식사회의 한 축을 담당할 것이다.

그림 1-5 전통기업의 신규 디지털화 영역

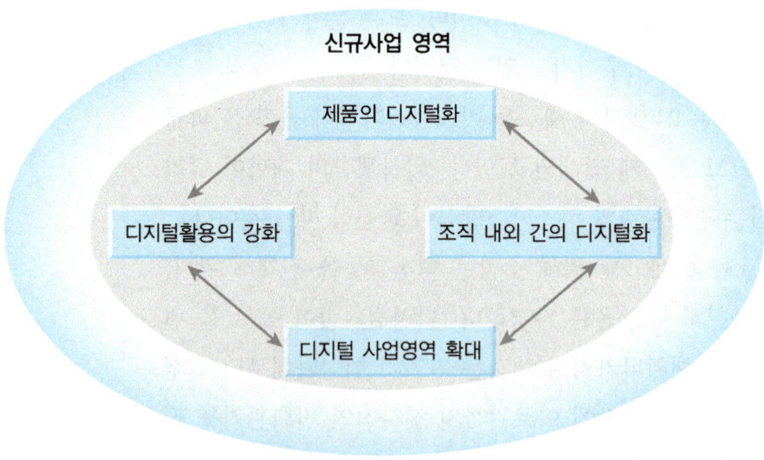

자료 : 삼성경제연구소, 디지털혁명의 충격과 대응, 2000, 저자 수정본.

디지털(인터넷)사업의 영역으로는 전통사업과는 별개의 사업구상이 가능한데 홈페이지를 가지고 다양한 정보, 채널, 검색엔진, 게시판, 고객과의 관계를 설정하는 것으로 매우 방대하다.

디지털(인터넷) 활용 강화의 대표적인 것이 온라인 쇼핑몰로서 기업 내의 제품을 전 세계에 판매 및 홍보하는 것이다. 전자조달 및 구매의 인터넷화(B2B)를 통해 기존공급자들과의 거래를 인터넷 기반으로 전환하여 구매효율화를 달성한다. 최근에는 모바일환경을 기반으로 한 비즈니스 모델이 매우 빠르게 등장하고 있다.

조직 내외부 간의 디지털화는 기존조직을 무마하고 새롭게 형성된 시스템을 원활하게 작동하기 위한 지원시스템 구축이 필수적이다. 구매 및 판매의 인터넷화를 통해 조직을 재구성하고 고객서비스 및 경영프로세스의 스피드를 극대화하는 것이다. 제품서비스 통합을 통한 고객지원을 위해 기업 간의 전략적 제휴 및 합병 등을 통하여 발빠르게 업무 및 기능을 수행하여야 한다.

기존사업의 디지털화 못지 않게 중요한 것이 인터넷 비즈니스 영역으로의 다각화로서 급변하는 환경에 대응하기 위해 디지털사업으로 조속히 추진할 필요가 있다. 자금력, 브랜드, 영업 및 유통, 콘텐츠, 기술 등 오프라인의 핵심역량을 기반으로 한 다각화가 필요하다([그림 1-6]).

디지털추진을 위한 전통기업 내부자원 관련
(그림 1-6 참조)

영업 · 유통망 관련
기존 오프라인의 유통망을 e-비즈니스의 물류배송 및 결제의 장소로 활용

기술력 관련
기존 기술을 바탕으로 다수 기술 회사들의 합병을 통해 네크워킹 제조로 이행

자금력 관련
국내 대기업들은 자금력을 기반으로 다수의 온라인 회사에 투자

콘텐츠 관련
풍부한 콘텐츠를 기반으로 포털 사이트를 설립

브랜드 관련
온라인을 통한 다양한 브랜드화 추진

그림 1-6 전통기업의 내부자원

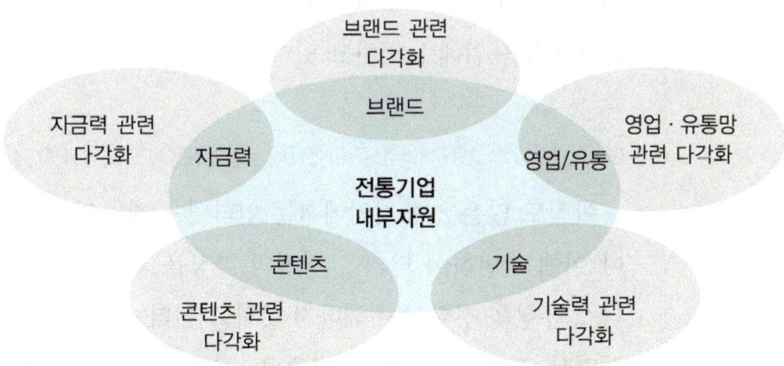

라. 전통기업과 스마트 비즈니스

전통기업이 스마트 비즈니스를 성공적으로 추진하기 위해서는 여러 가지 변화의 요인이 많다. 스마트 비즈니스사업을 전개하기 위하여 극복하여야 할 중요 요소로는 우수한 정보인력기술과 인재의 확보, 스마트 비즈니스 실행체제 구축 등의 필요조건들을 갖추어야 한다. 정보통신기술과 인터넷이 기존 전통기업의 사업영역에 큰 영향을 미쳤으며, 기존 전통기업의 사업영역과 방식에 많은 변화가 있을 것이라는 것을 의심하는 기업은 이제 더 이상 존재하지 않는다. 아직도 이 변화에 대처하지 못한 기업과 개인은 하루가 다르게 변화되는 환경에 순응하는 절차가 절대적으로 필요하다.

실제로 인터넷은 모든 기업에게 각기 상이한 기회를 제공해 준다. 기업들은 이러한 기회를 포착하기 위해 기업마다 다양한 형태의 스마트 비즈니스를 전개하고 있다. 즉, 기존브랜드를 적절히 활용하여 인터넷 응용기업으로 기존 제품이나 브랜드, 유통채널 등을 확장하여 스마트 비즈니스를 전개하는 기업이 존재하는가 하면, 기존의 사업을 완전히 인터넷기업으로 변화시켜 포털 및 상거래사업을 전개하고 있는 기업도 상당수 존재한다. 기업환경이 인터넷 인프라차원에서 모바일 오피스가 구현될 날이 점점 다가오고 있는 시기에 적절하게 대처하지 못하면 기업의 운명이 또 한 번 닥칠 위험요인에 직면하게 될 것이다. 따라서 많은 기업이 e-비즈니스 인프라에서 새로운 스마트 비즈니스 사업모델의 응용개발을 위해 노력하고 있다.

(1) 전통기업이 적절한 스마트 비즈니스에 대항을 못하는 이유

아직도 많은 전통기업에서는 인터넷을 하나의 단순한 매체로만 여기며 이에 수반하여 다가올 경쟁의 파장을 과소평가하거나, 인터넷 비즈니스 유형을 정확히 이해하지 못하고 인터넷을 단순 홍보수단으로 매도하면서 고객을 자신의 매장으로 오게 하는 역할로만 사용하는 경우가 많다. 전통기업에서는 win-lose전략에 집착하여 오로지 자기 기업만 잘되면 된다는 생각이 존재한다. 그러나 정보화시대, 즉 스마트 비즈니스

시대는 상호 역할 협조에 의한 win-win전략이 매우 중요하다. 그러나 어느 기업은 이익의 기본철학을 잃어버리고, 인터넷 비즈니스와 기존 사업 간의 역할 충돌을 우려하여, 새로운 스마트 비즈니스 모델을 제시하지 못한 채, 본연의 인터넷 사업성을 고려하지 못하는 기업 또한 존재한다.

(2) 전통기업의 스마트 비즈니스 대응방안

전통기업의 적극적인 인터넷사업 추진을 예로 들 수 있다. 어차피 인터넷을 통하여 사업을 하기 위하여는 공격을 당하기보다는 우선적으로 선수를 치는 것이 낫다. 전통기업 조직과 인터넷기업 조직과는 그 성격이 상이하므로 가급적 별개의 조직에서 인터넷사업을 추진하는 것이 바람직하다. 기존의 사업영역 관리자는 상반된 이해관계로 적절한 판단을 하기에 어려움이 따른다. 과거 백화점이나 할인점과 경쟁할 때의 수단인 판촉, 매장운영 등의 노하우는 인터넷 비즈니스에 적용되기 어렵다는 것을 직시해야만 한다.

전통기업에서는 고객보다는 제품이 우선시되어 왔다. 그러나 스마트 비즈니스 사업영역의 기본은 풍부한 고객정보 데이터베이스를 활용하여, 고객에 제품을 판매하는 것으로 이에 따라 공급업체의 상품선정 단계부터 이에 따른 이해관계 설정이 매우 중요하다.

스마트 비즈니스사업에 있어 중요한 요소 중의 하나는 모바일을 통한 신개념의 비즈니스모델 운용 및 전략적 제휴관계 설정이다. 적시적소에 고객에게 제품을 인도하기 위하여는 실시간 처리의 전략적 관계설정이 필연적으로 인식된다.

전통적 기업의 매장은 제품을 모아놓고 쇼핑을 즐기는 성격이 매우 강하다. 그렇지만 스마트 비즈니스시대의 기업에서는 기존의 매장을 고객을 위한 다른 부가가치 장소로 변환하는 전략이 필요하다. 특히 고객의 다양한 정보와 관련된 오픈된 정보환경으로 고객들은 다양한 채널의 부가가치를 요구하고 있다. 이를 맞추기 위하여 고객의 소리를 통한 매장의 변환전략이 필요하다. 스마트 비즈니스 환경에서 고객의 정보를 얻어내는 방안은 실시간 개념으로 이에 대해 보다 철저하게 준비하여 바로 대처하는 전략적 방안수립이 요구된다.

(3) 스마트 비즈니스의 핵심과제

전략적 디지털화의 뚜렷한 지향점 없이 대세에 추종하는 식의 스마트 비즈니스는 오히려 기존역량을 잠식시킬 우려가 있으므로 기업이 지향하는 바의 전략목표를 수립하는 것이 필수적이다. 가능한 기존사업 및 역량과 접점이 많은 지향점을 보유하는 것이 바람직하다. 그리고 디지털산업의 불확실성이 높으므로 지속성장을 추구할 수 있는 경쟁 포지션을 확립하는 것 또한 매우 중요하다.

스마트 비즈니스가 실제 이익으로 연결되기 위해서는 전통기업 특유의 비즈니스 모델을 설정하고 이를 뒷받침할 수 있는 서비스 역량과 새 시대에 맞는 자기 고유의 스마트 비즈니스모델을 개발함이 절대적으로 요구된다. 기존 사업모델에서 원가절감과 생산성 향상에만 매달릴 경우 새로운 경쟁환경에서 낙오될 위험성이 크다. 현재의 스마트 비즈니스 환경으로의 변환은 기업, 공공기관, 개인 어느 분야에 상관없이 정보통신기술 습득에 혈안이 되어가고 있다. 향후 전개될 스마트 비즈니스는 디지털화의 핵심과제로서의 충분한 가치로서 평가될 것이다.

1.3 비즈니스모델의 조건과 성공요인

가. 비즈니스모델의 구성요소

최근의 경제성장 둔화, 기업의 주력제품 범용화 및 국내외 저가 경쟁자의 등장, 정보기반의 개방화로 인하여 기업들은 여러 가지 기술혁신, 신제품 개발 없이는 글로벌 경쟁에서 살아남기가 매우 어려운 실정이 되었다. 이러한 높은 성과를 기대할 수 있는 전략적인 요소가 바로 비즈니스 모델혁신이다.

비즈니스모델은 기업이 고객을 위한 가치를 어떻게 창의/창조해 전달하고, 어떤 방법으로 수익을 획득하는가를 설명하는 하나의 '비즈니스스토리'를 의미한다. 이러한 형태의 비즈니스모델은 어떠한 기기에 대한 기술을 기반으로 언제 어디서나 사물 혹은 타인을 통해 적절한 지식을 획득하고 활용할 수 있는 것으로 비즈니스모델이 구성되어야 한다.

비즈니스모델은 크게 가치제안, 수익흐름, 목표고객, 가치체인/조직, 전달방식의 5가지 흐름으로 설명할 수 있다. 이러한 5가지를 충족시키기 위하여 몇 가지 비즈니스 성공모델을 제시하면 다음과 같다.

첫째로 명확하고 지속성을 유지하기 위한 고객가치제안이다. 이 고객가치제안은 제품이나 서비스 자체보다는 고객의 문제를 해결하고 고객요구사항을 충족시키는 솔루션을 제공하는 것이다. 새로운 고객가치제안을 위해서는 기존 시장 내에서 고객요구사항을 충족하지 못하는 고객군을 발굴하고, 잠재고객과 비잠재고객에게는 어떠한 고객가치를 제안할 것인가를 고민해야 한다.

최근에 정보기술과 인터넷의 발달, 다양한 형태의 커뮤니티 형태인 SNS들이 등장함에 따라 스마트환경에서 고객가치의 편리성과 보다 저렴한 가격을 내세운 소셜쇼핑 등은 신생기업들의 고객발굴에 앞장서고 있다. 이러한 형태는 정보통신기술환경에서는 새로운 스마트환경의 영

그림 1-7 비즈니스 모델의 구성요소

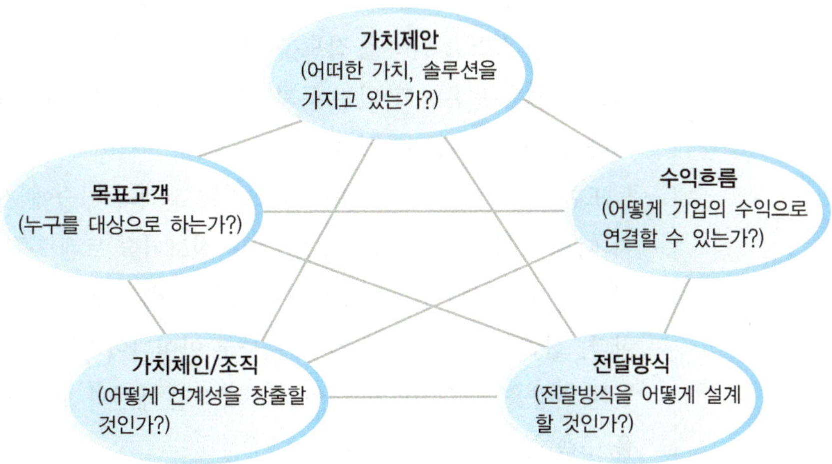

자료 : 삼성경제연구소, 성공적인 비즈니스모델 조건, 2011.

역을 넓혀가고 있다.

두 번째 조건은 효과적인 수익 메커니즘을 제공하는 것이다. 고객가치를 성공적으로 발굴하고도 이를 기업의 이익과 연결시키지 못하는 비즈니스모델은 기업이 어려운 환경에 처할 수 있게 할 수 있다. 닷컴 붕괴의 대표적인 사례라 할 수 있는 라이코스, 심마니 등의 검색엔진은 시장에서 고객의 가치를 발굴하는 데 실패하여 기업이 어려운 상황에 직면에 있는 것이 사실이며, 대표적인 휴대폰기업인 노키아는 고객요구사항이 인터넷을 통한 모바일폰이 대세인지 인지하지 못하여 시장출하에 맞추지 못하고 세계 1위에서 3위까지 떨어지는 수모를 당하기도 했다. 특히 수익 메커니즘은 단순한 제품판매와 대금을 회수하는 도식적 구도를 벗어나 다양한 방식을 고려하여 전략을 수립할 필요가 있다.

세 번째는 영역 간 사이클 반복이다. 고객가치실현을 위하여는 제품과 서비스의 생산과 전달을 위한 다양한 활동이 필요한데, 이들 활동들 간에 상승작용이 일어나 비즈니스모델의 경쟁력을 강화시키는 설계가 필요하다.

마지막 네 번째는 비즈니스모델이 거의 불가능하면 최상이지만 최소 6개월에서 1년 이상은 기술적인 우위를 가질 수 있는 요소를 확보하는 것이다. 비즈니스모델이 지속적으로 경쟁우위를 누리기 위해서는 모방이 어려워야 한다. 신생기업은 기존기업이 모방하려 해도 이들이 보유한 자산이 스스로 발목을 잡도록 만들어 진입장벽을 구축할 수 있으며, 기존 기업은 보유하고 있는 독자 역량을 활용하는 비즈니스 모델을 설계하여 이를 달성할 수 있다.

또한 기존기업은 이미 보유하고 있는 고객과 기술에 기댈 수밖에 없기 때문에 지속적으로 스마트환경 및 정보기술 트렌드를 모니터링하면서 비즈니스모델 혁신을 통해서 새로운 도약에 대한 기회를 모색하여야 한다. 신규 비즈니스모델 성공은 물론 아이디어가 중요하나 실행할 수 있는 역량을 확보하여 자신 있는 지속적인 개선과 보완할 수 있는 역량을 구축하는 데 힘써야 한다.

나. 비즈니스모델의 성공요인

(1) 차별화된 스마트한 콘텐츠

콘텐츠의 차별화는 기존 전통기업들이 중시하던 제품차별화와 같은 의미로서 고객이 사이트를 방문하여 처음 대하는 것이므로 매우 신중하고 새로운 창의적인 아이디어로 제공해야만 한다. 그러나 전통기업이든 온라인기업이든 독자적이면서 차별화된 콘텐츠를 개발한다는 것은 매우 어려워 외부제휴나 인수합병에 따른 보완도 중요한 고려요소이다. 모든 유·무선 환경에 멀티미디어 요소를 충분히 활용하며 이용자의 요구조건을 충족시켜 나갈 수 있는 전략적인 스마트한 비즈니스 모델이 절대적으로 필요하다고 할 수 있다.

(2) 지속적인 수익창출력

스마트한 콘텐츠로 인한 고정 커뮤니티의 저변확대는 인터넷사업 성공의 필요조건이지 충분조건은 아니다. 아무리 많은 고정방문객을 갖고 있다 하더라도 좋은 비즈니스 모델 대안이 없으면 기업의 수익에 좋은 영향을 끼치지는 않는다.

인터넷기업 CEO나 투자자들은 네티즌들의 일시적 관심이 기업에 지속적인 수익을 가져다주지는 않는다는 점을 인식할 필요가 있다. 지속적이지 못하고 단지 반짝이다 금방 사라지는 비즈니스모델이 되어서는 곤란하다. 상거래방식과 품목, 물류지원 범위 내에서 쇼핑몰, 기업 간 구매조달, 포털, 경매, 역경매, 정부조달사업 등을 다양화하는 끊임없는 변신의 운영이 요구되어진다. 즉 스마트한 인터넷 비즈니스에서의 수익창출을 위해서는 시대적인 상황에 따른 부단한 변신을 해야만 하며 이렇게 함으로써 고객들의 이탈을 방지하고 사업영역의 확장이 가능하다.

(3) 고객의 관점에서 출발

더 큰 이윤을 창출하기 위한 전통기업에서의 비즈니스모델은 매출액을 늘리거나 생산코스트를 절감하는 제품중심의 사고에서 출발하였다.

또한 높은 가격을 유지하기 위해 제품 디자인력, 브랜드력을 육성하고, 판매량 증대를 위해 각종 고객친화전략을 시행하였다. 물론 생산코스트를 절감하기 위해 각종 경영혁신과 품질관리운동을 함께 병행하였다. 그러나 전통적인 사업과는 다르게 온라인기업전략은 고객, 즉 사이트 방문객에서부터 출발한다. 고객이 찾아오는 사이트를 만드는 것이 성공의 첫걸음이며, 수요자 요구의 만족이 가장 중요하다.

전통기업이 유사제품 간의 경쟁인 데 반해, 인터넷기업의 경쟁은 유사고객 간의 경쟁이다. 즉 서점과 음반가게는 전통기업에서는 경쟁대상이 아니지만, 인터넷기업에서는 경쟁이 발생한다. 즉, 사업영역이 매우 넓다. 최근에는 스마트기기를 활용한 소셜쇼핑이 유행하여 인터넷쇼핑이 급격하게 무선화로 변하고 있다.

(4) 스피드로 기회를 선점

완벽한 비즈니스모델보다는 남보다 빠른 모델, 즉 고객차별화와 선점을 최우선의 가치로 삼을 필요가 있다. 비즈니스 모델 자체는 실제 사업을 해 나가는 과정에서 수정될 수도 있다. 시장을 선점한 후 고착화시킨 뒤 확장단계로 신속히 이동하는 가상공간 진입 → 생존 → 성장이라는 단계로 기업의 수익창출이 이루어진다. 고객과의 유대관계를 계속적으로 지속하기 위하여 변화하는 환경에 적절하게 대처한다면 성장하는 데 매우 유리하게 시장을 점유할 가능성이 커진다.

(5) 비즈니스모델 특허

특허권, 상표권, 저작권 등 지적재산권 분야는 인터넷 기업에게 미치는 영향력이 매우 크다고 할 수 있다. 경쟁회사는 기존 특허를 라이센싱하거나 특허를 우회하는 다른 방식으로 개발하기 위해 노력한다. 앞으로는 지식과 정보를 독점한 소수기업이 대규모 이익을 실현하는 상황이 나타날 수 있으며, 인터넷상에서의 저작권 징수에 관한 논쟁이 벌어지는 등 지적재산권 소송도 점차적으로 늘어날 것이다. 추후 특허인정 범위가 넓어지면서 특허를 보유한 기업만이 살아남는 시대가 도래하면 막대한 특허 로열티를 징수하는 기업이 존재할 가능성이 매우 높다. 스마트한 환경의 도래로 기존의 유선환경의 비즈니스모델 특허는 가치로서 상실할 가능성이 매우 높으므로 스마트한 기기를 통한 상거래, 오피스, 기타 정보가 연계된 사업으로 진행하는 변화가 요구된다.

1.4 디지털환경과 융합비즈니스

인터넷을 이용한 다양한 기기(스마트폰, 노트북, 태블릿PC 등)와 웹 2.0의 출현, 스마트폰을 이용한 다양한 응용 앱(app)을 통한 소비자들은 실생활 속에서 많은 변화와 현장을 접하면서 하루가 다르게 뉴라이프사이클로 살아가고 있다. 기존에 많이 보던 것인데 기존과는 분명히 다르고, 그렇다고 완전히 새로운 것은 아니고, 이는 현재의 많은 것들이 기존에 존재하던 것들을 재조합하여 기존과는 확연히 다른 혁신을 창조해내고 있기 때문이다. 바로 현 시대의 패러다임이 컨버전스(Convergence)라는 개념인 것이다. 이러한 컨버전스가 디지털환경에서 새로운 기업 비즈니스 측면에서 가장 핵심적인 패러다임으로 자리잡아 가고 있다. 여기서 컨버전스는 융합비즈니스, 즉 융합기술로 해석하여 설명한다.

가. 미래 변화의 융합기술

현재의 사회를 기반으로 한 미래사회는 다음과 같이 다양하고 폭넓은 변화의 시대에 직면할 것이다. 대표적인 예로 ① 노년층의 확대 및 세분화, ② 싱글족, No-Kids족, 독거노인 등의 증가에 따른 핵가족의 재분열, ③ 개인주의 및 개성중시 경향 만연, ④ 유비쿼터스와 스마트 사회 및 글로벌 차원으로의 사고 및 활동공간 확대, ⑤ 자동화된 기술 및 온라인 등 제품 · 서비스의 콘텐츠화, ⑥ 글로벌 기반의 유통채널의 확대 등으로 소비자 니즈(needs)가 더욱 다양화 · 고도화 · 집중화되는 방향으로 진전될 것이다.

다양화 · 고도화 · 집중화되는 고객니즈 변화를 제대로 만족시키기 위해서는 기존 제품 · 서비스로는 한계가 있어 개방형 혁신(open innova-

창조적인 이노베이션
지금까지 존재하지 않던 것을 새롭게 만들어내는 것

재조합의 이노베이션
이미 존재하던 것들을 혁신적으로 재조합하는 것

tion)의 필요성이 중요시되고 있다. 이러한 혁신의 유형은 창조적인 이노베이션(Innovation)과 재조합의 이노베이션(Innovation as Recommbination)으로 나누어 볼 수 있다. 기술 성숙과 경쟁의 첨예화 등으로 기존에 없는 완전히 새로운 제품 · 서비스의 창출은 힘들어지고 있으며, 추진과정에서 비용이 많이 들고 성공확률도 낮다. 반면 다양한 산업 · 사업에서 이미 검증된 기술, 아이디어 등을 창조적으로 재조합하여 새로운 가치를 창출하는 것이 보다 효과적인 혁신방안이며, 이것이 바로 융합기술인 것이다.

이렇듯 다양화 · 고도화 · 집중화되는 소비자요구 변화와 더불어 통신망의 광대역화, 초소형화 · 미세화기술, 인공지능기술 발전, 소자 · 재료 혁명, 새로운 차원의 기술접목 등 융합을 촉진시킬 수 있는 기술 발전이

그림 1-8 미래사회 변화 및 융합기술의 유형

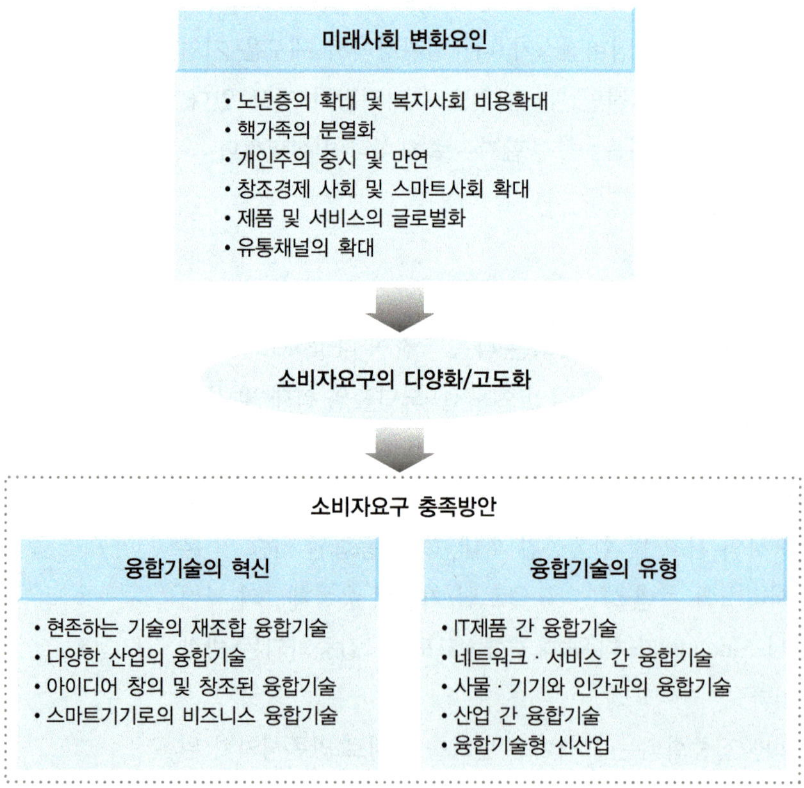

맞물리면서 다양한 형태의 융합기술이 등장하고 확대되어 가고 있는 것이다.

융합경영은 미래 비즈니스 세계의 변화를 주도하는 핵심 패러다임으로 자리잡을 전망이다. 그렇다면 컨버전스, 즉 융합기술은 향후 어떠한 방향으로 진화할 것인가? 이 장에서는 융합기술의 유형을 ① IT제품 간 융합기술, ② 네트워크 · 서비스 간 융합기술, ③ 사물 · 기기와 인간과의 융합기술, ④ 산업 간 융합기술, ⑤ 융합기술형 신사업의 5가지에 대하여 미래 패러다임 변화 방향을 설명하고자 한다.

(1) IT제품 간 융합기술

융합기술의 첫 번째 유형은 IT제품 간 융합이다. 지금까지 융합기술은 모방과 복제가 용이하다는 디지털의 특성으로 인해 IT산업 내에서 컴퓨터, 통신, 오디오 · 비디오 등 전자제품들 간의 융합을 중심으로 전개되어 왔다. 휴대폰(음성+인터넷+전자우편+카메라+GPS/GIS+MP3), DVD콤보(DVD+VCR), 복합형 캠코더(캠코더+디지털카메라+MP3+인터넷), MP3/MP4, PMP(MP3+AV+인터넷) 등이 그 사례들이다.

향후에도 IT제품 간의 융합기술은 데이터통신, 정보, 오락, 가공 · 처리 · 압축, 상거래 등의 기능 간 융합이 가속화되면서 보다 다양화 · 고도화 · 집중화될 것으로 보이며, 특히 정보 및 지식화 사회에의 접근이 용이해지고 환경에서 특히 스마트 및 유비쿼터스 기기를 중심으로 제품 및 서비스의 콘텐츠화가 전개될 것이다. 단순함과 편리함을 추구하는 경향이 심화될 것이고 또한 위치에 관계없는 연속적 커뮤니케이션과 정보접근의 용이함과 서비스 속도의 증대 및 실시간 서비스에 대한 요구 증대 등으로 전자기기의 유비쿼터스화 및 스마트화가 지속적인 트렌드로 자리잡을 것이다.

이러한 스마트 비즈니스 및 유비쿼터스 융합기술의 진화 방향에 대해서는 크게 완전 융합기술과 부분적 융합기술의 2가지 견해가 대립하고 있다. 먼저 완전 융합기술은 데이터통신, 정보, 오락, 가공 · 처리 · 압축, 상거래의 콘텐츠 등의 기능을 포괄하여 시장 내 대부분의 애플리케이션을 원활히 이용할 수 있는 완전 통합단말기가 시장의 주력으로 자리잡을 것이라는 견해이다. 반면 부분적 융합기술은 완전 통합단말기가 시장을 주도하기는 힘들며, 데이터통신, 정보, 오락, 가공 · 처리 · 압축, 상거래 콘텐츠 등의 기능 중 고객의 본능적인 요구와 시장의 유행을 반영한 주요 기능을 중심으로 부분 복합된 제품들이 시장을 주도할 것이라는 견해이다.

그러나 보다 장기적으로 디스플레이, 입력방식, 배터리 등 혁신적 신기술의 발전이 뒷받침될 경우 고객의 다기능 선호 경향 심화, 기업들의 기능차별화 지속 등을 바탕으로 다양한 소비자 요구를 단일 기기에서 충족시킬 수 있는 통합 멀티미디어 단말기가 시장의 주력으로 부상할 가능성이 높다.

(2) 네트워크 · 서비스 간 융합기술

네트워크 · 서비스 간 융합은 음성과 데이터의 통합인 VoIP, 유 · 무선통합, 통신 · 방송융합 등 3가지 방향으로 전개될 것으로 예측된다. 먼저 VoIP는 기존 전화망이 아닌 IP(Internet Protocol)망을 통해 음성을 패킷(Packet) 형태로 전송하여 음성전화를 제공하는 서비스이다. VoIP는 기존 전화에 비해 저렴할 뿐만 아니라, 다자간 통화, 무선 LAN을 통한 VoIP, 멀티미디어 화상통화 등의 다양한 응용서비스를 음성과 결합하여 제공할 수 있다는 장점을 지니고 있다. 장기적으로 VoIP는 IP망으로의 통합이 가속되는 가운데 공공전화망(PSTN) 기반의 음성전화 서비스를 대체해 나갈 것으로 예상된다.

유 · 무선통합은 이제까지 유 · 무선으로 분리되어 있던 통신서비스와 네트워크, 비즈니스활동지원시스템 등이 유 · 무선에 상관없이 통합되는 것이며, 이용자 측면에서는 접속 네트워크나 단말기에 상관없이 언제, 어디서나 음성과 데이터서비스를 연속적으로 제공받는 것을 의미한다. 향후 유 · 무선통합은 유선 · 무선 및 음성 · 데이터 등 상이한 네트워크 간의 융합으로 완전히 통합된 서비스를 제공하는 형태로 발전할 전망이다. 대표적인 사례로 하나의 단말기로 유선, 무선, 구내망 등의 영역에서 자동모드 전환을 통해 끊김없이 통화할 수 있는 One-Phone

서비스를 들 수 있다.

통신 · 방송융합은 IT의 발달, 규제 완화 및 경쟁 활성화 등으로 기존 통신과 방송의 경계가 허물어지는 현상을 의미한다. 현 단계에서는 통신 네트워크를 통한 방송서비스의 제공과 더불어 방송 네트워크를 통한 통신서비스의 제공이 활발해지면서 통신망과 방송망의 구분이 점차 모호해지는 상황이 진행되고 있다. 결국 통신망과 방송망은 하나의 네트워크로 통합되고 이를 통해 단말기의 융합, 전송기술의 융합 등도 실현될 것으로 보인다.

이상의 3가지 진화방향을 바탕으로 향후 네트워크 · 서비스 환경은 유 · 무선, 통신 · 방송 등 다양한 유형의 서비스가 단일 네트워크를 통해 제공되는 모든 IP 기반의 NGN(Next Generation Network) 환경으로 발전할 전망이다. 이러한 NGN 환경을 기반으로 네트워크 · 서비스 간 융합은 궁극적으로 유비쿼터스(Ubiquitous) 및 스마트환경이 부가된 네트워크의 모습을 띨 것이다. 즉 언제 어디서나, 모든 사물들이 네트워크로 연결되어 자율적으로 상호 통신하며, 사물에 부착된 센서 간의 상황 인식에 의한 지능화된 서비스가 제공될 것이다.

(3) 사물 · 기기와 인간과의 융합기술

편리한 삶을 추구하는 인간욕구는 인간과 꼭 닮은 개체를 만들어 자신의 노동을 대체시키고 여러 가지 즐거움을 제공받는 것이 최상의 방법이다. 이런 관점에서 볼 때 융합기술은 장기적으로 사물 · 기기가 인간을 닮아가는 방향으로 전개될 것으로 보인다. 이러한 사물 · 기기와 인간의 융합기술이 지향하는 것은 인간의 사고, 인간의 감각 및 인간의 섬세한 육체 등을 그대로 구현한 인간중심형 타입의 로봇이 될 것이다. 로봇은 인간이 하기 싫거나 할 수 없는 일을 대신 수행하면서 인간에게 더 많은 여가시간을 제공해 줄 것이다. 사무실의 단순작업이나 지루한 가사노동에서 해방된 사람들은 보다 중요한 일에 몰두하거나 영화, 음악, 레저 등 여가활동에 더 많은 시간을 할애할 수 있을 것이다. 특히 로봇을 통해 인간의 손이 닿지 않는 해저탐험, 동굴탐험, 지하자원탐색 등 여러 가지 산업에서도 활발히 각광을 받을 것이다.

그러나 이상적인 형태의 로봇이 출현하는 데는 적어도 20~30년이 소요될 것으로 보이며, 그 중간단계에서는 인간의 사고, 감각, 육체 등에 보다 가깝게 가기 위한 세부 요소 기술 개발이 꾸준히 시도될 것이다. 그 과정에서 인간의 사고를 닮고자 하는 측면에서 자율제어센서, 인지·판단, 학습, 감성 구현 등을 포함하는 인공지능, 그리고 인간의 피부처럼 예민한 지능형 소재 등이 핵심기술로 부각될 것이다.

(4) 산업 간 융합기술

20세기의 산업 진화 패러다임은 산업 내 기술 발전에 의한 단순한 진화와 기존 기술진화 중심의 산업 내 혁신을 중심으로 진행되어 왔다. 산업 간에 경계를 유지하며 간헐적이고 부분적으로 상호작용함으로써 산업 간 융합 사례는 소수이며 제한적이었다. 그러나 이러한 산업 내 혁신을 통한 고객가치 창출이 어느 정도 한계에 다다르면서, 융합기술로 인해 산업 간 경계가 붕괴되는 등 산업 간 융합에 따라 카오스(Chaos)적 변환이 급속히 전개되고 있다.

카오스(Chaos)
걸으로 보기에는 불안정하고 불규칙적으로 보이면서도 나름대로 질서와 규칙성을 가지고 있는 현상들을 설명하려는 이론

21세기에는 이러한 산업 간 융합기술의 새로운 진화 패러다임으로 자리잡을 전망이다. 산업 간 융합기술은 다양한 이기종산업 간에 일어나면서 IT산업과 소재, 바이오 등 여러 산업을 중심 축으로 하여 이들 산업과 타 산업이 융합하는 방향으로 전개될 것이다. IT산업은 인공지능 기술 발전 등으로 사물의 스마트화·지능화를 촉진시키며, 사물 간 네트워킹 및 통합을 통해 기존 비즈니스 모델을 변화시키고 있다. 또한 소재산업은 유기물 기반 소자·재료기술이 사물·기기의 물성을 변환시키고, 바이오산업은 인간 신체의 특성을 가미함으로써 기술 패러다임을 획기적으로 변혁시킬 수 있을 것이다.

(5) 융합기술형 신사업

기업의 지속적 성장을 위해 적절한 시기에 적당한 규모의 신사업을 찾아내어 자기 것으로 해야 한다는 것은 현재나 과거, 대기업이나 중소기업이나 할 것 없이 모두에게 해당되는 당연한 상식이다. 새로운 환경이 계속해서 적응하지 못한다면 기업은 어느덧 자취를 감춰버릴 수 있

다. 어느 때는 산업 자체가 쇠퇴하고 다른 산업이 부상하기도 한다. 이러한 기업성장을 Ansoff 교수는 네 가지 기업성장 방향으로 간단하게 설명하기도 한다. 첫째, 기존의 시장에서 기존의 제품을 더 많은 고객에게 판매하는 방법, 둘째 기존의 제품을 가지고 새로운 시장에 진입하는 방법, 셋째 기존의 시장에 새로운 제품을 소개하는 방법, 그리고 끝으로 새로운 제품을 들고 새로운 시장으로 들어가는 방법이다. 이 중에서 첫 번째 방법은 경쟁을 통한 성장이고, 기존 사업을 통한 성장이지만 나머지 셋은 모두가 신사업을 통한 성장을 말하고 있다.

그 많은 신사업 개발의 방법 중에서 특히 최근에 미래지향적 신사업 개발 방법이라면 융합기술형 신사업이 나타난다. 단순히 기존 고객 가치의 연장선에 있는 것이 아니라 이제껏 없었던 새로운 고객가치를 만들어 낼 때 비로소 융합기술이 이루어졌다 할 것이다. 융합기술을 통한 신사업 개발은 크게 보아 세 가지 방향으로 설명될 수 있다.

첫째, 둘 이상의 가치체인(value chain)을 융합하여 보다 본질적이고 포괄적인 새로운 가치체인을 만들어내는 방식이 있다. 이 형태의 융합은 동일한 고객의 동일한 소비상황 또는 소비행동에 대해 둘 이상의 상품이 서로 다른 산업과 서로 다른 가치사슬을 통해 전달될 때 시도된다. 대체로 제품과 서비스를 융합하는 형태, 즉 제품과 서비스의 융합상품의 형태로 전개될 것이다.

둘째, 성격이 다른 둘 이상의 고객가치를 연결하는 방식이 있다. 이 방식의 융합의 대표적인 예로 생산자와 소비자를 연결하는 사업모델을 들 수 있다. 생산자를 고객으로 하는 기업서비스와 소비자를 고객으로 하는 개인서비스는 완전히 성격이 다르다. 하지만 그것을 단일사업 활동으로 동시에 충족시킬 때 멋진 융합 사업이 만들어진다. 그 연결의 방식에 따라 ① 생산자와 소비자를 서로 만나게 하는 것에 중점을 둔, 소위 마켓 플레이스라고 하는 방식, ② 생산자와 소비자가 각기 다른 형태로 참여하지만 하나의 거래 형태에서 서로의 요구가 충족되는 양면 시장 방식, ③ 또 소비자와 소비자를 서로 연결하는 것으로 독자적인 가치를 만들어내는 방식 등 다양한 형태가 존재한다. 마켓 플레이스 모델은 중계모델로서 서로 원하고 있으나 만나고 있지 못한 사람들을 만나게 해 주는 것, 서로 협의하고 조정할 부분이 많지만 그 과정이 원활하지 않은 것이 보다 쉽게 이루어지도록 지원하는 것 등이 모두 마켓 플레이스 모델이 제공하는 가치가 된다.

소비자와 소비자를 연결하는 경우 최근에 가장 화두가 되는 것은 소셜 커머스이다. 물론 소셜 커머스라는 큰 틀에서 보면 생산자-소비자 형태의 것도 있지만 상당 부분은 소비자-소비자 형태의 것이므로 소비자-소비자 융합 사업을 소셜 커머스의 관점에서 봐도 큰 무리가 없을 것이다.

끝으로 서로 상이한 수익흐름을 합쳐 하나의 수익흐름으로 만드는 방식이 있다. 비록 그 대상이 물리적으로, 생물학적으로 또는 법적으로 동일한 고객이라 할지라도 서로 다른 고객가치를 제공하는 둘 이상의 사업이 있다면 각자 다른 시장, 다른 고객으로 보는 것이 상식이었다. 하지만 이 세 번째 융합기술 사업모델에 따르면 하나의 고객은 하나의 고객일 뿐이다. 관련되고 참여하는 산업이 얼마나 많든 상관 없이 모두 하나의 고객으로 간주한다. 그리하여 복잡한 가치체인, 복잡한 수익모델을 융합시켜 하나의 수익모델을 가지는 사업으로 만들어 버린다. 이러한 융·복합 제품과 서비스의 특성분석은 [표 1-4]와 같다.

표 1-4 ■ 융·복합 제품·서비스의 특성분석

융합형태	융합방식	융합상품 예	제공기능	주요 동인
제품+제품	복합	프린터복합기	프린팅, 복사, 팩스, 전화 등	고객요구
	하이브리드	스마트폰	전화, 카메라, PDA 모바일 앱	차별화, 고객요구
	컨버전스	랩온어칩	채혈, 분석, 진단 등 기기융합	기술혁신
제품+서비스	복합	정수기 렌탈	정수기+렌탈/유지보수서비스	차별화
	하이브리드	e-Book	책, 다양한 지식서비스	기술혁신
	컨버전스	스크린 골프	도시에서 즐기는 골프	고객요구, 기술혁신
서비스+서비스	복합	방카슈랑스	은행+보험서비스	조직통합, 고객요구
	하이브리드	IPTV	인터넷, TV, 전화, 쇼핑, 교육	기술혁신
	컨버전스	가상 피팅	옷 디자인/맞춤, 옷 입어보기	기술혁신

자료 : 김덕현 외 9명, 융합경영, 글로세움, 2011.

나. 융합경영시대의 경쟁전략

디지털 융합기술이 IT산업을 넘어 타 산업 및 사회로 확장되고 있다. 이렇듯 산업 간 융합기술이 활발하게 일어나는 것으로는, 첫째 산업 간 융합기술을 통해 기존 산업 내 제품 · 서비스로는 창출하기 힘든 고객효용을 만들어낼 수 있다는 점이다. 편의성 향상을 추구하는 인간의 욕구가 끊임없이 진화하는 가운데 산업 내 혁신을 통한 효용증대는 한계에 봉착하게 되고, 대신 산업 간 융합영역에서 다양한 혁신의 생성과 획기적인 효용증대가 가능해지고 있기 때문이다. 예를 들어 자동차산업의 경우 IT와의 융합을 통해 타이어 결함의 자동감지 및 졸음운전, 자동주차기능, 자동차의 이상유무 상황의 경고 등의 안전성 제고, 위치기반서비스 등의 편의성 제고, 전기자동차를 통한 경제성 향상 등 기존 기계식 자동차로는 제공하기 힘든 고객효용을 창출해 낼 수 있게 된다.

둘째, 통신망의 광대역화, 반도체를 통한 초소형화 · 미세화기술의 발전, 소자 · 재료기술의 유기물 기반으로의 전환, 인공지능기술 개발의 진전 등으로 산업 간 융합기술을 원활히 지원할 수 있는 여건이 마련되고 있다는 점이다. 이러한 기반기술의 발전하에 기존산업에 IT기술이 접목되면서 정보화와 자동화를 통해 해당 산업의 지능화를 촉진시킬 뿐만 아니라 네트워크화 및 통합화를 통해 비즈니스 모델의 변화를 가져올 수 있게 된다.

셋째, 대부분의 기존산업이 범용화되고 산업 내 생존경쟁이 치열해지면서 기존산업이 레드오션(핏빛 경쟁의 장)으로 변해가고 있기 때문이다. 기존산업 내에서 성장한계에 봉착한 기업들이 경쟁에서 자유로운 새로운 시장공간인 블루오션을 창출하기 위해 타 산업영역과의 융합을 적극 추진하고 있는 것이다. 융합영역의 경우 기존기술만으로는 접근이 어려워 시장경쟁자가 소수이므로 고부가가치 사업을 창출할 가능성이 높다. 자동차산업을 예로 들면, 최근 도요타가 개발 · 출시하고 있는 하이브리드 자동차(가솔린엔진과 전기모터를 조합한 자동차)인 프리우스가 상당한 인기를 끌고 있는데, 현재 2만 달러 수준으로 동급 소형자동차에 비해 5천 달러 이상의 프리미엄을 누리고 있다.

이상의 요인을 바탕으로 살펴보면 산업 간 경계가 무너지면서 산업구조가 해체 · 재구성되는 산업사회 간 융합기술이 활발해지고 있으며, 융합영역에서 새로운 시장이 창출되고 있음을 알 수 있다.

그렇다면 IT 산업과 융합기술의 가능성이 높은 산업을 살펴보면 다음과 같다.

첫째, IT와 유사화되는 산업은 IT의 적용가능성과 온라인화의 가능성이 모두 높은 분야로, 방송 · 미디어와 콘텐츠산업을 그 대표적인 분야로 꼽을 수 있다. 여기서 유사화란 서로 다른 고객가치를 제공하던 산업이 동일한 기술 기반으로 수렴하면서 유사한 고객가치를 제공하는 산

표 1-5 ■ IT와 산업 간 융합분류

분야	주요 내용
자동차+IT	스마트카(친환경, 안전, 여가, 오락 등), 차세대 텔레매틱스, 차량 간 통신을 통한 안전서비스, 자동차 원격진단서비스
조선+IT	디지털화된 작업장, 전자해도 및 선박의 통합운항시스템, u-Safety, 지능형 조선기자재, 친환경 고효율엔진
건설+IT	지능형 빌딩, 친환경 빌딩, 유비쿼터스 도시, 3D 가상건설
섬유+IT	스마트섬유, 스마트의류, 3D 피팅
기계+IT	지능형 공작기계, 고정의 지능화/자동화
항공+IT	항공기 실시간 진단시스템, 특수항공기(항공기와 선박이 결합된 위그선)
국방+IT	네트워크중심 전장관리, 전투지휘통제체계, 로봇병사, 무인차량, 무인정찰기
에너지+IT	CO_2 배출모니터링시스템, 빌딩관리시스템, 스마트그리드
로봇+IT	산업용(조립, 가공, 포장, 검사), 가정용(청소, 경비), 교육용 로봇
유통+IT	미래형 매장, 전자카탈로그
물류+IT	녹색물류, 스마트물류
금융+IT	모바일뱅킹, 금융기업 간 협업시스템
교육+IT	e-러닝, u-러닝, 전자책, 스마트러닝
관광+IT	가상관광, MICE(meeting, incentive, convention, exhibition), 회의(학술대회, 국제회의, 관광상품 연계)
의료+IT	원격의료, 지능화된 의료장비(수술용 로봇), 신약, 의료관광서비스

자료 : 김덕현 외 9명, 융합경영, 글로세움, 2011.

업으로 바뀌는 것을 일컫는다. 방송 · 미디어산업은 일찍부터 IT산업과의 융합기술이 진행되고 있다. 현재까지는 네트워크의 융합이 진행되는 단계로 통신 네트워크를 통한 방송서비스의 제공과 더불어 방송 네트워크를 통한 통신서비스의 제공이 활발해지면서 통신망과 방송망의 구분이 점차 모호해지고 있다. 결국 통신망과 방송망은 하나의 네트워크로 통합되고 이를 통해 단말기의 융합, 전송기술의 융합 등도 실현될 것으로 보인다. 나아가 광대역화, 쌍방향화 등으로 통신과 방송의 속성을 모두 가진 서비스가 출현하는 방향으로 융합이 진전될 것으로 예상된다. VoD(주문형비디오), IP 기반 쌍방향 TV, 웹캐스팅, DMB, 미디어 · 엔터테인먼트 포털, 모바일방송 등이 IT와의 융합 영역에서 유망 사업기회로 부각되고 있다. 콘텐츠산업은 IT의 접목을 통해 모바일 분야를 중심으로 한 디지털콘텐츠 시장이 확대되고 있을 뿐만 아니라 불법 유통을 차단하려는 노력이 보다 활발해질 것이다. 이에 따라 모바일 멀티미디어 단말기, 모바일 저장매체 등의 하드웨어(H/W)와 모바일 게임, 위치기반서비스 등의 콘텐츠, DRM(디지털 저작권관리)기술, 모바일 CP(콘텐츠제공자) 연합, 스마트폰을 통한 앱 응용프로그램 등을 유망사업으로 고려할 수 있다.

둘째, IT의 접목으로 하드웨어의 구조 변화가 나타나는 산업으로는 자동차, 화학 · 소재, 기계장비, 우주항공 등의 분야를 들 수 있다. 자동차산업은 자동차에 첨단 IT기술이 접목되면서 엔진, 브레이크, 휠 등의 전자제어, 가솔린엔진과 전기모터의 선택적 사용 등 기계식 자동차로는 구현하기 힘든 신기능들이 추가되고 있다. 향후 자동차는 IT와의 융합을 통해 단순한 이동 수단에서 더 깨끗하고, 안전하고, 지능화된 이동형 생활공간으로 변모해 나갈 것으로 보인다. 텔레매틱스 단말 및 서비스, 자동차용 반도체, 이미지센서 모듈 부품, 공공 지능형 교통정보시스템 등이 융합을 통해 창출될 유망사업 후보들이다. 화학 · 소재산업은 소재가 과거 무기물 기반에서 유기물 기반으로 바뀌면서 IT와의 융합으로 유연성이 확장되고 초소형 · 고기능 경향이 강화되고 있다. 융합영역에서의 사업기회로는 연료전지, 차세대 태양전지, 플랙서블 디스플레이, 웨어러블 컴퓨터, 3D 디스플레이, 차세대 스토리지 등을 들 수 있다. 또한 엔지니어링시스템, 환경감시시스템 등 단순 제품판매가 아닌 IT와 융합한 솔루션 서비스를 제공하는 사업도 나타나고 있다. 기계장비산업은 IT의 접목으로 스마트화 · 초소형화되면서 스마트시스템(지능화된 생산시스템), 지능형 로봇, 마이크로 로봇 등이 미래 유망사업으로 대두될 것으로 보인다. 우주항공산업은 IT와의 융합으로 소형화 · 개인화 경향이 나타나면서 무인비행기, 택시 · 자가용 비행기 등이 유망사업으로 부각될 가능성이 있다.

셋째, IT와의 융합을 통해 기존 제품 및 서비스의 온라인화가 촉진되는 산업으로는 유통, 금융, 보건의료 등의 분야를 들 수 있다. 유통은 IT와의 융합을 통한 온라인화가 가장 빠르게 진행되고 있는 분야이다. 인터넷쇼핑몰, 중개상, 포털 등 기존에 이미 활성화되어 있는 사업뿐만 아니라 텔레비전 상거래, 홈쇼핑, 모바일 상거래, 유 · 무선통합 쇼핑몰, 소셜쇼핑 등이 새롭게 부각되고 있다. 금융 역시 온라인화가 상당히 진척되어 있는 분야로 현재 인터넷뱅킹, 모바일뱅킹 등이 상당 수준 보편화되어 있으며, 향후 스마트카드서비스의 형태로 통합될 전망이다. 보건의료 분야는 IT와의 융합으로 병원의 디지털화, 병원 중심에서 일상으로의 의료공간 확대, 예방의료 중시 등의 방향으로 진화할 것으로 예상된다. 이에 따라 가정용 모바일 헬스케어기기, 개인 맞춤형 헬스케어 서비스, 원격건강 모니터링서비스, 네트워크 기반 영리병원 사업 등이 유망사업으로 부상할 것으로 보인다.

산업 간 융합기술의 확산은 융합 영역에서 새로운 시장기회를 창출할 뿐만 아니라 시장구조 및 경쟁 패러다임의 근본적인 변화를 가져올 것으로 보인다. 먼저 시장구조 측면에서 산업의 소프트화 · 서비스화가 가속화되면서 서비스산업의 비중이 빠르게 증가하는 한편, 무형자산의 부가가치 기여도 증대 및 하드웨어(H/W)와 서비스의 융합 등으로 하드웨어산업의 2.5차화가 급진전될 전망이다. 전체 산업은 산업 간에, 또는 비즈니스 간에 유기적으로 결합된 네트워크형 산업구조로 변모할 것이다. 기존에 독립적인 개별 산업들은 새로운 영역에 흡수되거나 잔존 형태로 남으면서 점차 그 영역이 축소될 것이다. 예를 들어 기존 의료 산업과 IT와의 융합으로 u-헬스케어라는 새로운 산업 카테고리가 창출될 것으로 보이는데, 홈네트워크 분야, 스마트비즈니스 분야, u-City(유비쿼터스 네트워크로 연결된 미래도시)라는 또 다른 융합 카테고리와 연계성을 가질 것이다. 더불어 기존 병원이나 의료기기산업 등은 u-헬스케어 분야로 점차 흡수될 것으로 예상된다.

경쟁 측면에서도 커다란 변화가 예상된다. 산업 내 기존 가치체인(value chain)이 해체되고 통합과 분화가 가속화되면서 새로운 가치체인이 형성될 것이며, 가치의 원천이 기존 하드웨어(H/W) 중심에서 부품이나 소재, 콘텐츠, 솔루션 · 서비스 등으로 이전되는 현상이 두드러질 것이다. 이에 따라 산업 내 제품 간, 서비스 간 경쟁에서 산업을 초월한 비즈니스모델 간 경쟁으로 변모할 것이다. 또한 사업영역의 붕괴로 산업 간 상호 진입이 활발해지면서 연결성 · 호환성 확보를 위해 표준화가 활발히 진행될 것으로 보이는데, 표준화 활동은 개별기업 차원보다는 긴밀한 제휴를 통한 기업군 차원으로 진행될 것이다. 다양한 융합기술에 대응하고 시장개척 비용부담을 축소하기 위해서는 기업 간 협력이 절실하기 때문이다. 산업을 초월하여 기술융합을 주도하는 거대 기업의 출현도 활발해지면서 융합기술시대의 경쟁구도는 기업 간 경쟁에서 기업군 간 경쟁으로 바뀌어 나갈 것이다.

다. 융합비즈니스시대의 기업대응 방안

기존 주력사업이 점차 레드오션으로 변모해 가는 한계상황에 처해 있는 기업들에게 융합기술이 새로운 사업기회 생성을 통해 도약의 기회로 작용할 것임은 분명하다. 그러나 시장 · 경쟁환경의 변화에 제대로 대처하지 못할 경우 기존시장에서의 경쟁우위마저도 상실할 수 있다는 위협요인도 존재한다. 따라서 개별기업들이 융합이라는 패러다임 변화에 제대로 적응하고 경쟁우위를 확보하기 위해서는 다음과 같은 사항에 유념할 필요가 있다.

첫째, 융합기술 영역에 뛰어들 때에는 기존과는 다른 비즈니스모델로 차별화하는 노력이 필요하다. 미래 비즈니스 환경에서는 경쟁의 첨예화, 고객니즈 및 제품 · 서비스의 다양화 · 복잡화, 고객가치의 급속한 변화 등으로 인해 단일제품 · 서비스 또는 기존 비즈니스모델을 통해서는 차별성을 확보하기 힘들어지기 때문이다. 예를 들어 기존제품 판매에 유지 · 보수, 파이낸싱, 콘텐츠 제공, 컨설팅 등의 서비스를 결합하여 솔루션을 제공하는 모델로 전환하는 것을 적극 검토할 필요가 있다. 또한 상품기획, R&D, 조달, 생산, 디자인, 유통 등 가치사슬 전반을 통합하거나 특정 분야에 대해 전문화함으로써 비즈니스모델 차별화를 도모해야 할 것이다.

둘째, 보다 까다로와지는 고객니즈를 정확히 포착하고 이를 진단할 수 있는 고객감지 역량을 확보해야 할 것이다. 즉 ① 누가 우리의 고객인지, ② 고객은 무엇을 하고 있는지, ③ 고객의 니즈나 성과는 무엇인지, ④ 어떻게 하면 이를 제대로 해결할 수 있는지를 명확히 규명하는 일이 필요하다. 이를 위해서는 우선적으로 고객과 지속적으로 상호작용할 수 있는 대고객 커뮤니케이션 채널을 잘 구축해야 할 것이다. 대고객 커뮤니케이션 채널의 경우 소비자에 따라 선호하는 커뮤니케이션 방식이 상이하므로, 오프라인 지점, 콜센터, 직접 방문, 온라인 등 다양한 경로를 유지할 필요가 있다. 특히 소비자 커뮤니티와 같이 적극성을 지닌 세력을 적극 지원 · 활성화하여 기업혁신의 보조수단으로 활용하는 것이 중요하다. 소비자 커뮤니티는 네트워크로 상호연결된 능동적 소비자 집단으로 소비자 간 정보, 아이디어, 체험 등의 교환을 통해 강력한 지식과 실제적 체험으로 무장하고 있다. 이러한 소비자 커뮤니티와의 상호작용 속에서 소비자들의 대세를 파악할 수 있고 혁신적인 문제 발굴과 맞춤형 제품 · 서비스 제공 등이 가능해질 것이다.

셋째, 다양한 외부자원을 하나의 네트워크에 통합한 굳건한 공급자 · 파트너 네트워크를 구축해야 한다. 융합기술시대에서 다양화 · 고도화되는 소비자니즈를 충족시키고, 융합영역에서 경쟁우위를 확보하기 위해서는 독자적으로 모든 것을 해결하려는 전통적인 사업방식을 고수해선 안 된다. 미래 융합기술 환경에서는 소비자니즈와 사업기회에 대한 정확한 포착과 이를 해결하기 위한 차별적 비즈니스모델 수립을 바탕으로, 자사가 보유하지 못한 자원을 적극 아웃소싱하여 기반 역량을 구축하는 기업만이 살아남을 수 있다는 점을 명심해야 할 것이다.

라. 융합비즈니스시대의 롱테일법칙

인터넷시대에 성공한 기업들은 수익창출에 대한 기여도가 낮아 과거에 사소하게 여겼던 다수의 소비자에게 주목하고, 그들의 수요를 충족시킬 수 있는 사업모델보다는 기존의 인터넷 비즈니스의 현상을 분석한 후 새로운 법칙을 발견하였다. 새로운 고객을 발굴하기보다는 기존의 시장발굴에 기여한 인터넷 융합비즈니스야말로 새로운 법칙인 것이다.

80/20법칙 또는 파레토의 법칙은 오랜 기간 동안 비즈니스의 황금률로 자리잡아 왔다. "80%의 효과는 20%의 노력으로 얻어진다", "회사 매출액의 80%는 20%의 핵심고객으로부터 나온다"는 식의 믿음이 대표적이다. 이러한 믿음은 '선택과 집중'이라는 또 한 가지의 신념과 결합되어 기업전략의 중요한 축을 형성하게 된다. 즉, 20%의 핵심고객이나 핵심제품을 선별하여 거기에 역량을 집중하자는 것이다. 핵심적 20%를 찾아내는 것은 기업의 전략부서와 마케팅부서의 핵심목표 중의 하나라고 해도 과언이 아니다.

그러나 최근 들어 80/20의 황금률에 어긋나는 예외적 현상들이 나타나고 있다. 옥션과 G마켓은 사소한 80%의 고객에 집중하여 성장한 대표적 기업이다. 영세한 중소사업자에 불과했던 공급자들과 수익성이 낮다는 이유로 기업의 외면을 받던 자잘한 고객들을 연결해 주는 것이 이들 기업의 핵심 사업모델이다. 분절된 다수를 하나의 다양한 소수 집합체로 만들어주는 옥션과 G마켓은 이제 사소한 것부터 고가물건까지 판매하는 글로벌한 장터로 거듭나고 있다. 최근 열풍의 주역이라 할 만한 구글을 보아도 그렇다. 구글의 주된 광고수입은 글로벌기업들이 아니라 꽃배달업체, 제과점, 웨딩샵과 같은 개미군단들이다. 기존 광고시장에선 명함도 못 내밀던 영세 사업자들인 이들이 집합적 시장을 이루어 거대한 수익원으로 재탄생한 것이다.

기존의 패러다임에서 사소한 것으로 간주되던 나머지 80%가 점점 더 중요해지는 것을 가리켜 롱테일(long-tail)이라 한다. 인터넷시장에서 오히려 잘 팔리는 순으로 20%에 해당하는 상품의 총매출보다 그 외 80%의 상품의 총매출이 훨씬 더 커졌다는 사실의 개념이다. 상위

그림 1-9 롱테일(long-tail)법칙

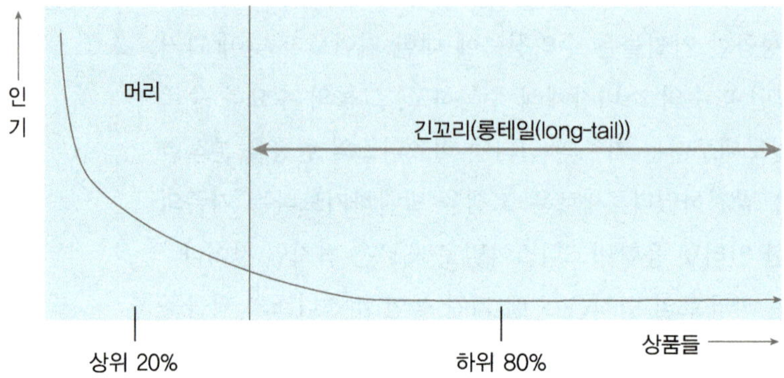

20%=머리보다 그 외 80%=꼬리의 매출이 더 크다는 것이다.

롱테일 사업모델로 성공한 기업들은 대체로 인터넷이라는 플랫폼을 활용해 유통 코스트를 급격하게 줄일 수 있었다. 인터넷 판매에는 제품 전시 및 판매에 관련된 공간투자가 없고 재고부담도 없다. 유통비용이 줄어든다면 공급자와 판매자는 소수의 몇 가지 히트제품에 집착할 필요가 없다. 특히 인터넷 판매자의 핵심자산이라 할 수 있는 스토리지 서버의 가격은 최근 들어 급격히 감소하여 온라인 마켓에서 물품을 추가할 때 드는 유통의 한계비용은 거의 제로에 가깝다.

자본력에 기반한 광고와 유통력이 기존의 핵심역량이었다면 롱테일 시대에는 오직 소비자의 평가에 제품의 운명이 좌우된다. 영화 '왕의 남자'가 온라인 고객평에 힘입어 단숨에 천만 관객을 돌파한 것을 상기해 보라. 이와 같은 시장 인프라와 구매행동의 근본적 변화는 그간 작은 꼬리에 불과했던 틈새성 재화나 서비스들, 판로를 찾지 못해 사장되고 만 영세기업의 우량제품에 새로운 경제적 매력을 부여할 것이다.

롱테일의 성장은 규모와 자본우위에 기반한 대기업에는 상당한 위협이다. 꼬리부문의 증가는 어떤 방식으로든 대중적인 히트제품에 대한 수요를 위축시키는 결과를 낳을 것이기 때문이다. 이제 어떤 시장에서는 한두 개의 히트제품들이 싹쓸이를 할 것이라는 환상은 버려야 한다.

구글은 새로운 사업을 런칭할 때의 판단기준이 투자 대비 수익률

(ROI)이 아니라 고객이 과연 이를 필요로 하느냐 하는 점이라고 역설한다. 지메일(Gmail)이나 구글어스(Google Earth)를 비롯한 수십여 가지의 니치성 서비스들이 구글이라는 하나의 집합적인 플랫폼을 이루어 전 세계 네티즌들을 유혹하고 있다. 롱테일의 세계에서는 고객이 필요로 하는 틈새를 발견하는 것이 매우 중요하다. 고객이 필요한 재화나 서비스를 제공한다면 소비자의 잠재해 있던 니즈를 불러일으키게 되고 이는 곧 규모의 수입으로 연결될 수 있다.

이러한 틈새를 발견하기 위해서는 최고경영자 이하 모든 구성원들이 고객중심적으로 행동하지 않으면 안 된다. 한 번이라도 더 현장이나 고객들과 접촉하면서 고객의 문제를 이해하고 해결하려고 노력해야 한다. 더 많은 시간을 현장에서 보내고 고객들이 필요로 하는 것을 파악하려고 노력할 때 고객의 분출되지 못한 니즈를 발견할 수 있다는 사실을 잊지 말아야 한다. 롱테일은 향후 새롭게 부상하는 사회경제적 현상을 이해하기 위한 중요한 열쇠가 될 것이다. 유통 인프라의 변화와 더불어 다양성을 추구하는 소비자들의 구매행동은 꼬리부문의 성장을 더욱 가속화할 것이고 기업들에게 고객을 바라보는 새로운 시각을 줄 것이다.

ROI(투자수익률)
가장 널리 사용되는 경영성과 측정기준 중의 하나로, 기업의 순이익을 투자액으로 나누어 구한다.

니치
빈틈 또는 틈새로 해석되며, 남이 아직 모르는 좋은 낚시터라는 은유적인 의미를 담고 있다.

1.5 스마트시대의 스마트경영

10년 전의 화두는 디지털이었다. 소리나 그림과 같은 아날로그 정보가 디지털 정보의 기본단위의 0과 1로 표현된 이진법인 비트로 처리되면서 물리적으로 존재하던 것이 컴퓨터기반의 정보로 저장 · 복제되고, 정보통신이라는 네트워크 연계를 통한 시공간을 초월하는 시대로 이동되었다. 이로 인해 제품의 생산방식과 유통방식이 급속도로 바뀌고, 상품을 소비하는 성향도 다양한 채널을 통하여 공급되고 있다. 이러한 디지털시대에는 문화적 충격 속에서 제품의 혁신과 전문성의 변화가 이루어지고 있으며 서비스관점 또한 다르게 변화하고 있다. 이러한 디지털시대의 변화에 최근의 스마트라는 것을 생각해 보자. 스마트화는 디지털기기의 기술적인 변화보다는 인식의 변화, 고객의 변화, 우리 삶의 변화, 방향성의 변화, 그리고 우리 시대의 문화적인 변화의 충격이 너무도 자연스럽게 가까이서 다가오고 있는 것이다.

컴퓨터 기반의 스마트폰에서 시작된 스마트 열풍은 휴대폰, TV, 자동차 등의 기기와 앱프로그램의 다양한 응용분야와의 접목이 새로운 차원의 사회 및 비즈니스와 결합하여 규모가 점점 커지고 있다. 과거에 없었던 강력한 휴대폰기능에다 새로운 차원의 기능을 가진 스마트폰뿐만 아니라 여러 가지 기능이 추가된 과거와는 완전히 다른 양상을 가진다. 만약 스마트 자동차와 스마트 가전들은 새로운 기술들, 예를 들어 인공지능기능과 새로운 자동제어 능력을 겸비하여 사람이 덜 제어할 수 있는 말 그대로의 무인화된 자동시스템 등의 하드웨어적인 기능과 소프트웨어적인 소비자 관점으로 보는 것이 타당하다.

특히 소비자 관점은 개인들이 각자의 취향을 가졌으므로 이들에게 무작정 많은 기능을 주는 것보다, 자신이 원하는 것을 찾아, 그것만 쓸 수 있는 환경을 제공하는 것이 타당하다. 이러한 소비자가 원하는 것을 가장 정확히 아는 사람은 제품 기획자가 아니라, 소비자 자신이기 때문이다. 결국 가장 스마트한 것은 사용자라는 의미다. 스마트환경 내에 존재하는 수많은 공급자들은 소비자를 만족시키기 위해 그들의 모든 감각과 지식을 총동원한다. 소비자는 스마트환경이 제공하는 시장에서 마음에 드는 것을 구매하면 된다. 기능이 많고 성능이 좋아서 똑똑한 것이 아니라 사용자 각자가 쓰기에 안성맞춤이어야 똑똑하다. 스마트는 똑똑하다는 의미이지만 똑똑한지의 여부를 판단하는 것은 소비자 개개인이다. 이러한 개개인의 스마트폰에 제공되는 앱스토어나 안드로이드 마켓은 이를 위한 소비자 개개인의 시장이 형성된 것이다.

스마트환경의 가장 큰 변화는 개방성과 자유로움이다. 구글은 안드로이드 마켓을 열었지만 거기서 무엇이 팔리는지 일일이 간섭하지 않는다. 애플은 가끔씩 앱스토어에 올라오는 프로그램을 검열하여 비난을 받곤 하지만, 이러한 애플의 행동은 앱스토어가 애플의 소유가 아니라는 반증일 것이다. 여러 가지 창의성이 강조된 개발자들은 소비자를 위해 그들의 지식을 마음껏 발휘할 수 있고 소비자는 제품을 매개로 구현되는 서비스와 소비자 고유의 상황이 융합되어 만들어내는 소비자경험의 결과가 즐거움이 되기를 원한다는 것이다. 이러한 소비자의 행동이 바로 폭발하듯 증가하는 선택권을 누린다.

과거에 존재하던 공급자와 소비자의 역할 구분은 스마트화를 통하여 점차 변해갈 것이다. 공급자인 제조자는 가장 좋은 제품을 정의하여 만들어 내고, 소비자는 여러 제품 중 하나를 선택하는 것이 과거의 역할 구분이었다면, 스마트화는 소비자가 자신에게 가장 알맞은 제품을 스스로 정의하여 사용할 수 있도록 하는 것이다. 즉 스스로 제일 좋은 제품을 정의해서 쓰도록 하는 것이다. 제조자가 하던 역할 중 일부가 소비자에게 가는 것이다. 선택과 사고의 몫은 이제 기업이 아니라 소비자에게 있다. 소비자가 자신이 쓸 제품을 직접 정의하는 데서 시작된다. 소비자에게 가장 좋은 것을 주는 것이 스마트화라면, 소비자마다 바라는 스마트의 모습도 다를 수 있을 것이기 때문이다. 찾아 쓰는 것이 좋은 소비자가 있는가 하면, 찾기 전에 필요한 것을 알려주는 것이 좋은 소비자도 있을 것이며, 아무것도 쓰지 않는 것이 편한 소비자도 있을 수 있다. 또한, 같은 소비자라 하더라도 처한 상황에 따라 요구사항이 달라질 수도 있다. 스마트시대의 소비자들은 그들 스스로 문제를 내고 기업에게 답을 요구할 권리를 인식하기 시작한다. 그래서 스마트화는 소비자의 권리장전인 것이다.

스마트시대에 소비자는 '제품'이 아니라, 그 제품이 속한 '환경'을 구입한다. 그 제품이 기반한 스마트환경(혹은 플랫폼)의 경쟁력에 따라 소비자의 제품 · 서비스에 대한 선택권과 사용편이성이 상당부분 좌우될 것이기 때문이다. 기업환경 속에서 혁신적인 아이디어와 그를 뒷받침하는 기술적 인프라구조, 그 아이디어가 쉽게 전달될 수 있는 유통구조, 이러한 것들이 최적으로 구현된 기기와 같은 요소들이 모두 포함되어 있다. 그러므로 스마트환경의 경쟁력은 참여자들의 협력과 직결된다. 참여자들의 행동을 조율하고, 때때로 발생하는 갈등을 조정해야 한다.

또한 한 가지 주목할 점은 스마트시대를 주도하는 기업은 차별화나 이익과 같은 비즈니스 논리가 넘어선 것도 생각해 볼 필요도 존재한다. 구글의 사업방식이나 페이스북, 트위터와 같은 기업의 성공이 기존의 비즈니스 개념으로 쉽게 설명되지 않을 수도 있다. 이 소셜네트워크환경에 참여하는 기업에게도 일종의 커뮤니티 의식이 요구된다. 기업들에게 협력, 신뢰와 같은 소셜네트워크의 개념을 이해하고, 그에 따라 행동하는 것은 새로운 도전이 될지도 모른다. 스마트경영의 몇 가지 나아갈 방향은 다음과 같다.

① 기업경영의 스마트화

기업경영의 스마트화는 기존의 비즈니스 환경을 위협하고, 시장질서를 파괴할 수도 있다. 스마트화의 확산을 위해서는 어느 정도의 기업환경에 맞는 플랫폼과 관련 제품의 표준화가 요구되기 때문에 기업의 차별화전략에 우려될 수도 있다. 이러한 인식으로 스마트화의 문제점이 생겨날 수도 있다. 스마트화를 끌고 가는 힘의 본질은 소비자 개인권리와 창의적인 감각이 기업의 한계를 훨씬 유용하게 만들어 낼 수 있다. 현재 지적되는 스마트환경의 문제점은 스마트화의 한계보다는 이들에게 맡겨진 혁신과제일 것이다. 이 혁신으로 인해 스마트환경은 계속 진화해 나갈 것이다. 그리고 기업경영의 스마트화가 소비자를 위해 계속해서 진화하는 상황이라면 하나의 스마트화는 거부할 수 없는 조류가 될 것이다. 소비자를 이끌어 가기 위해서는 기업경영은 스마트화에 초점을 맞추어 추진되어야 한다. 스마트환경에서 소비자가 겪는 고통을 최소화하고, 소비자위주의 맞춤에 대응하고자 한다면 스마트경영은 새로운 사업기회를 제공하게 될 것이다.

② 소비자의 변화시각

스마트시대는 공급자의 제공하고자 하는 환경은 점차 소비자의 환경으로 급격히 대체된다. 예를 들어, 최근의 웹환경에서 정보를 분류하는 방식은 공급자가 설정한 카테고리가 아니라, 소비자가 자기 마음대로 붙이는 태그에 의존한다. 공급자의 기준에 따라 품질과 사용자 인터페이스 등의 역할이 소비자의 경험(UX : User eXperience)으로 표현되고 있다. 소비자가 원하는 스마트화를 이해하고, 그것을 구현하기 위해서는 기업 스스로가 소비자의 환경을 보다 체계적으로 이해해야만 한다.

소비자의 환경을 이해하는 것은 기업 스스로의 공급자적인 재해석이 필요하고 자신들이 가장 즐겁게 쓸 것 같은 서비스를 만들어 제공한다면 소비자는 스스로 기업을 택할 것이다.

이제는 기업 스스로가 소비자가 되는 방법론에 대한 고민과 행동이 필요한 때다. 아마도 제품과 소비자를 보는 관점이 과거와는 완전히 달라져야 할 것이다.

③ 다양한 변화에 적응

스마트시대의 가장 큰 변화는 기업경쟁의 패러다임에 있다. 이전의 기업경영은 경쟁자보다 빨리 뛰어, 결승선을 먼저 끊는 쪽이 이기는 것이었다. 하지만 스마트 경영환경에서 기업경영은 스마트환경에 동참한 동반자들과 자신의 발목을 묶은 채, 같은 속도로 달리는 것에 익숙해져야 한다. 흔히 애플의 제품라인이 너무 단조롭고, 변화가 느리다는 것을 약점으로 지적할 수 있다. 그러나 예상치 못한 신제품 출시가 경쟁에 유리할지는 모르지만, 같은 제품을 취급하는 동반자들에게는 큰 혼란을 야기한다. 새로운 아이폰이 나오면, 기존모델에 맞춰 제작된 부가적인 액세서리와 프로그램들은 변화가 불가피하다. 애플이 제품 출시의 규칙성과 예측성을 중시하는 것은 이 때문이다. 애플은 스마트환경에 존재하는 동반자들과 함께 뛰고 있는 것이다. 독단적인 전략이나 차별화보다는 협력자를 배려하고, 그들이 동참할 수 있는 방법을 고심하는 것이 더 중요하다. 이를 위해서는 계획과 커뮤니케이션에 능해져야 한다. 협력자들이 나의 전략을 이해하고, 그들의 노력을 더하기 위해서는 좀 더 빨리 계획을 세우고, 잘 알려야 하기 때문이다. 지속적인 기업경영의 발전을 위하여는 다양한 변화에 적응할 수 있는 환경조성이 어느 때보다도 요구되고 있다.

④ 스마트한 변신이 필요

스마트 제품은 소비자들에게 열려 있는 제품군이다. 프로그램을 사고 파는 장터를 통해 새로운 기능이 생기고, 업그레이드라는 형태로 운영체계가 좋아지기도 한다. 여러 가지 관련제품을 연결하여 새로운 쓰임

새를 가질 수도 있다. 이러한 변화는 제품을 만들어 내는 기업의 내부 활동에도 영향을 미칠 것이다. 이러한 내부환경은 기존에 존재하지 않은 새로운 환경의 서비스관점이 생겨날 수 있다. 만약 최근에 스마트TV를 구입한 소비자들에게 제품라이프사이클의 교체없이도 계속해서 업그레이드를 해줘야 할지도 모른다. 이를 위하여는 신규 조직구성과 상품기획 능력이 함께 병행되어 추진되어야 한다.

지금의 환경과는 매우 다른 환경이 조성이 될 수 있다. 그러나 오히려 새로운 역할이 생긴다면 또한 줄어드는 역할도 있을 것이다. 예컨대 애플은 경쟁사들에 비해 제품을 좀 덜 만든다. 수십 가지의 디자인의 제품을 내놓는 경쟁사들에 비해 애플은 오직 한 가지 디자인의 제품만 만들 뿐이다. 그러나 이로 인해 협력자들은 기회가 생기고, 소비자들은 선택권을 누린다. 수많은 업체들이 아이폰용 액세서리를 만들어 내기 때문이다. 색상은 물론이고, 플라스틱에서 가죽까지 소재도 다양하다. 기업 자체에서 행하는 것보다 다른 업체들이 더욱 잘할 수 있는 영역을 찾아낸다면 관리와 비용에 있어서 오히려 우수한 기업으로 탄생할 수 있다.

EXERCISES 연·습·문·제

1. 디지털경제의 의미와 주요 특징을 설명하시오.
2. 디지털기술의 변화모습을 설명하시오.
3. 비즈니스모델의 의미와 기본유형, 성공조건을 설명하시오.
4. 융합기술의 종류를 설명하고 성공한 융합기술을 조사하시오.
5. 80/20법칙과 롱테일법칙을 비교 · 설명하시오.
6. 스마트경영에 대하여 설명하시오.

Chapter 02

e-비즈니스 정의 및 특징

2.1 비즈니스의 패러다임 변화와 경쟁구도

2.2 e-비즈니스의 발전단계와 정의

2.3 e-비즈니스모델 분류

2.4 e-비즈니스 기능별 요소와 교차기능별 실행

2.5 새로운 스마트 비즈니스 변화

웹 혁명의 대표적인 비즈니스모델이 e-비즈니스라고 할 수 있다. 오늘날 비즈니스 환경변화는 인터넷을 기반으로 매우 빠르게 전개되고 있다. 특히 기업의 비즈니스 경쟁환경은 생존을 위하여 혁신적인 경영전략의 수립이 필수적이다. 이러한 시기에 기업들은 e-비즈니스 도입을 통해 활성화와 효율성을 기하면서 성과측면에 매진되어야 한다. 본 장에서는 이러한 경쟁전략을 수립하기 위한 e-비즈니스의 정의, 모델, 특징 등을 검토하고자 한다.

2.1 비즈니스의 패러다임 변화와 경쟁구도

오늘날 비즈니스 경영환경의 변화는 그 속도와 복잡성에 있어서 전에 없이 격심해져 가고 있으며, 기업의 비즈니스 경쟁력을 강화하여 생존을 영위해 나가기 위해서는 혁신적인 경영전략의 수립과 실행을 위한 해법을 끊임없이 모색하고 경쟁을 통한 실질적인 모습으로 가시화되어야 한다. 21세기 들어 세계시장의 사업환경은 빠르게 변할 전망이다. 무엇보다 글로벌경영으로 인해 각 국가별 · 지역별 시장의 장벽이 무너지고 시장이 통합될 것이다. 기업경영에 있어 지속가능성 이슈와 맞물리면서 실시간경영, 유비쿼터스경영, 친환경경영, 고효율경영, 에너지절감형 경영, 스마트 비즈니스경영이라는 새로운 화두가 제기되고 있다.

고객을 위한 가치창조, 전략적인 자원배분, 산업 내 차별적인 포지셔닝 등 경영의 본질은 시간이 흘러도 변하지 않는다. 그러나 글로벌 사업환경의 변화에 따라 고객, 제공가치, 상품, 전달방식에 있어 새롭게 접근해야 새로운 사업을 창출할 수 있다. 특히 e-비즈니스의 출현, 인터넷 관련 롱테일법칙, 유비쿼터스 비즈니스, 그린 비즈니스, 컨버전스 및 융합기술 경영 등 새로운 사업 패러다임들은 기존의 비즈니스 모델과 관련된 일반적인 통념에서 벗어날 때, 새로운 사업기회가 열린다는 점을 잘 보여주고 있다.

무엇보다 인터넷관련 롱테일 비즈니스가 시사하는 것처럼, 고객 및 시장 측면에서 과거와는 다른 시각에서 세계 시장과 고객을 바라보아야 할 것이다. 전통적인 소득, 인구 외에 문화, 종교, 연령 등 다양한 세분화 기준을 개발 · 적용해야 새로운 시장기회를 포착할 수 있을 것이다. 한때 노키아가 휴대폰시장에서 38%의 압도적인 시장점유율을 기록했던 이유 중의 하나도, 2000년대 초반부터 신흥국 시장의 성장을 선도하고 중저가 제품 라인업을 강화했기 때문이었다. 그러나 현재의 노키아는 스마트폰의 진입장벽을 타개하지 못하면서 서서히 제품이 사라지고 있다. 이렇듯 고객지향중심의 제품을 시장에 내놓지 못한다면 거대기업이라도 한순간에 무너지는 것이 현재의 비즈니스 패러다임의 대표적인 사례인 것이다.

또한 스마트 비즈니스가 시사하는 것처럼, 제공가치 측면에서는 새로운 사회 패러다임의 도래에 따라 변화하는 고객가치를 융합 및 포착하는 것이 앞으로 더욱 중요할 것이다. 그러나 이러한 비즈니스 환경 변화에도 불구하고, 이에 대처하기 위하여 전략적 차원에서 우리는 체계적인 요인을 파악할 필요가 있다. 이러한 기업전략은 크게 내부적 요인과

그림 2-1 새로운 기업환경 전략

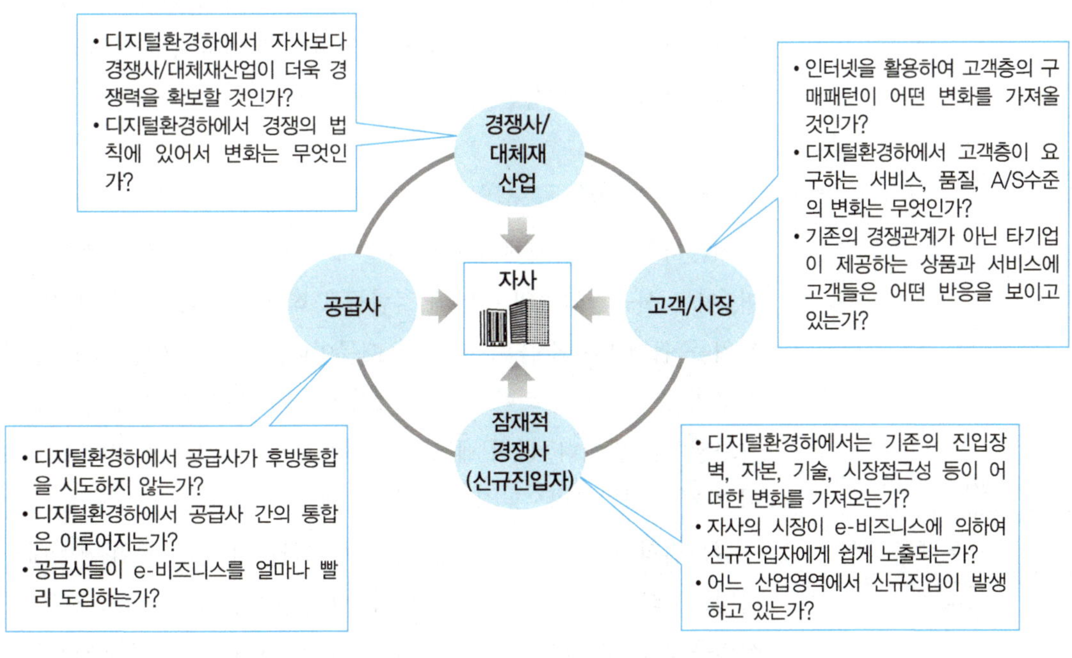

외부적 요인에 영향을 받는다. 내부적 요인은 설비, 자본 등 유형의 역량과 브랜드와 같은 무형의 역량으로 나누어 볼 수 있다. 이러한 요인들은 기업이 통제할 수 있는 변수다. 이들로 인해 발생하는 리스크는 어느 정도 예측이 가능하다는 것이다. 외부적 요인은 인구구조 변화, 기상이변 등 거시적 충격, 소비자 라이프스타일 변화와 같은 미시적 충격, 그리고 웹, 융합경영, 즉 컨버전스와 같은 기술적 충격을 포함한다. 이들 외부요인은 기업의 통제범위를 벗어난다. 때문에 이들의 변화는 기업이 직면하는 불확실성을 증폭시킨다. 이들 외부요인들은 새로운 경쟁과 사업환경을 형성하며, 기업의 전략 방향 변화를 이끌어 낸다. 새로운 기업환경 변화요인을 살펴보면 [그림 2-1]과 같다.

가. 신규진입의 위협

신규진입의 위협만으로도 산업의 잠재적인 수익성은 감소할 수 있다. 때문에 기존기업들은 진입 시도를 봉쇄하기 위한 진입장벽을 통해 대응해 왔다. 그러나 외부환경이 변화하면서 신규진입의 양상이 크게 달라질 것으로 예상된다. 결론부터 말하자면 기존의 진입장벽은 상당부분 무력화될 가능성이 크다. 때문에 다양한 부분에서 신규진입의 위협이 현실화될 것으로 예상된다.

(1) 공급 측면의 규모의 경제

기존기업들은 가치체인상 전 과정에서 규모의 경제를 실현하고 있으며, 이는 신규기업들의 진입에 걸림돌로 작용해 왔다. 기존기업의 비용우위를 쉽게 따라잡을 수 없었기 때문이다. 경쟁시대에는 규모의 경제 확보의 중요성이 후퇴할 것으로 예상된다. 즉 규모의 경제 진입장벽이 약화된다는 말이다. 특히 제조업 부문을 중심으로 생산설비나 고정자산이 가지는 진입장벽으로서의 역할이 줄어들 것이다.

글로벌화가 진전되고, 아웃소싱이 증가하면서 많은 기업들이 대규모 설비로부터 자유로워지기 시작했다. 예를 들어, 전자산업의 경우 생산설비를 직접 구축하지 않고 EMS(Electronic Manufacturing Service)기

EMS
전자분야의 신제품 개발속도가 빨라지면서 설비투자에 대한 위험을 줄일 목적으로 생산을 위탁받아 전문적으로 제조 및 서비스를 전담하는 생산전담회사를 말한다.

업의 설비를 활용하는 것이 가능하다. 때문에 신규 진입자들이 브랜드, 연구개발(R&D), 유통 등에서 자신만의 역량을 구축하고 산업에 진입하는 것이 용이해지고 있다. 특히 지식, 아이디어 중심으로 변해가는 웹 2.0 경제 패러다임은 이러한 현상을 더욱 가속화시킬 것이다. 유형의 자본에서 무형 자본으로 가치의 원천이 이동하면서 기존기업들의 규모의 경제는 그 의미가 퇴색할 것으로 예상된다.

(2) 수요 측면의 규모의 이익

기존기업들은 이미 시장에서 상당 기간 활동해 왔기 때문에 수익이 가능한 일정수준 이상의 고객을 확보하고 있다. 신규진입 기업의 경우 단기에 이를 따라잡는 것은 거의 불가능하다. 기업의 규모에 관계없이 이는 새로운 산업에 진입하려는 모든 기업의 고민이다.

그러나 '롱테일(Long-tail)' 이라는 새로운 경제가 등장하면서 수요 측면의 규모의 이익이 신규진입을 저지하기 어려워졌다. 많은 고객을 확보하지 않고도 새로운 산업에 진입할 가능성이 증가하고 있는 것이다. 더욱이 롱테일은 온라인을 넘어 현실경제에서도 관찰되고 있다. 글로벌화, 인구구조 변화, 소비자 니즈 다양화 등의 트렌드는 롱테일경제의 확산을 이끌고 있다. 기존의 기업들, 특히 대중시장에 집중하던 대규모 기업들이 신속하게 롱테일 환경에 대응하기가 어렵다. 반면 신규진입자들은 비교적 손쉽게 진입이 가능하며, 이를 바탕으로 기존 대중시장의 경쟁자들과 겨룰 수 있는 기반을 마련할 수도 있다.

(3) 고객의 전환비용

전환비용은 기존에 사용하던 제품, 서비스를 새로운 것으로 대체할 경우 발생하는 비용이다. 고객들은 익숙함의 포기, 탐색비용 등으로 새로운 제품, 서비스 구매를 고민하기 때문에 전환비용은 중요한 진입장벽이다.

향후 대체재의 편익이 고객의 전환비용보다 새로운 대체재의 편익이 증가하면서 고객들의 이동이 빈번하게 일어날 것으로 예상된다. 이는 대체재의 다양성 증가, 대체재 탐색비용의 하락에 기인한다. 고객전환비용은 대체재 위협에서 보다 자세히 살펴볼 수 있다.

(4) 자격요건

자격요건은 신규진입 시 발생하는 매몰비용(sunk cost)과 관련이 있다. 기존기업과의 경쟁을 위해 대규모 시설투자가 필요하다면 신규기업들은 진입을 망설일 수밖에 없다. 고정설비, 광고, 연구개발비(R&D) 지출 등 단기에 회수하기 힘든 비용이 많다면 신규진입의 위협은 줄어들게 된다. 경쟁시대에는 이러한 매몰비용이 감소하면서 자격요건이라는 진입장벽이 낮아지게 될 것이다. 정보통신기술의 발달, 아웃소싱 공급자의 다양화, 협업적 혁신과 개방형 비즈니스 증가, 스마트오피스 등으로 매몰비용의 감소가 두드러질 것으로 예상된다. 먼저 유통분야에서는 웹을 활용한 유통이 증가하면서 매몰비용이 급감하고 있다. 이전 시대와 같이 점포임대 등에 많은 비용이 소요되지 않기 때문이다. 누구나 쉽고 저렴하게 진입, 퇴거할 수 있는 환경이 마련되고 있는 것이다.

매몰비용
이미 매몰되어 다시 되돌릴 수 없는 비용, 즉 의사결정을 하고 실행한 이후에 발생하는 비용 중 회수할 수 없는 비용을 말하며, 함몰비용이라고 한다.
일단 지출하고 나면 회수할 수 없는 기업의 광고비용이나 R&D 비용 등이 이에 속한다.

(5) 유통경로

유통경로도 기존기업들이 진입장벽으로 활용할 수 있는 요소 중 하나이다. 기존기업들은 독자적인 유통경로를 확보하고 있거나, 유통기업과의 관계를 통해 배타적으로 사업을 운영할 수 있었다.

그러나 인터넷의 등장 이후, 특히 웹2.0 시대 유통부문에 혁명적인 변화가 나타나면서 진입장벽으로서 독점적 유통경로는 퇴색할 것이다. 오픈마켓을 통한 유통이 급증하면서, 기존기업들이 가지고 있는 유통의 우위가 빠르게 해체되기 때문이다. 유통관련 이슈는 구매자 협상력과 관계가 깊다.

(6) 선도기업 우위

기존기업들은 비용구조, 품질, 학습효과와 같이 신규기업에 비해 우월한 역량을 가지고 있다. 또한 기존 공급자들과의 거래관계, 생산 · 판매의 입지 측면에서도 유리한 측면이 있다.

기존의 경쟁시대 선도 우위를 활용한 진입장벽은 비교적 약화될 것으로 예상된다. 예를 들어, 비용, 품질, 학습효과의 우위는 지속적으로 유지되기 어려울 것이다. 혁신 및 R&D와 제조방식의 변화, 새로운 유통구조가 등장하고 있기 때문이다. 또한 원자재 수급불균형과 가격불안이 확대되면서, 기존기업들도 공급자들과의 거래관계 유지에 애를 먹고 있는 상황이다. 선도기업으로서 무형의 우위가 사라지면서 진입장벽은 더욱 낮아지게 되는 것이다.

나. 공급자 협상력

공급자 협상력은 산업의 수익성을 변화시키는 잠재적 경쟁요인이다. 여기서 공급자란 기업에 원료, 중간재, 서비스 등을 공급하는 사업파트너, 외부역량을 총칭한다. 공급자들의 힘이 강해지면, 원료나 중간재에 보다 높은 가격이 매겨진다. 이 경우 기업들의 수익성이 악화될 수밖에 없다. 때문에 글로벌 기업들의 경우 안정적 사업을 위해 자사의 비즈니스 생태계(ecosystem)에 공급자들을 편입시켜 관리하기도 한다.

경쟁시대 공급자들의 힘은 어떻게 변화할 것인가? 이는 공급자들이 속한 산업에 따라 다르게 나타날 수 있다. 크게 1차산업과 2, 3차산업의 경우로 나누어 분석해 볼 수 있다.

먼저 원자재, 상품 등을 취급하는 1차산업 공급자들의 협상력은 지속적으로 증가할 전망이다. 최근의 원자재가 폭등, 원류나 곡물가 상승 등이 이를 반영한다. 더욱이 이들의 협상력은 향후 더욱 증가할 것으로 예상된다. 이머징마켓의 성장과 소비 고도화, 기후변화 등 거시적 충격과 맞물려 수급 불균형이 심화될 것이기 때문이다.

반면 2, 3차산업의 경우 공급자 협상력은 단기적으로 낮아질 것이다. 즉 단기에는 공급자들로 인한 수익성 위협이 감소된 것으로 평가할 수 있다. 이는 마치 소비자와 기업(B2C)과의 관계에서 소비자들의 힘이 증가하는 것과 유사하다. 먼저 웹2.0과 IT 발전의 영향으로 기업과 기업간(B2B) 오픈마켓을 통한 공급자와 기업의 거래가 증가하고 있다. 또한 저임금 지역에서 R&D를 비롯 제조, 회계, 콜센터 등 다양한 서비스를 제공하는 기업들이 늘어나는 추세이다. 때문에 기업들은 더욱 낮은 가격에 공급자들을 활용하는 것이 가능한 상황이다.

그러나 중장기적으로 2, 3차산업 공급자들에 대한 기업들의 우위가 지속될지는 의문이다. 오히려 공급자들의 협상력이 강화될 가능성이 높다. 수익성 확보를 위해 공급자들 간 수직통합의 움직임이 나타나고 있기 때문이다. 공급자들의 수익성을 강화하기 위해서는 시설확충과 사업다각화가 필요하다.

다. 구매자 협상력

구매자 또는 고객은 가격인하 압력을 행사하고, 품질 · 서비스 개선 요구를 통해 산업참여자 간 경쟁을 유도한다. 여전히 기업과 소비자 간에는 정보의 비대칭성이 존재하기 때문에 소비자들의 영향력은 제한적일 수밖에 없었다. 인터넷이 도입되면서 이러한 정보 비대칭성이 점차 개선되기는 했지만, 정보의 일방적 수용 측면이 강했기 때문에 영향력은 크게 확대되지 못했다.

반면 웹2.0 시대의 소비자들은 접근할 수 있는 정보의 양도 막대할 뿐만 아니라, 쌍방향적으로 정보를 생산 · 유통한다는 측면에서 기업과 대등한 정보력을 갖게 되었다. 나아가 개인 간 연결을 통해 만들어진 집단적인 정보력을 실제 기업에 대한 영향력으로 전환할 여지가 커졌다. 때문에 경쟁시대의 구매자 협상력은 폭발적으로 증가할 전망이다.

구매자들의 협상력 확대는 다음과 같은 양상으로 전개될 것이다.

첫째, 정보생성, 유통도구의 진화가 구매자 협상력 강화를 이끌 것이다. 블로그나 미니홈피는 일상적인 커뮤니케이션 도구로 자리잡았다. 제품, 서비스에 대한 UCC, 트위터, 페이스북 등이 유통되고 소비자들이 통제하는 정보는 증가하는 상황이다. 카카오톡과 같은 온라인 커뮤니티는 집단으로서 소비자들의 영향력을 더욱 증대시키고 있다.

둘째, 요구하는 가치가 다양화되고 있다. 정보가 부족했던 과거 소비자들은 가격인하 정도를 요구하는 것이 전부였다. 그러나 기업활동의 공개 수준이 높아지고, 더 많은 내부정보들에 접하게 되면서 적정이윤, 기업의 윤리성, 노동자에 대한 태도, 환경에 대한 책임 등 다양한 이슈에 대해 압력을 행사하고 있다.

셋째, 영향력의 범위 확대이다. 다시 말해 고객참여의 범위가 확대되고 있다는 것이다. 고객참여는 가치체인상의 기획, 생산, 유통 등으로 확대 중이다. 소비자들의 인식이 변화하고 영향력이 증가하면서, 기업과 소비자가 직접 경쟁하는 일도 증가할 것으로 보인다.

라. 대체재의 위협

대체재는 다양한 형태로 기존기업의 제품을 위협한다. 이러한 위협은 항상 존재하지만 인지하지 못하는 경우도 많다. 기존제품과 바꾸어 쓸 수 있다는 점 때문에 대체재의 가격수준은 기존제품의 가격과 잠재수익을 제한한다.

경쟁시대의 대체재 위협은 더욱 다양해지고, 예측하기 힘든 곳에서 등장할 것으로 예상된다. 대체 가능한 상품 자체가 증가할 뿐 아니라, 대체재 탐색비용도 낮아지고 있기 때문이다. 소비자의 라이프스타일 변화에 따라 전혀 새로운 제품이 대체재가 될 수 있다는 점도 한 원인이다.

먼저 기존제품 대비 가격, 성능의 우위를 가진 다양한 대체재가 나타날 것이다. IT의 발달은 이런 현상을 가속시키는 주요 원인이다. 제품 간 융합기술 및 산업 간 융합기술 등 기술, 공급 측면의 변화도 대체재 증가의 원인이 된다. IT, 제조부문에서는 기술 · 기능 융합기술로 대체관계가 매우 복잡해지고 있다. MP3플레이어, 휴대폰, 스마트폰, 태블릿 PC, 카메라, PMP, 소형 내비게이션 등은 상호 밀접한 대체관계를 가지고 있다. 전반적인 산업규제 완화 트렌드도 대체재 압력을 증가시킨다.

대체재 탐색비용도 매우 낮아지는 상황이다. 탐색비용이 낮아질 경우 대체재를 선택할 가능성이 높아지게 된다는 점에서 기존기업들에게는 위협이 된다. 예를 들어, 웹상에 존재하는 수많은 상품정보는 소비자의 탐색비용을 낮춘다. 특히 웹2.0 시대에 접어들면서 굳이 발품을 팔지 않아도 더욱 생생한 정보를 얻는 것이 가능해졌다. 소비자들이 직접 올리는 상품평이나 블로그에 올린 개인적인 상품정보, SNS를 통한 상품추천 등 상품에 대해 보다 개인적이고 실제적인 정보를 얻을 수 있는 경로가 크게 늘어났기 때문이다. 이는 탐색정보의 신뢰성을 강화한다는 측면에서 매우 중요한 변화이다.

마지막으로 소비자의 라이프스타일 변화는 기업 관점에서는 예측하기 힘든 대체재 위협을 가져온다는 점에서 주목할 필요가 있다. 개인들의 라이프스타일 변화는 재화 · 서비스에 대한 비용과 시간의 우선순위 변화를 통해 살펴볼 수 있다. 예를 들어, 자동차에서 주로 시간을 보내던 사람이 점차 스마트폰, 휴대폰이나 IT기기 사용에 많은 시간을 보내기 시작한다는 것은 라이프스타일이 변하고 있다는 증거다. 이러한 변화는 자동차산업에 휴대폰이라는 낯선 대체재의 위협이 등장할 것임을 의미한다. 이는 향후 대체재의 위협에서 고객의 예산뿐 아니라 시간이 중요한 요소가 될 것을 시사한다.

마. 기존기업 간 경쟁

기존기업 간 경쟁은 보통 '경쟁기업'을 말하는 경우의 경쟁을 의미한다. 경쟁자는 나와 같은 시장에서 유사한 방식으로 제품 · 서비스를 경합한다. 때문에 경쟁의 양상은 가격 및 비가격경쟁, 신제품 출시, 광고 등 보다 직접적인 형태로 나타난다.

신규진입자, 공급자와 소비자, 대체재 등 광범위한 영역에서 경쟁이 증가하기 때문에, 경쟁시대하에서 기존기업 간 경쟁의 상대적 비중은 낮아질 것으로 판단된다. 그러나 기존기업 간 경쟁은 기업의 수익을 결정하는 가장 크고 직접적인 요인이라는 점에서 여전히 중요하다.

먼저 과거의 경쟁방식인 가격경쟁은 지속될 것이다. 시장점유율 확대, 단기적 매출액 증대 등에 직접적 효과를 가지기 때문이다. 더욱이 웹2.0의 새로운 유통형태가 등장하면서 가격경쟁은 당분간 더욱 심화될 것으로 예상된다. 예를 들어, MP3플레이어 산업에서 점유율 확대를 위한 기존기업 간 가격경쟁은 1차적인 가격인하를 유발한다. 문제는 여기서부터다. 오픈마켓의 경우 동일한 제품을 판매하는 딜러들이 다수 존재하는데, 이러한 구조 때문에 1차적인 가격인하를 거친 제품은 다시 한 번 가격경쟁에 돌입하게 된다. 결국 판매자 · 딜러는 마진이 거의 없어질 때까지 박리다매식의 가격인하 경쟁을 하게 되는 것이다.

또한 가격경쟁의 내용이 한층 업그레이드될 것으로 예상된다. 과거의 가격경쟁은 규모의 경제를 통한 비용절감이 주된 수단이었다. 대규모 시설을 확보하고, 대중시장에 판매함으로써 가격을 낮출 수 있었다. 그러나 웹2.0 협업이 산업 패러다임을 주도하면서 가격경쟁에 있어 물량과 규모가 아닌 효율화 · 외부화를 통한 비용절감이 더욱 효과적인 수단으로 떠오르고 있다. 최근 나타나고 있는 개방형 비즈니스 모델, 개방형 혁신은 이를 반영한다. 내부역량을 활용한 혁신은 시간적 · 금전적 비용 측면에서 효율성이 감소하는 반면, 외부역량을 활용하는 경우 혁신비용 절감과 라이센스 등 신규 수익원 창출이 가능하다.

이처럼 비용절감과 수익창출 방식의 혁신은 가격경쟁과 기업전략의 양상을 크게 변화시킬 것이다. 한편 많은 기업들이 수익성 악화를 피해 부가서비스, 브랜드, 디자인 등 가격 이외의 영역에서 경쟁을 확대하고 있다. 일반적으로 비가격경쟁은 가격경쟁에 비해 수익성을 덜 잠식하는 것으로 알려져 있다.

인터넷과 IT를 기반으로 한 e-비즈니스가 가져온 사회적 변화는 기업경영에 있어서도 엄청난 위협과 기회로 다가왔다. 이에 대한 e-비즈니스가 점차 성숙된 모습으로 기업환경에 자리잡게 되면서 시간과 비용을 절약할 수 있을 것이다.

2.2 e-비즈니스의 발전단계와 정의

가. e-비즈니스의 발전단계

e-비즈니스의 필요성은 기업과 정부에서 컴퓨터와 정보통신의 활발한 사용과 고객서비스, 비즈니스 처리, 기업 내부와 기업 간의 정보교류 교환 등을 향상시킨다는 목표하에 컴퓨터를 보다 효과적으로 적용하기 위하여 대두되었다.

1970년대에 보안사설 네트워크를 통한 은행 간의 전자자금이체(EFT :

Electronic Funds Transfer)가 소개됨에 따라 금융시장의 판도가 변했다. 전자자금이체는 전자적으로 제공된 송금정보로 전자결제를 최적화시키는 것이 목표였다. 오늘날에는 어디서나 쉽게 접근이 가능한 장소, 즉 슈퍼마켓, 편의점, 음식점 등 다양한 장소에서 신용카드로 아니면 은행 계정에서 직접 결제되는 직불형태 등이 모두 여기에 포함된다. 매일 많은 금액이 은행의 자동화된 시스템, 회사 간에 연결된 컴퓨터 네트워크를 통해서 전자자금이체가 성행 중에 있다.

1970년대 후반부터 1980년대 초기까지 전자상거래는 전자데이터교환(EDI)과 전자우편 같은 전자메시징 기술의 형태로 기업 내에 광범위하게 확산되었다. 전자메시징 기술은 문서작업을 줄이고 자동화 작업을 증대시켜 비즈니스 처리를 능률적으로 수행한다. 확인문서, 구매서, 선적문서 등과 같은 서류로 처리되는 전형적인 비즈니스 교역은 전자적으로 이루어진다. 전자데이터교환은 기업이 공급자로부터 혹은 공급자에게 정형화된 표준문서의 형태로 주문서와 같은 비즈니스 문서를 보내고

그림 2-2 e-비즈니스 발전단계

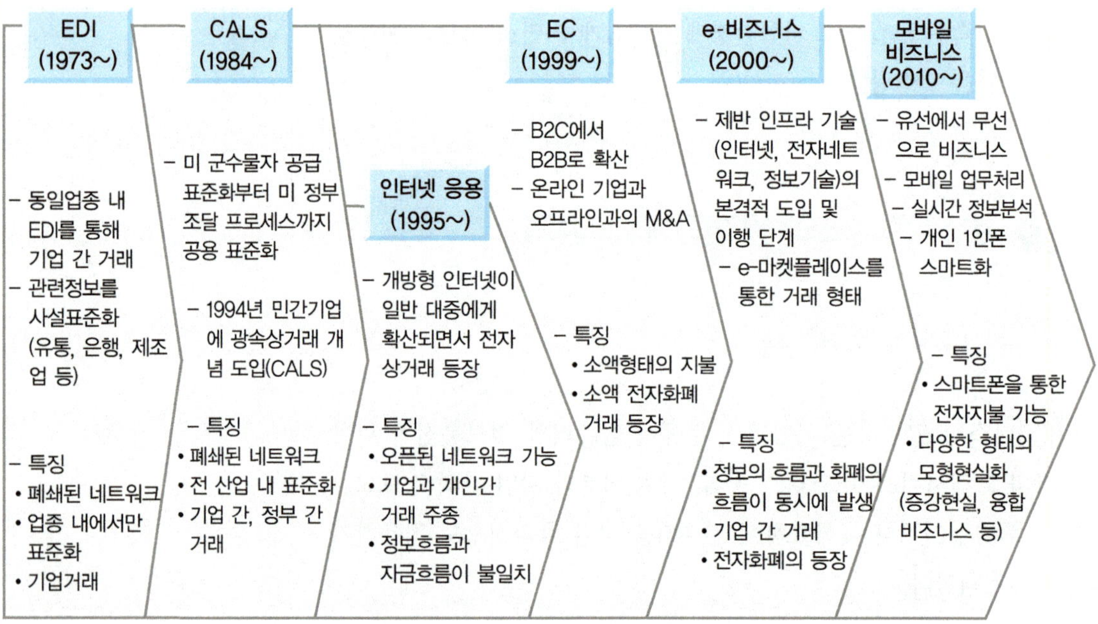

받을 수 있도록 해준다. 그리고 전자우편은 조직의 내부와 외부 모두의 비구조화된 의사소통이 원활하게 수행될 수 있도록 한다.

시간이 지나면서 전자데이터교환은 몇 가지 다른 기술의 병행이 포함된다. 특히 EDI는 소매분류 관리에서 큰 성과를 거두었다. 분류관리는 정확한 제품가격, 수량 그리고 위치를 제공하여 고객의 요구에 맞아떨어지도록 하는 것이다.

전자문서교환(EDI)이 확대 적용되면서 e-비즈니스의 활용영역이 넓어지고 있다. 또한 전자상거래(EC)는 비제조업의 수 · 발주와 판매중심으로 그리고 CALS는 제조업중심의 설계, 생산, 운영유지까지 포함하는 개념으로 사용되는 용어로 바뀌게 된다. 최근에는 e-비즈니스가 기업의 인프라의 핵심으로 적용되면서 인터넷 상거래인 쇼핑몰, 모바일 상거래, 스마트 비즈니스 영역으로 확대되어 가는 추세이다. 기존의 EDI와 VAN, CALS를 통한 거래방식이 인터넷환경의 웹을 통한 XML/ebXML로 점차 거래환경이 확대되고 있으며, 그리고 이와 관련된 정보기술환경과 제반 인프라 기술 또한 상당히 변화될 것이다.

최근 스마트폰의 열풍으로 다양한 형태의 모바일 비즈니스화가 급격히 이루어지고 있다. 모바일화는 유선환경의 업무를 무선환경으로 급속도록 변화하면서 업무가 실시간 처리될 뿐만 아니라 분석도 함께 이루어지고 있다. 또한 개인 스마트폰의 1인체제로 기존 정해진 공간에서 일을 보던 시대에서 시간과 장소에 구분없이 비즈니스 상황에 맞게 모바일 비즈니스화가 급속도로 진행되고 있다. 이러한 모바일 비즈니스는 공간제약을 극복하게 해주는 정보통신기술 기기 덕택으로 향후 닥쳐올 모든 분야의 변화는 획기적으로 자연스럽게 진행될 것이다.

나. e-비즈니스의 정의

e-비즈니스의 목적은 거래의 시작에서부터 끝날 때까지 서류가 사용되지 않는 기업환경을 인터넷 정보기술과 네트워크에 의해 달성하는 것이다. 초기의 e-비즈니스는 인터넷과는 별도의 영역인 구조화된 상거래인 CALS, EDI, VAN의 형식이었으나 인터넷의 폭발적인 보급과 확산

CALS(Commerce At Light Speed)
국제적으로 표준화된 정보와 데이터들을 인터넷을 통해 교환함으로써 EC를 더욱 빠르고 편리하게 구현

XML(eXtensible Markup Language)
웹페이지를 만드는 새로운 언어로서 HTML을 대체하고 있다. 제한된 태그(tag)정보 형식보다는 내용을 지정하도록 고안되었다. EDI도 대체할 가능성이 있다 (www.xmledi.com).

VAN
부가가치통신망이라고 한다. 통신사업자로부터 회선을 빌려 컴퓨터를 이용한 네트워크를 구성, 정보의 축적 · 처리 · 가공을 하는 통신서비스 또는 네트워크관련서비스를 제공하는 사업이다.

표 2-1 ■ e-비즈니스의 정의

Bound & King(1999)	전자적 비즈니스란 기술, 프로세스 그리고 경영관행들을 포괄하는 것으로 전자적 정보의 전략적 사용을 통해 조직의 경쟁력을 향상시키고자 하는 것
가트너그룹(2000)	상거래가 기존산업 및 일반기업의 활동 자체에도 영향을 미침으로써, B2B, B2C, B2E 등을 포함한 핵심 기업활동이 인터넷 비즈니스화되는 것
IBM(2000)	인터넷 기술의 사용을 통한 주요 비즈니스 프로세스의 변형, 즉 비즈니스 파트너와 통신하고, 후방 데이터베이스시스템과 연결하며, 상거래를 수행하기 위해 웹을 사용하는 것
PWC(2000)	전통적 비즈니스 방식을 향상 · 발전시키고 때로는 대체하기 위해서 웹, 인터넷, 새로운 컴퓨팅, 통신기술을 적용하는 것
Papazogglou & Ribbers(2006)	사고파는 데 관련된 정보교환뿐만 아니라 고객서비스, 비즈니스파트너, 배송, 공급자와의 협력을 포함하는 것

으로 상업화가 시작되면서 인터넷상의 전자상거래에 대한 논의가 시작되었고, 이는 디지털환경 및 경영, 경제, 지식경영 등과 함께 전자상거래를 탄생시켰다. 최근의 전자상거래는 e-비즈니스 영역에 포함되는 양산을 보임에 따라 광의의 전자상거래는 e-비즈니스에 포함하는 것으로 정의가 내려진다.

e-비즈니스는 1997년 IBM에서 그 용어를 최초로 사용하기 시작했다. 기존의 연구자들은 광의의 의미로서 전자상거래를 정의하였는데, 이는 e-비즈니스와 그 맥락을 같이하고 있다. 일반적으로 정의된 e-비즈니스의 개념들은 [표 2-1]과 같다.

결론적으로 e-비즈니스의 개념은 다음과 같이 몇 가지 측면으로 정리할 수 있다.

- 전통적 비즈니스 방식을 향상 · 발전시키고 때로는 대체하기 위해서 인터넷 또는 새로운 정보통신기술을 적용하는 것
- IT기술, 업무 프로세스, 경영 관행들을 포괄하는 것으로 정보의 전략적 사용을 통해 조직의 경쟁력을 향상시키고자 하는 것
- e-비즈니스가 기업활동 자체에도 영향을 미침으로써 기업 간, 기업과 소비자 간, 기업 내부의 모든 활동들이 컴퓨터 기반 채널상에서 실행되는 것

- 인터넷과 또 다른 네트워크에 제품, 서비스, 정보 등을 사고파는 것에서 마케팅과 서비스를 이행하는 전자상거래를 포함한다.

e-비즈니스는 넓은 의미에서 인터넷을 활용한 모든 경제활동을 의미한다. 즉 마케팅, 광고, 수·발수, 생산, 판매, 기술개발, 문서결제 등 기업의 모든 것이라 할 수 있다. 기업 대 소비자간(B2C)과 소비자 대 소비자간(C2C)을 중심으로 발전한 인터넷 비즈니스는 기업 대 기업(B2B)과 기업 대 정부(B2G)로 발전되었다.

인터넷 열풍을 타고 우후죽순처럼 생겨난 인터넷 비즈니스 기업에 대한 옥석 가리기가 시작되면서 어떤 비즈니스모델을 가진 기업이 살아남고 도태될지에 대해서도 서서히 윤곽이 드러나고 있다. 최근의 해외기고에서 인터넷 기업 중 일부만이 살아남을 것이라고 예측을 하면서 현실세계와 연결되지 못한 인터넷 소매업체들은 살아남을 가능성이 희박한 것으로 분석하고 있다. 그러나 향후 인터넷으로 무장된 스마트폰의 열풍이 전 세계적으로 확대되어 가는 와중에 이러한 예언 자체가 무의미하다. 스마트폰을 통한 소셜쇼핑과 커뮤니티 같은 활동들이 폭발적으로 증가하고 있다. 그리고 또 다른 비즈니스모델과 모형들이 계속해서 등장하고 있다.

소비자 관점에서 e-비즈니스를 살펴보면 소비자와 기업이 인터넷이나 기타 온라인네트워크를 이용하여 조달, 구입, 지불, 결제 등과 같은 상거래행위를 실행하는 것이다. 인터넷쇼핑몰 절차는 출점자가 인터넷의 Mall에 출점하고 소비자 개인이 인터넷을 통해 Mall을 쇼핑하고 원하는 제품을 문의, 의뢰 또는 주문한 후 소비자 신용카드, 전자지불 등으로 결제하려 할 때 정부 또는 은행 등의 인증시스템에 의해 결제가 이루어지게 되며 이 과정이 끝나면 유통업자나 배송시스템에 의해 주문한 개인에게 제품이 배달되는 과정을 말하고 있다.

기업 관점에서 e-비즈니스는 기존의 전자문서교환(EDI)이 확대해석되며, 소비자와 기업을 포함하고 기업 간 거래의 주종을 이루는 형태이다. 기존의 EDI가 확대해석되고 데이터베이스를 공유하면서 개인 간과 기업 간의 상호 통신교류 및 자금의 이전을 가능하게 하는 거래로 발전되었다. 특히 이 분야는 기존의 CALS(광속상거래)를 바탕으로 한 표준과 기업 전체 라이프사이클의 활동 반경이 전자적으로 구성되며, 궁극적으로 국내외 전체 산업활동을 전자화하는 것뿐만 아니라 산업 간 융합비즈니스로 확대될 것이다.

결론적으로 e-비즈니스는 전체 거래활동에 대하여 전자상점, 쇼핑몰 등과 같이 고객(수요자)과 공급자 그리고 금융기관과의 거래행위를 전자상거래(EC)로 보고, 기업 간 거래, 전자상점, e-마켓플레이스 등 그리고 금융기관 간의 거래행위뿐만 아니라 고객에게 서비스를 제공하고 사업파트너와 협력, 조직내부에서의 전자적 거래행위로서 보다 넓은 의미를 e-비즈니스로 보는 것이다. 즉 소비자와 비즈니스파트너 간의 인터넷과 기타 네트워크(유 · 무선네트워크)를 통한 모든 경제활동 영역을 e-비즈니스로 정의한다.

다. e-비즈니스 유형 분류

세계적인 추세에 따라 인터넷 비즈니스도 온라인 기업과 오프라인 기업이 결합한 인터넷 비즈니스가 성공한다는 것이 당연시 되고 있다. 따라서 인터넷 비즈니스는 [그림 2-3]처럼 정부, 소비자, 기업 등 종합적인 네트워크로 형성되는 e-비즈니스로 발전되었고 거래유형별 분류는 다음과 같다.

(1) Business-to-Business(B2B)

B2B거래에서 구매자(buyers)와 판매자(sellers) 등의 모든 참여자들은 기업의 조직이다. 오늘날 대부분의 전자상거래는 기업과 기업 간 거래이다. B2B응용은 EDI, VAN 등을 통해 오래전에 설정되어 왔으나, 최근에는 B2B 거래형태가 e-마켓플레이스로 점점 강화되는 추세이다. e-마켓플레이스는 상품구매와 판매를 위한 기업 간 전자상거래의 핵심으로 내부적으로는 비용절감과 외부적으로는 매출확대를 기할 수 있다.

그림 2-3 e-비즈니스의 거래유형

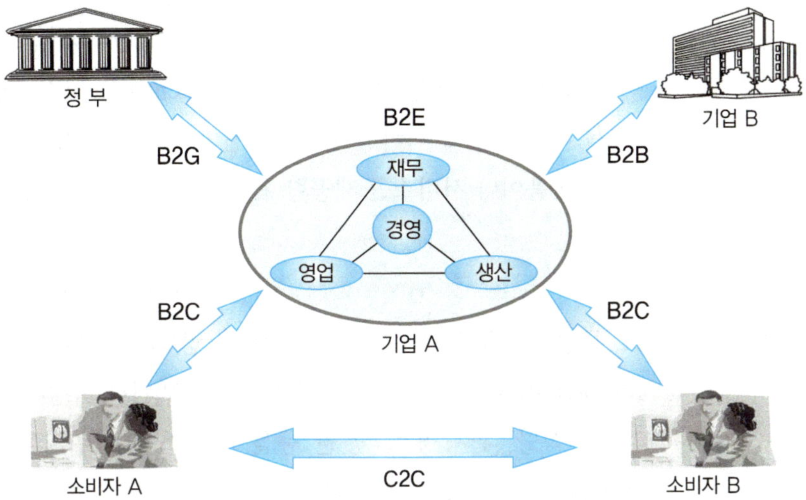

(2) Business-to-Consumer(B2C)

B2C에서 판매자(sellers)는 조직이며, 구매자(buyers)는 각각의 소비자들이다. 대표적인 비즈니스모델은 전자소매(e-tailing)이다.

(3) Consumer-to-Business(C2B)

C2B는 제품이나 서비스를 필요로 하는 소비자를 발굴하거나 공급자, 즉 기업은 그들이 필요로 하는 제품과 서비스를 제공하는 형태이다. 이의 대표적인 사이트의 예는 priceline.com이다. 고객이 원하는 가격에 대한 상품과 서비스를 요구할 때 priceline은 공급자에게 필요로 하는 고객에 눈높이를 맞추어 협상을 유도한다.

(4) Consumer-to-Consumer(C2C)

C2C는 어떠한 개인이 또다른 개인에게 제품이나 또는 서비스를 판매하는 행위이다. C2C 형태는 customer-to-customer와 상호교환되어 사용된다. C2C의 전자적 시장은 웹기반의 경매(auction)에 의해 기본적으로 형성된다. 분류형태의 정보에서 웹을 이용하여 경매사이트를 통해

소비자들 사이에 협상하는 것이다.

(5) Business-to-Business-to-Consumer(B2B2C)

B2B2C에서 어떤 비즈니스는 고객(client)비즈니스에게 상품과 서비스를 제공한다. 고객비즈니스는 자신의 고객을 가지고 있고, 그 고객들에게 상품이나 서비스를 제공한다.

(6) Mobile commerce(모바일상거래)

무선환경에서 행해지는 전자상거래 업무와 활동을 모바일 상거래(m-commerce)라고 한다. 특히 최근에 특정 위치나 특정 시간에 개인을 겨냥해 식당, 관광명소, 공원 등을 서비스하는 위치기반상거래 또는 Location commerce로 언급한다.

(7) Social commerce(소셜상거래)

소셜미디어(SNS)를 활용하는 새로운 형태의 상거래활동이다. 소셜커머스는 단순히 상품을 파는 것뿐만 아니라 블로그, 트위터, 페이스북 등의 소셜미디어와 연계함으로써 강력한 입소문을 유발하는 구조를 가지고 있다.

(8) Collaborative commerce(협업상거래)

개인이나 단체가 온라인상으로 의사소통하거나 협력할 때 이를 협업상거래라고 한다. 예를 들어 멀리 있는 곳이라도 인터넷을 활용하여 공동으로 협력하여 커뮤니티 및 관련 상품에 대한 서비스를 제공할 뿐만 아니라 예측도 가능하다.

(9) Intrabusiness(intraorganization) commerce(조직내상거래) or Business to Employee(B2E)

조직 내에 다양한 단체나 개인 사이에 상품, 서비스 및 정보의 거래와 관련한 모든 내부 조직활동을 포함한다. 주요 유형은 회사상품을 종업원에게 판매하는 것뿐만 아니라 타 회사의 제품을 특별히 주문형태로 저렴하게 종업원에게 판매하는 것도 포함된다. 조직내 상거래는 대개 인트라넷 및 기업포털에서 행해진다.

(10) Government-to-Business(G2B)

G2B영역은 기업과 정부 사이의 모든 처리를 의미한다. 대표적인 형태가 나라장터로서 다양한 정부프로젝트의 입찰을 통해서 기업이 제안하여 평가완료 후 사업이 진행되는 형태를 볼 수 있다.

(11) Government-to-Citizens(G2C)

G2C는 정부가 시민들에게 상품, 서비스 또는 행정정보를 사거나 제공한다. 노인복지, 장애자의 복지뿐만 아니라 세금지불 및 반환과 같은 분야에서 정부와 시민들 사이에 전자적 처리를 포함한다.

(12) Peer to Peer(P2P)

인터넷 사용자들을 일 대 일로 연결시켜 주기 때문에 P2P 모델이야말로 인터넷의 장점을 가장 잘 살린 비즈니스모델이다. 각 사용자들의 PC에 있는 MP3 · 동영상, 소프트웨어, 또 다른 디지털화된 상품 등의 디지털파일들을 공유 및 교환할 수 있도록 해 주는 것으로 교환형과 온라인 마켓플레이스를 통한 중개형 서비스로 구분한다.

2.3 e-비즈니스모델 분류

e-비즈니스모델은 기존 오프라인의 전통적인 거래방식에서 새로운 거래방식으로의 전환이다. 기존 거래방식에서 유통채널, 거래대상지역, 거래시간, 고객정보, 마케팅활동, 고객대응 등 여러 가지 제약이 있었던 것이 문제시되어 왔다.

유통채널의 경우 기업, 도매상, 소매상, 소비자까지의 복잡하고 다단계식 유통채널을 가지고 있으며 거래대상 지역도 오프라인이다보니 일부지역에 대해서만이 가능하고 글로벌 마케팅에 대한 제한사항이 많았다. 또한 최근에 주요 이슈로 등장한 고객정보 및 고객대응에 대해 많은 시간과 투자가 필요하며 고객의 요구사항 포착이 어렵고 지연되는 문제점들이 있다.

이러한 문제점들을 e-비즈니스모델을 통하여 정보의 수시 획득과 고객요구에 대응하며 기업의 이미지제고, 비용절감, 수요, 공급자 간에 인터넷을 활용한 시장의 전자화와 투명성을 증대할 것으로 예상이 된다.

e-비즈니스모델은 기업과 기업 간, 기업과 소비자 간, 기업과 정부 간, 소비자와 소비자 간 경쟁과 협력 촉진을 통하여 기업의 경영합리화와 기업 간 분산화 및 전문화를 촉진할 것이나 법 · 제도, 인터넷 통신기술, 전자지불 등에 대한 새로운 여러 가지 문제점들이 나타나고 있다. 특허법, 전자상거래기본법, 전자거래서명법 등 각국 법 · 제도 적용의 문제와 특허권 실시상의 문제점들과 인터넷 통신기술의 복잡 다양화 및 표준화 미흡 문제점이 발생하고 있으며, 전자결제시스템의 인증 및 보안기술의 인터페이스 방법과 장치 등에 대한 문제점도 발생하고 있다. 이러한 문제점들은 계속적인 개선 및 보안이 진행될 것이고 새로운 비즈니스, 기술, 시장 등을 창출하게 될 것이다.

가. e-비즈니스모델의 정의

e-비즈니스모델은 웹상에서 가장 많이 언급되면서도 앞으로 어떠한 방향으로 변화해 갈 것인지에 대해 정확하게 예측하기 어려운 분야 중의 하나가 될 것이다. 비즈니스모델이란 기본적으로 기업이 어떻게 수익을 낼 것인가를 보여주는 것으로서, 매우 단순한 사업모델로부터 매우 복잡한 사업모델에 이르기까지 다양하다. 따라서 비즈니스모델에 대한 문헌적인 정의는 다양하며 아직 확립된 정의는 없으나, 일반적으로 ① 거래에 관여한 당사자들과 각각의 역할을 포함해 상품, 서비스와 정보의 흐름을 나타내는 아키텍처, ② 거래에 참가하는 당사자들에게 주어지는 편익과, ③ 수입원에 대한 정확한 묘사가 있어야 한다.

비즈니스모델을 정의하려는 목적은 크게 해당 비즈니스모델이 기술적으로 실현가능한 것인가와 이 모델이 사업으로서의 가능성(feasibility)이 있는가를 평가해 보기 위함에 있다. 물론 사업으로서의 가능성 평가는 모델이 기업 내에서도 존재가 가능하기 때문에 반드시 상업적인 사업성으로 연관되지는 않는다. 기업내부에서의 사업성은 경영합리화, 경영혁신 차원에서 비용절감만으로도 타당성이 인정되기 때문이다.

그러나 단순한 비즈니스모델 그 자체로는 비즈니스모델의 사업성을 알 수가 없다. 그 이유는 사업성이란 사업환경을 비롯해, 고객, 경쟁기업 등 시장에 대한 분석과 사업모델을 추진하기 위한 마케팅전략, 재무전략 등 여러 가지 요소에 의해 결정되고, 사업모델을 누가 어떻게 운영하는가에 따라 시장에서의 호응과 사업성이 결정되기 때문이다. 즉 경쟁우위가 어떻게 구축되고, 어떻게 시장에서 포지셔닝을 하고 마케팅믹스(Mix)는 어떻게 할 것인가 하는 소위 마케팅전략이 비즈니스모델의 성공가능성을 결정하는 중요 요소이다.

e-비즈니스모델들은 너무 다양하고, 기존모델들이 조금씩 변형되고, 여러 모델이 서로 결합되면서 새로운 모델들이 나타나고 있어 이를 구분하는 데에는 일반적으로 ① 비즈니스 참여자 구분에 따라 거래유형별 기업과 소비자간 거래(B2C), 기업과 기업간 거래(B2B), 그리고 소비자와 소비자간(C2C) 거래로 구분되며, ② 사업모델의 주 수입원(source of revenue)에 따라 광고형, 거래수수료형, 이용료형, 회비형 등으로 구분되며, ③ 거래에 참여하는 당사자들의 상호작용 형태에 따라 일 대 일(1 to 1), 일 대 다수(1 to n), 다수 대 다수(n to n)로 구분할 수 있으며, ④ 비즈니스 방식에 따라 소매형, 경매형, 역경매형, 포털형, 카탈로그판매형, 주문판매형 등으로 구분할 수 있고, 마지막으로 ⑤ 순수한 인터넷에서만 가능한 새로운 비즈니스모델과 기존의 사업모델이 인터넷에 이식된 모델로 구분할 수 있다.

나. e-비즈니스모델의 분류

여러 가지 형태의 비즈니스모델을 통해서 기업은 계속적인 수익창출을 원하고 있다. 일반적인 비즈니스모델형태는 다음과 같다.

(1) 온라인 직접마케팅(Online direct marketing)

가장 두드러진 모델은 온라인상에 고객에게 상품 및 서비스를 판매하는 행위이다. 중계상인 및 물리적인 샵이 필요없이 제조업자가 고객에게 판매하는 것으로 보다 효율적인 분배를 하면서 소매상이 고객에게 판매하는 것과 흐름도가 같다. 특히 이 모델은 디지털화된 상품 및 서비스에 특히 유효하다. 이 모델은 특히 B2C(e-tailing)와 B2B거래에서 행해진다.

(2) 조달에 대한 전자입찰시스템(e-procurement)

개인 또는 공공적인 보다 큰 조직적인 구매자들은 역경매라고 알려진 입찰시스템을 통하여 많은 양 또는 보다 큰 가치를 구매한다. 이러한 입찰은 돈과 시간을 절약하는 온라인으로 할 수 있다.

(3) 온라인 경매(Online auction)

국내는 옥션, 국외는 eBay라고 하는 경매사이트를 들어 보았을 것이다. 아마존과 야후, 네이버뿐만 아니라 수백 개의 다른 회사들 또한 온라인 경매를 실시한다. 이러한 경매에서 온라인 쇼핑객은 다양한 상품과 서비스에 대하여 입찰을 하고 최고가의 입찰자가 경매된 상품을 얻는다.

(4) 제휴마케팅(Affiliate marketing)

제휴마케팅은 판매회사의 웹사이트를 소비자들이 참조하도록 마케팅 파트너(비즈니스, 조직, 개인)들과 협약을 맺는 것이다. 참조는 제휴회사의 웹사이트에 판매회사의 배너광고나 로고를 배치하여 이루어진다. 제휴를 맺은 파트너는 고객이 판매회사의 웹사이트를 참조하여 그곳에서 구입할 때 구입가격의 일정액의 수수료를 받는다.

(5) 원하는 가격제도(Name your own price)

Priceline.com이 처음으로 도입한 모델로서 구매자가 특정 상품이나 서비스를 위해 기꺼이 지불할 가격을 정하도록 허용한다. 또한 고객의 요청에 따라 가격으로 상품이나 서비스를 기꺼이 판매하려는 적절한 공급자를 찾기 위해 노력한다.

(6) 가장 좋은 가격 발견하기(Find the best price)

중개사이트는 고객의 요구를 명확히 파악하여 최저가격을 찾아서 원하는 정보를 고객에게 제공한다. 예를 들어 소비자가 가계대출을 하려고 좋은 이자율을 찾기 위해 사이트에 가서 관련 정보를 고객에게 제공한다.

(7) 구전마케팅(Viral marketing)

본 모델은 상품과 서비스가 대체로 만족될 때 다른 사람에게 메시지를 보내거나 어떤 프로그램이나 개인들의 커뮤니티를 통하여 상표인지도나 동질의 정보를 인지하도록 권유하여 관련 상품과 서비스의 판매도를 높일 수 있다. 이러한 비즈니스모델은 웹기반이 기본이 되어야 한다.

(8) 공동구매(Group purchasing)

세계의 어느 오프라인 상거래에서 가격할인은 대량 구매 시 이루어진다. 공동구매는 개인이나 관련 기업을 찾아 주문을 모아서 협상 및 입찰을 통하여 가격할인을 받은 것이다. 일정규모가 충족되었을 때 대부분이 실시한다.

(9) 제품의 맞춤화와 서비스의 개인화(Product customization and service personalization)

제품의 맞춤화는 구매자가 명기한 사항에 따라 만드는 것을 의미한다. 맞춤화(customization)는 새로운 모델이 아니다. 온라인 고객을 위하여 그리 비싸지 않은 범위 내에서 고객에게 맞춤서비스를 제공하는 것이다. 대표적인 사례가 델컴퓨터로서 자사의 고객을 위해 상품을 주문제작해 주어 고객의 사랑을 많이 받은 회사이다.

비슷하게 서비스 또는 정보를 고객이 원하는 사양에 따라 충족이 되었을 때 개인화(personalization)라고 부른다.

(10) 전자시장과 교환(Electronic marketplace and exchange)

전자시장은 주식과 실물거래의 예와 같이 수십년 동안 진행되어 왔다. 구매자와 판매자가 전자시장에서 제품을 검색하고, 제품을 진열하며, 제품에 대한 가격을 설정할 수 있는 환경을 제공한다. 1996년 이후 전자시장은 새로운 효율과 거래프로세스가 소개되었다. 전자시장이 잘 조직되고 관리된다면, 구매자와 판매자 양측에 이익을 제공한다. e-steel.com(철강)처럼 한 분야 산업에 집중되어 전자시장이 관리되는 것을 수직적 시장(vertical marketplace)이라고 한다.

(11) 가상커뮤니티(Virtual communities)

관심이 비슷한 사람이 커뮤니케이션하고 유용한 정보를 찾을 수 있는 온라인 만남장소를 제공한다. Youtube.com은 전 세계 사용자가 비디오를 업로드하고, 이름표를 달고 공유할 수 있도록 해주는 무료 온라인 스트리밍 비디오서비스이다. 즉 커뮤니티 회원들의 회비가 광고수입과 함께 주 수입원이며, 고객의 피드백이나 고객서비스를 통한 관계구축을 위해 기업들이 많이 활용한다.

(12) 가치체인통합(Value chain integrators)

가치체인상의 여러 단계들을 묶어서 통합서비스를 제공하는 모델로서, 수입원은 컨설팅비용이나 거래수수료이다.

(13) 가치체인서비스(Value chain service provider)

전자지불기능, 로지스틱스 같이 산업의 가치체인상의 특정한 기능에 특화하여 온라인으로 서비스를 제공하는 모델로서, 은행들의 전자결제 인증서비스에서부터 생산관리, 재고관리에 이르기까지 가치체인상의 지원활동이 모델의 핵심이다. 수입원은 웹기반 소포배달서비스 FedEx or UPS(www.ups.com)의 예처럼 주로 서비스 이용료 또는 커미션에 있다.

(14) 공급체인 개선자(Supply chain improvers)

전자상거래의 중요한 기여 중 하나는 공급망 관리를 변화시키거나 향상시키는 새로운 모델을 창안함에 있다. 공급체인이 느리고, 비싸고, 오류를 많이 내는 공급망은 대폭적인 개선이 필요하다.

(15) 정보중개(Information brokerage)

제품, 가격결정, 입수가능성에 관한 정보를 개인 및 기업에 제공한다. 광고나 판매자에 대한 직접적인 구매자 연결에서 수익을 창출한다.

(16) 거래중개(Transaction brokerage)

온라인 판매거래로 사용자의 돈과 시간을 절약하며, 거래가 발생할 때마다 수수료를 받는다. 또한 수수료와 조건에 대한 정보를 제공한다.

(17) 소셜네트워크, 커뮤니티, 블로그(Social networks, communities, and blogging)

많은 회사들은 상업적인 이익을 위해 소셜네트워크, 커뮤니티, 블로그 등을 개발하고 있다.

(18) 협상(Negotiation)

인터넷은 개인 및 기업들 사이에 협상의 가능성을 제공한다. 지능적인 에이전트가 협상을 잘 진행한다.

2.4 e-비즈니스 기능별 요소와 교차기능별 실행

가. e-비즈니스 기능별 요소

기업의 비즈니스 활동을 이행하고, 비즈니스 문제를 풀 수 있고, 비즈니스 기회를 추구할 수 있는 기업에서는 정보기술(IT)을 사용하는 데 많

그림 2-4 e-비즈니스에서의 기능별 요소

은 방법들이 존재한다. 우리는 비즈니스 기능의 각각을 지원하는 데 사용되는 정보시스템의 여러 가지 방법에 대한 평가와 이해를 기본적으로 가져야만 한다. 이 절에서는 회계 및 재무, 고객관리 및 마케팅, 운영 및 생산관리, 인적자원관리의 비즈니스 기능을 지원하는 정보시스템(프로세스 처리, 관리정보, 의사결정 등)의 여러 가지 형태인 기능적(functional) 비즈니스시스템에 대하여 설명한다.

[그림 2-4]는 비즈니스의 기능분류 속에 정보시스템이 그룹될 수 있는 것을 설명한다. 대기업이든 중소기업이든 가장 많이 사용되는 기능적 비즈니스시스템의 다양성과 적절성을 제공하는 비즈니스 기능에 따라 분석하고 나열한다.

(1) 인적자원관리

조직에서 인적자원관리를 지원하는 것이 인적자원관리시스템이다.

조직계층, 훈련과 개발, 보상 등에 대한 정보시스템으로 구성된다. 인터넷과 인트라넷에 인적자원관리 웹사이트는 미래 고용인과 현재에 대한 인적관계 서비스를 제공하는 중요한 툴이다.

(2) 회계와 재무관리

회계정보시스템은 비즈니스 기업의 관리에 대하여 사건, 비즈니스 처리를 분석 · 보고 · 기록하는 것이다. 공통된 회계정보시스템의 예는 주문처리, 재고관리, 수취계정, 지불계정, 급료지불 그리고 일반적 원장시스템을 포함한다. 재무에서의 정보시스템은 비즈니스 내에 재무적 자원의 할당과 비즈니스의 재무를 간주하는 의사결정에서 재무전문가에게 지원하는 것이다. 재무정보시스템은 현금관리, 온라인 투자관리, 자본예산, 재무예측과 계획이 포함된다.

(3) 생산 및 운영관리

컴퓨터를 기반으로 한 생산정보시스템은 CIM(Computer Integrated Manufacturing)체제를 지원할 뿐만 아니라 고객요구 변화를 충족시키고 질 높은 품질을 빠르게 생산하기 위하여 많은 활동을 통합하고 단순화한다. 예를 들어, 새로운 제품과 프로세스의 설계를 엔지니어와 협력할 수 있도록 도움을 주는 제조 네트워크를 사용하는 것이 CAD이다. 제조자원시스템은 생산프로세스에서 필요한 자원의 형태적 계획을 지원하는 것이다. 최종적으로 제조실행시스템은 프로세스제어, 수치제어, 로봇과 같은 제어시스템과 제조생산에 대하여 통제와 모니터를 제공하는 것이다.

CIM
컴퓨터를 이용하여 기술개발 · 설계 · 생산 · 판매에 이르기까지 하나의 통합된 체제를 구축하는 것.

(4) 고객 및 마케팅관리

마케팅정보시스템은 마케팅 기능의 관리와 전통적인 프로세스를 지원한다. 마케팅정보시스템의 주요 형태는 웹사이트에 상호작용마케팅, 영업자동화, 고객관계관리, 판매관리, 제품관리, 타깃마케팅, 광고와 프로모션, 마케팅연구가 포함된다. 그리고 마케팅정보시스템은 새로운 물류의 채널, 신구제품의 잠재적인 성장패턴, 광고와 판매를 증진시키기 위한 전략뿐만 아니라 고객관계 증진에도 마케팅관리자에서 지원하는 시스템이다.

나. 교차기능별(cross-functional) e-비즈니스 관계

e-비즈니스는 기업 내에서의 기능뿐만 아니라 산업차원에서 경영혁신, 경쟁력강화를 위해 추진해 오던 기업경영 프로세스의 자동화, 합리화, 통합화와 관련된 부분 중 소위 정보통신기술(ICT)을 활용함에 따라 반드시 기업의 핵심사업 프로세스나 핵심기능의 지위를 잃어 버리고 아웃소싱(outsourcing)의 대상이 될 수 있는 기업의 비즈니스 프로세스나 기능에서부터 분석의 기틀을 생각해 볼 수 있다.

아웃소싱
기업내부의 정보화나 정보시스템의 개발 · 운영을 외부회사에 일괄 위탁하는 것을 가리킨다.

이러한 기능이나 프로세스는 경영혁신에 따른 구조조정이나 리엔지니어링에 의해 사업분할 방식으로 기업에서 분리하거나, 시장에서 동일한 기능을 제공하는 독립된 기업에게 아웃소싱하는 것이 보편화되기 시작하면서부터 e-비즈니스 모델의 근거를 찾을 수 있다. 기업의 프로세스 중 가장 고정투자비용이 적게 들면서 유지 · 관리비용이 많이 드는 오프라인 프로세스는 대부분 서비스와 관련된 부분이다.

예를 들면 재고관리, 주문관리, 고객관리, ARS서비스, 고객서비스, 텔레마케팅, 전산관리, 네트워크관리서비스 등이 바로 그런 부분에 속한다. 인터넷의 등장은 이러한 서비스 기능들을 보다 저렴한 비용으로 온라인상에 구축할 수 있게 하였으며, 인터넷의 보급은 소비자들로 하여금 기업을 접촉하는 새로운 매체로 등장하여 소위 B2C 전자상거래의 활성화로 이어졌다.

전통적인 거래프로세스에서 인터넷이 등장함으로써 산업이나 업계의 비즈니스 관행을 변혁하는 시공간을 초월한 비즈니스 형태와 고객에게 매우 저렴한 비용으로 24시간 서비스제공이 가능하게 되었다. 인터넷이라는 매체의 특성을 활용한 전자교환/거래소시장의 등장의 연장선이며, 기업 간 B2B 거래의 본격적인 분야라고 볼 수 있다. 더구나 중소형 기업들도 ERP, SCM, CRM 같이 대기업 위주로 진행되던 기업의 정보화를 추구하고, 거래 대기업과의 네트워크를 인터넷을 활용하여 저렴하게 구축할 수 있게 됨에 따라 기업 간 B2B가 기반을 단단히 하게 되었다. 따라서 e-비즈니스모델의 분석은 ① 지식경영을 위한 전체 기업의 경영혁신 과정과 ② 기업이나 산업의 가치체인을 구성하는 업무활동을 가지고 살펴볼 수 있다.

실제로 기업의 정보시스템 환경하에서 e-비즈니스를 구축하기 위하여 교차기능별(cross-functional)의 비즈니스시스템을 통합하는 것이 매우 중요하다. [그림 2-5]는 e-비즈니스시스템 구축에서 고객, 고용인, 비즈니스파트너, 기타 인터페이스와의 상호작용을 이루는 것이다. 많은 e-비즈니스 응용은 ERP, SCM, CRM과 같은 교차적인 기능을 통합하는 것이다. 이런 기능들은 제품개발, 생산, 물류, 주문관리, 고객지원 등과 같은 비즈니스 프로세스를 지원하는 시스템이다. 많은 조직은 전통

그림 2-5 기업 간 e-비즈니스 연계도

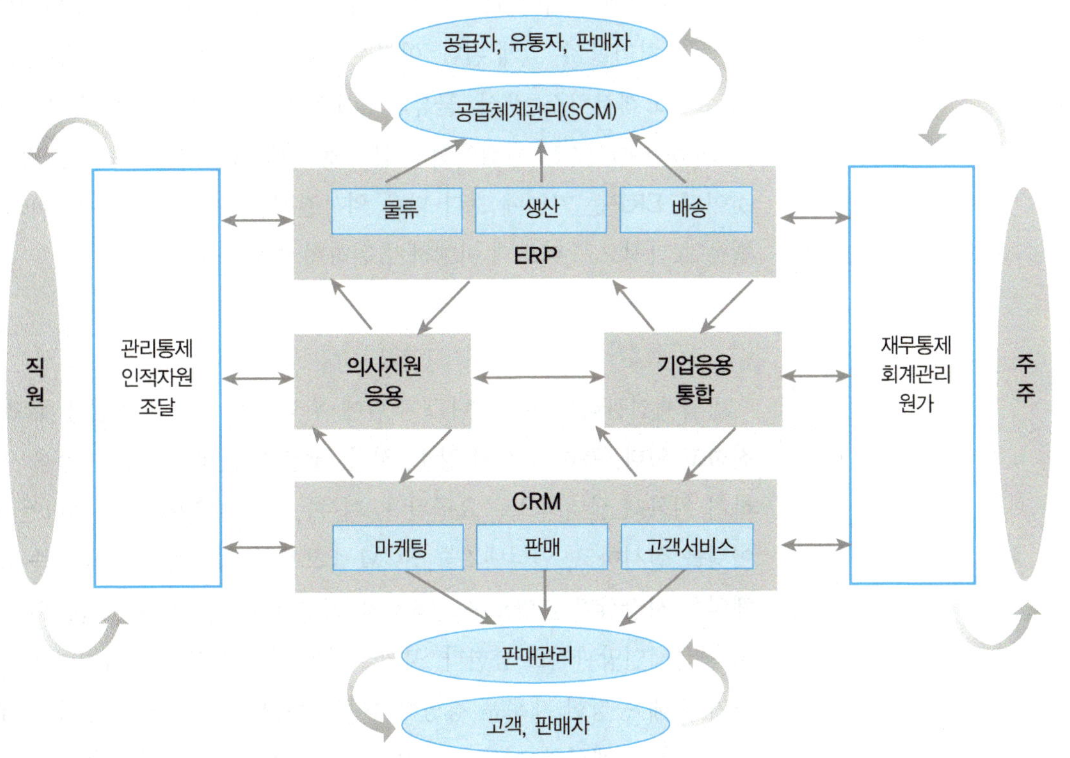

적인 비즈니스 영역(마케팅, 재무 등)하에 교차기능적인 기업시스템으로 통합하기 위하여 정보기술을 활용한다. 이는 모든 기업의 능률과 효율을 높이기 위하여 행하는 행위이다.

덧붙여 많은 기업은 메인프레임 기반의 기존시스템(legacy)에서 교차적인 기능적 클라이언트/서버 응용을 통합하기 위해 움직이고 있다. 이와 같은 형태의 구축은 ERP, SCM, CRM 등이다.

(1) ERP(Enterprise Resources Planning)

전사적 자원관리(ERP)는 e-비즈니스의 핵심이면서 기업 내 통합정보시스템을 구축하는 것을 말한다. ERP는 인사 · 재무 · 생산 등 기업의 전부문에 걸쳐 독립적으로 운영되던 인사정보시스템, 재무정보시스템, 생산관리시스템 등을 하나로 통합, 기업 내의 인적 · 물질적 자원의 활용도를 극대화하고자 하는 경영혁신기법으로, ERP를 구축한 기업의 경우, 한 부서에서 데이터를 입력하기만 하면 전 부서의 업무에 반영되어서 즉시 처리할 수 있게 된다. 여기서 ERP시스템을 구축하는 주된 요인으로서 고객서비스, 생산, 물류의 효율화를 개선하기 위하여 백오피스(back office)시스템 관점에서 개선과 통합에 대한 프레임워크를 만드는 것이다. ERP는 기업에 보다 나은 의사결정을 지원하고자 비즈니스 실행을 효과적으로 빠르게 이행하기 위하여 지원하는 것이다.

(2) SCM(Supply Chain Management)

공급체인관리는 e-비즈니스 구현에 우선적인 전략적 관점을 두고 추진하고 있다. 특히 고객이 장소, 시간, 낮은 비용에 원하는 제품을 인도하기 위하여 절대적으로 요구된다. 회사는 공급체인에 대하여 리엔지니어링을 실시하고, 인터넷기술, SCM 소프트웨어를 지원받는다. 즉 공급체인을 시장상황에 맞도록 최적화해 경영효율성을 높이는 활동으로 흔히 공급체인망관리로 통한다. 불확실성이 큰 시장환경에 기민하게 대응하기 위해 등장한 새로운 경영기법이다. SCM의 주요 목적은 공급체인의 사이클을 개선하고, 효율을 증가시키고, 비용을 줄이는 것이다.

(3) CRM(Customer Relationship Management)

고객관계관리는 고객중심의 비즈니스전략으로서 기업이 고객과의 관계를 효율적으로 관리해 나가기 위해 필요한 방법이나 기구 등을 지칭한다. CRM은 제품판매보다는 고객과의 관계에 중점을 두기 때문에 고객의 성향이나 취향을 파악하여 고객이 원하는 제품을 만들고, 시장점유율보다 고객점유율에 비중을 두기 때문에 기존고객이나 잠재고객을 대상으로 일 대 일 마케팅을 하며, 고객획득보다는 고객유지에 중점을 둔다. 보편적으로 CRM은 프론트오피스(front office) 프로세스에서 관련된 비즈니스 활동을 지원하는 소프트웨어 모듈로 구성되어 있다.

2.5 새로운 스마트 비즈니스 변화

정보기술과 통신기술의 발달로 새로운 용어들과 새로운 개념들이 학문분야와 실무분야에 나타나고 있다. 그러한 용어나 개념들이 거의 대부분 'i' 나 'e' 로 시작된다는 것은 주목해야 할 사실이다. 이제는 보통명사화되어버린 'internet' 은 새로운 정보기술을 대표하면서 수많은 새로운 용어를 만들어 내었고, EDI나 CALS로 시작되었던 신경영기법은 e-비즈니스라는 개념의 도입과 함께 완전히 새로운 경영환경을 정의하게 만들었다. 특히 최근에 가장 두드러진 개념은 e-economy, e-commerce, e-enterprise, e-business그리고 mobile-business, 스마트 비즈니스와 창조경영으로 대표되는 경영환경으로 이슈화되고 있다.

가. e-economy, e-commerce, e-enterprise의 정의

이제 e-비즈니스는 단순히 인터넷 환경하에서의 상거래를 대변하는 개념이 아니고, 시간과 공간에 대한 기존의 상거래 개념까지 파괴하는 새로운 경영환경으로 인식되기 시작하였다. 이에 따라 전통적인 경제환경으로 도저히 설명할 수 없는 새로운 경제환경의 정립이 필요하게 되었다. 또한 새로운 경제환경과 경영환경에 대응하여 기업들은 새로운 경영모델을 도입하기 시작하였다. 이를 요약하여 앤더슨컨설팅사는 "21세기에는 e-경제 안에서 e-기업들이 e-비즈니스를 수행해 나가야 한다"라고 언급하고 있다.

새로운 경제환경 e-경제는 새로운 경제원칙을 만들어 내고 있다. 사이버스페이스에서는 산업사회의 제품이나 서비스와 달리 한계비용이 거의 0에 가깝다는 것이다. 정보의 가격, 커뮤니케이션가격, 거래비용 등이 0의 한계비용의 특징을 갖고 있다.

산업사회에서는 수익 및 가치판단이 물리적 자산으로부터 파생되지만, e-경제에서는 수익 및 가치판단이 주로 지적자산 및 고객관계자산으로 파생되어진다. 또한 산업사회에서의 수확체감의 법칙(decreasing scale's return)이 e-경제에서는 수확체증의 법칙(increasing scale's return)으로 바뀌어진다. 즉 기존의 산업사회에서는 제품이나 기업이 일단 시장지배에 성공하고 나면 그 우위성은 더욱 확대되고 계속적으로 시장을 지배할 수 있었으나 이에 반하여 e-경제에서의 가상공간을 통한 판매는 기업이 신규 글로벌 시장에 저비용으로 신속하게 진입 및 확장을 가능하게 한다.

수확체감의 법칙
노동력이 한 단위 추가될 때 이로 인해 늘어나는 한계생산량은 점차 줄어든다(어떤 산업이든 일정 수준에 도달하면 성장이 정체될 수밖에 없다).

수확체증의 법칙
생산요소를 한 단위 추가할 때마다 생산량은 더욱 빠른 속도로 증가한다(생산량 증가에 필요한 생산요소의 투입량이 점점 적어지게 되는 현상이다).

e-경제하의 이러한 경제원칙들은 기업들이 새로운 틀로 탈바꿈하여 e-비즈니스를 수행하게 한다. 즉 새로운 스마트 비즈니스 기업은 현금, 상품, 서비스, 정보 등의 가치를 교환할 수 있는 역량을 가지고 21세기 새로운 기회를 최대한 활용하려고 한다.

나. 모바일 혁명과 스마트 비즈니스

컴퓨터에서 시작해 인터넷으로 연결되고, 스마트폰으로 폭발하고 있는 모바일 혁명은 인간뿐만 아니라 기업의 비즈니스모델의 근본적인 변화를 촉발한다는 점에서 거의 혁명적이다. 하나의 스마트폰이라는 디바이스를 매개체로 전 세계를 대상으로 정보를 주고받고 서로 관계를 맺는다. 이러한 변화가 단순한 호기심의 차원이 아닌 중요한 기업의 비즈니스 의사결정에 영향을 미치기 때문이다. 웹2.0 이후의 기업은 다른차원에서 고객과 관계를 구축하고 자신에게 유리한 의사결정을 유도하도록 해야 한다. 전략, 프로세스, 정보기술 기반 등 기업 전반 활동에 대해 재검토하고 근본적인 비즈니스모델의 변화를 모색하여야 한다.

모바일 혁명과 스마트 비즈니스는 단순히 정보화에 급급했던 e-비즈니스를 새로운 차원에서 검토할 수 있게 하였다. 예를 들어 백화점에서 신용카드로 결제요구를 네트워크를 통해 접수하고 단시간 내에 결제승인 여부를 통보하는 비즈니스모델은 정보처리기술과 통신기술의 결합인 금융결제시스템이다. 만약 스마트폰에 탑재된 앱(app)이 신용카드 정보를 담고 있고, 인터넷망을 통해 승인과 결제가 이루어질 수 있기 때문에 이미 다양한 비즈니스모델이 시험되고 있고, 상당수는 실질적인 비즈니스로 발전하고 있다. 이러한 스마트 비즈니스는 시간과 공간을 뛰어넘어 언제 어디서나 실시간으로 업무가 수행가능하고 고객차원에서 가장 알맞은 제품을 스스로 정의하여 사용할 수 있게 되는 것이다. 스마트환경에서는 그 소비자를 만족시킬 수 있는 지구상의 어떤 기업과 소비자가 만나기만 하면 된다.

잡지, 책, 라디오, TV라는 미디어산업도 변화의 소용돌이에 휘말리고 있다. 전자책, 아이패드, 스마트폰, 태블릿PC 등을 통한 콘텐츠의 유통으로 변화한다. 콘텐츠의 대표격인 전자책은 단말기와 함께 놀라운 속도로 약진하고 있다. 오프라인의 책출판보다는 온라인 콘텐츠의 책출판의 시장이 점점 커지고 있음을 말해준다.

이러한 변화는 단지 하나의 영역만이 아니라 전체 산업의 근본 전제를 변화시키고 있다. 업종을 불문하고 기업들은 이에 모바일 혁명과 스마트 비즈니스에 대응한 전략을 수립하고 웹3.0 시대 이후의 새로운 경쟁구도를 만들어가야 할 시점이 되었다. 비즈니스는 그 이상의 스마트화인 것이다.

다. 새로운 경영모델 : 스마트 비즈니스모델

21세기에는 e-경제하에서 스마트 비즈니스 기업들이 새로운 경영방식을 e-비즈니스로 수행해 나가야 한다. 미국의 전문조사기관 IDC는 e-비즈니스를 “기업 내와 고객, 공급업체, 협력업체 등과의 사업운영을 위

그림 2-6 스마트 비즈니스 모형의 틀

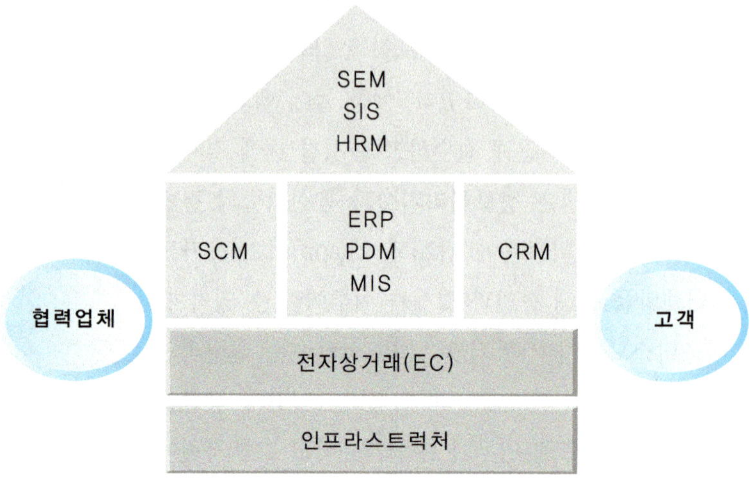

한 전자적 연결"이라고 정의했다. 더 나아가 컴팩은 e-비즈니스를 "경쟁우위를 확보하기 위해 비즈니스모델의 변환을 실현하는 인터넷 및 인터넷기술의 활용"이라고 정의하고 있다. 반면에 프라이스워터하우스쿠퍼스(PWC)는 "e-경제하에서 경쟁우위를 갖춘 기업 그 자체"를 e-비즈니스로 정의하고 있다. 그 정의의 다양성에 상관없이 최근에 IBM, HP, Oracle, Anderson Consulting 등 거의 모든 IT업체들이 자기나름대로의 e-비즈니스모델을 제시하고 있다. 이러한 관점에서 본 저자는 이러한 모델을 종합 정리하여 [그림 2-6]과 같은 스마트 비즈니스 틀을 제시하고자 한다.

새로운 경영모델 관점에 따라 보면 스마트 비즈니스는 크게 4개의 부분으로 나누어져 있다.

고객과 관련된 활동부분, 협력업체와 관련된 활동부분, 기업내부활동부분 그리고 기업 전반의 하부구조부분이다. 고객과 관련된 부분은 고객관계관리(CRM : Customer Relationship Management)부문, 협력업체와 관련된 부분은 공급체인관리(SCM : Supply Chain Management) 부문이며, 기업내부활동부분은 전사적 자원관리(ERP : Enterprise Relationship Planning)부문, 제품정보관리(PDM : Product Data

Management)부문, 경영정보(MIS : Management Information System)부문으로 구분한다. 그리고 전략관리(SEM : Strategic Enterprise Management)부문과 전략정보관리(SIS : Strategic Information System), 인적자원관리(HRM : Human Relationship Management)부문으로 구분되어진다. 그리고 기업 전반의 하부구조 부분은 전자상거래(EC : Electronic Commerce)부문과 인프라구조(infrastructure)부문으로 구분되어진다. 여기서 각 부문을 정보시스템의 관점에서 정의하였지만 기술의 관점보다는 경영활동의 관점임을 명심해야 한다.

그동안 가장 많은 정보화가 이루어졌던 기업내부활동부분을 살펴보자. 먼저 거래처리(EDPS)부문을 보면 기업경영에 등장하고 있는 개념이 ERP로서 필수적인 환경으로까지 인식되고 있다. 이러한 패키지 활용을 원활히 하기 위하여 최근에 정보자원 활용 측면을 더 선호하고 있는 클라우드 컴퓨팅서비스 사용에 관심을 갖기 시작했으나 기업경영의 자원을 내부가 아닌 외부에 맡긴다는 차원에서 국내의 e-비즈니스환경에서는 정보의 내 · 외부 간 신뢰가 아직은 높지가 않으므로 활발히 도입되지는 못하고 있는 실정이다.

경영정보(MIS)는 거래처리 부문에서 이루어진 자료를 요약하고 분석하는 부문이다. 현재 사용자 관점의 데이터베이스인 데이터웨어하우스(DW : Data Warehouse) 구축과 이를 분석하기 위한 데이터마이닝(data mining)을 기업내부와 고객접점에 대한 활용측면에 매우 많이 강조하고 있다. 또한 미래환경에 있어 필수적 요소로 인식되고 있는 지식관리(KMS : Knowledge Management Systems)와 빅데이터(BigData)에 대한 관심이 증대되면서 비정형적 데이터를 관리 · 분석하는 기업환경시스템이 조기에 구축되어야 한다. 아울러 기업의 정보흐름을 체계적으로 최적화하는 데 많은 노력을 하고는 있지만 실제적 차원, 즉 제품에 관련된 도면, 설계, 디자인 등을 체계적으로 관리하는 제품정보관리(PDM)는 기업이 가져야 할 노하우인 동시에 현재와 같이 빠르게 진행되는 라이프사이클에 적합한 제품화를 위해 가장 중요한 요인 중 하나이다.

> **빅데이터(BigData)**
> 데이터의 생성, 양 · 주기 · 형식 등이 기존데이터에 비해 너무 크기 때문에 종래의 방법으로 수집 · 저장 · 검색 · 분석이 어려운 방대한 데이터를 말한다.

전략관리(SEM)부문은 비구조적 문제이기 때문에 과거에 정보화되지 못했던 부문이다. 최근에는 Activity-Based Management(ABM), Balanced ScoreCard(BSC), Value-Based Management(VBM) 등으로 구분되어진다. ABM은 관리회계기법인 ABC(Activity-Based Costing)의 확장 모델이며 모든 비용을 경영활동을 근거로 평가·통제하는 모델이다. BSC는 재무부분뿐만 아니라 비재무부분도 균형되게 평가하기 위한 조직관리 활동이다. 전략정보시스템(SIS)부문은 기업환경 내에서 경쟁적 우위의 확보 및 유지를 위한 기업의 전략이나 계획을 지원하는 것을 주요 기능으로 하며 최고경영자의 의사결정의 지원도구로 사용되기도 한다.

외부의 협력업체와 관련된 부분은 공급체인관리(SCM)로 과거에 EDI 기반하에 이루어진 환경으로 구축되어지다가 인터넷의 폭발적 활용과 함께 e-비즈니스의 핵심이 되어가고 있다. 외부의 자원을 비용, 시간, 제품, 납기 등 여러 가지 차원에서 효율화함으로써 기업의 경쟁력을 키우기 위하여는 필연적으로 관심을 기울여야 할 분야이다. 그리고 전자카탈로그와 전자지급결제, 정보보호 및 전자인증 등은 스마트 비즈니스의 기본으로 인프라구조의 영역에 포함된다.

ABM
기존의 원가회계가 아닌 활동을 기준으로 비용을 분석하는 방법으로 기능별 비용관리가 아닌 프로세스에 의해 사업의 비용을 관리하는 것을 말한다.

BSC
기업의 단기적인 경영상태와 함께 장기적인 가능성을 나타내는 지표이다(재무적 측정지표 이외에 고객만족, 내부프로세스, 혁신능력 등에 관한 운영상의 측정지표들을 포함).

VBM
기업이 보유하고 있는 역량에 관한 모든 정보와 잠재되어 있는 기회와 리스크를 명확하게 밝혀내기 위한 다양한 분석을 필요로 한다.

라. 기업의 환경에 맞는 스마트 비즈니스모델 제시가 필수적

스마트 비즈니스모델에서 가장 각광을 받고 있는 분야가 고객 관련 부분이다. 공급체인관리(SCM)부문을 B2B(Business-To-Business)로 분류한다면, 고객관계관리(CRM)부문은 B2C(Business-To-Customer)로 분류할 수 있다. CRM은 데이터베이스마케팅(DBM : Database Marketing), 작은 의미의 고객관계마케팅(CRM : Customer Relationship Marketing), 영업자동화도구(SFA : Sales Force Automation) 등으로 구분되어진다. 데이터베이스마케팅은 고객정보를 분석하여 마케팅전략을 세우는 후방부문의 영업모델이며 작은 의미의 CRM은 고객과의 1 : 1 마케팅을 지향하는 전방부문의 영업모델이라 할 수 있다. 영업자동화도구(SFA)는 영업을 자동화하기 위한 정보기술도구로 텔레마케팅, 사이버마케팅, 모바일마케팅에 이용될 수 있다.

신규 스마트 비즈니스 활동부문은 전통적 비즈니스모델과 가장 큰 차이점을 보여주는 부문이다. 과거에는 기업의 산업특성이나 상품특성이 쉽게 변하지 않기 때문에 기업의 운영모델에서 배제되었으나 최근 인터넷의 활성화와 함께 산업의 경계가 모호해지고 제품의 라이프사이클이 매우 짧아지면서 스마트 비즈니스모델에 하나의 운영모델로 추가되어졌다. 새로운 비즈니스모델은 제품(product), 영업채널(channel), 서비스(service)의 복합화나 새로운 추가를 통한 영업경쟁력의 확대전략이며, 인터넷 비즈니스와 관련되어 가장 주목받고 있는 분야이다. 기업의 전반적 하부구조는 인터넷(internet), 인트라넷(intranet), 엑스트라넷(extranet) 등으로 구분되며 인터넷 기술의 인프라를 형성하고 있다. 이러한 인프라는 모바일 상거래 또는 모바일 비즈니스, 스마트 비즈니스로 확대되어 발전되고 있다.

결론적으로 이러한 스마트 비즈니스모델은 21세기 디지털경제에 대응하여 기업에 향후 정보화 방향을 제시해 주고 있으며 기업들이 이러한 비즈니스모델을 근거로 그 기업의 산업이나 환경에 맞는 기업 관점의 스마트 비즈니스모델을 만들어 미래 최우량 기업으로 경쟁우위를 확보하기 위한 기반이 되어야만 미래의 기업 전망은 매우 밝다고 할 수 있다.

EXERCISES 연·습·문·제

1. 새로운 기업환경의 경쟁원리 5가지를 설명하시오.
2. e-비즈니스의 출현 배경을 설명하시오.
3. e-비즈니스의 거래형태는 무엇이며, 각각에 대하여 사례를 들어 설명하시오.
4. e-비즈니스 거래유형별 모델을 설명하시오.
5. 기능별(functional)과 교차기능별(cross-functional) 영역을 설명하시오.
6. 모바일 혁명과 스마트 비즈니스가 기존의 비즈니스를 어떻게 바꿀것인지 예를 들어 설명하시오.
7. 스마트 비즈니스 경영모델을 설명하시오.

Chapter 03

모바일 비즈니스와 소셜네트워크

3.1 무선인터넷 환경

3.2 무선인터넷 비즈니스모델과 특징

3.3 모바일 인터넷환경 및 모바일 컴퓨팅

3.4 모바일 상거래(m-commerce)와 모바일 오피스

3.5 소셜네트워크와 애플리케이션(앱)

3.6 소셜커머스와 소셜비즈니스

3.7 위치기반서비스(LBS)

3.8 증강현실(AR)

3.9 GPS와 TPEG

초고속 인터넷이 무선인터넷으로 바뀐 모바일 세상은 기존 PC기반의 인터넷 세상보다 우리의 삶을 더 크게 바꾸어 놓을 것이다. 현재의 추세로 본다면 휴대폰이 PC 보급대수보다 많아질 것이며, 주된 이유는 초고속 인터넷보다 무선인터넷이 접근성과 사용성이 높기 때문이다. 그만큼 스마트폰기반의 무선인터넷은 PC기반의 인터넷보다 우리의 삶 전반에 끼치는 영향이 더 클 수밖에 없다. 본 장에서는 무선인터넷 환경과 기술 트렌드, 모바일 컴퓨팅과 관련기술, 앱 관련 애플리케이션과 관련 기술(LBS, 증강현실, GPS와 내비게이션), 소셜커머스와 비즈니스에 대하여 살펴본다.

3.1 무선인터넷 환경

전 세계적으로 인터넷의 폭발적인 보급과 사용으로 인하여 인터넷을 기반으로 한 다양한 종류의 사이버 세계의 활성화가 점점 커지고 있다. 그리고 인터넷의 활동범위가 계속해서 커지면서 이를 기반으로 한 스마트 텔레비전, 방송통신, 휴대폰, PDA, 스마트폰, 태블릿PC, 일반산업 등을 다양한 형태의 인터넷분야에 접목하려는 콘텐츠의 개발이 점점 커져가고 있다. 스마트폰의 인기에 다양한 형태의 앱관련 콘텐츠들이 개인관심도에서 비즈니스로의 확대가 급속도록 커지고 있다. 이러한 모바일 환경에서의 인터넷의 활용도는 미래 중요한 한 축의 비즈니스를 형성해 나갈 것으로 예상된다.

무선인터넷을 문자 그대로 보면 가입자가 유선(fixed line)이 아닌 무선(wireless)을 통해 데이터 등의 인터넷서비스를 제공받는 것이라 할 수 있다. 여기서 무선이라는 개념은 "이동할 수 있다" 또는 모바일(mobile)로서 "선이 없이(wireless) 통신한다"라는 두 가지를 모두 포괄하는 개념이다. 예를 들어 가정에서 사용하는 무선전화기(cordless phone)나 휴대폰(cell phone) 모두 가입자의 단말(handset)이 무선(wireless)으로 네트워크에 연결되어 있으므로 무선기기 또는 모바일기기라고 할 수 있다. 그러나 일반적으로 무선인터넷은 무선(wireless)의

그림 3-1 무선인터넷의 서비스 영역

	음성서비스	데이터서비스
무선	이동전화	무선인터넷
유선	시내전화 시외전화 국제전화	초고속인터넷

	비면허주파수	면허주파수
이동전화 계열	블루투스 (Bluetooth)	데이터+음성 (휴대폰) 데이터 (전용패킷망)
고정무선 접속계열	무선 LAN	위성데이터 WLL MMDS/LMDS

개념보다는 이동형인 모바일(mobile) 인터넷서비스라고 정의를 내리기도 한다.

무선인터넷은 기술방식에 따라 무선랜으로 대표되는 고정무선접속계열과 이동통신망을 이용한 이동전화계열로 나눌 수 있다([그림 3-1] 참조). 고정무선접속계열의 경우 한정된 거리 내에서만 무선접속이 가능하여 이동성에 한계가 있기 때문에 일반적으로 광의의 무선인터넷에는 포함되지만, 이동성을 강조하는 협의의 무선인터넷 개념에는 포함되지 않는다. 또한 위성을 이용한 인터넷의 경우도 이동형으로 분류할 수도 있으나, 고정형의 형태로 사용하는 것이 일반적이기 때문에 무선인터넷 서비스 대상에서 제외된다. 무선 LAN의 경우는 고정형의 개념에 포함시킬 수 있으나, 상당한 수준의 이동성은 가질 수 있기 때문에 무선인터넷의 범주로 포함시킬 수도 있다. 무선 LAN은 대부분 캠퍼스, 공항 등 제한적인 지역만을 커버하기 때문에 관점에 따라 고정형 혹은 이동형으로 볼 수 있다. 이러한 관점에서 무선인터넷은 '이동형 인터넷'이라고 정의할 수 있다. [그림 3-2]에서와 같이 hotspot은 공공장소에서 무선인터넷에 접근하기 위한 하나 또는 그 이상의 접근점(access point)으로 구성된다. hotspot은 사용자들에게 추가적인 비용이 들지 않지만 웹에서 신용카드번호를 제공하기 위하여 사용자계정을 요구하기도 한다.

결국 네트워크의 종류나, 플랫폼의 종류에 관계없이 이동하면서 인터넷을 구현할 수 있다면 무선인터넷의 범주에 포함한다. 즉, 휴대폰을 통

블루투스
휴대용 장치 간의 근거리통신을 케이블 없이 가능케 하는 무선통신기술 및 표준을 말함.

WLL
가정이나 사무실의 전화기를 고정전화망에 무선으로 연결

LMDS(local multi-point distribution service)
광대역 무선통신기술로 수십 GHz대의 높은 주파수를 이용하여 무선 멀티미디어 서비스가 가능한 초고속 무선가입자망

MMDS(multi-channel, multi-point distribution service)
방송영상 다채널 프로그램을 전송하기 위한 무선케이블 TV 전송방식

그림 3-2 무선인터넷의 범위

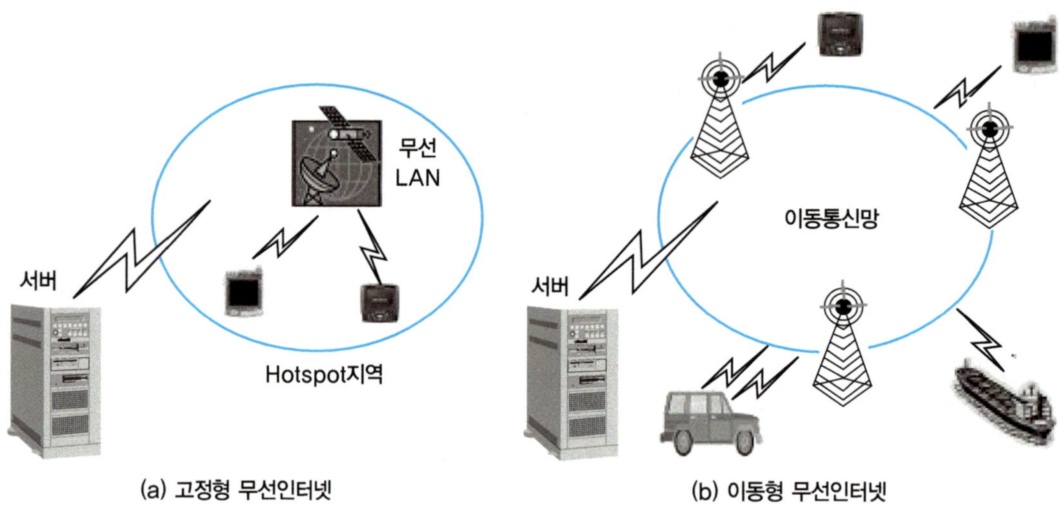

한 인터넷이나 LAN카드를 통해 노트북, PC로 무선인터넷을 사용하는 경우 모두를 무선인터넷의 범주로 볼 수 있다. 그러나 우리가 일반적으로 무선인터넷이라고 말할 때에는 '휴대형' 이동통신기기를 통한 인터넷서비스를 지칭하지만, 무선인터넷 사용자가 언제나 단말기를 휴대하면서 무선인터넷을 구현할 수 있어야 한다는 것을 전제로 한다. 따라서 무선인터넷을 협의로 정의하면 '휴대형 정보통신 단말기기로 인터넷을 구현하는 것' 이라 할 수 있다.

무선인터넷 역시 인터넷의 범주에는 속하지만 우리가 일반적으로 유선환경에서 사용하는 인터넷과는 그 성격이나 형태가 상이하다. 무선인터넷을 언급할 때 가장 흔히 범할 수 있는 오류의 하나는 무선인터넷을 유선인터넷과 동일시하는 것이다. 무선인터넷이 형태, 용도 등에서 유선인터넷과 크게 상이함에도 같은 인터넷의 범주로 보게 된다면 무선인터넷만이 갖는 특수성이 간과될 수 있다. 무선인터넷은 정보통신환경에서의 중요한 두 흐름이 결합되어 송 · 수신할 수 있는 서비스로 정의할 수 있으며, 무선환경에서 인터넷을 비롯한 다양한 데이터 통신망에 접속하여 정보를 송 · 수신하는 기술에 기반하고 있다. 무선인터넷과 유선

표 3-1 ■ 유선인터넷과 무선인터넷의 비교

구분	유선인터넷	무선인터넷
사용목적	• 이메일, 메신저, VoIP • 게임, 음악, 영화, TV, 뉴스 등	• 메시지, 이메일, SNS, MNS • 음악, 벨소리, 만화, DMB
사용환경	• 실내, 사무실, 제한된 지역에서 사용	• 실외, 실내, 사무실, 도보, 운전, 여행, 해외 등 제한된 공간이 없음
사용기기	• LAN 및 케이블, 프린터, 스크린, USB, 표준 자판	• 비표준 자판, 펜, 터치패드, 지문인식, 제한적인 USB, 케이블 미사용
인터넷서비스	• 초고속, 안정적 • 정액제로 저렴함	• 고속/초고속(LTE), 안정성이 향상됨 • 사용만큼 비용부담이 큼
콘텐츠서비스	• 고품질, 장시간 이용 • 대부분 무료가 많음	• 제한적인 품질, 단시간 사용 • 아직은 유료가 대부분

인터넷과의 차이점은 [표 3-1]과 같다.

[표 3-1]에서 알 수 있듯이 무선인터넷은 유선인터넷과 상이한 기술, 사업형태, 인터페이스 등을 가지고 있다. 정보의 전송속도나 안정성, 확장성 등에 있어서는 유선이 월등히 우위를 보이고 있는 반면, 무선은 휴대성이 우수하다는 장점을 가지고 있다. 통신망의 의존도에서도 유선인터넷은 개방형의 성격을 가지고 있는 반면, 무선인터넷은 폐쇄형의 사업구조를 가지고 있는 것으로 나타난다. 즉, 무선은 통신망에 폐쇄적으로 의존하는 구조를 가지고 있어 기술표준 등을 선정하는 데 있어서도 망사업자에 대한 의존성이 높은 구조를 보인다.

대부분이 모바일이라면 휴대폰을 생각하는데 영업사원들이 사용하는 PDA와 RFID, 자동차 내비게이션 및 하이패스, 휴대노트북, 움직이는 선박이나 비행기의 위성항법시스템 등도 모바일 경제의 한 부분이며 최근의 사용범위가 급속도로 확대되고 있다. 다양한 모바일기기에서 가장 대표적인 것은 24시간 손에 들고 다니는 휴대전화, 즉 스마트폰일 것이다. 이러한 모바일기기의 특징은 언제 어디서나 가지고 다니는 이동하면서 네트워크에 접속하여 실시간으로 정보를 생산 · 배포 · 공유하는 이동성과 개인의 독특한 문화와 경제를 새롭게 구현해가는 개인성으로 구분한다.

최근에는 웹2.0의 등장으로 웹에 대한 욕구가 커지면서 모바일기기의 성능향상과 다양한 콘텐츠의 향상으로 설명할 수 있다. 휴대폰의 경우 통신인프라, 즉 LTE 지원이 강화된 갤럭시 시리즈, 옵티머스 시리즈, 아이폰 시리즈, 안드로이드가 탑재된 다양한 고성능 휴대단말기와 넷북(Netbook), MID(Mobile Internet Device), 태블릿PC(Tablet PC), UMPC(Ultra Mobile PC), PMP(Portable Multimedia Player), 스마트PC, 이북(e-Book)단말기 등의 모바일기기에서도 인터넷이 기본으로 구현되는 사용자의 요구로 모든 기기 등이 인터넷 사용요구가 점점 커지고 있다.

이러한 고성능의 단말기와 함께 초고속 인프라가 구축되어야 하는데 현재 3G/4G망(LTE포함), WiBro, HSDPA(High Speed Downlink Packet Access, 고속하향패킷접속), WiFi 등과 같은 다양한 무선서비스가 등장하면서 RFID, GPS/GIS와 같은 생활 및 비즈니스관련 기능 등이 추가되면서 모바일 2.0시대로 확실히 변모하였다. 이러한 모바일 2.0은 통신환경과 웹접근성을 이용한 사용자 참여와 정보공유로서 24시간 휴대하고 다니며, 언제 어디서나 정보를 생산하고 소비할 수 있다. 그러나 입출력장치의 한계로 인해 화면이 작고 키보드 입력이 어렵다는 단점 또한 존재하고 있다. 따라서 PC와는 다른 형태로 정보를 생산하고 유통 · 소비하는 모바일의 특성을 충분히 이해하고 서비스를 만들어내야만 하는 당위성도 존재한다.

3.2 무선인터넷 비즈니스모델과 특징

가. 무선인터넷 비즈니스모델

변화와 경쟁이 심화되는 글로벌 기업환경에서 기업들은 고객의 욕구를 충족시키고 지속적인 수익을 창출하여 시장의 흐름을 주도하기 위해서는 새로운 변화와 혁신기술뿐만 아니라 새로운 비즈니스모델을 개발하는 것이 무엇보다 중요하다. 인터넷의 등장 이후 기존의 사업구조 및 실행방법에 영향을 끼쳐 사업을 하는 방법에 관한 가치체계로 비즈니스 모델이 각광받았다. 비즈니스모델은 현재의 비즈니스를 개선하거나 발전시키기 위한 토대로 어떠한 형태의 사업이든 신규로 시작할 때 반드시 고려되어야 하는 핵심요소이다. 비즈니스모델은 하나의 기업이 정해진 시장에서 실질적인 경쟁우위를 창출하기 위해 기업의 전략, 경제성, 그리고 하부구조 등의 영역에서 어떻게 관련 의사결정을 추진해 나가는 것에 대한 명확하게 정리한 것을 의미한다. 기업이 비즈니스모델을 통해서 얻고자 하는 것은 이윤으로서 구성요소로는 고객가치, 범위(목표고객, 상품, 서비스), 연계활동, 이익구조 등이 포함된다. 즉, 기업들은 다음과 같은 비즈니스모델을 만들기 위해 고민해야 한다.

- 어떠한 가치(value)를 제공할 것인가?
- 어떤 고객에게 어떤 제품 또는 서비스를 제공할 것인가?
- 어떤 연계활동을 통해 가치를 제공할 것인가?
- 어떻게 이익을 실현할 것인가?

이상과 같은 비즈니스모델을 체계적으로 정리한 Timmers는 다음과 같이 개념을 정의하고 있다.

① 다양한 형태의 비즈니스 참여자들의 역할 등을 포함한 제품, 서비스, 정보의 흐름에 관한 구조
② 다양한 비즈니스 참여자들의 잠재적 이익
③ 수익원천을 설명해주는 청사진

그러나 일반적으로 비즈니스모델을 인터넷관점으로 설명하면 다음과 같다. 첫째, 비즈니스모델을 비즈니스의 종류의 개념으로 사용하는 것으로, 유 · 무선인터넷을 통해 제공할 수 있는 각종 서비스의 내용 및 개념을 다양한 차원(dimension)으로 분류하여 제시하는 것이다. 둘째는, 비즈니스를 하는 방법을 통해 비즈니스모델을 구분하는 것이다. 인터넷을 통해 이루어지는 비즈니스를 가치체인 체계로 보고, 이 가치체인을

누가 어떻게 연계하고 조합하는가에 초점을 맞추게 하면 된다. Timmers 정의는 ①과 ②에 해당된다. 즉, 누가 사업을 주도적으로 운영하면서 가치체인을 통합하느냐를 기준으로 무선인터넷 비즈니스모델을 분류한다. 셋째로, 비즈니스모델을 수익모델의 차원에서 접근하는 경우이다. Timmers의 ③에 해당되는 것으로 비즈니스의 목적이 수익의 창출에 있다는 점을 감안하면 가장 현실적인 비즈니스모델에 대한 정의이다. 여기서는 수익원천인 모바일 비즈니스모델로는 광고, 유료아이템 판매, 상거래 및 유료서비스 등으로 세분화하여 표현하면 다음과 같다(표 3-2 참조).

표 3-2 ■ 일반적인 모바일 수익모델

수익모델	내용	특징 및 진화추이
광고, 이용료	• 검색광고 • 디스플레이광고	• 위치기반검색광고, 개인형 맞춤광고 • 쌍방향 비디오광고
유료아이템	• 게임, 책, 음악, 디지털아이템 등	• 애플리케이션 스토어(예를 들어 앱스토어)에서 판매하는 아이템들로 건당 과금 부과
상거래 및 유료서비스	• 모바일 상거래 • 모바일 결제, 여행 예약	• 온라인기업의 모바일 상거래 진출(아마존의 아이폰맵과 모바일 킨들 스토어) • 모바일 결제 솔루션 등 수요확대 • 기타 : 여행, 호텔, 영화 등 실시간 예약 서비스 등

나. 무선인터넷의 특징

유선인터넷이 편재성(ubiquity), 접근성(reachability), 보안성(security), 편리성(convenience)이라는 특징을 가지고 있으며, 무선인터넷은 언제 어디서나 실시간 정보검색이 가능한 이동성(mobility), 사용자의 위치파악이 가능한 위치성(localization), 고객/그룹별로 차별화된 서비스 제공이 가능한 즉시연결성(instant connectivity), 개인전용 단말기 이용에 따른 개인성(personality)의 특징이 부가되었다고 할 수 있다. [표 3-3]은 무선인터넷의 특징을 나타낸 것이다.

표 3-3 ■ 무선인터넷의 특징

특징	내용
Ubiquity(편재성)	어디서나 실시간 정보검색 가능
Reachability(접근성)	언제 어디서나 인터넷 접속 가능
Security(보안성)	개인 전용 단말기 이용에 따른 보안 가능
Convenience(편리성)	간단한 통신도구 이용
Localization(위치성)	특정 시점에 사용자의 현 위치가 어디인지 분명하게 보여 주는 방법
Instant Connectivity (즉시연결성)	빠른 시간 내에 필요한 정보를 탐색할 수 있도록 보여 주는 방법
personality(개인화)	이동통신 사용자의 개인화와 차별화된 고객서비스

(1) 편재성(ubiquity)

편재성은 무선단말기의 가장 두드러진 특징을 갖는다. 휴대폰, 스마트폰, 태블릿PC 등에서 무선단말기를 이용하여 언제 어디서든 실시간으로 커뮤니케이션 활동을 통한 정보검색 및 통신이 가능하도록 지원한다.

(2) 접근성(reachability)

접근성은 사람과 사람 간의 통신을 위해 중요한 기능이다. 무선단말기를 가진 사람은 언제 어디서나 연결이 가능하고 원할 경우에는 특정 인물이나 시간대에 접근이 가능하도록 제한할 수 있다. 접근성은 서비스의 개인화 · 다양화 추세에 맞물려 점점 더 중요시되는 특징이다.

(3) 보안성(security)

End-to-end방식인 SSL(Secure Socket Layer)은 웹브라우저와 웹서버에서 많이 사용하고 Back-to-end방식인 PKI는 데이터를 암호화하고 그것을 복호화하는 공개키와 개인키 등 두 개의 다른 키를 사용하는 보안시스템이다. 단말기에 부착되는 스마트카드, USIM카드는 개인소유자를 인증하고 인터넷망에서의 보다 수준 높은 보안을 가능하게 해준다.

PKI(Public Key Infrastructure)
공개키 인증서를 사용할 수 있도록 만들어주는 서비스를 총칭함.

(4) 편리성(convenience)

무선단말기의 데이터 저장용량은 점점 늘어나고 모든 휴대폰 및 스마트폰이 터치형태로 간편하게 조작할 수 있게 되어 사용하기가 점점 쉬워지고 있다. 이러한 특징은 또한 하드웨어적인 기술적 진보와 단말기의 화면크기 개선, 배터리의 용량강화, 메모리 저장용량 강화, 기능 다양화 등을 통해 점점 편리성의 기능이 향상될 것이다.

(5) 위치성(localization)

서비스와 애플리케이션에 위치정보를 결합하여 무선단말기에 가치를 부여할 수 있다. 특정 시점에 이용자가 어디에 위치하고 있는지 이용자가 거래하고 싶은 욕구가 생기도록 유인할 수 있는 적절한 서비스를 제공할 수 있게 된다.

(6) 즉시연결성(instant connectivity)

무선단말기를 통해 즉시 인터넷에 접속할 수 있다. 최근에 휴대폰뿐만 아니라 스마트폰에서도 무선서비스를 자유롭게 할 수 있는 인프라측면에 무선랜(WiFi)과 와이브로(WiBro), LTE 등이 지원되었다.

(7) 개인성(personality)

개인의 단말기를 사용한 고객은 미리 제공한 정보나 사전 설정한 내용을 바탕으로 사용자 개인의 특성에 맞춘 콘텐츠를 제공하는 것이다. 예를 들어 여행을 좋아하는 고객이라면 여행관련 정보나 광고, 쿠폰 등을 발송하는 것이다.

3.3 모바일 인터넷환경 및 모바일 컴퓨팅

가. 모바일 인터넷환경

2010년 국내 통신산업의 주요 키워드로는 모바일 인터넷 활성화이다. 뿐만 아니라, 국내 3대 통신사인 LG텔레콤, KT, SK텔레콤 모두 모바일 인터넷 활성화를 통한 성장을 적극적으로 모색하고 있다. 모바일 인터넷 활성화에 대한 기대가 그 어느 때보다 높은 상황이라 할 수 있다. 이러한 높은 기대감으로 인해 포털, 은행, 쇼핑몰 등 다양한 기업에서 모바일 인터넷서비스를 새롭게 출시하거나 확대 개편하고 있으며, 소프트웨어 개발업체 및 개인 개발자들도 모바일 인터넷서비스를 이용하기 위한 각종 모바일 애플리케이션을 개발하여 앱스토어에 등록하고 있다.

(1) 모바일 인터넷 이용 환경의 개선

최근까지 모바일 인터넷은 소비자들에게 외면당하고 있던 것이 사실이다. 국내에 모바일 인터넷이 최초로 도입된 것은 1999년이지만, 불과 2010년까지도 모바일인터넷을 정기적으로 사용하는 사람이 소규모이었으나, 그 이후 스마트폰이 탑재된 LTE의 출현으로 모바일 인터넷 활성화에 높은 기대를 모으고 있다.

특히 모바일 인터넷 활성화에 가장 큰 걸림돌로 지목되어 왔던 고가의 데이터 요금은 저렴한 정액요금제의 도입과 WiFi 개방을 통해 크게 개선되었다. 스마트폰에만 장착되어 오던 WiFi가 최근(2010년)으로 부터 일반 휴대폰에도 장착되어 고용량/장시간 데이터 송수신에 대한 부담을 크게 낮추었다.

그리고 고성능 CPU와 운영체제(OS), 풀터치스크린과 터치 유저인터페이스(UI)를 탑재한 스마트폰이 확산되면서 모바일 인터넷을 빠르고 편리하게 이용할 수 있는 단말 환경이 구축되고 있다. 스마트폰의 확산은 2009년 말 아이폰의 국내 출시 및 그에 따라 촉발된 스마트폰 보조

그림 3-3 모바일 단말기 현황과 미래전망

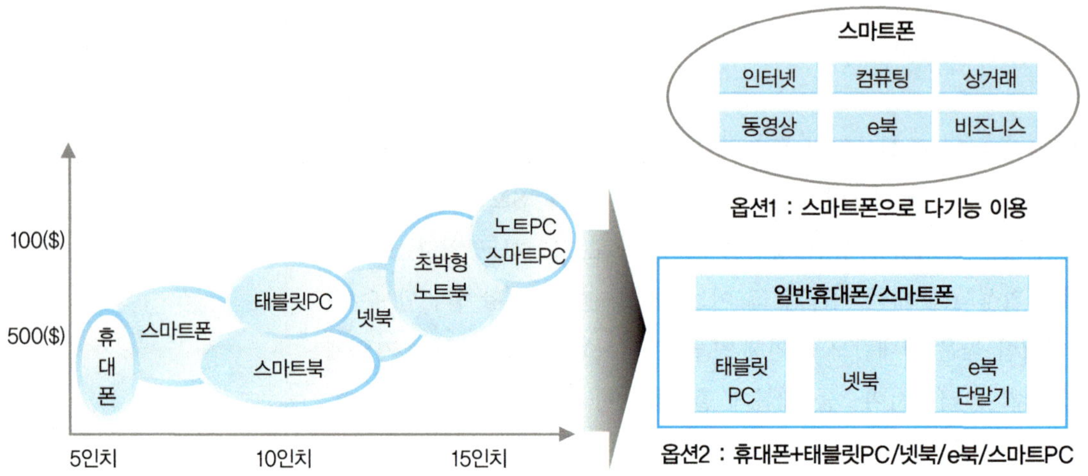

금 경쟁으로 인해 급속도로 스마트폰이 상당수 판매되었다. 스마트폰뿐만 아니라 프리미엄급의 일반 휴대폰도 고성능 CPU와 풀터치스크린 장착은 기본이 되었으며, 모바일 인터넷을 보다 빠르고 편하게 이용할 수 있는 단말 환경은 지속적으로 확산될 것이다. 그리고 스마트폰은 기업 간 경쟁뿐만 아니라 넷북, 태블릿PC, 스마트PC, e북단말기 등 다양한 모바일 인터넷기기 간의 경쟁도 매우 심화될 것이다([그림 3-3] 참조).

또한, 애플 앱스토어의 성공은 10여 년을 난공불락처럼 버텨온 이동통신사의 폐쇄적 플랫폼을 자연스럽게 무너뜨리고 있다. 과거 모바일 인터넷으로 게임, 동영상 등의 콘텐츠나 모바일뱅킹, 모바일 소셜네트워크서비스(SNS : Social Network Service) 등과 같은 서비스를 제공하기 위해서는 반드시 이동통신사의 승인을 얻고 이동통신망을 통하여 제공해야만 했다. 그러나, 애플 앱스토어의 성공과 구글, 삼성, LG, MS 등 다수의 경쟁업체 진입으로 인해 앱스토어 시장이 활성화되면서 굳이 이동통신사를 통하지 않고도 개발자와 소비자가 모바일 애플리케이션을 자유롭게 거래할 수 있는 채널이 열리게 되었다.

(2) 스마트폰의 등장

스마트폰이 모바일 인터넷 대중화 시대를 열고 있으며, 소비자층의 영향력 또한 점점 커지고 있다. 2010년 전 세계 스마트폰 판매는 약 2억 5천만 대에 달해 전체 휴대폰 중 20%를 상회하고 2013년에는 그 비중이 40%에 육박할 것이다. 현재 국내의 스마트폰 가입자가 2012년 7월 약 2,000만 명 이상이 가입하여 사용하고 있다. 이처럼 스마트폰은 실시간처리, 정보와 소통의 무한적인 확장성, 공간제약을 극복한 실제성 등을 통해 개인, 기업, 사회에 대한 여러 가지 변화가 감지될 것이다.

첫째로, 가장 강력한 정보력과 네트워크 파워를 가진 모바일 세대가 등장할 것이다. 기존의 정보 및 미디어는 소비가 디지털 소비형태로 급격히 전환되고, 모바일 오피스족의 확대로 기업경영은 물론 건축, 도시설계, 교통흐름 등도 변화할 것이다. 모바일 인터넷 커뮤니티를 통해 실시간 소통이 증가하면서 여론 형성 및 사회적 커뮤니케이션의 저변과 속도도 획기적으로 개선될 것이다.

둘째로, 신시장, 신비즈니스모델의 출현이 가속화될 것이다. 전 세계 스마트폰 애플리케이션 시장은 2013년 약 300억 달러로 추산된다. 모바일광고, 아이템 판매, 유료서비스 등의 수익모델하에 게임 및 SNS(소셜네트워크서비스), 모바일쇼핑 등이 성장할 것이다. 또한 모바일 기술이 전 산업 분야에 접목되면서 미디어, 자동차, 교육, 소매, 유통, 의료 등 타 산업의 혁신이 가속화되고 새로운 융합형 비즈니스 기회도 창출될 것이다.

셋째, 기업 간 경쟁구도가 변화할 것이다. 모바일 주도권 확보를 위해 이동통신, 컴퓨터, 인터넷 등 IT기업은 전면적인 경쟁체제에 돌입할 것이다. 성공조건도 단말기, 운영체제(OS), 서비스를 결합한 종합 경쟁력 확보가 될 것이다. 향후 스마트폰뿐만 아니라 넷북, 태블릿PC, e-book 단말기, 스마트PC 등 다양한 모바일 인터넷 단말기 간의 경합이 이루어질 것이다.

우리가 모바일 인터넷 강국이 되기 위해서는 정책지원과 기업혁신이 필요하다. 현재 스마트폰 경쟁은 초기 단계로 향후 스마트폰의 2단계에서는 차별화된 기능, 사양이 중요해지며, 운영체제 및 애플리케이션 등의 구도가 변화될 것이다. 이에 대비하기 위해서 취약한 소프트웨어 및 콘텐츠 역량을 확충하고 폭넓은 파트너십을 통해 경쟁전략을 구축하고 차세대 기술 및 서비스 혁신을 통해 경쟁의 판도를 새롭게 재편해 나아가야 한다. 타 산업의 기업도 모바일 기술을 접목하여 생산 및 비즈니스 모델을 혁신하고 스피드경영 및 고객밀착 대응을 통해 변신해 나가야 할 것이다.

(3) 유선인터넷이라는 강력한 경쟁자

모바일 인터넷의 이용환경이 개선되었다고는 하지만, 휴대폰 화면의 크기는 3~4인치 이상이 되기 어렵고, PC는 이미 2GHz 이상의 듀얼코어 CPU가 일반적으로 장착되고 있는 데 반해 휴대폰은 최근에야 1GHz 수준의 싱글코어 CPU가 장착되기 시작했다. 그리고 터치스크린뿐만 아니라 쿼티(Qwerty)자판이 추가적으로 장착되어 있다 해도, 양손을 모두 자유롭게 사용하는 키보드보다 편하게 문자를 입력할 수 없으며, 마우스보다 편하게 특정 부분을 선택할 수도 없다. 또한 3G 모바일 인터넷의 가장 저렴한 요금제라고 하더라도 일반적으로 월 3만 원가량의 요금만 지불하면 무제한으로 100Mbps급의 속도를 즐길 수 있는 유선인터넷과 비교하면 속도와 요금 모두 비교 불가능할 정도로 열세이다. 그리고 유선인터넷은 앱스토어와 같은 애플리케이션 유통채널을 필요로 하지 않을 정도로 웹브라우저를 통한 서비스 이용이 활성화되어 있다.

모바일 인터넷의 이용환경이 점진적으로 개선되고 있다고는 하지만 유선인터넷과 비교하여 속도, 요금, 편리성 등의 측면에서 상당한 격차가 있는 것이 사실이다. 이러한 점이 국내에서 더욱 중요하게 고려되어야 하는 이유는 우리나라가 보급률과 속도 측면에서 세계 최고수준의 유선인터넷망을 보유하고 있기 때문이다. 세계 최고수준의 유선인터넷망으로 인해 국내 소비자들은 주요 생활공간에서 언제나 빠르고 저렴한 인터넷을 이용할 수 있게 된 것이다.

물론 고정된 PC에서 이용할 수 있던 인터넷 서비스를 원하는 곳이면 어디서든 이용할 수 있다는 점이 소비자에게 주는 가치는 분명히 존재한다. 그러나 짧은 이동시간을 제외한 대부분의 주요 생활공간에서 우수한 품질의 유선인터넷을 즐길 수 있는 국내 환경을 고려할 경우, 아무리 많은 스마트폰이 보급되고 저렴한 정액 데이터 요금제가 출시된다고 하더라도, 유선인터넷으로 제공되던 서비스를 그대로 옮겨 놓은 수준의 모바일 인터넷서비스라면 대부분의 소비자들은 모바일 인터넷서비스의 이용에 큰 매력을 느끼지 못할 것이다. 따라서 모바일 인터넷을 활성화시키기 위해서는 무엇보다도 유선인터넷의 서비스와는 다른 모바일 인터넷서비스만의 차별화가 필요하다.

나. 모바일컴퓨팅(mobile computing)

전통적인 컴퓨팅환경은 컴퓨터가 어떠한 일을 수행하는 데 절대적으로 필요한 작업요소이다. 모든 컴퓨터들은 유선(wire)을 경유하여 네트워크, 서버와 기타 등으로 서로서로 연결되었다. 이러한 상황은 종종 컴퓨터의 사용에 제한이 될 수 있고 또 다른 작업을 위해 이동하는 경우가 생기기도 한다. 특히 판매원, 서비스담당자, 정비수리자, 법률대리인 등과 같은 유용한 작업들을 위하여 정보기술(IT)이 작업장에서 보다 효율적으로 사용하길 원한다. 이러한 상황은 때와 장소에 상관없이 컴퓨터가 이루어져야만 한다.

이러한 해결책은 보다 작은 컴퓨터를 만들어 쉽게 이동이 가능하도록 하는 것이다. 첫 번째는 컴퓨터, PDA, 태블릿PC, 스마트PC 등 손에 가지고 다닐 수 있는 작은 소형의 컴퓨터를 만드는 것이다. 모바일 장치들을 처리속도가 빠르고, 보다 강력하고 가볍게 만드는 것이다. 모바일 작업자들은 정보의 업로드와 다운로드의 동기화(synchronization)로 처리되어야 한다. 예를 들어 판매원들은 고객의 사무실(여행일 경우 여행지를 읽고 메일로 동시에 처리)에서 즉각적으로 제안서를 만들어야 한다. 두 번째 해결책은 유선(wire)에서 무선통신매체(wireless communication media)로 모바일 컴퓨팅환경을 바꾸는 것이다. 무선시스템은 전통적인 TV, 라디오, 전화 등도 컴퓨팅환경으로 본질적으로 적응되어야 한다. 세 번째 해결은 무선환경에서 모바일 장치의 조합인 무선 모바일컴퓨팅(wireless mobile computing)이 가능하도록 하는 것이다. 이 조합은 인터넷과 인트라넷과 같은 모바일 장치와 다른 컴퓨팅환경 사이의 실시간(real-time) 연결이 가능한 것이다. 이것은 컴퓨터 사용자의 마인드를 변화시켰다. 예를 들어 교육, 건강, 엔터테인먼트, 보안 등에 사용된다. 이 컴퓨팅 모델은 때와 장소에서 가능한 동시성을 표방한다.

이러한 기능이 적용하기 위한 기술로는 무선 LAN에 연결장치, 전기적 소모가 낮은 기기, 보안의 높은 수준이다. 현재의 싱글 및 듀얼코어의 CPU에서 향후 센트리오(Centrino)칩이 공통된 컴퓨팅환경에 모바일컴퓨팅의 수준을 만들기를 기대한다.

표 3-4 ■ 모바일컴퓨팅의 기본기술

구분	내용
GPS(Global Positioning System)	GPS장치 위치의 결정이 가능한 위성기반의 추적시스템
PDA(Personal Digital Assistant)	작고 소유할 수 있는 컴퓨터(palm, 포켓PC 등)
SMS(Short Messaging Services)	휴대폰에서 짧은 문장을 보내는 기술은 현재 데이터와 음성을 받고 보낼 수 있음
EMS(Enhanced Messaging Service)	단순한 애니메이션, 움직이는 모습, 짧은 멜로디 등이 가능한 SMS의 확장
MMS(Multimedia Messaging Service)	무선 메시지의 다음 세대로서 보다 많은 미디어를 보낼 수 있음
Bluetooth	모바일장치나 또 다른 장치 사이에 임시적이나 짧은 범위의 연결을 위한 무선표준 칩기술
WAP(Wireless Application Protocol)	무선장치로부터 인터넷 브라우징을 제안하는 기술
Smart phone	모바일 응용이 지원할 수 있는 인터넷기반의 셀폰
Wi-Fi	무선 LAN을 실행할 수 있는 표준 802.11b
Wireless LAN	모든 802.11표준에 대한 폭넓은 영역으로 이더넷 네트워킹 표준에 대한 무선버전
WiMax	IEEE 802.16-2004표준에 대한 무선기술
LTE(Long Term Evolution)	유럽식 WCDMA에서 한 단계 더 발전한 차세대 이동통신규격

(1) 모바일컴퓨팅의 구성도

[그림 3-4]에서 개인이 시간이나 공간의 제약을 받지 않고 휴대폰이나 PDA, 태블릿PC 등 다양한 이동 멀티미디어(인터넷 포함) 기기를 자유롭게 다양한 형태의 정보에 접근 가능할 수 있도록 하며, 궁극적으로 음성과 데이터의 통합을 통해 원하는 상대방과 커뮤니케이션할 수 있는 고객지향적인 서비스가 네트워크의 구성인 것이다. 게이트웨이(Gate Way)장비는 인터넷망과 접속 시 정보제공이 가능토록 프로토콜 변환기능을 담당한다. 망연동장치(IWF)는 이동전화망과 인터넷망을 접속 연결하는 장치로 일반모뎀과 유사하다. 또한 서버시스템(이동전화사업자용)은 무선인터넷 이용자 관리 및 등록기능을 담당한다.

그림 3-4 모바일컴퓨팅의 구성도

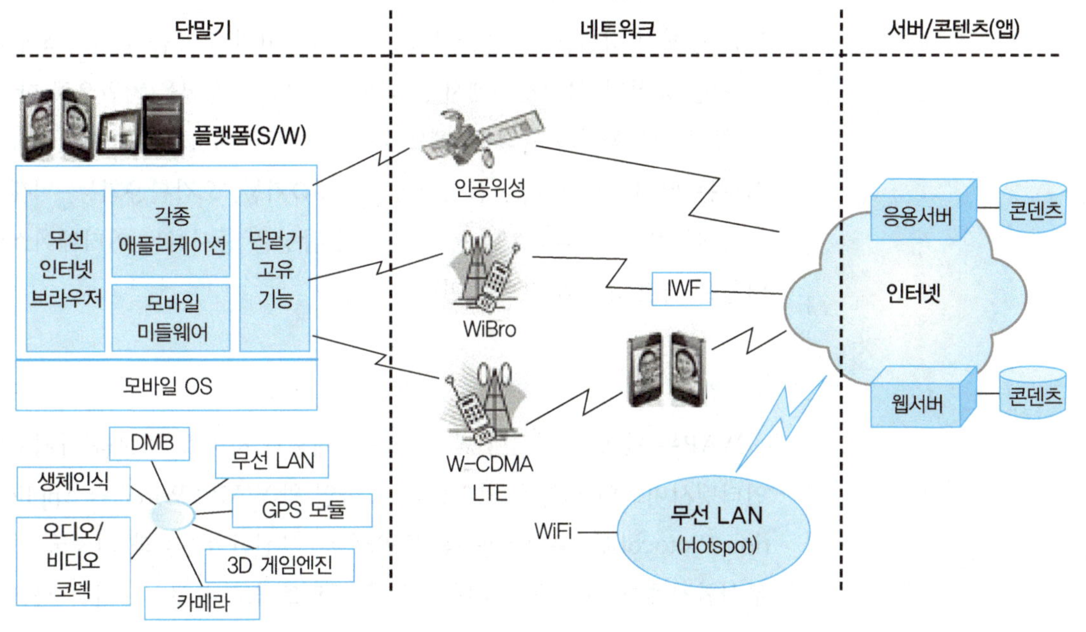

모바일 단말기에는 노트북, 넷북, 스마트폰, 태블릿PC, 스마트PC, e-Book 단말기 등이 있으며 단말기에서 필요한 정보는 인터넷을 통해 서버(앱서버)에서 얻을 수 있는 콘텐츠라고 할 수 있다. 모바일 네트워크

는 모바일 통신(W-CDMA, LTE), 인공위성, 무선 LAN(WiFi), 무선광대역(WiBro) 등이 있다. 이러한 기기와 통신을 연결하는 소프트웨어는 플랫폼 사용자가 단말기를 쉽게 사용하게 하는 UI/UX, 그리고 단말기에서 플랫폼에서 작동되는 앱 등이 있다.

UI(User Interface)는 사용자의 편의를 위한 기술의 레이아웃으로서 구현할 수 있는 기능에 관련된 모든 것을 보여주는 기본적인 설계도이다. 사용자의 요구와 기술의 조합을 통해서 사용자의 편의를 극대화하는 것을 말한다. 최근의 UI는 예를 들어 스마트폰의 경우에 사용자들의 제품요구사항이 커지고, 고사양의 기술혁명 조합, 단말기 제조회사들의 제품의 차별화전략, 서비스제공자의 앞선 콘텐츠의 선택이 가능한 기능 등이 존재한다.

전통적인 UI 개념은 차세대 UX(User eXperience) 개념으로 진화하고 있다. UX는 사용자가 어떤 제품이나 서비스를 이용하면서 느끼게 되는 총체적 경험을 말하며 UI를 포함한다. 따라서 제품과 서비스 설계는 기능 중심의 UI디자인에서 콘텐츠, 브랜드 등 경험을 기반으로 한 감성 중심으로 옮겨가고 있다. 예를 들어 스마트폰에서의 대표적인 UX사례로는 터치스크린기능, 음성인식기능, 3D기능, 오감활용기능, 위젯기능 등이 있다. 향후 UX를 통한 인간의 감성을 중시하는 인터페이스의 역할은 점점 증대될 것으로 판단된다.

(2) 왑(WAP)과 휴대폰의 관계

WAP는 언제, 어디서나 필요로 하는 제품과 서비스, 정보를 가져오는 인터넷서비스의 연장을 의미한다. 모바일 왑(WAP : Wireless Application Protocol)은 무선응용 통신규약으로 무선단말기들과 기지국 간의 무선환경에서 자료를 전송하기 위한 프로토콜로서 무선데이터 사용자들이 손쉽게 인터넷을 사용할 수 있도록 만들어진 스마트 모바일 웹의 표준규격이라고 할 수 있다. 특히 왑(WAP)은 네트워크나 단말기의 종류에 관계없이 동작이 가능한 것이 특징이다. 국내에 판매되는 휴대폰은 왑을 지원한다. 왑은 휴대폰 통신망을 이용하기 때문에 무선 데이터 사용요금이 발생된다.

그림 3-5 WAP의 구성도

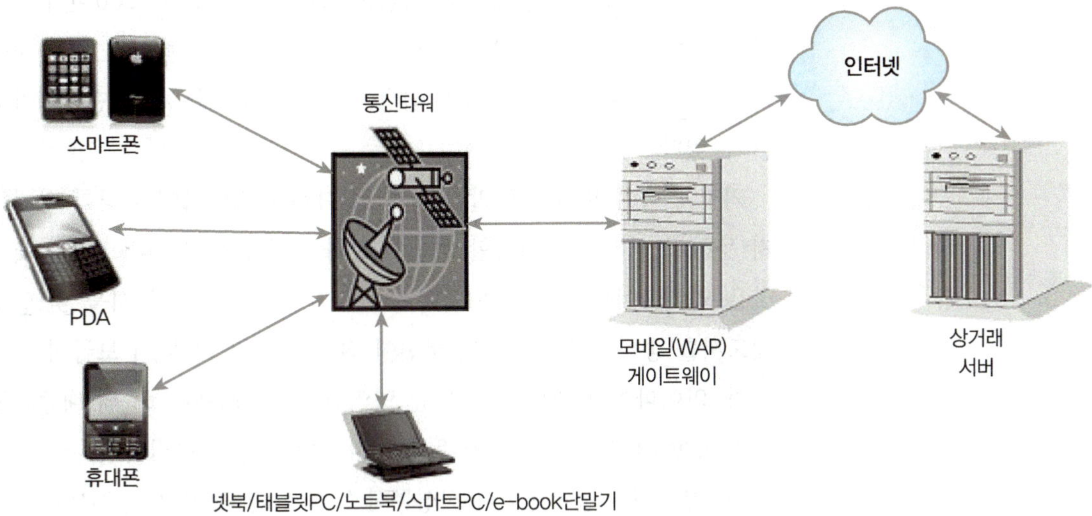

왑은 여러 가지 응용프로그램을 통해서 다양한 의사소통과 가치공유를 위해 주로 이용된다. 이러한 지식공유 정보는 스마트오피스, 금융주식 정보에서부터 스포츠, 뉴스 그리고 맛집 정보까지 다양한 앱(App) 개발이 가능해졌다는 것을 의미한다. 이러한 왑은 관련 정보와 서비스를 이동통신 사용자에게 빠르게 전달되도록 한다. 모바일기기와 다른 무선장비들을 통해 서로 관련 있는 인터넷 정보와 다른 서비스를 쉽게 연동하여 이용할 수 있으며, 최종사용자들로 하여금 스마트모바일 기기를 가지고 왑(WAP)이 제공하는 서비스를 편리하게 활용할 수 있고 기술적으로도 쉽게 이용할 수 있도록 하고 있다.

(3) 와이파이(WiFi)를 지원하는 기기

독자적인 통신기능을 가진 휴대폰을 제외한 일반적인 모바일기기들이 무선으로 인터넷을 사용하려면 와이파이(WiFi)기능을 사용한다. 최근에 출시되는 노트북이나 넷북, 스마트PC 및 스마트폰, 태블릿PC 등은 대부분이 와이파이를 지원한다. 그러나 와이파이에서 인터넷을 사용하기 위하여는 무선공유기나 AP(Access Point)를 통하여 접근되어야 한다. AP 및 단말기의 성능에 따라 차이가 있긴 하지만 대체로 가정용 제품의 경우 20~30미터 이내, 기업용 제품의 경우 100~200미터 정도가 일반적이라고 할 수 있다. AP에서 멀어질수록 통신속도가 점차 저하되며, 범위를 완전히 벗어나면 접속이 끊어지게 되는 것은 단점이라고 할 수 있다.

외부에 나가 모바일 단말기 등을 켠 다음에 와이파이 전파를 감지하지 못하면 인터넷에 접속할 방법이 없다. 한국통신이 서비스하는 넷스팟은 와이파이를 제공하는 서비스로서 가격이 저렴하나 서울 및 일부 대도시를 중심으로 넷스팟의 무선이 접속가능하므로 널리 보급되지 못하며, 와이파이가 커버할 수 있는 영역이 좁기 때문에 고속의 대중교통을 이용할 때 관련 정보가 자주 끊겨 사용할 수 없는 단점이 있다.

하지만 3G 이동통신이나 위성통신 등에 비해 와이파이는 AP의 설치가 수월하고 설치에 드는 비용도 저렴한 편이다. 게다가 데이터 전송속도가 빠른 장점도 있다. 이런 이유로 점차 와이파이의 보급이 늘어나는 추세이며 각 이동통신사에서는 유동인구가 많은 곳에 자사의 스마트폰으로 무료 접속이 가능한 AP를 설치, 이를 광고하여 소비자들을 유인하기도 한다.

(4) 와이브로(WiBro)의 무선인터넷망서비스

와이브로(WiBro : Wireless Broadband internet)는 무선광대역 인터넷 또는 무선초고속 인터넷으로 휴대폰 또는 와이브로를 지원하는 단말기를 이용하여 인터넷 사용이 가능하다. 특히 고속(60~100km)으로 차량 이동 시 인터넷접속이 끊이지 않고 사용이 가능한 것이 주요 특징으로 세계에서 최초로 상용서비스를 지원한 무선인터넷 기술이다. 와이브로는 기존의 와이파이(WiFi)에 이동성을 추가한 기술이다. 와이브로도 와이파이처럼 전용기지국을 전국 곳곳에 추가하여야 하나 넷스팟처럼 전국을 커버하지 못하고 일부지역에서만 사용이 가능하다.

(5) 3세대 이동통신망 WCDMA방식인 HSDPA

HSDPA(High Speed Downlink Packet Access, 고속하향패킷접속)

기술은 제3세대 이동통신인 WCDMA의 속도를 더욱 발전시킨 기술로 고속인터넷이 가능한 이동전화서비스라고 한다. HSDPA는 CDMA무선망을 이용하므로 휴대폰으로 음성통화가 가능한 곳이면 어디서나 사용할 수 있는 특징이 있다. 와이브로처럼 제한구역이 있어 서비스가 전혀 구애받지 않고, 이동통신망을 사용하여 대한민국 어디서든 인터넷 접속서비스, 음성통화, 문자메시지, 화상통화 등이 가능한 것이 주요 장점이다. 그러나 와이파이(WiFi)와 와이브로(WiBro)처럼 고속보다는 상대적으로 느린 것이 단점이다.

(6) LTE 3.9세대

미국통신 사업자인 Verzon은 2011년 키노트 발표를 통해 3.9G(4G) 이동통신이라 불리는 LTE(Long Term Evolution)의 본격적인 서비스 개시를 하였고 국내에서도 도입되었다. 3.9G(4G)는 데이터처리속도가 확대되고, 휴대폰 즉 스마트폰의 처리능력 증가인 듀얼코어 CPU를 장착하고 4세대 무선기술(4G)을 향한 단계이다. 스마트폰과 태블릿 PC 등 모바일기기의 보급이 증가하면서 폭발적으로 늘어난 데이터 전송량을 이전 세대의 무선 이동통신 방식으로는 더 이상 감당할 수 없기 때문이다. 최근 들어 자주 발생하는 스마트폰 통화 끊김 현상이나 무선 인터넷 접속 불가현상 등이 이러한 데이터 폭증 때문이다. 때문에 국내외 이동통신 시장에서는 이를 개선하면서 데이터 전송속도도 향상된 LTE 통신규격으로 전환되었다.

현재 이 조건을 만족하는 이동통신 방식으로 3세대 이동통신인 WCDMA방식이 발전된 LTE방식이 영향력을 넓혀가고 있다. 기존 WCDMA HSDPA보다 12배 이상 빠른 속도로 통신할 수 있다는 장점이 있는데, 다운로드 속도가 최대 173Mbps에 이른다. 또한 GSM, WCDMA의 후속 기술이기 때문에 유럽식 이동통신 기술을 선택한 대부분의 국가에서 도입하기에 용이하다는 장점이 있다.

(7) LTE-Advanced

3세대 방식과 비교해서 50배 이상의 빠른 전송속도를 제공할 것으로 기대되는 4세대 이동통신기술 도입은 양방향 모바일 서비스인 화상회의, 게임, HDTV, Smart TV, IPTV 등 멀티미디어 시스템 기반의 다양하고 복합적인 서비스 제공이 가능할 것으로 기대된다. 4세대 이동통신기술은 소비자들에게 다양한 서비스와 고속 멀티미디어 기반의 신규서비스들이 제공될 것이고, 비즈니스하는 사업자들에게는 다양한 비즈니스관련 접목된 모델창출 및 확장된 시장환경에서 주도권을 확보할 수 있는 기회가 제공될 것이다.

3.4 모바일 상거래(m-commerce)와 모바일 오피스

모바일 상거래는 무선통신 네트워크를 경유하여 어떤 비즈니스 활동이 행해지는 것을 말한다. 이것은 무선모바일 장치를 경유하여 정보와 서비스를 처리할 뿐만 아니라 B2C나 B2B의 상업적인 처리를 포함한다. 전자상거래처럼 모바일 상거래는 인터넷, 통신회선, 컴퓨팅 네트워크를 경유한다. 모바일 상거래는 전자상거래의 확대된 개념이다. 모바일 상거래는 휴대전화와 스마트폰, PDA, 기타 무선단말기와 공중 무선통신 네트워크를 이용하여 관련정보, 상품정보 등을 얻고 관련사항에 거래처리를 지원함으로써 정보, 상품서비스와 상품의 대가로 지불가치를 이전하게 하는 것으로 정의한다.

모바일 상거래(Mobile commerce)를 좁은 의미로 '이동전화나 휴대단말기를 이용한 지불처리'로 정의할 수 있으나, 넓게 본다면 이동성이 강한 단말기를 이용하고, 이동통신망을 활용하는 재화 및 서비스 거래, 광고 및 금융서비스를 대상으로 하는 활동으로 간주할 수 있다. 보다 넓게 해석한다면 '이동이 가능한 PC(노트북), PDA, 스마트폰, 태블릿PC, 이동전화 등을 단말기로 하고, 이동통신망을 활용하는 모든 형태의 가치전달활동'으로 정의할 수 있다.

이러한 광의의 해석은 인터넷의 확장 선상에서 해석하는 것이며, 기존의 고정된 PC에 의한 전자상거래의 한계를 넘어 액세스 단말기에 있

그림 3-6 모바일 상거래의 영역

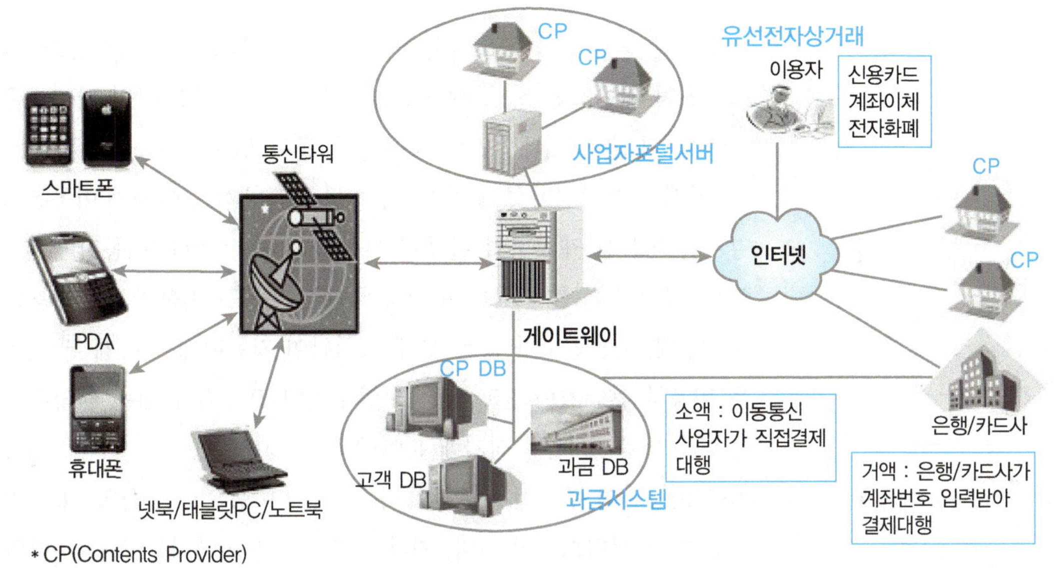

어서 이동성(mobility)이나 휴대성(portability)을 부가한 것으로 해석할 수 있을 것이다. 그러나 아직 범위와 척도를 가늠할 정확한 정의는 없는 것으로 해석함이 타당할 것으로 간주된다.

이러한 이동특성, 즉 기존의 전자상거래와 기본적으로 유사하지만 모바일환경에서 이동통신 단말기를 활용하고 있으므로 제공되는 콘텐츠 및 애플리케이션, 수익 기회를 비롯한 비즈니스 모형 측면에서 기존의 전자상거래와 차이가 있으며, 앞으로는 이동통신 단말기와 무선망을 중심으로 상거래가 이루어지는 모바일 상거래가 전자상거래를 주도할 것으로 전망된다.

모바일 상거래는 무선인터넷이 가능한 휴대폰 및 스마트폰, 기타 휴대 단말기의 증가에 따라 현재 점차 중요성이 부각되고 있으며, 그 영역 또한 정보통신, IT, 금융부문, 그리고 소매와 미디어부문에 이르기까지 산업 전반에 지대한 영향을 미칠 것으로 전망된다. 이러한 보급의 확산은 모바일 상거래가 가지고 있는 이동통신망을 이용한 편리성 때문인 것으로 분석된다.

가. 모바일 상거래서비스 유형

모바일 상거래의 주요 서비스 영역으로는 B2C 부문에서 뉴스, 날씨, 스포츠의 일반적인 정보에서 쇼핑, 자동판매, 주식정보 및 거래 애플리케이션, 게임, 엔터테인먼트 응용영역 등이 있으며, B2B 부문에는 조달, 거래 애플리케이션 등이 있다. 쇼핑 부문에서는 이동중 이동통신 단말기를 이용한 재화구입 활동이 가능하게 될 것이다. 이동판매 부문은 이동통신 단말기를 사용하여 상품에 대한 비용을 지불하게 하는 서비스 분야인데, 유동인구가 많은 곳에 설치하여 자동판매를 하게 된다. 이것은 비용부담이 저렴하고, 낮은 보안수준이 요구되기 때문에 많은 활용을 예상할 수 있다. 주식거래 분야에도 활용이 가능한데, 이동통신 단말기를 이용하여 주식정보를 획득하고, 이를 바탕으로 주식의 매도 및 매수를 하는 서비스 분야이다. 기타 상품거래 분야에서는 조달 분야와 원료상품거래 등에 사용될 수 있다. 이는 B2B 응용분야이기도 하다.

모바일 상거래의 활동 분야를 살펴보면, 개인적 활용 분야로는 게임과 도박 분야에 사용될 것이며, B2C와 B2B에 공통으로 사용될 수 있는 분야는 뱅킹, 요금청구, 지불, 전자화폐, 티켓예매, 게임 및 도박, 호텔서비스 등에 사용될 수 있다. 청구 및 지불 분야에도 활용할 수 있다. 고객의 이동통신 단말기로 요금청구서를 발송하고, 고객이 이를 조회할 수 있게 하여 기업은 청구서 발송 비용과 지불처리 과정의 비용을 절감하고, 고객은 요금청구서를 이동통신 단말기로 받는 편리성을 가질 수 있는 애플리케이션이다. 이와 동시에 지불 분야에서는 재화나 서비스 이용 시 이용대금 결제를 위하여 사용되는 지불 애플리케이션인데, 미리 예약된 금액 내에서 재화를 구매하거나 서비스를 사용하는 선불형 애플리케이션이 휴대전화 시장에서 활발하게 이용되고 있다. 그리고 이를 포괄적인 뱅킹 분야에도 활용할 수 있다. 뱅킹 분야는 가장 먼저 서비스에 활용되고 있는 분야이기도 하다. 이동통신 단말기를 이용하여 은행에서 입출금과 잔액조회, 계좌이체 등 간단한 업무를 수행할 수 있도록 하여 고객의 편리성과 은행업무의 비용절감을 동시에 가져다준다.

티켓예약 등 예약 애플리케이션은 극장, 공연, 식당 등에 대하여 예약하거나 교통수단 예약을 하는 애플리케이션이다. 사용자는 언제 어디서나 예약을 할 수 있어 편리함을 가지고, 사업자는 비용을 절감할 수 있다. 온라인 게임 및 도박 애플리케이션은 이동통신 단말기를 통하여 쉽고 편리하게 게임과 도박을 즐길 수 있게 하는 분야이다.

모바일 상거래는 정보제공 분야에서도 활용이 가능하다. 사용자가 이동통신 단말기를 활용해 시간과 공간의 제약을 받지 않고 필요한 정보를 제공받을 수 있도록 하는 애플리케이션인데, 거래를 위하여 필요한 기초정보를 받는 경우와 부가서비스로 이용하는 경우가 있을 것이다.

광고 분야에도 모바일 상거래가 절대적으로 사용이 가능하다. 광고는 이동통신 단말기에 광고가 전송되도록 하는 것으로, 이는 스펙 문제와 연관이 되어 발전에 어려움이 있을 것으로 예상되기도 하는 분야이다.

나. 모바일 상거래기술

모바일 상거래의 특징은 무선이라는 점이다. 이러한 무선 기반 위에 보안과 정보보호, 그리고 결제 및 인증을 달성해야 하는 기술적 어려움을 안고 있다. 더구나 모바일 상거래 애플리케이션과 서비스 이동경로에는 인프라 장비업체, 소프트웨어 업체, 콘텐츠 제공업자, 모바일 네트워크 사업자(Mobile Network Operator), 과금업자, 모바일 단말기 업체, 무선 애플리케이션 서비스 제공업자 등 많은 사람들이 참여해 서비스를 제공해야 하는 특징도 가진다. 이 가운데 실제 애플리케이션의 확장을 위한 결제기술 및 보안기술이 가장 필수적인 요소로 간주되고 있다.

(1) 모바일 지불기술

모바일 뱅킹시스템은 인터넷 접속이 가능한 휴대폰을 이용해 언제 어디서나 은행의 잔액조회, 계좌이체, 예금조회, 환율조회, 자기앞수표조회, 거래내역조회, 신용카드(크레디트카드)거래, 현금서비스 등 다양한 서비스를 받을 수 있는 금융거래서비스를 말한다.

보안이 적용되어 안전하게 사용할 수 있다는 점에서 텔레뱅킹과 구분되고, 이동 중에도 사용이 가능하다는 점에서는 인터넷뱅킹과 구분된다. 또 별도의 인증서를 받지 않아도 서비스를 이용할 수 있고, 인터넷 뱅킹 이용자도 원활하게 사용할 수 있다.

모바일 지불 서비스는 온라인 및 오프라인상에서 이루어지는 각종 전자상거래에서 이동통신 단말기 등을 이용해 거래대금을 지불하는 서비스로, 사용자 신원확인, 거래정보의 전달, 인증 등 결제과정이 이동통신망의 일부 또는 전체를 통해 이루어진다.

모바일 뱅킹시스템의 종류에는 ① 휴대폰에 내장된 스마트카드(IC카드)에 자신의 금융정보 등을 저장해 이용의 편리함과 보안을 강화한 스마트 카드칩(IC칩) 방식, ② 휴대폰에 모바일 뱅킹용 프로그램을 다운로드해서 거래 때마다 프로그램을 실행해 이용하는 VM방식, ③ 휴대폰과 은행시스템 사이에 거래내용을 문자로 전송해 업무를 처리하는 WAP방식 등이 있다. 종류에 따라 보안수단이나 접속절차에 차이가 있다. 최근에는 근거리 스마트애플리케이션 기술인 NFC기술을 통해서 간편하게 모바일 결제시스템의 이용이 확대되고 있다.

VM(Virtual Machine)
금융칩을 내장하지 않은 휴대전화로도 해당 프로그램을 내려받아 모바일 뱅킹을 할 수 있는 서비스

NFC(Near Field Communication, 근거리통신)는 무선태그(RFID) 기술 중 하나로 13.56MHz의 주파수 대역을 사용하는 비접촉식 통신 기술이다. 10cm 내외의 근거리에서 기기 간 데이터를 전송하는 기술로, 일반적인 금융기능뿐만 아니라 사용자 간 데이터교환 등 다양한 분야에 활용할 수 있다. 데이터 읽기와 쓰기 기능을 모두 사용할 수 있기 때문에 기존에 RFID 사용을 위해 필요했던 동글(리더)이 필요하지 않다. 블루투스 등 기존의 근거리통신 기술과 비슷하지만 블루투스처럼 기기 간 설정을 하지 않아도 된다. 10cm 내외의 근거리에서 기기 간 데이터를 전송하는 기술로, 일반적인 금융기능뿐만 아니라 사용자 간 데이터 교환 등 다양한 분야에 활용할 수 있다.

NFC는 가까운 거리에 있는 두 대의 휴대전화 혹은 휴대전화와 다른 전자기기가 데이터를 주고받을 수 있도록 돕는 기술로 지갑 대신 휴대폰 하나로 교통카드, 신용카드, 멤버십카드, 사원증 대용으로 결제까지 해결가능하다. 소비자가 스마트폰으로 물건을 구입 후 대금을 지불하는 것을 물론, 매장 결제기로부터 할인을 쿠폰이나 관련제품 추천 정보를 받아서 나중에 사용하는 쌍방향 서비스도 가능하다. 전자지갑은 단순히

그림 3-7 모바일 결제기능인 NFC응용분야

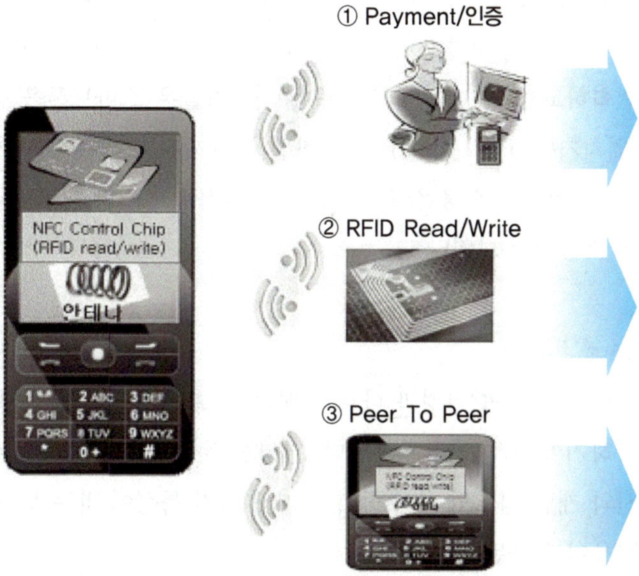

응용분야	서비스형태
지불 (Payment)	• 신용카드 결제 • 교통카드 결제 • 폰빌 • 전자화폐 • 상품권 등

응용분야	서비스형태
인증/개인정보	• 영화/항공티켓 • 신분증 • 도어락 • 진료기록 • 명함교환 등

응용분야	서비스형태
정보전달	• 미술관, 박물관 안내 • 스마트 포스터 • 위치기반 광고/쿠폰 • 진품판정 등 • One touch call 등

자료 : KT경제경영연구소, 2011. 11월, 한국경제신문사.

사용자의 결제정보를 결제기에 송신하는 데 그친 데 반해 NFC는 양방향 정보교환이 가능하여 태그로부터 정보를 불러올 수 있고 내 정보를 보낼 수도 있다.

NFC 모바일 결제시스템은 간단한 데이터를 주고받는 정도의 비접촉식 통신을 위한 용도인 NFC 탑재폰들이 기하급수적으로 늘어나면서 폰을 어디엔가 갖다 대면 동작이 습관화될 것이다. 이동통신망을 통해 사용자정보를 수집하는 것 자체가 제약이지만 NFC 데이터서비스 제공자와 이용자 간의 약관 설정을 통해 이러한 제약은 극복될 수 있다.

NFC 활용 또한 많아질 것이다. 스마트폰에 저장된 사진을 출력할 경우, 프린터 태그에 접촉하면 바로 출력이 가능하다. 또 전화를 걸고 싶은 사람의 사진을 터치하면 사진에 내장된 태그의 전화번호로 바로 이동해 음성통화와 영상통화가 가능하다. 태그를 레스토랑, 일반매장 등에 설치하면 고객들이 NFC 탑재 스마트폰을 접촉, 음식을 주문하거나 위치, 제품안내사항을 제공받을 수 있다. 영화관에서는 상영영화의 예고편, 남은 좌석수, 상용시간 등의 영화 관련 정보의 사전서비스가 가능하다. 이러한 서비스는 휴대폰이 음성통화에서 데이터위주로 통신의 이용형태가 변화하고 있기 때문에 스마트폰 이용자들은 스마트폰을 통해 모바일앱, 위치기반서비스, SNS 및 모바일 결제까지 다양한 콘텐츠를 경험하고 있다. 이러한 활용은 앞으로도 신규응용서비스의 활용범위가 매우 넓혀질 가능성이 보인다.

(2) 모바일 보안기술

모바일 보안기술은 PC환경과 다르게 백신, 방화벽 등과 같은 단품형 기술을 적용하기에는 한계가 존재한다. 다양한 운영체제(OS)별 모바일 단말기 출시와 개방 정도의 차이 등으로 인해 각기 특성에 맞는 보안 소프트웨어 적용이 요구된다.

최근 휴대폰 등 이동 단말기를 이용한 모바일 인터넷 사용이 급증하면서 유선인터넷과 마찬가지로 기밀성, 무결성, 부인봉쇄를 가능하게 할 수 있는 정보보호 서비스가 필요하게 되었다. 신용과 보안의 확보 없이는 소비자가 사용을 주저할 것이므로 보안기술 확보는 필수적인 요소가 아닐 수 없다. 그러나 무선상에서 확실한 보안의 확보는 기술적으로 어려움이 존재한다. 이는 모바일에서는 네트워크가 가지고 있는 충분치 못한 대역폭, 시간지연 및 연결의 불안전성과 단말기가 가진 낮은 연산능력, 소량의 메모리 등의 문제로 인하여 현재 유선인터넷에서 이용되는 보안 프로토콜 등을 무선단말기에 적용하기가 어렵기 때문이다.

물리적 보안성을 제공해주는 소프트웨어인 MTM(Mobile Trusted Module)을 이용하여 외부공격으로부터 데이터, 키, 인증서 등을 안전하게 보호하고, 스마트폰 단말 플랫폼의 무결성 검증을 통해 악성코드 실행을 사전에 탐지하여 차단함으로써 보다 향상된 보안기능을 제공할 수 있다.

현재의 모바일 기술들은 언제든지 우회 공격을 받을 수 있는 기술들이고 또한 모바일 보안 위협 범위는 한 영역에서 발생되더라도 타 영역까지 영향을 미칠 수 있으므로 서비스 전 영역을 고려해야만 한다. 즉 모바일환경에서 발생할 수 있는 다양한 위협에 대응하기 위한 보안 및 단말관리 융합기술이 필요하다.

즉, 모바일 보안이란 기기 차원에서 이를 어떻게 운용하고 데이터를 보호할 것인가를 고려할 필요가 있다. 이를 반영하는 것이 최근에 각광받는 MDM(모바일 기기관리)솔루션이다. MDM이 대표적인 모바일 보안 솔루션으로 부각되고 있는 원인으로 스마트워크로 대변되는 BYOD(Bring Your Own Device)는 개인이 일상생활에서 사용하던 모바일기기를 그대로 업무에서도 사용하는 것을 의미한다. 즉, 스마트폰으로 메일을 송 · 수신하는 것에서부터 전용 앱을 활용해 업무를 처리하는 등의 일련의 활동들이 바로 BYOD에 해당한다고 볼 수 있다.

모바일기기를 통해서 회사 내외에서 사용하기 때문에 관련 업무정보들이 중앙집중화된 관리가 불가능하기 때문에 기업의 민감한 정보가 통제 불가능한 개인 기기에 저장되는 그 자체로 데이터 유출의 위험을 내포하고 있기 때문이다. 아울러 의도적인 경우가 아니더라도 기기 분실로 인한 정보 손실과 업무차질 등도 고려하지 않을 수 없다. 개인이 일하는 방식, 내외근직의 직무특성 등을 고려한 모바일환경 및 원격근무를 지원하는 IT체계의 변화와 시설개선이 요구된다. 기업 네트워크에 접속하는 모바일기기의 폭발적 증가는 종종 데이터 손실을 야기하고 보안 관리를 복잡하게 만들기 때문에 기업은 모바일 보안과 관련된 위험과 비용을 최소화할 수 있도록 적절한 통제정책을 집행해야 한다.

기업 내에서 모바일환경이 점점 커져가고 있는 상황에서 모바일 보안 솔루션은 새로운 컴퓨팅 환경에서의 운영정책을 마련하는 데 기여할 것이며 보안솔루션의 기술적 진화만큼이나 모바일기기의 특성에 맞는 정책수립이 뒷받침된다면 향후 모바일 보안 시장의 성장가능성은 무궁무진할 것으로 전망된다.

다. 모바일 오피스

언제 어디서나 모바일기기를 통해 회사의 업무를 손 안에서 쉽고, 빠르고, 민첩하게 처리할 수 있는 스마트 오피스, 스마트 워크, 모바일 오피스란 용어가 빠르게 확산되고 있으며, 기존의 사무실에 앉아 업무를 보던 시대에서 시간과 공간을 초월하는 모바일시대로의 일하는 방식이 바뀌어 가고 있다. 특히 최근의 SNS와 다양한 스마트 모바일기기 사용자들이 급격히 늘고 있으며, 이를 기반으로 하는 모바일 오피스 관련 툴들이 등장하고 있다. 이러한 오피스 관련 툴들이 SNS인 트위터, 페이스북, 미투데이 등과 네트워크서비스 이용환경과 연계하여 스마트 워크가 실현될 수 있는 새로운 모바일 오피스를 도입하려는 기업들이 속속 등장하고 있다.

다양한 종류의 운영체제(OS) 플랫폼(예를 들어 iOS, 안드로이드, 윈도모바일, 심비안 등)을 가진 스마트 모바일기기들이 빠르게 출시되면서 스마트 모바일 오피스시장이 점차 확산되고 있다. 기업에서는 기존의 데스크톱 PC환경에서 노트북, 태블릿PC 등의 모바일성 업무환경으로 바뀌고 단순한 메시지(SMS)뿐만 아니라 복잡한 메시지(MMS)와 무선통신 인프라 서비스 도입, 매장 내 POS, 물류와 유통의 RFID, PDA 활용, 체크인 · 아웃 등과 연계되면서 스마트 모바일기기를 기반으로 하는 스마트 모바일 오피스 환경으로 바뀌어가고 있다.

스마트 모바일 오피스시장의 변화는 그룹웨어, 영업지원시스템, 사업현장지원시스템, 검침지원시스템, 모바일 업무포털시스템, 고객관계관리(CRM) 등 전용 업무 범위 확대와 금융, 유통 및 물류, 생산, 제조, 서비스 등 산업 전방위적인 확산의 계기로 기업들의 융 · 복합 IT기기 도입이 업무환경에서도 통합플랫폼의 도입을 우선시 하고 있다.

[그림 3-8]은 모바일 오피스 관련 통합플랫폼 구성도로서 새로운 방식의 모바일 오피스 구현 방법론으로 제시되고 있다. 이는 운영체제가 다른 다양한 종류의 스마트 모바일기기에서 활용할 수 있는 것을 보여주는 것이다. 다양한 스마트 모바일 융합기기 환경에 멀티유저들이 사용할 수 있도록 구현된 개발 어플은 업종이 달라도 충분히 활용가능한 표준화된 솔루션을 제공함으로써 기업마다 일일이 따로 구축해야 하는 번거로움을 줄이고 이식성을 확장시키고 어플서비스의 사용 범위를 확장할 수 있도록 해야 한다. 스마트 모바일기기, 태블릿PC 보급확대로 모바일 오피스 활성화가 전망된다.

그림 3-8 모바일 오피스 관련 통합플랫폼 구성도

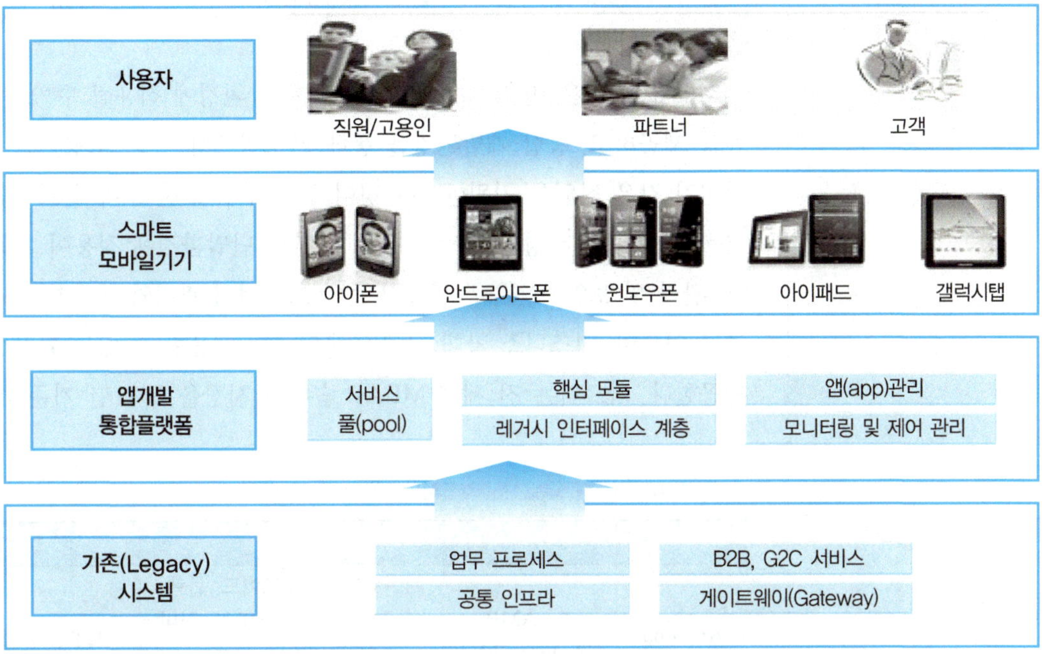

자료 : 양재수 · 권희춘 · 조경래, 스마트모바일이 미래를 바꾼다. 매일경제신문사, 2011.

모바일 오피스의 도입으로 통신인프라의 확충, 모바일 클라우드 컴퓨팅서비스 확산과 더불어 화상회의, 협업시스템을 통한 기업의 업무량의 절감, 생산성의 증가 등 사회 전반적으로 절감효과를 가져올 것이다. 또한 모바일 오피스의 도입으로 내부적인 인사 및 업적평가시스템 등의 모바일 오피스 기반을 정비할 필요성도 제기된다.

통신사의 종속성 없이 솔루션의 서비스품질과 가격경쟁력에 따라서 손쉽게 이동가능하도록 하는 것이 바로 통합개발 플랫폼 MEAP의 목적이다. 모바일 엔터프라이즈 애플리케이션 플랫폼(MEAP : Mobile Enterprise Application Platform)은 다양한 모바일 운영체제와 단말을 추상화해 멀티 플랫폼 환경을 통합지원하는 모바일 플랫폼이자 개발 플랫폼이다.

MEAP는 서로 다른 운영체제(OS)를 사용하는 스마트폰이나 태블릿 PC 등에서 하나의 단일한 모바일 오피스를 구현하는 개발 환경을 제공

한다. 전자결제, 영업지원, 고객관리 같은 기업 업무지원 애플리케이션들은 이 MEAP을 기반으로 실행돼 다양한 OS에서도 동일한 유저 경험을 제공한다.

MEAP은 적은 비용으로 다양한 스마트폰 환경에 적용될 수 있는 기능을 제공하고, 통합 개발환경을 통해 프로젝트의 구성, 코딩, 테스팅, 디버깅 같은 작업을 지원한다는 것이 특징이다. 또한 모바일 프레임워크를 제공하고, 추상화 계층을 통해 다양한 단말환경에 적용이 가능하다. 관리 및 보안기능을 통해 단말들의 효율적인 관리와 제어기능도 갖추고 있으며, 비즈니스 확대 시에도 유연하게 대응할 수 있는 확장성도 제공한다. 가트너는 전 세계 MEAP 솔루션 시장을 2011년 기준 10억

표 3-5 ■ 모바일 오피스인 MEAP 솔루션의 특징

기업명	MEAP 솔루션	특징	적용사례
Antenna Software	AMP (Antenna Mobile Platfom)	• iOS, 안드로이드, 블랙베리, 윈도 모바일, 심비안 등 지원 • 시장, 기술선도기업으로 평가(Gartner)	KT 모바일 오피스
SAP	SUP (Sybase Unwired Platfom)	• iOS, 윈도 모바일, 블랙베리 지원 • Visual Studio, Eclipse, 등 보편적 IDE를 통합	삼성 SDS 미국법인
한국IBM	SPoSA (Smartphone oriented Service Architecture)	• iOS, 안드로이드, 윈도 모바일 지원 • 셀라돈(Celadon, 위치인식기반 플랫폼)에 기반	아모레퍼시픽 모바일 그룹웨어, SKT 파일럿 프로젝트 등
Oracle	ADF(Application Development Framwork)Mobile	• Web, 네이티브 앱(제한적) 지원 • MVC 아카텍처 • Ajax기반 클라이언트 UI컴포넌트	메리츠 금융정보서비스와 전략적 제휴
WorkLight	WorkLight Platfom	• iOS, 안드로이드, 블랙베리 지원 • Hybrid Coding IDE	롯데카드 '스마트롯데' (고객용 모바일서비스)

자료 : 주요 글로벌 기업의 MEAP 솔루션 현황(정보통신산업진흥원)

달러 규모로 추산하고 있으며, 2013년에는 95% 정도의 기업이 모바일 서비스를 위해 MEAP을 선택할 것이라고 전망했다.

3.5 소셜네트워크와 애플리케이션(앱)

가. 소셜네트워크

사람들은 인터넷을 통해서 여러 가지 활동들, 예를 들어 자신만의 글을 올리는 블로그, 언제 어디서나 정보검색 및 만남과 관계형성을 통한 커뮤니케이션 활동들이 자유스럽게 이루어지고 있다. 특히 인터넷이 사람과 사람을 이어주는 교류의 공간으로 부각되면서, 관계형성을 도와주는 여러 가지 서비스들이 생겨났는데 이러한 서비스가 소셜네트워크서비스(SNS)이다.

소셜네트워크서비스는 매우 가치 있는 비즈니스 툴을 가진다. 하나는 기존에 알고 있는 인맥을 강화시킬 뿐만 아니라 온라인상에서 형성된 새로운 인맥을 확장시켜 준다. 이렇게 개인의 정보를 공유할 수 있게 하고, 의사소통을 도와주는 것을 소셜미디어(Social media)라고 한다. 인맥형성 이외에도 소셜네트워크서비스는 마케팅, 광고, 홍보, 소셜쇼핑, 지식연계 및 공유, 공공부문, 게임 등에 이용될 수 있다.

소셜네트워크서비스는 어떠한 정보를 구성하여 다른 사용자들과 연결을 맺고, 글, 그림, 이미지, 동영상 등을 공유할 수 있는 기능을 제공한다. 이러한 기능들은 친구와 지인맺기, 팬되기 등 개인들이 관계를 맺고 관리할 수 있는 기능을 제공하고, 프로필은 사진과 신상정보, 취미, 개인의 관심사 등 자신을 나타내고 표현할 수 있는 기능이며 이메일, 채팅, 메신저 등은 사용자 간의 커뮤니케이션을 지원하는 기능과 개인의 생각을 나타내는 글, 사진, 이미지, 동영상 등 사용자가 콘텐츠를 생산 · 공유할 수 있는 생산적인 콘텐츠 기능을 제공한다.

이러한 소셜네트워크서비스의 특징은 [표 3-6]과 같다.

표 3-6 ■ 소셜네트워크서비스의 특징

구분	구성
참여(participation)	관심 있는 모든 사람들의 참여와 상호교환 및 공유를 활발하게 한다.
공개(openness)	대부분의 소셜네트워크서비스는 참여와 상호교환 및 공유 등이 공개되며, 다양한 콘텐츠의 접근과 사용에 대하여 진입장벽이 매우 낮다.
대화(conversation)	대부분의 콘텐츠들이 상호 쌍방향성과 실시간성을 갖는다.
연결(connection)	대부분의 콘텐츠들이 다양한 미디어 조합이나 링크를 통해서 연결되어 접속된다.
커뮤니티(community)	소셜네트워크서비스는 참여와 상호교환을 통한 기존 사람들과 커뮤니티뿐만 아니라 새로운 사람들과의 커뮤니티가 자유롭다.

가장 인기 있는 소셜네트워크는 다음과 같다.

- facebook(www.facebook.com), myspace(www.myspace.com), google+(http://plus.google.com) : 가장 인기 있는 소셜네트워크 웹사이트들이다. 페이스북은 7억 명 이상, 마이스페이스는 8천만 명, 구글플러스는 3천2백만 명을 가지고 있다(alexa.com에 따라, 2011기준). 이들 웹사이트들은 사람들이 친구들과 대화하고 정보를 교환할 수 있도록 도와준다.
- Flickr(www.flickr.com) : 사진에 관련된 블로그들이 사용하는 포토 공유 웹사이트로서 인기가 매우 높다.
- linkedin(www.linkedin.com) : 모집, 판매, 투자에 대하여 가치 있는 비즈니스 중심의 소셜네트워크 웹사이트로서 광고와 서비스로서 돈을 벌어들인다.
- YouTube(www.youtube.com) : 비디오를 업로드하는 소셜네트워크 사이트이다.
- twitter(http://twitter.com) : 글 한 편에 해당하는 단위이며, 140글자 이내로 다른 사용자에게 전송된다.

새로운 스마트라이프를 누리는 모빌리언(Mobilian)의 시대를 연 삼성전자, LG전자, 노키아, 애플, 모토로라 등은 모바일기기와 소프트웨어를 적극 활용해 자신은 물론 주변 사람들과 삶을 바꾸어 새로운 소통을 가능케 만들었다. 이러한 모빌리언 시대에 모바일 비즈니스 몇 가지를 살펴보면 다음과 같다.

- 모바일 인터넷 검색광고 : 스마트폰 검색만으로 웹사이트 연결 없이 직접 통화하는 클릭투콜기능
- 모바일 소셜커머스 : 소비자들이 모여 경제적으로 구매하는 소셜쇼핑, 소셜 전자상거래 등 증가
- 클라우드 컴퓨팅+모바일 : 필요한 시간에 필요한 정보를 찾아서 처리하는 클라우드 컴퓨팅이 모바일과 결합된다.

나. 스마트폰과 애플리케이션(앱)

스마트폰이 일반 휴대폰과 다른 점은 용도에 따라 애플리케이션(application, 응용프로그램, 이하 줄여서 '앱')을 추가 설치해 활용할 수 있다는 점이다. 컴퓨터에서 사용하는 각종 프로그램과 동일한 개념이다. 컴퓨터에 윈도우 등과 같은 운영체제만 설치되어 있고 활용도가 낮다면, 수십만 개에 달하는 스마트폰 앱을 거의 사용하고 있지 않다면 진정한 스마트폰 사용자라 말할 수 없다.

예를 들어, 컴퓨터에서 흔히 사용하는 문서작성 프로그램(MS워드, 한글 등)이나 인터넷 브라우저(인터넷 익스플로러, 파이어폭스 등), 동영상 재생 프로그램(윈도우 미디어 플레이어, 곰 플레이어 등), 각종 패키지/온라인게임 등이 컴퓨터용 애플리케이션이다. 이들은 바탕화면 혹은 시작 메뉴에 있는 각 아이콘을 더블 클릭해서 실행할 수 있다.

한편 스마트폰 운영체제나 가입한 이동통신사가 다르더라도, 동일한 앱을 설치할 수 있다면 동일한 서비스를 이용할 수 있다. 이는 윈도우 컴퓨터든 매킨토시 컴퓨터든 '포토샵'과 같은 사진 편집 프로그램이 설치되어 있다면 동일한 작업이 가능한 것과 같다.

스마트폰 앱은 제품에 따라 수만에서 수십만 개가 제공되고 있으며, 하루에도 수백 개의 앱이 쏟아지고 있다. 해당 앱만 설치하면 간편하게

인터넷뱅킹도 이용하고 버스나 지하철노선이나 차량이동 지점도 확인 가능하며, 영화나 연극도 그 자리에서 예약할 수 있다. 또 다른 활용면에 GPS 수신기를 통해 간단한 내비게이션도 활용할 수 있고, 각 언론사의 최신 뉴스도 일목요연하게 열람할 수 있다. 영화나 음악, 사진을 감상하는 것 외에도 기상천외한 앱을 통해 지금까지 일반 휴대폰으로는 경험할 수 없었던 독특한 기능을 만끽할 수 있다.

최근에는 현실세계와 3차원 가상환경을 접목한 '증강현실(AR : Augmented Reality)' 기술을 적용한 생활 도우미형 앱이 스마트폰의 가치를 더욱 높여주고 있다. 스마트폰의 카메라로 거리를 비추면 증강현실 앱을 통해 각 건물의 이름, 상호, 업종 등의 정보를 직관적으로 파악할 수 있다. 현재 위치에서 가장 가까운 화장실이나 약국, 병원 등을 찾아 주는 증강현실 앱은 이미 스마트폰 필수 앱으로 인식되고 있다.

컴퓨터용 프로그램도 유료, 무료 제품이 있듯 스마트폰 앱도 무료와 유료 제품으로 나뉜다. 유료 앱의 경우 몇 백원부터 몇 만원까지 다양하며, 가격은 순전히 개발자(또는 개발사)가 책정한다. 이러한 유료 앱을 사용자가 다운로드하면 그 수익을 스마트폰 제조사나 이동통신사 등과 분배하게 된다. 주로 신용카드로 결제하거나 매월 통신요금에 포함되어 부과된다. 유료 앱이 아무래도 유용하고 풍부한 기능을 제공하지만, 사용가치가 있는 무료 앱도 상당히 많다.

(1) 스마트폰 애플리케이션 장터, 앱마켓/스토어

앱을 스마트폰으로 직접 다운로드하여 설치할 수 있는 서비스를 제공하는 곳이 앱마켓(app. market) 또는 앱스토어(app. store)이다. 다만 스마트폰 운영체제에 따라 앱 종류와 개수, 이용방법 등이 각각 다르다. 운영체제 개발사뿐만 아니라 스마트폰 제조사와 이동통신사도 앱 구매 서비스를 별도로 제공하고 있다. 동일한 앱이라도 각 운영체제에 맞게 개발된 앱은 해당 스마트폰에서만 사용할 수 있다.

① 애플의 '앱스토어'

아이폰의 앱스토어는 애플이 운영하며, 아이폰이나 아이패드, 아이팟 등의 애플 제품에서만 사용할 수 있는 앱이 등록되어 유료 또는 무료로 다운로드할 수 있다. 이 앱스토어에 등록된 앱의 개수는 이미 25만 개를 넘어섰으며, 2011년 7월 스마트폰 운영체제 중에서 가장 많은 앱을 제공하고 있다. 주로 유료로 판매되는 앱스토어의 앱은 인기상품으로 등록될 경우 전 세계에 걸쳐 엄청난 수익을 얻을 수 있다. 이 때문에 앱스토어는 앱 개발자들 사이에서 '애플이 창조한 또 하나의 생태계'로 인식되고 있다.

앱스토어의 앱은 아이폰 등의 기기에서 직접 다운로드하거나, 컴퓨터에 연결하여 '아이튠즈'라는 애플 전용 프로그램을 통해 다운로드하여 설치할 수 있다. 애플 제품끼리는 앱이 서로 호환되기 때문에 아이폰이나 아이패드, 아이팟 등에서 동일하게 사용할 수 있다.

② 구글의 '안드로이드마켓'

안드로이드마켓은 안드로이드 운영체제를 내장한 스마트폰에서 사용할 수 있는 앱마켓이다. 이 역시 스마트폰에서 직접 접속하여 다운로드하는 방식이며, 전 세계 10만 개 이상의 앱이 등록되어 있다. 애플의 앱스토어보다는 적지만 하루에 공개되는 앱 수는 가장 많다. 참고로 지난 2011년 7월 말에 5만 개를 넘어선 후 10만 개를 돌파하는 데 3개월이 채 걸리지 않을 정도로 급속히 발전하고 있는 앱마켓이다.

아이폰용 앱은 애플 앱스토어에서만 다운로드할 수 있지만, 안드로이드용 앱은 안드로이드 마켓뿐 아니라 이동통신사나 스마트폰 제조사의 독자적인 마켓에서도 다운로드가 가능하다. 이는 안드로이드가 '개방형/공개형' 운영체제이기에 가능한 것으로, SK텔레콤은 'T스토어', KT는 '올레마켓', LGU+는 '오즈스토어'라는 이름으로, 삼성전자는 '삼성앱스', LG 전자는 'LG앱스'라는 이름으로 앱마켓을 각자 운영하고 있다.

③ RIM의 '블랙베리 앱월드'

블랙베리 스마트폰은 블랙베리 앱월드에 등록된 앱을 다운로드할 수 있다. 지난 2010년 8월 23일부터 한국 및 아태지역 사용자도 이용할 수 있게 정식으로 서비스되면서, 무료 앱뿐만 아니라 유료 앱도 다운로드할 수 있게 됐다.

다만 앱 수는 다른 마켓이나 스토어에 비해 턱없이 적은 약 1만여 개 정도에 불과하며, 실제로 국내 이용자가 사용할 수 있는 개수는 이보다 더 적다.

(2) 앱의 발전이 곧 스마트폰의 발전

스마트폰 사양이 어느 정도 평준화됨에 따라 앱의 중요성이 상대적으로 커지고 있다. 얼마나 다양한 앱을 이용할 수 있는가가 해당 스마트폰을 구매하는 데 절대적인 영향을 미칠 정도다. MS의 '윈도우' 라는 운영체제가 우리나라 인터넷 발전에 상당한 영향을 미친 것만 봐도, 이제는 애플리케이션이 특정 하드웨어를 떠나 시장과 트렌드를 이끌어 갈 수 있는 절대적인 요소라 말할 수 있다. 따라서 고성능 스마트폰을 구매했는데 정작 사용할 수 있는 앱이 몇 개 되지 않는다면 스마트폰으로 아무런 의미를 부여하지 못할 것이다.

3.6 소셜커머스와 소셜비즈니스

가. 소셜커머스

소셜커머스(Social commerce)는 소셜미디어(SNS)를 활용하는 새로운 형태의 전자상거래 일종으로 소셜커머스라는 용어는 야후에 의해 2005년에 처음 소개되었다. 야후는 회원들이 장바구니 목록을 공유하는 서비스인 쇼퍼스피어(Shoposphere)를 공개하면서, 그것을 소셜커머스라고 불렀다. 이때부터 소셜커머스는 소비자들이 각자의 상거래 경험을 공개하고 서로 공유하는 것을 일컫는 말이 되었다. 현대적인 의미의 소셜커머스가 개방과 공유라는 웹 2.0에서 출발한 것이다. 이후 웹 트렌드의 주류가 웹 2.0에서 SNS로 바뀌면서 소셜커머스의 의미도 조금 달라지게 된다. 개방과 공유에 SNS라는 필요조건이 더해진 것이다.

즉 소셜커머스(Social commerce)는 소셜미디어(SNS)를 활용하는 새로운 형태의 전자상거래 일종이다. 소셜커머스는 크게 소셜 링크형, 소셜 웹형, 공동구매형, 오프라인 연동형의 네 가지로 분류할 수 있다. 소셜커머스는 단순히 상품을 파는 것뿐만 아니라 블로그, 트위터, 페이스북 등의 소셜미디어와 연계함으로써 강력한 입소문을 유발하는 구조를 갖고 있다.

최소 구매 물량 판매를 위해 소비자들이 자발적으로 소셜네트워크서비스(SNS)를 이용해 정보를 확산시킴으로써 이를 통해 구매자는 할인혜택, 판매자는 대량판매와 홍보효과를 동시에 누릴 수 있다.

소셜커머스의 원리는 다음과 같다. 우선 지역기반 판매자와 소셜쇼핑업체와의 협상을 통하여 상거래활동에 대한 품목과 기간, 가격 등을 정한다. 일정 수 이상의 구매자가 모일 경우 가격을 저렴하게 하는 것이 특징이다. 판매자는 광고와 홍보효과, 소비자는 저렴한 가격에 새로운 정보획득이 가능하여 활발한 서비스를 제공받는다. 중개해준 소셜쇼핑업체에서는 중개수수료를 받아 일정부분의 수익을 올리는 형태이다.

그림 3-9 소셜커머스의 영역

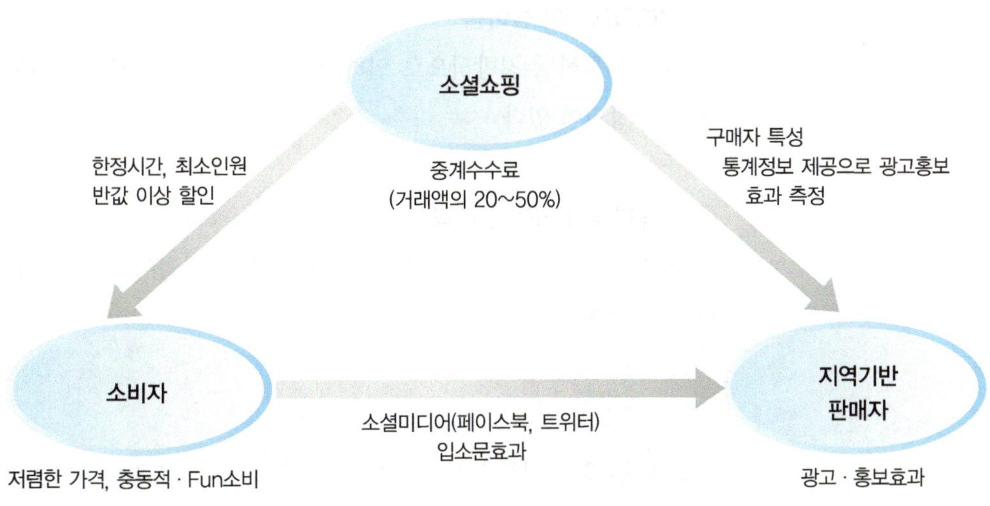

(1) 소셜커머스의 수익구조

소셜커머스 업체는 판매된 금액의 10~20% 정도에 해당하는 수수료를 주 수익모델로 삼고 있다. 상품이나 서비스를 판매하는 입장에서는 수익이 낮아도 많은 양을 판매할 수 있다는 것과 구매한 사람들의 사정에 의해서 사용할 수 있는 기간이 만료되었을 때 발생하는 소위 낙전도 부 수익으로 하고 있다.

(2) 소셜커머스가 주목받는 이유

① 새로운 마케팅으로서 사용

진정한 바이럴마케팅, 적은 마케팅비용으로 판매촉진 가능, 신규 유통통로로 확대가 기대되고 있다.

② 새로운 소비문화 형성

평소 가격부담으로 이용이 어려웠던 상품을 저렴한 가격으로 즐길 수 있게 된다.

③ 구매가능성이 높아짐

지인을 통한 추천방식으로 인하여 제품에 대한 신뢰도가 구매 이전에 이미 형성되어 있다.

④ 시장확대의 가능성이 큼

스마트폰 등 모바일기기 및 SNS의 성장에 힘입어 시장의 팽창이 기대되고 있다.

(3) 소셜커머스 시장의 성장과 현재

2010년 2월 시장형성 후 2011년 현재 국내 약 300여 개의 업체가 등록되어 있으며 2010년 누적매출 500억에서 2013년 약 5,000억 시장을 기대하고 있으며 향후 5년 내 1조 원대까지 급성장할 것으로 추정되고 있다.

커머스가 소셜네트워크와 결합하면, 최대 수억 명에 이르는 소셜네트워크의 회원들을 잠재고객으로 확보를 할 수 있다. 소비자가 친구를 초대하고 그 친구가 또 다른 친구를 초대하는 과정을 통해 방문자가 늘어나게 된다. 그리고 검색이나 새로 추가된 친구가 이 링크를 통해 지속적으로 방문하게 된다.

소셜네트워크를 활용하여 거의 비용을 들이지 않고 마케팅과 판매촉진이 가능해진다. 그러므로 소셜네트워크의 시장은 잠재력 및 성장가능성이 높다.

(4) 소셜커머스의 문제점

인터넷상거래를 검증한 대기업이나 포털 등에서도 소셜커머스를 시작했거나 준비하고 있고 신생 소셜커머스 업체들이 생겨나고 과도한 할인율 설정으로 인해 판매상품과 서비스가 수준 이하로 제공되는 일이 빈번하게 발생하고 있다.

소셜커머스에 대한 문제점이 최근 수면 위로 올라오기 시작했다. 국내에서는 아직 상점의 운영자들은 소셜커머스와는 만나기 힘든 마인드를 가지고 있다. 가장 큰 문제점은 국내 상권을 운영하는 운영자들의 보수적인 마인드로 인해 소셜커머스 사이트들을 통해 구입한 할인티켓이 일반 고객과 차별되어 서비스가 제공되는 곳이 있다. 아직 우리나라의 상점은 즉각적인 현금 수익에 민감하다. 상황이 이렇기 때문에 반값으로 할인되는 손님들이 곱게 보일 리가 없다. 이러한 문제점은 소셜커머스가 한창 자리 잡고 있는 국내의 현실에 어둠을 가져다주고 있다. 상점 운영자들은 기본적으로 광고에 대해 인색하다. 광고비가 나가는 것은 아까우면서 고객이 오지 않아 보는 손해는 또 크게 느낀다.

이러한 현실에 가장 필요한 것이 소셜커머스임에도 불구하고, 단지 가격할인에 대한 생각이 먼저 앞서는 것이 소셜커머스가 현재 처해 있는 현실이다. 그 할인가격을 광고비라고 생각하는 마인드가 필요한데 아직 국내는 광고에 대한 활성화가 자영업자들에게까지 미치지 못하고 있는 문제점은 분명히 존재한다.

나. 소셜비즈니스

소셜비즈니스는 이제 더 이상 작은 현상이 아니다. SNS의 폭발적인 인기에 힘입어 소셜커머스가 인기를 얻듯이 소셜비즈니스는 소비자 개개인에 맞는 재화 및 서비스를 제공해 시장을 형성하고 있다. 보다 많은 소비자들의 관심을 이끌어낼 수 있는 것뿐만 아니라 실질적으로 이행계획을 수립해야만 한다. 따라서 기업들은 사람들이 가장 많이 몰리고 있는 소셜네트워크에 주목해야 한다. 즉 어떠한 분야에 우리 기업이 적절하게 집중할 것인가에 달려 있다.

소셜네트워크를 이용함으로써 얻을 수 있는 이익은 단지 저렴한 가격에 상품을 구매할 수 있는 것에 그치지 않는다. 소셜네트워크서비스는 소수의 정보독점을 어렵게 만들어 정보의 비대칭성을 해소하는 역할도 수행한다. 우리는 현재 언제 어디서 무슨 일이 벌어지는지에 대하여 손쉽게 소셜네트워크를 통해서 소식을 접할 수 있다. 소셜네트워크를 통한 정보의 획득과 확산은 기존의 홈페이지, 블로그와는 그 규모 자체가 다르다. 어느 기업이 제품에 대한 불량품 및 고객불만사항을 감추었다고 하자. 과거의 고객서비스 관점은 크게 일반고객에게 동요되는 요소가 적었다. 현재는 소셜네트워크를 통해 순식간에 퍼지기 때문에 과거의 입소문 마케팅은 소셜네트워크를 통해 그 영향력이 배가 되었다. 이러한 상황에서 기업은 고객과 더 많이 소통해야 하고 더 관리를 잘해주어야 한다.

소셜네트워크의 확산은 경제의 변화로 이어지고 있다. 소셜네트워크는 소비자가 원하는 경제의 두 가지 면인 신뢰와 가격 모두 충족이 가능하다. 과거 제품과 가격정보는 매스미디어 광고를 통해 일방적으로 소비자에게 전달되었다. 어디를 가야 믿을 수 있으면서도 저렴한 상품을 구할 수 있는지를 몰랐다. 그저 광고가 말하는 대로 소비자들은 믿고 따랐다. 이러한 형태는 인터넷이 확산되면서 급격하게 달라지기 시작하였다. 좀더 상세하고 많은 정보가 인터넷을 통해서 유통되기 시작했고 다양한 기능인 사용자후기, 사용자평판, 가격비교사이트, 오픈마켓, 전자상거래 등의 새로운 유형이 등장하면서 누군가 올려놓은 상품평과 가격비교를 통해서 신뢰와 가격 모두 해결 가능하게 만들었다. 과거에는 일방적으로 받아들일 수밖에 없던 상품정보를 이제는 내가 원하는 방향으로 받아들일 수 있게 된 것이다.

소셜미디어 광고는 쌍방향성 소통이 가능하므로 업체와 소비자 간의 지속적인 관계맺기가 가능하기 때문에 페이스북에 올라온 광고를 보고 바로 해당 페이지로 옮겨 자유롭게 의사를 전달할 수 있다. 때문에 광고가 더 오래 기억된다. 소비자는 더 이상 기업이나 전문가라는 사람이 제공하는 정보에 대하여 욕망을 갖지 않는다. 이제는 개인이 블로그나 상품후기 등을 통하여 정보획득이 오히려 더 신뢰를 느낀다.

소비자들이 자신과 같은 욕망을 가진 사람을 찾아내는 방법을 알기 시작했다는 것은 기업에게 있어서는 매우 큰 부담이다. 소셜플랫폼을 통해 온라인상에 흩어져 있던 소비자의 욕망들이 한데 모이기 시작했고, 오프라인을 움직이는 파워블로거들이 대거 등장하면서 이를 이용하려는 기업입장에서는 운영 및 마케팅에 적극적으로 검토되어야 한다. 21세기에는 기업이 소셜비즈니스를 끌어안아야 한다는 사실만은 선택의 여지가 없다. 이미 소비자의 물결이 그렇게 움직이고 있기 때문이다. 이것을 외면하는 기업은 살아남기 어려울 것이다.

3.7 위치기반서비스(LBS)

위치기반서비스(LBS)는 현재 전 세계 이동통신 시장에서 가장 활발하게 논의되고 있는 차세대 기술 분야이다. 국내에서 최근 다양한 관련 서비스가 개발되면서 위치기반서비스는 높은 관심과 함께 무선인터넷의 새로운 킬러 애플리케이션으로 부각되고 있다. 이는 위치기반서비스가 이동통신 부가서비스라는 기존 개념에서 GPS, GIS, ITS 등을 활용한 폭넓은 응용산업으로의 발전가능성이 높기 때문인 것으로 분석되며, 텔레매틱스 산업과의 연계를 통해 다양한 분야로의 확대가 기대된다.

위치기반서비스에 대한 사회적 요구가 증가하는 배경에는 여러 가지가 있는데, 첫째 공공 및 개인의 안전과 관련된 긴급상황에 대한 신속한

GPS(Global Positioning System)
위성위치확인시스템으로 지구상에 있는 물체의 위치와 시간을 측정하기 위한 시스템

GIS(Geographic Information System)
지리정보시스템으로 데이터의 지리학적 형상을 마음속에 그릴 수 있게 해주는 시스템

ITS(Intelligent Transport system)
전자, 정보, 통신, 제어 등의 기술을 교통체계에 접목시킨 지능형 교통시스템

대처, 둘째 경제적 자원관리, 셋째 다양한 정보통신서비스 지원을 위한 기반 기술의 필요성에 있다.

긴급상황에 대한 신속한 대처를 지원하는 위치기반서비스에는 이동통신과 119 같은 긴급구조 연락망을 연결시켜주는 서비스, 어린이나 노약자가 특정 권역을 벗어날 경우 알려주는 서비스 등이 있다. 이러한 서비스들은 긴급구조, 공공안전, 재해/재난관리, 범죄예방에 큰 효과가 있다.

경제적 자원관리를 지원하는 위치기반서비스는 특정 시설물의 위치 확인 및 갱신 등이 있는데, 이 서비스들은 전기통신, 상·하수도와 같은 시설물관리시스템의 데이터 유지관리비용을 감소시키는 역할을 한다.

위치기반서비스는 운송 ITS 같은 교통물류 분야에서 실시간 위치추적을 가능하게 한다. 또 위치기반서비스는 공간정보와 결합하여 더욱 다양하고 인지도 높은 생활정보를 제공해 줄 수도 있으며, 특정 계층을 상대로 차별화된 광고를 제공할 수 있게 해준다. 이러한 서비스에는 놀이시설이나 관광지에 대한 지역 커뮤니티정보서비스, 최단 노선이나 교통상황 같은 교통정보서비스, 현 위치의 주변 지역에 대한 정보제공과 같은 서비스들이 포함된다. 이것은 위치기반서비스가 기존의 다양한 정보와 결합하여 새로운 정보를 생성하는 기반기술임을 보여준다.

이러한 LBS는 안전성과 편리성, 생산성, 비용절감효과, 엔터테인먼트적인 요소로 그 장점을 특징지을 수 있다. 이동통신산업이 발달한 미국 및 유럽의 선진국에서는 지난 수년에 걸쳐 지속적으로 축적되어 온 정보기술을 통하여 현재 수많은 LBS관련 기술 개발이 활발히 진행되고 있다. 이처럼 무선인터넷 산업의 급속한 발달과 더불어 공간상에서 이동하는 위치정보의 중요성이 점점 강조되고 있으며 보다 정확하고 효율적이며, 표준화된 위치정보의 획득, 제공, 활용에 대한 필요성이 증대되고 있는 상황이다.

또한 LBS가 주목받는 이유는 크게 모바일 상거래의 현실화, 이동통신사업자의 차별화된 서비스전략, 텔레매틱스 핵심기술로 인식되기 때문이다. LBS가 모바일 상거래(Mobile Commerce)를 현실적으로 가능하게 한다는 점은 LBS를 기반으로 다양한 사용자 위치기반의 모바일 상거래가 가능하며, LBS가 없으면 모바일 상거래는 별 의미가 없다는 말과 상통한다. 이에 따라 최근에는 위치기반상거래(Location Commerce)라는 신종 용어도 등장하였다.

이동통신사업자들이 타 이동통신사업자와 차별화된 서비스와 기술 확보로 선도적인 기업이 되겠다는 사업전략적인 측면은 LBS 도입으로 위치정보 기반의 다양한 응용서비스가 가능하게 됨으로써 이동통신사의 수익을 극대화할 수 있다는 점에서 관심이 집중되고 있다. 특히, 콘텐츠와 지역별 요금차별화(LBS : Location Billing Sensitive)가 가장 큰 경쟁력으로 주목받고 있다. 특히 이동통신사업자의 부가적인 서비스 기능은 다음과 같다.

- **분산된 자원통합관리** : 택시, 화물, 택배, 각종 장비렌탈, 병원, 유통관리 등
- **물자위치통합관리** : 화물상자, 컨테이너 등의 RFID태그를 사용한 위치관리가 가능
- **사람이나 물건위치 찾기** : 필요한 서비스제공자(의사 등), 서비스사업체, 이동경로, 날씨, 교통상황, 호텔예약상황, 각종 단말기 분실물 관리, 비상구조서비스 등
- **자동통합관리** : 목표 접근 시 알림서비스, 목표 지정광고, 친구리스트, 통행요금 자동지불 등

가. LBS의 정의

최근 많은 관심의 대상이 되고 있는 위치기반서비스(LBS : Location Based Service)는 그동안 항공시스템, 물류시스템 및 철도시스템 등에서 일부 활용되어 왔으며, 군사 목적의 위치추적 분야에서도 사용되어 왔었다. 이와 같이 엔터프라이즈 시장을 중심으로 서비스되던 위치기반서비스가 이동통신 및 측위기술 등 일반 사용자에게 다가갈 수 있는 관련 기술의 발전과 함께, 이동통신의 킬러 애플리케이션으로 대두되면서 일반 사용자에게 급속하게 다가오고 있다.

위치기반서비스는 국내 "위치정보의 보호 및 이용 등에 관한 법률" 제2조에서 정의하는 위치정보를 이용한 서비스로 정의하고 있으며, 또

다른 정의로는 위치정보를 이동성이 있는 물건 또는 개인이 특정한 시간에 존재하였던 장소에 관한 것이며, 일반적인 특징은 다음과 같다.

첫째, 휴대폰, PDA, 태블릿PC 등과 같은 모바일 단말기를 사용하는 사용자를 대상으로 하고 있으며, 둘째 위치파악 기술을 이용하여 모바일 단말기의 위치를 파악하고, 마지막으로 엔터테인먼트, 내비게이션, 전자상거래 등의 각종 서비스를 위치정보와 결합하여 사용자에게 제공하는 서비스라는 것이다. 즉, 위치기반서비스는 이동성, 위치정보 및 개인화된 부가서비스라는 핵심요소를 가지고 있다. 이를 기반으로 위치기반서비스에 대한 정의를 종합하면 "휴대폰, PDA, 태블릿PC 등의 휴대용 단말기를 이용하여 사용자의 위치를 파악하고, 그 위치와 관련된 부가정보를 제공하는 서비스 및 이를 위한 시스템"으로 정리할 수 있다.

나. LBS의 요소기술

위치기반서비스를 제공하기 위한 주요 기술로는 모바일 단말의 위치를 결정하기 위한 위치측위기술, 위치기반서비스를 위한 네트워크 관리, 네트워크 접속 등의 기능을 수행하는 LBS 미들웨어기술 및 위치를 기반으로 부가서비스를 제공하기 위한 LBS 응용서비스기술로 나눌 수 있다.

(1) 위치측위기술

위치측위기술은 모바일 단말의 위치를 파악하기 위한 기술로서 크게 이동통신망을 이용하여 측위하는 네트워크 기반(Network Based Positioning) 방식과 단말기 내에 장착된 위치측위 장비를 이용하여 측위하는 단말기기반(Handset Based Positioning) 방식 그리고 서로 다른 방식을 혼용하여 측위하는 혼합형으로 구분할 수 있다.

(2) LBS 미들웨어기술

LBS 미들웨어기술은 위치정보 사업자와의 위치정보 요청 · 획득, 위치정보관리 및 위치정보제공 등 위치기반서비스에서 가장 기본적이고 핵심적인 기능을 제공하는 기술로서 LBS 플랫폼, 위치정보서버 및 위치응용서버로 세분할 수 있다.

① LBS 플랫폼

LBS 플랫폼은 측위시스템과 연동된 위치정보의 수집 · 관리 및 제공의 역할을 주요 목적으로 한다. 이를 위하여 위치정보 사업자의 위치정보 모듈과 연동하여 위치정보를 요청하고 획득하는 위치 게이트웨이(Location Gateway), 위치정보의 관리, 공간경계(Geo-Fence) 기반 트리거 처리와 같은 위치와 관련된 위치정보처리 기능을 수행한다.

또한 개인위치정보의 보호를 위한 인증 및 보안기능, 사용에 따른 접근통제, 통계기능 등도 LBS 플랫폼의 중요한 기능에 포함된다.

② 위치정보서버

위치정보서버는 위치기반서비스에 필요한 각종 정보를 관리하는 서버로서 일반적인 사용자 DB, 공간정보를 관리하기 위한 GIS DB, 모바일 단말의 위치정보를 관리하기 위한 위치 DB 및 서비스에 필요한 부가정보 DB 등 다루는 데이터의 종류도 다양하며, 서비스에 따라 처리해야 되는 데이터의 용량이 매우 크다는 특징이 있다.

특히, 위치기반서비스에서 위치 데이터의 처리를 위해서는 시간별 · 영역별로 위치 데이터를 저장 및 색인할 수 있는 기능 및 대용량의 위치 데이터를 실시간 갱신하기 위한 기능을 가진 데이터베이스관리시스템이 요구된다. 대용량의 위치 데이터를 효율적으로 처리 및 관리하기에는 기존의 일반 데이터베이스관리시스템으로는 처리가 어려우며, 위치 데이터 전용의 이동객체 데이터베이스관리시스템이 요구된다.

③ 위치응용서버

위치응용서버는 위치기반서비스에 공통적으로 필요한 기술의 상호운영성을 높이기 위하여 표준화된 인터페이스를 통해 컴포넌트 형태로 제공하는 서버이다.

이 외에 국내 표준기관인 한국전자통신연구원에서는 도로정보, 지형

정보 및 날씨정보를 제공하는 서비스인 여행자정보서비스(Travel Advisory Service)와 개인의 긴급한 상황에 대한 긴급구조 및 특정 재난발생 지역에 대한 긴급경계령을 발동하는 무선 긴급서비스(Wireless Emergency Service) 등의 표준화 작업이 진행되고 있다.

3.8 증강현실(AR)

증강현실(AR : Augmented Reality)이란 현실정보와 가상정보를 실시간으로 결합하여 인간의 감각을 확장시켜 주는 기술을 뜻한다. 즉 현실에서 눈으로 볼 수 없는 것을 보여주거나, 손으로 더듬어서 알 수 없는 것을 느끼게 해주는 기술이다. 스마트폰에 내장된 카메라로 사람이나 건물, 물건 등을 비추면 관련 이미지나 정보 등이 그 위로 올라오면서 가상현실을 입체감 있게 보여준다. 만약 하늘을 비추면 실시간 날씨정보가 뜨고 건물을 비추면 건물 안에 있는 정보가 눈앞에 보여지는 것이다. 카메라가 비추는 현실의 모습에 부가적인 정보를 합침으로써 일종의 가상현실을 보여주는 것이다.

현재 다양한 증강현실기술이 적용되는 응용분야로는 지역정보찾기, 상품정보찾기, 특정 분야별(약국, 커피숍찾기) 정보, 여행정보(처음가는 여행지 등), SNS(자신의 위치와 남긴 공간), 게임(사용자위치 및 인물인식, 가상현실을 이용한 게임) 등은 앞으로 계속해서 모바일 앱분야로서 활동범위가 매우 넓을 것으로 판단된다.

특히 이러한 증강현실을 느끼는 것으로는 차세대 내비게이션으로 주목받는 자동차의 HUD(Head Up Display) 내비게이션이 대표적인 사례로 설명할 수 있다. 기존 내비게이션이 별도의 디스플레이 화면에 속도, 방향 등 필요한 정보를 표시하던 것과 달리 HUD 내비게이션은 자동차 앞유리창에 표시한다. 운전자 시야에 속도, 방향 등 가상정보를 함께 제공하는 방식을 택한 것이다. 이는 길 위에 화살표가 표시된 것처럼 보이기 때문에 운전자가 쉽게 이해할 수 있고, 내비게이션 화면을 보기 위해 시선을 돌려야 하는 번거로움도 줄일 수 있다. 향후 증강현실은 더욱 다양한 부문에 활용될 것이다.

내비게이션과 GPS로 사용자의 위치를 파악하고, 웹에서 주변 건물의 위치정보를 탐색하여 실시간으로 가상정보와 현실정보를 한 화면에 함께 보여줄 수 있다. 또한 사람들이 증강현실 기기로 제품을 비추면 기기가 스스로 제품을 식별하고 관련 정보를 즉각적으로 보여주게 될 것이다. 현실 속의 제품과 웹에서 찾은 가상정보를 동시에 제시함으로써 소비자의 편의성을 높이기 위함이다. 지금까지는 보다 쉽게 현실정보를 인식하기 위해 단순화된 검은색, 흰색 사각형이 점점이 표시된 마커(Marker) 등이 활용되고 있지만 기술혁신을 통해 이미지 자체를 인식할 수 있는 대상이 확대되면서 증강현실을 활용하는 곳이 더욱 다양해질 전망이다.

증강현실에서 사용하는 기술은 하드웨어 기술과 소프트웨어 기술로 구분할 수 있으며, 하드웨어기술은 디스플레이, 입력장치, 컴퓨팅장치로 구분된다. 반면에 소프트웨어기술은 영상처리 및 인식기술, 트랙킹기술, 영상정합기술, 3D처리기술, 콘텐츠기술, 상황인지처리기술, 증강현실 클라이언트기술 등이 구분된다. 최근의 기술은 데스크탑 이외에 모바일 컴퓨팅기술이 발전함에 따라 카메라제어, 위치정보 활용기술, 영상인식 및 정합기술, 3D처리 등의 개발기술이 속속 등장하고 있다.

가. 가상현실과는 다른 증강현실

증강현실은 가상현실(Virtual Reality)의 연장선상에서 정의되기도 한다. 컴퓨터로 만들어진 가상정보를 활용하기 때문이다. 가상현실이란 사용자가 접하는 모든 정보가 가상정보인 반면, 증강현실이란 현실정보와 가상정보가 함께 공존한다는 관점에서이다. 증강현실을 현실정보와 3D 가상정보가 실시간으로 결합한 것뿐만 아니라 사람과 가상정보가 상호작용(Interactive)이 가능한 것으로 정의할 수 있다. 이는 입체적 특성과 상호작용성이 추가된 것이다. 하지만 사용자 입장에서는 가상현실과 증강현실의 차별성도 존재한다. 가상현실은 3D게임처럼 사용자가 몰입할 수 있는 새로운 공간을 창조하는 것인 반면, 증강현실은 사용자가 존재하는 현 시점, 현 장소에 필요한 정보를 부가시킨 것이기 때문이다.

나. 휴대폰 속으로 들어오는 증강현실

최근 증강현실의 최대 이슈는 모바일콘텐츠이다. 다양한 서비스들이 안드로이드용 애플리케이션과 애플의 앱스토어에 올라와 있어 증강현실이 새로운 모바일 애플리케이션으로 주목받기 시작하였다.

첫째, 증강현실은 여기(Hear), 지금(Now), 실시간(Real time)으로 대표되는 새로운 소비자트렌드와 맞아떨어진다. 사람들은 궁금한 점이 생기면 길을 걷다가도 인터넷에 접속한다. 즉각적으로 호기심을 해소하기 위해서이다. 이처럼 필요한 정보를 실시간으로 활용하고자 하는 소비자의 요구는 증강현실에 대한 관심을 더욱 높일 전망이다.

둘째, 증강현실의 요소기술이 소형화 · 범용화되면서 모바일기기로 빠르게 진입하고 있다. 스마트폰의 경우, 증강현실을 구현하는데 필요한 대부분의 기능을 이미 갖추고 있다. 주변환경을 찍는 카메라, 위치를 파악하는 GPS, 자세를 감지하는 각종 센서, 복잡한 영상처리를 위한 고도화된 멀티미디어칩 등은 스마트폰의 기본사양으로 자리 잡았다. 또한 모바일 인터넷의 보급으로 웹상의 정보에 접근하는 것도 쉬워졌다.

셋째, 통신사업자들은 새로운 성장동력으로서 증강현실을 주목하고 있다. 웹에서 필요한 가상정보를 계속 제공받아야 하는 증강현실은 무선데이터 사용량 증가에 기여할 수 있기 때문이다. 이미 이동통신시장에서 음성통화 매출은 한계에 다다른 반면, 무선데이터 매출은 꾸준한 성장세를 보이고 있다.

더욱이 기존 증강현실 콘텐츠 개발자들도 새로운 시장으로서 모바일 증강현실에 주목하고 있다. 지금까지는 주로 신생기업이 모바일 증강현실 콘텐츠 개발을 주도해 왔으나, 최근 기존 증강현실의 강자들도 속속 모바일시장에 진출하고 있다.

다. 체험형 가상 콘텐츠

교육, 게임, 엔터테인먼트 부문에서는 증강현실을 활용한 체험형 가상 콘텐츠가 활성화될 전망이다. 증강현실을 활용하면 사용자가 가상정보를 직접 조작할 수 있기 때문이다. 이는 사용자가 영화처럼 이미 제작된 화면을 보고 있는 것이 아니라 직접 3D 가상 콘텐츠와 상호작용할 수 있음을 의미한다.

일례로 가상정보와 현실정보를 일치시키는 기준점 역할을 하는 마커를 사용할 경우 사용자는 현실에서 마커의 위치나 방향을 바꿈으로써 화면 속에 있는 가상정보의 위치, 모양, 동작 등을 조작할 수 있다. 이를 활용하여 학생들이 과학시간에 직접 마커를 움직이면서 행성의 위치, 모양, 특징을 학습하는 방법이 제안되었다. 사용자가 직접 조작하므로 쉽게 흥미를 가지고 내용을 이해할 수 있기 때문이다. 또한 학습교재에 마커를 삽입함으로써 관련된 3D 콘텐츠를 즉각 제공하는 방법도 연구되고 있다. 최근 마커를 인식하는 스마트폰 애플리케이션이 등장하면서 향후 모바일 환경에서도 가능해질 것이다.

소비자니즈에 따라서는 단순한 이미지를 활용한 증강현실도 유용하다. 예를 들면 인터넷 쇼핑몰에서는 소비자의 모습과 제품 이미지를 매칭시킴으로써 소비자가 의류나 화장품을 직접 착용한 것 같은 느낌을 실감나게 전달할 수 있다. 과거 가상공간에서 아바타의 의상과 화장을 바꿔주던 것이 현실에서 적용되기 시작한 것이다.

3.9 GPS와 TPEG

가. GPS(위성항법시스템)

GPS(Global Positioning System)는 GPS 위성에서 보내는 신호를 수신해 사용자의 현재 위치를 계산하는 위성항법시스템이다. 항공기, 선박, 자동차 등의 내비게이션 장치에 주로 쓰이고 있으며, 최근에는 스마트폰, 태블릿PC 등에서도 많이 활용되는 추세다.

원래 GPS는 미국 국방부에서 폭격의 정확성을 높이기 위해 군사용으로 개발한 시스템이며 처음으로 GPS가 민간부문에서 본격적으로 사용되기 시작한 것은 미국이 GPS 정밀도를 제한하기 위해 도입했던 SA(Selective Availability, 선택적 유용성)를 해제한 2000년부터 사용되고 있다. 이를 통해 수십 미터의 오차가 나던 민간위치정보의 정밀도가 크게 높아지면서, 자동차 내비게이션과 같은 민간항법장치가 본격적으로 발달하게 되었다. 현재 GPS는 전 세계에 무료로 개방되어 많은 국가에서 이를 활용하고 있다.

(1) GPS의 구성 및 원리

GPS는 위성 부문, 지상관제 부문, 사용자 부문으로 구성된다. 여기서 위성 부문은 GPS 위성을, 지상관제 부문은 지상에 위치한 제어국을, 사용자 부문은 GPS 수신기를 말한다. 지구 위에는 30개의 GPS 위성이 돌고 있다. 이 중 24개의 위성은 6개의 궤도면에 분포해 지구를 공전한다. 따라서 전 세계 어디에서도 최소 6개의 GPS 위성을 관측할 수 있다. 나머지 6개의 위성은 24개의 위성에 문제가 생겼을 경우 백업 역할을 수행한다.

GPS 위성은 태양 에너지로 작동되며, 수명은 약 8~10년 정도다. 제어국은 미국 콜로라도 스프링스(Colorado Springs)에 있는 주 제어국과, 세계 곳곳에 분포된 5개의 부 제어국으로 나뉜다. 각 부 제어국은 상공을 지나는 GPS 위성을 추적하고 거리와 변화율을 측정해 주 제어국으로 보낸다. 주 제어국은 정보를 취합해 위성이 제 궤도를 유지하도록 처리한다. GPS 수신기는 GPS 위성의 신호를 수신하는 안테나, 시계, 신호를 처리하는 소프트웨어, 이를 출력하는 출력장치 등으로 이루어져 있다.

GPS는 GPS 위성과 GPS 수신기의 거리를 계산해 좌표값을 구한다. 만일 우리가 GPS 위성의 위치와 거리를 정확하게 알 수 있다면 3개의 GPS 위성만 있어도 정확한 위치를 알 수 있다. 우리가 대략 3차원의 구형인 지표면에 살고 있기 때문이다. 만일 직선과 같은 1차원이라면 2개

그림 3-10 GPS 측위의 원리

자료 : 동아 IT.COM, 2010.

의 기준점과 각각의 거리값을 알면 쉽게 위치를 결정할 수 있다. 2차원 세상에서는 3개의 기준점과 각각의 거리값을 알아야 한다. 각 기준점을 원의 중심으로 잡고, 거리값을 반지름으로 했을 때 세 원이 만나는 지점이 해당 위치가 되기 때문이다. 마찬가지로 3차원에서는 4개의 구(球)가 겹치는 부분에서 위치를 찾을 수 있다. 그러나 지구 표면 자체가 1개의 구의 역할을 하기 때문에, 3개의 GPS 위성이면 원리적으로는 위치를 결정할 수 있다.

하지만 이것만으로는 실제로는 거리를 정확하게 계산할 수 없다. GPS 위성과 GPS 수신기의 거리는 위성에서 보내는 전파의 도달시간을 바탕으로 계산하게 되는데, 위성에 장착된 시계와 수신기에 장착된 시계가 일치하지 않아 오차가 발생하기 때문이다. 따라서 4개 이상의 GPS 위성에서 전파를 수신해야 정확한 위치를 파악할 수 있게 된다. 최근 나오고 있는 GPS 수신기는 20개의 위성으로부터 신호를 받을 수 있어 정확하게 위치를 계산한다.

그렇다면 일시적으로 GPS 신호를 받을 수 없는 터널과 같은 곳에서는 어떻게 위치값을 구하기 위해 추측항법장치(dead reckoning)를 이용한다. 이는 GPS 신호가 끊기기 전의 위치값과 수신기의 방향, 속도 등을 연관시켜 현재 수신기의 위치를 추산하는 방식이다.

(2) GPS의 응용 : 내비게이션 원리와 구성

내비게이션의 어원은 라틴어 navigere로, navis(배)와 agere(움직이다, 이끌다)에서 유래됐다. 사전적인 의미로는 '항해술'을 뜻하지만 일반적으로 항해를 도와주는 장치나 프로그램을 지칭하는 말로 쓰인다.

지난 몇 년간 민간인들이 GPS를 접할 수 있었던 분야는 자동차 내비게이션뿐이었다. 이에 따라 GPS와 내비게이션을 같은 것으로 여기는 사람들이 많았고, GPS는 길을 찾기 위한 시스템이라는 고정관념이 팽배했다. 하지만 최근 GPS를 장착한 스마트기기가 대거 보급되면서 GPS를 이용한 새로운 서비스들이 속속 등장하고 있다. 대표적으로 무선인터넷과 GPS를 결합한 위치기반서비스(LBS)를 들 수 있다. GPS를 이용하는 새로운 위치기반서비스는 오차가 크지 않아 다양한 부문에서 활용되고 있다.

예를 들면 휴대폰 또는 스마트폰을 분실했을 때나 친구의 위치를 알고 싶을 때 위치추적시스템을 이용할 수도 있다. 현재 위치에서 가장 가까운 관공서, 은행, 맛집 등을 검색할 때 이용할 수도 있으며, 교통정보나 할인정보를 찾을 때도 유용하게 쓸 수 있다. 또한 소셜커머스와 같은 온라인쇼핑 분야에서는 위치기반서비스를 활용해 거주지에 가까운 쇼핑정보를 제공하고 있으며, 게임 분야에서도 NHN을 비롯해 많은 기업들이 위치정보를 활용한 게임을 준비 중이다.

스마트폰의 대중화에 힘입어 '1인 1GPS 시대'가 도래했기 때문이다. 위치기반서비스는 더 많은 분야로 확산될 전망이다. 그리고 우리나라에서는 1997년에 자동차 매립형 제품이 출시됐으나, 비용문제로 대중화에 어려움을 겪다가 2004년 내비게이션 전용 단말기가 잇따라 출시되면서 붐을 이루었다. 파인디지털(파인드라이브), 현대오토넷(폰터스), 팅크웨어(아이나비), 지오텔(엑스로드), 아이스테이션(아이스테이션) 등이 대표적인 내비게이션 개발/생산업체이다.

GPS 내비게이션은 크게 GPS 수신기, 전자지도, 부가기능으로 구성된다. 이 중 GPS 수신기는 자동차의 현재 위치와 목적지를 찾을 수 있는 내비게이션의 핵심장치다. 현재 지구 밖에는 미국, 중국, 일본 등 여러 국가에서 쏘아 올린 수십 개의 GPS 위성들이 돌고 있으며 우리나라는 미국의 GPS 위성에서 신호를 받는다. 총 24개 중 3개 이상의 위성에서 신호를 받아 각각의 거리를 계산하면 GPS 수신기의 위치값을 얻게 되고 전자지도에 자신의 위치가 표시된다.

전자지도는 과속카메라, 주유소, 도로, 건물 등의 정보가 담긴 디지털 지도로, 표준규격이 없기 때문에 제조업체마다 조금씩 다르다. 전자지도 제작업체는 GPS 수신기를 장착한 차량을 통해 주기적으로 현지 조사를 실시해 변경된 부분을 지도에서 갱신한다. 사용자는 CD롬이나 USB 메모리와 같은 저장매체를 이용해 갱신된 지도 데이터를 내비게이션 기기로 옮겨야(업데이트) 한다. 이 업데이트를 게을리하면 지도의 정확성이 떨어져 잘못된 길로 들어설 가능성이 있다. 최근에는 스마트폰 기기 및 이동 단말기 간에 와이파이 상황에서 인터넷을 통해 자동으로 지도를 업데이트하는 제품도 출시됐다.

초기 내비게이션은 길 안내에 그쳤지만 기술의 발달로 인해 점차 새로운 기능이 첨가되기 시작했다. DMB 방송수신, 동영상 재생, MP3 재생, 게임 등 다양한 기능을 탑재한 멀티미디어 종합 기기로 변모하기 시작한 것이다. 특히 DMB 기술을 도입하면서 실시간 교통정보 수집도 가능해졌다. DMB 방송망을 이용해 교통정보를 내려받는 기술표준인 TPEG 전용 단말기를 이용하면, 실시간으로 교통정보를 탐색해 최단거리 코스로 주행할 수 있다. 또한 경로비교, 관심지역정보, 사고정보, 생활정보 등이 실시간으로 반영된다.

나. TPEG

TPEG(Transport Protocol Expert Group, 티펙)은 DMB 방송주파수를 이용해 자동차 내비게이션 단말기에 실시간 교통정보, 여행정보 등을 보여주는 기술을 말한다. 원래는 유럽방송연맹(EBU) 산하 협회의 이름이자 이들이 만든 교통 및 여행정보를 전송하는 국제표준을 뜻하는 말이었다. 하지만 우리나라가 DMB에 이어 DMB를 기반으로 한

TPEG 상용화에 성공하면서 일반적으로 실시간 교통정보 서비스를 뜻하는 말이다.

(1) TPEG의 원리

교통정보 수집업체들은 수만 대의 택시, 버스, 물류차량 등에 장비를 설치해 정보를 수집한다. 교차로마다 설치한 위치발신기 혹은 GPS를 통해 수집 차량들이 지나간 시간을 계산하고 이 자료를 바탕으로 도로 상황을 판단한다. 여기에 한국도로공사로부터 고속도로와 국도의 정보를 받고, 교통방송으로부터 사고와 공사정보 등을 받아 최종적으로 DMB 사업자에 전달한다.

DMB 사업자들은 수집업체로부터 받은 정보를 디지털로 변환해 송신소에서 내비게이션 단말기로 전송한다. 이 정보가 내비게이션 맵과 연동해 최종적으로 화면에 표시된다.

(2) TPEG에서 제공하는 서비스

TPEG의 서비스는 크게 혼잡교통정보(CTT), 안전운전정보(SDI), 유고정보(REI), 뉴스정보(NWS), 관심지점정보(POI) 등으로 나뉜다. 이 외에 DMB 방송사마다 조금씩 다른 정보를 제공한다.

① 혼잡교통정보(Congestion and Travel Time Information)

내비게이션 맵에 교통혼잡도를 표시해주는 것을 말한다. 주로 도로 위에 3~4종의 색으로 혼잡도를 표현하는데, 이를테면 파랑은 '원활', 녹색은 '서행', 노랑은 '지체', 빨강은 '정체'를 나타낸다. 이를 통해 진입 예정인 도로의 교통체증을 확인할 수 있을 뿐 아니라, 목표지점에 도착할 때의 예상시간을 짐작할 수 있다. 또 정체구간을 피해 다른 경로로 우회할 때 매우 유용하다.

② 안전운전정보(Safety Driving Information)

사고를 막기 위해 제공되는 정보를 뜻한다. 사고다발지역, 과속방지턱, 주행도로의 규제속도, 단속지점까지 남은 거리 등이 맵에 표시되거나 음성으로 제공된다. 일반적인 내비게이션에서도 지원하는 기능이지만, 인터넷을 통해 업데이트를 해야 하는 번거로움 때문에 최신 정보를 얻지 못하는 사용자를 위한 서비스이다. TPEG은 DMB망을 통해 최신 정보를 수시 자동으로 업데이트한다.

③ 유고정보(Road Event Information)

유고정보는 교통사고, 행사, 재난, 도로공사 등의 정보를 말한다. 도로 위에서는 갑작스러운 사고로 인해 정체현상이 생기는 일이 많은데, 이 정보를 확인하면 해당 지점을 우회가능한 정보 등을 제공한다.

④ 뉴스정보(News)

각 방송사들이 제공하는 실시간 뉴스이다. 주요 뉴스를 자막이나 음성 형태로 제공받는다.

⑤ 관심지점정보(Point Of Interest)

맛집, 관광지, 드라마촬영지, 주유소 등의 정보를 말한다. 주기적으로 업데이트되며, 방송사에 따라 다양한 정보를 제공하고 있다.

EXERCISES 연·습·문·제

1. 유선인터넷과 무선인터넷의 영역과 비교를 통하여 설명하시오.
2. 무선인터넷의 비즈니스모델과 특징을 설명하시오.
3. 모바일 환경과 모바일 컴퓨팅의 기술유형을 설명하시오.
4. 모바일 상거래 유형 및 기술은 무엇인지 설명하시오.
5. 소셜커머스에서 규모가 큰 회사의 설립일, 수익모델, 상품내용, 상품특징, 마케팅 등을 조사하시오.
6. 모바일 오피스에 대하여 미래전개방향을 설명하시오.
7. 소셜커머스의 사례를 통하여 향후 나타날 미래 비즈니스를 조명해보시오.
8. LBS환경, 정의, 요소기술을 설명하시오.
9. GPS 원리와 내비게이션 연계방향을 설명하시오.

Chapter 04

유비쿼터스와 RFID

4.1 컴퓨팅의 환경변화와 유비쿼터스
4.2 유비쿼터스의 의미와 RFID
4.3 USN 기술
4.4 유비쿼터스 응용분야
4.5 유비쿼터스 비즈니스

유비쿼터스시대는 물리공간과 전자공간이 일치되는 공간으로, 각종 사물들이 떨어져 있는 것이 아니라 네트워크로 연결되는 통합환경을 제공한다. 이러한 유비쿼터스환경은 미래 도래할 정보시스템의 주축이며 현재 모바일과 더불어 중추적인 역할을 하며 성장이 기대되는 분야이다. 본 장에서는 이러한 유비쿼터스의 의미와 특징, 기술분류, RFID, USN기술, 유비쿼터스 활용분야에 대하여 알아본다.

4.1 컴퓨팅의 환경변화와 유비쿼터스

농업사회에서 출발한 현재의 정보화사회에서는 컴퓨팅 환경변화에 따라 시대적인 흐름에 대한 패러다임의 변화가 감지되고 있다. 이러한 패러다임은 전산화에서 정보화, 정보화에서 지식화, 지식화에서 유비쿼터스화단계로 변화되고 있다.

가. 전산화단계

전산화단계는 과거 수작업으로 작업 및 업무를 처리하는 절차를 사무적인 자동화개념을 도입하여 효율화 및 능률화를 지향하는 목표를 둔 정보기술의 초창기 활용단계이다. 이는 주로 사무 및 업무자동화를 대상으로 하기 때문에 다른 업무와의 연계성이 크게 떨어질 뿐만 아니라 단순 기계적이라고 할 수 있다. 따라서 업무별 독립성이 강해 정보시스템의 환경적인 구성도는 폐쇄적인 특성을 갖는다. 이에 따라 정보를 활용하는 사례는 거의 없는 편이며, 다른 기관과의 정보공유도 거의 불가능한 내부시스템의 일부인 것이다. 결론적으로 내부 전산화단계는 내·외부 간의 정보교류의 욕구를 만족시킬 수 없다는 근본적인 한계점을 가지고 있다.

표 4-1 ■ 컴퓨팅 환경변화의 단계

구분	전산화단계	정보화단계	지식화단계	유비쿼터스단계
대상영역	수작업의 단순 업무	정보흐름의 업무	지식흐름의 업무	전자와 물리공간 업무
환경의 영역	폐쇄적 (closed)	개방형 (open)	투명성	사람+물리/사물 +컴퓨터통합
성과영역	사무흐름	정보흐름	지식학습	공간자동화
경제원리	전통적 관점	네트워크 관점	지식기반 관점	전자공간에서의 실시간 관점
공간영역	공공영역	공공+민간 영역	공공+민간+ 국제	물리+사물공간
목표	사무자동화	정보자동화	가치창조	기능최적화
도구	OAS	MIS	KMS	U-Computing
정보기반	메인프레임	PC+인터넷	PC+유무선네트워크	네트워크+컨버전스(융 · 복합)

나. 정보화단계

정보화단계는 정보공유를 위해 컴퓨터, 정보, 사람을 연결시키는 데 정보의 패러다임을 불러왔다. 인터넷을 통한 다양한 정보, 즉 웹서비스가 보편화되면서 사람들은 정보시스템 또는 정보서비스를 더 손쉽게 주고받을 수 있게 되었다. 기업, 공공기관, 정부도 네트워크로 연결된 정보시스템을 활용해 조직 내 · 외부 간의 다양한 업무처리를 좀 더 체계적으로 이행하게 되었다. 정보기술을 통한 업무의 활용은 실시간 및 양방향으로 이루어지는 정보의 생성, 전송, 이용과정과 분산 개방형 네트워크들 간의 상호접속과 운영을 통해 조직이 보유한 각종 정보자원을 조직구성원들이 더 효율적으로 공유할 수 있도록 하는 데 초점을 두었다. 따라서 정보화단계에서는 네트워크를 기반으로 컴퓨터 대 컴퓨터의 단계로 진입을 시도한 것이다.

다. 지식화단계

지식화단계는 기업 및 정부, 공공, 개인조직이 보유한 지식자산을 체계적으로 분류 · 저장 · 가공 · 삭제 · 창조하는 데에서 출발하였다. 이를 통해 조직 전체의 지식수준을 높이고 지식관리시스템(KMS)상에서 모든 조직구성원이 이를 공유하고 조직 및 비즈니스 업무 혁신과 문제해결 능력을 높이는 것을 목표로 한다. 지식화단계에서는 수많은 정보를 기업, 개인, 정부가 지식을 지식화한다고 해도 정형화된 조직업무 중심보다는 개인의 지식수준의 공유에는 한계가 있어 원하는 수준, 정보의 판단력 등에도 여전히 한계는 존재한다.

라. 유비쿼터스단계

지식화단계에서의 수많은 정보를 지식화하는 수준, 정보의 판단력 등의 제한으로 이를 극복하기 위한 새로운 변화의 흐름이 바로 유비쿼터스단계로, 지식화단계보다는 훨씬 진보된 환경을 제공한다. 정보화단계와는 달리 유비쿼터스는 정보기술을 활용하는 목적이 사이버 공간상이 아니라 물리공간 및 전자공간상(제3공간)에 초점을 두고 있다. 정보화가 인류문명의 기반인 물리공간으로 탈피하려는 변화의 물결이라면 유비쿼터스단계는 물리공간으로 회귀하려는 새로운 패러다임이다. 또 정보화가 '일정구간의 거리의 소멸'을 가져온 새로운 패러다임이라면 유비쿼터스단계는 '일정구간보다는 전체 거리의 지능적 부활'을 가져오기 위한 새로운 패러다임이다. 유비쿼터스단계는 조용한 혁명이지만 엄청난 파급효과를 가져올 것이다.

유비쿼터스
물리공간에 존재하는 모든 사물들에 다양한 기능을 갖는 컴퓨터와 장치들을 심어 네트워크로 연결한 후 기능적 · 공간적으로 사람(person) · 컴퓨터(computer) · 사물(thing)이 하나로 연결될 수 있도록 하는 것이다. 인간과 컴퓨터가 보다 밀접한 관계를 맺고자 하는 것(5C와 5Any)이다.
5C
① Computing
② Communication
③ Connectivity
④ Contents
⑤ Calm
5Any
① Any-where
② Any-time
③ Any-network
④ Any-device
⑤ Any-service

4.2 유비쿼터스의 의미와 RFID

유비쿼터스시대는 유비쿼터스 컴퓨팅과 유비쿼터스 네트워크를 기반으로 물리공간을 지능화함은 물론 물리공간에서 펼쳐진 각종 사물들을 네트워크로 연결시키려는 환경을 제공한다. 인터넷이 여기저기 떨어져 있던 컴퓨터를 연결시켰다면 유비쿼터스시대는 현재 환경 속에 떨어져 존재하는 물리적인, 즉 예를 들어 도로, 다리, 터널, 교통수단 등과 같은 사물들을 연결하는 것이다. 따라서 유비쿼터스시대는 사물들의 인터넷화를 지향한다. 결국 유비쿼터스는 사람, 컴퓨터, 사물들을 네트워크로 연결하고 제3차원으로 정보를 수신 및 발신하게 되는 컴퓨팅의 발전단계를 의미한다.

그림 4-1 가상현실과 유비쿼터스환경의 차이점

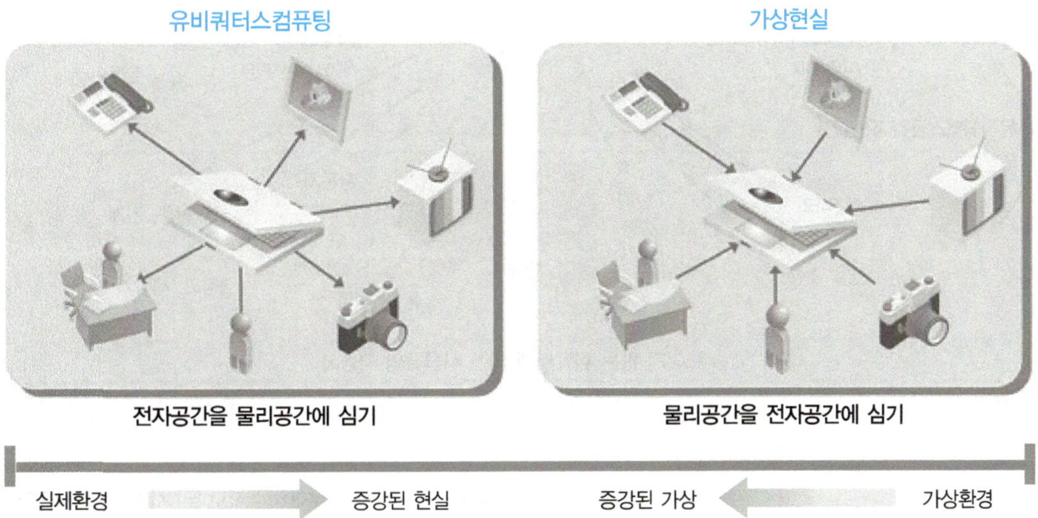

유비쿼터스(Ubiquitous)라는 말은 희랍어로 "神은 어디에나 존재한다"라는 뜻으로 컴퓨터가 어디든지 존재한다는 것을 나타낸다. 이 말은 일반적으로 물, 공기처럼 도처에 편재해 있는 자연자원이나 종교적으로 신이 언제 어디서나 시공을 초월하여 존재한다는 것을 상징할 때 이용한다. 유비쿼터스 개념이 출현하게 된 배경을 살펴보면 1984년 일본의 사카무라 켄 교수가 트론 프로젝트를 통해 최초로 사물 속에 컴퓨터가 존재하도록 하는 유비쿼터스 컴퓨팅의 개념을 발표하였지만 그러나 유비쿼터스라는 용어는 그후 미국의 마크 와이저(Mark Weiser)가 사용하여 오늘에 이르고 있다. 마크 와이저는 미국 제록스(XEROX)사의 팔로 알토스연구소(PARC : Palo Alto Research Center)에 근무하던 1991년에 유비쿼터스를 어디에서나 컴퓨팅 환경에 액세스가 가능한 환경이라고 정의하였으며, 이후 전 세계적으로 정보기술의 새로운 이슈로 등장하였다. 사카무라 켄이 발표한 것보다 무려 7년이 지난 후에 체계적으로 개념을 정립하여 발표하였다.

그림 4-2 유비쿼터스의 환경

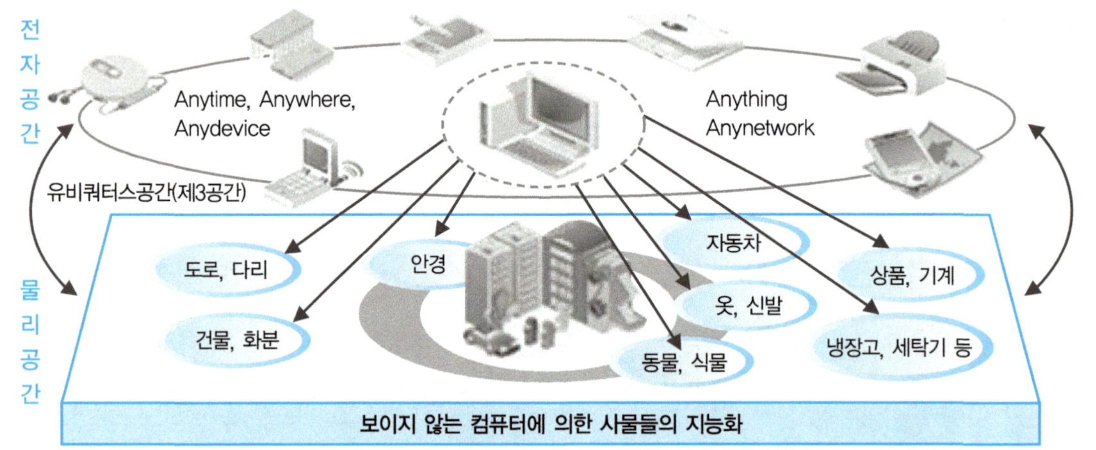

유비쿼터스의 의미는 물리공간에 존재하는 모든 사물들에 다양한 기능의 컴퓨터와 장치들이 심어지는 것이다. 나아가서 이들은 보이지 않는 네트워크로 연결됨으로써 기능적 · 공간적으로 사람 · 컴퓨터 · 사물이 하나로 연결되고, 이들 간에 정보가 자유롭게 흐를 수 있게 된다. 이것이 물리공간과 전자공간이 연결된 제3의 공간(또는 유비쿼터스공간)이고 이를 가능케 해주는 기술적 개념이 바로 유비쿼터스 컴퓨팅이다.

유비쿼터스 개념의 진화를 살펴보면 1946년 펜실베이니아대학의 모클리와 에커트에 의해 에니악이라는 전자계산기가 발명된 이래 하드웨어의 기술 진보로 메인프레임시대를 활짝 열어 단순형태의 반복적인 업무를 상당부문 대행해 주었다. 그 이후 개인용 컴퓨터가 등장하며 통신기술의 발달로 PC는 서로 연결되어 네트워크 혁명이라고 일컫는 인터넷시대로 진입하면서 시작되었다. 하지만 다가오는 미래에는 물리공간 도처에 컴퓨터를 심어놓고 상호 통신이 가능한 공간혁명이 일어나 전자공간과 물리공간이 융합되는 유비쿼터스(Ubiquitous)시대가 도래할 것이다.

현재까지 컴퓨팅 개념은 데스크탑이나 노트북 컴퓨터를 초고속망으로 연결하여 기업의 업무처리는 물론 각종 멀티미디어 정보를 향유할 수 있었다. 사용자들이 고품질 욕구에 따라 이동 중에도 정보에 접근할 수 있는 인프라가 필요하게 되자 무선인터넷과 휴대인터넷(WiFi와 LTE 등)은 물론 DMB방송이 출현하는 등 모바일 컴퓨팅이 차츰 본 궤도에 들어서고 있다. 또한 OS(운영체계)를 포함한 시스템 소프트웨어는 물론 사용자 프로그램 등 각종 소프트웨어를 내장시킨 임베디드 컴퓨팅이 필요하게 되었고, 이러한 이동성과 내재성을 망라한 개념의 컴퓨팅이 미래의 유비쿼터스컴퓨팅이라 할 수 있다.

그림 4-3 유비쿼터스의 진화형태

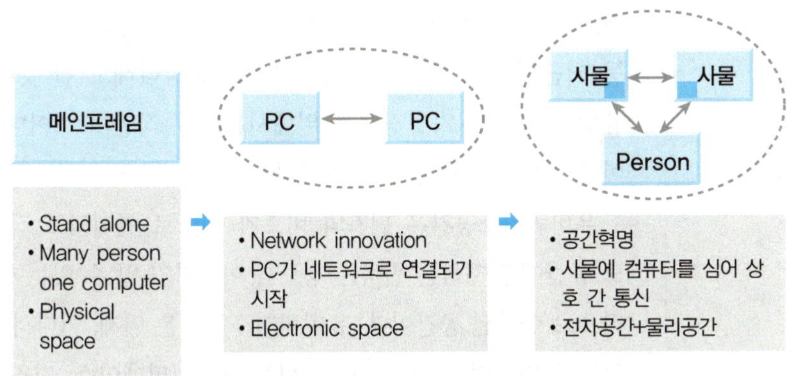

가. 유비쿼터스공간(제3공간)

지구상에 존재하는 모든 사물은 어떠한 공간을 가지고 있다. 아무리 과학기술이 발전한다고 하여도 지구상에 존재하는, 특히 인간이 삶을 영위하는 사물공간을 불멸의 공간으로 만들 수는 없는 것이다. 그러나 최근에 컴퓨터와 정보통신기술(ICT)을 활용해 공간과 공간에서의 활동을 좀 더 완벽하게 만들기 위한 여러 가지 연구가 시도되고 있다. 국내외 대학, 연구소, 민간단체, 정부기관 등 다양한 계층에서 완전공간의 원형이라고 할 수 있는 제3의 공간, 즉 유비쿼터스컴퓨팅과 네트워크 기술로 만들어 가고 있는 것이다. 제3의 공간, 즉 유비쿼터스공간은 유비쿼터스컴퓨팅과 네트워크기술을 통해 물리공간과 전자공간의 한계를 극복하고 긴밀하게 연결 · 통합하여 실현된다.

물리공간은 원자(atoms)를 기본원소로 하는 만질 수 있는 공간이며 실존하는 공간이다. 이에 비하여 전자공간은 비트(bits)를 원소로 하는 만질 수 없는 공간이며, 논리적이고 가상적이다. 물리공간에서 산업경제의 유형은 1차산업, 2차산업, 3차산업의 기반이 되는 공간으로 산업경제가 태동하면서 비즈니스의 모든 활동이 이루어지는 것이다. 컴퓨터 및 컴퓨터 자원은 이러한 비즈니스를 효과적으로 지원하기 위한 수단으로 설명할 수 있다.

전자공간
무형의 디지털경제를 가능하게 하는 공간으로 전자상거래, e-비즈니스, 포털, 사이버뱅킹 등 최근의 인터넷환경의 비즈니스를 총망라해도 될 듯하다.

전자공간은 무형의 디지털경제를 가능하게 하는 공간으로 전자상거래, e-비즈니스, 포털, 사이버뱅킹, 모바일 비즈니스, 스마트 비즈니스 등 최근의 인터넷환경의 비즈니스를 총망라해도 될 듯하다. 이러한 컴퓨팅 지원은 디지털경제를 위해서는 필수적인 요소이며, 통신 및 방송이 융합된 형태로 발전되고 있다.

유비쿼터스공간은 원자와 비트가 원소로 연계되고 직접 만지지 않아도 공간에 존재하는 원하는 정보를 이용자가 알 수 있는 현실적이고 지능적으로 향상된 공간이다. 유비쿼터스공간은 언제, 어디서나, 도처에 존재하는 유비쿼터스 네트워크와 센서, 칩, 인터페이스, 지원 소프트웨어 등과 같이 아주 작은 컴퓨터가 내재된 물체의 연결과 통합으로 구성된다.

유비쿼터스공간의 출발점은 특정 기능이 내재된 컴퓨터가 환경과 사물에 심어짐으로써 환경이나 사물 그 자체가 지능화되는 것에서부터 시작한다. 사물의 일부로서 사물 속에 심어진 컴퓨터들은 주변 공간의 상황을 인식할 수 있고 공간 속에서 그 자체 또는 주변환경과 사물들의 변화를 어느 정도 떨어진 공간 및 거리에서까지 지각, 감시, 추적할 수도

표 4-2 ■ 유비쿼터스 공간의 특징

구분	물리공간	전자공간	유비쿼터스공간
공간원소	원자(atoms)	비트(bits)	원자+비트
공간지각	만질 수 있는 (tangible) 공간	만질 수 없는 (intangible) 공간	만지지 않아도 알 수 있는 공간
공간형식	유클리드 공간, 실제적 현실	논리적 공간, 컴퓨터상에서 가상적 (virtual, WWW)	지능적 공간, 지능적으로 증강된 현실임 (smart augmented reality/web presence)
공간구성	토지+사물(소유)	인터넷+웹(접속)	유비쿼터스 네트워크+지능화된 환경, 사물 (U공간 거주)
공간위상	주소/번지수	고정 IPv4	모바일 IPv6
기능형성	공간에 사물이 심어짐 (things person in space)	컴퓨터에 가상사물이 심어짐 (things embedded in computer)	컴퓨터가 사물에 심어짐 (Computer embedded in things)
컴퓨터활용	메인프레임 (many person on computer)	PC (one person on computer)	아주 작고 보이지 않게 스며든 컴퓨팅(on person many computers)
공간접속	스스로에 의한 단 하나의 접속	관리자에 의한 무한 접속	스스로에 의한 유비쿼터스 접속
기반 네트워크	도로망, 철도망 (transportation)	PC와 PC를 연결하는 인터넷(Internet of the PC)	사물과 사물을 연결하는 인터넷(Internet of the things)
공간개발 기술	토목, 건축	IT(컴퓨터+통신+방송 융합)	IT+NT+BT 융합
공간경제원리	규모와 집적원리	네트워크 외부성 원리	공명성과 공진화원리
산업경제	유형의 1, 2, 3차 산업(부동산, 제조업 등)	무형의 디지털경제 (ISP, 포털, 사이버뱅킹 등)	모든 환경, 사물의 상황을 sensing, tracking, monitoring 하는 전방위 공간 비즈니스/산업
발전과제	기간산업 육성과 지역 간 격차 해소	네트워크 기반과 이용자 확산, 디지털 격차 해소	모든 네트워크 간 통합과 칩의 저가격화, 전자 – 물리공간의 기능연계와 재배치

있다. 사물 속에 내재된 자동화된 컴퓨터상황에서도 정보를 주고받는다. 이 같은 역할은 유비쿼터스공간은 물리공간과 전자공간을 최적으로 연계하고 통합한 새로운 기능을 제공할 수 있게 된다.

향후에는 물리공간과 전자공간을 구분하기 어려우며, 전방위에서 경제활동이 전개되는 공간으로 모든 경제주체에 대하여 센싱, 트래킹, 모니터링이 가능하며 다른 새로운 비즈니스와 정보산업이 전개될 수 있다. 모든 환경과 사물의 창조, 이동 등을 식별, 감식, 추적, 최적화하는 전방위 공간 비즈니스와 산업이 독립적으로 또는 다른 산업과 연계돼 부상할 것이다. 정보통신기술(ICT)뿐만 아니라 나노기술(NT), 바이오기술(BT) 등이 결합된 융합기술이 필요하며, 정부, 교육, 보건, 상거래 등의 각종 공간기능들도 강화되거나 재편될 수밖에 없다. 즉, 만지지 않아도 할 수 있는 공간으로 진화하고 있다.

한편 유비쿼터스 비즈니스 기술모델은 사용자가 컴퓨터의 존재를 인식하지 못하면서 다양한 기기와 통신을 가능하게 하는 것이다.

나. 유비쿼터스의 지향점

유비쿼터스는 각종 사물들과 물리적인 환경 및 공간 전반에 걸쳐 컴퓨터들이 편재하되, 사용자들에게는 컴퓨터로서 겉모습이 나타나지 않도록 환경을 조성하고 모든 사물과 대상이 지능화되고, 전자공간에 연결되어 서로 정보를 주고받는 공간을 만드는 개념이 유비쿼터스 컴퓨팅의 의미이며, 기존의 홈네트워킹, 모바일 컴퓨팅보다 한 단계 발전된 환경을 제공한다. 이러한 유비쿼터스가 지향하는 점을 몇 가지 소개하면 다음과 같다.

(1) Anywhere(어디에서나)

모든 네트워크가 통합적인 요소가 되므로 어느 장소에 있더라도 네트워크통신이 가능하기 때문에 특히 무선환경의 모바일 휴대폰에 탑재된 음성, 텍스트, 동영상, 멀티미디어 콘텐츠를 어디에서나 이용가능하게 될 것이다.

② Anytime(언제든지)

유비쿼터스환경은 24시간, 365일 동안 항상 네트워크에 연결되어 있는 환경을 제공하기 때문에 언제든지 실시간으로 원하는 정보 및 서비스를 제공받을 수 있다. 이러한 서비스의 일종은 집에서 병원 간의 환자 돌봄서비스, 유치원과 집 간의 실시간 서비스, 건물 및 다리 등의 실시간 점검서비스, 자동차의 실시간 이상유무서비스 등의 24시간 네트워크와 연결된 서비스를 받을 수 있다.

(3) Anynetwork(어떤 네트워크든지)

유비쿼터스환경에서 사용자는 여러 가지 다양한 통신사업자에 관계없이 단일 통신망을 이용하는 것처럼 서비스를 실시간으로 받을 수 있다. 그러나 현재의 통신망은 여러 가지 존재하여 사용자가 가입한 통신업체의 네트워크망을 사용할 수 있다.

(4) Anydevice(어떤 장치라도)

유비쿼터스환경에서는 어떠한 장치에서도 기능이 여러 가지로 통합되어 정보와 서비스를 운영하기 때문에 영역구분이 사라질 날도 나타날 수 있다. 대부분이 스마트정보시대에 맞게 휴대폰으로 모든 기능이 통합되는 정보기술현황을 보여주고 있다.

(5) Anyservice(어떤 서비스라도)

통합된 네트워크, 이기종 간의 통합적인 장치, 언제 어디서나 정보와 서비스를 제공받을 수 있는 멀티미디어 콘텐츠제공, 유 · 무선 모바일 오피스서비스 환경 등 이러한 데이터통신, 인터넷통신, 전화망서비스 등이 한 개의 통신망에서 모든 서비스들이 이용할 수 있다. 이를 차세대 통신망(NGN : Next Generation Network)이라 하는 소프트 위치가 중심인 통신망이라고 할 수 있다.

그림 4-4 유비쿼터스 기술연계도

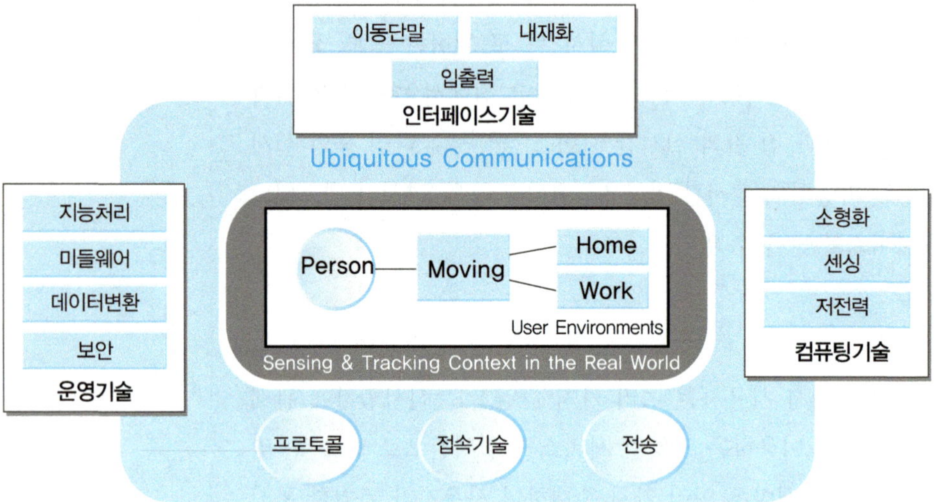

자료 : 연세대학교 산업정보시스템 연구실(CITE).

다. 유비쿼터스컴퓨팅과 기술활용

유비쿼터스기술은 컴퓨팅, 정보통신기술, 인터페이스, 운영 등 서로 사용자가 조화롭게 연결 · 융합할 수 있는 환경을 구축하는 것으로 사용자가 느끼지 못하도록 눈에 보이지 않으면서 자동으로 작동하는 특징이 있다([그림 4−4] 참조).

(1) 컴퓨팅기술

컴퓨팅기술의 기본적인 특징으로 편재성을 충족시키기 위한 기본 기술이다. 물리공간의 정보를 받아들이는 부분에 있어서 유비쿼터스 컴퓨팅기술 및 다음 단계를 실현시키기 위한 기반기술로서 모든 주체가 컴퓨팅이 가능하고 센싱기능을 보유할 수 있도록 하는 것으로 소형화기술, 센싱기술, 저전력기술로 구성된다.

- 소형화기술 : 고집적, 기억장치, 모듈러
- 센싱기술 : 태그, 센서, 스마트카드
- 저전력기술 : 저소비시스템, 전지

표 4-3 ■ 유비쿼터스의 기술

대분류	소분류	설명	기능기술	관련기술적용
컴퓨팅	소형화	고성능의 장치 → 소형화로 만듦	고집적, 기억장치	차세대, SoC
	센싱	물리적 장치의 감지 및 인식	태그, 센서	RFID
	저전력	단말기의 가동시간을 오래 지속 및 저전력화	저소비, 전자	차세대전지
통신	프로토콜	네트워크 환경 규약	VoIP	IPv6
	접속	다양한 장치접속과 장치 간을 연결하는 통신규약	이종 간 네트워크 접속기술	홈네트워크
	전송	데이터전송을 위한 유·무선 통신기술	유·무선서비스, 브로드밴드	휴대인터넷, WCDMA
인터페이스	이동단말	이동하면서 사용가능한 단말기술	모바일장치, 입는 컴퓨터	차세대 PC
	내재화	컴퓨터와 S/W 등을 사물에 내재하는 기술	임베디드 S/W	텔레매틱스
	입출력	사용자가 정보를 받고 입력하는 기반기술	위치, 문자	디스플레이
운영	지능처리	지능화된 서비스기술	인공지능, 에이전트	지능형 로봇
	미들웨어	실세계의 데이터처리	분산처리, P2P	웹서비스
	데이터 변환	다양한 정보를 적절한 형태로 변환	다국어 변환처리	디지털콘텐츠
	보안	네트워크에서 정보를 보호, 사용	인증, 암호화, 백업	

SoC(System on Chip)
여러 가지 반도체 부품이 하나로 집적되는 기술 및 제품이다.

VoIP
초고속 인터넷과 같이 IP망을 기반으로 패킷 데이터를 통해 음성통화를 구현하는 통신기술

(2) 통신기술

통신기술은 유비쿼터스환경에서의 '언제 어디서든' 이라는 조건을 충족시키기 위한 유·무선 네트워크에 관한 기술이다. 물리공간의 정보를 받아들이는 것에서부터 가공된 정보를 사용자에게 전달하는 데 필요로 하는 기반기술로서 프로토콜기술, 접속기술, 전송기술로 구성된다.

- 프로토콜기술 : IPv6, VoIP
- 접속기술 : 이종간 네트워크 접속, 디바이스 접속기술
- 전송기술 : 유·무선서비스, 브로드밴드

(3) 인터페이스기술

인터페이스기술은 인간과 사물 간의 연결방법과 그것을 실제로 처리하는 기술을 분류한다. 사용자의 유비쿼터스서비스를 제공받는 부분의 사용장치로서 이동단말기술, 내재화기술, 입출력기술로 구성된다.

- 이동단말기술 : 모바일장치, 입출력기술
- 내재화기술 : 임베디드 S/W
- 입출력기술 : 전자종이, 디스플레이, 홀로그램, 음성인식, 문자인식

홀로그램(Hologram)
빛을 간섭을 이용해 일상생활 속에서 볼 수 있는 물체와 다름이 없는 3차원 영상의 정보를 사진 필름에 기록하는 기술을 홀로그래피라 하며, 그러한 기술을 통해 물체의 영상이 기록된 사진필름 또는 재현된 영상을 말함.

(4) 운영기술

운영기술은 사용자가 인지하지 못하지만 서비스를 처리하는 영역에서 사용자에게 원하는 정보를 올바르고 빠르게 제공하기 위한 데이터 처리 기술이다. 물리공간과 전자공간의 정보를 바로 받아들이고 제안하기 위한 정보처리기술로 지능처리기술, 미들웨어기술, 데이터변환기술, 보안기술로 구성된다.

- 지능처리기술 : 인공지능, 에이전트
- 미들웨어기술 : 분산처리, P2P, 데이터변환
- 데이터변환기술 : 디지털콘텐츠
- 보안기술 : 인증, 암호화, 원본보증, 백업, 생체인식

유비쿼터스기술의 등장 및 발전은 생산자 및 소비자에게 새로운 시장을 창출하고, 새로운 비즈니스 모델기술, 다양한 산업의 업종에 적용 및 서비스 관점의 활용도가 나타나고 있다.

라. 무선인식, RFID란?

RFID(Radio Frequency IDentification)는 [그림 4-5]와 같이 RFID 판독기(리더 · 안테나 또는 Interrogator라고 함)를 통하여 비접촉으로 RFID Tag(RF 태그, 전자태그, 트랜스폰더, 전자라벨 등으로 불림)의 데이터, 코드 등을 판독하거나 기록하는 무선인식을 의미한다. RFID는 국내에서 무선인식, 무선주파수인식, 무선식별, 전파식별 등 다양한 용

어로 불려져 왔으나, 2005년 11월 RFID 용어 국가표준(KS)에서 '무선인식'이 채택되었다. 보다 쉬운 개념으로 나타내기 위하여 RFID 태그를 기준으로 전자태그 등의 용어로도 불려진다.

전자태그(RFID태그, IC카드, IC라벨 등)는 IC칩과 안테나를 내장한 태그(TAG)를 일컬으며, 전자태그 안에 개별적인 식별정보 등을 저장하여 그것을 전파를 이용해 읽거나 기록하는 자동인식시스템으로 이용하여 활용하는 것이다. 전파를 이용하기 때문에 직접적으로 접촉하지 않고도 읽거나 기록할 수 있으며, 여러 개의 태그에 저장된 정보를 동시에 읽어낼 수 있다.

전자태그시스템의 구성은 리더 · 라이터, 무선자원을 송 · 수신할 수 있는 안테나, 정보를 저장하고 프로토콜로 데이터를 교환하는 태그, 서버 및 네트워크로 구성된다.

각 부문의 기능으로서는 리더 · 라이터는 RFID 태그에 읽기와 쓰기가 가능하도록 하는 장치이고, 안테나는 정의된 주파수와 프로토콜로 태그에 저장된 데이터를 교환하도록 하는 장치이며, 태그는 데이터를 저장하는 RFID의 핵심기능을 담당한다.

RFID는 차세대 유비쿼터스 사회의 핵심기술이며 가장 가시적인 성과를 낼 수 있는 기술이다. RFID는 전파를 이용하여 여러 개의 태그를 일괄적으로 읽어낼 수 있는가 하면, 거리가 떨어진 곳에서도 읽어낼 수 있는 등 현재 일반적으로 널리 사용되고 있는 바코드(Bar Code)에서는 볼 수 없었던 여러 가지 기능과 특징을 가지고 있다. 바코드의 경우 레

전자태그(RFID : Radio Frequency Identification)
마이크로칩(IC)을 내장한 태그(tag), 레이블(label), 카드(card) 등에 저장된 데이터를 무선주파수를 이용하여 리더(reader)에서 자동으로 인식하는 기술

- **장점** : 여러 개의 태그를 동시에 인식, 주파수에 따라 인식범위가 광범위, 인식시간이 매우 짧고, 태그에 대용량의 데이터를 저장, 비접촉식으로 통신하기 때문에 오염에 강하고 반영구적으로 사용가능
- **단점** : 금속에 영향을 받기 쉽고, IC칩 자체에 대한 압력으로 파손가능성이 존재하며, 기존의 바코드보다 가격이 비싸다.

그림 4-5 RFID의 기본 구성도

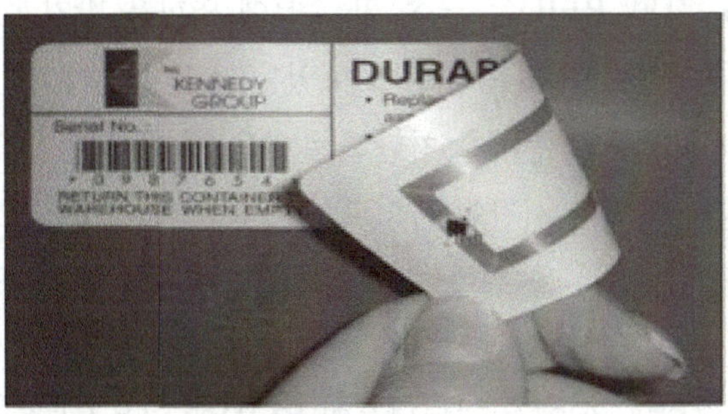

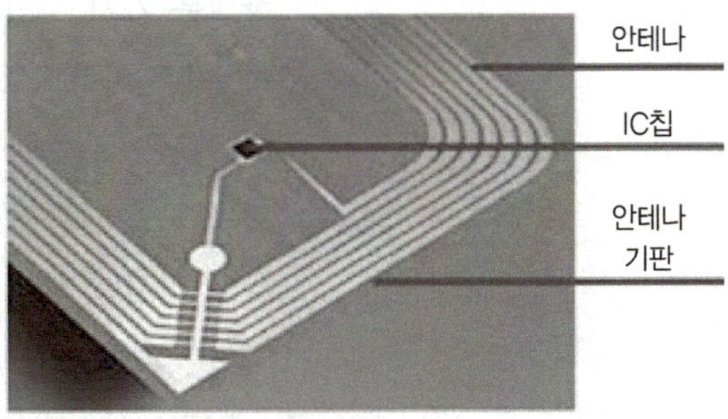

이저 판독기를 바코드에 직접 접촉시켜야 하지만 RFID는 안테나와 태그만 있으면 판촉기를 직접 접촉하지 않아도 쉽게 상품의 정보를 식별할 수 있으며 필요한 정보를 삽입할 수도 있다.

그 외에도 RFID는 바코드가 가지지 못한 여러 가지 기능과 특징을 가지고 있다. RFID는 IT 기술의 급속한 발전으로 소형화, 저가화, 고기능화가 실현되고 있으며, 대용량 고속 전송에서 초소형 저가에 이르기까지 다양한 이용 분야와 사용 목적에 대응하는 것이 기술적으로 가능해지고 있다. 향후 RFID의 이용은 태그의 가격, 크기, 성능 등 센서 기술의 발전에 따라 시장에서 적용이 확산되면서 단계적으로 발전할 것으로 예상된다.

또한 RFID는 먼저 사물 ID 정보 제공을 중심으로 발전하고 이에 센싱기능이 추가되고, 또 이 센서들 간의 네트워크가 구축되는 USN (Ubiquitous Sensor Network) 형태로 발전할 것이다. USN이란 필요한 모든 사물에 RFID를 부착하고(Ubiquitous), 이를 통하여 사물의 인식정보를 기본으로 주변의 상황정보(온도, 습도, 오염정보 및 균열정보 등)까지 탐지하여(Sensor), 이를 실시간으로 네트워크에 연결하여 정보를 관리하는 것으로(Network), 궁극적으로 모든 사물에 컴퓨팅 및 통신기능을 부여하여 'anytime, anywhere, anything'이 가능한 환경을 구현하기 위한 것을 의미하는 것이다.

USN 기술
초소형 무선장치가 다양한 센서에 내장되어 센서 간에 자율적으로 네트워크를 구성하여 무선으로 정보유통 및 고도화된 서비스를 실현할 수 있게 하는 것을 말한다.

(1) RFID의 주요 기술

RFID는 널리 보급되어 있는 바코드와 비교하여 비접촉식으로 통신을 하기 때문에 오염에 강하며, 동시에 여러 개의 태그를 해독 가능한 장점을 가지고 있다. 한편, RFID는 금속 및 수분에 영향을 받기 쉬우며, 기존 바코드보다 고가이며, 파손 가능성이 있는 단점이 있다. 그 밖의 특징으로 차폐물(금속 등의 전파를 차단하는 것을 제외)이 개입하여도 인식과 진동에 강하며 또한 시간이 흘러도 변화가 적은 특징을 보유하고 있지만 현재 인식률 개선을 위한 충돌방지 알고리즘이 연구 개발되어야 한다.

RFID 시스템은 [그림 4-6]에서 나타나듯이 RFID에 고유정보를 전

그림 4-6 RFID의 시스템 구성도

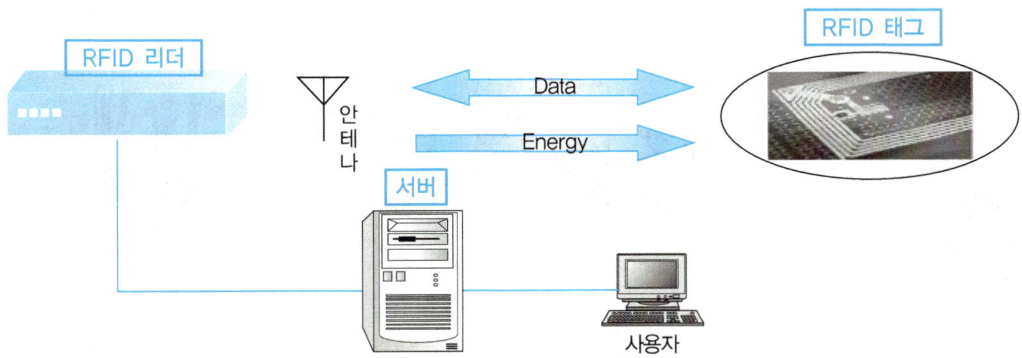

기적으로 저장하는 태그, 송·수신기 역할을 수행하는 리더기, 그리고 호스트 서버와 응용프로그램 등 크게 세 가지 구성요소로 이루어진다. 기본적인 동작원리는 RFID의 안테나와 리더기의 안테나가 전파를 통해 통신을 하여 데이터를 주고받는 행위를 수행하는 것이다. RFID 태그 안에 내장된 안테나가 리더기로부터 전파를 수신한다. RFID 안에 내장된 IC칩이 기동하여 칩 안의 정보를 신호화하여 태그의 안테나로부터 신호를 발신한다. 리더기는 발송된 신호를 안테나를 통하여 정보를 수신하여, 수신된 정보를 유·무선 통신방식에 의해 서버에 전달된다.

RFID 주파수로 5개의 주파수 대역(135kHz, 13.56MHz, 433MHz, 900MHz, 2.45GHz)의 이용이 가능하다([표 4-4] 참조). 유럽과 북미 그리고 일본에서 공통적으로 쓰이는 3개의 주파수 대역(135kHz, 13.56MHz 및 2.45GHz)의 이용이 가능하다. 미국에서는 전 세계에서 사용 가능한 주파수(135kHz, 13.56MHz, 2.45GHz)에 더해서, 433MHz 및 902~928MHz 사용이 가능하다.

RFID의 이용 요구가 높아지는 가운데, 전파의 특성이나 각국의 주파수대 이용을 근거로 하는 새로운 주파수대를 이용하자는 요구가 높아지고 있다. 현재 일본에서 135kHz, 13.56MHz, 2.45GHz의 3개의 주파수 대역에서 RFID가 사용 가능하며 향후 950~956MHz를 고려하고 있다. 한국은 현재 135kHz, 13.56MHz, 908.5~914MHz의 3개의 주

그림 4-7 RFID의 작동원리

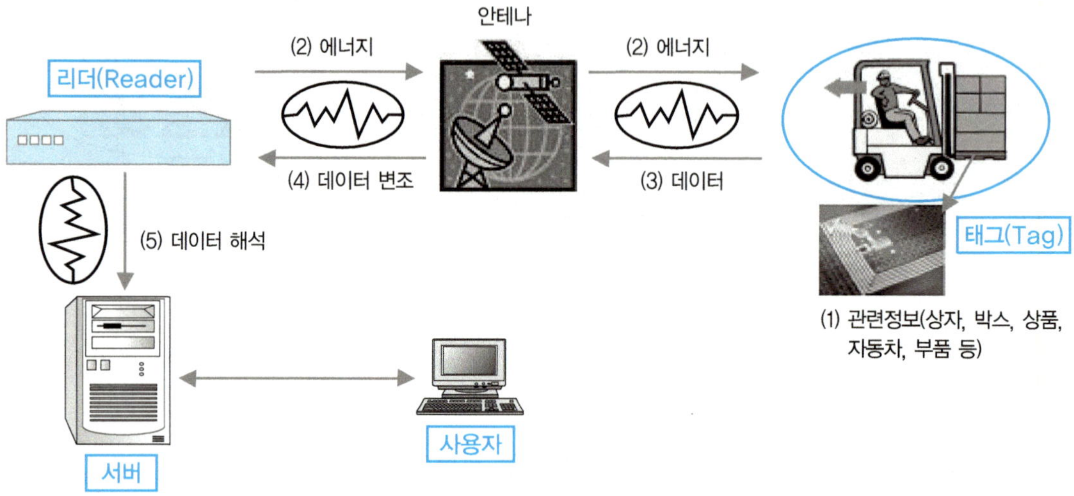

표 4-4 ■ RFID 주파수 대역에 따른 응용분야

주파수대	저주파	고주파	극초단파(UHF)		마이크로파
	125~134kHz	13.56MHz	433.92MHz	860~960MHz	2.45GHz
표준화 사용환경	• ISO 18000-2 • 국내	• ISO 18000-3 • 국내외	• ISO 18000-7 • 미국, 유럽	• ISO 18000-6 • 미국	• ISO 18000-4 • 국외
인식거리	60cm 이하	~60cm	50~100m	~10m	~1m
일반특성	• 고가, 환경에 대한 영향이 거의 없음	• 저주파보다 저가 • 짧은 인식거리 • 다중태그 인식	• 긴 인식거리 • 실시간 추적 • 온도/습도 등 센싱	• 가장 저가 • 다중 태그 인식 • 성능 우수	• 가장 저가 • 다중태그 인식 • 환경에 민감
동작방식	수동형	수동형	능동형	수동/능동형	수동/능동형
적용분야	• 출입통제 • 동물관리 • 공정자동화	• 교통카드 • 물류창고 • 대여물품 관리	• 컨테이너 • 타이어 압력 • 실시간 위치	• 차량, 유통, 물류 • SCM	• 패스포드 • ID카드 • 위조방지
인식속도	저속 ◀──────────▶ 고속				
환경영향	덜 민감 ◀──────────▶ 민감				
태그크기	대형 ◀──────────▶ 소형				

파수 대역에서 RFID가 사용 가능하다. 유럽에서는 전 세계에서 사용 가능한 주파수대(135kHz, 13.56MHz 및 2.45GHz)에 더해 433MHz 및 865~868MHz가 일부 국가에서 사용 가능하게 되어 있다.

(2) RFID와 바코드

일반 바코드처럼 RFID 태그도 고유번호(Unique ID)를 가지고 있어 태그와 리더의 관계는 바코드와 바코드 스캐너 사이 관계와 개념이 거의 비슷하다. 일반적인 개념으로 RFID 태그, 1차원/2차원 바코드, IC 카드 등을 모두 데이터 캐리어(Data Carrier)라고 한다.

데이터 캐리어는 RFID 태그나 바코드에 데이터를 격납하는 역할을 가지고 있어 각 데이터 캐리어의 가격, 기능, 성능 등을 종합적으로 비교하여 활용분야에 적용하게 된다. 이들 각 데이터 캐리어는 정보호환 프로토콜 측면에서 수십 종으로 구현될 가능성이 있어 산업화의 1차 핵심은 '표준화'라 할 수 있고 그것도 하나의 상품, 사물 등을 세계 어디서나 자동으로 인식하기 위해서는 '국제표준화'가 반드시 필요하다.

이러한 바코드(1차원/2차원)와 RFID의 국제표준화는 모두 ISO에서 이루어졌으며, 바코드와 RFID 기술은 그 기술특성, 경제성 등에 의해 유통물류 분야 등에서 상당 기간 상호 보완적인 관계를 유지할 것으로 전망된다.

[표 4-5]는 RFID와 바코드시스템의 대표적인 특성을 비교한 것이

표 4-5 ■ 바코드와 RFID 비교

구분	바코드	RFID
인식방법	광학식(Read only)	무선(Read/wrire)
정보량	수십 단어	수천 단어
인식거리	최대 수십cm	3~5m(UHF, 수동)(전파규제에 의해 좌우)
인식속도	개별스캐닝	수십~수백 개/초(이론적으로 수천 개도 가능)
관리레벨	상품그룹	개개상품(일련번호)
가격	라벨인쇄 10원 이하	태그 최하 수백 원(목표 5센트 이하)

다. RFID 기술은 태그가격이 바코드에 비해 아직 고가라는 큰 단점이 있지만, 무선으로 수m까지 인식 가능한 점(UHF 대역 수동형 태그), 고속이동하는 상품을 인식할 수 있는 점, 수십 수백 개의 상품을 동시에 인식할 수 있는 점, 시리얼번호에 의해 개별관리가 용이한 점, 읽기 · 쓰기 기능에 대용량 데이터의 저장이 가능한 점 등이 바코드기술과의 차별요소라 할 수 있다. 이 중 2차원 바코드도 대량정보나 시리얼번호 관리가 가능하기 때문에 RFID는 인식거리 및 속도 면에서 장점이 있으며, 이로부터 유통 · 물류관리의 혁신이 기대되고 있다.

(3) RFID의 분류

RFID의 기술적 요소를 구분해야 한다면 RFID 시스템의 주요 방식 및 특징은 [표 4-6]과 같이 크게 태그 데이터의 Read/Write 능력, 태그의 전원 유무, 판독기/태그 간 무선프로토콜 방식을 기준으로 구분할 수 있다.

일반적으로 전원을 사용하지 않는 수동형(Passive) 방식은 종래 인식

표 4-6 ■ RFID 방식별 분류

RFID 방식별 구분		주요 특징
Tag 데이터 (read/write 능력)	Read only	• 제조 시 프로그래밍, 정보내용은 변경불가 • 바코드와 같이 식별코드만을 인식하고 데이터베이스와 연동
	WORM	• 사용자가 데이터프로그래밍, 프로그래밍한 후 변경불가 • 일반적으로 태그에 사용자가 식별코드 입력
	Read/write	• 데이터를 반복적으로 읽거나 저장할 수 있음 • 사용자 메모리에 다양한 데이터를 격납하고 활용
Tag 전원유무	능동형 (active)	• tag에 전원이 부착, 수십m 원거리 통신용 • 가격고가, 수명제한, UHF 대역 이상에서 사용
	수동형 (passive)	• tag에 전원이 없으며, 수m 이내 근거리 통신용 • 가격저렴(1회용으로 사용가능), 수명 반영구적
	준수동형 (semipassive)	• 사용거리 등은 기본적으로 수동형 태그와 동일한 성능 • 태그에 전원은 센서구동 등 보조적으로 사용

무선프로토콜 (ISO 대역)	135kHz 이하	• 동물인식, 마라톤 기록 측정 등 근거리 용도로 활용 • 태그는 상대적으로 고가, 용도 한정
	13.56MHz	• 교통카드 등 카드분야(거리 10cm 이내)에서 실용화 • 1m 전후의 응용분야도 있음(ISO/IEC18000~3 기반)
	UHF파	• 433MHz, 860~960MHz 대역을 이용 • 유통물류 등 다양한 산업에서 국제적으로 활성화 전망
	마이크로파	• 2.45GHz의 대역이용, 태그 소형화 유리 • UHF 대역보다 수분, 금속환경에서 인식률 저하

거리가 1m 전후였으나, 900MHz 대역 UHF 대역의 도입으로 출력에 따라 인식거리가 대폭 상승되었다(전파법에 따라 3~5m 추정). 전원을 사용하는 능동형(Active) 방식은 433MHz 대역을 사용하며 수십 미터의 인식이 가능하지만, 태그 가격이 고가이고 전원수명에 따라 사용기간이 제한된다. 이론적으로 태그의 안테나와 판독기의 전파출력을 크게 하면 인식거리는 길어지지만, 이는 주파수 혼신 문제 등이 발생할 수 있어 각 국가의 전파법에 의해 규제된다.

칩리스(Chipless)
반도체 칩이 들어 있지 않은 전파 식별(RFIP) 태그

그림 4-8 RFID 태그분류

수동형 및 능동형

- 수동형 : 배터리 필요 없음, 리더로부터 전력공급 받음
- 이용분야 : 자산관리, 산업자동화, 전자물품관리, 출입관리
- 능동형 : 인식거리가 길고, 정확도도 높고 많은 정보를 다룰 수 있음
- 이용분야 : 공항, 항만의 팔레트, 컨테이너 등

센서 태그

- 센서와 태그의 통합, 다양한 환경조건을 감시, 측정, 기록할 수 있음
- 이용분야 : 타이어의 공기압과 온도, 액체의 부피, 화학물질, 박테리아 감지, 기록, 전송

- 반수동형 : 부가적으로 전지내장
  전지는 태그 저장정보를 리더로 빼내는 데만 사용
- 이용분야 : 식의약품, 혈액, 자동차 및 교통, 환경관리
- 반능동형 : 순환기를 이용하여 태그의 송수신을 분리, 송신측에 증폭기를 추가해 인식거리를 더욱 향상

반수동형 및 반능동형

- 센서와 태그의 통합, 다양한 환경조건을 감시, 측정, 기록할 수 있음
- 이용분야 : 타이어의 공기압과 온도, 액체의 부피, 화학물질, 박테리아 감지, 기록, 전송

칩리스 태그

그림 4-9 RFID 태그인식률

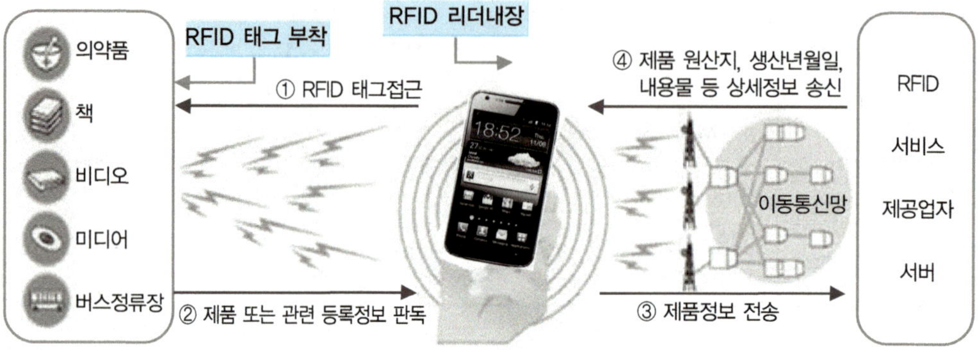

(4) 모바일 RFID 기술

모바일 RFID는 RFID 리더를 휴대폰에 탑재한 후 이동성을 부여하여 언제 어디서나 시·공간을 초월하여 사용자와 사물 간의 정보교환을 가능하게 한 것이다. 일반적으로 보이는 사물을 인터넷 혹은 사이버공간에도 가능하도록 하여 스마트시대를 주도할 핵심기술인 것이다. 현재 모바일 RFID용 주파수 대역으로는 13.56MHz와 860~960MHz가 사용되고 있다.

(5) RFID의 응용분야

[그림 4-10]은 RFID의 응용이 현재 적용되거나 가시적으로 전망되는 다양한 응용분야를 예시적으로 나타낸 것이다. 파렛트/박스, 컨테이너, 항공수하물 등의 응용분야는 대표적으로 개방형 시스템 또는 글로벌 시스템이 요구된다.

① 물류·유통분야에서 적용

RFID 응용의 최대 관심분야는 유통·물류, 제조물류(자동차, 전자, 통신 등)산업의 적용분야이다. 특히 물류분야는 공항, 항만, 내륙물류기지, 세관 등을 종합적으로 연계하는 물류이력추적시스템이 구축되는 동

그림 4-10 RFID의 다양한 응용분야

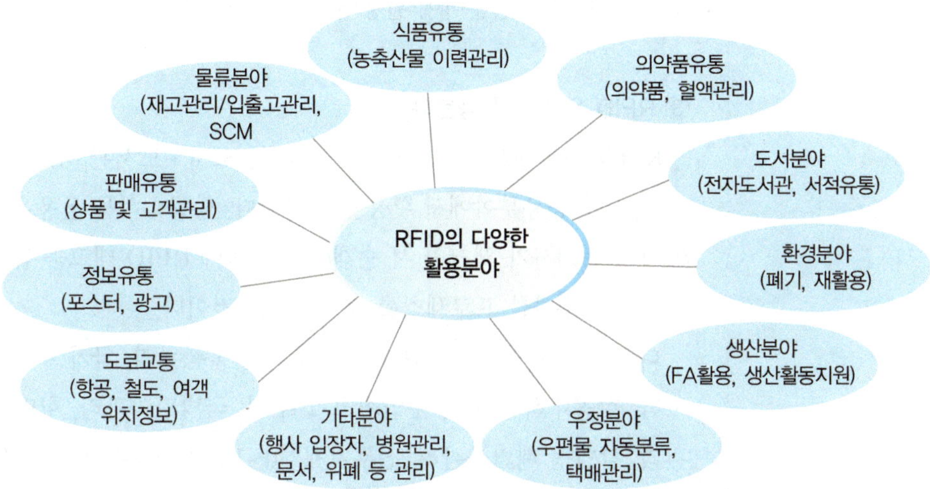

시에 차량 입출입 자동화 등 물류거점의 운영효율화를 도모한다. 이를 통해 제품에 대한 물류거점 간 화물(항공화물, 컨테이너 등)이동정보가 단절 없이 제공되어, 물류흐름의 가시성 확보와 신속한 처리가 가능해져 물류분야 및 유통분야와의 연계성으로 경쟁력이 더욱 커질 것이다.

② EPC 네트워크 적용

EPC(Electronic Product Code)는 전자제품의 확인을 위해 보편적인 기준을 세워 놓은 것으로 바코드와 비슷하게 제작자, 제품, 유형, 제품 일련번호를 확인하는 숫자영역을 담고 있다. EPC 네트워크시스템은 상품 한 개, 한 개에 EPC라는 고유식별자를 붙이고 태그의 정보를 읽어 그 상품의 제품정보, 이력정보 등을 공급망상의 기업 또는 조직의 표준적인 인터페이스로 활용하기 위한 글로벌 시스템 모델이다.

> **EPC**
> 각 제품마다 고유의 일련번호를 부여하는 새로운 제품번호 표준

EPCglobal은 모든 사물들을 인터넷을 통해 컴퓨터와 연결하여 원하는 사물의 내용물, 크기, 규격, 가격 등 물리적인 정보와 위치정보, 상태정보 등을 쉽게 파악하여 활용하는 국제 개방형 표준시스템이다. 이 시스템은 RFID 태그의 전자제품 코드인 EPC정보를 기반으로 한다. EPC

네트워크는 유통 · 물류가 대표적 적용대상이지만, 자동차, 의약품, 국방 등 다양한 산업분야에 활용이 가능하다.

③ RFID 일반적 적용분야

RFID 시스템은 교통, 의료 · 의약품, 도서 · 도서관, 동물관리, 항공 등 다양한 응용분야에서 활용될 전망이다. 항공수하물 응용은 출발공항에서 항공회사가 체크인 시 승객의 수하물에 RFID 태그를 붙여 도착공항까지의 수하물 프로세스를 자동화하는 것이다.

다양한 분야의 적용사례로는 정부조달 물품관리, 국가 수출입물류 인프라, 항공수하물관리, 수입쇠고기 추적, 국방탄약관리, 항만 컨테이너관리, 감염성 폐기물관리, 신무기체계(F-15K) 자산관리, 대관령 한우 관리, 유통매장관리, 식품추적성, 항공수출입물류, 의류 SCM 등 유통물류의 국가 공통 플랫폼 구축을 위한 다양한 사업이 실시되고 있다.

이밖에 일상생활 속에서 국립도서관과 국회도서관의 대출관리로 대

그림 4-11 서울시 승용차 요일제 전자태그(RFID)시스템

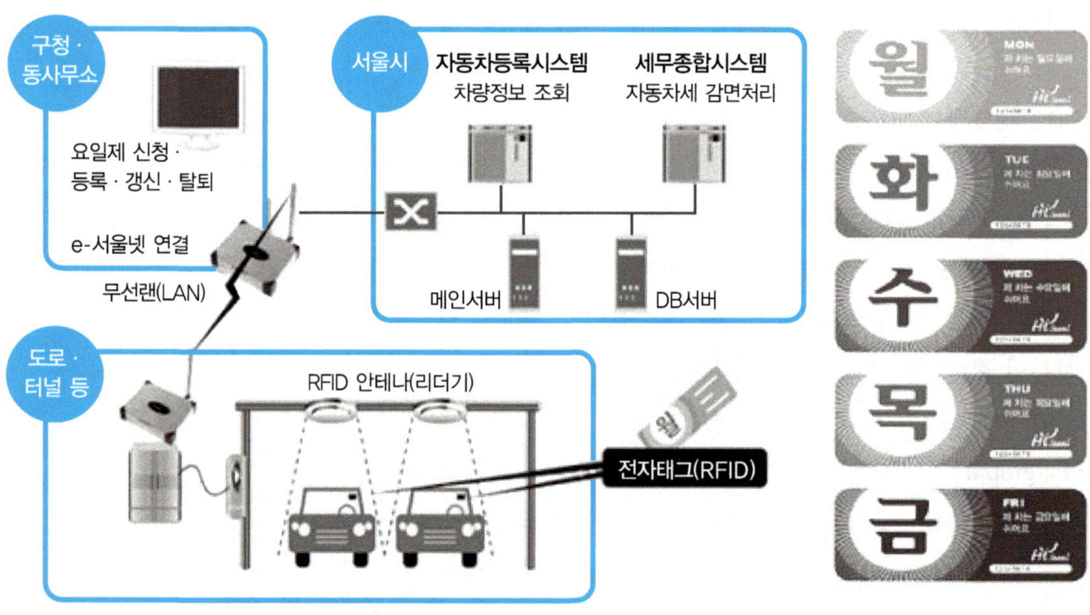

그림 4-12 RFID에 기반한 농축산 생산이력시스템

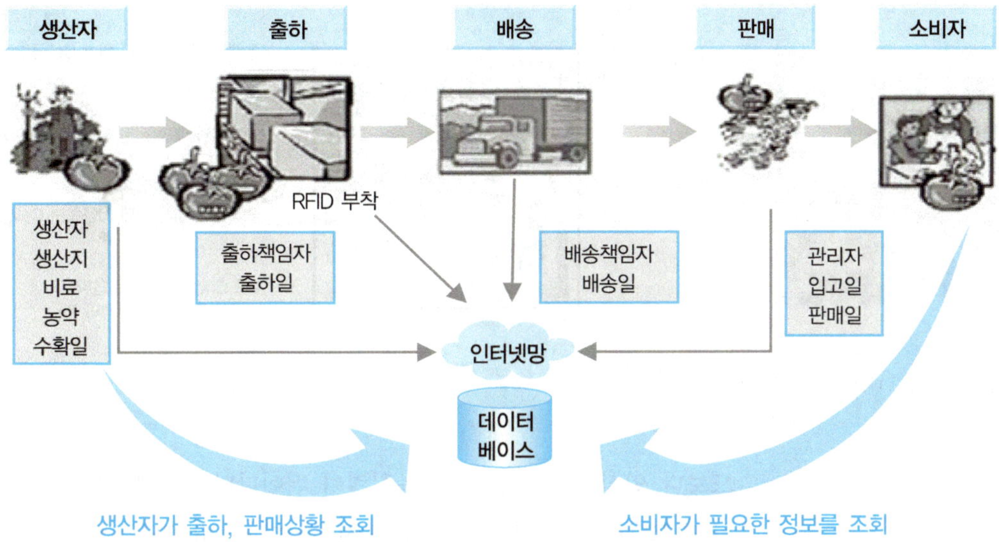

기시간을 획기적으로 줄일 수 있으며, [그림 4-12]는 농산물 생산이력관리시스템(생산농가, 재배방법, 출하시기, 친환경등급 등)을 도입하여 고객은 매장에서 실시간으로 조회가능으로 유통센터에서는 입출고와 재고관리가 자동으로 이루어져 농산물 유통, 물류시스템이 획기적으로 개선되고 있다.

마. QR(Quick Response) code

사각형의 가로세로에 다양한 정보를 담고 있는 2차원(매트릭스)형식의 코드로, 'QR'이란 'Quick Response'의 머리글자이다. 1994년 일본 덴소웨이브사(社)가 개발하였으며, 덴소웨이브사가 특허권을 행사하지 않겠다고 선언하여 다양한 분야에서 널리 활용되고 있다.

기존의 1차원 바코드가 20자 내외의 숫자정보만 저장할 수 있는 반면 QR코드는 숫자 최대 7,089자, 문자(ASCII) 최대 4,296자, 이진(8비트) 최대 2,953바이트, 한자 최대 1,817자를 저장할 수 있으며, 일반 바코

그림 4-13 QR코드의 구성도

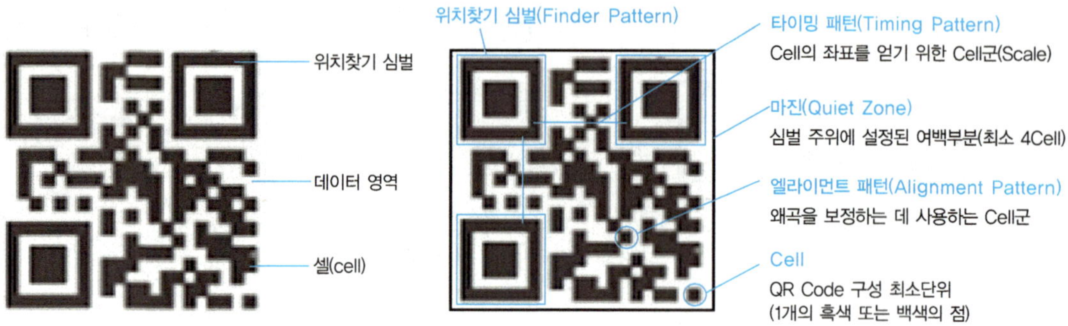

자료 : QR Code 구조, 덴소코리아, 2012.

드보다 인식속도와 인식률, 복원력이 뛰어나다. 바코드가 주로 계산이나 재고관리, 상품확인 등을 위해 사용된다면 QR코드는 마케팅이나 홍보, PR수단으로 많이 사용된다.

또 기존 바코드를 읽을 수 있는 전용단말기는 상품 판매자만 소유할 수 있어 소비자들이 바코드를 이용하여 정보를 파악하는 것이 불가능했지만, QR코드의 경우 스마트폰만 있으면 소비자들이 직접 상품정보를 파악할 수 있다. QR코드는 스마트폰이 보급되면서 활용도가 높아졌다. 스마트폰 사용자들은 무료로 제공되는 QR코드 스캔 애플리케이션(앱 프로그램)을 다운받은 후, 스마트폰으로 광고판, 제품에 인식된 코드 · 홍보지 · 포스터 · 잡지 · 인터넷 등에 게재된 QR코드를 스캔하기만 하면 각종 정보를 손쉽게 얻을 수 있다.

가장 큰 장점은 기존 바코드에 비해 많은 양의 데이터 · 정보를 넣을 수 있으면서 코드 크기는 짧고 작은 형태를 유지할 수 있다는 것이다. 일반적인 QR코드의 크기는 약 2cm 정도지만, 이를 약 1/4 크기로 줄인 마이크로 QR코드도 사용할 수 있다. 이는 주로 전자부품 등과 같은 작은 공간에 적용된다.

또한 QR코드는 오류 복원 기능이 있어 코드 일부분이 오염되거나 손상돼도 데이터정보를 복원할 수 있는 것도 장점이다. 물론 손상 · 오염 정도가 심하면 복원이 불가능하기도 하지만, 기존 바코드에 비해 인식률이 우수한 것은 사실이다. 또한 코드 모양이 정사각형이라 360도 어느 방향으로 읽어도 정확하게 인식된다. 더구나 바탕 · 배경 그림의 영향을 거의 받지 않으므로 다양한 형태의 홍보 · 판촉물에 삽입할 수 있다.

QR코드의 정보제공은 오프라인과 온라인을 넘나들며 이루어진다. 예를 들어 종이잡지에 나온 모 제품의 QR코드에 스마트폰을 갖다 대면 그 제품의 웹사이트로 연결되어 생산 · 유통 · 가격정보 등 각종 정보와 이벤트정보, 쿠폰혜택 등을 얻을 수 있고, 스포츠경기나 영화 및 포스터의 QR코드를 스캔하면 홍보동영상 및 사진정보, 할인권 및 입장권 정보, 영화관 또는 경기장정보 등을 받을 수 있다.

은행이나 신용카드회사, 항공사 등은 QR카드를 활용하여 결제서비스를 제공할 수 있고, 백화점이나 할인마트 등 유통업체는 가정으로 배송하던 할인쿠폰 대신 전단지나 신문광고 등에 게재한 QR코드를 통해 할인쿠폰은 물론 행사품목이나 프로모션 내용까지 제공할 수 있다.

또 QR코드 만들기 사이트를 이용하면 누구나 자신만의 QR코드를 만들 수 있다. 즉 개인사업자 또는 무엇인가를 홍보하고 싶은 사람은 명함에 고유의 QR코드를 부착함으로써 자신을 소개할 수 있고, 블로그, 트위터, 페이스북, 카카오톡 등과 같은 미디어매체(SNS) 또는 오프라인 광고지에 삽입함으로써 자신이 알리고 싶은 것을 홍보할 수 있다.

4.3 USN기술

RFID기술이 사물의 인식정보를 탐지하는 기술이라면, 관련 주변의 환경정보(예를 들어 온도, 습도, 압력, 풍향, 오염정도, 균열정보 등)까지 탐지해(sensor) 이를 실시간으로 네트워크에 연결하여 관련 정보를 관리하는 것이 바로 USN(Ubiquitous Sensor Network)이다. USN은 각종 센서에서 수집한 정보를 무선센서 네트워크를 통해 실시간으로 수집해 활용하도록 구성된 네트워크를 말한다. 즉 필요한 모든 사물에 센서를 붙여 그 사물 및 주변 환경정보를 자동으로 알아내어 네트워크를 통해 정보를 공유하고 이를 통해 특정 정보를 수집해 서비스를 제공한다.

그림 4-14 센서의 작동원리

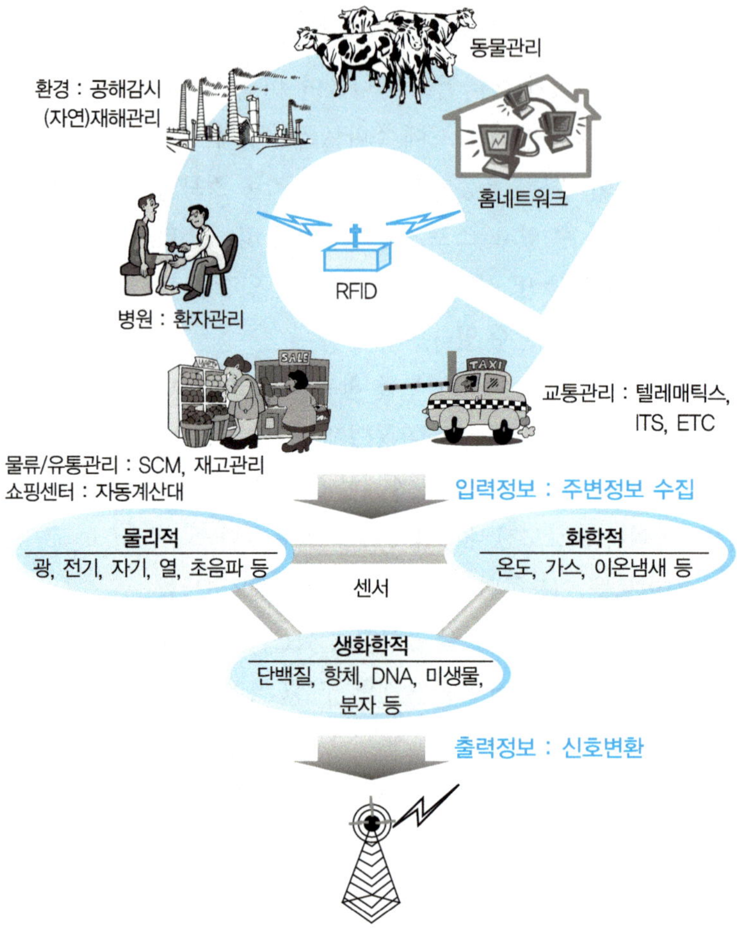

초소형 무선장치가 다양한 센서에 내장되어 센서 간에 자율적으로 네트워크를 구성하여 무선으로 정보유통 및 고도화된 서비스를 실현하는 것이다. USN은 인간생활의 편리와 안전을 위해 사람의 접근이 불가능하거나 위험한 취약지구에 수백 개의 센서 노드를 설치해 마치 사람이 감시하는 것과 같은 역할을 수행하는 것이다. 결론적으로 모든 사물에 컴퓨팅 및 커뮤니케이션 기능을 부여해 anytime, anywhere, anything과 통신이 가능하여 우리 삶에 커다란 변화를 몰고 올 것이다.

> **센서(sensor)**
> 주변 환경을 감지하여 대상에 대한 정보를 인지하고 이를 신호로 변환한 후 무선통신을 기반으로 전송하는 기술이다. 이때 센서는 주변정보로부터 수집된 정보를 물리량, 화학적 · 생물학적인 요소들을 감지하기 위한 센서들로 구성된다.

[그림 4-15]에서 센서노드는 센서(sensor)가 인간의 오감(시각, 청

그림 4-15 USN의 작동원리

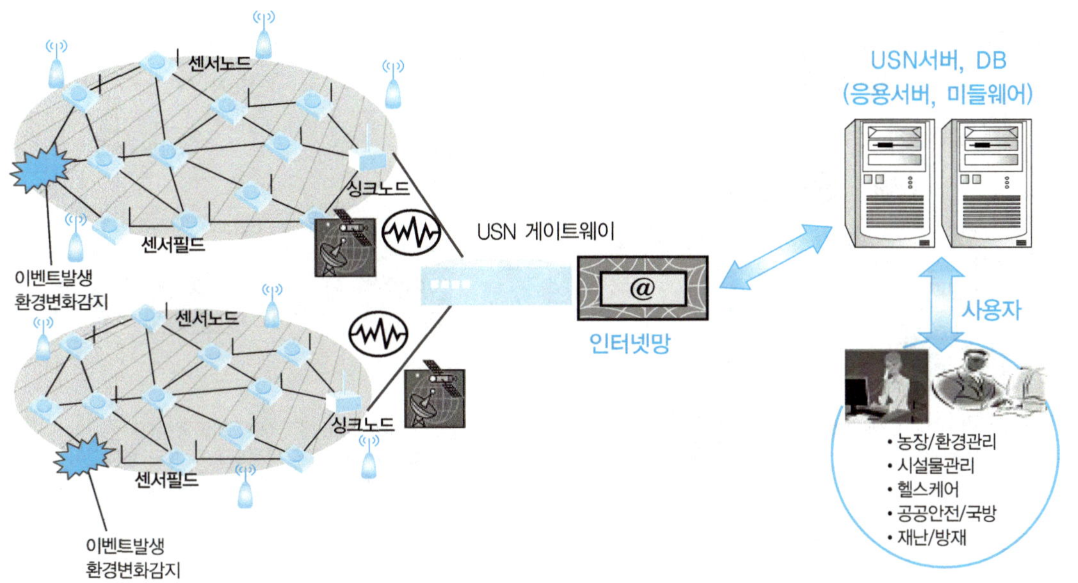

각, 촉각, 후각, 미각)을 대신하여 물리계 또는 환경계의 현상들의 정보를 정량적으로 측정하여 정보를 검출하는 소자 및 시스템으로서 센서노드의 중요한 구성요소이다. 센서 네트워크의 다양한 응용영역에 따라 일체식의 다양한 종류의 센서가 필요하므로 열, 조도, 습도, 온도, 가속도/지진강도, 음향, 자기장, 위치 등과 같은 센서들 중 필요한 센서들을 선택적으로 센서노드에 장착할 수 있어야 한다. 센서노드에 장착된 센서들이 연산을 수행해 처리 방법을 결정한 후, 싱크노드(Sink node)에 데이터를 전송한다. 즉 센서노드는 서비스의 요구나 이미 설정된 조건의 이벤트발생 환경변화를 감지(센싱)한 후 그 정보를 싱크노드로 전달한다. 이렇게 싱크노드로 전달되는 정보는 관련 데이터 및 주변 센서노드간의 결합에 의해 가공된 형태로 저전력을 소모하는 경로를 찾아 게이트웨이(gateway)를 통해 특정 USN서버까지 전달된다. USN 관련 기초기술은 센서노드, 저전력화, 미들웨어, 네트워킹, 센싱태그 등으로 볼 수 있다.

USN은 특정 지역 예를 들어 농작물관리, 국방분야, 환경 및 생태계

그림 4-16 USN 시스템 구성도

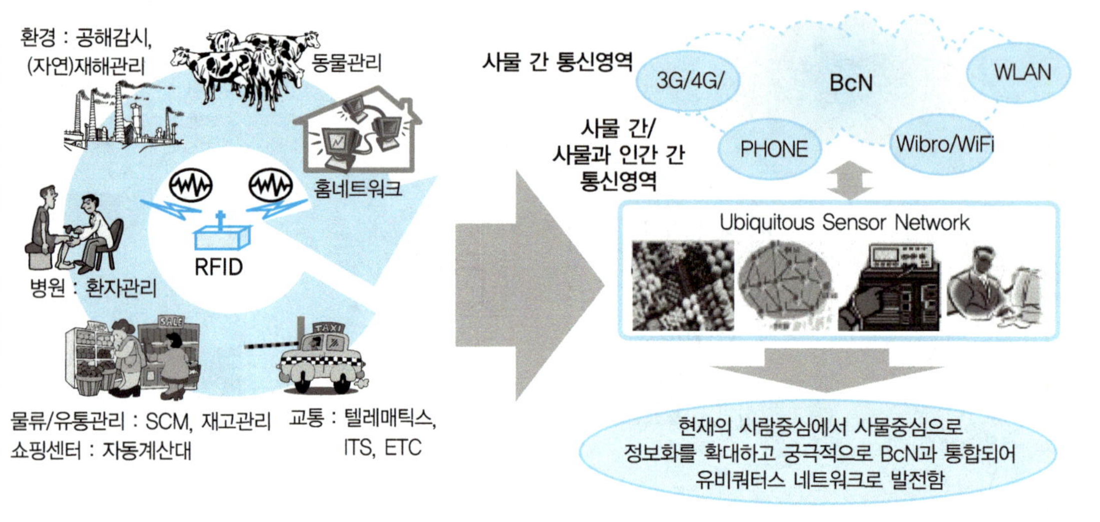

관리, 재해 및 재난방지, 차량정보 및 안전에 필요한 텔레매틱스 적용, 홈네트워크, 헬스케어 등에 수십에서 수백 개의 센서를 설치한 노드들로 구성된다. 설치된 센서들은 서로 간의 협업을 통한 기능을 수행하는 특징을 가진다. 이러한 USN의 기술을 사용함으로써 기존의 센서기술로는 설치가 불가능했던 지역까지 설치범위가 확대되었고, 센서들의 연산기능의 활성화로 지능적인 역할을 수행할 수도 있다.

결론적으로 센서들의 다기능의 기술이 확대됨으로써 사람과 사물, 그리고 위치 사이에서 의미있는 관계를 찾고 사람을 위해 유익하게 활용될 것이다. 미래환경에서의 센서들은 작고 많은 초소형 센서장치가 서로 교신하는 세상이 전개될 것이며, 전 세계 모든 사물에 초소형 반도체 칩이 부착되는 세상이 점차 다가오고 있는 것이다.

이러한 USN의 일반적인 특징은 다음과 같다.

- 모든 사물에 편재 : Omnipresent Thing
- 인식정보와 환경정보를 모두 감지 : Context Awareness
- 실시간으로 네트워크에 연결 : Real-time Connection
- 능동적인 정보의 교환 : Intelligent Communication

- 인지되지 않는 사용환경 : Invisible Environment

4.4 유비쿼터스 응용분야

가. 유비쿼터스 홈네트워킹

인터넷, 이동통신이 대중화되면서 미래의 IT환경은 유비쿼터스 네트워크가 대중화된 IT everywhere로 진화될 것이다. 즉 향후 IT환경은 디지털 컨버전스(Digital convergence)의 기술혁신에 기반을 둔 유비쿼터스 환경의 구현이 대세로 부각되고 있으며, 이는 유선과 무선, 방송과 통신, 그리고 사용자 단말기를 통합하는 언제, 어디서, 누구라도 구애받지 않고 다양한 미디어를 즐길 수 있는 홈네트워크(homeworking)시대가 빠르게 진행되어 모든 사회경제주체의 가치를 공유하는 네트워크 경제구조를 창출해 나갈 것이다.

홈네트워킹(Home Networking)이란 용어상으로 보면 가정(home)과 장비들 간의 통신이 가능하도록 하는 네트워킹(networking)의 두 가지 용어가 합쳐진 말이다. 특히, 가정에 있는 모든 장비들을 연결하여 서로 통신할 수 있도록 함으로써 가족 구성원이 자신의 현재 위치에 관계없이 가정 내 장비를 제어하거나 통신할 수 있도록 해주는 기술이다. 예를 들어, 겨울날 외출 시 집에 돌아가는 길에 방의 보온을 위하여 난방장치를 작동하거나, 휴가 및 외출 시 도시가스 밸브를 열어놓은 것이 생각나면 휴대폰으로 가스차단기를 멈추는 동작 등 다양한 일상생활에 즉시 적용할 수 있는 실용기술이다. 또한 홈네트워크는 네트워킹 기능이 새롭게 부가된 가정의 정보가전 기기를 외부의 유 · 무선인터넷과 연결시켜 원격검침, 원격제어, 원격진료, 원격교육과 같이 기존에 오프라인으로 제공되던 서비스를 온라인과 융합시킴으로써 새로운 부가가치를 창출할 것이다.

초고속 통신망의 일반화, 케이블 TV망의 급속한 보급, 통신위성에 의한 디지털방송의 개시와 같은 통신 인프라의 발달에 따른 정보환경의

그림 4-17 홈네트워크시스템 개념도

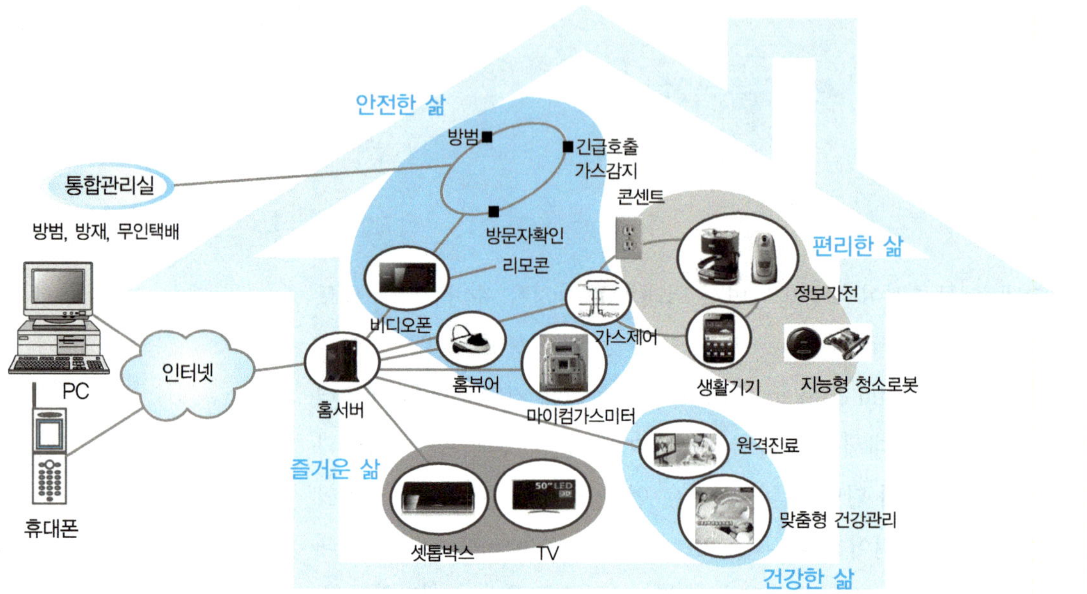

발달로 디지털환경에서의 홈네트워크의 필요성이 증대되었다. 즉, 초고속 인터넷서비스가 일반화됨에 따라 콘텐츠를 PC 간의 통신뿐만 아니라 가정 내 가전기기와도 주고받을 수 있도록 하고, 인터넷을 통한 가정 내 가전기기에 대한 자동 및 원격제어 등을 가능하게 하는 홈네트워크의 필요성이 대두되었다.

홈네트워크는 가정을 사회의 정보 네트워크에 연결함으로써 정보를 효율적으로 유통시길 수 있도록 지원하며, 각종 공공행정서비스 및 사회서비스를 직접적으로 연결할 수 있도록 하고, 홈게이트웨이나 홈서버를 이용하여 정보통신기기, 디지털 AV기 및 기존 가전기기 등을 통합적으로 제어함으로써 가정생활의 편리함과 효율성을 높여준다.

나. 유비쿼터스 도시(u-city)

유비쿼터스시대의 IT기술은 근거리 무선통신(NFC : Near Field Communication), 센서, 소형 칩 기술 등으로 나타나며, 이들 기술은 사물 간 연결성(Networking, Ad Hoc 네트워크), 자율성(Smart; 센서, RFID), 이동성(Mobility; 센서, 소형 칩), 즉 'Networking+Smart +Mobility=Calm Service'의 핵심 구성요소가 된다. 유비쿼터스시대의 도래는 더이상 새로운 테크놀로지의 출현을 의미하는 것이 아니라 지금까지 나온 개별 IT기술을 어떻게 새로운 서비스로 융·복합시키느냐가 가장 중요한 관건이다. 최근의 유비쿼터스 도시(u-시티)야말로 유비쿼터스시대에 가장 유용한 융·복합서비스 모델로 평가된다.

대체로 u-시티란 첨단 정보통신 인프라와 유비쿼터스 정보서비스를 도시공간에 융합하여 도시생활의 편의 증대와 삶의 질 향상, 체계적 도시관리에 의한 안전보장과 시민복지 향상, 신산업 창출 등 도시의 제반 기능을 혁신시킬 수 있는 21C 신도시를 의미하는 것으로 이해되고 있다.

현재 도시는 낮에는 교통난과 과밀화, 밤에는 도심공동화라는 문제를 안고 있으며 날로 증가하는 환경오염, 범죄, 물가 등으로 인한 도시 주거환경의 악화를 더이상 방치할 수 없는 상황에 이르고 있다. 이로 인하여 도시의 주요 Tenants(기업, 시민 등)들은 더 좋은 도시환경을 찾아 이동하게 되고 낙후된 도시환경으로 인해 새로운 인구의 유입과 우수한 기업의 유치는 더욱더 어려워져서 결국은 도시경제 기반이 붕괴되는 운명을 맞게 되는 것이다.

현재 이와 같은 현상은 비단 국내 도시 간의 문제가 아니다. 도시가 한 국가의 생산과 소비의 중심으로서 경제성장의 엔진이자 국가가 만들어 내는 가장 고부가가치 상품으로서 인식되고 있는 21C 글로벌 경쟁구도 아래에서 경쟁력 있는 도시를 만들기 위한 국경을 넘은 치열한 전쟁이 벌어지고 있다.

사실 도시 경쟁력을 확보하기 위해서 입주 기업에 대한 전폭적인 세금감면, 도시 주거환경 개선을 위한 과감한 인프라 투자 등 다양한 방법이 있을 수 있으며, 현재 시점에서 많은 도시들이 기업을 유치하기 위해 내세우는 중요한 마케팅 수단으로 활용되고 있다. 하지만 이는 장기적으로 세금감면으로 인한 세수감소와 과도한 인프라 투자로 인한 재정악화로 이어지는 문제점이 있어 중장기적으로 도시경쟁력을 약화시키는 원인이 되기도 하여 근본적인 해결책이 될 수 없다.

그림 4-18 u-City 개념 구성도

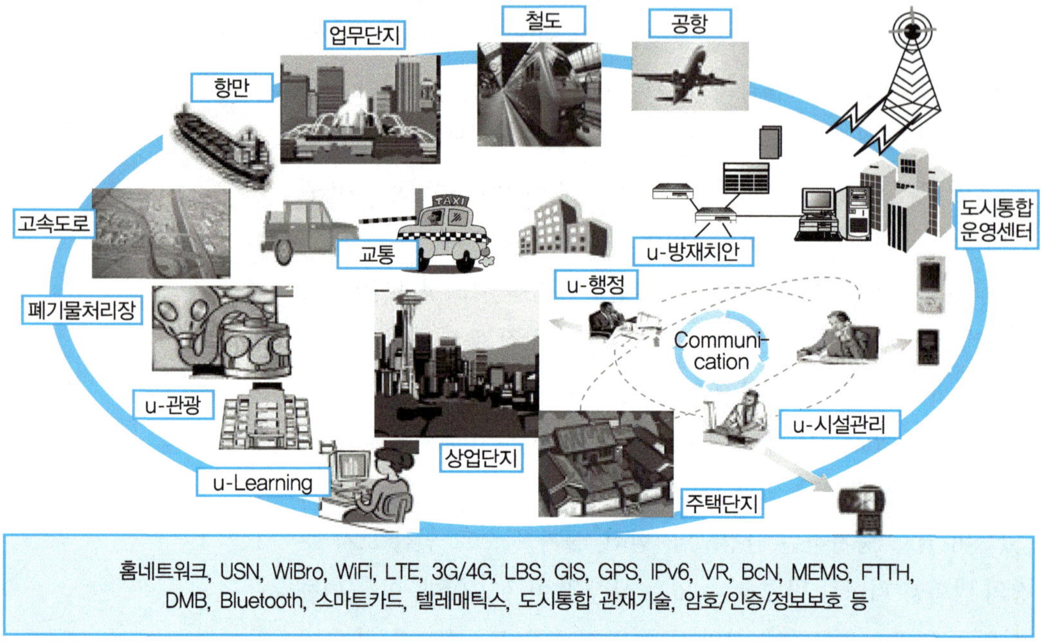

따라서 쾌적한 주거환경의 창출 및 시민들에게 보다 수준 높은 삶의 질을 보장하고 기업에게는 수익성 있는 매력적인 시장을 보장해 줄 수 있는 새로운 도시 개발의 솔루션을 마련하는 것이 현안으로 떠오르고 있다. 그런 면에서 u-시티는 현재 도시가 안고 있는 다양한 도시 문제와 이로 인하여 발생하는 도시경쟁력 상실을 해결하기 위한 미래형 도시개발 솔루션이라고 할 수 있다. u-시티는 문자 그대로 유비쿼터스 컴퓨팅을 위한 도시도 아니고 첨단통신 인프라에 기반한 도시만을 의미하지도 않는다.

u-시티 개념은 지금까지 존재하지 않았던 그 무엇을 의미하는 것이 아니라, 이미 우리 주변에서 적용되고 있거나 적용 가능성이 큰 기반·연계기술을 토대로 다양한 u-서비스를 구현하고자 하는 '새로운 유비쿼터스시대의 서비스지향적인 접근방법'이다.

이러한 u-시티는 첨단 IT 인프라에 기반한 유비쿼터스 정보서비스 제공을 통해 도시가치를 획기적으로 제고하고, 도시설계 단계부터 '도시민들이 원하는' 첨단 IT 인프라와 서비스를 구현함으로써 IT 투자비 절감은 물론, 주민들의 안전하고 편리하며 쾌적한 삶의 질 향상을 목표로 한다.

앞으로 u-시티는 경쟁력 있는 도시를 개발하고자 하는 중앙정부, 지방자치단체와 개발사업자들에게 있어서 선택할 수밖에 없는 솔루션이 될 것이며, 향후 국내외적으로 새롭게 개발되는 u-시티 솔루션을 기반으로 개발되는 도시와 그렇지 않은 일반 도시 두 가지만 존재하게 될 것이다.

여러 가지 논란이 있을 수 있지만, 미래에 경쟁력을 갖게 될 도시는 다음과 같은 특징을 지니게 될 것으로 예측된다.

- 정보통신 인프라가 잘 갖추어진 지능형, 첨단기능도시
- 공공서비스가 기능적 · 복합적으로 이루어지며, 모든 정보가 원스톱으로 제공되는 도시
- 안전하고 즐거운 삶이 보장되는 도시
- 새로운 비즈니스가 창출되는 도시
- 도시 내 통합센터에 의해 온라인과 오프라인이 결합된 형태로 운영되는 도시
- 중앙정부와 구분되는 지방 거버넌스 행정(민관 협력방식)에 의해 관리되는 도시
- 친환경적 생태, 복지도시

실제로 u-시티라는 용어는 우리나라, 일본 등 아시아권에서 통용되는 용어이며, 유비쿼터스라는 개념을 확대 정립한 것이 일본이라면, u-시티라는 개념을 확대 정립한 것은 우리나라라고 할 수 있다. 미국의 경우에는 정통적으로 u-시티의 협의의 개념인 네트워크 기반의 도시(Network City)라는 개념이 발전하고 있다가 현재 u-시티 개념이 보급되고 있는 단계라고 할 수 있다.

u-시티에 대한 정의는 매우 다양하게 발표되고 있는데, 이를 정리하면 [표 4-7]과 같다.

결론적으로 네 가지 도시관점에서 u-시티 요건은 [그림 4-19]와 같다.

표 4-7 ■ u-City의 정의

한국정보화진흥원	첨단정보통신 인프라와 유비쿼터스 정보서비스를 도시공간에 융합하여 도시생활의 편의 증대와 삶의 질 향상, 체계적으로 도시관리에 의한 안전 보장과 시민복지 향상, 신산업 창출 등 도시의 제반 기능을 혁신시킬 수 있는 21C 신도시
한국토지주택공사	도시설계단계부터 첨단정보기술의 초고속 광통신 인프라를 반영함으로써 정보화에 따른 도시생활의 편익증대와 체계적인 도시관리를 통하여 주민의 안전과 복지를 향상시킬 수 있는 도시, 즉 택지개발 사업 시행 시 지구 전체에 광통신 인프라망을 구축하고 언제 어디서나 실시간으로 정보가 교류되는 유비쿼터스 환경의 도시
KT	첨단정보통신 인프라와 유비쿼터스 정보서비스를 도시공간에 융합하여 도시생활의 편의 증대와 삶을 질 향상, 체계적 도시관리에 의한 안전보장과 시민복지향상, 신사업 창출 등 도시의 제반 기능을 혁신시킬 수 있는 21C형 신도시
삼성SDS	유비쿼터스컴퓨팅, 정보통신기술을 기반으로 도시 전반의 영역을 융합(Convergence)하여 통합되고(Integrated), 지능적이며(Intelligent), 스스로 혁신되는(Innovative) 도시

자료 : eBizKorea, 한국전자거래진흥원, 2006. 6.

그림 4-19 u-City 구성도

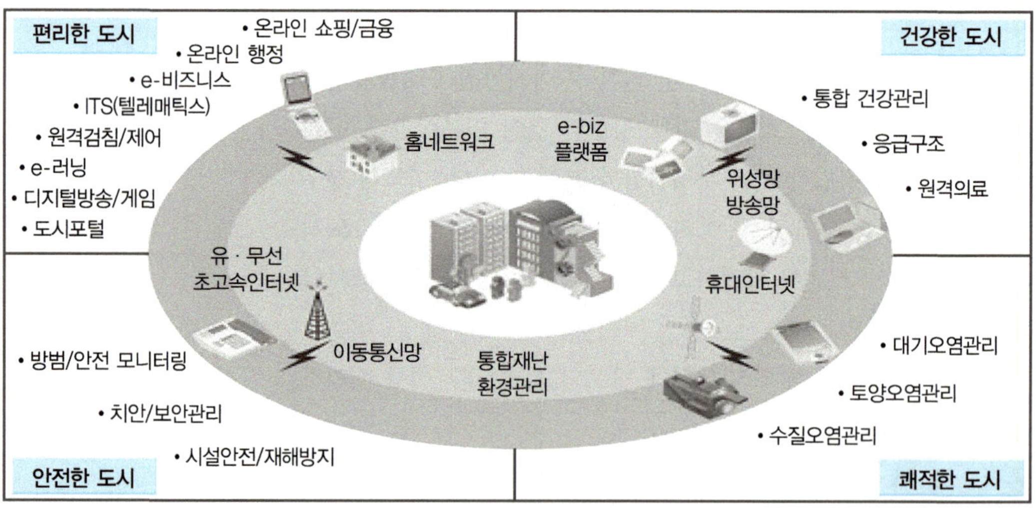

다. u-헬스케어

u-헬스케어는 유비쿼터스 헬스케어(Ubiquitous Healthcare)의 약자로서, 정보통신과 보건의료를 연결하여 언제 어디서나 예방, 진단, 치료, 사후관리의 보건의료서비스를 제공하는 것을 의미한다. 즉, 유 · 무선 네트워크를 바탕으로 환자, 의료기관, 정부기관, 솔루션개발 · 기기업체 등의 유기적 연결을 통하여 인간의 건강한 삶을 보장해 주기 위한 시스템을 말한다. u-헬스케어는 산업의 IT화가 진전되면서 등장한 e-헬스를 보건의료 이용자를 중심으로 보다 발전시킨 패러다임이다.

u-헬스케어의 궁극적인 목표는 '삶의 질 향상 추구'에 있다. 이를 현실화시키기 위해 정보통신 기술의 향상과 네트워크의 구축 등 IT 인프라의 보편화를 바탕으로 정부의 관심과 투자의 증가로 국민이 언제 어디서나 무의식적으로 보건의료의 혜택을 누릴 수 있도록 보장하는 것이다. 따라서 일상생활에 의료서비스적 기능이 체화되어 진료중심에서 예방중심으로, 질병관리에서 건강관리로 이동함으로써 일상생활에서 질환에 대한 효율적인 조기 대응이 가능해진다. 이와 같이 헬스케어는 디지털 정보화 중심의 e-헬스에서 센서를 통해 습득된 정보를 바탕으로 의료 및 건강관리를 제공하는 u-헬스로 진화하고 있다.

[그림 4-20]에서는 u-헬스케어 개념의 진화를 적용공간과 네트워크 진화방향의 관점에서 나타내고 있다. 향후 유비쿼터스 사회에서 u-헬스케어는 지능형 건강관리 중심으로 진화될 것으로 전망된다.

u-헬스케어의 등장 배경으로는, 첫째 정보의 디지털화, 통신의 광대역화, 보건의료기술의 급격한 발전을 꼽을 수 있다. 광대역 기반의 네트워크기술이 진화함에 따라 대용량의 정보를 유 · 무선 통신망에서 빠른 속도로 전송할 수 있게 되었다. 또한 멀티미디어 처리 및 저장기술의 발전, 통신기능이 장착된 RFID 칩의 등장은 새로운 보건의료 영역의 개척을 촉진하는 매체가 되고 있다.

둘째, 질병의 상태가 변화하고 새로운 질병이 속출하면서 환경적 위협이 증가함에 따라 보건의료 제공기관에는 다양한 보건의료정보의 통합과 신속한 진료시스템의 구축이 필요하게 되었다. 이러한 보건의료

그림 4-20 u-헬스케어 개념의 진화

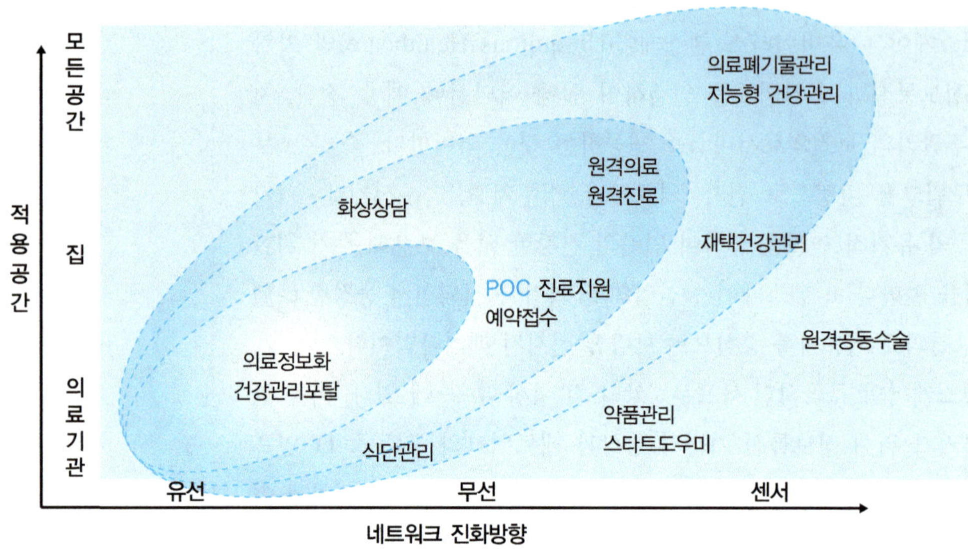

POC (Point of Care Service)
현장에서 즉각 진료가 가능하도록 실시간으로 진료기록 · 처방 · 검사결과 · 투약기록 등 임상정보를 등록 및 조회할 수 있는 차세대 의료정보 솔루션

제공기관의 발전적 욕구가 u-헬스케어의 등장을 가속화시키고 있다.

셋째, 보건의료 이용자의 편리하고 안전하며 높은 수준의 서비스에 대한 수요도 u-헬스케어의 등장을 촉진하고 있다. 국민소득수준이 증가하고 사회 전반의 고령화가 진전되면서 건강한 삶(well-being)에 대한 관심이 증가하였다. 이에 따라 건강증진과 질병예방에 대한 지출이 증가하고, 통신 네트워크를 통한 의료기관과의 연결을 통한 검진과 진료의 수요 또한 증대하고 있다. 이러한 수요의 증가와 질적인 변화는 u-헬스케어와 관련 산업 발전의 등장배경이 되고 있다.

u-헬스케어의 가장 큰 특징은 보건의료가 추구하는 목표를 상당부분 현실적으로 가능하게 만든다는 점이다. 이용자의 보건의료서비스에 대한 욕구가 커지면서 보건의료는 안전성, 효율성, 이용자중심성, 적시성, 효과성, 균형성 등을 강조하며 발전하고 있다. 그리고 보건의료 제공자와 이용자 모두에게 시간과 비용을 절감하며, 병원 중심에서 건강한 시민 중심으로 의료환경 변화를 촉진시키고, 예방에서 진단, 치료, 사후관리의 전체 보건의료 과정을 발전시킬 것으로 전망된다.

그림 4-21 헬스케어 산업과 IT와의 융 · 복합

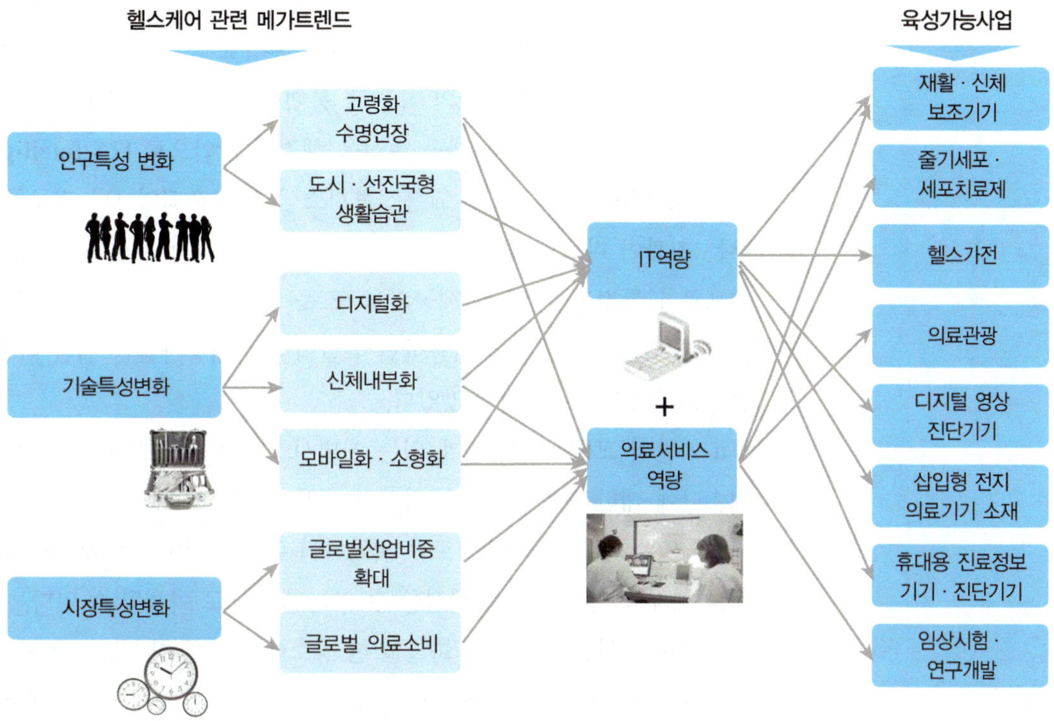

u-헬스케어는 다음과 같은 의미를 지님에 따라 그 중요성이 커지고 있는데, 그것은 u-헬스케어가 가장 효율적인 국민 보건복지 증진방안이기 때문이다. 즉, 첨단 IT기술을 이용하여 대용량, 초고속 정보서비스와 의료서비스를 한 단계 격상하여 보건의료를 실현할 수 있다. 그리고 u-헬스케어는 개인에게 연속적 진료서비스를 제공하고, 기업과 산업에게 새로운 사업기회를 제공하는 점에서 응용분야가 다양하게 검토되고 있어 향후 신성장 산업의 동력원으로서 중요한 역할이 기대된다.

라. u-교통

각각의 대중교통수단들은 그동안 개별적으로 이용자의 만족을 위해서 편리성, 신속성 등의 관점에서 자체적으로 노력해 왔다. 하지만 교통정보 제공 현실은 대중교통수단들이 통합적으로 연계되어 있지 않고 독자적으로 운영되어 왔기 때문에 고속전철, 고속버스터미널, 공항 등의 장거리 이용자들에게 대체수단에 대한 교통정보 공유가 신속히 이루어지지 않아 대체교통수단 간의 이용 및 통행정보가 부재인 상태이다.

이런 불편한 교통정보 제공 현실을 해결할 방안으로 ITS(Intelligent Transport System, 지능형 교통정보시스템)가 구축되었으나 정보를 다루는 기관이 다르다 보니 개인별 통합정보는 접하기가 힘들고, 차량중심으로 교통정보서비스가 제공되어 도로-철도-항공-항만 등 서로 다른 교통수단을 한꺼번에 이용하면서 갈아타는 이용자들을 위한 다중교통정보서비스는 구현되지 않았다.

u-기반의 교통체계는 연계 없는 개별시스템 정보만 제공함으로써 대체수단에 대한 교통정보가 미약하고 이용자 위주의 세심한 정보제공이 이루어지지 않고 있으며 정보를 취득하기 위한 정보매체가 부족한 교통정보 체계의 미흡한 점을 해결할 수 있는 개념으로 이해될 수 있다.

교통이라 함은 사람이나 화물을 한 장소에서 다른 장소로 이동시키는 모든 활동과 그 과정, 절차를 말한다. u-교통은 유비쿼터스 환경에서 기존의 교통시스템을 구성하는 이용자, 교통수단 및 교통시설물 간의 역할, 기능, 행태 등에 큰 변화의 기틀을 제공할 것으로 전망된다. 유비쿼터스환경에서의 교통은 교통안전, 교통계획, 교통운영, 시설물관리, ITS, 텔레매틱스(Telematics) 등의 교통부문 간의 경계가 없어지고 교통통합화(Transportation Convergence)가 이루어져 모든 교통의 실시간 자료수집, 실시간 교통정보제공 등이 원활해지고 이에 따른 모든 교통이벤트가 유·무선으로 연결된 네트워크상에서 정보를 받아 대상 사물과 그 주변 환경의 변화를 지각하거나 추적할 수 있게 된다.

텔레매틱스
자동차와 무선통신을 결합한 새로운 개념의 차량무선인터넷 서비스

USN이 구현된 환경에서는 유비쿼터스 교통네트워크(UTN : Ubiquitous Transportation Network)에서 가공된 다양한 정보가 교통체계 구성요소에 전달(one-to-many)될 뿐만 아니라, 구성요소들 간의 네트워크 구성을 통한 실시간 정보교환(many-to-many)이 가능해진다.

u-교통의 정의를 위해서는 우선 유비쿼터스 교통 센서네트워크(UTSN : Ubiquitous Transportation Sensor Network)를 정의해야 한

그림 4-22 u-교통의 의미

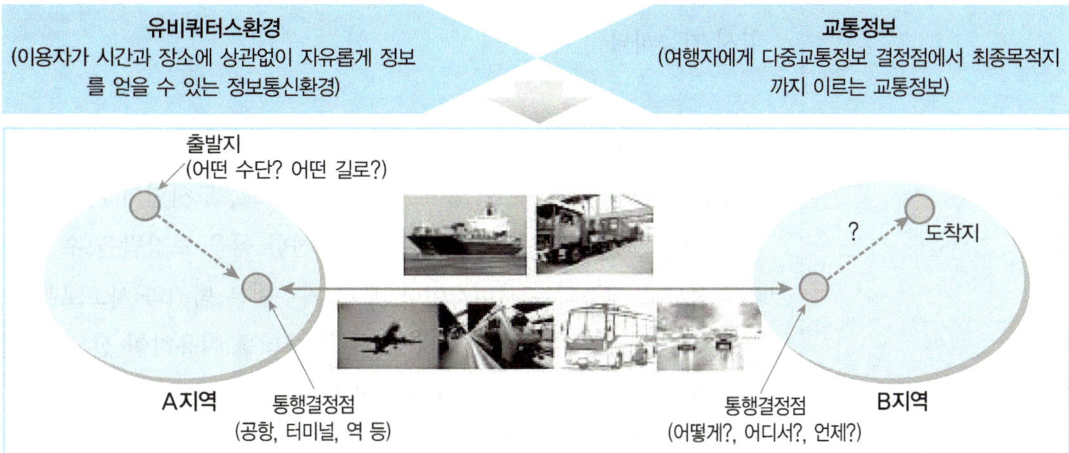

다. UTSN은 교통체계 구성요소인 여행자, 교통수단 및 각종 시설물이 유·무선으로 연결되는 네트워크 공간을 의미한다. 이러한 UTSN상에서는 교통에 관련된 각 구성요소의 상태인식 및 구성요소 간의 정보가 실시간으로 모니터링되어 신속하고 안전하게 저장·분석·예측되는 환경이 된다. 따라서 u-교통은 유비쿼터스환경하에서 여행자, 교통시설, 교통수단이 실시간으로 네트워킹되어(상태인식 및 인과관계정보가 분석되어) 안전성과 이동성에 기여하는 인간중심의 미래형 교통서비스 및 시스템을 제공하는 신교통공간이라고 할 수 있다.

마. 기타 : 교육, 안전

(1) u-Education

u-Education은 첨단 학습서비스로 유비쿼터스 인프라를 바탕으로 언제 어디서나 학생과 지역주민이 원하는 학습이 가능하도록 제공되는 서비스이다. 사용자는 시간과 공간의 제약이 없는 교육을 제공받을 수 있고, 개인의 환경에 맞춘 최적의 교육을 제공받을 수 있다. 학교는 교육의 다변화를 유도할 수 있고, 학습의 설계, 접근, 운용의 질적 전환을 꾀

할 수 있다. 누구나 참여가능한 커뮤니케이션 환경을 창출할 수 있고, 다양하고 전문적인 학습공동체 활성화가 가능하며, Push형 맞춤교육이 항시 가능하다.

(2) u-Security

u-City에서 제공하는 통합 보안관리서비스로, 도시민이 가정과 직장에서뿐만 아니라 도시 어느 곳에서도 안전한 삶을 보장받을 수 있도록 지속적으로 제공되는 서비스이다. 도시 거주민은 범죄와 사고로부터 안전한 삶을 영위할 수 있고, 도시 통합운영센터를 이용하여 신고 및 처리를 일원화할 수 있으며, 보안관리비용을 절감할 수 있다. 공공기관은 보안관리에 대한 투자비용을 절감할 수 있고, 우범지역에 대한 관리효율을 증대시킬 수 있다. u-Security는 u-City의 거주민을 보호하는 물리적 보안과 자연재해 및 건물/교각의 붕괴와 같은 재난관리시스템, 기업 및 개인의 정보보호를 통합관리한다.

4.5 유비쿼터스 비즈니스

새로운 정보기술(IT)의 변화는 유비쿼터스 네트워크 환경으로 주목을 받으면서 모바일 장비, 휴대전화, 차세대 휴대전화 등은 기기와 사물을 네트워크화할 뿐만 아니라 사람과 사람의 커뮤니케이션 방법을 크게 변화시킬 것이다. 정보기술 관련 비즈니스 응용분야가 빠르게 변화함을 의미하기도 하면서 현재의 물리적 공간과 전자공간의 정보가 연동되고 통합되어 새롭게 창조되는 제3의 공간 또는 유비쿼터스공간을 전제로 하고 있다.

현재처럼 비즈니스 연계가 이루어졌던 것과 마찬가지로 유비쿼터스 비즈니스에서도 기업경영 및 전략, 공급체인관리(SCM), 고객관계관리(CRM), 전자적 자원관리(ERP), 지식경영, 유통 및 재고관리 등 거의 모든 비즈니스 활동에도 혁신적으로 적용될 수 있다. 또한 실시간으로 고객 · 상품 · 상거래 파트너 · 근로자 · 기계 · 시설들의 상세한 위치인식,

개체식별, 동작 · 상태 · 주변환경(온도, 기압, 습도)과 같은 상황감지, 추적, 모니터링 기술을 많은 비즈니스 분야에 응용할 수 있다. 유비쿼터스 비즈니스의 특징을 설명하면 다음과 같다.

그림 4-23 유비쿼터스 비즈니스의 특징

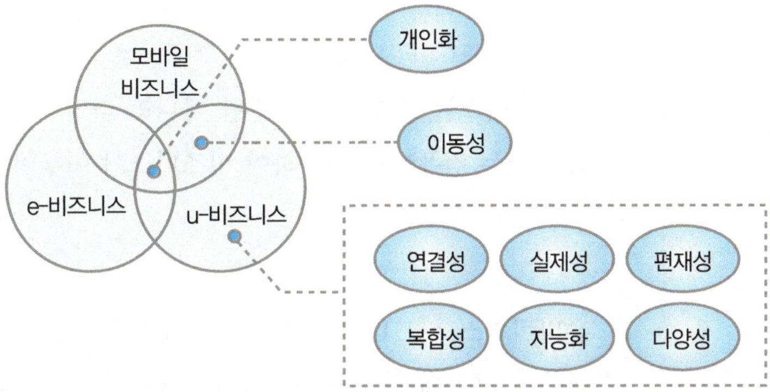

(1) 개인화(personalization)

고객의 개인의 성향과 특성을 파악하여 개인적으로 맞춤형 마케팅이 가능하도록 하는 것이 주요 특징이다. 이는 개인의 고객화 및 타깃 마케팅이 가능하다.

(2) 이동성(mobility)

고정적인 유선에서 모바일 기능이 가미된 무선뿐만 아니라 때와 장소에 구분 없이 이동하기 편리한 기기를 통해 비즈니스를 수행하는 것이 주요 특징이 된다.

(3) 연결성(connectivity)

유비쿼터스환경에서는 언제, 어디서나 비즈니스가 이루어져야만 한다. 즉 항상 네트워크에 연결되어 있어야 함을 의미한다. 시간, 장소, 끊어지지 않는 네트워크는 기본이 되어야 한다.

(4) 실제성(reality)

유비쿼터스 비즈니스환경에서는 사이버상에서 존재하는 비즈니스가 아닌 실제 물리공간에서 이용할 수 있어야 한다. 즉 전자공간과 물리공간이 결합된 제3의 공간인 유비쿼터스공간에서 비즈니스가 이루어져야만 한다.

(5) 편재성(ubiquity)

유비쿼터스는 휴대형 기기뿐만 아니라 다양한 환경 및 사물 등에 내재되어 있는 컴퓨터를 이용하여 비즈니스가 이루어져야 한다.

(6) 복합성(convergence)

유비쿼터스 비즈니스에서는 하나의 제품이 다양한 역할이나 기능을 수행하는 복합제품이 등장하여 현재의 비즈니스환경에서의 개별적인 기능이 복합적으로 합쳐지는 형태가 아니라 분리되지만 복합적인 기능이 운영되는 것을 말한다.

(7) 지능화(intelligence)

유비쿼터스환경에서는 자율적인 센싱의 도움으로 환경적응, 협력 및 협상, 상황인식 등을 할 수 있는 지능화된 기기들이 스스로 비즈니스를 수행한다.

(8) 다양성(variety)

유비쿼터스환경에서의 비즈니스는 새로운 형태의 모형과 수익모델의 창출이 기대된다. 전에 없었던 새롭고 다양한 비즈니스가 창출한다. 이러한 형태는 매우 다양한 새로운 비즈니스들과 새로운 비즈니스 프로세스의 혁신이 출현될 것이다.

한편 u-비즈니스 특징을 통하여 4가지 추진단계를 설명하면 다음과 같다.

① 1단계 : 유비쿼터스컴퓨팅

다양한 종류의 컴퓨터가 사람, 사물, 환경 속으로 스며들고 서로 연결되어, 언제 어디서나 컴퓨팅을 구현할 수 있는 환경을 말한다. 인간이 살고 있는 실제 세계의 일상환경과 사물의 도처에 컴퓨터가 심어져 이러한 컴퓨터와 인간들이 통합되어 자율적으로 인간의 삶을 영위해 주는 환경으로 변화될 것이다. RFID(Radio Frequency ID)가 급부상함에 따라 무선으로 정보를 주고받을 수 있는 초소형 태그로 바코드를 대체할 기술로 주목받고 있다.

② 2단계 : 유비쿼터스 네트워크

유비쿼터스컴퓨팅 환경 속에서 각 컴퓨팅 기기들이 네트워크로 연결되어 상호 간 작용뿐만 아니라 각 컴퓨팅 기기의 지능화와 네트워크화에 따라 많은 인간 간에 대화채널이 가능할 것이다.

③ 3단계 : 유비쿼터스 상거래

유비쿼터스 비즈니스의 구체화된 형태로서 기존 물류 및 유통, 쇼핑몰, 금융 등 상거래 환경의 급속한 해체와 통합의 전개뿐만 아니라 고객관계 중심의 고객데이터베이스, 비즈니스 모형 및 모델링, 마케팅 인프라, 채널통합이 보다 구체화된 이슈로 등장할 것이다.

④ 4단계 : 유비쿼터스 비즈니스

유비쿼터스 네트워크환경하에서 기존의 오프라인 비즈니스, 전자상거래, e-비즈니스, 모바일 비즈니스 간에 연결이 자유롭게 진행될 것이며 u-비즈니스 적용을 위한 공간별 · 산업별 이슈가 등장할 것이다.

EXERCISES 연·습·문·제

1. 유비쿼터스 공간의 특징과 비즈니스 기술분류를 설명하시오.
2. 유비쿼터스의 지향점은 무엇인지 설명하시오.
3. RFID의 의미와 주요 기술을 설명하시오.
4. 바코드와 QR코드를 비교 · 설명하시오.
5. 실제 RFID 적용모델을 사례를 통하여 설명하시오.
6. 유비쿼터스 홈네트워크시스템에 대하여 설명하시오.
7. 미래도시를 설명하시오.
8. u-헬스케어의 편리성을 설명하시오.
9. u-교통은 어떻게 발전해 나갈 것인가 설명하시오.
10. 유비쿼터스 비즈니스의 전개과정을 설명하시오.

Part 02

전자적 시대의 e-비즈니스 경쟁요소

Chapter 05 경영전략 및 가치체인

Chapter 06 지식경영과 지식서비스

e-비즈니스.com

Chapter 05

경영전략 및 가치체인

5.1 기업경영전략의 환경
5.2 정보기술과 경영전략
5.3 경영전략 및 가치체인
5.4 가치체인의 정의 및 확장
5.5 디지털시대의 가치시스템 변화
5.6 스마트 비즈니스에서의 가치체인 변화

이 장에서는 정보기술과 경영전략, 가치체인(value chain)의 정의 및 활용, 공급체인(supply chain)에서의 가치체인, 정보기술과 가치시스템(value system), 스마트시대의 가치시스템의 변화에 대하여 소개한다. 상품과 서비스의 생산은 공급체인이나 가치시스템으로 알려진 상호협력과 다양한 계층 간의 복잡한 계약에 의한 많은 조직의 노력의 결과이기도 하다. 가치시스템의 구조는 비즈니스 부문과 영역 내의 다른 조직과의 관계에서 상당히 다양하다. 공급체인의 각 단계에서 정보기술과 정보의 상호교환을 요구하는 단계들은 많은 인터페이스가 연계되는 가치를 가진다.

5.1 기업경영전략의 환경

가. 혁신의 의미

어떠한 기업도 현재 그 기업이 처한 상황에 대해 끊임없이 질문하고 변화하지 않으면 생존하기 어렵다. 환경의 새로운 변화를 알지 못하면 결국에는 보다 더 민첩한 경쟁자들에게 주도권을 뺏기기 마련이다. 기업에 있어 이러한 변화의 움직임은 환경변화 혁신에 얼마만큼 빠르게 순응하느냐에 따라 기업의 성패가 달려 있다고 할 수 있다.

오늘날 환경변화의 혁신이란 기업경영의 필수요소로 여겨져 중소기업과 대기업을 막론하고 한두 가지의 혁신활동을 한 번쯤 시도해 보지 않은 기업들이 없을 정도로 현재도 진행되고 있다. 그러나 전략적인 의미에서 바라보면 많은 기업에서 이와 같은 혁신의 의미가 원가혁신, 품질혁신 등과 같은 내부혁신에 국한되어, 경쟁기업과의 역학관계를 근본적으로 변화시킬 수 있는 외적인 혁신에는 소홀하다는 데 문제가 있다. 이로 인해 굳이 혁신이라는 개념이 아니더라도 기업이 일상에서 추구해야 할 기본적인 개선활동과 같은 운영효율성 극대화에 기업의 노력이 집중되고 있는 상황이다.

기업이 운영효율성의 극대화에만 주력하여도 아무런 문제가 없으려면 기본적으로 기업의 자원과 역량을 결합시켜 기업 전체가 나아갈 방향성이 올바르다는 전제가 필요하다. 즉, 전략으로 표현되는 기업의 방향성 자체가 잘못되어 있으면 아무리 노력해도 의도한 결과를 기대할 수 없기 때문이다.

전략적인 의도를 도외시하고 운영효율성의 극대화를 추구하는 기업들을 보면 대부분은 그들의 경쟁자와 싸워서 이기려는 데만 급급한 나머지 기업전략 자체의 유효성에 대해서 의문을 표시하는 경우는 극히 드물다는 사실을 발견할 수 있다. 이와 같은 맹목성이 드러나는 이유는 많은 경우 업계의 관행으로 불리는 고정관념 때문일 가능성이 크다. 고정관념이 외부환경, 경쟁국면을 객관적으로 보지 못하게 하고 일상의 효율성 극대화와 같은 좁은 틀로만 기업을 바라보게 만들기 때문이다.

업계의 고정관념이 형성되는 것은 초기의 기업이 특정 방식으로 성공하면서 더욱 많은 타 기업이 이를 벤치마킹하는 것에서부터 시작된다. 이러한 성공결과가 제2, 제3의 추종자를 만들게 되고 이러한 성공경험들이 쌓이게 되면 기업들은 이 방식의 유효성을 더 이상 의심하지 않고 당연한 것으로 받아들이게 되는 것이다. 문제는 이러한 업계의 관행이란 특정 규범이 형성될 그 당시에 가장 성공적인 방식이라는 점이다. 시간이 지나 경영환경이 변하게 되면 더 이상 그 방식이 맞지 않는 경우가 다반사임에도 불구하고 대부분의 기업이 과거의 사실을 변하지 않는 오늘의 진실로 착각하는 오류를 범하고 있는 것이다.

이 같은 오류의 결과 대부분의 기업들은 우리가 기존의 전략그룹 내에서 혹은 산업 내에서 어떻게 그들과 경쟁할 것인가에만 기업의 초점을 맞추게 된다. 동일한 경쟁의 테두리에서 다른 경쟁기업을 물리치는 것에만 급급할 경우, 대부분의 기업들은 단지 원가절감이나 품질혁신, 사업구조조정, 프로세스혁신 등과 같이 예전과 똑같은 게임에서 상대방들보다 조금 더 나아지려고 하는 데 자신들의 에너지를 마냥 쏟아붓게 되는 것이다.

나. 전략적 혁신

전략적 혁신이란 운영상 개선보다는 전략적 혁신으로 기업의 가치를 증대시키려는 노력이다. 즉 기존의 게임 룰을 부정하거나 때로는 경쟁 자체에서 벗어나 새로운 시장 공간을 창출하려는 내용을 수반한다. 기존의 고정관념으로 불리는 한 산업에서의 지배적인 전략 또는 게임의 법칙을 뒤집는 동시에, 이전보다 더 많은 가치를 창출하는 새로운 전략을 만드는 것이다.

새로운 전략을 만드는 것이 반드시 기존의 일상적인 규범을 무조건 깨드리는 것은 절대로 아니다. 여러 규범 중 환경변화로 인해 더 이상 성공적이지 않은 규범을 깨뜨림으로써 보다 많은 가치를 창출할 수 있는 전략을 만들어내는 것이다. 특히 전략적 혁신을 통해 성공하는 기업은 점점 많아지고 있다. 이는 짧아진 기술적 라이프사이클, 과거에 비해 빠르고 불연속적인 경영환경 변화 등으로 인해 시대착오적인 규범이 많아졌고, 이로 인해 전략적 혁신의 기회도 많아졌음을 의미한다.

전략적 혁신을 주도하는 기업이 됨으로써 얻을 수 있는 많은 이점에도 불구하고 실제로 이를 실행으로 훌륭히 연결시킨 기업은 많지 않다. 이들 기업이 전략적 혁신에 실패하고 있는 요인을 열거하면 다음과 같다.

첫째로는, 현재 성공한 기업들은 전략적 혁신에 매우 둔감하다는 것이다. 뛰어난 실적을 자랑하고도 최고경영자가 유력 경영잡지의 표지모델로 등장하고 성공을 자축하기 위한 기념물이나 출판물로 스스로 자랑할 때 새로운 진입자나 틈새 공격자들은 환경 변화에 기민하게 대응하며, 새로운 경쟁우위 요소를 빠르게 획득해나가는 전략으로 나아간다. 둘째로, 기존의 역량이 파괴될 수 있다는 위험 때문이다. 현재 기업이 이미 지속적으로 수익을 창출하고 있는데 굳이 회사가 가지고 있는 것을 바꾸거나 위태롭게 할 이유가 없다고 생각한다는 것이다. 미래에 대한 전략적 혁신차원의 접근이 현 상태로는 불가능해 보인다. 셋째로, 비교대상이나 앞선 기업에 더욱 승자가 될 수 없다는 확신을 가지고 있는 것이다. 새로운 전략적 포지셔닝을 만들어내어 적절하게 대처하지만 더욱 성공가능성에 대한 불신이 내재되기 때문에 이를 타파하기 위한 전략적 부재가 존재한다. 넷째로, 변화의 과정을 수립할 수 있는 장치가 절대적으로 필요한데 이를 극복할 기업차원의 전략이 부재되기 때문이다. 새로운 포지션으로 바뀐다고 하더라도 그것이 하루아침에 과거와의 단절을 뜻하는 것이 아니므로, 그 과정을 어떻게 관리해야 하는지를 결정해야 한다.

위와 같이 실패를 성공으로 전략적 혁신을 한 차원 도약시키기 위한 성공의 포지셔닝을 제시하면 다음과 같다.

첫째로, 가장 기본적인 형태로 싸우지 않고 상대방을 이기는 것은 새로운 형태의 전략을 세워 남보다 앞서나가 경쟁자체를 피하는 것이다. 예를 들어 전통적인 시장을 고집하여 새로운 분야를 시도하지 않음으로써 현재와서는 전통적인 시장 자체도 수성하기 힘든 상황에 이른 기업이 매우 많이 존재한다. 전통적인 시장의 우위에다 새로운 형태의 사업을 추진하여 과거의 바탕 위에 새롭게 전략을 세워나가야 계속된 성장이 기대할 수 있다.

둘째는, 사업에 대한 영역구분을 지워버리는 것이다. 산업의 구분, 사업의 영역설정 등과 같은 일종의 선긋기 행동은 기업 스스로 경쟁을 유발하고 사업의 발전 가능성을 제한하는 행동이다. 예를 들어 인터넷서점 아마존은 인터넷이 활황기에 접어들어 기존의 책으로는 인터넷사업 자체가 점점 어려워질 것이라고 인식하였다. 그래서 아마존은 기존의 책에다 여러 가지 종합백화점식의 사업구분을 없앰으로써 사업영역을 다각화시켰고 현재까지도 인터넷사업 자체에 막대한 영향력을 행사하고 있다.

셋째는, 소비자와의 접점을 변화시키는 것이다. 회사의 제품이나 서비스가 소비자들에게 어떻게 전달되는가를 심사숙고하게 생각하여 어떻게 전략적 혁신의 기회를 잡느냐가 매우 중요하다.

넷째는, 경쟁업체의 장점을 약점으로 만든다. 업계의 선두기업이 전략적 혁신에 실패하는 커다란 이유 중의 하나는 기존의 전략과 새로운 전략 사이의 트레이드오프(trade off) 때문이다. 즉, 두 전략이 핵심적으로 요구하는 자원과 능력이 달라 한쪽을 선택하면 다른 한쪽을 포기해야 하는 경우가 자주 발생하기 때문이다.

다섯째는, 고객이 없다면 직접 전략을 만들어야 한다. 구매자집단에 대한 고정관념에서 벗어나 어떻게 하면 고객을 유치할 수 있는가에 대해 철저히 연구하여야 한다. 많은 기업들이 수익성 있는 고객층을 확보하기 위하여 매우 열심히 노력한다. 그러나 한편으로 역으로 고객이 원하기도 전에 업계 시장조사를 먼저 실시한 다음 그 결과와 순위를 미리 만들어서 제조업체들에게 선제안하는 판매방식을 취해 고객을 스스로 창출해 나가는 전략을 취해 경쟁업체를 피해 시장을 창출해 나가는 전략을 세우기도 한다.

여섯째는, 산업의 기능적 · 감성적 지향성을 점검해 본다. 산업의 기능적 · 감성적인 면을 뒤집어 보면 단순하게 경쟁기업들로부터 고객을 빼앗는 것이 아니라 시장 자체를 성장시키는 방향으로 나가야 한다.

일곱 번째는, 대체산업에 철저하게 대비한다. 기존의 주력 상품에 만족하지 못하고 대체상품을 찾는 소비자들을 유심히 살펴보면 종종 전략적 혁신을 위한 큰 기회를 발견하게 된다.

5.2 정보기술과 경영전략

가. 정보기술의 경영환경

정보기술시대에서의 경영전략 환경을 효과적으로 운영하기 위해서는 전략적인 포지셔닝(positioning)을 동일한 환경에서, 목표시장, 고객, 서비스 수준 등에 대한 지속적인 개선으로 경쟁우위를 확보하는 데 있다.

정보기술시대의 경영전략이 성공하기 위하여는 다음의 조건이 충족되어야 한다. ① 외부환경, 특히 정보기술시대에 맞는 경쟁환경과 상황에 대한 철저한 이해, ② 내부역량, 즉 자사의 강점과 약점에 대한 객관적인 평가, ③ 명확하고 일관성 있는 전략목표의 설정, ④ 전 조직원의 참여에 입각한 전략의 효과적 실행으로 내부적 체질개선과 정보화 이행, 국제경쟁력을 유지하는 것이 매우 중요하다.

그림 5-1 정보기술의 시대적 환경

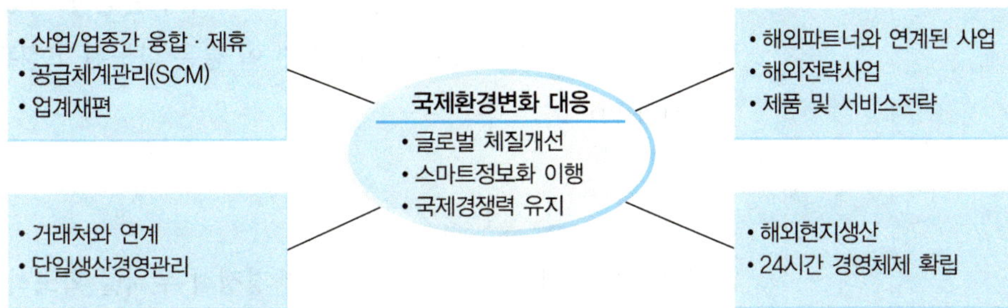

이들 4가지 실행으로 성공조건은 단지 기업경영뿐만 아니라 다양한 분야에서도 찾아볼 수 있다. 각각의 패러다임과 분석방법들은 나름대로의 유용성과 한계를 동시에 지니고 있으므로 각 기업의 상황에 따라 취사선택하여 활용하는 것이 중요하다. 어느 특정 패러다임만을 고수하면 문제를 단면적으로 볼 위험이 있으므로, 다양한 패러다임의 선별적 활용을 통해 문제에 대한 풍부한 통찰력과 다각적인 접근방법을 모색할 수 있다.

나. 정보기술의 경영전략

정보기술이 업무개선 혹은 프로세스혁신과 같은 조직의 리엔지니어링에 종속되는 기술적 인프라에 불과하다는 시각은 정보기술에 대해 전략적으로 접근하는 것을 어렵게 만든다. 기업이 사업전략에 정보기술 전략을 효과적으로 접목시키기 위해서는 IT(Information Technology)에 관련된 잘못된 고정관념을 극복해야 한다.

첫째, 정보기술전략과 계획은 단지 전문 기술자들이나 신경쓸 분야이다. 둘째, 정보기술을 도입하지 않고도 사업전략과 계획은 성공적으로 수립될 수 있고, 이를 바탕으로 조직의 인프라스트럭처와 프로세스를 혁신시킬 수 있다. 셋째, 정보기술의 인프라스트럭처와 프로세스를 구축할 때 사업전략과의 연계를 별도로 고려할 필요가 없다. 넷째, 정보기술에 대해 전략적으로 접근하지 않고도 단지 IT 인프라를 도입하여 프로세스를 혁신시킬 수 있다. 다섯째, 정보기술에 관련한 전략을 새로이 개발할 필요가 없다는 등 고정관념이 아직까지 만연하고 있다. 진정으로 정보기술이 사업전략에 공헌하려면 이 같은 잘못된 고정관념부터 불식시켜야 한다.

(1) 정보기술의 전략적 접근

전략이란 기업이 주어진 기간 동안 경쟁적 우위를 확보하기 위해 취하는 일련의 행동패턴이라고 할 수 있다. 일반적으로 최고경영자에 의해 가시화되는 비전(vision)이 있고, 사업단위별로 포괄적인 목표라 할 수 있는 사명이 설정된 후에 사업전략과 계획, 이에 따른 구체적인 목표(target)가 수립된다. 따라서 정보기술에 대한 전략적 접근은 기업이 사업에 관한 전략을 수립하는 단계에서부터 기업가치의 증대에 공헌할 수 있는 것을 뜻한다. 그러므로 IT전략의 개발을 통하여 정보기술의 포지션을 결정하고, 이에 따른 IT계획과 목표를 설정해야 한다는 것을 의미한다.

사업전략이 기업내부의 핵심역량과 시장, 고객, 경쟁업체 등의 외부환경을 고려하여 수립되듯이 IT전략을 수립하는 과정도 이와 동일하다고 할 수 있다. 오늘날과 같이 수많은 정보기술관련 업체들이 끊임없이 IT관련 아이디어와 제품을 쏟아내는 현실에서 이러한 IT전략의 수립과 이에 대한 지원은 필수적이다.

(2) 사업전략과 IT전략의 우선순위

일반적으로 기업은 정보기술전략에 선행하여 사업전략을 구상한다. 즉, 정보기술도입은 사업전략을 성공적으로 수행하기 위한 필요성에서 고려되어 온 것이다. 혁신의 물결이 사업영역에서 정보기술영역으로 옮겨가는 경향이 보이기는 하지만 현실적으로 아직까지는 사업전략이 IT전략에 우선하고 있다.

그러나 정보기술의 급격한 발전이 산업구조, 사업방향 자체, 즉 사업전략을 좌지우지하는 현실을 간과해서는 결코 안 된다. 정보기술전략이 사업전략에 우선할 수도 있다는 것이다. 예를 들어 항공회사의 경우, 온라인예약시스템의 도입시기가 이 사업의 성패에 결정적인 영향을 끼친 사례도 있다. 이 경우, 정보기술 전략하에서의 IT기술 도입을 사업전략의 수립에 선행하여 고려하여야 한다. 그러나 은행의 자동현금입출금기(ATM) 도입의 사례와 같이 IT기술을 우선적으로 도입한다고 해서 장기적인 이익이 반드시 보장되는 것은 아니다.

(3) 사업전략과 IT전략의 연계 필요성

가정의 행복이 부부간의 협조와 양보로 가꾸어가듯이 기업가치의 증대라는 기업의 궁극적 목적달성도 정보기술전략이나 사업전략 어느 한 쪽만을 잘하는 것으로 결코 달성될 수 없다. 새로운 정보기술의 도입은 사업방향이나 가치창출사슬의 전부 혹은 일부분에 영향을 미쳐 기업이 전략적 · 경쟁적 우위에 설 수 있는 새로운 기회를 제공한다.

또한 경쟁적인 시장상황에 민감하게 반응하는 사업전략의 변화는 새로운 정보기술의 출현을 항상 요구한다. 이는 정보기술과 사업을 전략적으로 연계시키는 것이 일정시점의 일과성 행사가 아니라 지속적으로 기업을 혁신시키는 데 공헌해야 한다는 점을 잘 보여주는 것이다. 아무리 새로운 정보기술이라도 구태의연하고 비효율적인 사업프로세스에 적용된다면 과거의 고비용 · 저효율 구조를 혁신시키지 못하고 기업의 경쟁력 확보와 그 사업으로 인한 부가가치 증가도 더욱 불가능하게 할 것이다.

기업이 정보기술을 도입하기 전에 사업의 프로세스분석을 실시하고 프로세스 리엔지니어링을 할 때 정보기술에 대한 전략적 분석이 우선적으로 이루어져야 한다는 사실은 두말할 나위도 없다. 사업전략과 IT전략의 전략적 연계모델(Strategic Alignment Model)은 사업전략, 정보기술전략, 조직 인프라스트럭처와 프로세스, 정보기술 인프라스트럭처와 프로세스가 조화를 이룰 때 기업이 혁신에 성공할 수 있다는 것을 논리적으로 잘 제시해 주는 모형이다.

정보기술에서의 경영조직은 기존의 계층적인 형태의 조직보다는 회사 전체의 자원이 효과적으로 이용될 수 있는 팀워크형 조직을 많이 채택하고 있다. 효율성을 추구하는 팀워크형 조직은 계층적인 조직의 명령 및 지시를 내리는 관계가 아니라 서로 상호보완적인 기능을 추구하는 관계개선이 중요한 요소가 된다. 팀워크는 팀 전원이 시행착오를 공유하고 사업을 수행한다. 완전한 정보공유가 가능한 것이다. 팀원끼리 인재집단이 필요하고, 혁신적인 사고를 통해 변화를 예측하고 대응준비를 한다. 그러나 비즈니스가 평준화되면 효율적인 조직 통합을 서둘러 촉진시키고 철저한 비용관리를 실시하는 것은 다음 단계에서도 가능한 것이다.

팀워크에 매우 중요한 요소는 팀의 리더십이다. 끊임없이 변화하고 있는 환경을 조직의 리더로서 잘 관리하고 조직의 목표를 가지고 방향성을 이끌어 줄 수 있는 리더가 존재할 때 진정한 정보기술시대에 성공요인으로 작용할 것이다. 21세기에 필요로 하는 진정한 새로운 인재의 가치야말로 정보기술에 맞는 기업으로 자리할 수 있을 것이다. 즉, 개인의 창조적인 존재가치 실현과 조직의 목표를 동시에 이루기 위해 팀 전원이 노력해야 한다.

다. 경영전략과 정보전략 연계

경영전략은 기업의 기본적인 목표를 달성하기 위한 일상적인 업무나 기능별 활동과는 구별되는 종합적인 경영전략의 미래지향적이면서 통합적인 측면을 강조하는 개념이다. 경영전략은 조직의 어떠한 수준에서 분석할 것인가에 따라 기업경영전략, 사업부전략, 기능별전략으로 구분한다.

기업경영전략은 기업의 종합적인 관점에서 비전과 목표를 설정하고 각 사업분야에 경영자원을 배분하고 조정하는 일련의 활동을 의미한다. 사업부전략은 각 사업단위에서 경쟁우위 확보를 위한 구체적이고 실천적인 사업전략을 의미한다. 기능별전략은 연구개발, 재무회계, 마케팅, 인사, 생산, 유통 · 물류, 고객 등 각 기능별 세부전략을 의미한다.

인터넷의 급속한 발전으로 기업에서 정보기술을 보다 전략적으로 활용하는 차원에서 매우 각광을 받고 있다. 컴퓨터의 하드웨어와 소프트웨어의 급속한 발전과 상대적인 비용절감과 생산성 향상, 특히 인터넷을 기반으로 한 초고속 정보통신망의 비약적 발전은 기업 내의 정보처리능력뿐만 아니라 B2B, B2C, 공급자 간의 신속한 정보전달을 가능케 함으로써 이제는 정보기술이 기업의 전략적 도구로 사용되어야만 미래 경쟁기업에서 살아 남을 수 있는 경쟁체제에 돌입하였다. 즉, 정보기술과 경영전략이 조화롭게 되었을 때 기업의 경쟁력은 더욱 힘을 발휘할 것이다.

전략은 경쟁적 상품 및 시장 선택과 관련된 의사결정과 그 상품 및 시장 선택을 실행할 기업의 구조와 역량과 관련된 선택을 포함하고 있다. 경영전략과 정보기술전략과의 통합적인 가치창출의 모형은 일시적인 현상이 아니라 지속적인 적응과 변화를 동반한 프로세스라고 할 수 있다. 이러한 통합모형은 특정한 정보기술이 갖고 있는 우수한 기능으로 가능한 것이 아니며 경쟁기업과의 차별화를 위해 그런 기술을 활용할 수 있는 기업역량을 갖추었을 때 비로소 가능하다.

어떠한 정보기술이라도 지속적인 경쟁적 우위를 가져다주지는 않으며 정보기술을 꾸준하게 활용할 수 있는 능력을 갖출 때 비로소 경쟁력을 확보할 수 있다. 따라서 기업에서의 정보기술의 역할에 관한 경영자 인식의 변화가 필수적이며 정보기술전략의 핵심요소와 경영전략 의사결정을 수립하고 지원하는 데 정보기술의 역할을 이해해야만 한다. 경영전략과 정보기술전략의 통합모형을 이해하기 위해서는 전략적 접근 조화와 기능적 통합접근에 관하여 이해한다.

그림 5-2 경영전략과 정보전략의 연계

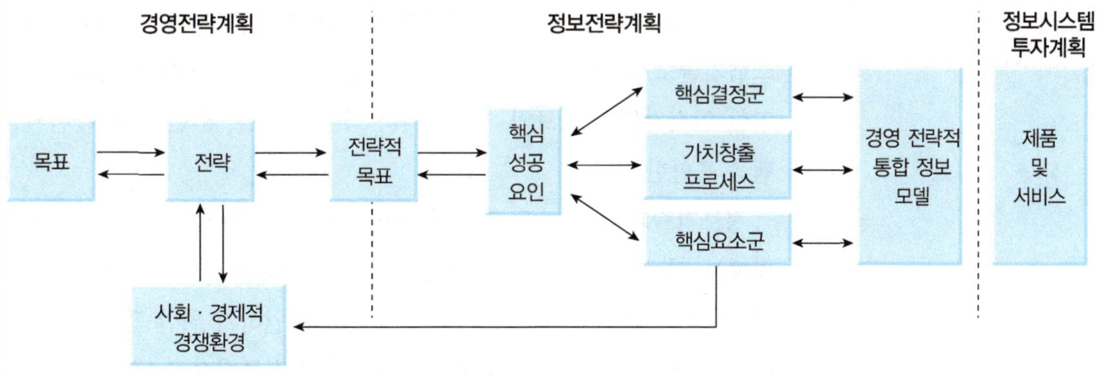

라. 정보기술의 전략적 접근 및 효과

경영전략적 접근방안은 다음과 같다. 기업의 외부영역은 그 기업이 경쟁하는 시장을 말하며 경쟁기업과 차별화하는 독특한 전략요소를 포함한다. 기업의 내부영역은 기업의 요구사항을 충족시키기 위해 필수적인 관리구조와 핵심비즈니스 프로세스의 재설계 등 기업운영과 관련된 의사결정에 관심을 둔다. 기업의 기능적 구조, 제품생산, 유통, 고객서비스 등 프로세스, 인적자원의 획득과 기술개선 등에 초점을 둔다. 외적 위치선정과 내적 위치선정 간의 조화는 기업의 성과를 극대화하기 위해서 핵심적이라고 할 수 있다.

정보기술전략의 접근은 두 영역 간의 조화가 매우 중요하다. 기업이 정보기술산업에서 어떤 위치에 있는지에 관한 외적 위치선정과 정보시스템 기반구조는 어떻게 구성되고 관리되어야 하는지에 관한 내적 영역을 고려하여 정보기술전략을 명확하게 해야 한다. 기존에는 정보기술전략을 경영전략을 지원하는 내적인 기능으로 생각함으로써 정보기술에 입각한 사고에 대하여 등한시하여 단지 제품과 서비스를 판매하는 산업시장에만 관심을 가져왔다.

내적 정보시스템 영역차원에서 접근하면 다음과 같다. 첫째는 정보시스템 아키텍처로서 응용소프트웨어 포트폴리오, 하드웨어 구성, 통신기반구조, 데이터 아키텍처 등을 정의한다. 둘째로 정보시스템 프로세스로서 시스템 개발, 유지 보수, 모니터링 등과 같은 정보시스템 기반구조의 운영과 밀접한 관계가 있는 업무프로세스 선택이다. 셋째로 정보시스템기술로서 기업 내 정보시스템 기반구조를 효과적으로 관리하고 운영할 인적자원의 확보와 기술지식과 역량의 개발, 훈련 등과 관련된 선택을 포함한다.

아키텍처(architecture)
프로세스와 전체적인 구조나 논리적인 요소들, 그리고 컴퓨터와 운영체제, 네트워크 및 다른 개념들 간의 논리적 상호관계 등을 생각해 내고 정의하는 등 모든 곳에 적용되는 용어이다.

정보기술과 비즈니스 영역의 통합모형을 두 가지 형태로 구분하면, 첫째는 전략적 통합접근은 외적 요소를 지향하는 경영전략과 정보기술전략과의 연계이다. 경영전략을 수립하고 지원하기 위한 정보기술의 기능을 다룬다. 반면, 기능적 통합접근은 운영적 통합으로 내적 영역에 초점을 두고 조직구조 및 업무 프로세스와 정보기술 기반구조 및 프로세스 간의 연결을 말한다. 이 형태의 통합은 기업 내부에서 조직의 요구사항의 기대와 정보시스템 역량과의 조화를 확보하는 것이 매우 중요하다. 결론적으로 비즈니스의 내외적인 역량과 정보기술의 내적 · 외적인 영역이 잘 정렬되어 있는지 살펴볼 필요가 있다.

5.3 경영전략 및 가치체인

고객에게 가치를 제공하고 내부적으로 핵심역량을 파악 · 발전시켜 미래사업 진출에 대한 전략과 사업축소 및 철수에 대한 결정을 하고, 어떻게 하면 경쟁우위를 확보할 것인가를 결정하게 될 경영전략을 매우 체계적으로 세워야 한다. 정보기술시대에 경영전략을 세우기 위하여는 여러 가지 고려사항이 있다. 기업조직의 목표와 비전전략, 외부적 환경요인(정치, 경제, 사회, 기술현황, 협력업체, 정부, 경쟁업체, 소비자 등), 조직의 내부능력(자금, 고객관리, 업종, 제품의 유형, 연구개발, 인사관리 등), 전략적 대안(신규사업 진출, 축소, 사업철수 등) 등이 포괄적으로 포함된다.

정보기술 때문에 기업운영 방식이 변하고 있다. 정보기술은 기업이 상품을 개발하는 전체 절차에 영향을 미친다. 더욱이 상품 자체, 즉 전체 상품의 외형, 서비스, 기업들이 자사 고객가치 창출을 목적으로 제공하는 정보들을 완전히 변화시키고 있다. 정보기술이 비용 또는 차별화 면에서 영향력을 미치는 방식에는 기술 자체가 영향력을 가질 수도 있고 기업으로 하여금 경쟁력의 범위 내에서 변화를 이용토록 함으로써 경쟁력 우위를 제공할 수도 있다.

기업이 창출하는 가치는 소비자들이 상품 또는 서비스를 받은 대가로 기꺼이 지불하는 금액으로 추정한다. 즉 기업의 가치는 가치활동 수행에 든 비용을 초과할 때 이익을 남기는 것이다. 특정 기업이 경쟁사보다 우위를 확보하려면 저렴한 비용으로 이러한 활동을 수행하거나 차별화와 고가판매를 유도하는 방식으로 기업활동을 수행해야 한다.

그림 5-3 포터(Porter)의 경쟁세력 모형 및 정보기술의 활용방안

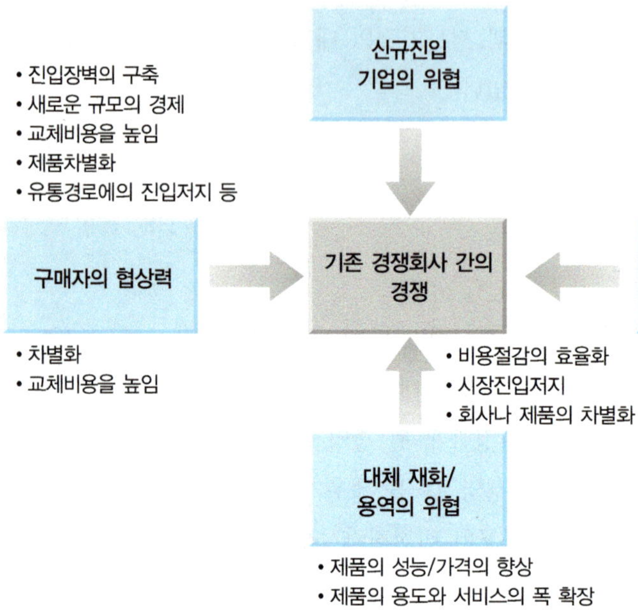

(1) 비용절감 측면의 효과

정보기술은 가치체인의 어떤 부분에서도 기업의 비용을 변화시킨다. 정보기술은 비용에 직접적 영향을 미치는 것 외에도 기업의 상대적 비용 위치를 개선하거나 악화시킴으로써 비용조절 활동을 변화시킨다.

(2) 차별화의 강화

차별화전략에 관한 정보기술의 영향력은 매우 극적인 것이다. 구매자의 가치체인에 있어서 회사와 회사제품의 역할은 차별화를 결정하는 열쇠가 된다. 새로운 정보기술은 기업으로 하여금 어떤 제품을 생산해야 할 것인지를 결정할 수 있도록 해준다. 신기술은 구매자들에게 판매되는 다양한 상품에 관한 정보를 종합적으로 정리할 수 있게 해 줌으로써 기업의 차별화된 경영능력을 제고한다.

(3) 경쟁범위의 변화

정보기술은 경쟁의 범위와 경쟁우위 간의 관계를 변화시킬 수 있다. 정보기술은 기업이 지역적, 전국적 또는 범세계적으로 수행하는 활동을 조절할 수 있는 능력을 향상시켜 준다. 신기술은 지역장벽을 허물어뜨림으로써 기업의 경쟁우위를 확보해 준다. 그리고 정보혁명은 과거에는 분리되어 있던 많은 분야의 산업 간에 밀접한 상호관계를 창출하고, 과거에는 본사나 일부 주요 지사에서만 가능했던 업무를 본사는 물론 전체 지사에서도 가능케 해 주었다.

또한 기업은 제품디자인 및 개발, 생산, 마케팅 등의 다양한 기능부문들이 상호작용하는 시스템이므로 정보기술이 각 기능부문에서 기업의 본원적 전략을 지원하는 모습도 다양성을 보이게 될 것이다.

(4) 경쟁세력모형과 정보기술

일반적으로 기업의 경쟁우위를 결정하는 대상들은 기존산업 내의 경쟁자, 진입기업의 위협, 공급자와 고객의 협상력, 대체재의 위협을 들 수 있다. 경쟁세력모형은 기업의 전략과 경쟁능력에 영향을 주는 외부의 위협 및 기회의 상호작용을 기술하는 데에 사용된다. 각 경쟁세력은 기업전략의 표적이 될 것이고 해당 경쟁세력에 대한 대응전략으로서 위에서 설명한 본원적 전략유형이 활용될 수 있다.

(5) 정보시스템의 진입장벽 구축

경쟁세력모형에서 신규 진입자에 해당하는 경우이다. 성공적인 진입장벽은 고객의 관심을 끌 수 있는 서비스를 제공할 뿐 아니라 그들을 지속적으로 유지할 수 있는 특징을 제공한다. 기업은 개개의 우위를 유지하는 것이 어려울 수 있으나 일련의 혁신들을 통해 기업이미지를 쌓을 수 있다.

예를 들어 가치를 증가시키고, 지속적으로 발전될 수 있는 치밀하고 복잡한 소프트웨어 패키지를 개발하는 것은 경쟁자들이 추격하는 데에 많은 시간을 소요하게 하고 그동안 시장점유율을 늘릴 수 있다.

(6) 전환비용의 변화

전환비용에는 고객이 새로운 공급자로 거래선을 변경함으로써 야기되는 모든 비용을 포함한다. 예를 들어 새로운 계약을 체결하는 데 따르는 비용부터 자료의 재입력, 이전과 다른 새로운 제품의 사용법이나 서비스 이용법을 학습하는 데 드는 비용에 이르기까지의 모든 비용이 포함된다. 정보기술로 인해 고객들로 하여금 끊임없이 공급자의 정보시스템에 의존하게 함으로써 고객들이 경쟁자들로 전환하는 것을 매력 없게 만들 수 있다. 인터넷상에서 구매자는 마우스를 몇 번 클릭함으로써 공급자를 바꿀 수 있으며, 새로운 웹 기술로 인해 전환비용은 훨씬 더 체계적으로 낮아지고 있다.

(7) 경쟁기반의 변화

경쟁세력모형에서 산업 내 경쟁자에 해당한다. 정보기술을 이용하여 비용기반 경쟁체제에서 차별화에 기반한 경쟁으로 혹은 그 반대로 경쟁우위의 변화를 도모할 수 있다.

(8) 공급자와의 관계 변화

경쟁세력모형에서 공급자에 해당한다. 정보기술은 공급자의 협상력을 높일 수도 있고 반대로 낮출 수도 있다. 예를 들어 한 소매업체가 여러 공급업체의 주문입력시스템과 자사의 시스템을 전자적으로 연결했다고 하자. 각 공급업체의 주문입력시스템을 자동적으로 조사하여 가장 낮은 가격의 제품을 주문함으로써 공급업체에 대해 통제력을 가질 수 있다. 그러나 한편으로는, 업체 간에 구축되어 있는 기존 시스템으로 인해 그 소매업체가 다른 공급업체들로 쉽게 바꿀 수 없게 되어 주요 가격인상의 위협에 대처하기 어렵게 되어 공급자의 협상력을 높일 수도 있게 된다.

(9) 신상품의 창출

정보시스템은 더 좋은 품질, 더 빠른 배송, 더 낮은 가격의 제품을 창출할 수도 있다. 또한 기존의 제품들을 더 추가적인 비용 없이, 소비자의 요구에 따라 변화시킬 수도 있다. 스마트 비즈니스와 정보통신환경의 변화에 따라 신상품의 창출이 새로운 방향의 돌파구로서 기업의 새로운 경쟁요소로 자리잡을 것이다.

5.4 가치체인의 정의 및 확장

가. 가치체인의 정의 및 활동

(1) 가치체인의 개념

하버드대학의 마이클 포터(Michale Porter) 교수에 의해 1985년 전략에 있어서 일반화된 가치체인은 기업의 전략적 단위활동들을 구분하여 자사의 강점과 약점을 파악하고 원가발생의 원천 및 경쟁기업과의 현존 및 잠재적 차별화 원천(가치창출 원천)을 분석하기 위해 개발된 개념이다. 따라서 가치체인(value chain)이란 고객에게 가치를 제공함에 있어서 부가가치 창출에 직·간접적으로 관련된 일련의 활동·기능·프로세스의 연계를 의미한다.

가치활동은 경쟁우위(competitive advantage)를 창출하는 구성요소

그림 5-4 일반적인 가치체인의 모형

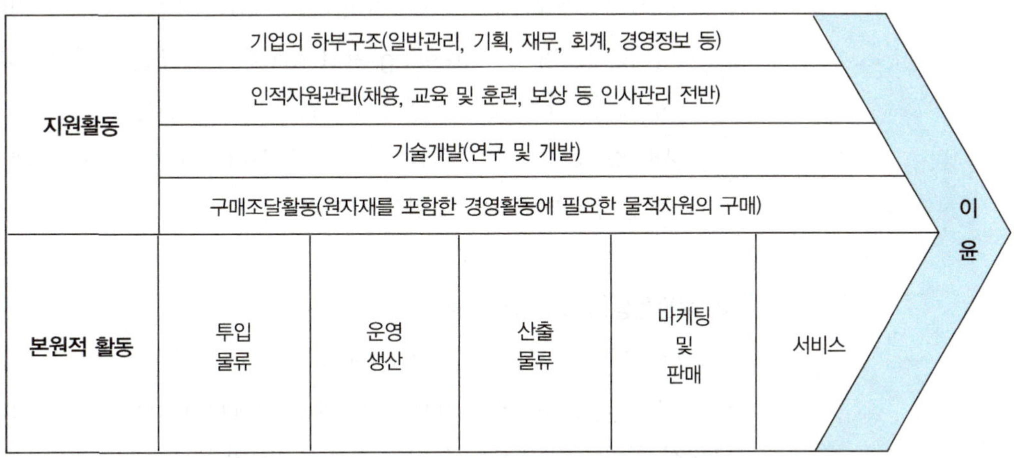

이며, 이들 구성요소들은 독립된 활동들의 단순한 집합이 아닌 서로 관련성 · 연계성(linkages)을 가진 활동들(activities)이 체계적으로 이루어진 것이다. 즉, 가치체인은 회사가 행하는 모든 활동들과 그 활동들이 어떻게 서로 반응하는가를 살펴보는 시스템적 방법이며, 원가행태(behavior of costs)와 기존 잠재적 차별화 원천을 이해하기 위하여 하나의 회사를 전략적으로 관련된 활동들로 분해한다.

(2) 가치창출활동

① 본원적 활동(primary activities)

투입물류(IL : Inbound Logistics), 운영/생산(OP : Operations/Production), 산출물류(OL : Outbound Logistics), 마케팅 및 판매(M&S : Marketing & Sales), 서비스(Services)활동이 이에 포함되며, 제품/서비스의 물리적 가치창출과 관련된 활동들로서 직접적으로 고객들에게 전달되는 부가가치 창출에 기여하는 활동들을 의미한다([그림 5-4] 참조).

- 투입물류(inbound logistics) : 상품을 다루는 것은 요구되어지는 운영과 저장, 그리고 기업 내에서 취급하는 것이다.
- 기업의 운영/생산(operations/production) : 많은 서브활동에서 생산과정은 상세한 가치체인 분석을 표현한다.
- 산출물류(outbound logistics) : 적절한 시기에 고객에 대하여 배송하고 필요하다면 저장까지 행하는 기업의 제품을 다루는 것이다.
- 마케팅 및 판매(marketing and sales) : 제공될 수 있는 제품과 서비스를 아는 것과 잠재고객을 발굴하는 것이다.
- 서비스(service) : 처리에 대한 사후서비스와 배달하기 전의 충고와 설치에 대한 요구사항을 말한다.

② 지원활동(support activities)

회사 인프라구조(Firm Infrastructure), 인적자원관리(HRM), 기술개발(Technology Development), 구매조달(Procurement) 등이 포함되며, 본원적 활동이 발생하도록 하는 투입물 및 인프라를 제공한다. 지원활동들은 직접적으로 부가가치를 창출하지는 않지만, 이를 창출할 수 있도록 지원하는 활동들을 의미한다.

- **구매조달**(procurement) : 조직의 운영에 입력으로, 요구되는 원료의 공급자를 구하는 기능이다.
- **기술개발**(technology development) : 조직은 경쟁을 유지하기 위한 제품과 서비스의 전 범위와 혁신을 관리하고 생산과정을 최신식으로 하는 것을 필요로 한다.
- **인적자원관리**(human resource management) : 조직에 대하여 일하는 사람들의 인적관리, 훈련, 교육, 모집 등이다.
- **기업 하부구조**(firm infrastructure) : 기획과 재무, 회계, 정보기술 등을 포함하여 기업의 전반적인 관리를 나타난다.

(3) 가치활동과 가치시스템

특정 산업에 있어서의 회사의 가치체인은 가치시스템이라고 하는 보다 큰 활동들의 흐름 속에 포함되며, 가치시스템은 회사 내의 가치활동들을 연결할 뿐만 아니라, 회사의 가치체인(Firm value chain)과 공급자 가치체인(Supplier value chain) 및 구매자/사용자 가치체인(Channel value chain Buyer/User)이라는 전방채널 가치체인(Downstream value chain) 사이에 상호 의존적 관계를 창출케 한다. 따라서 가치시스템은 기업 간뿐만 아니라 동종업체, 산업 및 국가 간에 이르기까지 확장될 수 있으며, 각각의 경쟁우위 강화 및 구축을 위한 전략적 도구로서 활용될 수 있다.

가치시스템하에서 회사는 공급자와의 관계에서 공급체인관리(SCM : Supply Chain Management), 회사와 고객과의 관계에서는 고객관계관리(CRM : Customer Relationship Management)가 삽입되며, 오늘날 ERP(Enterprise Resources Planning)는 회사 하부구조 차원을 넘어 지원 및 본원적 활동 전 영역으로 확대되어 적용되고 있다.

(4) 가치체인분석

가치체인분석은 회사의 경쟁력 향상을 위한 중요한 검증기법이다.

- 회사 전체의 비즈니스 프로세스/활동(processes/activities) 연구
- 정해진 프로세스에 대한 코스트(cost) 할당
- 서로 다른 프로세스에 의해 발생된 가치 결정
- 비용(cost), 속도(speed), 효율성(efficiency) 측면에서 최적으로 운용되고 있는지 여부를 검증

다시 말하면, 가치체인분석은 가치활동 각 단계에 있어서 부가가치 창출과 관련된 핵심활동(key activities)이 무엇인가를 규명하고, 가치활동 각 단계 및 핵심활동들의 강 · 약점 및 차별화 요인을 분석하고, 나아가 각 활동단계별 원가동인(cost drivers)을 분석하여 경쟁우위 구축을 위한 도구로 활용된다는 데에 그 의미가 있다. 가치체인분석에 있어서 각 가치활동들을 상호 독립적 활동들로 분리하여 분석해서는 안 되며, 상호 의존적 활동으로 그 연계(linkages)를 통한 시너지효과를 고려하여 분석하여야 한다.

(5) 가치체인과 경쟁우위

가치시스템의 경쟁우위는 가치시스템 참여기업들의 집단인 산업의 경쟁우위를 결정하게 되며, 회사의 경쟁우위 평가는 ① 자사의 가치체인, ② 공급자의 가치체인, ③ 전방 채널 참여자의 가치체인(유통 · 구매자 · 사용자 가치체인)을 포함하는 가치시스템에 대한 이해를 필요로 한다.

(6) 경쟁우위 평가를 위한 가치체인분석

가치체인분석은 최종 사용자에게 제공되는 제품 · 서비스를 형성하는 모든 활동에 대한 전략적 우위 및 열위를 결정함으로써 경쟁우위를 평가하는 하나의 방법이다. 이러한 활동들은 회사의 활동뿐만 아니라 회사 밖 외부 기업들(공급자 · 유통업자 · 물류업자 · 처리 및 리사이클링 업자 등)을 포함하며, 회사는 고객에게 집중화된 프로세스를 창출하는 전체 가치체인(가치시스템을 의미)의 한 부분이다. 가치체인분석은 최고의 경쟁우위를 가져오는 가치체인의 조합(예컨대, 회사 내외의 활동들/프로세스들 간의 연계)이다.

가치체인분석의 핵심개념은 기능적 구조에 대한 강조를 줄이고, 제품 투입과 함께 시작하여 제품 산출 및 고객으로 종결되는 조직에 대한 수평적 관점인 프로세스 시각을 채택하는 것이다. 프로세스는 특정 고객이나 시장을 위한 특화된 산출물을 생산하기 위해 설계된 구조화되고 측정된 일련의 활동들이다. 프로세스 강조란 '일의 행하여진 바'가 아니라, '일이 행하여진 방법'에 집중함을 의미한다.

(7) 가치체인분석을 통한 경쟁우위평가 3가지 방법

- 내부 비용분석(internal cost analysis) : 프로세스를 창출하는 내부가치에 대한 수익성 원천 및 상대적 비용 지위를 결정하는 것이다.
- 내부 차별화분석(internal differentiation analysis) : 프로세스를 창출하는 내부가치 내에서 차별화(비용을 포함하여) 원천을 이해하는 것이다.
- 수직적 연계분석(vertical linkage analysis) : 고객에게 전달되는 가치를 최대화하고 비용을 최소화하기 위하여 외부 공급업자와 고객들 중에서 관련성 및 연관된 비용을 이해하는 것이다. 수직적 연계분석 목적은 활동들을 회사의 가치활동과 공급자 · 채널 · 사용자의 가치활동 간의 연계를 통하여 경쟁우위를 개발하는 데 있다.

가치체인은 경쟁우위 부문 확인 및 핵심역량 도출을 위한 방법인 동시에 지원 · 본원적 활동들이 서로 독립된 것이 아니라 협조와 통합을 통하여 시너지효과를 창출한다는 점이 중요하다.

결국 경쟁사들보다 경쟁우위를 가지기 위해서는 가치활동들을 경쟁사보다 더 효율적으로 수행하여 비용절감이 이루어지도록 하거나, 가치활동들을 수행하는 방법을 경쟁사와는 다른 방식으로 수행하여 차별화를 이루어야 한다.

(8) 가치체인의 한계성

가치체인에서 경쟁우위 획득에 있어서 중요한 것은 모든 혁신과 전략적 의사결정의 주체인 기업가활동이 배제된 것이며, 조직의 최상위 수준에 적용하는 것은 다음과 같은 한계가 있다. 하나의 산업은 서로 다른 프로세스에 대한 요구 및 서로 다른 경제적 상호관계와 역동성(relationships & dynamics)을 포함하는 많은 다른 구분된 부문들을 내포하고 있기 때문이다. 따라서 가치체인분석은 참여자들 사이에 정적인 상호관계를 평가하는 데는 매우 유용하나, 끊임없이 가치체인 관계를 재정의하는 변화의 속도가 매우 빠른 산업과 관련된 역동성을 이해하기에는 약점을 갖고 있다. 또한 각 가치체인 활동에 대하여 쉽게 활용할 수 있는 데이터 획득이 실무적으로 매우 어렵다는 한계성을 갖고 있다.

(9) 가치체인의 변화

가치체인이 보다 투명하고 단순하게 되어 비용구조가 투명해짐으로써 거래비용(transaction costs)의 절감을 가져온다. 부가가치를 창출하지 못하는 가치체인은 최대한으로 제거되는 것이 바람직하며, 각 가치체인으로의 이전은 거래비용을 수반하며, 그 비용은 누적되어 궁극적으로는 최종구매자에게 전가된다.

거래정보는 다음 가치체인 주관자에게 제대로 전달되지 못한다. 전자상거래의 영향으로 거래정보가 부가가치서비스로 활용이 가능케 된다. 정보의 비대칭성이 적어짐으로써 정보의 공유가 보편화되므로 공급자위주의 가치사실이 고객위주의 가치체인으로 전이된다. 가치창출이 기존의 Push방식에서 고객으로부터 가치가 창출되는 Pull방식으로 전환된다. 또한 정보접근 및 구매비용이 엄청나게 낮아진다.

공급자와 구매자 간의 관계가 보다 긴밀하게 되어 인터넷을 통한 활발한 정보공유는 기업과 기업, 기업과 고객의 접촉률이 제고된다. 정보의 공유로 인해 기업은 기업 내부의 가치체인 객체에만 역량을 집중시키는 것이 아니라, 공급기업과 고객 쪽의 가치체인 간에도 연계가 강화된다. 인터넷이 보편화되기 전에는 수직적 통합이 거래비용을 줄이는 방법이었으나, 인터넷 보급 이후에는 핵심역량이 아닌 기능들은 계속 아웃소싱하는 것이 거래비용을 줄이는 방법임이 확인되면서 분사화가 진행된다.

기존 가치체인의 경제 안에서 경쟁우위는 평균의 게임이었다. 예컨대, 한 기업이 총비용 면에서 경쟁력이 있을 경우 가치체인의 매 단계마다 비용우위를 점유할 필요가 없었다. 그러나 디지털화의 영향으로 그와 같은 평균적 우위의 중요성은 줄어들고, 가치체인의 각 단계별 우위가 중시되는 가치체인의 비평균화가 일어난다.

(10) 가치시스템의 성공요인

- 경쟁우위 강화 및 구축을 위하여 가치활동을 연계하는 가치체인을 제대로 이해하여야 한다.
  - 핵심활동 및 강 · 약점, 차별화동인, 원가동인 구조적 분석 등
- 가치시스템상에서 각 가치체인 간의 연계관리가 가능하도록 지원할 수 있는 정보기술을 적극적으로 활용하여야 한다.
  - 가치체인의 어떤 가치활동에 회사의 핵심역량을 집중하고 IT를 접목하여 비용절감과 차별화로 경쟁우위를 강화할 것인가?
  - 가치체인을 어떻게 재구축하여 경쟁우위를 구축할 것인가?
- 전체 가치시스템상의 최적화를 위해 공급 측면이나 고객/소비자 측면과 관계가 있는 각 조직들의 역량강화가 필수적이다.
  - 가치시스템의 최적화를 위한 각 가치체인 단계별 조정(coordination)이 중요하다.

나. 가치체인의 공급력(supply chain) 확장

조직에서 구매되는 물품이나 상점에서 거래되고 있는 제품들은 모두 제조업자, 공급자, 도매자, 소매자 그리고 이들과 연결된 물류적인 하부구조 사이의 복잡한 웹상의 관계 결과이다. 상호운영적인 거래파트너의 관계는 계속 증가해 나가는데, 예를 들면 제조자가 사용하게 되는 기계에 관련된 조직, 제품의 광고 등과 같은 서비스에 관계된 조직 등 여러 가지 조직과 계층이 형성되게 된다. 또한 공급측면에서 제품을 만드는 생산자, 그리고 수많은 소매자가 존재한다. 거래관계의 웹은 공급체인 또는 가치체인(제품에 대한 각 단계의 부가가치)으로 언급된다. 제조된 제품에 대한 전반적인 가치체인은 [그림 5-5]에서 보여준다.

그림 5-5 일반적인 제조업체의 가치체인 연계도

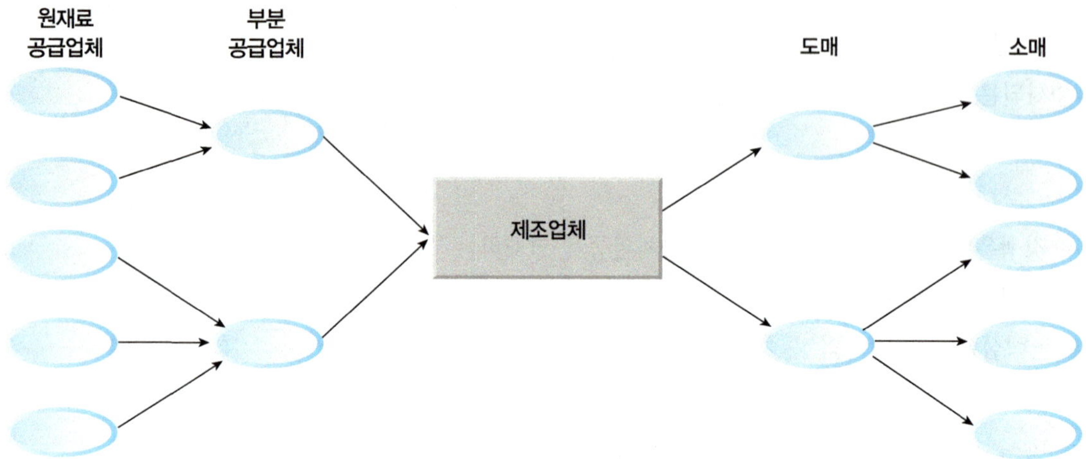

공급체인에서 거래 상호작용은 본래 가치를 부가하지 않고 비용을 부가하는 처리이다. 즉 e-비즈니스는 비즈니스 목표를 수반하는 가치체인에 대한 정보와 통신기술의 응용이다. 비즈니스 목표는 비용을 줄이고 서비스를 개선하고 또는 새로운 시장을 개척하는 것이다. e-비즈니스는 거래관계의 본질과 상호교환에 대한 주변상황에 의존한다.

기업은 부가가치를 생산하는 과정에서 몇 단계의 활동으로 이어지는데, 각 단계에서의 활동은 경쟁우위를 창출할 수 있도록 연구 · 분석되어야 한다. 우리는 이 과정을 가치활동이라 한다. 따라서 가치활동은 고객에게 양질의 제품 · 서비스를 제공하기 위한 기업의 한 구성요소라 할 수 있다. 가치활동으로 분류되기 위해서는 다른 가치활동과 상이한 경제원리를 가지며, 경쟁우위에 긍정적인 기여를 해야만 한다. 각 가치활동이 연결되어 최종적으로 고객에게 제공하는 가치를 창출한다는 의미에서 가치체인이라고 부른다. 그리고 각 가치활동을 수행하는 방법은 또 다른 가치활동에 영향을 미친다.

일반적 가치체인은 회사의 영역 또는 기업에 대한 특별한 가치체인을 구축하는 시작점이다. 각 요소의 연결과 구성활동을 찾아봄으로써 가치체인에 대한 전반적인 효율이 설립되기 위한 부가가치와 비용에 관하여 분석할 수 있다. 성과분석은 제품품질, 고객서비스, 가격경쟁력을 개선하는 것이다. 연결의 효율성은 정보와 통신기술의 사용에 의해 확대될 수 있다. 내부적 연결은 POS, 재고통제시스템, 생산 및 자재소요계획에서 부여된 e-비즈니스 기술을 사용하여 동등하게 할 수 있다. 내부시스템은 공급자와 고객과의 인터페이스가 필요하다. 생산계획과 통제프로세스에는 구성시기와 재고요구와 품질의 인바운드 물류시스템이 통지된다. 마케팅과 판매시스템은 서비스 전송의 품질을 개선하기 위해 생산과 아웃바운드 물류와 함께 인터페이스가 될 수 있다. 이와 관련된 가치체인은 [그림 5-6]과 같다.

그림 5-6 일반적인 가치체인 변화모델

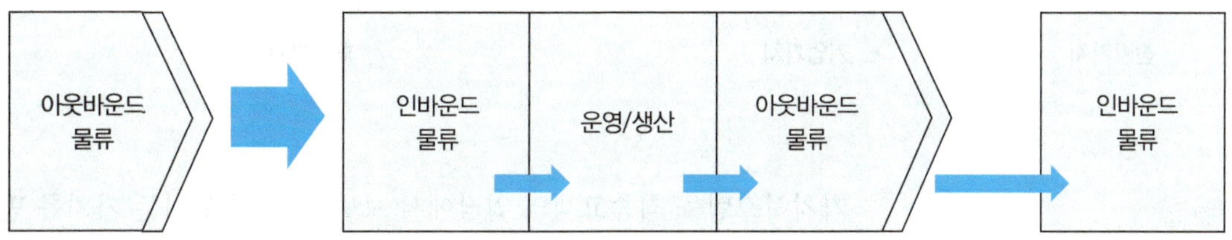

정보통신기술은 이외에도 다음과 같은 여러 가치체인 활동에 사용할 수 있다.

- 인적자원관리
- 공급의 근원을 확인하는 데 필요한 온라인 탐색을 사용한 조달프로세스
- 온라인 광고를 사용한 마케팅
- 잘못 진단 그리고 온라인 지원을 제공하는 서비스

포터(Porter) 교수는 각 기업의 가치체인이 연결되어 최초의 원재료 공급자에서 최종고객에까지 이르는 전체 흐름을 가치시스템으로 정의한다. 조직의 경쟁적인 장점은 제품의 품질과 회사의 효율과 품질에 의존되는 것이 아니라 단지 그것을 사용하는 도 · 소매의 공급자에 의존된

수직적인 연계
공급업체-제조업체-유통업체로 연결되는 전통적인 연계

수평적인 연계
고객가치의 제고를 위한 제품이나 서비스의 결합

다. 전반적인 공급체인의 분석을 가치시스템(value system)이라 부른다. 개별 가치체인들의 결합을 통하여 고객에게 최종가치가 전달되는 구조로서 포터는 기업의 가치체인을 가치시스템이라는 보다 큰 흐름의 일부로 파악한다. 기업은 타 기업과의 연결을 가장 적합하게 통제 · 조정함으로써 경쟁력을 제고시킬 수 있으며 수직적 · 수평적인 연계를 통해 가치시스템을 구성하여 경쟁우위의 원천을 창조할 수 있다.

그림 5-7 조직 간 가치시스템

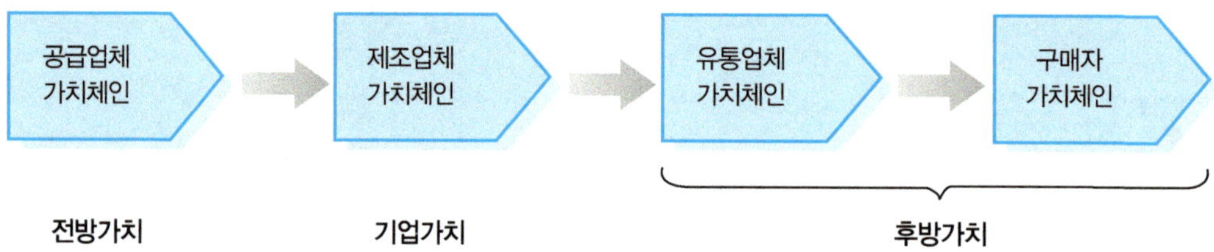

가치시스템을 최종고객의 입장에서 보면, 고객이 원하는 가치를 만들어 내기 위한 조직 간의 연계구조라 할 수 있다([그림 5-7] 참조). 기업은 특정 시점에서 고객이 원하는 가치를 제공함으로써 이윤을 창출한다. 가치시스템 내에서 어떤 위치, 어떤 역할을 수행하고 있는가에 따라 각 기업이 포착할 수 있는 사업기회나 부가가치에 차이가 있을 수 있다. 내부지향적인 가치체인분석이 중요한 것이 아니며, 해당 기업이 벌이고 있는 사업이 가치시스템 내에서 어떤 위치에 있고, 얼마만큼의 부가가치를 창조하고 있는가를 아는 것이 중요하다.

가치체인분석이 기업 내부의 시각에서 경쟁우위를 분석하기 위한 도구라면 가치시스템의 시각은 경쟁우위 창출의 단위를 조직 간의 연계까지 확장한다. 예를 들면 커피제조업자는 커피원료 대신 가공상태의 커피를 판매하도록 공급자를 설득해서 생산단계를 줄일 수 있다. 공급자의 적시조달로 동일한 효과를 낼 수 있다. 그러나 공급자 및 유통업자와의 협조로 생긴 비용과 시간절약은 물류 및 주문공정의 범위를 넘어서는 것이다. 특정 기업 그 기업의 공급자와 유통업자 등이 이러한 연계를 잘 인식하고 활용하면 전체가 이득을 볼 수 있다.

5.5 디지털시대의 가치시스템 변화

상업적인 조직에서 경쟁력의 장점이 있다면 생존할 수 있다. 일반적으로 두 가지 경쟁력전략은 가격과 제품차별화이다. 경쟁력 위치에 대한 위협은 포터(Porter)모델을 사용하여 설명된다.

조직의 능력은 마켓섹터(market sector) 내에서 운영되는 다른 조직에 대한 경쟁력의 장점으로 나타난다. 생존할 수 있는 조직은 경쟁력 위치가 마켓섹터 내의 다른 회사보다 우월해야 한다. 경쟁력 장점의 3가지 기본적 전략은 비용, 차별화, 초점이다(Porter, 1980). 비용은 경쟁제품보다 낮은 가격으로 제품이나 서비스를 제공하는 것이다. 차별화는 제품과 서비스가 낮은 가격을 가지는 경쟁력을 통하여 경쟁제품보다도 더욱 매력적인 품질을 가지는 것이다. 초점은 시장, 제품의 단일면을 집중화하는 것이다.

정보통신기술은 경쟁력전략에 중요한 역할을 담당한다. 정보전략과 정보통신기술의 적절한 사용은 물류공급체인에서 정보통신기술의 사용과 조직의 관리비용을 낮출 수 있다. 비용감축에 덧붙인 정보통신기술의 사용은 고객요구에 따라 즉각 제품이나 서비스의 질을 개선시킴으로써 제품을 차별화하는 것이다.

정보통신기술을 사용한 e-비즈니즈, 실시간 정보처리, QR(Quick Response), JIT(Just In Time) 등은 고객만족화를 효율적으로 증진시키고 새로운 제품과 서비스에 관련된 가능성을 제공한다.

JIT
필요한 때에 필요한 부품을 필요한 양만큼 조달하여 재고를 가능한 보유하지 않도록 하는 것. 생산합리화를 위한 방법으로 도요타자동차의 간판방식이 대표적이다.

가. 정보통신기술의 변화

인터넷을 포함한 정보통신기술(ICT)의 발달은 기업 내부의 가치체인은 물론 기업과 기업 간 관계, 기업과 고객 간 관계에 이르기까지 기업활동의 다양한 영역에 영향력을 가진다.

그림 5-8 e-비즈니스와 가치체인 영역구분

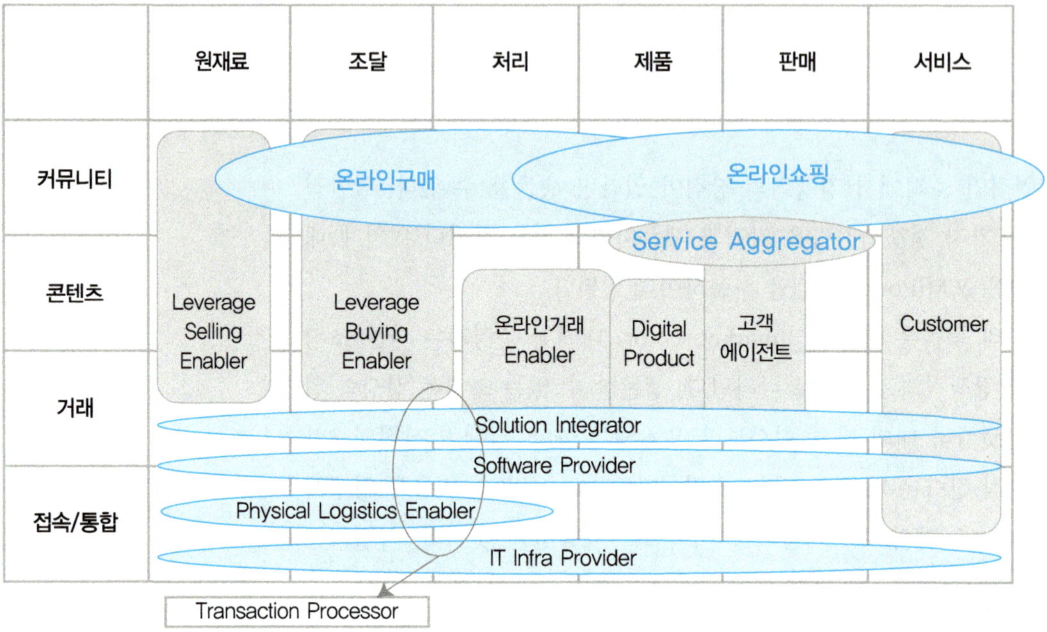

자료 : Junichi Handa, "e時代の IT Management", *Diamond Harvard Business*, 2000.

CRM(Customer Relationship Management)
전사적 관점에서 통합된 고객관련 정보를 집중관리하고 이를 세분화함으로써 대상목표고객의 통합적 이해와 장기적인 이익관계를 형성하기 위한 제반 전략과 지원하는 시스템

ERP(Enterprise Resource Planning)
기업 전체의 경영자원을 효율적으로 활용한다는 차원에서 구매, 생산, 물류, 회계 등의 업무기능 전체의 최적화를 도모하고 경영의 효율화를 추구하는 개념

[그림 5-8]에서처럼 가치체인의 전 영역에 정보통신기술(ICT)이 침투하면서 가치활동과 가치활동의 연결(기업 내부) 및 가치체인과 가치체인의 연결(기업 간, 기업과 고객 간)방식에 변화가 발생한다. 정보획득 · 접속 · 분석비용의 획기적인 감소로 인해 소비자와 공급자 간의 파워구조가 변화하면서 소비자주도형 시장환경이 조성되고 기업 간 거래비용이 감소한다. 인터넷을 중심으로 한 정보통신기술(ICT)의 비약적인 발전으로 가상공간이 기업활동의 주요 영역으로 등장하면서 기존의 가치체인이나 가치시스템의 기반이 되었던 여러 가지 제약조건이 완화되기 시작하였으며 당초 기업 내부의 효율향상을 위한 수단으로서 지원기능에 머무르던 정보통신기술이 적은 비용으로 기업과 기업, 기업과 고객을 연결하는 수준까지 발전하고 있다. 고객정보에 대한 접근이 용이해지고, 정보중개자의 등장으로 기업과 소비자 간의 정보의 비대칭성이 해소되면서 소비자 파워가 증대되었다. CRM, SCM, ERP 등 가치활동

간은 물론이고 가치시스템의 모든 참가자들을 연결을 지원하는 다양한 수단이 등장하여 기업 간 거래비용이 감소한다. 결과적으로 정보통신기술은 기업이 가치시스템을 구성하는 데 있어서 중요한 전제가 되는 대고객관계와 기업 간 연계의 비용에 큰 영향력을 행사한다.

나. 고객주도형(customer driven) 시장환경

(1) 가상공간의 출현으로 시장의 개념 변화

시장 자체가 현실공간의 시장이 아니라 가상공간으로 이동하며, 시장을 둘러싼 주체들의 파워게임에도 지대한 영향을 초래한다. 이러한 변화에서 시장주도권은 공급자에서 소비자로 급격히 이동된다.

(2) 소비자주권이 완벽하게 보장될 수 있는 완전경쟁시장으로 접근

디지털시대에는 소비자 간에 활발한 정보의 교류로 인해 공급자가 보유한 정보를 대부분 파악하며, 네트워크 특성을 이용하여 수요자들이 연결됨으로써 소비자 파워는 더욱 증대된다.

(3) 정보의 비대칭성 해소로 상거래 주도권이 기업 측에서 고객 측으로 이동

쇼핑에이전트, 가격비교사이트, 역경매, 소비자보호센터 등 다양한 형태로 고객의 구매를 지원하는 정보중개자가 등장한다. 낮은 비용으로 제품과 서비스의 비교가 가능함에 따라 고객은 다수의 선택대안을 가짐으로써 구매력(buying power)은 더욱 증가된다.

(4) 고객이 상품 제조과정에 적극 참여

과거에는 기업이 생산한 제품이 어느 정도의 기준만 갖추었다면 고객은 이를 수용하는 상품의 수용자(product taker) 입장이었다. 산업경제하에서 제품관련 정보의 획득 및 분석능력에 한계가 있었던 고객은 제한된 범위 내에서의 선택에 만족해야 했다. 디지털시대의 고객은 다양한 니즈와 소비취향을 가상공간에서의 쇼핑을 통해 완벽하게 성취하기를 희망한다. 가상공간에서 자기가 원하는 사양을 주문하고, 이를 제조회사가 만들어 공급하는 방식으로 소비가 변화된다.

기존 가치시스템 내부에서 고객의 니즈를 반영하는 것이 아니라 가치시스템을 구성하는 각 가치체인의 제거나 새로운 결합을 통하여 고객가치를 새롭게 구현하는 방법을 모색하는 기업이 등장한다.

(5) 가치시스템의 역류

고객이 사업우선순위 설정 및 전략수립에 있어서 중심적인 위치로 이동한다.

(6) 가치체인 간의 통합

자력주의의 한계로 인한 기업 간 연계의 중요성이 증가한다.

적정한 가격과 품질은 물론이고 고객에게 편의성을 제공하기 위해서는 생산, 개발, 유통, 고객접점 등 다양한 분야에서 핵심역량의 보유가 요구되나, 개별기업의 입장에서 모든 능력을 보유하는 것은 현실적으로 불가능하다.

(7) 가치체인의 제거

특정 가치체인의 제거를 통하여 원가를 낮추거나 고객에게 제품을 제공하는 데 소요되는 시간을 줄일 수 있는 경우 가치체인 제거의 유인으로 작용한다.

다. 가치체인의 통합 유형과 가치시스템의 진화

가치시스템은 '점(node) → 연결(connection) → 커뮤니티(community)'의 단계에 따라 구분이 가능하다.

- 점(node)단계 : 가치체인(기업) 간에 정보의 공유가 이루어지지 않은 채 계약이나 일시적 거래에 의하여 재화만이 이동한다.
- 연결(connection)단계 : 가치체인 간에 정보의 공유를 위한 연결이 이루어지나, 공동의 목표를 추구함이 없이 각각의 이익을 추구

그림 5-9 정보공유를 통한 가치시스템의 변화

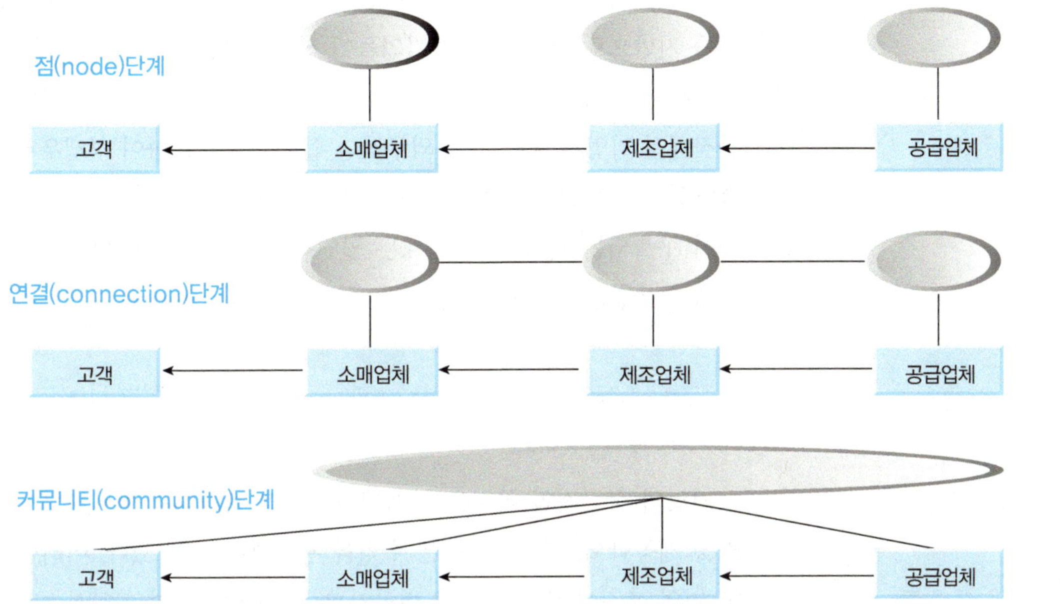

자료 : Kalakota & Robinson, *e-Business; Roadmap for Success*, 2000.

한다.

- 커뮤니티(community)단계 : 연결단계에서 진일보하여 정보의 공유는 물론이고 고객가치의 극대화를 추구하기 위해 상호협력을 모색한다.

가치체인의 해체를 통해 가치시스템을 재구성하는 기업들은 가치체인 간의 통합단계를 공동체 수준으로 제고할 필요가 있다. 가치시스템에 참가하는 모든 기업들이 최종고객에게 초점을 맞출 수 있도록 고객정보를 가치시스템의 하류에서 상류까지 신속히 전파 · 확산한다.

가치체인의 해체는 필연적으로 가치체인 간의 통합을 동반한다. 가상통합(virtual integration)은 정보통신기술을 활용하여 기업 간의 네트워크가 통합됨으로써 상호협력체제를 구축하는 것을 의미한다. 가상통합을 통하여 가치시스템은 기업 간의 단순한 연결(connection)에서 고객가치의 극대화를 위하여 상호협력하는 커뮤니티(community)로 진화한다.

디지털 가치시스템의 정의는 공통적으로 정보통신기술이나 e-비즈니스를 기반으로 하여 통합된 기업들이 상호협력을 통하여 고부가가치를 창조하는 가치시스템을 말한다. 고객이 요구하는 가치가 무엇인가라는 관점에서 기업의 내부적 및 외부적인 활동을 최적화하여 경쟁우위의 창출단위를 개별 가치체인이 아닌 자사가 참가하는 가치시스템으로 확장하여 구축되는 기업 간의 연계는 필연적이다. 일반적인 디지털 가치시스템의 특징은 다음과 같다.

(1) 고객주도형(customer driven) : 고객 입장에서 전체 가치시스템을 재정의

기업의 궁극적인 목적은 고객에게 경쟁업체와 차별화된 제품 · 서비스를 제공함으로써 보다 높은 수익을 창출하는 데에 있다. 이러한 목적은 기업 조직이 존재하는 한 변하지 않는 것이며 기업의 역사는 주어진 조건하에서 고객이 원하는 가치를 충족시키는 새로운 방법의 개발을 창출한다. 공급자 위주의 관점에서 탈피하여 기존 사업구조는 고객이 원하는 바가 무엇인가를 먼저 정의하고, 그 충족을 위해 어떤 구조가 필요한 것인가를 설계한다.

(2) 가상통합(virtual integration) : 정보통신기술을 활용하여 참가자들이 디지털 네트워크로 연결

CRM, ERP, SCM 등 기업 네트워크를 상호 통합하여 가치시스템에 참가하는 기업들이 고객 및 협력기업의 정보를 실시간으로 공유한다. 기업 간 협력을 통해 새로운 가치를 만들어 내는 디지털 가치시스템에서는 IT의 활동 역시 직접 가치를 창조하는 본원적 활동성을 의미한다.

(3) 가치체인의 해체와 통합의 동시 발생 : 전문화된 기업들의 네트워크로 변모

개발, 생산, 영업, 물류 등 성격이 다른 기능들이 한 기업 내에 존재하는 데서 발생하는 경쟁우위의 평준화를 배제하여 각 분야에서는 탁월한 경쟁력을 가진 기업들이 연합하여 고객이 요구하는 다양한 가치를 제공해야 한다.

(4) 통합의 주도자가 존재

전자적으로 연결된 기업들이라 할지라도 각각의 이해가 상충되는 경우가 많으므로 네트워크의 구심점 역할을 하는 리더의 존재가 필요하다. 현재까지 이루어진 성공적인 가치체인 간의 통합사례들은 가치시스템 내의 특정 부분에 있어 강력한 경쟁우위를 가진 기업들이 선도하고 있다.

5.6 스마트 비즈니스에서의 가치체인 변화

인터넷을 통한 기업환경과 여러 가지 신규 신산업이 창출됨으로 인하여 짧은 기간에 엄청난 파급효과를 가져왔다. 특히 인터넷이 미친 가장 큰 영향은 의사소통과 정보수집, 거래방식 등에 높은 비용이 따르는 환경을 기존 산업을 재편할 수 있게 만들었다. 대표적인 신산업은 사이버 관련 교육사업이다. 사이버교육은 대학, 학원, 어느분야에 상관없이 양질의 콘텐츠를 가지고 교육을 원하는 고객에게 시간과 장소에 상관없이 기존의 교육사업을 흔드는 혁신적인 신사업으로 각광받아 왔다.

신사업이든 구사업이든 간에 산업의 구조적 · 경쟁적 접근방안은 5가지 요인, 기존경쟁자 간의 경쟁강도, 신규진입자에 대한 진입장벽, 대체재나 서비스의 의한 위협, 공급자의 교섭력, 구매자의 교섭력을 통하여 결정한다. 이러한 요인들이 결합하여 작용함으로써 제품이나 서비스, 기술 또는 경쟁방식 등에 의해 창출된 경제적 가치가 산업 내 기업들 간에, 고객, 공급업자, 유통업자, 대체재, 잠재적 진입자에게 어떻게 나누어지는가를 결정한다. 인터넷을 기반으로 발전하는 기술변화는 산업분석을 보다 체계적으로 분석함으로써 산업의 성장성, 산업의 수익성의 결정, 장래의 수익성 변화에 대한 추세적인 흐름을 판단할 수 있다. 이상과 같이 5가지 경쟁유발 요인은 공급자, 유통업자, 구매자, 대체재나 경쟁자가 바뀌어도 여전히 수익성을 결정하는 요인으로 작용한다.

스마트 비즈니스에 직접적인 영향을 미치는 방법([표 5-1] 참조)을 살펴보면 다음과 같다. 인터넷은 기업이 고객에게 다가갈 수 있는 새롭

표 5-1 ■ 스마트 비즈니스에 영향을 미치는 방법

구분	내용
기존경쟁자 간의 경쟁	• 독점적 제공물의 유지가 곤란해짐에 따라 경쟁자 간의 차이점이 적어진다. • 경쟁 양상은 가격경쟁으로 바뀐다. • 경쟁자 수가 증가함에 따라 시장의 지리적 경제가 확대된다. • 가격할인 압력이 증가함에 따라 고정비에 비해 변동비의 비중이 낮아진다.
공급자	• 공급자가 인터넷을 통해 보다 많은 고객에게 접근할 수 있는 통로를 제공하기는 하나, 인터넷을 활용한 조달업무는 공급자에 대한 협상력을 증대시킨다. • 인터넷은 중간상의 개입 여지를 줄임으로써 공급자가 최종구매자에게 도달할 수 있는 채널을 제공한다. • 인터넷을 활용한 조달업무와 디지털 장터를 통해 공급자에 접근할 수 있는 기회를 모든 기업이 동등하게 갖게 되며, 차별화 요인이 사라진 표준화된 제품을 구매하게 된다. • 낮아진 진입장벽과 경쟁자의 급속한 증가로 공급자의 협상력이 강화된다.
대체재	• 인터넷은 모든 산업에서 효율성을 향상시킴으로써 시장규모를 확대할 수 있다 • 인터넷은 활용방법이 급속히 확대됨에 따라 새로운 대체재의 위협이 나타날 수 있다.
진입장벽	• 판매원, 유통망 접근, 물리적 자산 등과 같은 진입장벽이 낮아진다. 인터넷기술로 인해 불필요해졌거나 예전에 비해 훨씬 쉽게 수행하게 된 일이 있다면, 인터넷기술로 인해 진입장벽이 낮아질 것이다. • 신규 진입자들에게서 인터넷 응용 프로그램을 독점적으로 지켜내기란 어렵다. • 신규 진입자들이 많은 산업으로 홍수처럼 밀려들어가고 있다.
구매자	• 강력한 힘을 지닌 유통망이 사라지거나 전통적인 유통망에 대한 협상력이 개선된다. • 협상력이 최종고객에게 이전된다. • 장소, 시간, 가격비교 등을 통하여 구매자가 선택하기 위한 관련 비용이 현저히 줄어든다.

자료 : 마이클 포터, 경쟁론, 21세기북스, 2011.

고 보다 직접적인 채널을 제공하기 때문에 유통채널의 협상력을 약화시킬 것이다. 그러나 정보 및 다양한 형태의 상거래 등을 통하여 산업의 효율성뿐만 아니라 기술적인 우위성을 높이는 것으로 보아도 시장의 전체 규모를 확장할 수 있다.

인터넷기술의 보급으로 많은 산업에서 수익성이 지속적으로 압박받고 있음을 알 수 있다. 많은 닷컴기업들이 퇴출과 기업합병 등이 경쟁이 약화될 것으로 시사하지만 경쟁력 있는 오프라인 기업들도 인터넷기술에 충분히 익숙해져 있어 현재 온라인 응용 프로그램들을 신속히 채택해서 배치하고 있다. 대부분의 산업에서는 신구기업들의 결합과 대체로 낮은 진입장벽으로 인해 경쟁자가 증가하고 경쟁 또한 보다 첨예화할 가능성이 높다.

인터넷의 전략적 잠재력을 통해 이익을 얻기 위해서는 보다 철저한 시장환경과 기술적인 접근방식 등 다양한 각도에서 가치체인을 보다 철저히 분석해내야 한다. 스마트 비즈니스 환경이 도래한다고 해도 기존의 가치체인(value chain) 전체를 완전히 바꾸지는 않을 것이다. 기존의 가치체인에서 스마트 비즈니스환경으로 도래하는 의미에서 몇가지 가치체인의 활동들을 연계되어 분석하면 다음과 같다.

가. 스마트 비즈니스환경에서의 본원적 활동 (primary activities)

(1) 투입물류(inbound logistics)

- 실시간 통합 스케줄링, 선적, 창고관리, 수요관리 및 계획, 기업과 공급자 모두를 포함하는 발전된 계획수립 및 스케줄링
- 기업 내 전체 부서로 실시간 내부 및 공정상의 재고자료 제공
- 스마트워크를 통한 오피스자동화 실시

(2) 기업의 운영/생산(operations/production)

- 기업 전반의 생산성 향상을 높이기 위한 통합비즈니스 모델 구축
- 부품공급자에 대한 통합된 정보교환, 일정관리 및 의사결정

- 판매인력과 유통망에 실시간으로 가용성, 가능성 여부 및 계약에 대한 정보제공
- 스마트워크를 통한 운영 및 생산에 대한 전사적 자원관리(ERP) 실시

(3) 산출물류(outbound logistics)

- 최종고객, 판매원, 유통채널에 의한 주문의 실시간 처리
- 고객특유의 계약조항 설정 자동화
- 제품개발 및 운송상황에 대한 고객 및 유통채널의 접속
- 고객 예측시스템과 통합
- 정보교환, 보증요청, 계약관리를 포함하는 통합된 유통채널관리
- 스마트워크를 통한 유통 및 물류관리 최적화 구현

(4) 마케팅과 판매(marketing and sales)

- 온라인 판매 및 유통망의 체계적인 관리
- 고객정보, 제품카탈로그, 재고가용성, 온라인 가격, 시세 주문입력과 관련한 기업 내 · 외부로부터 실시간 접속
- 온라인 제품구성
- 고객자료를 이용한 고객맞춤형 마케팅
- 개별고객 접촉형 광고
- 맞춤형 온라인 접속
- 웹(앱)설문조사, 선택형 광고, 판촉반응 추적프로그램을 통한 실시간 고객피드백
- 스마트폰을 통한 고객의견 반응을 분석하여 제품과 서비스지원 활동에 포함

(5) 서비스(service)

- 이메일관리, 청구업무, 통합 공동 검색채팅방, 트위터, 페이스북, 카카오톡 등을 통한 온라인 의견수렴을 위한 고객서비스망 지원

- 웹사이트와 인공지능 서비스요청, 프로그램을 통한 고객자가서비스
- 고객조회, 약식조회, 부품가용성관리, 서비스부품관리에 대한 실시간 현장서비스 접촉

나. 스마트 비즈니스환경에서의 지원활동(support activities)

(1) 기업 하부구조(firm infrastructure)

- 스마트 비즈니스를 위한 기획과 모델개발, 재무, 회계, 정보기술 등을 포함하여 기업의 전반적인 스마트오피스 관리
- 웹기반의 분산재무 및 ERP와 SCM시스템 구축
- 스마트워크 환경을 구성하는 통합플랫폼 개발(원격회의, 정보배포, 실시간정보처리 등)

(2) 인적자원관리(human resource management)

- 셀프서비스 직원관리 및 복리후생관리
- 웹기반 교육(사이버교육 등)
- 인터넷 기반 기업정보공유 및 배포
- 시간 및 비용의 전자적 보고 및 스마트환경의 인적자원관리

(3) 기술개발(technology development)

- 입지와 다중가치시스템 참여자를 총망라한 제품 디자인 제휴
- 조직의 전 부서가 접근할 수 있는 지식 디렉토리
- 온라인판매와 서비스정보에 대한 연구개발부서의 실시간 접속

(4) 조달(procurement)

- 자재수요계획, 실시간 구매품목 가용성 확인, 구매계약과 집행
- 구매 · 재고 · 예측시스템을 공급자와 연계된 실시간 관리
- 지급조건의 자동화연계

- 디지털 쇼핑몰, 교환, 경매, 구매자와 공급자 간의 연계를 통한 직·간접적 조달

이러한 스마트 비즈니스환경에서 기업활동의 비용과 질적 측면에 중요한 영향을 미치고 있기는 하지만 이들이 유일하거나 가장 주도적인 영향요인은 아니다. 규모, 구성원의 능력, 제품 및 공정기술, 물리적 자산에 대한 투자와 같은 전통적인 요인들 역시 두드러진 역할을 한다. 어떤 면에서는 인터넷이 변화의 주역이기는 하나, 전통적인 원천 역시 대부분 그 가치를 유지하고 있다.

향후 웹기반의 생태계 내에서 유통망의 확대를 지속적으로 꾀하면서 연구개발 및 협업모델을 통한 콘텐츠 수급력 강화로 이어지는 고객가치를 최우선으로 하는 경쟁모형 구조를 갖추어 지속적인 경영혁신이 이루어져야만 한다.

EXERCISES 연·습·문·제

1. 경영전략은 무엇이며 그 중요성을 설명하시오.
2. 경영전략과 정보전략의 상호연계성을 설명하시오.
3. 포터의 가치체인에 대하여 설명하시오.
4. 기업의 경쟁력 관점에서 가치체인을 설명하시오.
5. 디지털시대의 가치시스템의 변화를 설명하시오.
6. 정보공유로서의 가치시스템의 확장을 설명하시오.
7. 스마트 비즈니스시대의 가치체인의 변화를 설명하시오

Chapter 06

지식경영과 지식서비스

6.1 정보의 의미
6.2 지식과 지식경영
6.3 지식경영과 지식경영시스템
6.4 지식서비스의 정의와 분류

미국의 미래학자인 앨빈 토플러는 1980년에 출판된 대표작 『제3의 물결 : The Third Waves』에서 그는 미래사회를 정보화사회가 될 것이라고 주장하고, 제1의 물결인 농업혁명은 수천 년에 걸쳐 진행되었지만, 제2의 물결인 산업혁명은 300년밖에 걸리지 않았으며, 제3의 물결인 정보화혁명은 20~30년 내에 이루어질 것이라고 주장하였다. 이 장에서는 전자적 시대의 e-비즈니스 경쟁요소의 기본이 되는 정보의 의미와 특징, 지식 및 지식경영, 지식서비스, 지식서비스산업과 특징에 대하여 설명한다.

6.1 정보의 의미

정보는 우리가 살아가면서 보고 듣고 느끼고 경험한 많은 사실들이나 자료들 중에서 어떤 일을 하는 데 필요한 자료들만을 모아 놓거나 정리한 것이다. 일반적으로 작업장의 관리자는 모든 부문의 정보를 다룬다. 고객에게 최대한 서비스를 제공하기 위하여 정보를 필요로 한다. 회사에 최대한 관심을 가지기 위하여, 적절한 인센티브를 만들기 위해, 그리고 적절하게 훈련하기 위해 고용인에 대한 정보를 사용한다. 호텔을 예로 들면, 관리자는 고객들이 호텔에 머무르도록 하기 위하여 인센티브를 제공하거나 새로운 시스템으로 꾸며야 하며, 여기서 시설, 객실수에 대한 가격, 부가서비스를 제공할 뿐더러 새로운 호텔을 세우기 위해서 정보를 사용한다.

우리는 인터넷을 '정보의 바다'라고 한다. 그러나 실제 인터넷에서 얻을 수 있는 자료들은 많은 부분이 아직 가공되지 않은 상태의 단순한 데이터이며, 이 데이터를 특정의 목적과 문제해결에 도움이 되도록 수집하고 가공한 것을 정보라고 한다. 그리고 이러한 정보를 체계화하고 의미를 부여하여 장래에 일반적으로 사용되도록 한 것을 지식이라고 한다.

정보는 그 수신자(소비자 측면)에게 의미가 있는 형태로 처리된 자료(data)로서, 현재 또는 미래의 행위(behaviour)나 의사결정(decision making)에 실질적(real) 혹은 지각된 가치(perceived value)를 가지고 있다고 정의내릴 수 있다. 예를 들어 한국 내 여행자에게 필요한 외국인만을 위한 자료를 추려낸 정보 등을 말한다.

수신자에게 의미 있는 정보는 일반적으로 언어, 데이터, 약속된 부호 등의 수단을 통해 전달된다. 전달과정은 암호화, 해독, 통신 및 인터넷 채널을 통한 전달 등으로 구분된다. 전달과정 중 오류로 혹은 기술적인 문제로 원래 의도된 내용이 정확하게 전달되지 못하여 의사결정하지 못하는 경우가 나타나기도 한다. 따라서 정보전달과정에 있어서 발생할 수 있는 오류를 극대화하기 위하여 수신자에게 의미 있는 형태로 전달하는 것이 매우 중요하다. 만약 정보가 전혀 전달되지 않거나, 그릇된 정보가 전달된다면 의사결정에 무익할 뿐만 아니라 심지어는 심각한 부작용을 초래할 가능성도 있다. 정보가 점점 인터넷 등을 통하여 개방형으로 전달됨으로 인하여 개인신상에 대한 일부 조항 등의 부작용이 초래되기도 한다.

과거의 정보란 소수의 단체나 몇몇 개인만이 알고 있는 특별하고 비밀스러운 특화된 의미로서, 폐쇄적이기도 하고, 신비스럽기까지 할 정도로 정보의 용도는 제한적이었다. 예를 들어, 국내 영화 중 쉬리에서 북한첩보원의 활동을 예의주시하기 위한 그런 종류의 지식을 정보라 불

그림 6-1 데이터로부터 정보를 얻고, 정보로부터 지식을 습득하는 흐름도

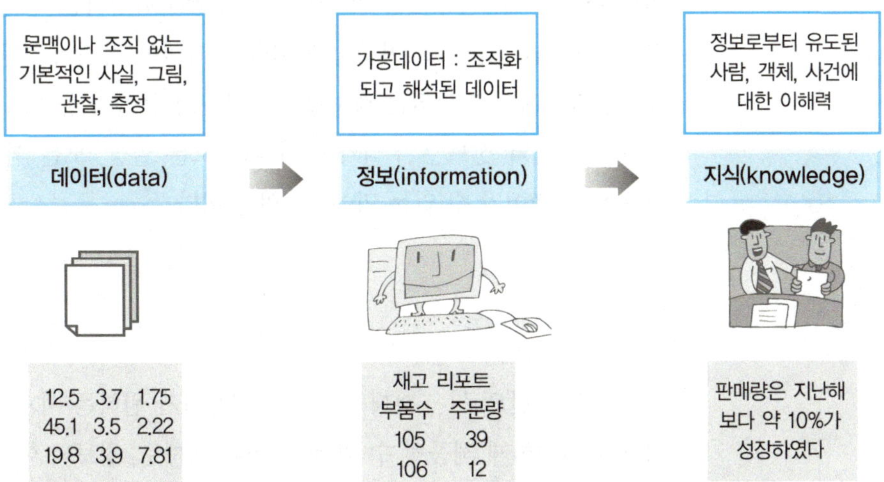

렀고, 그런 것이 정보인 것으로 지금까지 교육받고 있고 교육되어지고 있다.

그러나 오늘날 인터넷의 급속한 발달로 정보는 점점 개방적이고 일상적이고 더러 통속적이기까지 한, 모든 상황을 정보라는 말로 대변한다. 자동차로 출근 시 목적지까지 가기 위하여 교통상황을 예의주시하는 것, 출근 전 아침시간을 이용하기 위하여 여러 가지 취미활동을 갖는 것, 하루에 비즈니스를 하기 위하여 전화사용과 상담건수, 만남을 갖기 위하여 회사근처인지 먼 거리인지, 퇴근 후에 집으로 가는 방법이 자가용인지, 버스인지, 지하철인지, 잠을 잘 때 어떤 이불을 덮고 자는지, 자다가 어떤 꿈을 꾸는지 등이 모두 정보에 속하게 된다. 매일 생활하는 가운데 혼자만의 공간에 있든지, 누군가와 같이 의사교환을 하든지, 생각하는 것 가운데 정보가 아닌 것이 없고, 움직이는 것 가운데 관심이 아닌 것이 없다.

사람들의 일상생활 속에 등장하는 모든 상황들은 무엇인가를 만드는 사람들에게 모여진다. 아침에 일어나기 위해 봐야 하는 시계의 경우에는, 사람들이 갖고 싶어하는 모양으로 만들기 위해 사람들의 취향이 무언인가를 조사해야 하고, 아침식사의 경우에 반찬의 종류가 무엇인가를 알아내서 영양분석을 통해 자신들이 만드는 음식물을 사람들에게 먹게끔 유도하고, 심지어 고객이 좋아하는 제품으로 만들기 위하여 아이디어를 내야 한다. 사람들은 이러한 일상생활에 나타나는 모든 것들을 생활 깊숙이 받아들이고, 이것들을 위하여 기꺼이 자신의 노동을 제공하고, 이 과정에서 파생되는 정보로 새로운 제품들을 만들기도 한다. 한마디로 오늘날의 정보는 우리가 살아가는 모든 일상, 모든 환경 바로 그 자체이며, 벗어날 수 없는 먹이사슬인 것이다.

가. 정보의 조건

정보의 조건으로는, 첫째로 정보의 이용자가 원하는 시기와 장소에서 정보가 적절하게 제공될 수 있어야 한다. 둘째로, 정보의 이용자가 원하는 형태로 만들어진 진실한 내용의 정보이어야 한다. 마지막으로, 내용이 새롭고 최신의 것이며, 자기 자신만이 이용할 수 있을 때 정보의 가치가 더욱 빛날 수 있다.

나. 정보의 기능과 특징

정보는 우리 삶에서 어떤 기능을 하는가?

첫째로, 정보는 불확실성을 감소시킨다. 정보는 의사결정에 필요한 새로운 사실들을 알려주기 때문에 어떤 결정을 내릴 때 불확실성을 감소시켜 주고 합리적인 결정을 내릴 수 있도록 도와주는 기능을 한다. 우리가 어떤 문제에 관해 어떤 선택이나 결정을 내릴 때 그 결정이 합리적이기 위해서는 그 문제와 관련된 사실들을 알아야 한다. 왜냐하면 우리가 직면하게 될 문제나 상황에 대한 정보가 부족한 경우 우리는 불확실한 상황에서 결정을 내리게 되고 그만큼 우리의 결정은 잘못될 가능성이 커지기 때문이다. 우리가 직면한 문제상황과 관련된 사실들을 많이 알수록 문제를 둘러싼 상황에 대한 불확실성이 감소되고 그만큼 의사결정을 합리적으로 할 수 있게 된다.

둘째로, 정보는 상황을 파악하고 분석할 수 있도록 해주며 문제해결 방안을 모색하고 합리적 대안을 결정할 수 있도록 도와준다. 문제상황을 분석하기 위해선 정확한 정보가 필요하다. 이런 점에서 정보는 합리적 의사결정을 위해서 필수 불가결한 것이라고 할 수 있다.

이러한 정보는 두 얼굴을 하고 있다. 우리 생활에 도움이 되는 좋은 정보도 있지만 그렇지 않은 것도 있다. 정보사회에선 너무 많은 정보가 한꺼번에 쏟아지기 때문에 어떤 정보가 좋은 것인지, 거짓 정보는 어떤 것인지를 가려내어 필요하고 유익한 정보만을 얻을 수 있는 능력을 키우도록 해야 한다.

정보사회는 엄청나게 많은 양의 정보가 신속하게 처리되고 전달 · 공급되며, 대부분의 직업이 정보의 생산 · 처리 · 유통과 관련된 정보산업에 집중되는 사회를 가리킨다. 결국 정보는 인간의 주요 활동인 정보 및 통신기술과 관련된 것이라고 할 수 있다.

이러한 정보가 의미하는 주요 특징은 다음과 같다.

- 정보는 정보의 사회적 중요성이 증대되는 것으로, 개인생활을 비롯하여 정치, 경제, 문화의 모든 생활에서 정보 의존도가 커지는 것이라고 할 수 있다.
- 정보는 컴퓨터 및 정보통신기술의 발전에 의해 가능해지는 것이다.
- 정보는 경제활동의 중심이 상품의 생산에서 정보나 서비스, 지식의 생산으로 옮겨지는 것이다.
- 정보통신의 네트워크화가 이루어져 네트워크 커뮤니케이션이 가능해진다.
- 정보는 물질이나 에너지 이상으로 정보 자체가 중요한 자원이 되고, 정보의 가치생산을 중심으로 움직이는 것, 즉 인간의 지적 창조력이 가장 중요함을 의미한다.

이처럼 정보기술에서는 정보가 가장 중요한 재화로 인식되기 때문에 우리는 정보의 중요성을 깨닫고 정보 창조력과 정보 활용능력을 배양하여 다가올 미래사회 환경에 대비하여야 한다.

다. 정보의 가치와 의사결정

의사결정을 하기 위하여는 정보가 매우 중요한 역할을 담당한다. 따라서 정보의 가치에 따라 의사결정의 수준과 밀접한 관련을 가지고 있다. 정보는 시간, 장소 등 상황에 따라 가치가 다르므로 절대적인 가치보다는 상대적인 가치로 정해지는 부문이 많다. 이러한 정보가치의 관점에 따라 계량적 가치와 정성적 가치로 크게 분류한다.

(1) 정보의 정량적 가치

정보의 가치를 관습에 따라 객관적인 척도를 세워 측정하는 것을 말한다.

- 정보의 규범적 가치 : 정보화사회에서 의사결정을 하기 위하여 어느 정도 자신의 지식판단 기준에 따라 행동하는 방식을 말한다. 이러한 사전적 지식수준은 판단근거에 의하여 추리되기 때문에 어느

정도 미래가치를 판정하기는 쉬우나 잘못 동일한 척도를 기준으로 제시하여 판별하기는 다소 무리가 따른다. 여기서는 정보화사회의 집단적인 의사결정을 존중하기보다는 개인의 의사결정 판단기준을 제시하고 있다.

- 정보의 현실적 가치 : 정보의 성과의 차이 측정, 프로토타입은 가능하나 실제 시스템은 보여주지 못한다.
- 정보의 주관적 가치 : 의사결정자의 가상적 실험을 통해 평가한다.

(2) 정보의 정성적 가치

정보의 가치와 정보의 질을 결정한다.

- 관련성 : 정보가 현재 의사결정자가 해결해야 할 문제와 얼마나 관련이 있는가, 즉 어떤 정보가 의사결정에 도움이 되는가의 정도를 의미한다.
- 정확성 : 오류가 적어야 한다.
- 적시성 : 필요한 정보가 필요한 시기에 제공되어야 한다.
- 완전성 : 문제해결에 필요한 모든 정보 중 어느 정보가 필요한가를 말한다.

6.2 지식과 지식경영

지식의 사전적 정의는 “어떤 대상을 연구하거나 배우거나 또는 실천을 통해 얻은 명확한 인식이나 이해로 개인이 옳다고 믿을 뿐만 아니라 객관적으로도 참된 것(true)으로 인정받을 수 있는 것” 등으로 정의하며, 철학적 의미로는 인식에 의해 얻어진 성과 또는 사물에 대한 단편적인 사실적 · 경험적 인식으로 객관적 타당성을 요구할 수 있는 판단의 체계라 할 수 있다. 새로운 의미의 지식은 실용성으로서의 지식이고, 사회적 지위와 경제적 성과를 얻을 수 있는 수단으로서 인간의 외부를 향하게 되었다. 이러한 지식의 역동성은 지식이 기계, 작업도구, 제조공정, 제품에 적용되어 산업혁명을 일으켰으며, 지식이 노동과 일하는 방식에 적용되어 생산성혁명을 일으켰다. 또한 지식이 지식에 적용되고 체계적 혁신에 적용되면서 오늘날의 지식혁명을 일으키게 되었다.

오늘날 대부분의 기업들은 초경쟁력 환경이라는 무한경쟁시대로 돌입하면서, 지식에 대한 새로운 환경의 도입 및 구축이라는 상황에 직면하게 됐다. 앞으로의 지식환경은 기업에서 필연적으로 구축해야만 하는 것이다. 이미 선진국의 몇몇 기업은 지식경영을 성공적으로 도입함으로써 21세기 더 높이 도약할 수 있는 발판을 구축했다. 인터넷시대에 지식경영이 성공할 수 있는 지식과 지식경영의 전략과 조직, 프로세스에 대하여 아는 것은 매우 중요하다.

지식은 힘이다. 지식이란 어떤 한 분야에서 가장 탁월하고 최적의 의사결정을 내릴 수 있도록 사용하는 것이고 그 결과는 시장에서 차별화된 경쟁력을 갖게 된다. 지식은 정보를 체계화하고 일반화한 것을 말한다. 예를 들면, 미국 여행자에게 필요한 미국 대륙의 기후, 언어, 생활습관, 교통편 등에 관해 체계화한 지식을 일컫는다.

개인과 조직을 기반으로 하여 기업지식의 생성과 활용, 축적에 이르

그림 6-2 지식의 개념

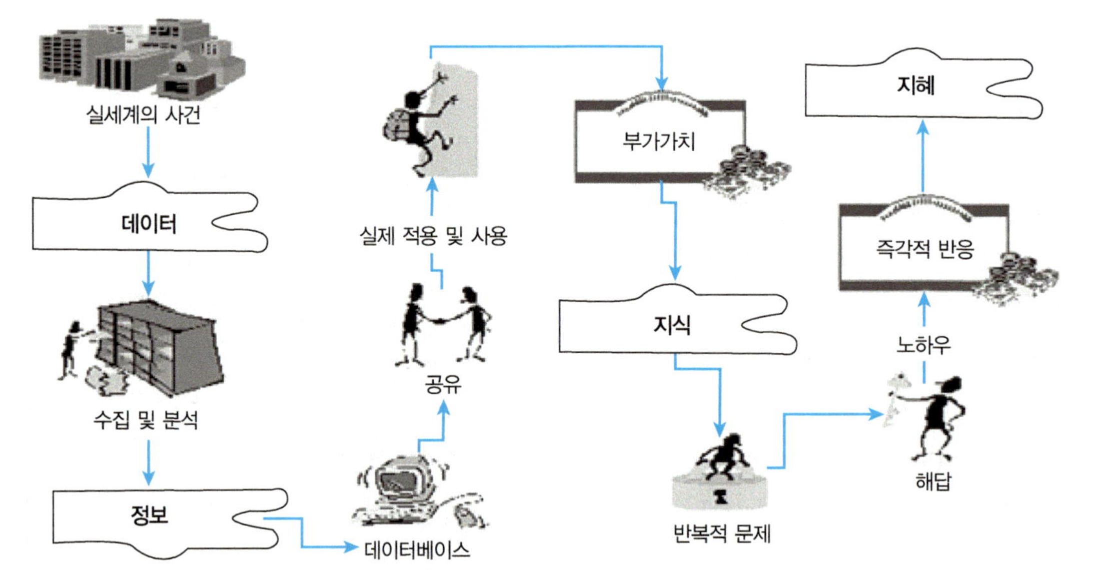

자료 : 21세기 지식경영연구소.

는 활동을 원활하게 할 수 있도록 정보기술을 통해 지원하는 것을 지식관리시스템(KMS)이라고 한다. 특히 인터넷시대에는 기업의 경쟁적 우위로서 차별적인 지식의 창출을 더욱 필요로 한다. 하지만 최근 대부분의 기업들은 혁신 프로젝트 등을 통해 많은 지식경영활동을 하고 있지만, 실제 가시적인 성과를 내지 못하고 있다.

지식경영활동이 성공적으로 실행된 기업들에 비해 대부분 제대로 기업의 성과로 이어지지 못하는 것은 여러 가지 요인들에서 찾아볼 수 있겠지만, 무엇보다도 기업의 지식경영활동이 변화하고 있는 경영 패러다임에 제대로 적응하지 못하는 것이 주요 원인이다. 여기서는 지식의 정의와 배경, 지식경영에 대하여 알아보도록 하자.

가. 지식과 정보의 배경

새로운 정보통신기술의 등장으로 매우 빠르게 기업환경은 변화되어 가고 있다. 이러한 경쟁환경을 이끌어가는 주역은 다름 아닌 지식이며, 성공에 대한 열쇠도 바로 지식이다. 국내외 기업들은 앞다퉈 지식과 시스템을 도입하고 있어 지식만이 현재 조직의 비효율적인 구조를 극복하고 세계시장에서 경쟁력을 얻기 위한 유일한 자원으로 인식되고 있다. 따라서 지식은 이론적으로 알고 있는 것보다 실제로 어떤 일을 하면서 경험으로 얻어지는 가장 현실적이고 진실한 것으로 이해할 수 있다. 이 시점에서 가장 중요한 것은 지식경영의 확산이 빠르게 진행되면 될수록 지식에 대한 올바른 이해가 먼저 선행되어야 한다는 것이다.

수많은 인터넷사이트 혹은 내부에서 축적되고 사용되는 다양하고 많은 정보를 검색할 수는 있지만 그 정보들이 진정한 가치를 창출할 수 있도록 활용되지 않는다면 그것은 단지 정보나 객관적인 사실의 설명에 불과하다. 그러나 검색된 정보를 업무의 과정이나 기업의 이익을 위해 활용할 수 있다면 그것은 업무를 통해 이익을 얻을 수 있는 가장 적합한 지식이 된다.

[그림 6-3]에서처럼 지식은 정보보다는 상위개념으로서 사실적인 데이터를 근거로 나타난다. 즉, 데이터(data)는 현실세계에서 일어난 사건

그림 6-3 데이터, 정보, 지식과 지혜의 관계 개념도

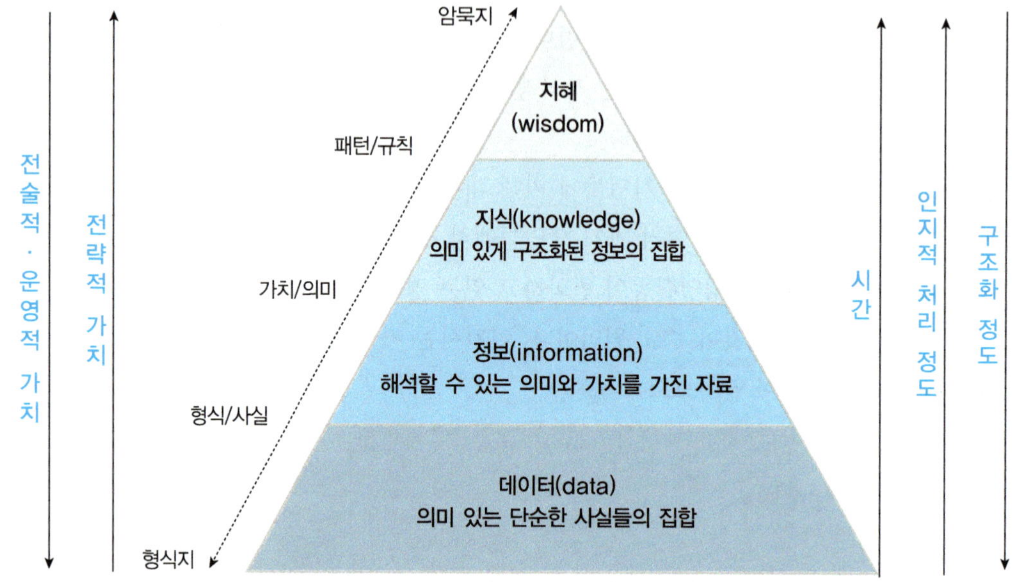

들에 대한 단순한 사실이나 수치에 불과한 것으로서 그 자체로는 현실에 대한 사실 전달 이외의 의미를 지니고 있지 않는다. 이러한 데이터의 의미를 살펴보면 다음과 같다. 특히 데이터의 품질은 데이터의 유용성을 결정할 뿐만 아니라 데이터에 기반한 의사결정에 대한 다양한 형태의 분석을 나타낸다. 데이터가 명확하지 않거나, 원천적인 데이터의 손실과 부주의하게 추출됨으로 인하여 나타나는 손실은 이루 말할 수 없이 많은 비용이 발생된다. 그리고 데이터가 적절하게 측정되거나 색인되어지지 않음으로써 나타나는 문제, 그리고 요구된 데이터가 명료하게 존재하지 않음 등 여러 가지 문제점이 보여지나 결과론적으로 데이터에 관련된 품질 형태는 접근성, 객관성, 신뢰성, 명확성 등이 존재한다. 데이터는 정보를 구성하는 요소로서 가공되지 않은 기본적인 사실(facts), 그림(figures), 관찰(observations), 측정(measurements) 등으로 정의한다.

정보(information)는 현실세계에서 일어난 사건들에 대한 자료를 수집하거나 분석하여 사용자의 목적에 맞게 가공한 것으로서 데이터 간에 어떤 관계가 있는가를 분석하여 특정 목적과 문제해결에 도움이 되도록

의미를 부여한 것을 말한다.

지식(knowledge)은 이용자의 목적에 맞게 가공 · 분석한 정보가 일정한 규칙으로 데이터베이스(DB)가 구축되고, 이를 공유하고 활용함으로써 새로운 부가가치를 창출할 수 있는 정보들의 집합을 의미한다.

지혜(wisdom)는 이러한 데이터, 정보, 지식의 모든 과정 속에서 개인이 갖는 독자적 노하우나 응용력을 경험과 같은 주관적 정보를 더하여 보다 정도가 높아진 종합적인 판단력이나 어떤 문제에 대한 해결책을 제시할 수 있는 체화된 경우를 말한다. 이러한 지혜는 여러 가지 다양한 상황에 적용할 수 있고, 새로운 지식을 만들어 낼 수 있는 보다 고차원적인 힘으로 지식을 운용할 수 있는 능력을 지혜(wisdom)라 할 수 있다.

경영의 관점에서 보면, 자료(data)는 과거의 기록을 하는 운영적인 것을 의미하는 것이고, 정보(information)는 현재의 상황을 뜻하는 전술적인 것을 의미하며, 지식(knowledge)과 지혜(wisdom)는 미래를 예측하기 위해서 요구되는 것이기 때문에 경영자의 입장에서는 중요한 전략적 의미를 지니고 있다.

지식경제사회에서 필요한 지식이란 부가가치 창출이라는 목적을 추구해 나갈 때 직 · 간접으로 기여하거나 관계하고 있는 지식을 말한다. 초경쟁력 환경에서는 방대한 양의 정보 중에서 의미적으로 가치가 있는 지식만이 정제 · 관리되어야 하고, 또 이런 사회적 구조를 지식기반경제, 지식기반사회라 지칭한다. 디지털시대가 가져다주는 지식이라는 혁명적인 기술 인프라를 이용해 지금이야말로 조직을 혁신적으로 관리할 수 있는 시점임을 강조하고 싶다.

나. 지식경영의 정의

지식과 경영은 본질적으로 사람이 주체가 되는 주관적 속성이 강한 것으로 생산성 향상과 효율성 제고를 위한 관리기법이 아니고 인간에 대한 철학적 관점, 즉 인간은 이익을 증진하기 위한 수단이 아니고 이익을 창출하기 위한 주체라는 인식의 변화를 전제로 해야 한다. 따라서 지식경영은 창의력이 있고 열정이 있는 인재를 선발하는 것이 지식경영의 출발점이 되어야 하고, 제도 · 조직 · 시스템 간의 균형과 적합성이 지식경영을 위한 인프라가 되는 것이다.

정보 · 관리 · 시스템은 현존하는 것에 초점을 두고 있지만, 지식 · 경영 · 프로세스는 생성하는 것, 즉 미래에 초점을 맞추어야 하기 때문에 창의력의 개발과 예측력의 정확도가 생존과 경쟁력에서 핵심이 되고 있다. 따라서 지식경영은 시스템중심에서 사람중심으로 업무와 연계시켜 경영성과에 기여하는 방법으로 접근해야 한다.

지식경영 참조사이트
www.brint.com
www.software.ibm.com
www.sciam.com
www.km.org
www.ktic.com
www.accesskm.com

지식경영(Knowledge Management)은 매우 다양하게 정의되고 있다. 지식경영의 기본적인 이론은 1960년대에 과학 철학자인 Michael Polanyi는 지식을 형식적 지식(Explicit Knowledge)과 암묵적 지식(Tacit Knowledge)으로 구분하였다. 형식적 지식이란 말로, 즉 언어로 명시할 수 있는 객관적이고 형식적인 지식(데이터, 정책, 절차, 소프트웨어, 문서 등)을 일컬으며 상당히 개인적이고 형식화하기 어려운 측면이 있다. 또한 암묵적 지식이란 개인적인 경험에 의해 얻어지는 말로 표현하기 어려운 지식으로 매우 함축적인 노하우인 경험적 학습의 영역에 해당함을 의미한다.

형식지로는 기업의 정책 및 매뉴얼, 가이드라인, 화이트페이퍼(white paper), 보고서, 설계안, 제품, 전략, 목표, 사명, 핵심역량과 정보기술 인프라, 제품양식 및 디자인, 언어화된 문제 및 방법론 등을 들 수 있다. 다른 사람들에게 배포될 수 있으며, 프로세스나 전략으로 전환될 수 있는 형태로 부호화(codified)되어온 것들이다. 예를 들어, 기업의 인적자원 정책 매뉴얼로 문서화되어 있는 채용 프로세스를 어떻게 수행하는지에 대한 기술이 이에 속한다.

암묵지는 조직이 가지고 있는 경험, 통찰, 관찰, 전문지식, 노하우, 거래비밀, 기술, 지적 능력, 학습 등을 통해 축적된 결과뿐만 아니라, 조직의 사람, 프로세스, 그리고 가치에 대한 과거 및 현재의 경험이 내재된 문화를 의미한다. 일반적으로 개인의 머릿속에 존재하거나 조직 내에서 그룹 간 상호작용하는 과정에 내재되어 있다. 암묵지는 전형적으로 전문지식 또는 고난도의 기술들로 구성된다. 예를 들어, 자전거를 타는 방법은 말로 명확하게 표현하기 어려운 암묵지이다. 암묵지에 대한 성공적인 전이 또는 공유는 일반적으로 교제, 실습훈련, 대화, 그리고 기타 사회적이고 개인적인 상호작용 또는 심지어 시뮬레이션 등을 통해 이루어질 수 있다.

이후에 많은 학자들에 의해 주장된 지식경영은 항상 변화를 계속하는 사회에서 선도기업이 되기 위하여 새로운 지식을 창조하여 조직 전체에 영향을 끼치는 보다 신속하고 앞선 기술, 새로운 제품개발로 구현되는 기업이라고 주장하고 있다. 창조적인 기업이란 형식적인 지식과 암묵적인 지식을 병행하면서 지식이 창조되어 기업이나 개인에 점차적으로 축적되어 가는 양상을 띠고 있다.

이러한 다양한 정의들을 종합하여 한마디로 표현하면 지식경영이란 조직의 지식을 체계적이고 효과적으로 관리하고 활용하는 것이라 할 수 있을 것이다. 보다 구체적으로 기업 내외의 지식자원을 획득 · 교환 · 결합하여 새로운 지식을 창출하고, 이를 부가가치 증대에 효과적으로 연결시키는 체계적인 활동을 말한다.

지식경영을 구현하기 위한 기술적인 요인으로는 데이터웨어하우징, 데이터마이닝, 인트라넷, 웹서비스 등 새로운 정보기술 진보와 정보기술이 지식시대 기업들의 직면 문제에 대해 해결책을 제시하는 지식관리시스템(KMS)으로 해석되고 있다.

다. 지식경영의 구성요소

지식경영은 보편적으로 사람, 문화, 제도와 조직, 시스템으로 구성된다. [그림 6-4]는 지식경영의 구성요소를 나타나며, 이러한 구성요소들의 바탕에는 지식프로세스가 존재한다. 지식프로세스는 지식의 변환과 활용, 새로운 지식의 창출이 연속적인 순환과정을 통해 새로운 부가가치 창출에 결정적 기여를 함으로써 고객에게 만족스러운 가치를 제공하고 기업에게는 이윤을 가져다주는 메커니즘을 일컫는다.

지식경영의 구성요소들은 지식프로세스 전반, 혹은 프로세스의 특정 과정에서 상호작용하여 지식프로세스를 가속화시켜야 한다. 이것이 지식시대 지식경영의 전체 모습인 것이다.

그림 6-4 지식경영의 구성요소

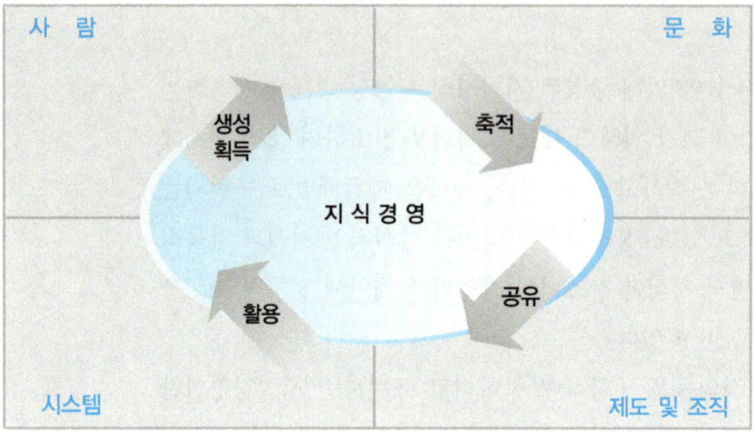

사람은 지식경영의 가장 중요하면서 지식프로세스의 근원지이다. 기업 내의 모든 종업원은 지식근로자가 되어야 한다. 제 기능을 발휘하기 위하여 지식공유와 지식창조가 우선시되는 문화가 되어야 한다. 그리고 지식창조가 이루어지기 위하여 제도와 조직을 갖추어야 한다. 지식에 대한 평가, 보상체계, 권한이양 등이 되는 조직체계로 재편되어야 한다. 그리고 모든 조직은 학습조직이어야 한다. 조직 자체가 끊임없이 유용한 지식을 창출하고 공유해가는 속성을 갖추어야 한다.

라. 지식경영 패러다임의 전환

각 기업들은 새로운 기업환경하에서도 과거의 사업모델을 기반으로 전략을 수립하고 지식경영을 실행하고 있다. 최근에 인터넷기술의 등장은 이에 적합한 새로운 사업모델, 즉 정보사회모델을 요구하고 있다. 그리고 인터넷 환경에 적합한 정보사회모델은 지식경영의 기반이 되어야 한다. 기존 산업시대의 사업모델과 정보사회모델을 사업전략과 조직설계, 조직 핵심자산, 지식경영 프로세스, 지식경영시스템, 관리자의 역할 등의 측면에서 분석하면 다음과 같다.

(1) 사업전략의 전환

인터넷시대의 새로운 사업전략은 기업 내 · 외적으로 발생하는 다양성과 복잡성을 여과 없이 받아들이고 있다. 그런데 새로운 사업전략이 기존 산업시대의 사업모델과 다른 점은 다양성과 복잡성을 장기적인 예측과 계획의 수립을 위해 단순화하기보다는, 시나리오(Scenario)분석과 같은 기법들을 이용하여 다양한 미래 기업경영환경을 이해하는 데 초점을 둔다는 것이다.

인터넷시대의 정보사회모델은 전략의 실시간 수립과 실행을 위해 전 직원들에게 지식경영 프로세스에 대한 접근 권한과 의사결정 권한, 필요한 지식 등을 부여하고 있다.

(2) 조직설계의 전환

과거 산업시대의 기업조직은 좋은 실행(Best Practice)을 모방하여 구조나 통제의 면에서 일관되게 유지되어야 하는 제도적인 장치였다. 새로운 정보사회의 조직은 혼돈의 최첨단에 있는 조직이라 할 수 있다. 즉 기업의 조직은 몇 개의 규칙과 특정 정보, 그리고 대부분의 자유가 섞여서 그 경계나 구조, 통제를 찾아보기 힘든 것이 특징이다. 즉 인터넷시대의 정보사회 조직은 역동적으로 변동하는 사업환경에 적합한 보다 나은 실행방안(Better Practice)을 지속적으로 추구하도록 고무하는 역할을 하여야 한다.

(3) 조직 핵심자산의 전환

인터넷시대의 정보사회모델에서는 지식이 기업의 주요 자원이 되며, 다른 자원들은 그 자체 속성으로 인하여 중요성이 점점 떨어지게 될 것이라고 예측한다. 실제 eToys.com이나 amazon.com 등 인터넷 기업들과 마이크로소프트와 같은 지식기반 기업들이 오프라인 기반의 경쟁기업들과 비교해서 시장에서 더 많은 가치를 인정받고 있으며, 수익의 지속적인 증가를 통해 산업의 우위를 지켜나가고 있다.

결국 이러한 기업들의 정보자원이나 지식자원은 기존 경제학에서는 설명하기 힘든 한계수익의 체증이나 네트워크 외부성 등과 같은 속성을 갖고 있으며, 노동이나 토지, 자본 등의 유형의 자원이 한정된 상황에서는 지식이나 정보자원이 이들 자원들을 대체할 수밖에 없다.

(4) 지식경영 프로세스의 전환

지식경영 프로세스의 전환에 대한 핵심적인 내용은 다음 두 가지 사례를 통해 구체적으로 확인할 수 있다.

한 기업은 미국의 철강제조기업으로 지식경영에 있어 정보처리 관점의 모델을 추구하고 있다. 그 기업의 지식경영 프로세스는 다음과 같은 최고경영자의 연설문에서 제대로 표현되고 있다. "지식경영에서 우리 기업에게 가장 중요한 것은 유용한 지식을 발견해 내고, 그것을 축적하고 널리 공유하는 것이다."

또 다른 기업은 미국의 제약기업으로 지식을 창출하고 공유하기 위해 지식경영 프로세스의 초점을 조직구성원들에게 최대한의 권한을 부여하는 데 두고 있다. 역시 최고경영자의 연설문을 보면 다음과 같다. "현재, 자료가 대단히 풍부한 강이 흐르고 있다. 우리 기업은 이 강에 댐을 막아 그 자료들을 모아두지 않을 것이다. 우리는 조직구성원들에게 단지 그 자료의 강을 마음대로 항해할 수 있는 배만을 줄 것이다."

지식경영 프로세스에 대한 두 가지 상이한 관점 가운데 인터넷시대의

그림 6-5 지식경영 프로세스

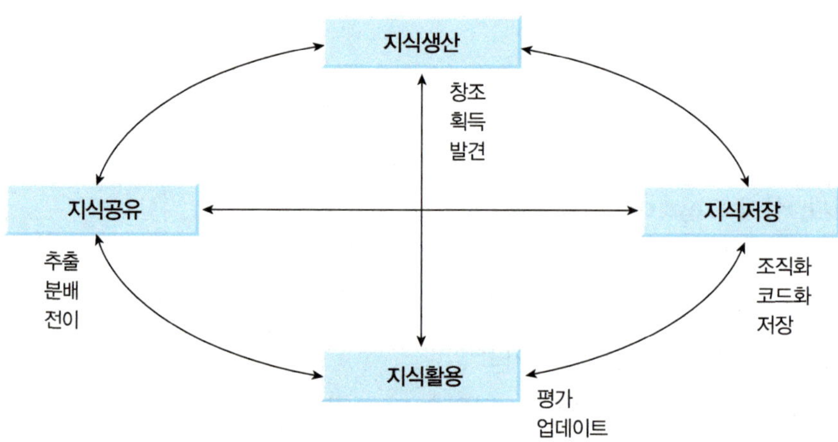

정보사회모델에 적합한 지식경영 프로세스는 후자의 기업일 것이다. 지식경영 프로세스는 자율이라는 통제 메커니즘을 통해 정보의 다양성과 복잡성을 새로운 지식의 창출이라는 목표로 흐르게 하는 것이다.

(5) 지식경영시스템의 전환

최근 컴퓨터의 급속한 보급은 조직의 일상적인 일이나 정책 등을 표준화된 운영 프로세스에 맡기도록 강요한다. 그런데 이러한 정보시스템들은 일상적인 업무의 효율적인 처리와 외부환경을 기업의 업무흐름으로 수렴시킨다는 장점을 갖고 있는 반면에, 역동적으로 변화하는 사업환경을 정적인 기업운영 프로세스에 맞추려 하기 때문에 외부환경 변화에 적절히 대응하지 못하는 단점을 함께 지니고 있다.

즉 컴퓨터를 이용한 거래나 물류, 작업흐름의 통합 등 전통적인 정보처리의 관점을 벗어나 커뮤니케이션 기반을 구축하고, 조직구성원과 고객들 간의 네트워크를 형성하며, 현장에서 직접 학습할 수 있는 다양성과 복잡성을 가진 지식경영시스템의 관점에서 정보사회를 실행하고 있는 것이다.

정보사회모델은 유연한 기술과 시스템에 기반하며, 고객과 조직구성원 간의 자유로운 지식경영실행 공동체의 형성을 가능하게 하는 지식경영시스템을 요구한다.

(6) 상급관리자 역할의 전환

조직에 의해 제기되는 실행 방안을 조직구성원들이 자유롭게 다양한 관점에서 평가하도록 하기 위해서는 '항상 해오던 관례'에서 벗어나야 한다. 즉 순응을 강요하는 명령과 조정시스템은 비구조화되고 복잡한 환경하에서 조직구성원들을 동기부여하기에는 부적합하다는 것이다. 따라서 역동적인 사업환경을 배경으로 한 정보사회모델은 상급관리자의 역할도 명령과 조정시스템에서 감각과 반응시스템으로 전환할 것을 요구한다.

즉, 기업의 부가가치 활동에 대한 조직구성원들의 다양한 관점을 실시간으로 지식경영 프로세스에 반영하고 이를 조직의 목표로 연결시키고자 하는 신념과 몰입이라고 할 수 있다.

6.3 지식경영과 지식경영시스템

지식경영은 기술 또는 제품보다는 비즈니스 수행에 적용되는 방법론이다. 정보기술은 모든 지식경영시스템의 성공적인 구축에 있어 중요한 역할을 한다. 지식경영시스템(KMS)의 구축 기반에 대한 아키텍처는 [그림 6-6]에 보여준다. 지식과 지식공유가 되기 위하여 지식경영시스템(KMS)을 구축하고 운영하는 데 필요한 정보기술 측면의 요소에 대하여 살펴본다.

그림 6-6 지식경영시스템의 아키텍처

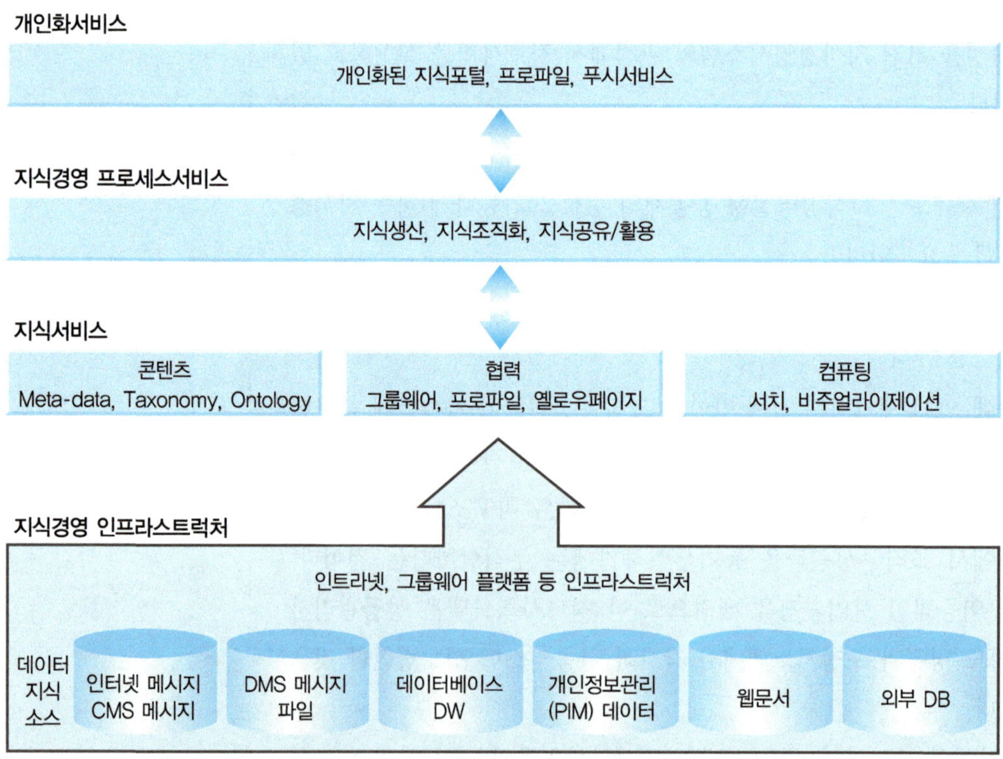

우선 지식경영시스템은 기존 정보시스템들과의 유기적 결합을 통해 컴퓨터상에 저장된 데이터나 정보뿐 아니라 문서, 그래픽, 동영상, 모델, 노하우 등 다양한 형태로 조직 내에 분산되어 있는 지식을 효과적으로 저장 · 관리 · 활용할 수 있는 통합된 개념의 정보시스템이라 할 수 있다. 이 시스템을 활용하는 사용자들은 단순히 데이터나 정보를 입력, 조회, 또는 출력하는 단순한 작업이 아니라 자신의 지식을 바탕으로 지속적인 업무지식의 창출, 효과적인 지식경영시스템의 운용, 전사적인 지식경영의 비전과 전략수립 등에서 보다 지속적인 역할을 해야만 한다. 현재 지식경영시스템의 구축은 업체마다 다르기 때문에 가장 보편적인 지식경영시스템을 소개한다.

KMS를 지식의 획득, 분배, 효율적인 사용을 가능하게 하는 프로세스

그림 6-7 지식경영시스템의 구성모델

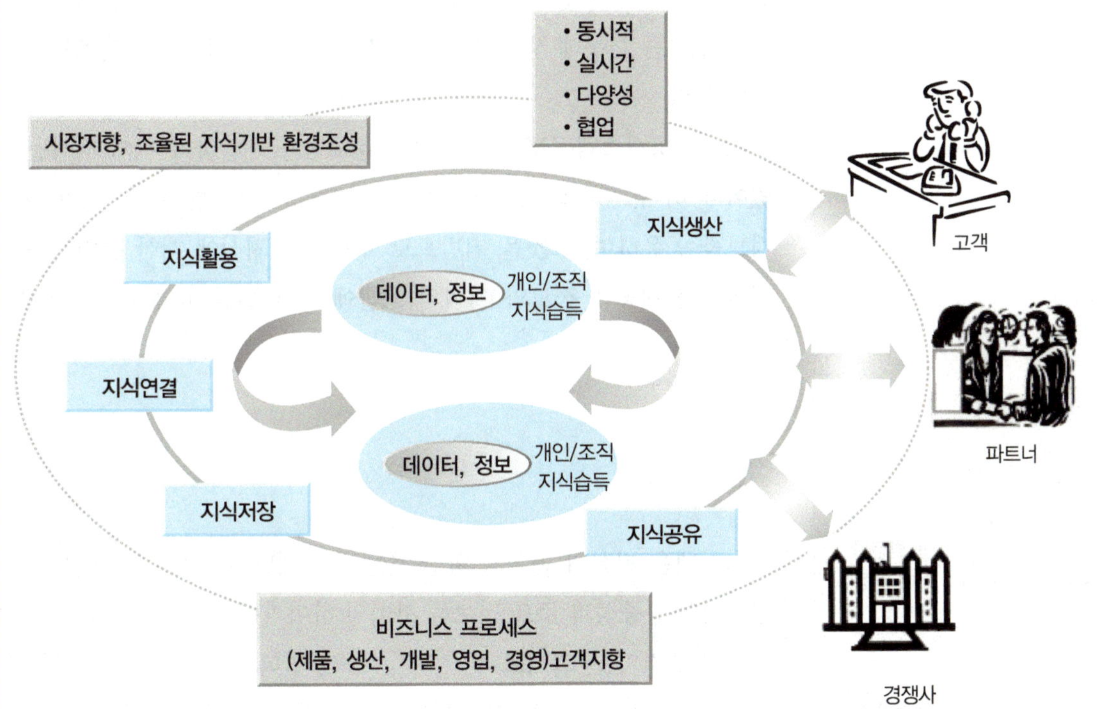

자료 : 지식관리시스템, 마이크로소프트웨어, 1999. 8. 저자수정본.

라고 보는 기능적 특징으로 다음과 같이 나타낸다.

- 네트워크 및 개방성
- 분산 가능한 구조
- 보안 및 평가기능
- 다양한 저장소로부터 효율적인 검색
- 조직원 간 지식을 공유하고 전파하기 위한 협업과정
- 조직 내 지식유통의 가용성을 확대시킬 수 있는 시스템

[그림 6-7]과 같이 기존의 정보시스템을 기반으로 한 업무에서는 대부분의 정보들은 정형화된 업무 형태 속에서 업무별로 축적돼 있다. 이러한 형태의 정보들은 같은 기업이나 조직 내에 존재하기는 하지만, 이를 이용하기 위해서 구성원들은 다양한 시스템에 접속하게 되고, 그러한 과정 속에서 업무 개발에 대한 중복투자가 발생하게 된다. 또한 각 업무시스템 간의 정보의 공유도 쉽지 않다. 이러한 정보흐름의 단절은 업무의 흐름을 통해 생성되는 노하우, 즉 새로운 지식의 창출에도 걸림돌이 된다.

지식경영시스템(KMS)은 이러한 문제점을 해결하기 위해 제시될 수 있어야 하며, 기존의 정보시스템과 연계되고 다양한 협업기능을 통해 정보를 공유하며, 그것을 기반으로 추출되는 지식에 대한 통일된 인터페이스를 제공해 정보와 지식의 흐름에 대해 일관된 체계를 제공해야 한다.

가. 인터넷/인트라넷/엑스트라넷

인터넷은 지식의 공유와 확산 측면에서 대단히 중요한 역할을 한다. 인터넷의 공중성과 주요 정보들 사이의 하이퍼링크를 통한 동적인 형태의 지식연결기술, 그리고 DHTML, XML, 멀티미디어기술 등과 연결되는 다양한 지식표현기술은 지식경영시스템(KMS)의 중요한 근간이 되며, 미래에 지식경영시스템의 상당부문이 인터넷 기반하에서 구현되리라 생각된다. 최근에는 스마트폰으로 무선환경의 모바일 비즈니스가 실

DHTML
기존 HTML에서 한 단계 발전된 기술로 HTML문서를 보다 생동감있게 표현가능

XML
W3C(www.W3.org)에서 발표한 것으로 웹을 구성하고 있는 HTML을 획기적으로 개선한 차세대 인터넷 언어

현되어 지식서비스산업이 급속도로 발전하고 있다. 이러한 환경은 지식관리시스템을 구축하는 기본 바탕으로 이루어져야만 한다.

특히 인터넷기술을 기업이나 특정 조직 측면에서 활용하고자 하는 인트라넷/엑스트라넷 개념기술이 급속도로 발전하고 있다. 인터넷 기반기술은 많은 양의 정보를 공유하기 위하여 보안기술, 지불시스템, 스마트 비즈니스 등 광범위한 형태의 무선통신기술 등이 기기와 상관없이 구현될 수 있는 지식경영시스템(KMS)이 기본사항으로 등장할 것이다. 시장이나 고객의 변화에 실시간으로 대응할 수 있도록 관련 지식을 사용하고 해당조직의 실시간 정보공유를 위해 생산성을 높이는 계기가 마련되어야 한다.

나. 데이터베이스

데이터베이스는 현실세계에 존재하는 많은 데이터들 가운데 어떤 조직이나 단체를 유지하고 관리하는 데 필수적인 관련 데이터들의 집합이다. 데이터와 데이터 간의 여러 가지 발생하는 연관성이 존재한다. 이러한 연관성을 갖는 어느 데이터가 들어 있는 파일들로부터 필요한 정보만을 정리하여 또 다른 하나의 파일에 저장하여 두는 것으로 데이터베이스는 복수의 파일처리에서 출발하였다. 특히 지식경영시스템(KMS)을 구축하기 위하여 데이터베이스는 매우 중요한 요인이다. 다양하고 방대한 양의 지식을 보관·축적하기 위하여 데이터베이스는 필수요소로 기존의 관계형 데이터베이스(RDBMS)에서 최근의 객체관계 데이터베이스(ORDBMS) 또는 객체지향 데이터베이스(OODBMS)에 이르기까지 구축되는 시스템에 따라 다양하다.

다. 전자문서관리시스템

전자문서관리시스템(EDMS)과의 연동은 크게 두 가지 분류로 나눌 수 있다. 첫 번째는 데이터 간의 연동으로 지식경영시스템과 전자문서관리시스템이 각각 서로 다른 지식과 정보를 공유하고 있는 상태에서

관계형 데이터베이스(RDBMS)
데이터를 계층구조가 아닌 단순한 표(table)로 표현하는 형식의 데이터베이스

객체지향 데이터베이스(OODBMS)
하나의 객체에 그 실체의 속성과 연관성을 설명해 주는 데이터값들로 이루어질 뿐만 아니라, 그 방법과 진행과정이 데이터상에서 수행될 수 있다.

사용자의 요구나 기능상의 통합을 위해 서로 간에 데이터를 이관하거나 서로에게 데이터를 공개하는 경우이다. 두 번째는 지식저장 공간의 연동으로 지식경영시스템에서 보유한 지식을 좀 더 효율적으로 관리하기 위한 저장공간으로 전자문서시스템을 사용하고 지식경영시스템에 등록된 지식은 실제적으로 전자문서관리시스템으로 이관되어 관리되고 활용되는 경우이다. 경쟁사보다 우위를 확보하기 위해 고객특성을 다차원적으로 분석할 수 있는 시스템을 구축하는 것이 목표이며 멀티미디어, 음성이나 화상인식 등의 최신정보기술이나 기법으로 전자문서관리시스템을 구성하는 것이다.

라. 검색 및 검색엔진

지식경영시스템의 중요한 구성요소 중 하나를 차지하는 것이 검색엔진이다. 본 시스템에서는 검색엔진이 문서에 대한 전문 검색을 제공하는 기능뿐만 아니라, 사용자가 빈번하게 참고로 하는 주요 웹 사이트에 대하여 관리자가 적정한 검증 절차를 거친 후 시스템에 등록하여 두면, 웹 로봇이라고 불리는 모듈이 이들 사이트에 대하여 적절한 시간간격을 두고 새롭게 갱신되는 문서들을 자동으로 수집하고, 이들 수집된 문서들을 중요 키워드별로 자동으로 분류하여 지식경영시스템에 등록하게 하는 기능을 추가함으로써 사용자가 필요로 하는 지식을 한 곳에서 관리하고 활용할 수 있는 효율성 및 편의성을 제공한다.

마. 협업

협업(Collaboration)기술은 그룹 작업을 수행할 수 있는 수단을 제공한다. 그룹들은 공통의 문서를 가지고 동시 또는 다른 시간에 작업을 한다. 이러한 작업방식들은 지식제공 작업을 수행하는 실행공동체의 구성원들에게는 매우 중요하다. 네트워크의 발전은 협업컴퓨팅 시스템들을 사용하는 개인들이 언제 어디서든 온라인 작업을 할 수 있도록 가상공간을 제공한다. 특히 대화형 협업기능인 메일, 게시판, 전자결제, 원격 및 화상회의 등을 정보시스템 내에서 구현하는 것은 매우 중요하다.

바. 보안

지식경영시스템(KMS)이 인터넷/인트라넷/엑스트라넷이라는 보다 넓은 범위에 활용되면서 한 기업의 지적재산을 보호하려는 보안은 지식경영시스템(KMS)의 핵심이라고 할 수 있다.

사. 기업지식포털(EKP : Enterprise Knowledge Portal)

기업지식포털은 사용자가 본인이 자주 접근하는 기능을 한 화면에 통합하여 볼 수 있도록 해주는 기능으로 사용자는 로그인을 한 후, 그룹웨어의 주요 기능과 지식경영시스템의 주요 기능을 한 화면에서 볼 수 있으며 여러 경로를 거치지 않고 한 번에 접근이 가능하도록 구성되어 있다. 포털은 여러 이질적인 시스템이 서로 다른 접근방식과 서로 다른 사용자 인터페이스를 가지고 사용자에게 제공됨으로써 사용자가 본인이 필요로 하는 기능과 데이터에 접근하여 정보를 획득 · 교환하는 기능을 한다. 즉 문맥을 공유할 수 있는 연관성을 만들어서 정보를 교환함으로써 지식이전 및 공유를 하는 것이다. 이러한 포털에는 사용자의 정보요구, 즉 데이터와 문서, 전자메일, 웹링크와 질의(query), 그리고 공유되어야 하는 일정 및 과업목록 등이 통합되어 있다.

아. 데이터웨어하우징과 데이터마이닝

기업 내 정보기술을 이용한 정형화된 정보들이 적절한 도구를 이용해 분석되고, 분석된 자료들은 새로운 정책을 결정할 수 있는 지식으로 사용될 수 있다. 이러한 작업을 가능하도록 하기 위해 데이터웨어하우스(Data Warehouse)가 이용되고 있는데, 데이터웨어하우스 구현의 결과는 즉각적으로 정형화할 수 있다.

데이터웨어하우징 구현은 데이터추출, 데이터저장, 온라인 데이터분석, 데이터마이닝, 데이터액세스의 다섯 단계로 나눌 수 있다. 각 단계 중에서 데이터마이닝(Data Mining)은 수집되고 분석된 자료를 사용자에게 제공하기 위해 분류 및 가공하는 요소 기술로서 사용자들은 이러한 기능을 통해 자동화된 지식검색을 할 수 있게 된다. 데이터마이닝을 활용한 작업으로서는 지식추출, 데이터 탐색, 데이터 패턴처리, 데이터 포착, 그리고 정보생성 등이 잘 알려져 있다.

프로젝트를 중심으로 조직의 효율성 향상을 목표로 추진되는 시스템으로, 축적된 지식이 시간이 지나면서 다양화되고 정예화되어 사용자의 새로운 지식욕구를 충족시킬 수 있는 시스템으로 발전하는 것이 바람직하다.

6.4 지식서비스의 정의와 분류

가. 지식기반경제의 특징

지식기반경제시대에는 지식이 경쟁력의 원천이 되고, 지식산업과 지식인력의 중요성이 높아지는가 하면, 지식의 생성 및 전달을 효율적으로 하기 위한 네트워크형 혁신과 정보통신환경의 급격한 변화로 스마트 환경이 일어나는 등 다양한 변화가 일어나고 있다. 이런한 변화의 특징을 구체적으로 보면 다음과 같다.

첫째, 지식기반경제는 지식이 경쟁력의 원천이 될 수 있다. 기존에는 부가가치 창출을 위한 자원이 노동과 자본, 토지였다면 지식기반경제에서는 정보와 지식이 된다. 이러한 지식과 정보를 어떻게 확보하고 생산하느냐가 개인 및 기업의 경쟁력의 원천이 될 수 있다. 지식기반경제시대를 맞이하여 기업은 글로벌 경쟁력 확보를 위해 타 기업이 모방할 수 없는 무형자산의 비중을 늘리고 무형자산에 대한 투자를 높이고 있는 것이다.

둘째, 지식기반사회로의 이행에 따라 산업구조가 변화하고 있다. GDP에서 차지하는 지식관련 산업, 즉 지식기반 산업의 비중이 높아지는 반면 전통산업의 비중은 줄어들게 된다. 지식기반 산업은 단순히 첨단산업을 의미하는 것이 아니라 지식기반 서비스업뿐만 아니라 지식기반하에 지식이 융합되는 제조업도 포함하는 개념이다. 농업과 소매업에서 시작해서 소프트웨어나 나노, 그린IT, 바이오 등에 이르기까지 모든 산업, 모든 기업, 모든 지역에 적용될 수 있는 경쟁우위의 새로운 원천으로 지식이 중시되는 산업을 말한다. 산업혁명 이후 세계경제의 성장을 주도해 온 전통 제조업도 지식산업으로 변모되고 있다. 이와 같이 지식기반경제하에서는 모든 산업이 점점 더 지식집약적으로 변화하게 되고, 이에 따라 지식서비스산업의 성장이 두드질 것으로 판단된다. 지식을 생산하거나 유통하는 산업으로서 우리나라 지식서비스산업은 아직 선진국에 비해 크게 뒤져 있으나 우리의 잠재력이 크고, 특히 우리나라의 강점인 정보통신산업 등의 지원을 받는다면 향후 급격한 발전이 예상된다.

셋째, 지식기반경제에서는 지식인력이 부각된다. 지식기반경제에서는 부가가치가 지식과 정보에서 창출되므로 획일성보다는 다양성을, 그리고 독창적이고 새로운 것을 추구하는 인력이 경제의 주역으로 부상하는 것이다. 미래사회는 지식을 생산하고 가공하며 유통할 수 있는 인력이 높은 평가를 받게 될 것이며, 새로운 아이디어와 창의력을 가진 인력이 각광받을 것이다. 이에 따라 산업화시대의 생산 주역인 생산노동자의 비중이 점차 줄어들고, 경영관리자, 기술자 · 전문가 등 지식노동자의 비중이 늘어나면서 고용구조도 크게 변화될 것이다. 전체 고용에서 지식인력의 비중은 높아지고 단순노동자들의 비중은 줄게 되어 인력구조의 고도화가 진전될 것이다.

넷째, 컴퓨터와 통신기술이 발달하고 정보통신기기가 사회 전반에 보급됨으로써 지식의 성장과 지식정보의 공유가 수확체증의 법칙에 따라 확산된다. 지식주도형 산업에서 주로 수확체증의 법칙이 작용하는 이유는 먼저 높은 초기개발비용을 들 수 있다. 초기에 높은 개발비용이 소요되지만 생산이 증가하면서 추가비용이 적어 일정궤도에 이르면 적은 비용으로도 높은 성과를 얻을 수 있다. 또 하나의 이유는 네트워크효과(network effect)이다. 지식집약형 제품들 중에는 네트워크와 연결이 되어야 사용이 가능한 제품들이 많다. 이러한 제품은 이용자 수가 많은 제품일수록 수요가 더욱 늘어나 강자는 더 강해지고 약자는 더 약해지는 긍정적 피드백(positive feedback)이 나타난다. 예를 들어 매킨토시 컴퓨터의 주관적인 가치는 매킨토시 컴퓨터를 사용하는 사람들의 수에 의존한다. 이는 정보재의 중요한 특성 중 하나가 외부와의 상호연결(interconnection)을 가능하게 한다는 점 때문에 나타나는 현상이다. 매킨토시 운영체제가 아무리 뛰어나다고 해도 윈도(windows)에 비해 사용자의 수가 현격하게 떨어진다면 소비자는 매킨토시를 선택하지 않는다. 다른 사람과 정보를 주고받는 것이 어렵고, 관련 소프트웨어를 구하기도 어렵기 때문이다.

다섯째, 네트워크사회가 실현되고 개방형 혁신이 일어난다. 정보통신기술(ICT)이 발달하고 소비자의 요구사항이 변화함에 따라 지식에 접근하고 지식 생성에 참여할 수 있는 기회가 모든 사람에게 개방되며, 이들이 서로 필요에 따라 언제든지 모이고 흩어질 수 있는 네트워크사회가 된다. 비공식 커뮤니티가 활성화되고 가상현실이 실현되는 동시에 자신의 생활사가 지인에게 모두 열려지는 개방형 사회가 도래하게 된다. 최근 트위터와 페이스북 등의 소셜미디어 등은 이러한 네트워크사회를 잘 말해주는 예이다. 이러한 과정에서 지식에 대한 능력이 개인과 기업의 사회경제적 지위를 결정하고 지식을 가진 자와 가지지 않은 자 간의 격차가 확대되는 이른바 지식디바이드(knowledge divide) 현상도 나타난다.

나. 지식서비스의 배경과 정의

지식서비스란 용어가 처음 쓰인 곳은 1995년 EU(유럽연합)의 리포트에서 처음으로 Knowledge-Intensive Business Services(KIBS, 지식기반서비스)란 용어를 사용하였다. 그 당시 지식서비스를 노동집약적인 서비스나 단순노동 정보제공에다 부가적인 지식을 창출하는 것으로서 다음과 같은 특징을 갖는다. ① 전문적(professional) 지식에 의존하며 ② 주요 정보나 지식을 창출하여 제공하거나(리포트, 교육, 컨설팅 등)

③ 최종 생산자에 대한 중간단계의 서비스를 제공하기 위하여 지식을 사용(예 : 컴퓨터서비스)하며, ④ 주로 비즈니스 서비스에 이용되는 서비스로 기술하였다. 이 같은 특징을 기반으로 "지식서비스란 기존 산업사회의 노동, 자본, 토지라는 중요 생산요소에 대비하여 인간의 창의성에 바탕을 둔 지식을 그 주요 생산요소로 삼는 서비스로서 기존 산업의 생산성 향상과 상품 · 서비스의 고부가가치화를 이루는 것을 그 목적으로 한다"고 정의한다.

지식서비스가 중요한 이유는, 첫째 이 산업의 성장가능성이 높기 때문이다. 사업서비스, 정보통신, 의료서비스 등 지식서비스산업은 미래 소비자의 요구사항에 부합되고 기술이 발전하고 경제규모가 커질수록 수요가 증가하는 산업이다. 따라서 이 산업은 아직 선진국 진입 직전에 있는 우리나라에서 특히 성장가능성이 높은 산업이라 할 수 있다. 지식서비스산업은 부가가치율이 제조업의 2배에 이르는 고부가가치산업일 뿐만 아니라, 제조업의 생산성 향상에도 크게 기여한다.

둘째, 다른 산업의 경쟁력 강화에 도움을 준다. 지식서비스산업은 그 자체의 성장률도 높지만 다른 산업의 경쟁력 강화에 큰 도움을 주기 때문에 국민경제에서 매우 중요하다. 특히 제조업의 내부를 들여다보면 서비스적인 요소가 매우 많고, 이러한 서비스부문의 생산성 향상이 어려운 것이 사실이다. 그러나 점차 제조업 내 서비스부문이 독립하거나 제조업을 지원하는 전문 서비스업이 나타나는 등 제조업에서 서비스업의 분리현상은 계속되고 있다. 뿐만 아니라 제조업만 가지고는 성장한계에 직면하자 서비스 부문을 강화하여 부가가치의 대부분을 서비스부문에 의존하는 경향도 나타난다. 즉, 선진 제조기업을 중심으로 상품과 함께 서비스를 파는 서비스 기업화가 진행되고 있는 것이다.

과거 대표적인 제조기업이었던 GE는 매출의 80% 가까이를 서비스 부문에서 올리고 있고, IBM은 PC 제조업체에서 IT 서비스기업으로 탈바꿈하고 있다. 기업뿐만 아니라 국가경제 전체적으로도 경제의 서비스화가 빠르게 진전되고 있다. 국가가 선진국으로 발전하면서 서비스업이 경제에서 차지하는 비중과 중요성이 커지고 있는 것이다. 제조업과 서비스업이 융 · 복합되면서 시너지효과를 발휘하면 양자가 동반성장할 수 있는 기회가 더 커질 수 있다. 특히 제조업과의 연관성이 높아 동반 성장할 수 있는 가능성이 높은 분야가 지식서비스 분야이다.

셋째, 고용창출에 기여한다는 점이다. 서비스산업은 일반적으로 고용창출에 기여하는 바가 제조업보다 높다. 고용이 창출되는 취업유발효과는 제조업보다는 서비스업분야가 높은 취업유발효과를 가져온다. 특히 지식서비스산업은 고학력 취업자 비율이 높아 양질의 일자리 창출이 가능한 산업이다. 서비스산업에서 사무전문직의 비율을 보면 교육서비스, 사업서비스, 보건 및 사회복지, 오락문화, 금융 및 보험 등 지식서비스 부문에서 지식인력의 비중이 높음을 알 수 있다.

넷째, 지식서비스산업이 우리나라에 적합한 산업이라는 점이다. 우리나라는 교육열이 높고 대학졸업자의 비중이 높아 고급인력을 필요로 하는 지식서비스산업에서 많은 잠재력을 가지고 있다. 또한 지식서비스산업은 일반적으로 정보통신을 기반으로 성장한 산업군으로, IT강국의 위상을 확보하고 있는 우리나라는 매우 유리한 조건을 가지고 있다.

정보통신부문은 지식기반경제의 추동력의 역할을 하였고, 네트워크로서 지식서비스산업의 기반이 되며, 높은 성장성도 가지고 있다. 또한 한국은 동북아 중심에 있어 지식서비스산업의 허브 역할을 할 수 있는 유리한 지정학적 위치에 있다. 즉, 한국은 거대 양국, 중국과 일본 사이에서 각종 지식서비스를 유치하고 고급인력을 유입시킬 수 있는 좋은 위치 조건을 가지고 있다. 게다가 한국은 역동적인 국민성과 독특한 문화를 가지고 있으며, 남다른 '손끝 기술'을 가지고 서구의 기술을 응용하여 한국적 상품과 서비스로 재창조하는 능력을 보유하고 있어, 문화오락, 의료산업 등 지식서비스산업에 적합한 조건을 보유하고 있다. 이와 같이 우리나라의 강점과 지식서비스산업의 성공요건이 부합하기 때문에 우리나라의 신(新)성장 동력으로서의 지식서비스산업의 가능성은 높다고 할 수 있다.

다. 지식서비스산업의 분류

OECD는 지식기반서비스(Knowledge-based Service Industry)를 지식을 창출 · 가공 · 활용 · 유통시키거나 지식이 체화된 중간재를 생산활동에 집약적으로 활용하여 고부가가치의 서비스를 제공하는 산업으로 정의하고 있으며 구체적으로는 통신, 금융 · 보험, 비즈니스서비스(정보처리, 컴퓨터서비스, 법률 · 회계, 컨설팅, 디자인, R&D, 전문과학기술서비스 등), 교육, 보건사회복지(보건의료업), 오락 · 문화 · 스포츠(영화 · 방송 · 공연) 등이 포함된다.

결론적으로 지식서비스산업은 지속적인 경제성장, 일자리 창출, 제조업 경쟁력 제고를 위해 부가가치효과가 높은 지식서비스산업 육성에 필수적인 인프라 조성에 있다. [표 6-2]는 지식서비스산업의 구성영역을 표현한 것이다.

이와 같은 지식과 정보중심의 경제체제로의 전환은 다시 개인이나 기업, 국가의 지식 축적을 실질적으로 가능하게 하는 과학기술 혁신의 중요성을 부각시키는 요인으로 작용, 과학기술 혁신을 더욱 촉진시키는 결과로 이어지는 상승효과로 나타날 것으로 기대된다. 즉 과학기술은 지식과 정보를 키워드로 하는 지식기반경제로의 이행을 주도할 것이다. 하지만 이와 같은 지식기반경제로의 이행은 다시 과학기술의 중요성을 부각시켜 기술혁신을 더욱 촉진시킴으로써 성장 원천으로서의 과학기술의 역할과 중요성이 더욱 확대될 것이다.

한편, 우리나라도 2000년부터 연구와 토의를 통하여 지식서비스산업의 정의와 분류에 관한 많은 논의가 진행되었다. 산업연구원이 2003년도 「차세대 성장동력, 지식기반 서비스산업」 보고서에서 지식기반 서비스로 지식기반 솔루션서비스와 디자인, 비즈니스서비스, 유통, 물류의 4가지 분류로 정의한 바 있다. 산업은행은 지식기반 서비스로 의료, 교육, 관광, 문화, 물류, 유통, 지식기반 솔루션서비스, 디자인, 컨설팅 등 9개 업종을 정의한 바 있다. 지식경제부가 정의한 지식서비스 업종분류를 그 근간으로 지식서비스산업의 범위를 13가지 업종으로 구분하여 설명하고자 한다.

표 6-1 ■ 산업기술분류 : 지식서비스 분야(2012년 현재 중소기업청)

중분류	소분류	중분류	소분류
경영전략/금융/무역 서비스	전자금융서비스	인적자원 역량개발 서비스	지능형 학습지원/관리기술
	투자분석/위험관리기법		감성시스템 및 처리기술
	기술사업화/가치평가기법		인간-시스템 상호작용기술
	비즈니스모델링/프로세스관리/시뮬레이션기술		뇌 인지기반 인간수행능력 향상기술
	서비스표준화/ 품질관리		기타 인적자원역량개발서비스
	서비스네트워크/협업지원	유통/물류/마케팅 서비스	지능형기업물류지원기술
	지식창출/유통/평가기술		유통물류응용기술
	인사관리/법무/회계서비스		시장조사/마케팅관리기술
	전자무역서비스		소비자행동모델링/테스트기법
	기타 경영전략/금융/무역서비스기술		지능형 고객관계관리기술
연구개발/엔지니어링 서비스	생산관리/계량분석기법	부가가치/사후관리 서비스	기타 유통물류/마케팅 관련기술
	생산공정모델링/시뮬레이션		재제조서비스/제품 · 서비스 시스템(PSS)
	설계정보통합관리/협업시스템 성능향상기술		제품-서비스 유지/운영/사후관리
	제품품질관리기술		문화-의료-환경기반 지식표현/지능형 융합서비스기술
	시험/검사/분석기법		방송/광고/영화미디어 관련기술
	지식재산권분석/관리기술		기타 부가가치/사후관리서비스
	첨단/친환경소재응용포장(패키징)기술		
	사업설비-시설물 조사/설계/예측/평가/관리기술		
	기타 연구개발/엔지니어링 관련기술		
디자인 서비스	제품 · 환경 · 인테리어디자인 기술		
	시각 · 포장디자인기술		
	디자인·멀티미디어디자인기술		
	패션 · 텍스타일디자인기술		
	공예디자인기술		
	기타 디자인서비스기술		

표 6-2 ■ 지식서비스산업의 구성영역

주요 사업	내용	적용 예
서비스모형	수용자에게 보다 높은 가치와 기능을 제공하여 산업적 · 경제적으로 활용 가능한 서비스 개념을 정의	고객(customer), 기능(function), 적시성(time), 적소성(space)
프로세스 모형	각 사업참여주체 간의 정보, 재화, 서비스 등 가치의 흐름을 정의하고 이를 통해 최적화된 서비스프로세스 설계 및 프로세스 전체를 혁신	참여주제 간의 역할과 권한, 협력방안 그리고 이익배분을 분명히함
기술적인 모형	지식기반서비스에 개발 또는 활용될 요소기술에 대한 분석, 적용, 표준적용을 정의함	Web 2.0 기반의 기반기술, C/S 방식, USN 기술 등을 통해 시공간 제약극복, 서비스 지원도구 개발 및 기술기반서비스 제공

(1) 디자인서비스

디자인의 일반적 개념은 "미적 측면과 기능적 측면이 동시에 고려되어 기획 및 창조하는 일련의 행위"로 표현할 수 있다. 또 법적인 디자인의 정의는 "제품 등의 미적 · 기능적 · 경제적 가치를 최적화함으로써 생산자 및 소비자의 물질적 · 심리적 욕구를 충족시키기 위한 창작 및 개선행위"로, 제품디자인 · 포장디자인 · 환경디자인 · 시각디자인 등을 포함한다. 디자인서비스는 표준산업분류상 사업서비스업에 속한다.

개인 또는 특정 그룹에 의해 창작된 "디자인" 물이 타 개체(개인 또는 법인)에게 "제공"되는 일련의 행위를 기본적으로 디자인서비스의 개념으로 설명할 수 있다. 디자인서비스의 결과는 재화와 서비스를 사용 또는 이용하는 주체에 따라서 구분하는데 일반기업에 디자인서비스가 제공되어 개발된 상품과 서비스는 소비자가 대가를 지불하고 구입하여 이용하게 된다. 그러나 공공기관에게 제공된 디자인서비스에 의해 개발된 공공시설물, 공공서비스 등은 불특정 다수의 국민들에게 무상으로 제공되는 것으로 공공 영역의 디자인서비스로 구분할 수 있다. 이처럼 디자인서비스는 디자인 전문회사 또는 디자이너에 의해 조직의 대내외 고객에게 제공되는 각종 제품, 서비스의 디자인으로 경제적 · 사회적 모든 분야에 대한 서비스를 포함한다.

(2) 컨설팅

국제노동기구(ILO, 1998)에서의 컨설팅은 "조직의 목적을 달성하는 데 있어서 경영 · 업무상의 문제점을 해결하고, 새로운 기회를 발견 · 포착하고, 촉진하며, 변화를 실현하는 관리자와 조직을 지원하는 독립적인 서비스로 정의"한다. 그리고 미국의 컨설팅경영 엔지니어링협회에서는 "특별히 훈련받고 경험을 쌓은 사람들이 기업 경영상의 여러 가지 문제점들을 규명하고 해결할 수 있도록 실질적인 해결방안을 제시하고, 그러한 해결방안들이 적기에 실시할 수 있도록 도와주기 위한 전문적인 서비스를 제공하는 것"으로 정의한다.

국가표준산업분류에는 "경영컨설팅업"으로 분류되며, 정보기술(IT) 컨설팅은 "컴퓨터시스템 설계 및 자문업", "소프트웨어 자문, 개발 및 공급업"으로 분류된다. 컨설팅은 일반적으로 전략, 인적자원(Human Resource), 생산운영, IT, BAS(Business Advisory Services)의 5개 영역으로 구분된다. 컨설팅 산업은 기업, 국가, 산업 차원의 당면 및 미래 이슈에 대한 문제해결 및 개선을 지원함으로써 경쟁력 제고에 기여한다. 비즈니스, 금융, 사회간접시설, 엔지니어링, 제조업 등 각 영역에서 컨설팅서비스의 수준 높은 역량 제고를 지향한다. 특히 기업측면에서는 고급인력의 전문성 등을 기반으로 한 컨설팅을 통해 생산성 향상 및 고부가가치화를 촉진하고, 산업측면에서는 고용창출효과가 높은 산업으로 창출된 고용인력은 산업경쟁력을 제고시킨다.

(3) 연구개발(R&D) 서비스업

연구개발서비스업은 영리를 목적으로 R&D를 독립적으로 또는 위탁받아 수행하거나, R&D 수행을 지원하는 업종이다. 연구개발서비스는 국가과학기술 경쟁력강화를 위한 이공계지원특별법과 시행령에 의한 법률적 근거를 바탕으로 시행되고 있다. 연구개발서비스업을 연구개발업과 연구개발지원업으로 분류한다. 연구개발업은 영리를 목적으로 이공계 분야의 연구와 개발을 독립적으로 수행하거나 위탁개발하는 업종으로 정의하며, 연구개발지원업은 영리를 목적으로 기술정보제공, 컨설팅, 시험 및 분석 등을 통하여 이공계 분야의 연구와 개발을 지원하는 업종이다. 연구개발서비스업은 새로운 전문 연구개발(R&D)조직으로 전략적으로 육성하며, 신규전문인력을 산업에 고용하여 선진국 대비 70% 수준으로 연구개발서비스업을 활성화하는 것이다.

(4) 패키징

패키징이란 물품의 유통과정에 있어서 그 물품의 가치 및 상태를 보호하기 위하여 적합한 재료 또는 용기 등으로 포장하는 방법 및 포장한 상태를 말하며 이것을 낱포장(個場), 속포장(內裝), 겉포장(外裝)의 3가지로 크게 나눈다. 구미에서는 "패키징은 재물의 출하, 판매를 위한 준비행위이며 패키징과 관련한 마케팅의 정의는 유통, 보관, 상품화(Merchandising)의 모든 분야를 포함한다"고 정의하고 있다.

우리나라는 과거에 한국산업규격 KS A 1001(포장의 정의)를 규정하고 있었으나 1986년 KS A 1006(포장용어)에 통합되어 패키징을 현대포장(Packaging)의 개념이 아닌 마케팅 기법이 제외된 패킹(Packing) 개념에 가깝도록 해석하고 있다. 패키징서비스는 유통되는 제품의 생산에서부터 소비자에게 전달되는 전 과정과 상품에 대한 정보 등을 알려주는 동시에 패키징 컨설팅, 생산과 패키징을 분류하는 전문 패키징 업체의 등장으로 인한 아웃소싱, 패키징의 사회적 역할, 패키징의 친환경화 등 다양한 방법의 패키징서비스가 나타나고 이미 포장선진국에서는 활성화되고 있는 상황이다.

(5) 패션산업

패션이란 어느 특정 시기에 일반대중에 의해 받아들여진 유행이며, 스타일의 경향으로서 이 같은 유행, 경향은 감성적 요소가 강하며 항상 변화하는 것으로서 사회 · 문화적 환경변화에 많은 영향을 받는다. 따라서 패션산업은 일정한 기간 동안 유행하는 특정한 스타일의 생활문화상품을 기획, 제조, 유통, 물류, 소비하는 산업활동으로 정의할 수 있다. 이러한 패션산업은 다음과 같은 다면적 특징을 갖고 있다. 첫째, 소비나 욕망의 변화에 부합하는 상품을 개발하는 소비생활산업이다. 둘째, 패션정보의 신속한 입수, 분석, 응용이 성패를 좌우하는 정보산업이다. 셋째, 문화, 예술, 연예, 첨단기술적 요소의 상품화 및 응용활동이 중시되는 지식문화산업이다. 넷째, 의류와 생활제품의 디자인을 기획하는 디자인 산업이다.

(6) 프랜차이즈(Franchise)

프랜차이즈(franchise, 가맹사업)란 어느 한 조직(franchisor, 가맹본부 사업자)이 일정지역의 다른 조직(franchisee, 가맹점, 가맹점사업자)에 대하여 자기의 상호, 상표 등 영업을 상징하는 표지를 사용하여 제품 또는 서비스를 판매하거나 기타 영업을 할 수 있는 권리를 부여함과 동시에 영업에 대한 일정한 지시 · 통제를 하는 한편, 선택적으로 그 영업에 대한 노하우를 제공하거나 상품을 공급하고, 이에 대하여 프랜차이즈는 프랜차이저(franchisor)에게 대가로서 가맹비, 보증금 또는 로열티나 제품대금 등을 지급하는 지속적인 계약을 체결하는 것을 말한다.

한국은 미국적 정의를 원용하여 2002년 5월 13일 "가맹사업거래의 공정화에 관한 법률"을 제정하면서 가맹사업의 정의를 동법 제2조에 다음과 같이 규정하고 있다. "가맹사업"이라 함은 가맹본부가 가맹점사업자로 하여금 자기의 상표 · 서비스표 · 상호 · 간판 그 밖의 영업표지(이하 "영업표지"라 한다)를 사용하여 일정한 품질기준이나 영업방식에 따라 상품(원재료 및 부재료를 포함한다) 또는 용역을 판매하도록 함과 아울러 이에 따른 경영 및 영업활동 등에 대한 지원 · 교육과 통제를 하며, 가맹점사업자는 영업표지의 사용과 경영 및 영업활동 등에 대한 지원 · 교육의 대가로 가맹본부에 가맹금을 지급하는 계속적인 거래관계를 말한다.

(7) 전시산업(MICE)

MICE는 주로 홍콩 · 싱가포르 등 동남아지역에서 많이 쓰는 용어인데, Meeting(회의), Incentive Tours(포상여행), Convention(컨벤션) 및 Exhibition(전시회)의 첫 글자를 합쳐 놓은 용어로, 국가적 차원의 종합

서비스산업으로 발전시키기 위해 폭넓게 정의한 전시 컨벤션산업을 말한다.

전시산업(Exhibition Industry)에 대한 일반적으로 통용되는 정의는 없으나, 전시회(Exhibition)와 관련된 산업을 의미한다고 볼 수 있다. 전시회는 유형 또는 무형의 상품(제품, 기술, 서비스)을 매개로 하여 특정한 장소(전시장)에서 일정기간(전시기간) 동안 방문객(구매자)과 참가업체(판매자) 간에 상품거래와 홍보 등을 주목적으로 진행되는 일체의 마케팅활동이다.

전시산업발전법 제2조(정의)에서는 "전시산업"이란 전시시설을 건립·운영하거나 전시회 및 전시회 부대행사를 기획·개최 운영하고 이와 관련된 물품 및 장치를 제작·설치하거나 전시공간의 설계디자인과 이와 관련된 공사를 수행하거나 전시회와 관련된 용역 등을 제공하는 사업을 말한다.

통계청의 한국표준산업분류에서는 "전시산업"에 대한 독자적인 분류가 없으며, 전시장 운영은 "비거주용 건물임대업"에 전시주최업 및 전시공사업은 "전시 및 행사대행업"에 포함되어 있다. 전시 및 행사대행업은 각종 전시회 및 행사를 기획·조직하는 산업활동으로 정의하고 있으며, 전시장 행사와 관련된 시설의 내장, 외장, 전시장치, 기계설비(음향, 영상 등) 등을 종합적으로 구성·연출하는 사업체도 포함하고 있다.

(8) 유통산업

유통은 생산과 소비의 결합을 매개로 하는 일련의 비즈니스 과정으로 어떤 제품이나 서비스를 생산자로부터 소비자에게 이전하는 현상 또는 이전시키기 위한 제반 활동으로 정의될 수 있다. 우리나라 유통산업발전법에 따르면 "유통산업은 농산물, 임산물, 축산물, 수산물(가공 및 조리물 포함) 및 공산품의 도·소매 및 이를 영위하기 위한 보관·배송·포장과 이와 관련된 정보·용역의 제공 등을 목적으로 하는 산업"으로 정의함으로써 물리적 상품의 전달뿐 아니라 유통과 관련한 서비스 분야도 유통산업에 포함시키고 있다.

한국표준산업분류상 유통산업은 개념적으로 도매 및 소매업으로 분류된다. 특히 우리나라의 경우에는 소매업이 대형화되고 시장지배력이 커지면서 사회경제적으로 도매업보다는 소매업에 대한 비중이 큰 특징이 있다. 소매업은 다양한 종류의 업태로 분류될 수 있는데 취급상품에 따라 식료품점, 의류품점, 전자점, 가구점, 화장품판매점 등으로 나눌 수 있으며, 상품판매방법에 따라 대형마트, 백화점, 전통시장, 슈퍼마켓, 편의점, 무점포소매점(쇼핑몰, TV홈쇼핑) 등으로 분류할 수 있다. 이 밖에 점포의 유무에 따라 무점포판매와 점포판매, 경영방식에 따른 단독점과 체인점, 점포의 규모에 따라 대규모점과 소규모점 등으로 분류하기도 한다.

(9) 시험 · 분석 · 인증서비스

시험 · 분석 · 인증서비스는 제품 및 물품의 기술적 정보를 제공함을 통해 기술경제에서 품질의 개선 및 제품의 수요를 증대시키는 데 기여하는 역할을 하고 있는 지식서비스를 말한다. 이러한 시험분석은 통상적으로 사용되는 용어이지만 보다 정확한 개념으로 적합성평가(conformity assessment)라 칭하기도 한다. WTO/TBT ANNEX 1, 2에 따르면 적합성평가란 "기술규정 또는 표준의 관련 요건이 충족되었는지를 결정하기 위하여 직접적 또는 간접적으로 사용되는 모든 체계적 검토를 의미하며 적합성 평가에는 표본추출, 시험 및 검사, 검증 및 적합보증, 등록, 인증과 승인 및 이들의 결합된 형태를 포함하고 있는 매우 포괄적 개념"이다.

시험 · 분석 · 인증서비스는 품질과 안전에 대한 보증을 통하여 기술기반 제품의 수요자(기업 및 소비자)와 생산자(시험 · 분석 · 인증기관의 입장에서는 수요기업) 사이의 정보 비대칭을 해결하는 역할을 하고 있다.

(10) e-러닝산업

e-러닝은 전자적인 매체를 기반으로 이루어지는 모든 학습을 총칭하며, 방송통신교육, 인터넷기반교육, 유비쿼터스교육 등을 포괄하는 정보기술과 교육이 융합한 디지털융합산업으로 성장하고 있으며 최근에

는 신성장동력의 지식서비스 산업으로 부각되고 있다. e-러닝산업은 이러닝산업발전법(2004년 1월 제정)에 의하면 "전자적 수단, IT 및 전파방송 기술을 활용하여 e-러닝콘텐츠, e-러닝서비스, e-러닝솔루션을 제공함으로써 부가가치를 창출하는 산업"으로 정의하고 있다. 이는 쌍방향으로 의사전달이 가능하도록 설계되어 온라인 및 전파방송을 통해 교육, 훈련 및 학습을 제공하는 서비스 업무와 이를 위한 하드웨어, 소프트웨어, 네트워크를 구축 · 제공하는 솔루션 사업, 상호작용의 의도를 가지고 교수 설계된 교육콘텐츠 제공과 시스템 및 교육컨설팅을 수행하는 산업군을 말한다.

한편 u-러닝은 유비쿼터스환경에 기반을 둔 학습의 형태이며, 아날로그공간, 디지털공간에 이은 제3의 공간에서 새로운 존재론 및 인식론적 학습환경을 제공하게 될 것이다. 이 u-러닝은 학습자의 학습기회에의 접근가능성을 극대화할 것으로 예상되는데, 모든 사물, 환경, 유기체에 컴퓨터와 센서가 부착되어 학습자의 접근가능성은 기술적 측면에서 완성의 수준에 이를 것이다.

(11) 에너지절약전문기업(ESCO)

에너지절약전문기업(ESCO)은 에너지사용자가 에너지절약을 위하여 기존의 에너지 사용시설을 보완하고, 기술적 · 경제적 부담으로 사업을 시행하지 못할 경우 에너지절약형 시설 설치사업에 참여하여 기술, 자금 등을 제공하고 투자시설에서 발생하는 에너지 절감액으로 투자비를 회수하는 사업을 영위하는 기업을 ESCO(Energy Service Company, 에너지절약전문기업)라 정의한다. 에너지 사용자는 투자사업을 통해 투자위험 부담 없이 에너지절약시설투자가 가능하고 ESCO는 투자수익성을 보고 투자위험을 부담하는 벤처형 사업이다.

에너지 저소비형 경제사회구조로의 전환을 위한 정책의 일환으로 도입되었으며 정부주도의 에너지절약운동에서 민간의 창의와 참여를 바탕으로 한 민간에 의한 에너지절약의 확산을 위한 수단으로 최근에 태양열, 지열, 풍열 등을 통한 에너지절약사업뿐만 아니라 고효율 조명 교체, 노후보일러 교체, 폐열에너지 회수설비 설치사업, 산업체 및 건물

열병합 발전사업, 냉 · 난방 및 동력설비 설치사업이 각광을 받고 있다.

(12) 소프트웨어산업

소프트웨어는 하드웨어의 상대적 개념으로 하드웨어가 정보시스템의 물리적 구성요소들을 의미한다면 소프트웨어는 이들의 작동을 원활하게 해주는 운영체제 및 그 운영체제 안에서 필요한 작성 수행을 가능하게 프로그램과 이를 작성하고 운영하기 위해 사용되는 관련 자료를 의미한다. 소프트웨어는 역할의 기능에 따라 시스템 소프트웨어와 응용소프트웨어로 나눈다.

소프트웨어란 컴퓨터 · 통신 · 자동화 등의 기계적 장비를 가동하는 시스템측면과 그 주변장치에 대하여 명령 · 제어 · 입력 · 처리 · 저장 · 출력 · 상호작용이 가능하도록 하게 하는 지시 · 명령(음석이나 영상정보 등을 포함)의 집합과 이를 작성하기 위하여 사용된 기술서, 기타 관련 자료를 특정 업무의 수행을 위해 만들어진 모든 프로그램인 응용소프트웨어로 구분한다.

또한 소프트웨어산업이란 소프트웨어의 개발 · 제작 · 생산 · 유통 등과 이에 관련된 서비스 및 정보화촉진기본법 제15조의 2 규정에 의한 정보시스템의 구축 · 운영 등과 관련된 산업을 말한다. 소프트웨어산업 진흥법 제2조에 따르면 국내 소프트웨어산업에는 기본적으로 패키지 소프트웨어에 이에 대한 설치와 운용, 데이터베이스관리 등의 서비스까지 포함된다. 따라서 국내 소프트웨어 산업은 국내 정보시스템을 위한 인프라 전체로 인식되고 있다고 할 수 있다. 소프트웨어 서비스업은 네트워크가 고도화되고, 프로그램이나 문서가 대형화되고 관련 정보통신 기기의 인터넷을 통한 원격제어뿐만 아니라 다양한 형태의 응용프로그램들이 등장하면서 서비스모델(클라우드컴퓨팅, N-스크린, 스마트워크 등)이 발전하고 있다.

(13) 의료서비스산업(헬스케어 포함)

의료서비스산업은 인간의 건강유지를 위한 각종 질환의 예방과 치료를 위해 보건서비스를 제공하는 병원, 의원 및 기타 의료기관과 의료관련 서비스를 제공하는 산업을 일컫는 말이다. 의료서비스를 지식서비스 산업의 하나로 이해하기 위해서는 의료서비스 자체보다는 의료서비스에 사용되는 보건의료기술과 보건의료 연구개발(R&D)의 결과를 지식으로 파악하여 살펴볼 필요가 있다. 여기서 "보건의료기술"이란 인체의 건강과 생명을 유지하고 증진하는 데 필요한 의약품, 의료기기, 의료서비스, 식품, 화장품, 한의약에 적용되는 기술을 의미한다. 보건의료분야의 정부 R&D사업은 '보건의료기술 연구개발사업', '10대질병정복 메디클러스터 구축사업', '한의약 연구개발사업', '면역백신 개발사업'과 '임상연구인프라 조성사업'이 있으며, 지원분야는 의과학, 의약품, 의료기기, 의료정보, 건강기능제품, 한의약 등의 분야를 포함하고 있다.

라. 지식서비스산업의 특징

지식서비스산업은 전문지식을 바탕으로 한 IT와의 접목, R&D 투자와 혁신의 촉진, 고도로 숙련된 노동력을 요소로 한다. 그 중에서도 지식서비스산업의 육성 차원에서 강조되는 내용은 인력양성과 R&D 투자의 확대이다. 이는 지식서비스산업 발전의 원동력인 지식자산이 인적자원과 기술개발 등에 대한 투자를 통해 더욱 증대된다고 보기 때문이다. 지식서비스산업의 지식자산가치를 결정하는 인적자산과 기술개발 등에 대한 투자로 확실한 지식서비스산업을 육성하는 의미를 가져야 한다.

이러한 견지에서 한국산업은행 경제연구소가 지식서비스산업의 지식자산가치의 증진에 무슨 요소가 결정적인 작용을 하고 있는지 실증적으로 분석한 결과는 지식서비스산업의 지식자산가치는 교육훈련비, 연구개발비, 광고선전비와 같은 다양한 변수에 의해 유의한 영향(significant influence)을 받은 것으로 나타났다. 이는 제조업이 연구개발비에 크게 좌우되는 것과는 다른 양상이었다.

한편 교육훈련비가 지식서비스산업의 지식자산가치에 가장 큰 영향을 끼칠 것으로 기대하였으나, 통신업은 연구개발비가, 전문과학 및 기술서비스업 · 사업지원서비스업에서는 광고선전비가 지식자산가치와 가장 유의한 플러스의 관계를 보여주었다. 이러한 결과는 통신업에서는 기술혁신이, 전문과학 및 기술서비스업, 사업지원서비스업에서는 고객과의 관계유지 및 마케팅이 기업의 지식자산가치를 제고하는 데 핵심적인 역할을 하고 있는 것으로 해석된다.

반면 소프트웨어산업은 높은 교육훈련비, 연구개발비, 광고선전비 비중에도 불구하고 유의한 변수가 하나도 나타나지 않았다. 이는 하도급 거래가 만연한 중소 소프트웨어 업계의 불합리한 영업환경과 열악한 노동여건 등의 구조적 문제점으로 지식자산 관련 투자가 지식자산가치 제고의 선순환으로 이어지지 못하는 데 기인하는 것으로 풀이된다.

지식서비스산업 내에서도 업종의 특성에 따라 지식자산가치에 영향을 주는 변수가 서로 다르게 나타난다는 것은 지식서비스산업의 육성을 위해서는 일률적으로 교육훈련 및 연구개발비를 확대하기보다는 개개의 업종별로 특성 및 시장현황을 정확히 파악하여 집중 투자하는 분야를 달리 해야 한다는 의미이다. 즉, 지식자산 투자효율성 제고를 위해서는 소프트웨어산업의 경우 지식자산 투자효율이 제고될 수 있도록 인력양성, 연구개발 확대와 더불어 하도급 등 불합리한 영업환경과 노동 여건 개선 등의 산업기반을 확충하려는 노력이 병행되어야 한다. 통신업의 경우에는 광고선전비 지출보다 지식자산가치를 제고할 수 있는 연구개발비 등의 투자가 유익함을 시사해준다.

이러한 사정은 지역경제의 활성화를 위해 어느 업종과 분야에 교육훈련 및 연구개발비를 확대하여야 지식자산가치가 증가할 수 있는지 분석하는 작업에 있어서도 마찬가지이다. 단지, 비교우위가 있는 분야에 투자를 집중한다고 되는 일이 아니다. 그 지역의 특성을 살리고 인적자원을 효율화하기 위해 필요하면 광고선전비의 지출을 늘릴 수도 있는 것이다.

지식기반 경제의 장래 발전을 가능케 하는 열쇠는 IT 잠재력을 확충하고 혁신을 촉진하고 인적자원의 질을 제고하는 것이다. IT도 중요하지만 새 기술을 채택하고 신제품을 개발하여 생산성을 향상시키는 방법으로 활용하는 것이 핵심요소라고 할 수 있다. 따라서 지식서비스산업에 대한 정책 방향은 정보통신 인프라 확충, 스마트 비즈니스 환경변화, e-비즈니스 경제활동을 포함한 정보기술의 발전, 과학기술 분야의

R&D 투자확대, IT 전문인력의 양성과 지식에 기초한 고용 등에 대하여 통합된 접근방법을 요구한다. 뿐만 아니라 혁신적인 변화와 개혁을 추구하는 인적자원의 확보와 지식경제 기반에 대한 보다 철저한 준비가 요구된다. 혁신과 기업환경을 조성함으로써 장기적인 성장기반을 마련하는 데 역점을 두어야 한다. 이를 위해서는 IT, 혁신, 인적자원을 성장동력으로 통합하는 종합적인 플랜 수립이 요구된다. 그리고 지식서비스산업의 종사자들이 정책당국과 지식서비스의 개발경험, 미래의 정책방향을 공유하고 공감할 수 있도록 해야 할 것이다.

EXERCISES 연·습·문·제

1. 21세기 지식정보화사회에서 정보는 매우 중요하다. 정보의 의미와 기능, 특징, 가치를 설명하시오.
2. 정보와 지식 간의 관계를 설명하시오,
3. 지식경영에 대한 정의와 분류, 구성요소를 설명하시오.
4. 지식경영시스템(KMS)의 모델을 설명하시오.
5. 지식서비스산업이 최근에 각광을 받는 이유와 표준산업분류에서 지식서비스의 영역을 조사하시오.

Part 03

인터넷비즈니스의 대표적인 유형

Chapter 07 기업과 소비자간(B2C) 상거래
Chapter 08 기업과 기업간(B2B) 상거래

e - 비 즈 니 스 . c o m

Chapter 07

기업과 소비자간(B2C) 상거래

7.1 인터넷쇼핑몰의 흐름도
7.2 인터넷쇼핑몰의 기획
7.3 인터넷쇼핑몰의 구성요소
7.4 인터넷쇼핑몰의 장점
7.5 인터넷쇼핑몰 프로세스 절차
7.6 기업과 소비자간(B2C)의 비즈니스모델

인터넷쇼핑몰은 10여 년의 짧은 역사의 온라인 신유통서비스로 성장 속도 면에서 대형마트와 더불어 핵심으로 자리잡아가고 있다. 이러한 쇼핑몰에 대한 다양한 아이템, 쇼핑몰 기획, 상품구성, 프로세스, 지불결제 등에 대하여 상세한 부가적인 설명이 필요하다. 본 장에서는 이러한 구성을 나열하고자 한다.

7.1 인터넷쇼핑몰의 흐름도

기업과 소비자 간(B2C)의 대표적인 모델인 인터넷쇼핑몰은 10여 년이란 짧은 역사의 온라인 신유통서비스로서 2011년에는 약 22조 원의 규모에 달하는 시장으로 성장하여 유통의 핵심으로 자리잡아가고 있다.

그림 7-1 인터넷쇼핑몰의 흐름도

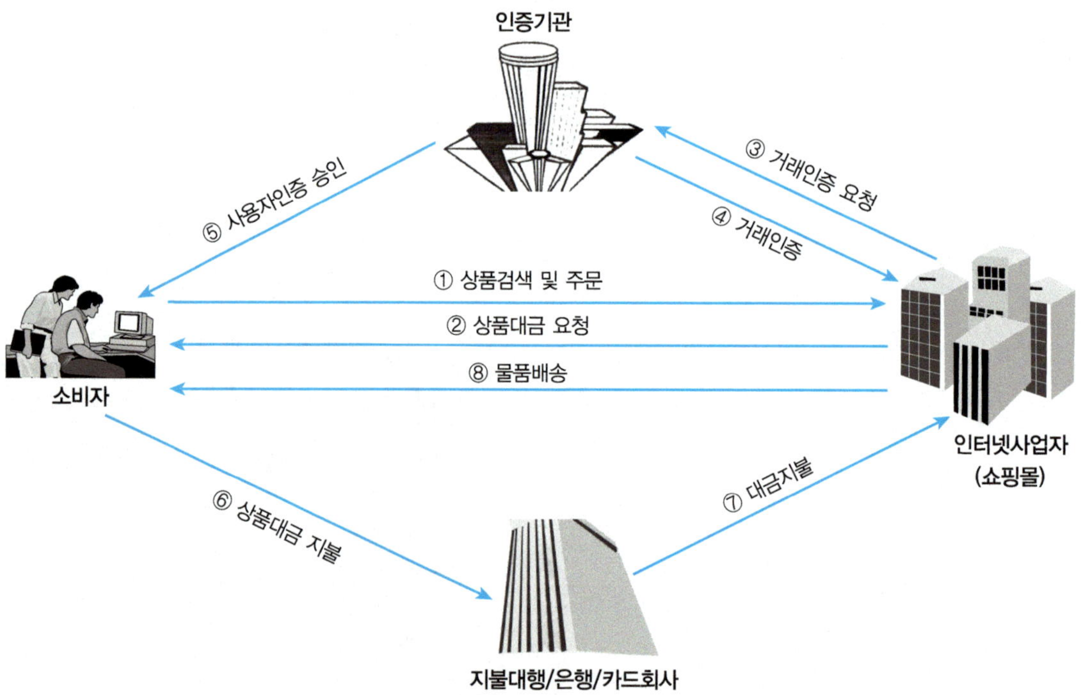

인터넷쇼핑몰은 지속적인 성장을 이끄는 대형쇼핑몰과 누구든 판매 활동이 자유로운 오픈마켓의 성장이 꾸준히 증가하고 있다. 대형쇼핑몰은 인지도를 통해 거래장소만 제공하고 그 수수료를 통해 이익을 창출하는 반면에 오픈마켓의 경우는 누구든지 물품을 판매할 수 있는 개방성이 있으며, 사업자등록 없이도 시작이 가능하고 창업비용을 대폭 줄일 수 있다. 따라서 좋은 품질의 제품을 저가로 판매할 수 있으며, 소비자는 저렴하면서도 좋은 품질의 제품을 구매할 수 있기 때문에 계속적인 순환을 통한 성장세가 매우 빠르게 전개되고 시장경쟁 측면에서 타모델보다 우수하다. 이러한 추세에 맞추어 국내 쇼핑몰시장은 종합쇼핑몰과 특성화된 전문몰로 구분되는데 특히 종합쇼핑은 오픈마켓, 종합쇼핑몰, 대형마트쇼핑몰, 카드사/포인트쇼핑몰로 구분되어 성장하고 있다.

오픈마켓
판매할 물건을 인터넷 사이트에 올려 판매하거나 필요한 물건을 구매하기도 하는 방식의 인터넷 중계쇼핑몰이다. 대표적인 예로 G마켓, 옥션이 있으며 온라인 마켓플레이스, 온라인 장터라고도 부른다.

전체적으로 현재 인터넷쇼핑몰 시장은 계속적으로 발전하게 되며, 거

표 7-1 ■ 쇼핑몰과 오픈마켓과의 일반적인 비교

구분	쇼핑몰(전문몰, 대형몰)	오픈마켓
기본적인 운영주체	상품을 파는 사람이 쇼핑몰 자체를 운영하는 것	상품을 파는 사람은 시스템을 이용하여 물건을 팔게 되는 것
제품구성	다양한 품목에 한 가지 제품만 판매	여러 명의 판매자가 다양한 품목에 같은 제품을 판매
구매자입장	운영자가 직접 상품의 종류, 품질, 배송, 문의, 교환, 반품을 직접관리(일관되게 처리되어 신뢰성이 높다)	판매자별로 관리되는 상품이 종류, 품질, 배송, 문의, 교환, 반품이 다르게 적용(판매자의 신용등급이나 구매한 사람들이 평가한 만족도 참조)
판매자입장	입점절차(신용도, 품질, 상품구색 등의 허가)	가입(필요한 정보, 사업자임을 증명한후 판매 가능, 사업자등록을 하지 않은 개인판매자의 판매도 가능)
마케팅	운영자가 홍보담당	판매자가 직접홍보, 적극적 마케팅가능
판매관리	운영방침에 따라	개인(판매자)의 노하우 발휘
대표적인 예	롯데닷컴, GsShop, CJmall, 롯데i몰, 현대H몰, 신세계몰, AK몰, 디앤샵 등	G마켓, 옥션, 11번가, 인터파크, 네이버샵N, eBay 등

래되는 상품의 종류도 유형의 제품뿐만 아니라 여행, 정보서비스관련 콘텐츠 등 무형의 서비스상품의 증가도 빠르게 이루어지고 있다.

일반적으로 인터넷상거래의 활동은 돈의 흐름이 수반되는 일상적인 상거래뿐만 아니라 대고객 마케팅, 광고, 조달, 서비스 등까지를 포함하는 광의의 개념으로 확대되어 말하고 있다. 국내의 이러한 인터넷상거래는 크게 쇼핑몰(전문몰과 대형몰)과 오픈마켓으로 구분하여 운영되고 있다([표 7-1] 참조).

특히 오픈마켓과 전문몰 간의 사이트관련 운영현황 비교를 살펴보면 [표 7-2]와 같다.

표 7-2 ■ 전문쇼핑몰과 오픈마켓과의 운영관련 비교

구분	전문쇼핑몰	오픈마켓
사업자 등록 및 통신판매업 신고	필요	필요
사이트제작	필요	불필요
도메인등록	필요	불필요
웹호스팅	선택(자체 독립형 솔루션만 필요)	불필요
보증보험 가입	필요	불필요
상품등록	없음	무료~등록기간별 차이(등록건당 몇백 원~몇천 원대)
판매수수료	카드결제건에 한해서 약 3.5% 적용	모든 판매건에 약 5~12% 적용
광고홍보	필요(검색엔진 키워드광고, 지식쇼핑 등)	필요(홍보아이템, 오픈마켓 내 광고)
월 유지비	유료 임대형 솔루션 사용 상점만 지출	불필요
이미지 호스팅	불필요	필요

7.2 인터넷쇼핑몰의 기획

인터넷쇼핑몰을 구축하기 위한 기본 전제조건 중에서 가장 중요한 요소는 독창적이고 창의적인 주제를 정하여 고객이 원하는 타깃제품을 판매하는 아이템이 매우 중요하다. 현재 쇼핑몰 중에서 판매주제를 정하는 것도 가능하지만 가급적 창의적이고 독특한 주제에 대하여 보다 세분화할 수 있는 요소로 구성되는 것이 좋다. 물론 어떠한 사이트를 구축할 것인가는 사이트의 운영자가 그 분야에 대하여 깊은 지식을 가지면서, 또한 자료수집이 용이한가 그리고 비슷한 비즈니스 모델도 있는지도 확인해 보고 최종적인 판단적용을 내려야 하는 것도 중요하다. 만약 기존 사이트와 차별화하지 않고 쇼핑몰을 열어놓는다면 사이트의 수명은 짧아지고 기업은 수익을 낼 수 없는 환경이 될 것이다.

그림 7-2 쇼핑몰 구축기획

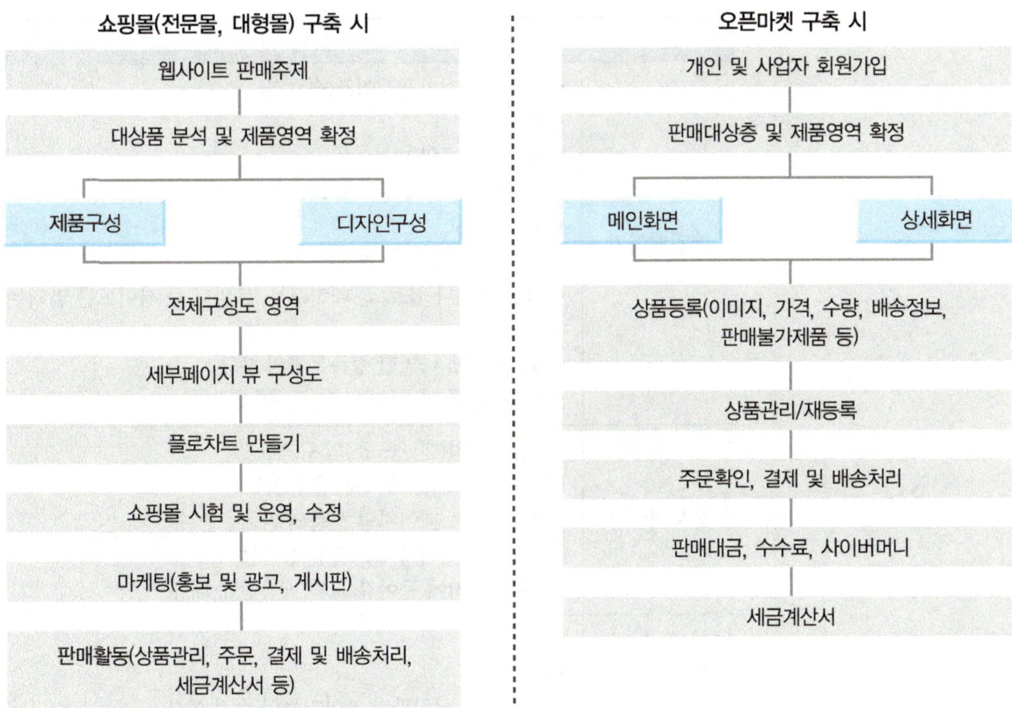

전문쇼핑몰
종합쇼핑몰과 대비되는 개념으로, 쇼핑몰의 판매상품이 특정분야 품목으로 전문화된 쇼핑몰이라는 의미

전문쇼핑몰이든 오픈마켓쇼핑몰이든 판매사이트를 오픈한다고 할 때 대상층을 누구로 잡느냐에 따라서 주요 영역이 달라진다. 주요 대상층의 영역에 따라 제품구성 영역과 디자인 영역이 결정되므로 주요 대상층을 면밀히 분석하여 현재 고객의 유행 및 관심분야 등의 철저히 분석이 이루어진 다음, 마케팅차원으로 접근이 이루어지는 것이 바람직하다.

제품구성과 디자인구성을 통하여 전체구성도 영역에서 메인화면과 구성도, 연결도와 링크사항을 체크한다. 이는 페이지뷰의 전체적인 정보에 따라 상세한 세부페이지가 추가적으로 검토 가능하다. 세부페이지를 검토·분석 시 각각의 플로차트를 통해서 모델의 흐름도를 파악한다. 이때 미진한 부분에 대하여 페이지뷰를 재작성하여 전반적인 사이트의 흐름도를 매끄럽게 진행한다. 이것이 거의 완성이 되었으면 판매하기 위한 쇼핑몰의 시험 및 운영을 통하여 클릭에 따른 시간과 정보, 그림 등 여러 가지 요인들을 차분하게 검토한다. 미진한 부문에 대하여

표 7-3 ■ 일반적인 디자인 구성도

구분	내용
메인페이지	• 쇼핑몰의 캐치프레이즈(슬로건) • 상품분류 • 게시판 종류와 이름 • 고객센터정보(수정, 업그레이드, 마일리지, 쿠폰 등) • 쇼핑몰정보 • 이벤트, 기획상품, 연계마일리지 • 관련 카페나 블로그, 페이스북, 트위터 등 사이트를 알리는 배너 문구 • 메인화면에 나열할 상품목록의 분류 • 메인화면에 나열한 칸 수, 줄 수
상품페이지	• 상품이미지(대, 중, 소)의 규격 • 상품(단일제품, 패키지, 옵션 등) • 상품리스트 페이지당 상품의 칸 수, 줄 수 • 상품 상세페이지에 노출할 항목들 • 상세페이지에 들어갈 교환/배송안내 내용
기타페이지	• 회사소개 • 이용안내 • 결제관련, 회원관련 페이지들의 수정 여부

철저한 대비가 사전에 따라야 한다. 어느 정도 완성이 되었으면 사이트를 알릴 수 있는 여러 가지 채널을 가동하여 온라인이든 오프라인이든 단시간에 좋은 쇼핑몰과 기업이미지를 알리도록 노력해야 하며 장 · 단기 발전을 세우고 예산 또한 일정액이 투입될 수 있도록 노력한다. 웹프로모션은 보다 체계적으로 고객과의 접점이 이루어지도록 전략화한다.

오픈마켓은 누구나 구매 및 판매를 할 수 있다는 개념으로 출발한 비즈니스모델이다. 따라서 간단한 개인정보만 입력해도 손쉽게 상품을 등록해서 판매를 시작할 수 있다. 판매자는 지속적인 판매창업을 하기 위하여 대부분의 오픈마켓은 '전자상거래 등에서의 소비자 보호에 관한 법률' 에 의하여 사업자등록증을 가지고 통신판매업 신고를 해야만 한다.

일정규모 매출을 올린다면 부가세법 변경 등의 정책변경에 의해서 여러 가지 장벽에 부딪히게 된다. 오픈마켓의 사업을 시작하기 위하여 첫 메인 화면은 노출될 상품인지도가 크며, 구매로 연결될 가능성이 매우 크다. 메인화면에서는 상품분류의 카테고리 영역이 가장 중요하게 배치되며, 사이트에서 제공하고 있는 각종 상품 카테고리나 이벤트 판매 등을 미리 볼 수 있고 각 코너를 미리 맛볼 수 있는 코너들로 채워져 있다.

또한 상품목록은 상품명, 목록사진, 가격, 배송비, 할인혜택, 판매자 정보 등으로 한눈에 비슷한 종목의 상품을 볼 수 있다. 상품상세 화면은 소비자에게 판매를 유도하기 위하여 상품정보, 결제정보, 판매자의 배송/교환/반품정책, 타 구매자들의 평가 등을 보여준다. 상품상세 화면에서 제공되는 정보나 사진에 따라서는 구매로 직결될 수도 있으므로 상품상세 화면을 어떻게 구성하느냐도 판매의 중요한 전략 중 하나이다.

메인과 상세화면이 구성된 후 상품등록은 오픈마켓에서 요구하는 양식에 맞게 판매할 상품정보를 입력하는 것으로, 입력한 정보는 구매자가 보는 검색결과, 상품목록, 상품상세 화면에 노출되어 구매판단근거로 사용되므로 정확해야 하며, 구매자를 유혹할 수 있도록 매력적으로 꾸며져야 한다. 상품을 등록한 후에 상품명이나 상세설명에 오타가 있거나, 수량 또는 적립금 금액을 조절하거나, 이미지를 새로 촬영했을 경우에는 신속히 정보를 수정해야 한다. 잘못된 정보는 구매자와 판매자 모두에게 혼란을 줄 수 있기 때문이다.

7.3 인터넷쇼핑몰의 구성요소

인터넷쇼핑몰의 입장에서 구성요소를 살펴보면 다음과 같다. 쇼핑몰 회사가 상품을 전시하고 소비자가 인터넷에 전시되어 있는 상품들을 둘러보고 구매하고 결제하기까지 필요한 절차들로 구성되어 있다.

표 7-4 ■ 일반적인 쇼핑몰의 구성요소

구분	내용
상품관련	전시항목의 카테고리(분류), 상품상세, 상품검색, 가장 중요한 상품을 전시하는 메인화면
주문관련	상품주문과 직접적으로 관련된 장바구니, 관심등록, 결제하기, 주문내역/배송상태 확인 코너
사이트이용 관련	회원가입, 이용약관, 주문/결제관련 소개, 배송/반품/교환안내, 고객센터, 회사소개, 개인정보보호정책
커뮤니케이션	상품문의, 배송/반품/교환 문의
기타 콘텐츠	사용후기, 운영자일기, 메일매거진 등

가. 상점 및 상품관리

쇼핑몰 구성과 관련된 구성요소는 쇼핑몰 운영자가 주관하는 상품의 전시이다. 상품은 일반상품, 전문품, 종합쇼핑몰의 다양한 상품목록과 그 상품에 대한 데이터베이스로 정보도 함께 제시되어야 한다. 쇼핑몰 운영자는 고객에게 팔 상품인 만큼 고객이 잘 알아 볼 수 있도록 진열해야 한다. 고객은 상품의 실물을 볼 수 없으므로 상품의 사진, 명세, 기능과 특성, 제조원, 가격 등이 한눈에 잘 보이도록 구성해야 한다. 각종 이벤트, 자사사이트의 홍보를 특히 유념하는 마케팅 채널을 강조해야만 한다.

나. 고객주문

상품전시를 보고 고객은 고객주문을 하게 되는데, 특히 운영자가 주

표 7-5 ■ 상점관리기능(예)

메뉴	기능
상점관리	기본정보, 운영설정, 결제서비스, 배송/반품설정 등
디자인관리	메인 및 하위페이지에 대한 디자인, 탬플릿디자인, HTML, 디자인 백업/복수
상품관리	분류설정, 상품등록 및 진열, 등록상품 일괄관리, 기획전관리, 사은품관리
영업관리	주문조회, 주문의 배송관리 및 반품/환불관리, 세금계산서, 현금영수증관리 등
정산/공급사관리	매출통계/정산, 쇼핑몰분석관리, 공급업체관리/정산 등
회원/메일관리 /SMS	회원정보조회, 회원가입양식, 등급별 회원관리, 이메일관리, 대량메일발송, SMS발송관리 등
게시/온라인설문	게시판 생성/삭제 및 전체 게시물관리, 운영일지관리 및 온라인 설문관리
접속통계	접속수, 페이지, 방문자, 방문경로, 키워드 광고, 매출분석, 상품분석, 회원분석, 환경분석
부가서비스	부가서비스신청, 택배박스 구매서비스, 이미지, 대표전화서비스
프로모션/마케팅	네이버 지식쇼핑, 구글, 야후, 다음과 네이버 홈페이지 등록, 쿠폰발행관리 기능제공

의할 사항은 신상정보에 대한 보안대책을 철저히 하여 고객이 안심하고 상거래할 수 있도록 도와주어야 한다. 고객이 맘에 드는 상품을 골랐다면 주문사항에 가격, 원하는 날짜의 배송을 원할 것이고 만약에 상품이 마음에 들지 않는다면 환불이나 교환이 가능하도록 고객서비스를 강화하여 몰을 운영할 필요가 있다.

다. 상품대금처리

가상의 공간에서 판매된 물품에 대하여 구매자에게 돈을 받을 수 있는 통로를 마련해야 한다. 쇼핑몰 운영 시 결제방법은 크게 현금결제와 신용카드 결제로 나눠 볼 수 있는데 현금결제가 가능한 방식은 정해진 통장계좌번호로 입금하는 '무통장입금'과 전자결제 서비스를 이용한 실시간계좌이체, 가상계좌이체(무통장입금과 유사)방식이 있다. 신용카

그림 7-3 인터넷비즈니스의 결제시스템

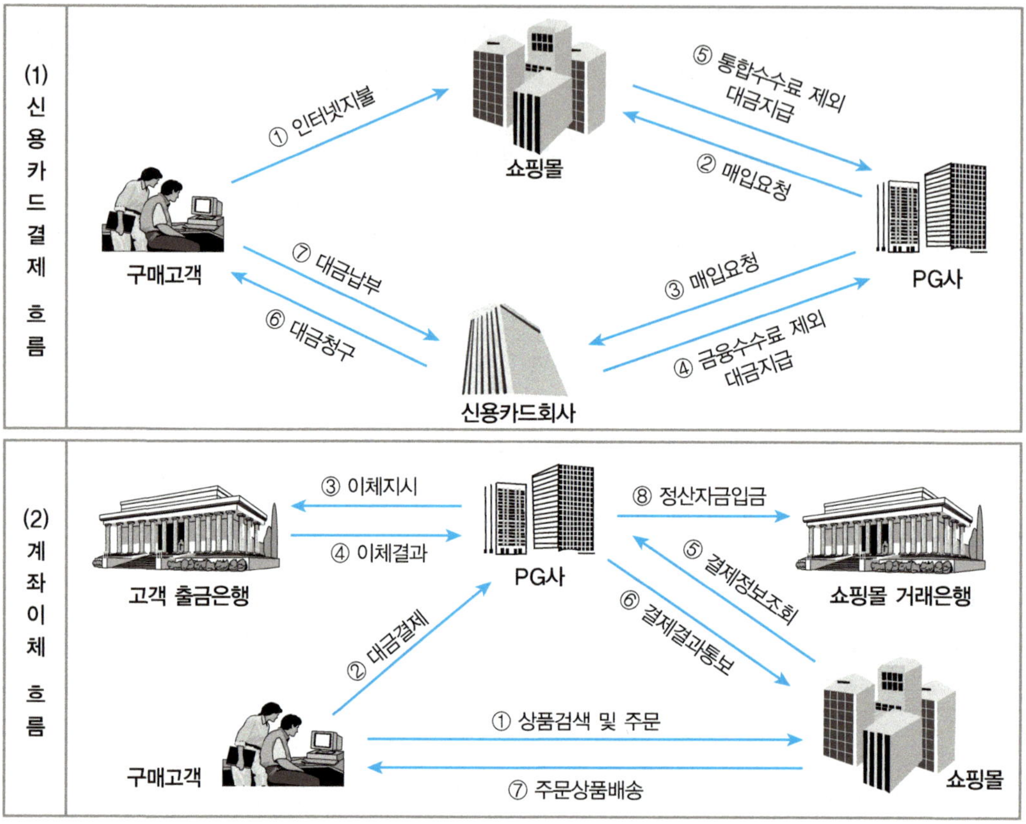

* PG(Payment Gateway) : 지불대행서비스

드 결제는 신용카드 번호를 입력해서 구매대금을 결제하는 방식과 온/오프라인에서 폭넓게 사용되고 있는 적립금, 온라인포인트, 상품권 등의 결제방식이 있으며 소액결제용으로 모바일 결제, ARS결제 등이 있다.

전자결제서비스를 이용하려면 일일이 은행이나 카드사와 계약을 할 필요 없이 PG나 VAN서비스를 이용하면 된다. PG(Payment Gateway)나 VAN(Value Added Network)서비스는 인터넷상에서 금융기관과의 거래를 대행해주는 서비스, 즉 전자결제대행서비스를 말하며 이니시스, 데이콤사이버패스 빌게이트, KCP/한국사이버결제, 뱅크타운, 케이에

그림 7-4 인터넷비즈니스의 에스크로우(Escrow)서비스

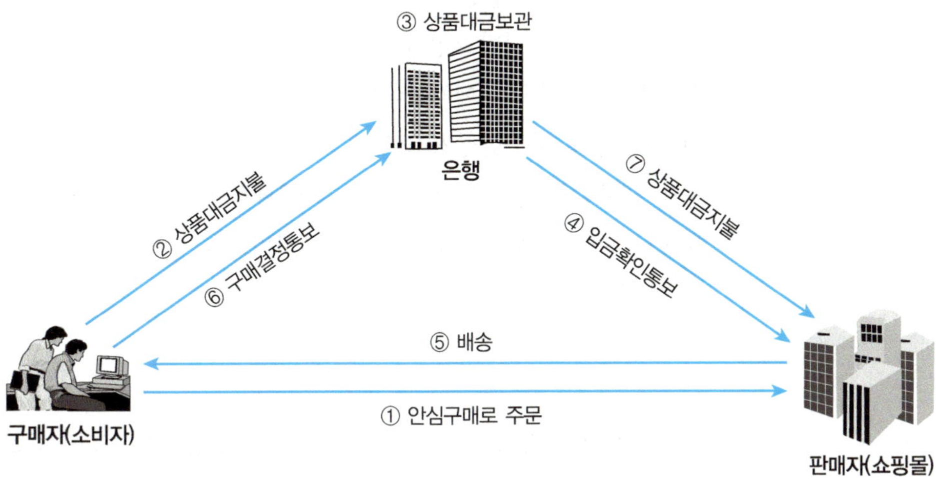

스넷(주) 등이 가장 많이 이용되고 있는 결제대행서비스업체이다.

한편 전자결제서비스를 통한 판매자와 소비자 간의 사고발생이 끊임없이 나타났다. [그림 7-4]처럼 현금결제에 한해 소비자가 입금한 현금이 바로 판매자 계좌로 입금되는 것이 아니라, 제품이 소비자에게 인도된 후 구매결정을 하기 전까지 은행측 또는 PG사가 상품대금을 보관한다. 소비자가 구매상품에 대하여 구매결정을 해줘야 소비자에게 판매한 상품에 대한 지불을 즉시 판매자에게 결제대금을 송금하는 것이다. 이 서비스는 기업과 소비자 간의 오픈마켓 상거래 사이트인 옥션에서 처음 실시한 것으로 직거래에서 발생되는 여러 가지 소비자의 피해(예를 들어 상품가치 훼손과 변질, 돈만내고 상품을 받지 못하는 문제, 상품은 보냈는데 돈을 받지 못하는 경우 등)를 방지할 수 있는 점 때문에 인터넷쇼핑몰 이용자 증대에 막대한 영향을 끼쳐 현재의 모든 쇼핑몰은 고객이 현금으로 물건을 구입할 때 이 에스크로우서비스 제도를 이용할 수 있도록 쇼핑몰에 적용해야 하는 것이 법으로 규정되어 있다.

> **에스크로우서비스(Escrow Service)**
> 상품판매자와 소비자 사이의 구매와 결제과정에서 발생할 수 있는 사고를 방지하기 위한 안전장치이다.

에스크로우서비스는 신용카드보다는 10만 원으로 물건을 구매하는 현금결제방식으로 무통장 입금방식과 더불어 매매보호결제(가상계좌) 방식이 추가되는 것으로, 즉 에스크로우 결제의 구매의사결정은 쇼핑몰

구매자에게 선택권이 존재한다. 10만 원 미만의 현금거래는 기존 거래처럼 판매자 통장에 온라인 입금하면 된다.

본 시스템은 일반쇼핑몰보다는 개인 간 물품거래, 계약거래(건축시공, 부동산거래 등), 예약거래(펜션, 콘도 등 예약) 등 신뢰 채널이 필요한 다양한 형태의 현금거래에 매우 유용하다. 만약 쇼핑몰 업종 중에 배송이 필요없는 무형의 콘텐츠 등을 구매하는 거래에는 결제금액 10만원 이상 여부에 상관없이 에스크로우서비스를 실시할 의무가 없다.

라. 상품배송

고객이 상품을 선정하고 결제까지 완료되었으면 상품이 고객한테 배송되는 절차가 필요하다. 고객이 인터넷쇼핑몰을 자주 이용하는 요인은 바로 상품배송에 대한 편리성이다. 그런데 배송처리가 늦어진다면 구매자는 불만을 갖게되고, 판매자 평가에 좋지 않은 점수를 주게 될 것이다. 또한 일반적으로 오픈마켓에서는 판매등급 또는 판매거부 횟수를 구매자들이 볼 수 있도록 하기 때문에 신용을 쌓아야 하는 판매자 측면에서는 매우 위험한 행동이라고 할 수 있다.

마. 프로모션/마케팅

쇼핑몰에서 고객에게 관련 상품을 판매하기 위하여 말로 표현 못하는 것을 모두 사이트에 담아야 하는데 대표적인 사항이 가격과 자랑할 만한 요소, 고객에게 제공하려는 혜택 등을 사이트에 사진과 글로 시각화하여 소비자에게 전달되어야 한다. 쇼핑몰의 강점은 가격, 배송, 혜택, 상품구성, 운영자의 개성과 감각 등 여러 가지가 될 수 있으며, 이를 사이트 곳곳에 다양한 방식으로 이미자와 글로서 표현해 최대한 노출되어야 한다. 즉 해당아이템들이 가지고 있는 최소한의 요구사항을 충족시켜 사이트에 잘 드러낼 수 있어야 한다. [표 7-6]은 사이트에서 적극적인 프로모션을 할 수 있는 최소한의 아이템을 모아놓은 것이다.

표 7-6 ■ 적극적인 프로모션의 아이템들

구분	설명
의류 및 패션잡화	품질이 높은 상품 사진과 설명, 코디 감각, 모델로서의 품질, 고객상담, 신상품 업데이트
생활소비재(공산품)	저렴한 가격, 배송료, 신속한 배송처리, 단골우대
생활소비재(식품)	산지 대표자(이름, 전화번호, 유기농, 환경마크), 신선도, 신뢰와 전문성, 안정성/유해성 여부, 품질의 일관성
마니아 취향의 기호상품	상품정보의 전문성, 해당분야의 다채로운 상품구색, 고급 콘텐츠확보 등

7.4 인터넷쇼핑몰의 장점

인터넷쇼핑몰의 장점에 관하여 일반적인 사항은 [표 7-7]과 같다.

표 7-7 ■ 인터넷쇼핑몰의 장점

무한한 전시공간	가상백화점 형태로 무한대의 정보콘텐츠 구성
용이한 제품선택	상품검색기능 활용
풍부한 제품정보	종업원 불친절, 강매에서 해방
저렴한 가격	중간상인 배제, 쇼핑몰 운영비 저렴
계획구매	충분한 사전조사, 충동구매 감소
전 세계 대상 마케팅	철저한 제품 및 서비스관리
안방에서 쇼핑	교통불편, 소매치기 위험 등 회피
현실감있는 쇼핑	음향, 동영상, 가상현실 등
다른 사이버쇼핑몰과 연결	비교구매, 특성 파악

(1) 무한한 전시공간

가상공간에서의 제품전시는 무한한 영역을 가지고 있다. 온라인상에 전시공간은 컴퓨터의 용량과 빠르게 정보처리하는 분야로 다양한 상품 분류와 이미지, 사진, 규격 등의 차별화하게 전시공간을 확보하여 고객들에게 판매 유도가 가능해진다.

머천트
인터넷을 통해 상품이나 서비스를 판매함으로써 수익을 얻으려는 기업, 또는 인터넷을 통해 자사의 브랜드를 알리거나 가입자를 모집하고자 하는 모든 기업을 의미한다.

(2) 용이한 제품선택

머천트 서버에 등록된 제품목록은 운영자가 복합몰을 운영한다면 고객이 쇼핑몰에서 구매할 수 있는 제품 선택은 많다. 키워드의 검색기능을 별도로 활용하면 더욱 제품을 선택하는 데 편리하다.

(3) 풍부한 제품정보

오프라인에서 제품 구매 시 종업원과 1차접촉을 하는데 강매와 불친절로 일관될 때 고객은 어려움에 처하게 된다. 그러나 인터넷쇼핑몰은 자기가 구매형태를 선택하고 제품정보 또한 풍부함으로 인하여 구입하는 데 편리함을 제공한다.

(4) 저렴한 가격

인터넷쇼핑몰의 주요 장점 중의 하나가 제품의 저렴한 가격에 있다. 특히 물류거점의 채널이 짧기 때문에 그만큼 가격면에서 이익을 가져오고, 가상공간에 제품을 운영함으로 인하여 실제공간에 물건을 전시하지 않으므로 운영비 또한 절감되어 제품의 가격이 저렴하다.

(5) 계획구매

고객이 구매하고자 하는 제품이 존재하면 오프라인에서는 한 곳에서 제품이 없다면 다른 곳으로 이동하는 데 무척 불편하다. 충분한 제품정보와 가격 등을 여러 곳으로 이동함으로써 알 수 있다. 그러나 쇼핑몰은 한 곳에서 충분한 사전조사로 원하는 제품구매가 가능하고 충동구매에서 벗어날 수 있다.

(6) 전 세계 대상 마케팅

현재 재래시장, 백화점, 할인점 등은 어느 정도 지역적인 영역을 중심으로 고객들에게 접근을 시도하고 있다. 그러나 쇼핑몰은 대상지역이 전 세계를 대상으로 하고 철저한 제품 및 서비스관리에 만전을 기울인다면 대상규모의 확대가 기대된다.

(7) 안방에서 쇼핑

쇼핑몰의 장점으로 대표적인 것 중의 하나가 집에서 쇼핑할 수 있다는 것이다. 시중에 나가 쇼핑을 하려면 교통불편, 각종 위험에 노출되어 위험하기 때문에 쇼핑몰은 시간, 비용면에서 전통적 상거래보다 우월하다.

(8) 현실감있는 쇼핑

인터넷쇼핑몰이 실물을 볼 수 없으므로 상품의 사진, 명세한 정보, 기능과 특징의 테스트 등 여러 가지 면에서 불리하지만, 음향, 동영상, 3차원 그래픽처리 등 이를 보완할 요인들이 자주 등장함으로 인하여 실물보다 우월한 제품소개가 자주 늘어나 고객들이 쉽게 현실감 있는 쇼핑을 한다.

(9) 다른 사이버쇼핑몰과 연결

사이버쇼핑몰은 타 사이트 쇼핑몰과 가격, 특성 등의 비교구매가 가능하고 만약 한 곳에 재고가 없다고 하더라고 다른 사이트 쇼핑몰에서 구입이 가능하다. 쇼핑몰은 타 사이트의 재고유무에 따라 원할하게 제품을 구매할 수 있는 시간과 비용을 절약할 수 있다.

7.5 인터넷쇼핑몰 프로세스 절차

전자상거래 쇼핑몰 절차는 고객이 인터넷 홈페이지의 쇼핑몰에 들어가 원하는 상품을 쇼핑하고 원하는 상품이 없을 경우 빠져 나가고 있을 경우 구매를 위해 가상상품을 쇼핑카트에 가져다 놓고 계속 쇼핑을 한다. 원하는 상품에 대한 쇼핑이 끝나면 구매목록을 확인하고 체크아웃하면 구매자에 대한 신용카드 조회가 이루어지고 이상이 없으면 구매가 승인되어 결제가 이루어지며 그렇지 못할 경우에는 구매를 할 수 없게 된다. 이러한 인터넷을 통한 가상 쇼핑몰에서의 구매가 완료되면 네트워크에 의해 공급자에게 통보되고 공급자의 공장에서 제품이 생산되어 배송시스템에 의해 구매자에게까지 제품이 도착된다.

그림 7-5 인터넷쇼핑몰의 흐름도

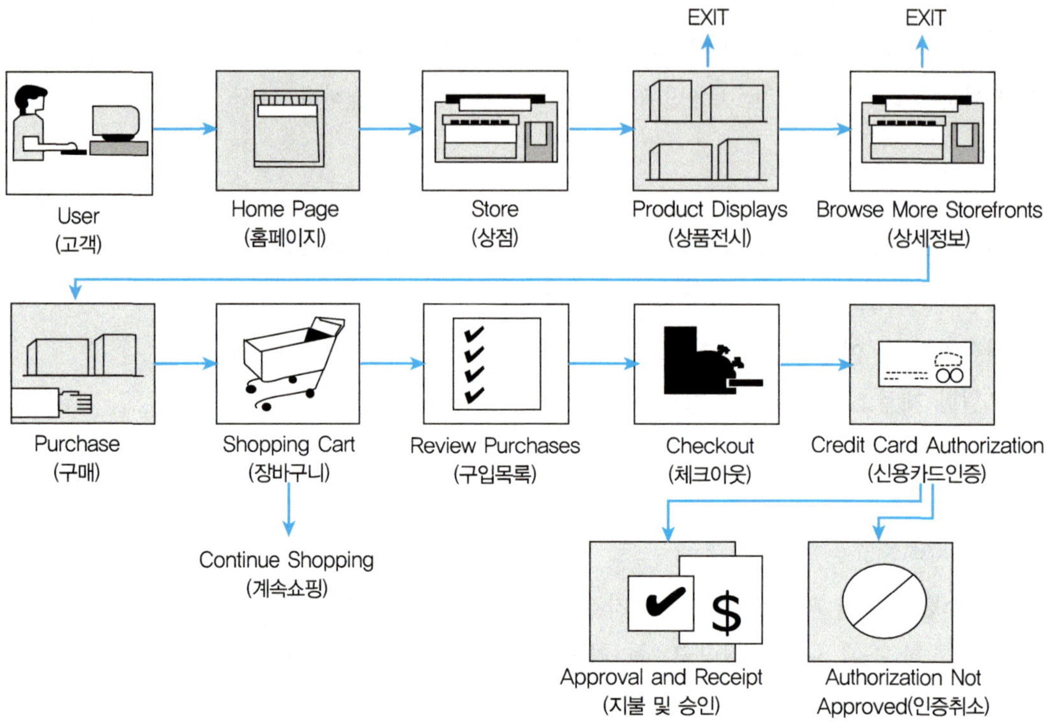

(1) 고객접속단계

고객이 쇼핑몰에 접속하는 것부터 시작한다. 접속해 들어온 고객에게 가장 먼저 보여줄 수 있는 것은 홈페이지 또는 쇼핑몰의 첫 번째 화면이다. 가장 중요한 쇼핑몰 전략은 어떻게 구조적으로 만들 것인지를 고려해야 할 것이다. 즉, 많은 고객이 쇼핑몰을 이용하는가와 어느 정도 쇼핑사이트에 머물고 있는 것 또한 매우 중요하다.

(2) 상품검색단계

쇼핑몰에 고객이 상품분류(대분류, 분류상품목록, 상품상세)에 이벤트 등을 선택할 경우 나타나는 화면에 주로 특정 상품분류군에 속하는 제품들의 화면을 표시해야 한다. 즉, 쇼핑몰 홈페이지에서 특정 분류를 선택했을 때 화면으로 여기서 더 세분화된 하위분류 리스트나 동일 분류 내에서 전략상품을 전시할 수 있도록 화면을 구성할 수 있다. 전략적으로 판매하는 상품의 경우 상품 상세 화면으로 바로 이동할 수 있도록 구성한다. 그리고 쇼핑몰 홈페이지나 분류 첫 화면에서 간략하게 상품 보충설명을 포함하는 것이 고객이 검색 시 유용하게 도움을 제공할 수가 있다.

(3) 장바구니단계

장바구니단계에서는 상품수량 확인, 원하지 않은 상품 장바구니에서 제거, 금액확인 등의 내용을 표현해야 한다. 만약 고객이 상품의 수량을 적지 않거나 알아볼 수 없는 기호를 넣었을 때 취소형태로 돌아가야 한다. 고객이 임의로 가격을 수정하여 결제처리되지 않도록 해야만 한다.

(4) 고객인증단계

쇼핑몰의 고객인증은 주문접수 화면 전 단계에서 처리하도록 한다.

(5) 주문처리단계

이 단계는 인터넷쇼핑몰에서 가장 중요한 요소로서 주문배송정보, 주문결제정보, 주문처리확인 및 주문완료로 구성된다.

① 주문배송정보

고객은 이 배송정보에 고객정보, 수취인정보 등을 입력하게 된다. 고객이 이 화면에서 입력한 정보를 기초로 상품을 배달하므로, 입력된 정보의 검증이 필요하다. 따라서 수취인정보인 성명, 전화번호, 주소, 배달요청일 등 정보가 제대로 입력되었는지 확인하고 검증하여야 한다. 그리고 고객에게 확인 메일을 보내주어 접수된 상황을 고객에게 제공한다.

② 주문결제정보

이 단계는 주문배송정보가 처리된 다음에 처리하는 단계이다. 쇼핑몰에서 제공한 결제수단 화면을 보여주고 고객이 원하는 형태의 결제방법을 선택할 수 있도록 지원하는 것이다. 관련 결제에 필요한 세금명세서도 함께 제공하여 고객의 신뢰가 쌓일 수 있도록 도와준다.

③ 주문처리 확인 및 주문완료

지불처리가 완료되면 고객에게 주문처리 확인을 처리하는 화면이 나타난다. 주문이 완료되면 주문이 끝났다는 것을 고객의 웹브라우저에 표시해주어야 한다. 최근에는 모바일을 통한 주문처리 및 완료에 대하여 배송일, 배송시간, 배송완료 후 처리 등이 메시지 형태로 고객에게 친근하게 접근하여 쇼핑몰과 배송 간의 만족도가 크게 향상되고 있다.

(6) 완료이후단계

고객이 원하는 상품과 지불, 배송을 완료한 후 구매고객에게 주문완료, 배송의 각 단계별로 고객에게 문자메시지 전송을 실시하여야 한다. 예기치 못하게 문자메시지로 전송된 내용과 다른 스케줄로 배송이 진행된다면 반드시 직접 전화를 통해 이 사실을 알려줘야 한다. 구매 후 적립금과 포인트, 마일리지를 통해 보다 많은 고객들이 접속하여 구매후기와 상품평을 남길 수 있도록 고객참여유도를 하는 것이 좋다.

7.6 기업과 소비자간(B2C)의 비즈니스모델

인터넷 비즈니스를 실행하는 실질적인 기업이 소비자에 접근하기 쉬운 것이 B2C 전자상거래 모형으로, 이미 고객들에게 매우 친숙하게 다가오고 있다.

표 7-8 ■ 일반적인 기업과 소비자간(B2C)의 비즈니스모델

비즈니스 모델	변형	예시	설명	수익모형
포털 (Portal)	일반적	Naver, Daum, Yahoo, AOL, MSN, Facebook	통합된 콘텐츠검색 및 제공(뉴스, 이메일, 채팅, 음악, 비디오)	광고, 가입비, 거래수수료
	정보검색	Google, Bing, Ask.com	주로 검색서비스에 초점	광고, 소개비용
상점 (e-tailer)	가상판매자	Amazon.com	온라인쇼핑	재화판매
	오프라인 → 온라인	Walmart, Sears.com	물리적인 가게를 온라인 판매배송	재화판매
	카탈로그 판매자	LLBean	직접우편 카탈로그의 온라인	재화판매
	제조자 – 직접	Dell.com, SonyStyle.com	제조사가 온라인에서 직접 물건을 판매하는 행위	재화판매
거래중계자		E*Trade, Expedia, Monster	고객에 저렴하게 구매행위 도와줌(주식, 무역, 여행 등)	거래수수료
콘텐츠제작 및 제공		조선일보, 동아일보, CNN, WSJ.com, Sportsline.com	최신정보제공(신문, 스포츠 등)	거래수수료
시장창출		eBay, G-Makret, Priceline, Auction	구매자와 판매자들의 오픈마켓 비즈니스	거래수수료
서비스제공		VisaNow.com	서비스를 판매	서비스의 판매
커뮤니티제공		Facebook, Linkedln, Twitter, ivillage	온라인에서 정보공유(흥미, 취미, 공동의 경험 등)	광고, 가입비, 소개비용

표 7-9 ■ 일반적인 기업과 소비자간(B2C)의 관련 국내분류

대분류	중분류	소분류	사례
쇼핑	종합쇼핑	오픈 마켓	G마켓, 옥션, 11번가, 인터파크, 네이버샵N, eBay 등
		종합 쇼핑몰	롯데닷컴, GsShop, CJmall, 롯데i몰, 현대H몰, 신세계몰, AK몰, 디앤샵 등
		대형 마트 쇼핑몰	이마트몰, 홈플러스인터넷쇼핑몰, 롯데마트몰, 2001아울렛인터넷쇼핑몰, NH쇼핑,뉴코아아울렛인터넷쇼핑몰 등
		카드사/포인트 쇼핑몰	신한카드 올댓쇼핑, 현대카드M포인트몰, OK캐시백몰, 삼성카드라이프스타일, KB국민카드라이프플라자 등
	의류쇼핑몰	10가지	스타일난다외 다수
	가격비교	4가지	다나와, 에누리닷컴 외 다수
	소셜커머스	3가지	쿠팡, 티몬외 다수
	쇼핑정보	7가지	G마켓플러스존, AK멤버스 외 다수
	도서/음반/악기쇼핑	8가지	예스21, 인터파크도서, 알라딘, 교보문고 등
	취미/스포츠쇼핑몰	20가지	맥스무비, 인터파크티켓, 예스24, 영화/공연 외 다수
	생활용품쇼핑몰	18가지	텐바이텐, 컬처랜드, 다이소몰 외 다수
	패션잡화쇼핑몰	15가지	플레이어, 홀리가든, 힐리샵 외 다수
	쇼핑기타	8가지	위즈위드, 롯데인터넷면세점, 엔조이뉴욕 외 다수
	자동차	7가지	보배드림, SK엔카, 오토샵, 바보몰 외 다수
	화장품/미용쇼핑몰	12가지	미샤, 이오엘리, 핑크에이지, 리스킨 외 다수
	식품/건강	13가지	천호식품, CJONmart, 롯데슈퍼 등 다수
	컴퓨터/인터넷쇼핑몰	7가지	컴퓨존, 아이코다, 아싸컴 외 다수
	가구/인테리어쇼핑몰	5가지	천이백엠, 손잡이닷컴, 누비지오 외 다수
	가전쇼핑몰	6가지	하이마트, 보상닷컴, 와싸다닷컴 외 다수
	산업용품쇼핑몰	5가지	알파몰, 오피스넥스, 오피스 플러스 외 다수
	명품	3가지	필웨이명품센터, 프라이빗라운지, 클럽베닛 외 다수
	유아/어린이쇼핑몰	4가지	제로투세븐닷컴, 남양i몰, 하기스몰 외 다수
	경매	4가지	럭키타입, 옥션파이브, 제로옥션 외 다수
	통신쇼핑몰	2가지	올렛샵, T World Shop, 아이라이크폰 외 다수

자료 : 랭키닷컴, www.ranky.com, 2012년 8월.

EXERCISES 연 · 습 · 문 · 제

1. 전문쇼핑몰과 오픈마켓의 장 · 단점을 비교 · 설명하시오.
2. 인터넷쇼핑몰 기획에 대하여 전문쇼핑몰과 오픈마켓을 비교 · 설명하시오.
3. 일반적인 쇼핑몰 구성요소를 설명하시오.
4. 인터넷쇼핑몰의 장점을 설명하시오.
5. 인터넷쇼핑몰 프로세스 절차를 설명하시오.
6. 일반적인 B2C모델의 대표적 성공 사이트에 대하여 성공 이유와 디자인구성도, 콘텐츠의 내용, 상품분류(대, 중, 소) 등을 조사하시오.

Chapter 08

기업과 기업간(B2B) 상거래

8.1 기업과 기업간 상거래(B2B)의 배경
8.2 기업간 상거래(B2B) 거래유형, 특징 및 장점
8.3 기업과 기업간 전자상거래의 분류
8.4 기업과 기업간(B2B)의 비즈니스모델

기업과 기업간 상거래(B2B)는 대부분이 공공의 관심사가 기업과 소비자간(B2C)에 맞추어져 있지만 기업과 기업간 상거래가 B2C보다 10배 이상 규모를 가지고 있다. 명백하게 인터넷비즈니스 수익의 대부분이 기업과 기업간 상거래이다. 이런 활동의 대부분이 가려져 있으며 보통의 고객에게 알려져 있지 않다. 본 장에서는 이러한 B2B 관점에 대한 환경, 구축모델(MRO, Exchange 등)과 협력적 상거래에 대하여 알아본다.

8.1 기업과 기업간 상거래(B2B)의 배경

1999년 한 해를 떠들썩하게 한 인터넷사업 열풍은 소비자를 대상으로 한 B2C 전자상거래 사업을 하는 e-비즈니스 기업들이었지만, 언론을 화려하게 장식한 B2C 기업 뒤에는 이미 매출규모 면에서 B2C 사업을 능가한 B2B 상거래라는 조용한 혁명이 진행되고 있었다.

지금까지는 B2B 상거래라고 하면 유통비용을 절감하고 고객과 직접 대화하기 위해 중개상(intermediary)을 거치지 않으면서 직접 기업고객에게 판매를 하는 시스코나 델컴퓨터처럼 이미 유명해진 기업에 관심이 집중되어 왔다. 초기 전자상거래가 기업과 소비자간의 전자상거래에 의해 활성화되었다고 하면, 이제부터는 기업과 기업간의 전자상거래가 시장을 주도하고 있다.

기업과 기업간(B2B) 상거래는 인터넷, 인트라넷, 엑스트라넷 혹은 사설 네트워크를 통해서 기업들 간에 전자적으로 이루어지는 상거래를 의미한다. 이러한 상거래 유형은 한 기업과 관련 공급망 구성기업들 간에 또는 한 기업과 다른 기업들 간에 수행될 수 있다.

기업간 전자상거래가 급성장하게 된 배경은 기업들로 하여금 구매, 조달, 생산, 판매, 유통은 물론 고객관리, 인력관리 등 비즈니스 프로세스 전반을 인터넷을 통하여 수행할 수 있는 기회를 제공함으로써 비용절감과 새로운 사업기회 창출 등의 다양한 효과를 제공하고 있기 때문이다.

초기의 기업간 전자상거래는 EDI를 기반으로 전개되었는데, EDI는 비용이 많이 들 뿐만 아니라 폐쇄적인 성격의 네트워크이기 때문에 산업 전반에 걸쳐 활성화되는 데에 많은 어려움이 있었다. 그러나 인터넷을 기반으로 하는 기업간 전자상거래는 적은 비용으로 다수의 거래자를 참여시킬 수 있는 개방적인 성격이 강해 많은 기업들의 참여를 유도함으로써 활발한 거래를 일으키고 있다.

이처럼 기업간 상거래에 대한 관심이 높아지면서 많은 기업들이 기업간 전자상거래에 뛰어 들고 있는데, 가장 두드러진 움직임이 바로 e-marketplace의 구축이다. 이러한 e-마켓플레이스는 B2B 벤처기업들에 의해 먼저 구축되기 시작하였는데, 오프라인의 대형 제조업체들을 중심으로 거대한 규모의 업종별 e-마켓플레이스가 등장하여 활발히 활동하고 있다.

XML
문서의 요소에 태그를 붙여서 태그의 계층구조, 트리구조로 문서를 관리하는 기본적인 개념이다. 문서의 스타일뿐만 아니라 그 내용이 무엇인가까지도 정의할 수 있다.

그림 8-1 전통적 거래와 기업간 거래형태

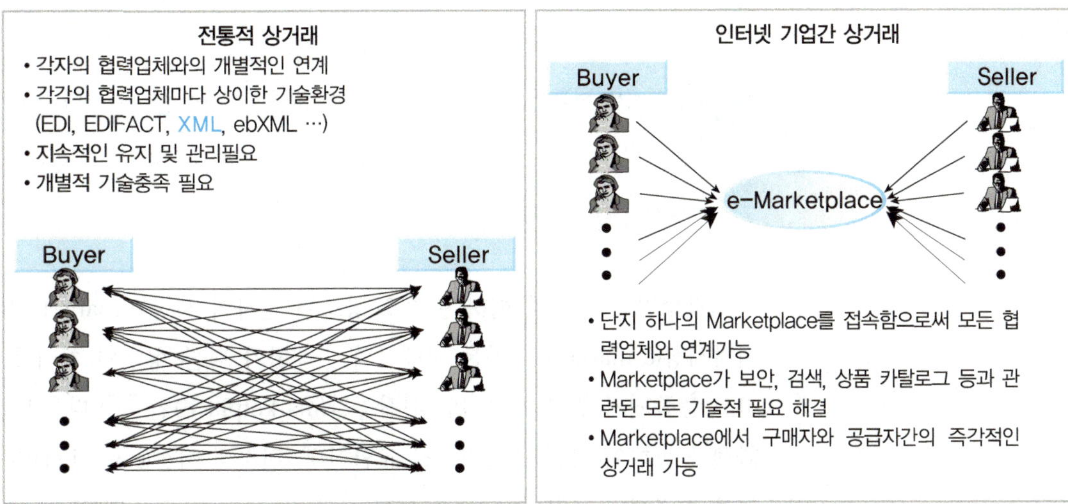

e-marketplace(e-마켓플레이스)란 웹의 특성을 이용한 보다 효율적인 시장의 통합을 통해서 시장에 참여하는 구매자와 공급자의 수를 획기적으로 증가시킬 수 있으며, 이를 통해 구매자에게는 보다 효율적인 가격을, 공급자에게는 보다 효율적인 판매망을 제공해 주는 것이 가능해진

다. 즉, 인터넷상에서 다수의 공급자와 수요자들이 대면하고 거래를 이룰 수 있도록 해주는 가상의 시장을 말한다. e-마켓플레이스는 판매자의 경우 새로운 판로를 개척할 수 있고 구매자 입장에서는 효율적인 상품조달이 가능하다는 점에서 새로운 B2B 비즈니스모델로 각광받고 있다.

e-마켓플레이스는 기존 오프라인 시장에서 이루어지던 기업의 모든 활동이 인터넷을 통해 온라인상에서 이루어질 수 있도록 하는 중개자이다. 기업간 상거래의 유형은 크게 중개자가 존재하는 경우와 존재하지 않는 경우로 구분할 수 있다. 과거의 기업간 상거래가 중개자 없이 개별기업 차원에서 이동되었다면 e-마켓플레이스를 통한 기업간 상거래는 구매자와 판매자 사이에 마켓메이커라는 중개자가 등장하는 형태라고 할 수 있다. 즉, e-마켓플레이스에서는 중개자가 불특정 다수의 구매자와 판매자에게 자유롭게 거래를 일으킬 수 있는 가상의 공간을 제공하고 이를 적절히 관리함으로써, 시장의 거래가 활성화되고 거래비용을 감소시키는 효과를 가져올 수 있는 것이다.

8.2 기업간 상거래(B2B) 거래유형, 특징 및 장점

가. 기업과 기업간(B2B) 거래유형

전자상거래 처리를 행하는 중요 장소는 전자적 시장(e-market)이다. 전자시장(e-marketplace)은 구매자와 판매자가 다른 형태의 처리를 행하고 충족되기 위한 가상적인 시장공간(marketplace)인 것이다. 고객은 화폐를 통하여 상품과 서비스를 교환한다. 전자적 시장(e-market)의 기능은 물리적인 시장공간(marketplace)과 같다. 그러나 전산화된 시스템은 구매자와 판매자를 위하여 보다 좋은 최신 정보로 효율적인 시장을 만들어 간다. 전자적 시장은 정보, 상품, 서비스, 지불의 교환을 효율화하기 위하여 경제에서 중심적인 역할을 한다. 그 과정에 시장은 구매자, 판매자, 시장중계인, 그리고 사회 전체를 위한 경제적인 가치를 제공한다.

표 8-1 ■ 시장의 기능

구매자와 판매자의 연결	거래 촉진	제도적 인프라구조
• 판매제품의 결정 – 판매자가 제공된 제품 특징 – 다른 제품의 통합 • 탐색(판매자가 구매자탐색, 구매자가 판매자 탐색) – 가격과 제품정보 – 입찰과 교환의 체계화 – 판매자의 제안과 구매자의 선호도 연결 • 가격공개 – 가격결정의 과정과 결과 – 가격비교의 부여 • 기타 – 판매 선도 제공	• 물류 – 구매자에게 정보, 상품, 서비스를 제공 • 결산 – 판매자에게 지불 제공 • 신뢰 – 신용시스템, 평판, 평가기관(소비자 의견과 에스크로우, 온라인 기관) • 의사소통 – 구매자의 요구	• 법률 – 상업적 코드, 계약법, 분쟁조정, 지적재산보호 – 수출 및 수입법 • 규정 – 규칙 및 규정, 감시, 법 집행 • 발견 – 시장정보제공(경쟁, 정부규정)

자료 : Turban 외 2, Introduction to Electronic Commerce(2009).

시장(market, 전자적이든 다른 것이든)은 3가지 주요 기능을 가지고 있다. 첫 번째로 구매자와 판매자를 연결한다. 두 번째는 정보, 상품, 서비스, 시장거래와 관련된 지불의 교환을 용이하게 한다. 세 번째로 효율적인 시장기능이 가능하도록(예를 들어, 법률적과 규제) 제도적 기반구조를 제공한다.

전자상거래는 [표 8-1]에서 열거된 시장기능을 용이하게 만들거나 개선함으로써 시장의 효율성을 높여 왔으며 이러한 기능을 수행하는 데 비용을 감소시켰다.

한편 기업간 거래에서 구매자와 판매자가 협상하는 전자시장(e-marketplace)을 정의하는데, 일반적으로 기업과 기업간 전자상거래 유형은 [그림 8-2]와 같다.

- 판매자측 마켓플레이스(sell-side e-marketplace) : 하나의 판매자가 다수의 구매자에게 연결한다.
- 구매자측 마켓플레이스(buy-side e-marketplace) : 하나의 구매자가 다수의 판매자에게 연결한다.

그림 8-2 기업과 기업간 전자상거래 거래유형

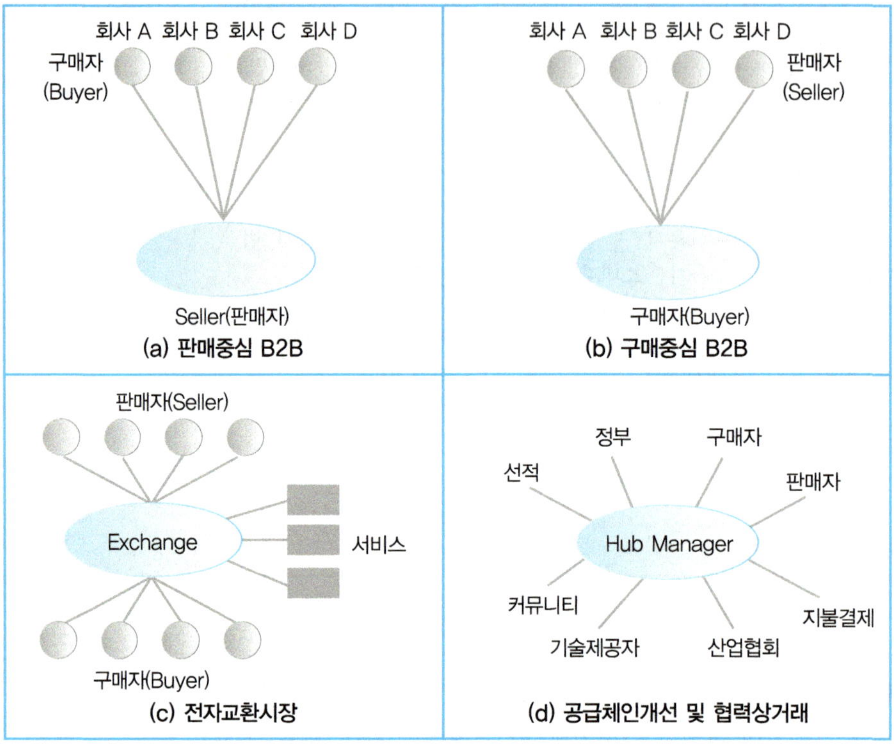

- 전자교환시장(Electronic exchanges) : 다수의 판매자와 다수의 구매자를 연결한다.
- 공급체인개선 및 협업상거래(supply change improvements and collaborative commerce) : 비즈니스 파트너들 사이에 구매와 판매라는 활동들, 예를 들어 공급체인개선, 의사소통, 협업, 디자인과 설계에 대한 정보공유 등을 행하는 것이다.

나. 기업간(B2B) 상거래의 특징

기업간(B2B) 상거래의 주요 특징으로는 기업이 상거래 프로세스를 자동화함으로써 그 자체를 개선하려는 것이다. 따라서 거래당사자, 거래형태, 자재종류, 거래방향에 대하여 소개하면 다음과 같다.

(1) 거래당사자 : 판매자, 구매자, 중계자

기업간 상거래는 구매자와 판매자 간에 직접적으로 이루어질 수 있고 온라인중개상(online intermediaries)을 통해 이루어질 수도 있다. 중개상은 구매자와 판매자 간에 거래를 중계하는 온라인상의 제3자로서 사이버상의 중개자일 수도 있고, 온 · 오프라인일 수도 있다.

(2) 거래의 형태

기업간 처리의 형태는 현장구매(spot buying)와 전략적 구매(strategic sourcing)라는 2가지 형태를 가지는데, 현장구매는 상품이나 서비스를 필요로 하는 시점에 수요와 공급에 의해 동적으로 현재 시장가격(예를 들어, 원유, 곡물, 원자재 등)에서 결정하는 거래인 것이다. 현장구매는 제3자 마켓플레이스가 효율적인 모델인 것이다. 또한 전략적 구매는 구매자와 판매자간의 협상에 의해 일정기간 또는 장기간의 거래계약에 의해 이루어지는 구매로서 협상에 의해 효율과 효과를 달성할 수 있다. 예를 들어 자동차에서 하나의 모델은 일정기간 제품수량이 결정되므로 완성차업체에게 협상에 의해 모델체인지 전까지 부품이 공급되어진다. 이는 시장가격에 의해 현장구매보다는 전략적 구매를 의미한다.

(3) 자재종류

기업간 상거래에서는 직접자재와 간접자재의 2가지 유형의 자재 및 공급품이 거래된다. 직접자재(direct material)는 자동차에서 사용되는 철강과 책을 만들기 위해 종이와 같이 완성품을 만드는 데 사용되는 자재이다. 반면에 간접자재(indirect material)는 사무용품이나 전구와 같이 생산활동을 도와주는 자재로서 이러한 거래활동은 MRO(Maintenance, Repair, Operation) 혹은 비생산자재라 부른다.

(4) 거래방향

기업간 상거래시장은 수직적(vertical) 시장과 수평적(horizontal) 시장으로 분류한다. 수직적 시장(vertical marketplace)은 한 분야의 산업 혹은 그 연관산업을 취급하는 시장이다. 수직적 시장은 전자, 자동차, 병원공급, 철강, 화학 등이 있다. 수평적 시장(horizontal marketplace)은 모든 분야의 산업에서 사용되는 제품이나 서비스를 취급하는 시장으로서 사무용품, 컴퓨터, 여행상품 등이 있다.

다. 기업과 기업간 전자상거래의 장점

기업과 기업간 전자상거래의 장점은 사용되는 모델에 따라 다르다. 주요 이점으로는 다음과 같은 것들을 들 수 있다.

- 새로운 판매(구매)기회를 만들어낸다.
- 종이를 없애고 관리비용을 줄인다.
- 처리를 촉진시키고 사이클 시간을 줄인다.
- 제품과 밴더를 발견하기 위하여 구매자에 대한 시간과 탐색비용을 줄인다.
- 구매 혹은 판매업무를 담당하는 직원들의 업무생산성을 향상시킬 수 있다.
- 서비스의 품질을 개선하고 에러를 줄인다.
- 제품배치를 더욱 쉽게 만든다.
- 마케팅과 판매비용을 줄인다.
- 재고수준과 비용을 줄인다.
- 다른 고객에 다른 가격에 대한 맞춤형 온라인 카탈로그를 제공한다.
- 생산의 유연성을 제고시키고 즉각적인 납품이 가능하다.
- 구매자에 대한 조달비용을 줄인다.
- 효율적인 고객서비스가 제공된다.
- 협력에 대한 기회를 제공한다.

8.3 기업과 기업간 전자상거래의 분류

가. 판매자측(sell-side) 전자시장(e-marketplace) : 일대다(one-to-many)

기업간 거래의 판매자측 전자시장의 비즈니스는 엑스트라넷을 통해 비즈니스 고객에게 제품과 서비스를 판매하는 행위이다. 판매자는 도매업자, 소매업자 혹은 대형기업체들에게 판매하는 제조업체 및 유통업체일 수도 있다. 어느 경우이든 판매자측에서는 하나의 판매자와 다수의 잠재 기업고객으로 구성된다. [그림 8-3]은 소비자고객이든 비즈니스 고객이든 동일한 판매주도형 시장을 사용한다.

그림 8-3 판매주도형 기업간 전자상거래

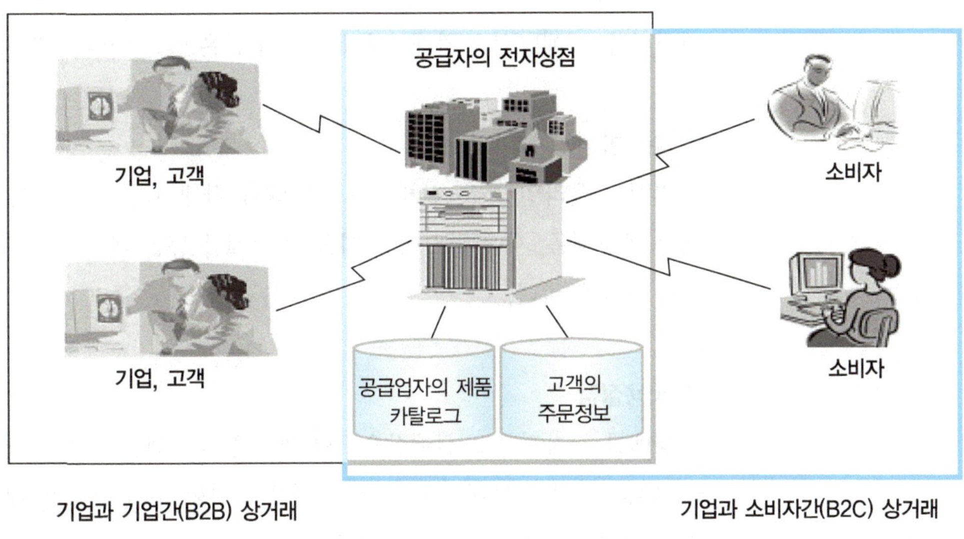

일대다(one-to-many)모델은 세 가지 중요한 방법이 있다. 첫째로 전자카탈로그를 통한 직접판매, 둘째로 경매를 통한 판매, 셋째로 협상과 장기계약에 의한 일대일 판매가 그것이다.

(1) 카탈로그를 통한 직접판매

회사들은 온라인 카탈로그로 직접 판매하기 위하여 인터넷을 이용한다. 회사는 모든 고객들에게 하나의 카탈로그를 제시할 수 있고 각 개인 고객들에게 맞춤화된 카탈로그를 제시할 수 있다. 직접 판매를 활성화하기 위하여 판매자는 구매자에게 구매자정보시스템과 연계될 수 있는 전자카탈로그 및 주문정보를 저장할 수 있는 구매자별로 맞춤화된 장바구니를 제공할 수 있다. 특히 많은 판매자들은 고객들에게 분리된 페이지와 맞춤화된 카탈로그와 가격 등이 포함된 정보를 제공하여 신뢰를 가져가는 것이 매우 중요하다. 한편 기업고객들은 온라인으로 제품을 맞춤화하여 견적을 받을 수 있고, 제품주문을 낼 수 있다.

(2) 경매를 통한 판매

경매는 기업간 거래 판매채널로서 가장 인기가 있다. 경매에서는 상품이 재빠르게 처분될 수 있도록 사설(private)이나 공설(public) 사이트에 전시된다. 경매방식은 판매자에게 다음과 같은 많은 이익을 제공한다.

① 수익발생

경매는 온라인 혹은 전체적인 판매액을 확대시키는 데 기여한다. 경매는 과잉제품, 시대에 떨어진 제품, 반송제품 등을 빠르게 쉽게 처분하는데 도움을 준다.

② 비용절감

경매를 전자적으로 실행함으로써 새로운 매출액을 창출할 뿐만 아니라 경매상품을 판매하는 데 드는 비용을 절감할 수 있다. 절약분은 판매자의 이익을 증가시키는 데 기여한다.

③ 충성도 증가

경매사이트는 방문횟수와 방문기간을 타 사이트와 비교하면 방문자수와 방문횟수, 사이트에 보내는 시간이 많아질 뿐만 아니라 고객충성도면에서 우위가 존재한다.

④ 회원확보 및 유지

미래에도 통할 수 있는 경매사이트의 매력으로 회원확보를 계속해서 증가할 수 있으며 회원고객을 위하여 끊임없는 분석, 취향, 만족도 등이 제공된다면 회원고객을 유지하는 데 타 사이트보다 경쟁력을 가질 수 있다.

(3) 협상과 장기계약에 의한 일대일 판매

구매하고자 하는 회사는 가격, 수량, 지불조건, 배송, 품질 등을 판매회사와 협상과 장기계약을 통한 일대일 상거래활동을 한다.

나. 구매주도형(buy-side) 전자시장(e-marketplace)과 전자조달 : 다대일(One-From-Many)

(1) 구매주도형 전자시장 : 역경매

기업간 전자상거래의 독특한 한 분야는 구매자중심의 시장과 조달을 위한 전자상거래 활용이다. 조달은 회사가 필요로 하는 상품이나 서비스를 구매하는 것이다. 구매주도형(buy-side) 전자시장(e-marketplace)의 모델에서는 구매자가 자체 서버에 전자시장을 개설해서 구매자가 필

그림 8-4 구매주도형 기업간 전자상거래

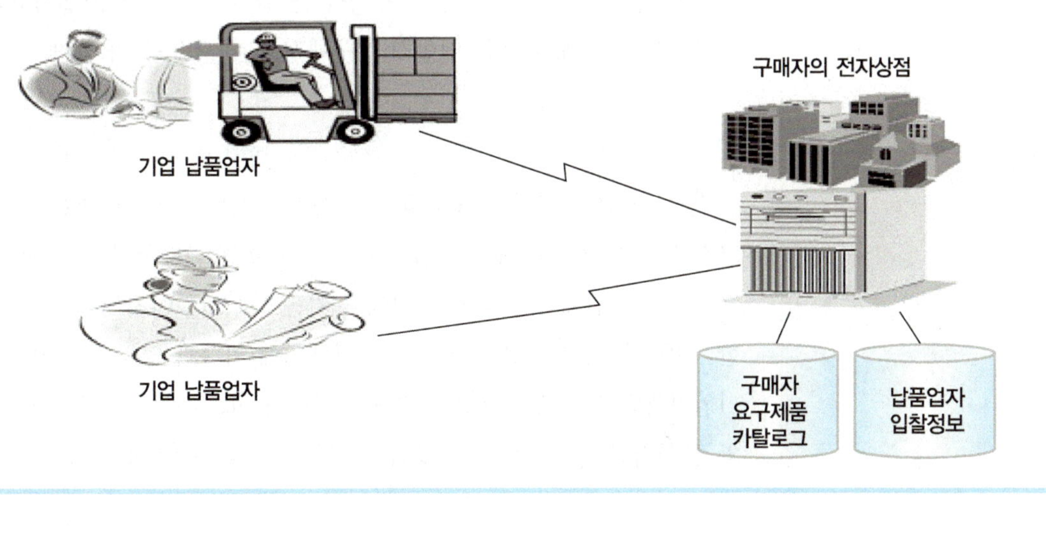

RFQ(Request for Quotation)
입찰방식의 하나로 실제구매의 첫 단계가 되며 이를 토대로 발주처에서 주문을 내고 업체가 이를 받아들이면 계약이 이루어지게 됨

표 8-2 ■ 인터넷기반의 단계별 역경매 프로세스

단계	내용
1단계	구매자는 온라인 사이트를 통해 제품정보를 자동으로 수집한다.
2단계	구매자는 자사사이트에 RFQ를 게시하거나 납품업자들에게 입찰에 응하도록 이메일로 보낸다.
3단계	구매자는 온라인 RFQ에 응하는 납품업자들 중에서 잠재적인 납품업자를 확인하고 프로젝트에 입찰하도록 초청한다. 입찰자들은 웹으로부터 프로젝트정보를 다운로드받는다.
4단계	입찰자는 실시간 혹은 공개된 시간에 역경매를 실시한다. 추가정보 요청도 온라인으로 이루어진다. 상세명세서 변경내용도 전자적으로 배포한다.
5단계	입찰자는 전자문서로 제안서를 제출한다.
6단계	구매자는 납품업자의 입찰서를 평가한다. 최종선택안을 결정하기 위해 의사소통, 정리 및 협상이 전자적으로 이루어진다.
7단계	구매자의 요구사항에 최종선택에 맞는 입찰자에게 계약자격을 부여한다. 이러한 사항을 온라인으로 공지한다.

요로 하는 품목에 대해 잠재적인 납품업자들이 입찰에 응하도록 초대하게 된다. 이러한 구매주도형을 일반적으로 역경매라고 말하며, 그러한 역경매에 초대하는 것이 견적요청서(RFQ : Request For Quotation)라는 문서형식인데 RFQ 프로세스는 역경매(reverse auction) 또는 입찰(tendering or bidding)모델이라고 부른다. 역경매는 대형구매를 가진 모델이며, 정부와 대기업들은 이 방법을 잘 활용하여 비용절감효과를 가져온다. 역경매에 대한 일반적인 구매절차는 [표 8-2]와 같다.

(2) 구매주도형 전자시장 : 전자조달(e-procurement)

전자조달은 회사가 필요로 하는 상품이나 서비스를 구매하는 것이다. 그것은 대개 기업구매자로 알려진 구매 에이전트(대행자)가 수행한다. 구매기능은 전체 공급체인 과정에서 처음으로 이루어지게 되는데 이러한 구매기능의 성과향상은 전체 공급체인에 커다란 영향을 미침으로써 기업경쟁력 확보에 중요한 역할을 담당한다. 또한 외부적으로 공급업체와 공식적인 창구역할을 수행함은 물론이고 내부적으로는 연구, 생산,

품질, 자재부문뿐만 아니라 자금부서와도 밀접한 연결고리를 형성하고 있다. 이처럼 중요한 위치를 차지하고 있는 구매기능 역시 전자상거래의 대두로, 보다 향상된 구매비용 절감과 업무효율화를 달성할 수 있는 좋은 기회를 맞게 되었을 뿐만 아니라 이를 반대로 활용하지 못하면 기업 전체에 위협을 줄 수 있는 환경에 처해 있다.

1) e-procurement의 발전단계

과거 구매기능은 공급업체와의 적대적 관계 및 단순히 주문에 대한 접수, 할인만을 고려한 대량구매 등의 구매담당자의 일방적인 권한에 의한 '파트너'에 중점을 두고 진행되어 왔다. 그러나 최근 들어 구매에 있어 수작업 프로세스의 감소와 관련 정보의 부족 그리고 긴급물자에 대한 구매의 중요성이 주요 환경으로 대두되었으며 이에 대한 구매의 대응은 전자문서교환이나 공급업체와의 통합, 적극적인 컨소시엄을 통한 구매 등 전략적 소싱을 주목적으로 진행되고 있다.

그러나 이제 e-구매가 급격히 진행될 미래환경의 구매는 조달기능과의 통합, 글로벌 소싱의 중요성 및 협력업체와의 유기적인 정보공유를 위한 IT 인프라, 내부 구매프로세스의 재정비에 대한 필요성이 급속히

표 8-3 ■ 전자조달에 있어서의 구매환경과 구매담당자의 역할

구분	내용
구매 환경	• 전자조달 확산 및 e-마켓을 통한 새로운 기회 모색 • 경쟁심화에 따른 코스트 절감 요구 • 글로벌소싱의 필요성 증대 • 전략적 구매의 필요성 증대 • 내부고객의 요구 다양화에 따른 사업구조 고도화 • 핵심 공급업체와의 전략적 제휴 필요성 증대
구매 담당자 역할	• 어떻게 비용을 절감할 수 있으며 이를 증명할 것인가? 또한 전자상거래란 무엇이며 나의 문제를 해결하는 데 도움이 될 것인가? • 우리의 프로세스는 전자상거래환경에 적합하며 e-Marketplace를 어떻게 효율적으로 활용할 것인가? • 우리는 누구에게 얼마나 구매하고 있으며 가격 및 계약조건이 타당한가? • 우리의 협력업체와는 효율적인 정보공유 및 업무협조가 진행되고 있는가? 또한 이들의 경쟁력을 강화하기 위해 우리가 할 수 있는 역할은? • 어떻게 구매조직을 전술적 차원에서 전략적 차원으로 변화시킬 것인가?

증대하고 있다. 단순히 환경에 대해 대응해 오던 관점에서 이제 혁신을 요구받고 있는 새로운 구매기능 강화시대가 전개될 것이다.

이러한 새로운 미래환경에서 구매는 요청에서 지불까지 모든 기능의 토털솔루션 제공 및 기업 내·외 공급업체 및 고객과의 공급체인(supply chain)의 연계, 실시간 정보제공 및 공급업체의 정예화를 통한 '전자조달' 전략을 수립·진행하여야 할 시점인 것이다.

인터넷의 등장은 전통적인 구매활동에도 커다란 변화를 가져다주었다. 이를 통해 보다 경제적이고 신속하게 공급업체를 발굴함으로써 원가의 단축 및 짧은 납기일에 즉각 대응할 수 있게 되었으며, 조달 프로세스의 자동화 및 인터넷 구매 주문처리로 사용자의 직접 구매 및 인수활동을 용이하게 진행할 수 있게 하였다. 또한 공급자 선정 및 카탈로그 관리를 통해 조달 프로세스를 간소화할 수 있도록 한 것도 바로 인터넷이 구매활동에 큰 영향을 미친 결과이다.

전자조달의 필요성 증대를 몇 가지 요인으로 분석해 보면, 첫째 계약에 따른 구매의 증대이다. 전자조달은 모든 조직원이 조달원칙에 따라 행동함으로써 신뢰성 있고 자격을 지닌 공급업체와 거래가 증대하고 계약 이외의 구매지출을 감소시킬 수 있도록 하며, 조달 프로세스상의 에러율을 감소시키는 역할을 함으로써 더욱 많은 물품을 더 적은 비용으로 구매할 수 있도록 한다. 둘째, 구매영향력의 증대이다. 제품군별 데이터 및 지식, 성과측정 그리고 프로세스의 표준화를 통해서 각 공급자 또는 각 제품군별 실제 구매비용에 대한 상세 데이터를 확보함으로써 구매지출에 대한 관리를 더욱 향상시킬 수 있도록 한다. 이러한 관리 및 정보를 기초로 구매의 힘과 기술의 향상은 구매력의 증대를 가져올 수 있으며 더욱 높은 할인율이 가능하도록 함과 동시에 제품군의 분류를 통한 관리는 공급자의 선정과 계약에 효과적으로 집중할 수 있는 정보를 제공한다. 셋째, 주문처리비용의 절감이 가능하다. 무엇보다도 수작업이 전자적으로 처리됨으로써 주문과 관련된 관리비용을 절감할 수 있을 뿐만 아니라 수작업에 따른 에러율, 프로세싱시간 및 조달업무단계의 감소가 가능하였으며, 현장 재고의 감소를 통해 불필요한 잉여, 진부화 및 불용재고 가능성도 획기적으로 감소시킬 수 있다. 또한 이를 통해 기존 구매부서의 잉여노동력을 공급업체와의 전략적 협상 등 고부가가치 활동에 투입함으로써 추가적인 이익으로 연결시킬 수 있는 토대를 마련할 수 있는 것이다.

2) MRO시장의 전자상거래 열풍

점점 더 격화되고 있는 글로벌경쟁은 기업들로 하여금 지속적으로 생산성향상과 원가절감을 강화하는 새로운 기회들을 찾도록 강요하고 있다. 지금까지의 원가절감 활동들은 주로 생산부문에서 발생하는 원가를 줄이는 데 초점이 맞추어져 왔다. 그러나 생산방식의 자동화와 과학적이고 합리적인 생산관리 기법의 발달에 따라 생산부문에서의 원가절감은 한계에 이르고 있다. 이에 따라 많은 기업들이 공급체인관리, 그 중에서도 구매프로세스를 개선하기 위해 많은 관심을 기울이고 있다.

특히 MRO(기업의 유지 · 보수 · 운영활동)에 투입되는 자재 구매의 경우 그동안 비효율적인 구매프로세스로 인해 많은 비용을 발생시키고 있었지만, 기업들의 관심부족으로 비용관리의 사각지대로 남아 있었다. 그런데 최근 정보기술의 발달과 인터넷의 확산을 기반으로 하는 전자상거래가 효율적인 MRO 구매를 위한 강력한 도구로 떠오르면서, 다수의 기업들이 이를 적극적으로 도입하고 있다. 이처럼 MRO 전자상거래 시장이 급성장할 것으로 전망되면서, 많은 기업들이 MRO 전자상거래 사업에 뛰어들고 있다.

① MRO의 정의

기업의 구매대상은 크게 직접 생산에 투입되는 직접재(direct goods)와 생산활동을 지원하기 위해 투입되는 간접재(indirect goods)로 구분할 수 있다. 직접재는 제품생산에 직접 연관되는 원자재나 부품 등이고, 간접재는 MRO 관련 품목이 대표적이다.

MRO는 기업의 유지(maintenance), 보수(repair), 운영(operation)활동을 위해 투입되는 자재를 말한다. 유지용품은 정기적인 교체작업이나 유지 일정계획에 따라 구매되는 품목으로 기계나 설비의 고장으로 인해 긴급히 구매되는 품목으로서, 예상되지 않은 상황에 신속히 대응하는

표 8-4 ■ MRO의 정의 및 특징

유형	특성	예
Maintenance	정기적인 교체작업이나 일정계획에 따라 구매되는 품목	기계부품, 페인트, 밸브, 전기스위치, 청소용품, 윤활유 등
Repair	기계고장 등에 의해 발생한 긴급 구매품목	기계부품, 개스킷, 스프링, 베어링 등
Operation	기업의 비즈니스의 운영을 지원하기 위해 정기적으로 구매되는 품목	사무가구, 사무기계, 컴퓨터, 장비 및 S/W, 기타 사무용품

것이 매우 중요한 품목들이다. 기계부품, 개스킷, 스프링, 베어링 등이 대표적이다. 마지막으로 운영용품은 기업의 비즈니스의 운영을 지원하기 위해 정기적으로 구매되는 품목으로, 사무용품, 사무가구, 사무기계, 컴퓨터 장비 및 소프트웨어 등이 있다. MRO는 초기에 사무용 소모품 등의 한정된 개념으로 사용되었으나, 점차 그 범위가 확대되어 공장용 소모품과 기업운영 관련 서비스까지 포함하고 있다.

② 고비용 저효율의 MRO 구매

일반적으로 기업의 구매금액 중 MRO가 차지하는 부문은 그리 크지 않지만, 구매를 위한 활동에서 발생하는 비용의 상당 부분이 MRO 구매와 관련되는 비용이다. 이와 같은 현상은 다음과 같은 MRO 구매의

그림 8-5 MRO의 구매프로세스

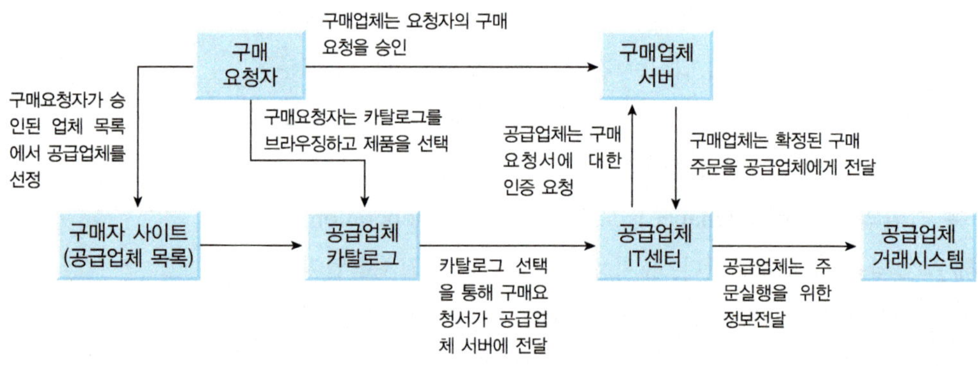

특성에 기인한다.

첫째, MRO구매는 적게는 수천 가지에서 많게는 수만 가지의 품목을 그 대상으로 하기 때문에 이를 관리하기 위해 많은 비용이 발생한다. 둘째, 비주기적인 구매로 인해 수요예측에 따른 전략적 구매계획의 수립이 어렵고, 이에 따라 재고유지비용이 많이 발생한다. 셋째, 작업현장에서의 임의적인 구매가 많지만, 이에 대한 통제가 이루어지지 않고 있다. 넷째, 기존업체와의 거래관행으로 인해 신규 공급업체의 발굴 및 가격협상활동이 매우 제한적이다. 다섯째, 복잡한 구매절차가 오프라인상에서 수행되기 때문에 과다한 수작업이 발생하여 많은 인력과 시간이 투입된다.

그러나 지금까지 대다수의 기업들은 원자재와 부품 등의 직접재의 구매프로세스 효율화에 많은 노력을 기울여 온 반면, MRO 등의 간접재 구매에 대해서는 그다지 관심을 기울이지 않아 매우 비효율적인 형태의 구매프로세스를 유지해 오고 있는 실정이었다.

③ 전자상거래를 통한 MRO 구매확산

인터넷환경을 이용한 구매프로세스의 관리가 MRO 구매의 비효율을 상당부분 제거하는 등 많은 효과를 나타내면서, MRO 구매프로세스의 개선을 위한 도구로 전자상거래가 각광을 받고 있다. 많은 기업들이 전자상거래를 통해 MRO 구매를 실행함으로써, 구매프로세스 관리비용과 구매금액의 절감, 효율적인 재고관리, 작업현장에서의 임의구매에 대한 통제 강화, 구매 이행주기의 단축, 구매 담당직원의 전략적 업무로의 전환, 투명한 구매의 실현 등과 같은 상당한 효과를 얻은 것으로 나타나고 있다.

④ MRO 사업의 성공요건

급성장할 것으로 예상되는 MRO 전자상거래시장에서, 기업들이 성공적으로 사업을 추진하기 위해서는 다음과 같은 요건들을 갖추어야 한다.

첫째, 전자카탈로그와 상품 DB의 구축과 표준화이다. 사무용품과 전산용품의 경우는 카탈로그의 구축과 상품 DB의 구축이 상대적으로 용이한 편이지만, 유지 및 보수활동과 관련된 공장용품의 경우는 품목수가 방대하고 구매자별 · 판매자별 분류체계가 상이하여 제품탐색과 주문에 많은 어려움이 있다. 따라서 이에 대한 표준화된 DB의 구축이 매우 중요하다.

둘째, MRO 자재에 대한 토털 솔루션의 제공이다. 대부분의 MRO 전자상거래업체들은 사무용품이나 전산용품 등의 운영품목을 중심으로 서비스를 제공하는 경우가 많다. 이것은 운영품목이 유지 · 보수품목에 비해 취급하기가 용이하기 때문이다.

셋째, 비계획구매의 효과적인 대응이다. 구매권한이 분권화되어 작업현장에서 구매가 이루어질 경우 비계획구매는 더 많이 발생할 것이고, 이러한 비계획구매에 신속하게 대응하지 못한다면 기업들은 더 이상 거래를 하려고 하지 않을 것이다.

넷째, 시스템의 확장성과 통합성이다. 급변하는 경영환경에 적절히 대처할 수 있도록, MRO 구매시스템은 유연하게 설계되어야 한다. 또한 기업의 ERP 등의 정보시스템과의 통합이 용이해야 한다.

다섯째, 철저한 공급업체의 관리이다. MRO 사업자들은 공급업체들이 구매자에게 신뢰성 있는 제품정보를 제공하고, 고품질의 제품을 납기 내에 배송할 수 있도록 해야 한다. 따라서 MRO 사업자들은 엄격한 사전심사를 통해서 수준높은 공급업체를 확보하고, 이들과 신뢰관계를 구축하여 고객들에게 안정적인 서비스를 제공할 수 있도록 노력해야 할 것이다.

이 밖에도, 안전한 보안체계 수립, 결제수단의 확보, 전략적 구매의사결정을 위한 구매분석자료의 제공 등도 중요한 성공요건 중의 하나이다.

다. 전자교환시장(exchange)

교환시장은 다대다(many-to-many) e-마켓플레이스를 의미하며, 온라인 거래장소로 사용된다. 커뮤니티 활동들을 지원하는 많은 교환은 예를 들어 유통산업 뉴스, 온라인 토론그룹의 스폰십, 블로그, 연구 등

그림 8-6 전자교환의 커뮤니티 연계도

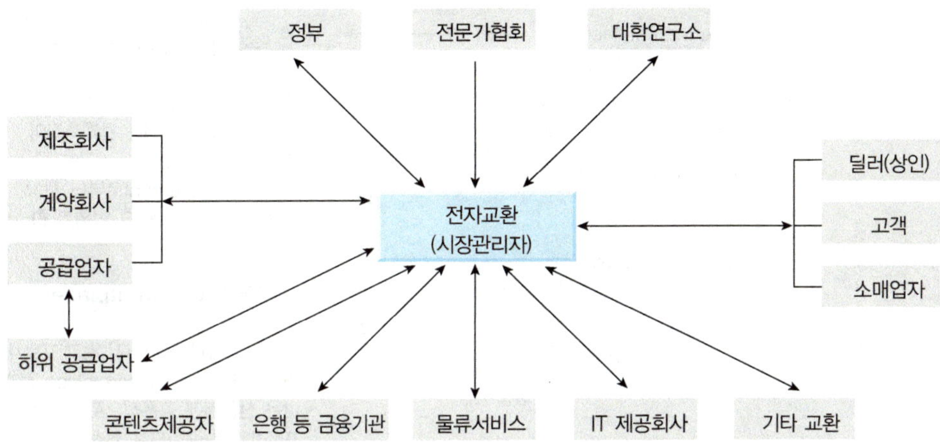

자료 : Turban외 2, Introduction to Electronic Commerce(2009).

이다. 또한 물류와 지불과 같은 지원서비스를 제공한다. 전자교환시장은 e-마켓플레이스(e-marketplace)로 불리고 있다. [그림 8-6]은 다수의 판매자와 구매자들 혹은 다른 여러 협력업체들을 위한 전자거래 커뮤니티를 제공한다. 교환시장의 중심은 교환시장을 운영하는 제3자인 시장관리자인 것이다. 교환시장에서도 구매자와 판매자 간의 수량과 가격을 협상하여 진행한다.

(1) 전자교환의 분류

전자교환을 사업영역의 폭과 깊이에 따라 수직적(vertical) e-마켓플레이스와 수평적(horizontal) e-마켓플레이스로 구분할 수 있다. e-마켓플레이스는 다음과 같은 기능들을 온라인상에서 제공해야 한다.

- 구매, 생산, 판매, 물류 등의 수직계층화
- 다수의 참여자들을 통한 n : n 실시간 거래
- 보다 나은 의사결정을 위한 실시간 정보창구
- 제품개발, 고객관리, 공급체인관리를 위한 협업

e-마켓플레이스는 특정 산업이나 시장을 따라서 수직적으로 전문화

그림 8-7 전자교환의 분류

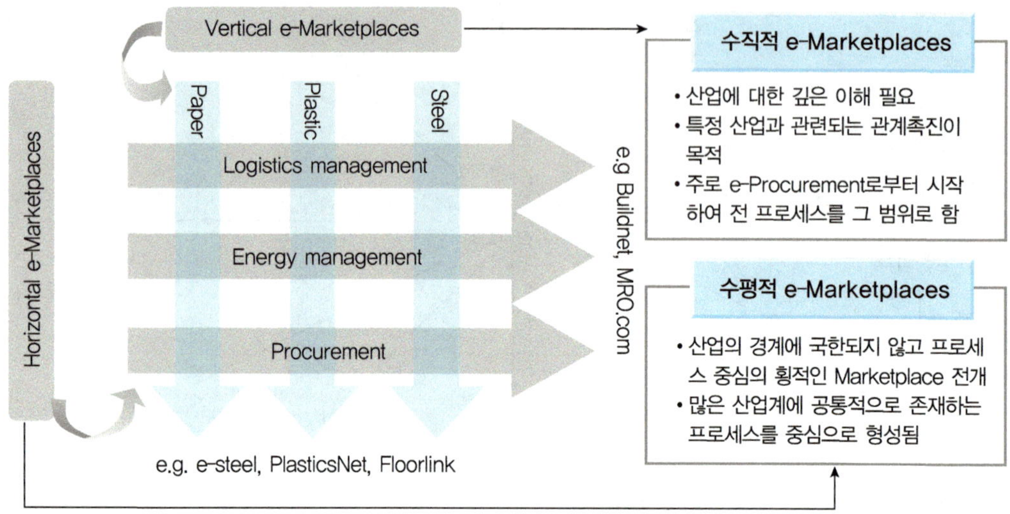

하거나, 아니면 특정한 기능이나 비즈니스 프로세스를 따라서 수평적으로 전문화할 수 있다.

1) 수직형(vertical) e-마켓플레이스

수직형 e-마켓플레이스는 특정한 한 산업에 초점을 맞춘 시장이다. 따라서 기계, 섬유, 화학, 철강, 자동차, 첨단산업 등과 같이 전통적인 산업분류에 따라서 각 산업의 특성을 반영하여 구성된다. 수직형 e-마켓플레이스의 경우에는 특정 분야에 대한 전문적인 지식과 경험, 기존 공급체인의 비효율성, 풍부한 콘텐츠의 제공, 다양한 공급자의 확보와 긴밀한 유대관계, 구매자의 조기 확보 등이 중요한 성공요인이라고 할 수 있다. 예를 들면 Altra Energy(에너지분야), Band-X(통신분야), Cattle Offerings Worldwide(육류 및 낙농가공제품), SciQuest.com(생명공학), e-Steel(철강), Floraplex(꽃), IMX Exchange(모기지), PaperExchange(종이), PlasticsNet.com(플라스틱), and Ultraprise(2차 모기지)들이 있다.

수직형의 경우 전형적으로 구매과정을 자동화시켜서 산업에 특화된 방식으로 서비스를 제공함으로써 시작한다. 수직형 허브의 성공가능성은 ① 판매자와 구매자 사이에 시장분할이 심화되어 있을수록, ② 기존 공급체인에 비효율성이 높을수록, ③ 최소로 필요한 주요 판매자와 구매자를 조기에 확보, ④ 분야 전문지식, 경험 및 관계, ⑤ 마스터 카탈로그와 아주 섬세한 정보탐색 기능, ⑥ 기존 확보한 판매자와 구매자를 위한 인접 버티컬의 보유에 따라 높아진다.

2) 수평적(horizontal) e-마켓플레이스

수평적 e-마켓플레이스는 다양한 산업에 걸쳐 동일한 기능이나 비즈니스 프로세스를 제공하는 형태를 말한다. 수평적 e-마켓플레이스는 여러 산업에 걸친 서비스의 제공을 통한 다양한 수익창출기회의 확보와 집중화에 따른 위험의 회피라는 긍정적인 면과, 다양한 고객들의 요구를 모두 만족시킬 수 있는 전문성의 결여라는 부정적인 면을 함께 지니고 있다.

대표적인 간접자재의 필요구매는 수평적 마켓플레이스에서 일어난다. 여러 개의 다른 산업분야에서 자재를 다루기 때문에 예를 들어 전구 및 사무용품은 자동차회사나 철강회사가 수평적 마켓플레이스에서 구입한다. VerticalNet(56개 산업별 커뮤니티와 콘텐츠 제공), Trade Out.com(재고자산 및 잉여자산의 거래), MRO.com(유지, 보수, 운영품목), iMark.com(투자기관의 투자회수관리자를 대상으로 한 중고기자재 판매), Processors Unlimited(reverse logistics), MRO.com (maintenance, repair, and operating procurement), Employease(고용자 편익관리행정), Celarix(글로벌 로지스틱스 모니터링), BidCom(프로젝트관리), Adauction(미디어구매), YOUtilities(에너지관리) 등이 그 예이다.

수평형 e-마켓플레이스의 성공가능성은 ① 프로세스 표준화 정도, ② 프로세스에 대한 지식, 작업흐름 자동화 전문성, ③ 프로세스 자동화에 대한 보완능력, ④ 고객의 특별한 요구를 소화할 수 있는 능력에 좌우된다.

현재는 수직적 e-마켓플레이스가 대다수를 차지하고 있지만, 점차 수평적 e-마켓플레이스도 증가하고 있는 추세이다. 그러나 두 형태가 독립적으로 나타나기보다는 상호보완적으로 나타나고 있다. 즉, 수직적 e-마켓플레이스는 고객들에게 다양한 서비스를 제공하기 위하여 점차 사업영역을 확대해 나가고 있고, 수평적 e-마켓플레이스도 보다 전문적인 서비스를 제공하기 위하여 각 분야의 전문적인 사업역량 확보에 주력하고 있는 상태이다. e-마켓플레이스 인프라 제공업체는 다른 기업들이 인터넷상에서 시장을 생성할 수 있도록 도와주기 위해 존재한다.

라. 협업상거래 유형

(1) 협업상거래시대의 배경

1990년대 후반 들어 기업들은 기업간 전자상거래(B2B)라는 인터넷에 기반한 새로운 가능성을 제시하였다. 기업간 거래는 협력업체와 보다 효과적인 연대를 보장함은 물론 비즈니스모델을 혁신시킬 수 있는 기회의 장을 제공하기도 한다. 이들 중 상당수의 기업들은 전자(electronic)가 붙은 무언가에 대한 업계의 경쟁과 주식시장의 선호현상으로 인해 B2B의 도입을 가속화시켰으며 시장은 이러한 실험정신과 업체들의 참여에 대해 어느 정도 경제적인 보상을 이루었다.

그러나 진정한 의미의 협업상거래를 효과적으로 적용한 몇몇 기업들은 뛰어난 성공사례를 낳으며 효율적인 결과를 거두었다. 업체들 간 경쟁심화와 더불어 효용가치에 대한 소비자들의 끊임없는 요구로 인해 기업들은 운영효율성 및 전략적 사업혁신에 초점을 맞추게 됐다. 인터넷에 기반한 협업상거래는 이러한 필요를 충족하기 위해 기업들이 활용할 수 있는 가장 강력한 기술로 부상하고 있다. 이에 협업상거래의 도입은 운영효율성 및 경쟁력을 개선하고자 하는 기업의 요구에 의해 날로 가속도가 붙고 있다.

미국 미네소타에 위치하고 있는 Pemstar는 제품설계 및 생산서비스를 제공하는 회사이다. Pemstar는 1999년부터 자사 공장에 협업상거래를 도입함으로써 신제품 개발에 걸리는 시간을 50% 절감시킬 수 있었다. Pemstar의 공급체인 통합관리자는 "협업상거래를 통해 고객사의 정보를 언제나 공유할 수 있게 되었고, 이를 통해 움직일 수 있었기 때문에 제품 개발이 신속하게 이루어질 수 있었다"라고 말하고 있다. 이러한 효과에 고무된 Pemstar는 Pemstar.Net이라는 웹을 기반으로 한 생산 데이터 관련 포털을 구축하여 협업상거래를 전체 공급업체 및 고객사로 확장시키고 있다.

이와 같이 인터넷을 활용하여 신뢰성 높은 정보를 저렴한 비용으로 전송하는 것이 가능해짐에 따라 협업상거래에 대한 관심이 높아지고 있다. 경영기획에서부터 설계, 생산, 물류, 판매 등 기업활동 전반의 업무흐름에 걸쳐 기업 간 협업과 지식공유를 통해 수익창출을 지향하는 협력상거래가 B2B의 핵심으로 등장하고 있다.

(2) 협업상거래 정의와 구조

협업상거래는 아주 새로운 개념이 아니라 기존 B2B나 e-비즈니스를 발전시킨 개념이다. 기존 B2B가 단순히 전자상거래만을 일컫는다면 협업상거래는 협력적으로 제품, 서비스 및 혁신적인 전자상거래 응용시스템을 계획하고, 설계하고, 개발하고, 관리하고, 연구하는데 디지털기술을 활용하는 것을 의미한다. 또한 파트너, 공급업체, 직원들과의 데이터, 워크플로우, 비즈니스 프로세스 등 모든 것을 공유할 수 있도록 인터넷 기반의 역량을 말한다. 그리고 협업상거래는 제품설계에서 서비스 단계까지 자신의 회사뿐 아니라 공급업체와 고객을 포함한 비즈니스 프로세스 개념이다.

많은 기업들이 전사적자원관리(ERP)를 통해 내부의 운영을 통합하고 있다. 나아가 세계적인 기업들은 자신의 경계 밖에 있는 업체, 즉 공급업체, 파트너사, 협력사들과 같은 구매쪽(buy-sider)과 고객 간의 관계를 뜻하는 판매쪽(sell-sider)으로 업무영역의 시야를 확대하고 있다. 기존에는 기업들이 공급망을 중심으로 자신의 공급업체만을 생각해 왔다면, 협업상거래 환경에서의 기업은 자사의 고객까지 포함한 가치체인의 확장을 의미하는 시대를 맞고 있는 것이다.

가트너그룹은 협업상거래를 "인터넷, 통합정보기술을 활용한 조직구성원, 사업파트너, 고객과의 커뮤니티 및 유동적인 상호관계를 형성하

표 8-5 ■ 전자상거래와 협업상거래 비교

	e-Commerce	e-Commerce
Contents	제품 카탈로그 (Product Catalog)	풍부한 정보자산 (Rich Information Assets)
Community	사전에 규정된 거래 파트너 (Pre-defined Trading Partners)	사이버 마켓 (Cyber Market)
Commerce	구매, 판매, 경매 (Buy, Sell, Auction)	협력적인 비즈니스 프로세스 (Collaborative Business Process)
Collaboration	메시지교환 (Exchange Message)	지적 자본교환 (Exchange Intellectual Capital)

며 궁극적으로 고도로 통합된 가상기업을 지향한다"라고 정의하고 있다. 협업상거래의 진정한 가치는 기존의 기업 간 협력관계에서는 이루어지지 못했던 제품설계 관련정보 등 핵심정보까지도 공유한다는 것에 있다. 협업상거래의 지지자들은 아직도 많은 회사들이 비밀로 하고 있는 데이터를 공유함으로써 기업활동이 보다 효율적으로 이루어질 수 있다고 말하고 있다. 즉, 정보공유를 통해 기업은 제품기획에서 설계, 제조, 생산, 판매, 구매, 물류에 이르는 모든 기업활동을 거래파트너와 실시간으로 협력할 수 있게 되고, 이를 통해 기업의 효율성을 증진시키는 것이 가능하다는 것이다. 또한 일부 산업에서 협업상거래를 통해 개별 기업들은 가치체인상의 주요 활동을 직접 수행하지 않고, 전략적 제휴와 아웃소싱을 통해 보다 효율적으로 전체 기업활동을 운영할 수 있다.

결론적으로 협업상거래는 기업 간 단순거래(구매, 판매, 경매 등)의 최적화뿐만 아니라 제품기획, 설계, 공급망 구축, 생산, 물류, 서비스에 이르는 전체 기업활동에 대해 참여자 모두의 기회와 이익을 극대화하는 총체적 협업체계를 웹(Web)상에서 구축하는 것으로 일반적으로 전자상거래 개념의 미래발전 단계로 정의내릴 수 있다.

(3) Hub-and-Spoke구조

정보공유 및 커뮤니케이션에 의한 협력으로 기업활동을 수행한다는 개념은 새로운 것은 아니다. 과거부터 항공산업에 속한 기업들은 수년

간 지속되는 매우 복잡한 프로젝트를 시스템적으로 협력하여 수행해 왔다. 개별적으로 제작되는 비행기들은 각기 독특한 특징을 가지고 있기 때문에 부품공급업체, 유지 · 보수업체, 항공기회사, 감리업체 등 관련업체 모두 세부적인 기술 및 진행상황을 지속적으로 파악해야 했으며 따라서 기업 간 협력이 필수적이었던 것이다. 그러나 기존의 협력은 전체 프로세스에 대한 투명성을 확보하지 못하고 개별기업 간 일 대 일 의사소통을 통해 이루어져 왔다. 그러나 협업상거래의 환경하에서 기업 간 연계는 온라인을 기반으로 하는 Hub-and-Spoke구조로 바뀌게 된다.

이러한 Hub-and-Spoke구조는 일 대 일 대응을 종식시키고, 모든 공급자들, 고객 거래파트너들이 가상의 동일 장소에서 모든 업무를 처리할 수 있도록 해 준다. 이러한 e-hub는 단순히 주문을 연계시켜주는 중개업자의 역할에 그치는 것이 아니라 다양한 서비스를 지원하게 된다. 이에 그 역할의 중요성이 부각되는 것이 e-marketplace이다. 현재 e-marketplace는 물류 등의 일괄 서비스 제공 및 다른 기업과의 협력을 통해 제품 디자인과 개발까지 구현해 내는 방향으로 움직이고 있다. 이러한 움직임은 협업상거래가 최근 부각되는 이유 중 하나이다.

또한 이러한 Hub-and-Spoke 구조하에서 기존에 수직적으로 통합되어 재고생산을 하던 기업 형태는 고객니즈에 즉각적으로 대응하는 제품을 생산하는 전문회사와 서비스기업들이 협력하는 가상기업 형태로 발전할 것이다. 수요 및 공급체인들은 보다 커스터마이징된 제품을 생산하기 위해 유연한 파트너십을 구축하게 될 것이다.

결론적으로 전통적 생산방식은 다수의 파트너들과의 프로젝트, 흐름중심의 제조방식으로 좀 더 다가갈 것이다. 파트너들과의 정보동기화 및 협력이 용이해지기 때문에 보다 많은 부품제조 및 서비스활동에 대한 아웃소싱이 활발해질 것이다. 대규모의 제조업체들은 내부활동, 외부 파트너 그리고 서비스제공자들과의 네트워크를 구성하고 이를 적절히 관리할 수 있는 역량 개발이 중요해질 것이다. 성공적인 기업들은 심지어 경쟁사와 협력을 통해 혁신 및 최적화를 달성하며, 동시에 다양한 네트워크에 참여할 것이다.

(4) 비즈니스모델의 재정립

협업상거래의 활성화에 대비하여 기업은 우선 자사가 경쟁력을 가지고 있는 분야에 보다 집중함으로써 해당 분야에 명확한 핵심역량을 확보하고, 타 분야에서는 다른 기업과의 제휴 및 파트너십 강화를 통해 사업을 수행해 나가려는 노력을 기울여야 한다.

이와 관련하여 기업이 선택할 수 있는 전략적 대안은 크게 통합 · 조정자와 부문역할수행자로 구분하는 것이 가능하다. 통합 · 조정자는 가치사슬의 모든 단계를 소유하기보다는 그들이 원하는 단계만을 선택하여 소유하고 나머지는 강력한 브랜드, 핵심정보의 통제, 특허 등의 핵심역량을 통해 전체 가치사슬에 물려 있는 타 기업들의 활동을 통합 · 조정하는 역할을 수행한다.

소니의 경우 통합 · 조정자 역할 수행에 중점을 두고 있다. 즉, 개별사업부문은 생산기능을 분리해 내고 전략 및 상품기획, 브랜드 구축 등에만 힘을 쏟고 있다. 반면 사업부문에서 분리된 독립생산회사인 EMCS (Engineering, Manufacturing and Customer Service)는 설계생산 부분에 역량을 집중하여 소니 이외의 메이커 물량도 주문받아 생산하는 전문생산업체로서의 발전을 추구하고 있다.

성공적인 통합 · 조정자가 되기 위해서는 고객이 신뢰할 수 있는 브랜드를 확보하는 것이 핵심이다. 또한 자사와 협력업체 간의 상호작용을 유연하고 생산적으로 이끌 수 있는 관리능력도 확보해야 한다. 그리고 동일한 전략을 모방하여 시장에 진입하려는 경쟁자에 대한 효과적인 대처능력도 필요하다. 반면 성공적인 부문역할수행자가 되기 위해서는 가치체인의 해당 부문에서 핵심으로 대표될 수 있는 자산 · 역량 및 일정 수준 이상의 고객을 확보하고 유지할 수 있는 능력이 필수적이다.

(5) 협업을 위한 플랫폼 구축

협업상거래의 개념은 결국 새로운 정보기술에 의해 구현이 가능하다. e-비즈니스를 구현하기 위해 개발된 솔루션들이 요소 프로그램으로 투입되어 하나의 거대한 시스템이 구축되어야 협업상거래가 완성되기 때문이다. 향후에는 조직구성원 간, 구성원과 팀 간의 상호작용과 정보공

그림 8-8 협업상거래의 핵심정보기술

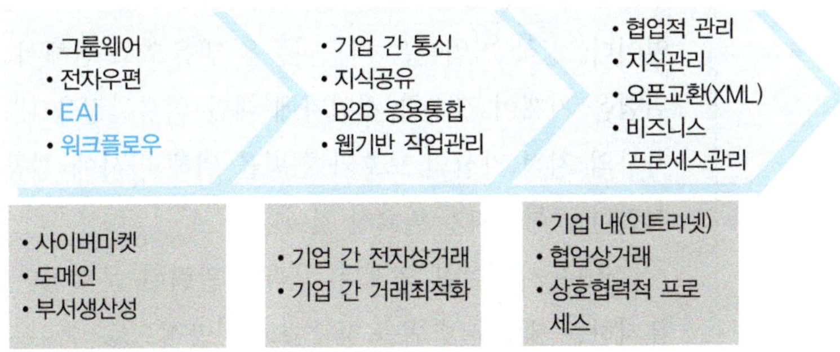

유뿐만 아니라 시스템과 시스템의 연계, XML에 근거한 연계방식이 활성화될 것이다.

기업들은 이러한 디지털기술 및 정보기술을 효과적으로 활용하여 타 기업과의 효율적인 관계를 구축할 수 있도록 시스템을 구축해야 한다. 즉, 기업 내부뿐만 아니라 협력기업 및 e-marketplace 등을 포함한 기업 외부와의 정보교환 및 거래가 가능할 수 있도록 해야 한다. 물론 이를 위해서는 거래 및 정보교환을 위한 데이터 및 프로토콜의 표준화, 거래 인증, 보안 등의 문제가 해결되어야 한다. 또한 프로세스, 정보기술(IT) 인프라에서의 모듈화도 필수적인 요소이다.

결국 협업상거래를 위해 기업들은 다음과 같은 정보인프라를 점검 · 구축해야 한다.

- 기업 내부에서 활용되는 시스템
- 다양한 수준의 중요도를 갖는 대량의 정보를 처리하도록 설계된 시스템
- 점진적으로 증가하는 파트너들과 인터페이스를 용이하게 하는 시스템

(6) 기업 간 신뢰도가 필요

협업상거래를 성공적으로 운영하기 위해 필요한 가장 중요한 문제 중의 하나가 바로 신뢰의 문제이다. 일반적으로 동일한 조직 내에서도 구

EAI
새로운 비즈니스 형태의 구조에 맞게 기존 애플리케이션을 통합하고 새로운 애플리케이션을 구축 · 통합

워크플로우
비즈니스 과정 내의 직무나 절차서 내의 작업단계에서 관련된 조직이나 사람들, 요구되는 입력 및 출력정보 그리고 각 단계를 위해 필요한 도구들

성원들 간의 정보공유가 쉽게 이루어지지 못하고 있는 현 상황에서 외부기업과의 통합을 위해 자사의 핵심정보를 제공하는 것은 쉽지 않은 일이다. 결국 기업들은 파트너들을 믿음으로 인해서 발생할 수도 있는 위험을 기꺼이 감수할 것인가에 대한 의사결정을 내려야 하는 것이다. 자사의 지적 자산의 보호와 협력을 위해 타사에 제공하는 정보 사이에 적절한 균형유지가 필요한 것이다.

그러나 사업이란 언제나 신뢰와 관련된 문제이다. 인터넷은 관계를 유지하는 새로운 방법을 창출했고 희망적으로 새로운 신뢰를 구축할 수 있는 방법도 창출하였다. 게다가 협업상거래의 이점은 이러한 변화를 정당화할 수 있다.

기업들이 인터넷으로 구현되는 가상공간에서 거래 파트너, 고객과의 역동적인 협업을 모색한 결과 탄생한 것이 협업상거래라고 할 수 있다. 이것이 성공하기 위해서는 신뢰를 바탕으로 기업 상호간 윈-윈할 수 있는 토대를 구축해야 하는 것이다.

(7) 협업상거래의 효과

협업상거래를 통해 기업은 많은 효과를 얻을 수 있다. 첫째, 기업 운영의 효율성 증대이다. 기업은 e-hub를 활용하여 기업 내부의 제품 · 서비스 생산을 확장 · 대체할 수 있는 외부전문기업을 용이하게 모색할 수 있다. 이에 따라 각 분야에서 최상의 역량을 가진 기업과의 연계를 통해 효율적이고 최적화된 시스템 창출이 가능하다. 이를 통해 기업은 수요와 공급을 보다 효율적으로 매칭시킬 수 있게 되기 때문에 결품이나 과다재고가 발생할 가능성이 낮아지게 된다.

둘째, 스피드의 향상이다. 새로운 시장 또는 환경변화에 따른 위협에 신속하게 대응하는 것은 오늘날 기업에 필요한 가장 중요한 요소이다. 협업상거래를 통해 기업은 환경변화에 보다 유연하고 신속하게 대응할 수 있다.

셋째, 시장불확실성의 감소이다. 급변하는 환경하에서 기업이 관련된 모든 분야에 직접적으로 막대한 자본을 투자하거나 또는 관련 기술 전부를 자체적으로 개발하는 것은 매우 위험하고 불가능한 일이다. 기업은 자사가 역량을 가지고 있는 핵심적 부분에 집중하고 기타 부분은 타 기업과 연계함으로써 사업의 성공 가능성을 높일 수 있다.

8.4 기업과 기업간(B2B)의 비즈니스모델

인터넷 비즈니스를 실행하는 실질적인 기업과 기업 간에 접근하기 쉬운 것이 B2B 전자상거래 모형의 활동들은 대부분이 가려져 있으며 보통의 고객에게 알려져 있지 않으며 관심 있는 기업 고객만이 알려져 있다.

표 8-6 ■ 일반적인 기업과 기업간(B2B)의 비즈니스모델

비즈니스 모델	예시	설명	수익모형
(1) 넷 마켓플레이스(net marketplace)			
전자배송자 (e-Distributor)	Graniger.com, Partstore.com	소매, 도매상의 단일 회사 온라인 버전, 공급망 유지 · 보수, 재화운영, 간접투입	재화의 판매
전자구매조달 (e-Procurement)	Ariba, PerfectCommerce	판매자와 구매자가 간접 투입을 위한 거래를 하는 디지털시장을 창조하는 단일 회사	시장마케팅 서비스를 위한 요금, 공급체인관리, 거래에 대한 충족 서비스료와 커미션
교환 (Exchange)	OceanConnect, ChemConnect	독립적으로 소유된 직접투입을 위한 수직적 디지털마켓플레이스	거래에 대한 요금과 커미션
산업컨소시움	Exostar, Quadrem, Elemica	산업소유의 수직적 디지털시장, 선택된 공급자에게 열려 있음	거래에 대한 요금과 커미션
(2) 개인 산업 네트워크(private industrial network)			
단일회사	Walmart, Procter & Gamble	제한된 파트너 집합과 함께 공급체인에 협동하기 위한 회사 소유의 네트워크	효율적인 생산과 분배로 회복된 네트워크 소유주와 파트너에 의해 흡수된 비용

표 8-7 ■ 일반적인 기업과 기업간(B2B)의 관련 국내분류

대분류	중분류	소분류	사례
비즈니스/경제	B2B	종합 B2B	꾹, Alibaba, 왕도매, 도매토피아 등
		기계/장비 B2B	다아라, 기계마트, 머신하우스 등
		섬유/패션 B2B	이츠미, 아이소다, 시크릿라벨 등
		기업통합구매시스템	롯데커머스넷, 현대기아구매포털 Vaatz, LG전자 Supplier portal 등
		MRO B2B	서브원, 아이마켓코리아, 코리아 e플랫폼, 인터파크 B2B 등
		전기/전자 B2B	삼성B2B, Dramexchange, SK Teleplaza 등
		컴퓨터 B2B	컴클럽, 대원 CTS, 블레스정보통신 등
		B2B중계/보증	엠피윈 닷컴, 탐즈, MegaB2B 등
		건설 B2B	이상네트웍스, 스틸엔닷컴, 코세코 등
		식품 B2B	푸드머스, 노량진 수산시장, 아크로트 래이드닷넷 등
		화학 B2B	조이랩, 대한과학, SK Chem.com

자료 : 랭키닷컴, www.ranky.com, 2012년 8월.

EXERCISES 연·습·문·제

1. 기업 간 전자상거래 등장배경은 무엇인가?
2. 시장(Market)의 3가지 기능은 무엇인가?
3. B2B의 유형과 특징을 설명하시오.
4. 판매자측 전자시장과 구매자측 전자시장을 비교 · 설명하시오.
5. MRO란 무엇이며 성공요건을 설명하시오.
6. 전자교환시장을 설명하시오.
7. 협업상거래 배경, 정의와 구성을 설명하시오.
8. 일반적인 B2B모델의 대표적 성공 사이트에 대하여 성공 이유와 디자인 구성도, 콘텐츠의 내용, 상품분류(대, 중, 소) 등을 조사하시오.

Part 04

기업환경과 e-비즈니스

Chapter 09 경영혁신관리(BPM)와 기업정보시스템
Chapter 10 공급체계관리(SCM)와 전자무역론
Chapter 11 고객관계관리(CRM)
Chapter 12 인터넷마케팅과 광고

e-비즈니스.com

Chapter 09

경영혁신관리(BPM)와 기업정보시스템

9.1 프로세스와 경영혁신(BPR)
9.2 비즈니스 프로세스관리(BPM)
9.3 e-매뉴팩처링(PDM/PLM과 MES)
9.4 ERP(전사적자원관리)

최근의 기업의 환경은 스마트환경으로 변하고 있다. 따라서 스마트환경의 변화에 맞추어 비즈니스모델도 변화해야 하고, 비즈니스모델이 변화하면 경영전략도 변해야 하며, 경영전략이 변하면 업무방식도 변해야 한다. 즉 경영전략을 실행에 옮긴다는 것은 고정된 프로세스를 수행하는 것이 아니라 전략목표를 달성하기 위한 최적의 업무흐름으로 개선되어야 한다. 따라서 이러한 변화의 수렴을 위하여 본 장에서는 경영혁신관리와 기업정보시스템에 대하여 자세히 서술한다.

9.1 프로세스와 경영혁신(BPR)

가. 프로세스의 정의

일반적으로 기업의 업무활동(예를 들어 기획, 구매, 영업, 생산, 유통, 물류, 회계, 재무, 마케팅, 고객서비스 등)이라고도 하는 비즈니스 프로세스는 기업의 가치창출이라는 목적하에서 행해지는 모든 활동들을 말한다. 쉽게 말하면 회사에 출근하여 퇴근하기까지 행하는 모든 업무관련 활동들이 비즈니스 프로세스이다.

이러한 비즈니스 프로세스에는 특정한 목적이 있고, 그러한 목적을 달성하기 위해 다른 직원들과 협동 및 협업작업을 하고, 지시사항을 전달하거나 받고, 다른 회사 직원에게 전화 및 이메일을 보내고, 고객을 만나는 형태를 가진다. 컴퓨터를 사용하여 문서를 작성하고, 결재를 받고, 필요한 곳에 문서를 보낸다. 공장에서는 기계를 조립하여 제품을 만들거나 식당에서 손님에게 음식을 나를 수도 있다. 회사에서 작업이 무엇인가에 따라 직급이 어느 위치인가에 따라 서로 다른 업무를 수행하지만, 결국 기업조직의 관점에서 이렇게 다양한 업무들은 모두 공통된 목적인 비즈니스 가치를 향상시켜야 하는 당위성이 존재한다. 즉 기업의 비즈니스 프로세스는 그 조직 내에서 발생하는 모든 업무활동을 가리킨다.

GE는 프로세스를 자원 및 정보를 특정한 제품 또는 산출(Output)로

그림 9-1 프로세스의 흐름도

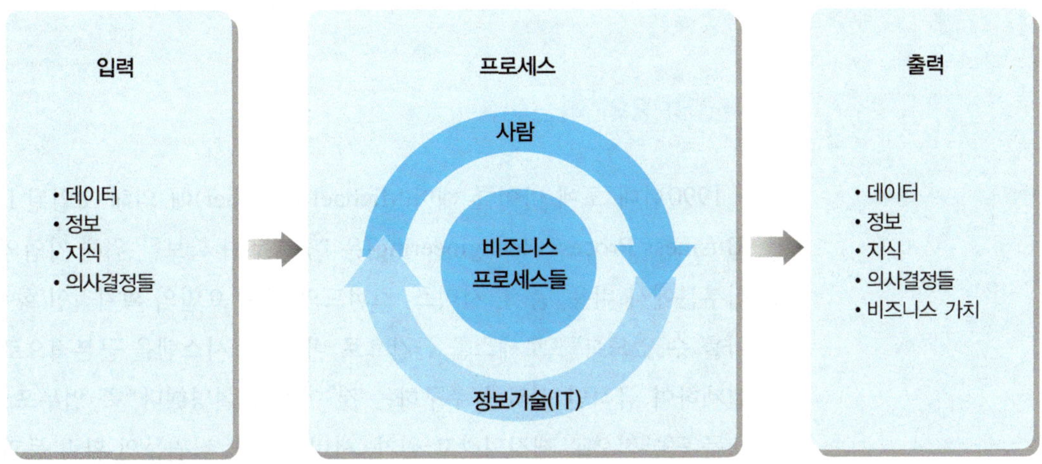

변환시키는 데 필요한 활동(activity)과 과업(task)들의 집합으로 정의했으며, IBM도 내부 또는 외부고객을 위해 유용한 결과를 도출하는 것이라고 정의할 수 있으며, 반복적이며 측정가능한 과업(직무)들의 시리즈로 설명된다.

기업의 프로세스는 기업구성원의 모든 요소가 집결되는 곳이고 기업은 바로 이 프로세스의 집결체이다. 훌륭한 인력을 뽑아오는 것은 인력채용 프로세스, 인력을 훈련시키는 것은 교육/훈련 프로세스, 양질의 제품을 생산하는 것은 생산공정이라고 하는 생산프로세스, 값이 싸고 질이 우수한 자재 및 설비 등을 구매하고 조달하는 구매/조달프로세스, 제품을 유통과정을 통하여 고객에게 전달하는 배송프로세스, 경쟁우위를 위한 경영전략을 결정하는 것을 전략/기획 프로세스, 신제품을 개발하고 기획하는 것은 신상품 개발프로세스, 최적의 예산집행을 실행하기 위한 기획은 예산심의/기획프로세스, 성과관리 프로세스, 백오피스 서비스 프로세스 등 이처럼 기업에는 보이게 안보이게 수많은 프로세스가 존재한다. 그래서 기업의 프로세스를 보면 그 기업의 제품과 서비스의 품질을 알 수 있고, 타사 대비 기업경쟁력도 측정이 가능하다.

이상과 같이 프로세스는 일상에 존재하는 조직 내외의 업무와 유관된 자원과 자원 간의 관계와 흐름을 이해하고 실제 사람들이 이를 이용해 업무처리가 수행가능한 형태로 구체화시키는 것을 말한다.

나. BPR의 혁신이론

1990년대 초에 마이클 해머(Michael Hammer)에 의해 도입된 BPR(Business Process Reengineering)은 "경쟁우위 확보를 위해 기업의 핵심부문에서 비용, 품질, 서비스, 스피드와 같은 요인의 획기적인 향상을 이룰 수 있도록 프로세스를 근간으로 비즈니스시스템을 근본적으로 재설계하여 극적인 성과를 추구하는 것"이라고 설명했다. 즉 업무프로세스를 근본적으로 재정의하고 원가, 서비스품질, 직원들의 활력 등과 같은 중대한 지표들이나 또는 그 모두를 강화하기 위하여 처음부터 다시 근본적인 변화를 만드는 업무활동의 재설계로 이어진다. 즉 프로세스의 이름과 목표에 대한 정확한 이해, 프로세스 성능평가기준, 프로세스 관리체계 등의 중요성을 강조하였다.

Daveport와 Short(1990)는 "활동의 구조로서 처음과 끝, 그리고 확연히 구분된 투입요소와 산출요소를 가지고 시간과 장소를 가로질러 수행되는 작업활동의 일정한 순서"로 정의하기도 하였다. 종합적으로 비즈니스 프로세스는 업무와 관련된 입력요소를 받아들여 산출요소로 변환시키는 일련의 작업활동들의 집합으로 정의할 수 있다. BPR은 고객에게 주는 가치를 극대화하기 위해 프로세스 중심의 혁신활동으로 그 관점과 방법에서 새로운 시도임에 틀림없다. 즉 고객과 시장의 시각에서 고객이 요구하는 가치를 제공하는 것이 중요하다는 관점의 변화이며, 이를 위해 고객의 가치를 창조하는 기업활동의 가치체인(Value Chain)을 근본적으로 직시하지 않으면 안 된다는 논리이다. 이러한 프로세스의 개념은 정보화시대에 걸맞게 새로운 경영패러다임의 가능성을 보여주었다. 최근의 스마트경영환경에 맞게 비즈니스 프로세스 또한 변화해야 하고 유연해야 한다.

정보기술에 있어서 기존의 IT활용은 다분히 자동화 위주였다. 컴퓨터의 등장 이후 이를 경영에 활용하려는 시도는 많았었다. 그러나 대부분의 시도는 단순한 사무직 업무를 자동화시키는 것에 불과하였고, 경영의 효율성을 올리는 경영혁신과는 거리가 멀었다.

일부의 기업에서는 정보기술의 전략적 활용, 즉 SIS(전략정보시스템)를 활용하여 급성장을 이룬 것도 사실이지만 이것은 무척 힘든 일이다. 왜냐하면 이러한 시스템을 개발하는 데에는 많은 비용과 시간이 소요되며, 전략적 기회를 포착하고 이를 이용하는 것이 무척이나 위험하기 때문이다. 전략적 기회는 동시에 전략적 위협이 될 수도 있다. 경쟁환경은 계속 변화하고 있고, 경쟁기업들의 모방 등도 무시할 수 없는 위협이 된다. 기업의 경쟁전략을 수립하기 위한 스마트환경에서의 비즈니스 프로세스의 재설계는 재고 최소화를 통한 문제 표면화, 고객만족 중심의 혁신, 글로벌 및 개방형 혁신, IT시스템 융합형 활용, 글로벌환경의 조직문화 혁신의 5가지로 요약될 수 있다.

다. BPR의 기본개념

BPR(Business Process Reengineering)은 "비용, 품질, 서비스, 속도와 같은 핵심적인 경영성과에서 획기적인 향상을 이루기 위해 업무처리 과정, 즉 프로세스를 근간으로 전체 경영시스템을 근본적으로 재설계하는 것"이라고 하였다. 이 정의에는 다음과 같은 네 가지 핵심어가 있다(Hammer and Champy, 1993).

(1) 기본적

BPR을 할 때에는 먼저 기업이 무엇을 해야 할지를 결정하고, 그 다음 그것을 어떻게 해야 할지를 결정해야 한다. BPR에서는 어떠한 것도 당연한 것으로 여기지 않는다. BPR에서는 '지금 있는' 것을 무시하고 '반드시 있어야 할' 것에 집중한다.

(2) 근본적

BPR에서 근본적인 재설계는 현존하는 모든 구조와 절차를 버리고 완전히 새로운 업무처리 방법을 만들어 내는 것을 의미한다. 비즈니스 프로세스는 업무를 개선 · 향상 · 변경시키는 것이 아니라 다시 만들어 내는 것이다.

(3) 극적인 개선

BPR은 오직 확실한 개혁이 필요할 때에만 사용해야 한다. 점진적인 개선은 미세조정을 필요로 하지만, 극적인 개선은 낡은 것을 버리고 새로운 어떤 것으로 대체해야만 이룰 수 있다.

(4) 프로세스

업무 프로세스는 "하나 이상의 입력을 받아들여 고객에게 가치 있는 결과를 산출하는 행동들의 집합"으로 정의할 수 있다.

라. BPR과 정보기술과의 관계

급변하는 기업환경에 맞추어 지속적인 혁신을 하지 않는 기업은 그 생존조차도 불투명한 것이 현실이다. 기업혁신 프레임워크는 기업이 시대적 변화를 수용할 수 있는 방법을 한눈에 볼 수 있게 해준다. 실질적으로 기업이 추진하고 있는 리엔지니어링, 업무개선 등은 혁신프레임워크의 관점에서 폭넓게 조명될 수 있을 것이다.

사실 기업들이 비즈니스 리엔지니어링을 실시하고도 혁신에 실패한 경우가 많다. 그 이유는 사업전략, 정보기술전략, 사업 인프라스트럭처, 정보기술 인프라스트럭처의 균형 있는 혁신이 이루어지지 않았기 때문이다. 물론 정보기술의 활용이 기업혁신의 만병통치약은 아니다. 그러나 정보기술영역을 전략적으로 사업영역에 연계해 기업혁신을 동시에 진행한다면 기업의 가치는 분명히 증가할 것이다.

프로세스혁신과 정보시스템 혁신이 연계되어야 한다. 비즈니스부문에서의 일방적인 전략적 사고, 단순한 업무편의를 위한 정보기술 인프라의 적용에서 벗어나 근본적으로 정보기술전략과 비즈니스전략을 연계해서 수행하고자 하는 경영자의 의지가 필요한 시점이다. 혁신과 미래 경쟁력 확보를 통한 기업의 성공은 정보기술전략과 사업전략을 모두

쥐고 있는 경영자의 양손에 달려 있다.

(1) 정보기술과 BPR의 종합적인 특성

정보기술전략은 전사적 경영전략과 함께 BPR 계획을 수립하는 데 있어서 필수적인 요소이다. 정보기술계획에서도 특히 기업모형이 도움이 된다. BPR의 구현은 BPR 계획과 정보기술 인프라에 의해 결정된다. 즉, BPR 계획과 여기에 따른 정보기술의 인프라 구축이 BPR의 성공적인 구현을 보장하는 관건이 된다. 최고경영층의 주도와 BPR 계획은 조직의 혁신적 분위기를 조성하고 제도화할 수 있게 해주고 이러한 혁신적인 조직환경은 BPR 구현을 쉽게 할 수 있도록 도와준다.

그림 9-2 BPR과 정보기술의 연계도

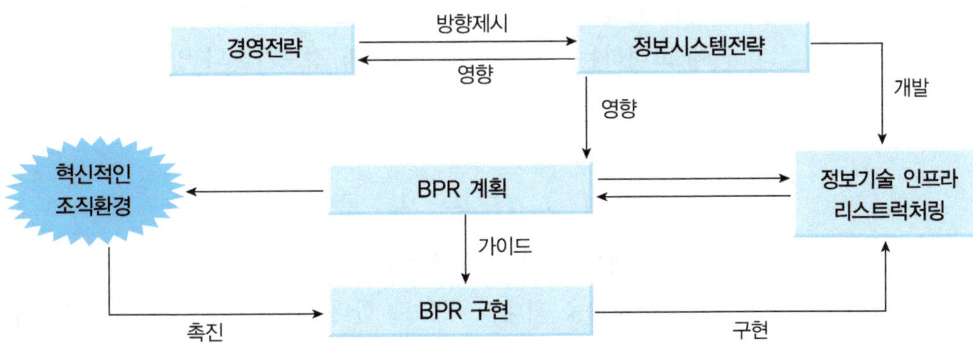

자료 : Grover, Fiedler, and Tengm, 1994.

① 정보기술

컴퓨터, 소프트웨어 응용, 정보통신네트워크를 이용하여 얻을 수 있는 기술을 말한다. 특히 정보통신기술의 발달로 최근에는 인터넷이나 스마트폰 등을 활용한 주문접수가 가능해지고 있어 종전과는 전혀 다른 주문접수 프로세스가 만들어지는 경우도 있다. 이와 같은 경영환경이 어떻게 변화하느냐에 따라 동일한 프로세스라 하더라도 프로세스를 구성하는 활동들의 흐름은 달라 질 수 있다. 그러나 프로세스가 달라지더라도 고객주문번호, 접수일자, 고객성명, 납품일자 등 고객주문 접수프로세스로부터 얻어지는 데이터에는 거의 변화가 없다는 것을 알 수 있다.

② 정보기술을 이용한 BPR

경영혁신과 정보기술의 유기적 결합을 이용한 업무 프로세스의 재구축(분석 및 설계)을 말한다. 따라서 BPR은 두 가지 면이 중요하다. 첫 번째는 IT와의 유기적 결합, 두 번째는 업무프로세스의 재설계이다.

기존 정보기술의 활용은 정보기술이 경영혁신을 어떻게 지원할 것인가의 문제에만 국한되었다. 즉, 정보기술은 BPR을 지원하기 위해서만 존재하는 것이라고 생각하고 업무를 분석하고 자동화하는 것이 일반적이었다. 그러나 이것은 업무개선일 뿐이고 경영혁신의 극적인 효과를 거둘 수는 없었다.

BPR은 정보처리기술이 경영혁신을 어떻게 지원할 것인가의 문제와 더불어 경영혁신에 정보기술이 어떻게 사용될까 하는 문제까지도 동시에 고려하는 것이다. 이는 경영과 정보기술의 입장에서 모두 생각되어져야 함을 의미한다.

(2) 프로세스가 가지는 기본적인 성격

① 프로세스의 목표는 고객만족

고객만족을 최대의 목표로 한다. 업무 또한 고객만족이 최종목표이다. 고객이란 말의 의미는 단순히 최종적인 외부 고객만을 의미하는 것이 아니라, 각 작업의 흐름인 프로세스에서 결과를 받는 모든 부서 혹은 개인을 고객으로 규정하여 내부고객도 함께 포함시킨다. 프로세스의 최종목표는 고객만족이므로, 프로세스의 성패는 이들 고객이 최종적으로 만족하는가에 달려 있다.

② 프로세스는 조직을 뛰어넘어 수행되며, 조직 간 연계가 쉬워야 한다

프로세스는 한 조직 내부의 여러 부서는 물론 외주처를 포함한 전 과정이 원활해야 한다. 따라서 프로세스를 혁신하는 방향은 어느 한 부서의 최적화가 아닌 전체적인 최적화를 달성하는 것이다. 분업화된 각 조직에 있어서 업무의 연계성 부족 및 조직 간의 보이지 않는 벽을 타파해야 한다.

③ 프로세스는 시작부터 끝까지 전체적인 최적화를 추구

많은 기업들이 경영혁신운동을 전개하고 있지만, 10~20%의 생산성 증대나 원가절감밖에는 이룩하지 못하였다. 이는 고립된 부문별 개선 또는 혁신이었기 때문이라고 할 수 있다. 50% 혹은 100% 이상의 효과를 거두기 위해서는 업무의 시작에서 끝까지인 프로세스를 대상으로 BPR이 이루어져야 한다. 이것은 단절된 한 부서의 작업을 단위로 경영혁신을 도모하지 말고 업무의 흐름을 파악하여 업무의 전 과정에 대한 재구축이 이루어져야 함을 의미한다.

마. BPR의 5단계

(1) 비즈니스 비전과 프로세스 목표 설정

BPR에 성공한 기업들은 명백한 경영비전을 경영전략으로 수립한 경우가 대부분이다. 전 종업원이 동조할 수 있는 공유된 경영비전을 제시하고 이에 관련된 각 프로세스의 목표를 설정하여 체계적인 혁신이 이루어져야 한다. 목표설정은 클수록, 수치를 이용할수록 좋다. 큰 목표는 통념을 깨지 않고는 불가능하다. 경영비전과 프로세스 목표설정의 예로는 원가절감, 시간단축을 위한 업무환경 제고 등이 될 수 있다.

(2) 재구축되어야 할 프로세스들을 선정

기업 내에 존재하는 프로세스를 파악하고, 혁신 대상이 되는 프로세스를 10~20개 정도 선정한다. 선정된 프로세스는 시작과 끝, 연계부서들, 고객 등으로 정의되어야 한다. 그리고 프로세스를 총괄하는 프로세스책임자를 책정한다.

(3) 현재의 프로세스들에 대한 이해와 측정

선정된 프로세스들에 있어 현재의 작업방식과 성취도를 측정한다. 경영혁신의 기조가 되는 현 상태는 왜곡 없이 정확히 이루어져야 한다. 이는 현재의 문제점을 다시는 되풀이 하지 않아야 한다는 것과, 현 상태가 혁신의 가치분석과 차후 목표결정에 이용되어야 하기 때문이다.

(4) 필요한 정보기술들이 무엇인가를 파악

기존에는 경영목표의 설정과 새로운 방식이 결정된 후 이를 추구하기 위해서 적절한 정보기술을 찾아보았다. 그러나 이것은 정보기술을 이용한 기회창출과는 거리가 멀다. 이 단계에서는 우선 정보기술을 알고, 기회창출의 가능성을 타진해야 한다. 정보처리기술을 파악할 때 기술적인 측면인 데이터베이스 프로그램, 통신 프로그램 등으로 파악하는 것이 아니라, 거래처리자동화 기능, EDI를 통한 지역적 연계 등의 기능 면으로 파악해야 한다.

(5) 프로세스에 대한 프로토타입을 개발하고 구축

기업이 처한 환경, 경영여건에 따라 기업은 저마다의 독특한 신규 프로세스를 디자인해야 한다. 신규 프로세스의 전면적인 실시 전에 소규모의 프로토타입을 구축하고 대상 프로세스를 확대하여야 한다.

바. BPR의 7가지 원칙

(1) 총체적인 업무흐름과 결과에 초점을 두고 조직화

한 사람이 업무 프로세스의 여러 단계를 수행하라. 단순한 과업단위를 떠나 목표나 결과중심으로 업무를 설계해야 한다. GE의 경우 종전에는 주문에서 설치까지 업무지연으로 재작업이 발생했는데 업무재설계 이후 다단계의 책임부서를 압축하고 판매관점에서 고객서비스를 전담하였다.

(2) 가능한 한 업무 결과를 이용하는 사람이 해당업무를 수행

과거에는 전문화와 규모의 경제효과를 목적으로 특정 부서에서 고유의 업무를 처리하였다. 그러나 현재는 컴퓨터를 통한 정보의 활용과 관련지식의 획득이 용이해 졌고 결과만을 이용하던 담당자도 지식경영시스템이나 데이터베이스를 활용하여 업무 자체를 수행하는 것이 가능해졌다.

(3) 정보발생(생성)부서에서 정보처리도 함께 수행

일반적으로 해당업무에 근접한 사람이 업무를 직접 처리한다면 처리과정을 관리하는 데에 드는 비용이 불필요해 진다.

(4) 지역적으로 분산되어 있는 자원이라도 중앙에 모여있는 것처럼 취급

인적 · 물적자원이 분산되어 있으면 이용자에게는 더 좋은 서비스를 제공할 수 있지만 중복성과 관료직 행정에 있어 추가비용이 발생하게 된다. 이는 규모의 경제효과도 상실하게 한다. 그러나 통신망과 데이터베이스를 활용하면 높은 유연성과 경제적인 이점을 동시에 살릴 수 있다.

(5) 병행처리 업무는 결과의 통합이 아닌, 처리과정 중에 조정

사무적인 통합을 지양하고 업무수행과정상에 가상의 연계장치를 마련하여 사전에 통합 및 조정할 수 있는 기능을 부여하라. 정보통신망과 공유 데이터베이스, 화상회의 등을 활용하여 독립된 조직을 항상 상호조정이 가능하도록 연결하는 것이 가능하다.

(6) 업무수행 측에 책임과 동시에 통제기능을 가질 수 있도록 권한을 부여

대부분의 조직은 업무수행자와 업무감독 및 의사결정자를 구분한다. 그러나 설계 작업 수행자가 관련 의사결정도 내릴 수 있고, 업무 프로세스 자체가 내부적으로 통제할 수 있도록 조직을 정비함으로써 관리계층 축소로 인한 수평적 조직이 가능해진다. 또한 정보기술을 이용하여 정보를 수집 · 생산하는 기능을 통해 자율적 의사결정이 가능해진다. 결과적으로 의사결정의 주안점을 설계업무가 수행되는 곳에 두고 통제를 업무 프로세스의 일부로 만들어야 한다.

(7) 정보를 발생지역에서 한 번만 처리하여 중복된 자료입력 및 작성을 피함

종전에는 개인이나 단체부서에는 나름대로 정보요구 사항과 필요서류 양식이 제각기 구비되어 있어서 중복입력 등의 문제가 많았다. 이런 문제해결을 위해 정보수집 시 온라인 데이터베이스에 저장해서, 필요시에 모든 사람이 검색이 가능하게 할 수 있다. 이에는 바코드, 관계형 데이터베이스, EDI 등이 활용 가능하다.

9.2 비즈니스 프로세스관리(BPM)

가. BPM의 배경과 정의

BPR은 정보화시대에 요구되는 새로운 경영원리를 제시했다는 학문적 · 실무적 유용성에도 불구하고, BPR의 진원지인 미국에서도 약 70%가 기업도입에 실패하였다. BPR의 도입과정에 너무나 많은 수작업과 고통을 수반하였으며, 기업내부에서 개선된 기능을 일부 가질 수는 있었어도 민첩성을 제공할 수 없었기 때문이다. 또한 당시의 IT는 프로세스의 복잡성을 모두 표현하고 실행할 수 있도록 지원하는 데 엄청난 한계가 있어 실행을 직접적으로 지원해 주지 못했다. 그래서 프로세스의 도출과 설계는 미팅을 통해 도출된 보고서가 다였으며, 설계된 프로세스의 적용과 전개 또한 다른 미팅에 불과했다. 무엇보다도 프로세스 자체를 표현하고 실행하는 그리고 변화에 빠르고 유연하게 대응하기 위한 방안에 대해서는 대안이 없었다.

지난 여러 해 동안 기업들은 새로운 기술의 등장이나 새로운 제품의 출시에 따라 기존 시스템으로 대체하거나 신규 시스템을 구축하는 방식으로 다양한 시스템들을 도입해 왔다. 이러한 방식의 시스템 도입은 동일기업 내에서조차도 이기종 환경에서 구현된 시스템들이 공존하는 상황을 만들고, 이는 시스템의 상호운영성에 어려움을 가중시키는 것으로 맥킨지의 보고서는 발표하고 있다. 이러한 문제는 조직의 개편, 업무규

정의 변화, 프로세스의 변경 등 기업의 업무변화에 직접적인 장애가 되기도 한다.

가트너그룹의 분석에 의하면 기구축된 것 중에서 약 7%만 실제업무에 사용하는 것으로 복잡성과 중복성을 가중시키고, 뿐만 아니라 정보시스템 투자에 대한 낮은 투자수익률(ROI)로 인해 기업들은 예전보다는 IT투자에 많이 인색해진 모습을 보이는 듯하다. 이미 기능적으로 갖추어야 할 시스템의 대부분을 갖추었기 때문일 수도 있겠으나, 신규 구축보다는 기 구축된 시스템의 효율적 활용 및 통합 등 기존 IT자원을 효율적으로 활용하고 관리해야 한다는 인식이 공감대를 형성했기 때문으로 파악된다.

결국 시장은 효율적인 IT자원관리와 시스템 활용에 눈을 돌리게 되었고, 관리용 소프트웨어 및 방법론이 주목을 받기 시작했으며, BPM시장의 성장 역시 이러한 흐름과 무관하지 않다.

BPM(Business Process Management)은 기업의 자원, 즉 인적자원과 다양한 애플리케이션을 프로세스를 중심으로 연결시켜주고 묶어주는 역할을 수행한다. BPM에 의해서 프로세스가 인적자원과 그들의 업무를 직 · 간접적으로 지원하는 업무용 솔루션들의 물리적 · 논리적인 백본(Back Bone) 역할을 하도록 구성하고, 기업 내 산재한 업무용 솔루션들과 각 업무 수행자들이 이를 중심으로 재정렬되고, 통합되는 것이다.

한 번의 BPR 구축으로 조직재설계를 만들어내는 대신에 지속적인 업무프로세스 관리를 목적으로 하는 BPM은 점진적이고 지속적인 업무흐름의 개선활동, 데이터로서의 프로세스를 관리하는 활동, 비즈니스와 정보기술 간의 밀접한 연계를 구성하는 활동 및 전사적 업무프로세스를 관리하는 활동을 포함하고 있다.

그리고 BPM은 변화에 대한 프로세스의 관리를 다룬다. BPM에서 프로세스를 관리한다는 것은 프로세스를 정의하고 정의된 프로세스에 맞게 활동을 수행하며, 적절한 평가기준과 지표에 따라 측정하고, 측정된 결과에 의한 필요에 부응하여 개선과 혁신을 수행하는 일련의 활동을 행하는 것이라고 할 수 있다. 경영전략을 실행에 옮기는 것, 즉 기업

ROI
투자수익률로 기업의 순이익을 투자액으로 나누어 구한다. 기업 전체 경영성과의 계획, 내부통제, 자원배분결정, 이익예측, 채권자 및 투자자에 의한 기업 경영성과의 평가 등 여러 가지 목적에 사용된다.

의 프로세스를 관리하는 활동 자체를 위한 인프라로서 BPM이 등장한 것이다.

나. BPM으로 실현하는 프로세스관리

(1) 프로세스의 정의(Process definition)

프로세스를 관리하기 위하여 먼저 중요한 비즈니스 프로세스를 세부적으로 나누어 분석하고, 경영전략에 따른 개선점을 노출 · 반영하여 실행 가능한 형태의 모델로 프로세스를 정의하게 된다. 해당 프로세스 정의는 실행하는 데 필요한 정보와 측정을 위해 필요로 하는 정보들로 구성된다. 예를 들어 프로세스의 이름, 해당 업무를 수행하는 단계의 흐름과 규칙 그리고 단계별 업무를 수행해야 하는 조직 내에서의 역할 및 자원, 각 단계별로 필요로 하는 정보와 도구, 해당 프로세스의 오너와 책임자, 그리고 해당 프로세스에 대한 측정 등을 포함한다. 이는 기업의 프로세스 자체에 대한 지식과 정보를 축적하는 것으로 기업의 프로세스 자산의 확보를 의미한다.

(2) 프로세스의 실행(Enactment)

정의된 프로세스는 BPM 프레임워크 내에서 프로세스 모델로 관리될 뿐만 아니라 실질적으로 실행된다. 프로세스가 정의된 업무규칙에 맞게

그림 9-3 프로세스 목표와 성과측정

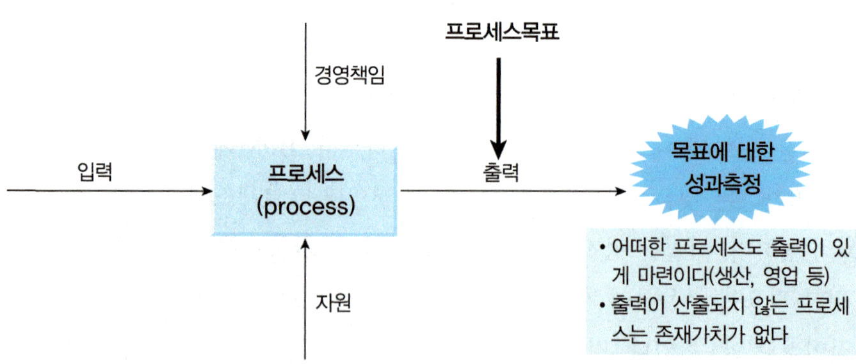

수행되도록 제어하고, 업무수행 중 요구되는 정보를 적절하게 제공하거나 필요로 하는 기록을 수행할 수 있도록 IT시스템들을 통합한다. 이것은 조직구성원과 IT시스템들이 정의된 프로세스에 맞게 업무를 처리할 수 있도록 지원함을 의미한다. 따라서 과거 BPM 없이 수행한 BPR에서 설계된 프로세스가 미팅을 통해 적용된 것과는 획기적으로 다른 결과를 얻을 수 있다.

(3) 프로세스의 측정(Measure)

프로세스가 실행되는 과정 중 발생한 정보들을 이용하여 다양한 관점에서의 측정이 가능하다. 예를 들어, 프로세스 수행과 관련된 자원과 비용, 그리고 시간 등의 관점으로 측정할 수 있으며, 업무적인 필요성에 따라 오류나 클레임 발생률과 같은 비즈니스 관점에서 측정해야 할 기준이 있는 것이다. 이것은 기업이 프로세스에 대하여 현재의 수준을 아는 데 절대적으로 기여한다. 측정된 결과는 프로세스를 분석하거나 개선하기 위한 입력자료로 활용된다.

(4) 프로세스의 분석과 개선(Analysis and Improvement)

프로세스의 분석과 개선을 위하여 구체적인 목표수준을 정하고, 보다 우수한 프로세스로 개선하기 위한 정보를 수집해야 한다. 동일한 성과를 얻어내는 타 프로세스를 검토해 보는 방안도 있을 수 있고, 사내외, 그리고 동종 업계에서 다양한 정보와 데이터를 수집하여 참고할 수도 있을 것이다. 이를 위하여 BPM이 가지고 있는 프로세스 정보와 사내외 다양한 정보의 원천들로부터 데이터를 수집하여 다양한 관점에서의 분석을 수행한다. 분석을 통하여 목표수준에 적절한 프로세스로 개선하기 위하여 시뮬레이션을 수행해 볼 수 있다. 분석으로부터 도출된 여러 가지 대안에 대하여 프로세스의 구성요소들을 변경하고 시뮬레이션을 해봄으로써 최적의 대안을 도출할 수 있다.

(5) 프로세스의 통제와 모니터링(Control and Monitoring)

개선을 통해 새롭게 정의된 프로세스가 정의된 대로 수행되도록 통제할 수 있으며, 프로세스의 성과를 일정 수준에 맞추기 위하여 필요한 통제를 수행할 수도 있다. 예를 들어, 프로세스 전체 혹은 단계별 업무수행이 완료되어야 할 시점을 통제하거나 업무의 수준 및 수행과정을 통제하거나 측정에 해당하는 값이 일정수준에 맞춰지도록 통제할 수 있다. 또한 진행되는 상황을 실시간으로 모니터링해 볼 수 있으며, 수행된 기록을 통해 이력을 추적해 볼 수도 있다. 이는 업무를 수행하는 관점에서 그리고 프로세스를 관리하는 측면에서 모두 의미가 있다.

다. BPM의 기능

BPM 소프트웨어들은 비즈니스 프로세스를 모니터링하거나, 워크플로우(작업흐름)를 자동화해 주거나, 전사적 애플리케이션 통합(EAI) 도구로 역할을 하는 등 여러 가지 기능을 수행할 수 있다. 이처럼 BPM은 기업이 자동화될 필요가 있는 비즈니스 영역을 파악하고, 비즈니스 규칙들을 강화하는 일을 도와줄 수 있으며, 한 걸음 더 나아가 기존의 IT 인프라를 통합하는 일까지 도와 줄 수 있다. 또한 업무 프로세스를 자동화하고 전체 업무 현황을 한눈에 살펴볼 수 있도록 해주는 것은 물론 신규 업무를 신속하게 구현할 수 있게 하는 기반이 되기도 한다. 목적과 범위가 다양한 업무에 도입할 수 있고, 전사적으로 구축할 수도 있다. BPM은 3가지로 기능이 구성된다.

(1) 업무 프로세스의 자동화

워크플로우와 비슷한 개념으로 적용이 쉽다는 장점이 있다. 말 그대로 자신의 일을 끝내고 관련 자료나 서류를 다음 업무 부서나 사람에게 전하는 작업이 시스템에서 자동으로 처리된다.

(2) 업무 프로세스의 개선

BPM 소프트웨어를 구현함으로써 기존의 업무 처리에 필요한 기간과 리소스를 대폭 감소시켜 주는 기능을 제공한다. 예를 들어, BPM 솔루션은 15일 걸리던 금융기관 여 · 수신 업무를 절반인 일주일 만에 개선할 수 있는 환경을 제공한다.

(3) 새로운 업무 프로세스 생성

새로운 업무 프로세스를 생성하는 기능은 변화에 적합한 솔루션이란 가치를 내건 BPM의 목적과 궁합이 가장 잘 맞는 기능으로서 현재 진행 중인 업무를 최적화하는 것을 뛰어넘어 앞으로 새로 나올 프로세스를 비즈니스 프로세스의 한 영역으로 반영하여 궁극적으로 기업 경쟁력 강화를 지원한다.

라. BPM 실행 프레임워크

BPM을 실행하기 위해서는 사람, 프로세스, 기술 들의 구성이 얼마나 잘 실행하는 것과 전략과 프로세스의 연계, 사람과 그들의 행동에 관한 것들도 포함한다. 또한 성과관리와 측정, 변화관리와 의사소통 또한 BPM 프로젝트에 영향을 미칠 것이다. 조직 간의 효과적인 의사소통은 BPM 프로젝트 성공의 핵심요소이다. 이러한 효과적인 BPM을 실행하

그림 9-4 BPM 실행 프레임워크

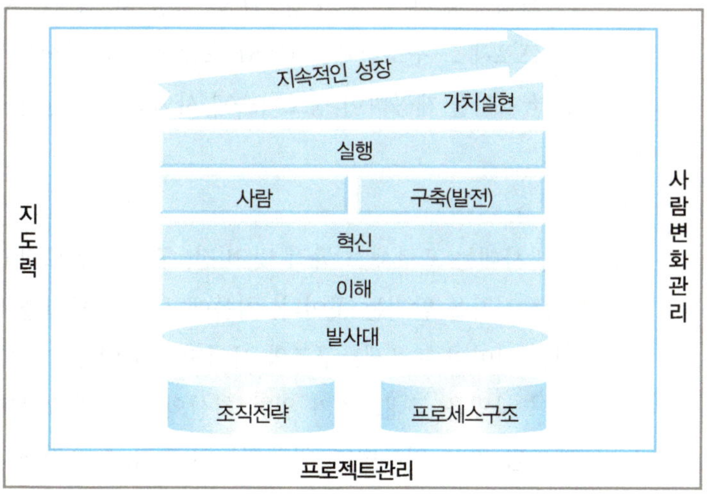

자료 : 전희철 · 표상우 공역, BPM 성공적인 구축을 위한 실용가이드라인, 2008.

기 위한 프레임워크를 소개하면 [그림 9-4]와 같이 10가지로 소개한다. 특히 프로젝트 기간 동안 3가지 필수요소인 프로젝트관리, 사람변화관리 및 팀장의 지도력의 지원은 자금을 융통성 있게 처리하는 데 있어서 매우 중요한 자원일 것이다.

(1) 조직전략

조직전략단계는 전략, 비전, 목표 및 사업과 관련된 실행행동들이 프로젝트 팀원들에게 정확히 이해할 수 있도록 구성하는 것이다. 프로젝트를 이행하는 구성원들이 본 프로젝트가 장기인가, 단기인가, 우리가 해낼 수 있는 프로젝트인가, 프로젝트가 완료되었을 때 이익이 어느정도인가 등을 면밀히 검토하여 구성원에게 이해시키는 것이 무엇보다 중요하다. 중간에 구성원들이 와해시키거나 내·외부 간의 연계성이 부족하여 사업이 실패로 돌아갈 수 있기 때문에 처음에 구성원들에게 충분한 이해력이 검토되어야 한다.

(2) 프로세스구조

조직전략이 구성원들에게 충분히 이해되었다면 바로 전체적인 프로세스 간 설계구조단계로 들어가야 한다. 이 프로세스 구조단계는 BPM의 실행을 위한 법칙, 구성, 원칙, 지침 및 모델을 수립하는 것이다. 또한 프로세스 구조단계는 BPM 프로젝트의 시작을 설계하고 실현하기 위한 기반을 제공하여 정보기술과 사업전략이 연계되어야 한다.

(3) 발사대

발사대는 프로세스 목적 및 비전, 구성이 완료되고 우선해야 할 프로젝트 시작을 알리는 곳이다. 처음에 시작과 방법을 결정하는 자체가 어려운 것이며 프로젝트구조와 사업전략과 연계, 그리고 정보기술과 연계되어 사업을 극대화하기 위한 최선의 노력이 요구된다. 여기서는 프로젝트팀 조직, 업무범위, 구성원들의 관리, 최초적용 사례의 생성과 기대사업 이익의 결정이 포함된다.

(4) 이해

이해단계는 현재의 업무프로세스 환경을 충분히 이해하는 것이다. BPM 프로젝트가 잘 수행되기 위한 최소기준 비용에 관련된 측정치, 원인의 분석 및 가능한 단기효과 정의 등이 필수적으로 수집되어야 한다. 단기 프로젝트를 수행하기 위한 적절한 자금지원 형태도 준비되어져야 한다.

(5) 혁신

혁신단계는 프로젝트팀과 업무부서뿐만 아니라 내 · 외 간의 이해관계자도 혁신에 예외일 수 없다. 현재의 프로세스가 정해지면 새로운 프로세스가 나타날지라도 어떠한 것이 최선의 프로세스인지 결정하는 데 모의실험을 수행하고, ABC(활동기준원가)를 확정하고, 실행가능성을 결정해야 한다. 향후 기존프로세스와 새로운 프로세스 간의 측정을 비교 · 분석한 후 단기효과의 우선순위를 결정하는 것이 하나의 바람직한 혁신의 도구이다.

(6) 구축(발전)

발전단계는 새로운 프로세스의 실행을 위한 모든 요소들을 구축하는 것이다. 구축은 사람들의 변화관리 프로그램을 지원하기 위한 모든 인프라요소와 프로세스를 수행하는 사람들에 대한 지원의 변화를 포함하며 소프트웨어 및 하드웨어의 시험 또한 포함한다.

(7) 사람

사람단계는 업무활동, 역할 및 성과측정의 조직전략 및 프로세스 목표와 일치하는지 확인하는 것이다. 가장 효과적인 업무프로세스 기능을 구축하기 위하여 가장 필요한 요소는 사람이다. 이 단계는 모든 단계에 사람이 필요한 요소이다.

(8) 실행

실행단계는 프로젝트의 모든 활동이 실행에 옮겨지는 것이다. 여기서 모든 활동은 새로운 프로세스의 시작, 새로운 역할 정의, 성과관리 및 측정, 교육 등이 포함한다. 실행 여부는 프로젝트 성공에 매우 중요한 요인으로 작용한다.

(9) 가치실현

가치실현단계는 프로젝트 실행이 이익이 나타나는지를 검토하는 단계이다. 이 단계는 이익실현관리 프로세스 및 이익실현보고를 포함한다.

(10) 지속적인 성과

프로젝트가 지속적인 성과를 내기 위해서는 프로세스의 민첩성과 개선을 유지하고 프로세스 구조를 만들어 프로젝트 주관 팀과 지속적으로 진행하여야 한다. 그리고 성과가 나타나면 프로젝트 차원이 아닌 일상 업무운영 활동으로 전환하는 것도 바람직하다.

마. BPM의 모델

BPM의 소프트웨어에는 효율성 모니터링 소프트웨어, 워크플로우 소프트웨어, EAI를 지원하는 도구 등 3가지 기본형이 있다.

표 9-1 ■ BPM의 모델 기능

구분	기능	주요 업체
모니터링 소프트웨어	비즈니스 프로세스에서 비효율적인 데이터를 추적해 주는 도구	아젠티스, 코머스웨스트, 사주스
워크플로우 소프트웨어	직원들에게 비즈니스 프로세스에 대해 안내해 주는 도구	파일넷, 메타스톰, 페가시스템즈, 사비온, 핸디소프트, 멜티머스
EAI(Enterprise Application Integration)	미들웨어 애플리케이션에 대한 사용자 인터페이스를 제공	IBM, BEA, SAP, CA, 마이크로소프트, Oracle, 피플소프트, 시비욘드, 팁코, 웹메소드

(1) 효율성 모니터링 소프트웨어

모니터링 소프트웨어 제품에 내장된 여러 가지 API(Application Programming Interfaces)를 사용해 특정 프로세스를 위한 시스템들을 서로 연결한 후 그 프로세스에서 비효율적인 부분이 있는가를 모니터링 하는 소프트웨어로, 프로세스를 계속 감시해 정확한 프로세스가 지켜지지 않을 경우에 그에 대해 경고기능을 제공한다.

API
운영체제와 응용프로그램 사이의 통신에 사용되는 언어나 메시지 형식을 말한다.

(2) 워크플로우 소프트웨어

워크플로우는 상호작용이 요구되는 단위업무들과 광범위한 기업 내 비즈니스 프로세스들의 자동화를 다루고 있다. CRM, SCM, ERP 등 영역의 대다수 소프트웨어들이 이미 워크플로우의 요소들을 포함하고 있으며, 또한 BPM의 핵심적인 개념으로서도 중요한 위치를 차지하고 있다. 이 시스템들은 비즈니스 프로세스의 일부를 자동화하며, 그 비즈니스 프로세스에 있는 몇몇 업무들을 관련 있는 사람들에게 알려줌으로써 그 프로세스가 정확하게 지켜지도록 지원하는 기능을 제공한다. 워크플로우 기반 BPM으로 특정 업무를 자동화하거나 프로세스로 개선하는 일부 산업응용분야로는 금융기관의 여 · 수신업무, 제조기업의 공정업무, 일반기업의 재무 및 회계업무 등에 주로 적용된다.

(3) EAI 도구

EAI(Enterprise Application Integration)는 고립되어 있는 데이터의 동기화 · 자동화를 위한 일관된 애플리케이션 플랫폼을 제공하기 위해 제안된 BPM의 모델로서, 예를 들어 ERP시스템에서 변화된 데이터를 CRM시스템과 같은 의미를 갖고 있는 데이터 영역에 자동으로 반영하는 작업 등을 구현한다.

EAI시스템은 메시징을 통한 보다 유연하고 느슨한 연결을 사용한다. 이러한 메시징 미들웨어를 통한 데이터 통합방식은 워크플로우의 그것보다 좀 더 효율적이고 투명한 데이터의 전달을 보장한다. 일반적으로 EAI는 데이터의 변환 및 자동화된 프로세스를 포함한다. 이 프로세스는 일반적으로 사람이 개입되지 않는 비교적 짧고 간단한 프로세스이다. 즉 이벤트에 의해 실행되는 프로세스, 비동기 데이터전송, 메시징 기반의 느슨한 통합, 트랜잭션처리 등의 시스템들로부터 정보를 추출하는 BPM을 전사적 애플리케이션 통합(EAI) 도구로 만들어가고 있다.

바. BPM의 도입효과

BPM을 통해서 기업은 민첩성, 통제성, 책임성을 보유할 수 있게 된다. 중복된 부분의 파악이 가능하며 자동화 범위가 증대되고 대내외 비즈니스 프로세스를 효율적으로 운영할 수 있게 된다. BPM은 프로세스의 설계 및 실행을 위한 시스템을 직접 만들 수 있도록 지원한다. BPM은 프로세스 모델링을 지원하는데, 그 범위는 기업의 모든 가치체인을 포괄하는 관련된 모든 참여자들, 시스템, 사람, 정보, 장치를 포함한다.

BPM은 기업에 존재하는 모든 프로세스들의 통합, 협업, 결합, 분해를 지원한다. 또한 재사용이 가능한 프로세스 패턴들을 만들어 내다.

첫째로, 찾아가는 업무처리에서 찾아오는 업무처리로 빈틈없는 업무처리가 가능해졌다. 기존에는 업무담당자가 스스로 일을 찾아서 처리해야 했으나, 도입 후에는 신규 업무가 내 업무목록에 자동 등록되고 실시간으로 통지해 줌으로써 일이 사람을 찾아오는 업무처리가 가능해졌다.

둘째로, 이전에는 각종 애플리케이션의 업무처리 화면을 일일이 찾아서 처리해야 했던 반면, BPM 도입 후에는 프로세스 중심으로 시스템이 연결되어 있어 각 프로세스를 처리할 때 필요한 업무처리 화면을 BPM 상에서 편리하게 제공받을 수 있게 되었다.

셋째로, 시스템이 되어 있지 않은 부분을 개인의 판단에 의해 처리했던 것에 반해 해당업무 처리 시 지켜야 될 규칙 절차가 표준화되어 제공됨에 따라 일관된 업무처리가 가능해졌다.

넷째로, 처리현황 파악이 난해하였으나, 모니터링 기능으로 실시간 업무진척 현황 파악이 가능해졌다.

다섯째로, 병목현상 등의 문제 발생 시 정확한 원인 파악이 어려웠으나, BPM의 모니터링 기능을 통해 현상을 파악하고 통계 및 분석기능을 통하여 지속적인 개선이 가능해졌다.

여섯째로, 개인별 업무 로드 절차가 발생하였으나, 업무자동할당 기능을 통하여 효율적인 자원배분이 가능해졌다.

최근 들어 비즈니스와 IT 부문의 진보적인 그룹은 자신들이 컨설팅 회사 또는 솔루션 벤더의 도움을 받지 않고도 직접 비즈니스 프로세스를 다룰 필요가 있다는 사실을 인식하게 되었다. 여러 업종별 선도기업들이 BPM의 가치에 새롭게 주목하고 있으며, 그 가치를 실현하기 위해 전사 업무 프로세스 표준화를 핵심으로 하는 다각적인 접근방법을 선택하고 있다.

9.3 e-매뉴팩처링(PDM/PLM과 MES)

제조업에서 e-매뉴팩처링 시스템을 구축하기 위하여는 기업정보 인프라와 연계된 구성요소를 어떻게 설정하느냐가 중요한 관건이다. 효율적인 기업 간 e-비즈니스 거래모델을 개발하기 위하여 다음과 같은 영역에 대하여 자세한 설명을 한다.

그림 9-5 기업정보 인프라 주요 구조

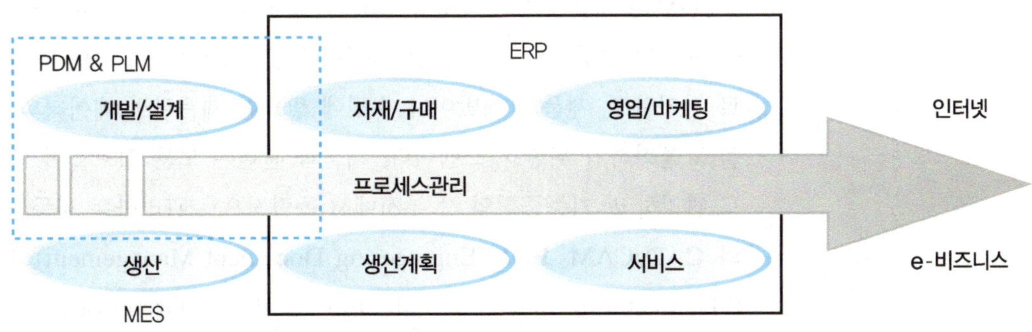

가. PDM(제품데이터관리)

e-매뉴팩처링은 정보기술을 활용하여 제품의 발주, 수주, 구매는 물론 설계, 생산, 유통 및 폐기까지의 전 과정에서 생성되는 데이터를 표준화된 형태로 디지털화하고 이를 조직 간 교환·공유할 수 있는 표준화된 환경을 구축함으로써 조직 전체의 효율을 높이는 기업과 기업, 기업과 정부 간의 경영전략이다. e-매뉴팩처링 개념은 구체적인 시스템을 통하여 구현된다. 그 중에서 PDM(Product Data Management)과 PLM (Product Lifecycle Management)은 기업 간 e-비즈니스 구현에서 중요한 역할을 담당한다.

1980년대의 PDM은 주로 CAD기술의 도입을 통해 제품개발 효율을 향상시키는 데 중점을 둔 데이터중심의 기술이었으나, 1990년대 동시공학을 통한 time-to-market을 추구하는 프로세스중심의 기술로 발전했다.

동시공학
동시공학(Concurrent Engineering)은 제품, 제조 및 지원부문을 포함한 그에 관련된 여러 과정을 동시적이며 병행적으로 설계하기 위한 체계적인 접근방법이다. 이 접근방법의 목적은 개발자에게 발안부터 폐기에 이르기까지 제품의 전 라이프사이클에 포함된 품질, 비용, 스케줄 및 사용자의 필요조건 등과 같은 모든 요소를 처음부터 고려하는 것이다.

한편 2000년대 들어서는 개발역량 극대화로 제품 기술 혁신에 중점을 둔 가치중심의 PLM(제품 라이프사이클 관리)으로 발전했다. 특히 PDM은 인터넷과의 접목으로 기업의 내·외부 간의 협업을 통해 제품의 전체 라이프사이클에 대한 관리체계를 구축하는 방향으로 발전하고 있다.

PDM은 제품설계도, 부품구성도, 각종규격서, 설계분석서, 하드카피 등 제품의 수명주기 동안에 발생하는 제품데이터를 통합하여 효과적으로 관리하고, 제품의 개발이나 수정에 필요한 제품관련 데이터의 흐름을 효율화하기 위한 시스템이다. 제품과 관련된 모든 정보를 통합적으로 관리하고, 기능중심의 각 부서에서 독립적으로 관리하는 제품데이터와 CAD/CAM, EDM(Engineering Document Management), MRP (Manufacturing Resource Planning), Workflow/Groupware 등 기업에서 활용되고 있는 응용소프트웨어를 효과적으로 연결시켜줌으로써 기업의 생산성과 경영효율을 개선하고자 고안된 것이 PDM이다.

PDM시장은 크게 제품정보를 생성하고 분석하는 애플리케이션 영역과 협업적 업무환경과 프로세스를 관리하는 솔루션 영역으로 구분되는 데 향후 협업 솔루션 영역의 성장이 두드러질 것으로 예상된다. 또한 대용량의 네트워크 기능의 향상과 인터넷 기술의 발달로 웹기반 솔루션이 보편화될 것으로 전망된다.

(1) PDM의 기능

PDM은 제품과 관련된 모든 정보를 제품구조와 동기화하여 통합적으로 관리하고 필요한 사용자 또는 응용소프트웨어로 필요한 시점에 그 정보를 정확히 전달할 수 있도록 지원한다. 이러한 PDM기능은 제품데이터 관리기능과 프로세스 관리기능으로 구분한다.

① 제품데이터 관리기능

제품데이터 관리기능은 3가지 관점에서 세분화된다.

- 컴포넌트 분류기능
- 문서의 분류기능
- 제품의 구조관리기능

그림 9-6 PDM의 주요 구성

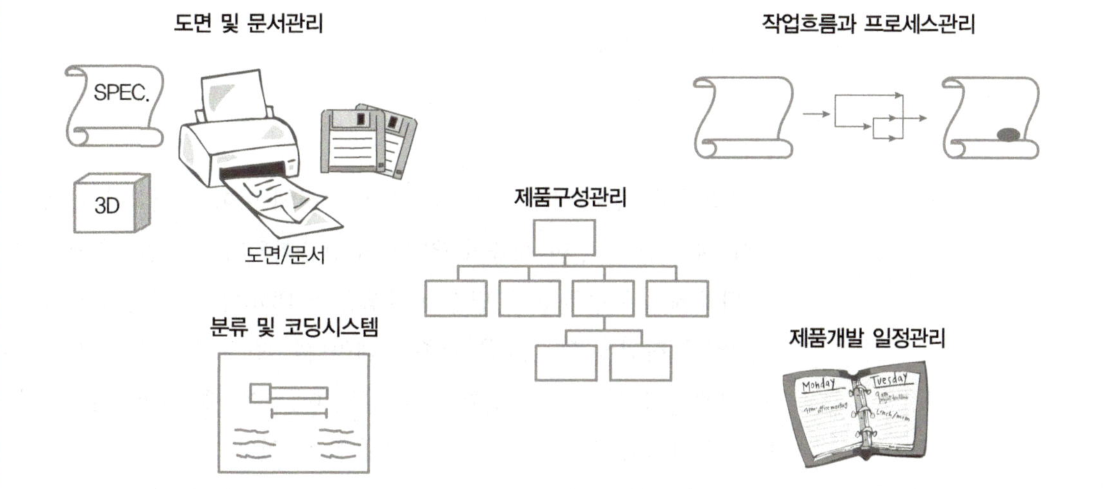

PDM에서 컴포넌트들은 업무의 필요에 따라 사용자들이 쉽게 검색할 수 있도록 계층형 네트워크 구조의 다양한 클래스로 분류되어 데이터베이스에 저장된다.

컴포넌트나 어셈블리와 관련된 문서들은 설계도, 3차원 모델링, 기술자료, 스프레드시트 파일과 같은 형태의 클래스로 분류될 수 있으며, 각각의 문서에 대한 파트, 문서번호, 작성자, 작성일 등의 속성을 갖는다. 이와 동시에 컴포넌트와 문서의 관계를 정의하고 관리할 수 있다.

BOM
최종품목이 어떤 부품으로 구성되어 있는가를 나타낸 표이다.

제품구조 또는 BOM(Bill Of Materials)관리는 한 제품 컴포넌트에 대한 각 어셈블리 간의 물리적 관계는 물론 한 어셈블리를 구성하는 각 파트들 간의 관계를 정립하고 관리할 수 있도록 한다. PDM은 제품데이터를 물리적 관계뿐만 아니라 제조, 재무, 유지보수 등 제품의 생애주기 각 단계에 필요한 형태로 구조화하여 표현할 수 있다.

② 데이터 관리기능

데이터 관리기능은 데이터에 대한 접근과 참조 및 상호참조가 용이한 형태로 데이터를 구조화하는 기능이다. 데이터 관리기능의 프로세스를 생성하고 수정하는 방식을 3가지 관점을 분류한다.

- 작업관리기능
- 작업흐름관리기능
- 작업이력관리기능

작업관리기능은 작업수행의 결과 데이터에 어떠한 변화가 가해졌는지에 대한 것이다. 한 제품이 개발되어 상품화되기까지에는 수명주기의 각 단계에서 무수히 많은 변경이 발생한다. PDM은 엔지니어가 변경에 무관하게 작업할 수 있도록 기존의 데이터와 변경된 신규 데이터 모두를 보관하고 이에 대한 정확한 정보를 제공하여 줌으로써 엔지니어는 필요한 버전의 데이터를 검색하여 사용할 수 있다.

작업흐름관리기능은 필요한 정보를 필요한 시점에 필요한 사용자에게 제공하여 업무의 효율을 높여 준다. PDM은 작업흐름 관리를 위해 다음과 같은 다양한 기능적 요소를 제공한다.

- 작업흐름 정의 및 실행
- 계층적 작업 브레이크 다운 지원
- 작업흐름 통제 및 작업목록관리
- 작업흐름 프로세스 모니터링

작업이력관리기능은 현 프로젝트 단계에 관한 기록은 물론 프로젝트의 진척상태에 관한 이력관리를 제공함으로써 사후감사에 유용한 정보를 제공한다.

나. PLM(제품라이프사이클관리)

PLM은 PDM을 시간축(생애주기)과 공간축(확장기업)을 통해서 확장된 것으로 파악할 수 있다. 제품생애주기관리(Product lifecycle management)로 번역되는 PLM은 제조업 정보화와 연결되고, 엔지니어링 데이터베이스와 연결된다. 좁게는 PDM(Product Data Management)의 확장된 제품으로 볼 수 있으나, 넓게는 ERP(Enterprise Resource Planning), SCM(Supply Chain Management), CRM(Customer Relationship Management)과 충돌한다.

ERP는 MIS(Management Information System)에 그 뿌리를 두고, PLM은 도면관리시스템에 그 뿌리를 두고 있다. 제조업의 업무영역을 제품개발, 제품생산, 관리의 세 그룹으로 분리한다면 ERP는 생산과 관리, PDM은 제품개발과 생산에 연결되어 있다.

IT(컴퓨터, 통신, 인터넷)기술의 발달과 치열해지는 경쟁 때문에 이들 세 개의 업무영역 간에 통합 또는 정보공유가 점점 쟁점으로 부각되고 있다. IT기술의 초기 단계에는 개별 업무의 전산화가 시급한 문제였지만, 이제 개별 업무의 전산화가 어느 정도 진행되어 앞으로의 문제는 업무 간, 부서 간, 또는 조직 간 서로 다르게 구축된 자동화시스템의 연결이 해결되어야 할 문제이다.

PLM은 1980년대 중반부터 발전하기 시작한 엔지니어링 문서관리(특히, 도면관리)로부터 출발하여 현재까지 진화해 왔다. 1980년대 말

그림 9-7 PLM의 진화과정

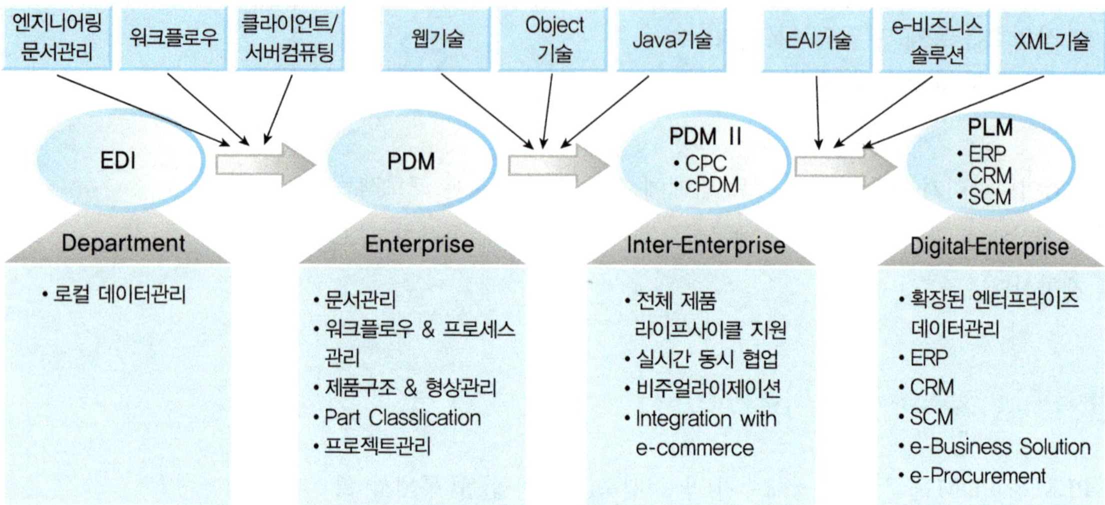

까지만 해도 주로 도면관리 위주의 개념인 EDM(Engineering Document Management)이나 EDB(Engineering Database) 등으로 불리다가, 1990년대에는 대체적으로 PDM이라는 용어로 정리되기에 이른다. 2000년대로 넘어오면서 인터넷 기반의 정보 패러다임이 확산되자 여러 용어들(CPC, cPDM, PLM 등)이 최근에는 PLM으로 통일되는 추세에 있다. 용어들이 내포한 개념은 한마디로 "보다 포괄적으로 확장되면서" 발전해 왔다고 할 수 있으며, 그 진화과정은 [그림 9-7]과 같다. "PDM Ⅱ"라고 나타낸 부분은 대략 2000년대 초기의 상황으로서 PDM의 확장으로 인터넷 기반의 협업을 강조하는 CPC, cPDM 등이 그것인데, 결국 최근에는 PLM의 개념으로 발전하고 있다.

PLM은 기존 설계부서 중심으로 전개되었던 PDM 개념을 시간(제품의 기획부터 폐기까지) 및 공간(전사 및 B2B 환경까지)적으로 확장시킨 것이라고 생각할 수 있다. CIMdata에서 말하는 PLM의 정의는 다음과 같다.

- 제품정의 관련 정보를 협업적인 방법으로 생성, 관리, 유포, 사용할 수 있도록 지원하는 일련의 솔루션들을 활용하는 전략적인 비

CPC(Collaborative Product Commerce)
제품설계, 엔지니어링, 생산, 구매, 영업, 마케팅, 사후서비스, 고객지원 등을 포괄적인 지식 네트워크로 통합하기 위하여 인터넷을 사용하는 새로운 소프트웨어 및 서비스 영역, PLM과 비슷한 시기에 등장하여 치열한 경합을 벌인 용어이다.

cPDM(Collaborative Product Data Management)
CIMdata에서 도입한 용어로 역시 비슷한 시기에, 비슷한 의미로 PLM과 경쟁하였던 단어라고 볼 수 있다.

즈니스 접근방법
- 확장된 기업환경(고객, 디자인 파트너 및 공급 파트너 등)을 지원함
- 제품이나 플랜트의 개념 단계에서 수명이 다할 때까지 제반 정보를 관리
- 사람, 프로세스, 비즈니스 시스템, 정보를 모두 통합

즉, PLM이란 "제품정보관리"라는 일관된 관점에서 여러 가지 다른 솔루션(심지어 ERP, SCM, CRM까지도)을 모두 통합해 보겠다는 매우 포괄적이고도 확장적인 개념으로 이해되어야 할 것이다.

(1) PLM의 기반기술

PLM은 결국 IT시스템으로 구성되므로 다음과 같은 다양한 IT기술이 접목된다.

① CAD

CAD는 본질적으로는 워드나 스프레드시트와 같이 디지털 파일의 저작도구(Authorizing Tool)이다. 그러나 여타 저작도구와 달리 CAD는 효율적인 도면관리를 구현함에 있어서 PDM과 많은 연계성을 가지고 있으며, 특히 3D CAD의 경우에는 CAD 자체가 일종의 설계 BOM을 가지고 있기 때문에 이것을 PDM의 BOM 모델과 자동으로 동기화시켜 주는 등의 고수준 연계이슈를 불러 일으킨다. 이러한 연계의 자동화는 해당 애플리케이션의 깊숙한 접근을 필요로 하기 때문에, 결국 PDM 벤더들은 CAD 벤더인 경우가 많다. 이러한, CAD와 PLM 연동에 있어서의 난이도가 일종의 기술적인 진입장벽을 형성하기 때문에, 사실상 PDM 벤더들은 그들 고유의 CAD 영업 기반에서 비즈니스가 이루어지는 경우가 많다.

적어도 분류의 관점에서 CAD가 PDM의 구성요소는 아니었지만, 이제 PLM은 개념 자체가 포괄적이기 때문에 CAD는 이제 PLM의 구성요소로 간주된다(PLM 안에 PDM도 있고, CAD도 있다).

② 가시화(Visualization) & DMU(Digital MockUp)

기능적으로 디지털 파일의 가시화(Visualization)는 PDM에 탑재된 뷰어를 통하여 이루어진다. 뷰어는 개념적으로 PLM의 하부구조에 불과한 일종의 유틸리티이긴 하지만, 오히려 PLM의 온갖 추상적인 개념보다도 실제 업무에 있어서는 중요하게 취급된다. 협업적 PDM(PLM)이 강조되면서 뷰어는 전자적인 협업에 있어서도 핵심 컴포넌트가 되었다.

한편, 뷰잉기술을 기반으로 출발하는 DMU 역시 동시공학을 구현해 주는 관점에서 PLM의 중요한 기반기술이다.

③ 협업(Collaboration)

PLM이 B2B 관점에서 협력업체 및 공급업체와의 협업을 강조하므로, 전자적인 협업을 위한 기술이 적용된다. 특히, 인터넷 기반의 실시간 공동뷰잉(Co-viewing)을 위해서는 기본적인 뷰잉기술은 물론, 실시간 데이터 스트리밍(data streaming)과 같은 고급 기술을 요하게 되었으며, 전자회의(화상, 음성 등)를 지원하기 위한 다양한 기술들이 추가되는 경우도 있다.

④ 레거시(Legacy)시스템과의 연동

궁극적인 PLM이 구현되려면 PDM을 중심으로 ERP, SCM, CRM과 같은 시스템과의 연동이 필요하다. 따라서 이러한 연동을 효율적으로 구현하기 위한 다양한 EAI(Enterprise Application Interface)적인 프레임워크가 필요하다. 이러한 기능적인 기반 위에 개별 회사마다 사용되는 각양각색의 시스템과의 연계모델을 수립하고 SI(System Integration) 관점에서 통합하는 작업이 PLM 구축 프로젝트의 중요한 아이템이 된다. 실제에서의 연동사례는 회사마다 달라질 수밖에 없으며, 따라서 패키지 적용보다는 상당량의 맞춤형을 수반하는 전형적인 SI 프로젝트의 양상을 띠게 된다.

⑤ 보안관리

PLM에 접근권한통제(Access Control)에 대한 기술이 필요하며, 데이터의 암호화와 같은 고급 보안기술이 적용되는 경우도 있다.

⑥ 의사교환 및 통지

제품정보를 쉽게 교환하거나 특정 시점에 변동상황을 자동으로 통지(notification)해주기 위하여 주로 PLM시스템의 워크플로우 모듈의 부가기능으로 제공되는 경우가 많지만, 전문적인 이메일시스템이나 메신저와 연동하여 구현하는 경우도 있다.

⑦ DBMS

결국 PLM시스템은 디지털 파일을 제외한 모든 메타 정보를 RDBMS에 넣어서 관리할 수밖에 없다. 시스템의 관점에서 PLM시스템은 DB 애플리케이션이다. 대부분의 상용 PLM시스템들은 RDBMS를 이용하고 있으나, 객체지향 DB를 사용하는 것도 많이 연구되고 있다.

RDBMS
관계형데이터베이스로 키(key)와 값(value)들의 간단한 관계를 테이블화시킨 전산정보 데이터베이스이다.

⑧ 클라이언트(C)/서버(S) 및 웹기술

정보시스템은 메인 프레임에서 C/S, 그리고 웹으로 진화해 왔으며 PLM 솔루션들 역시 마찬가지로 이러한 정보시스템 패러다임에 따라 변천해 왔다. 최근에는 웹기반 기술들이 강조되고 있으나, 애플리케이션(CAD)과의 연동 문제나 데이터 조작의 편의성 때문에 C/S 기술의 필요성 및 활용도가 높은 편이다. 통상 상용 패키지에서는 C/S 및 웹 클라이언트를 동시에 제공하는 경우가 많다.

경영환경의 다변화에 따른 제조기업에는 ERP, SCM, CRM, CAD, 그룹웨어 등 다양한 애플리케이션에 대한 IT투자가 이루어져 왔다. 이러한 다양한 종류의 데이터를 통합적 환경에서 관리할 수 있도록 엔지니어링 인프라를 구축하는 것이 PLM 도입의 핵심목표가 된다. 중복투자를 방지하고 투자에 대한 효율을 높이기 위해서는 조직 내 IT투자에 대한 전략적 비전 설정 및 각각의 애플리케이션별 통합에 대한 마스터 플랜을 수립하고 이를 이끌어 나갈 조직과 이에 대한 지원이 필요하다. 따라서 변화하는 경영환경에 지속적으로 적응하기 위한 PLM 도입전략

TCO
시스템 또는 제품의 직·간접비용을 결정하는데 기업관리자나 소비자에게 도움을 주는 재무적인 측정도구

의 핵심은 IT투자에 대한 전략적 마스터플랜 아래 최소의 TCO(Total Cost of Ownership)를 보장하는 통합성과 확장의 유연성이 수반되어야만 한다.

(2) PLM의 핵심기능

PLM은 PDM을 포함하며, 사실상 PDM은 PLM의 핵심이자 기반이다. PLM이 가지는 협업적인 측면의 기능 구성요소들을 제외하면, 실제로 PLM의 핵심기능은 PDM의 기능이라고 말할 수 있다. PDM은 전통적으로 크게 5가지의 기능요소를 가진다.

① 문서관리기능

사실상 PLM은 가장 기본적이고도 핵심적인 기능 모듈이다. PLM은 기업의 지적 자산을 관리하므로, 이러한 지적 자산의 저장소로서의 기능은 PLM의 근원이라고 볼 수 있다. 특히, 도면관리 업무에 많이 활용되며, 실제로 상당수의 PLM(PDM) 구축사례는 도면 관리수준에서 머물러 있다.

원리적으로는 디지털 파일 및 파일의 색인정보(메타정보)를 묶어 전자문건화하는 것이 핵심기능이며, 이때 보안체계에 의한 접근제어, 검색, 전자문건의 개정이력 관리기능이 포함된다.

② 워크플로우 및 프로세스관리기능

전자문건을 전자결재하거나 자동배포하는 데 사용된다. 또는 시스템에 등록된 부품의 개정업무(즉, 설계변경업무)를 자동화하는 데 활용되고 있다.

③ 파트마스터(표준부품 마스터)관리기능

제품을 구성하는 표준 부품을 시스템에 등록함에 있어 체계적인 분류체계를 수립하는데 사용된다. 이는 부품의 공용화, 표준화를 촉진함으로써 기업의 경쟁력을 확보하는 주요한 수단이 된다. 이렇게 등록된 부품을 이용하여 BOM을 구성할 수 있다.

BOM
한 제품 컴포넌트에 대한 각 어셈블리 간의 물리적 관계는 물론, 한 어셈블리를 구성하는 각 파트들 간의 관계를 정립하고 관리할 수 있도록 한다.

④ 제품구조 및 형상관리기능

파트마스터에 등록된 부품을 이용하여 BOM을 구성함으로써 제품의 구조를 관리하고, 이러한 BOM이 변천해 나가는 개정이력을 추적할 수 있게 해준다. 또한, 작업은 PLM이 제공하는 BOM 프로세서를 이용하여 이루어지며, 여기에는 다양한 뷰로 BOM을 출력하는 등의 기능도 포함된다.

⑤ 프로젝트관리기능

제품 개발에 투입되는 인력, 시간 및 각 단계별 산출물을 관리하기 위한 기능이다.

다. MES(제조실행시스템)

MES(Manufacturing Execution System)는 생산중심의 경영활동을 하는 기업에서 생산을 조정하는 것으로 매우 중요한 역할을 한다. 특히 MES가 단순히 생산만을 위한 단편적인 시스템이 아닌 엔터프라이즈 애플리케이션의 하나로 여겨져 시장에서 MES에 대한 경쟁은 더욱 치열해 지고 있다.

MES는 생산현장 및 자동화 설비 등과 전사적자원관리(ERP) 등의 전사시스템 사이에서 제조실행을 담당하는 시스템을 말한다. 여기서 제조실행을 담당하는 담당자는 생산계획을 제조현장에 지시하고, 진척상황을 모니터링하여 적절한 자재투입 상황을 통제하여 실적을 집계하는 동시에, 설비 및 품질 현황정보를 수집하여 통제가 필요한 상황을 판단하고 적절한 조치를 취하도록 하는 등의 통합적인 현장관리 기능을 수행함을 의미한다.

MES는 제조공정의 자동화와 생산관리시스템의 발전과정에서 등장하였다. 1970년대의 자재소요량계획(MRP : Material Requirement Planning), 1980년대에 제조자원계획(MRP Ⅱ : Manufacturing Resource Planning)이 소개되면서 제조현장 상황의 감시를 위한 PM&C(Production Monitoring & Control), SFC(Shop Floor Control)

기능과의 정보통합에 대한 필요성이 제기되기 시작하였고, 이러한 가운데 1990년대에는 ERP와 제조현장의 통합방안으로 MES가 주목받기 시작하였다.

그림 9-8 MES의 개요

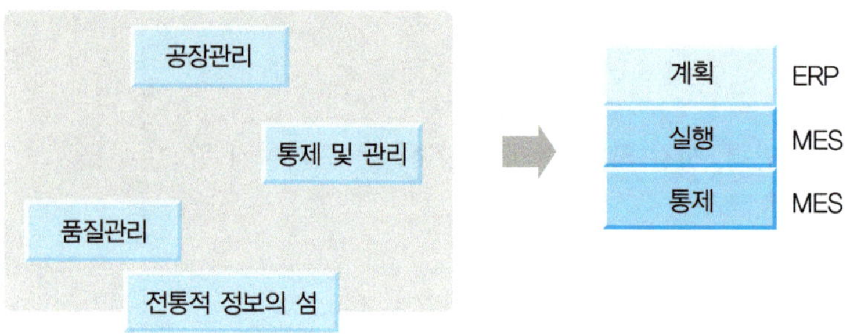

MES의 주요 기능을 살펴보면, 자원할당과 자원상황, 운영, 세부 스케줄링, 생산유닛의 디스패치, 문서제어, 데이터수집과 획득, 노무관리, 품질관리, 프로세스관리, 유지관리, 제품추적, 성능분석 등 생산현장에서 발생할 수 있는 모든 정보를 통합관리한다고 할 수 있으며, 이러한 기능은 일반적인 조직관리 기능의 생산, 품질관리, 유지보수, 인사 등과 상당부분 유사한 구조를 갖고 있다.

시스템기반하의 제조운영이 발전하는 가운데, 생산현장의 설비 및 물류자동화와 정보통신기술을 통합운영하는 방식은 지시 · 확인의 순환을 넘어서, 보다 신속하고 지능화된 제조운영을 요구하게 되었다. 또한 정보기술의 e-비즈니스 구축을 위하여 실시간기업(RTE : Real Time Enterprise) 모형의 구현이 기업의 핵심 경쟁력 확보로 이어진다는 인식과 더불어 MES시스템을 매개로 한 전사시스템(ERP, SCM, CRM 등)과 제조현장의 통합노력은 한층 더 강조될 것이다.

9.4 ERP(전사적자원관리)

가. ERP 개요

오늘날 기업들은 국제화 · 전문화되고 있으며 기업 간의 경쟁은 점점 치열해지고 있다. 이에 따라 기업의 조직은 복잡하게 되고 경영기법이 고도화되어 가고 있으며 정보기술은 하루가 다르게 급변하고 있다. 이러한 경영환경 속에서 기업이 강력한 경쟁력을 유지하면서 지속적으로 성장 · 발전하기 위해서는 경영혁신을 통한 기업체질 개선으로 환경변화에 신속하게 대응하는 것이 중요하며, 경영혁신을 달성하기 위한 수단으로 효율적인 정보시스템이 필요하다.

그림 9-9 ERP의 개념도

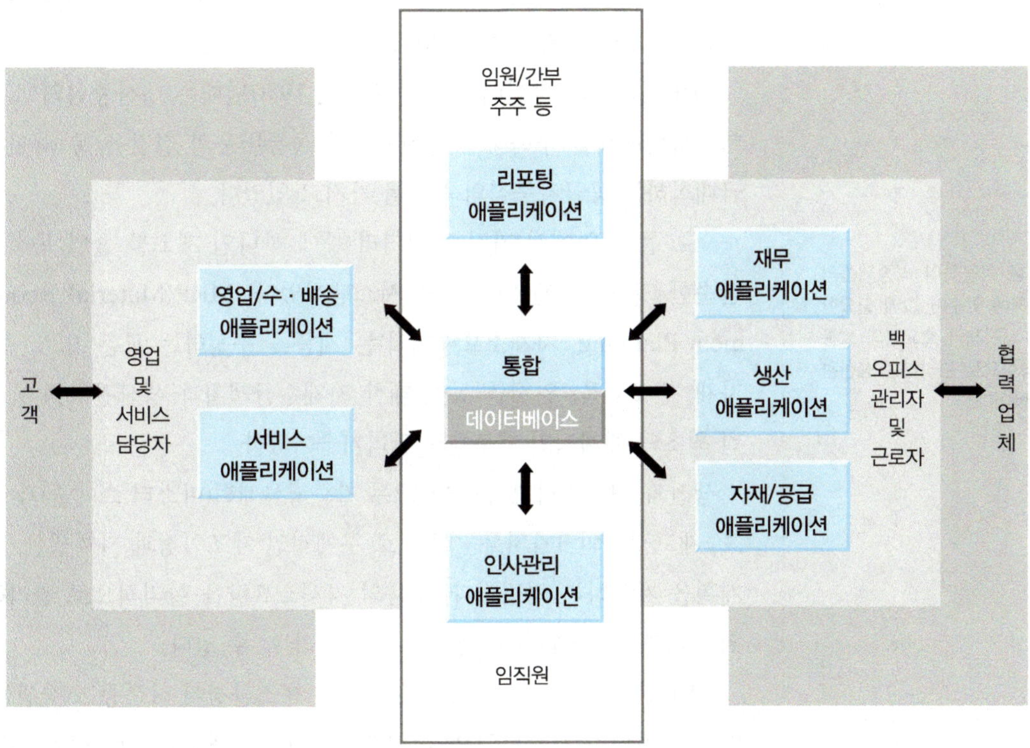

자료 : Putting an Enterprise into Enterprise System.

이러한 기업의 환경변화에 대응하기 위해서 국내외에 확산되고 있는 정보시스템이 [그림 9-9]에서 보여주고 있는 것과 같은 전사적자원관리(ERP : Enterprise Resource Planning) 시스템이다. 1990년대부터 도입되기 시작하였던 ERP시스템은 중소기업을 포함하여 모든 기업에서 일반화되어 가고 있으며, 특히 최근에는 공기업은 물론이고 일부 정부부처에서도 ERP 도입을 검토하고 있는 단계에 이르렀다.

가트너그룹에서는 "ERP란 기업 내의 업무 기능들이 조화롭게 발휘될 수 있도록 지원하는 애플리케이션들의 집합으로 차세대 업무시스템을 말한다"라고 정의하였고, 일반적으로 "ERP란 구매와 생산관리, 물류, 판매, 회계 등의 기업활동 전반에 걸친 업무를 통합 기업정보시스템이다"라고 정의된다. 즉, ERP는 기업활동 전반에 걸쳐 업무를 효율적으로 재설계하여 수행할 수 있도록 기업의 업무를 전산화한 정보시스템이며 최고경영자에게 유용한 정보를 적시에 제공하여 결과적으로 기업의 자원을 최적으로 활용하여 생산성을 높일 수 있도록 의사결정을 지원하는 정보시스템이라고 할 수 있다.

ERP시스템의 출현배경을 살펴보면, 1970년대는 생산중심의 소품종 대량생산체제를 구축하여 생산원가와 물류비용의 절감을 통해 이익을 극대화하는 공급자중심의 사고를 가지고 있었다.

MRP(자재소요량계획)
컴퓨터를 이용하여 최종제품의 생산계획에 맞추어 그에 필요한 부품이나 자재의 소요량의 흐름을 종합적으로 관리하는 생산관리시스템이다.

MRP는 기업에서 가장 고민거리 중에 하나인 재고를 줄일 목적으로 단순한 자재수급관리를 위한 시스템이었다. MRP(Material Requirement Planning, 자재소요량계획)는 제품을 구성하는 모든 요소, 즉 원자재, 반조립품, 완제품 등에 대한 자재수급계획과 생산관리를 통합시킨 최초의 체계적인 제조정보 관리기술이었다.

생산과 재고관리기법인 MRP는 기준생산계획(마스터 스케줄)과 부품표, 재고정보의 3가지를 기반으로 구체적인 제조일정과 자재생산, 조달계획을 계산하는 기법이다. 제품의 자재소요량을 합리적으로 관리하기 위한 자재 및 구매관리중심의 시스템이라 할 수 있다.

1980년에 이르러 소품종 대량생산의 제조환경이 다품종 소량생산 형태로 전이되기 시작되었으며, 고객지향의 업무체계가 각광받기 시작하면서 수주관리, 판매관리 등의 기능이 보다 중요하게 되었고 재무관리의 중요성이 대두되기 시작하였다. 그리고 컴퓨터기술의 발달로 데이터베이스나 통신 네트워크가 중요한 기술로 등장하였다.

이와 같이 주변 여건이 변하면서 MRP의 문제점을 개선시키면서 재무관리 등 중요 기능을 새로이 포함시킨 시스템으로 확장되게 된 것이다. 즉, 생산현장의 실제 데이터와 제조자원의 용량제한을 고려하고 자동화된 공정 데이터의 수집, 수주관리, 재무관리, 판매주문관리 등의 기능이 추가되어 실현 가능한 생산계획을 제시하면서 제조활동을 더 안정된 분위기에서 가장 효율적으로 관리할 수 있는 MRP Ⅱ(Manufacturing Resource Planning)가 탄생되게 되었다.

MRP Ⅱ는 "제조자원계획"라고도 불리는데, 스케줄링 알고리즘과 시뮬레이션 등 생산활동을 분석하는 도구가 추가되면서 더욱 지능적인 생산관리 도구로 발전하게 된 것이다.

MRP Ⅱ에서 확장된 개념의 ERP시스템은 생산뿐만 아니라 인사, 회계, 영업, 경영자정보 등 경영관점에서 전사적으로 자원의 효율적인 관리가 주목적이다. 1990년대 들어 글로벌 경쟁체제로 들어서면서 급변하는 경영환경과 특히 컴퓨팅 파워가 막강(H/W비용의 급락, 첨단 IT 출현)해지고, 시장구조가 생산자중심에서 소비자중심으로 전환되어 가고 있는 가운데 기업체들은 살아남기 위해서 IT 자원을 활용한 첨단의 경영기법을 도입해야 하는 상황에 처하게 되었고 자연스럽게 ERP 시스템이 주목을 받게 되었다.

MRP Ⅱ(제조자원계획)
스케줄링 알고리즘과 시뮬레이션 등 생산활동을 분석하는 도구가 추가되면서 더욱 지능적인 생산관리 도구로 발전하게 되었다.

전통적인 ERP는 새로운 패러다임을 충족시키지 못하기 때문에 점차적으로 협업상거래(Collaboration Commerce)에 맞게 진화하고 있으며 기존 ERP의 가치는 새로운 비즈니스모델에 의하여 반감되고 있는 경향이 있으며, 근래에 이러한 복합적인 요인들을 극복하고 새로 태어나기 위한 ERP의 변신이 시작되고 있다. 비즈니스모델의 변화에 따라 오늘날의 ERP 애플리케이션은 기업구조적인 관점에서뿐만 아니라 비즈니스 예측의 불확실성에 기인하여 ERP의 비전으로 ERP Ⅱ가 대두되고 있는 것이다.

ERP Ⅱ의 본질은 기업 내부의 최적화와 업무처리능력의 향상을 뛰어넘는 확장된 개념으로 정의된다. ERP의 목적이 기업의 최적화인 데 반하여, ERP Ⅱ는 가치체인에의 참여와 협업상거래로 가기 위한 도구이다.

특히, 기업의 생존을 위해 정보기술을 전략적으로 활용하여 경쟁력을 확보하기 위해 여러 가지 다양한 시스템을 활용하고 있는 바, 기업의 정보인프라를 통합하여 정보를 실시간으로 관리 · 제공하여 기업운용을 지원하고 전사적인 자원관리를 위해서는 ERP(Enterprise Resource Planning, 전사적자원관리)시스템을 활용하고 있으며, 데이터의 전략적인 관리를 위하여 DW(Data Warehouse)를 사용하고 있다. 또한 정보의 전략적인 활용 측면에서는 CRM(Customer Relationship Management, 고객관계관리), SCM(Supply Chain Management, 공급망관리, SEM(Strategic Enterprise Management, 전략적기업관리)시스템을 활용하고 있다.

나. ERP의 특징과 기능

(1) ERP의 주요 특징

ERP는 기존 시스템과 차별화되는 몇 가지 특징을 가지고 있다.

① 모듈화

ERP는 업무단위가 독립적인 모듈로 구성되어 각 기업에 맞는 모듈을 선택 · 적용할 수 있으며, 이후 필요한 모듈을 선택 · 적용할 수 있으며, 이후 필요한 모듈을 추가로 확장하여 적용할 수 있다.

② 통합성

ERP는 기업의 주요 업무 프로세스를 통합적으로 연계/관리하고 정보를 공유함으로써 전사적인 업무효율을 극대화하는 통합성이 있다.

③ 실시간처리(Real-time)

ERP 내 모든 시스템은 통합되어 원시정보의 생성과 동시에 실시간으로 자동 반영되어 처리되는 기능을 보유하고 있다.

④ 업그레이드 용이성

정보기술은 경영환경과 같이 급속도로 변화하고 있다. 이에 따라 기업들은 자사 정보시스템의 기능을 자주 향상시켜 주어야 한다. ERP는 새로운 환경에 적응 가능하도록 지속적인 업그레이드가 가능해야 한다.

⑤ 글로벌 지원기능

ERP의 적용 대상은 한 국가를 대상으로 하지 않고 글로벌한 환경을 대상으로 한다. 따라서 주요 국가에서 사용 가능한 언어, 통화, 세법 등 다양한 기능을 제공한다.

⑥ IT기술을 활용

ERP는 각 기업 정보시스템의 근간을 이루는 부분으로 웹, 컴포넌트 등 정보기술을 활용하여 개발 및 운용한다.

(2) ERP의 구성 및 기능

ERP 구성은 구매/자재, 생산, 영업, 물류, 무역 등 기업 현장에서 일어나는 일로 지원하는 현장지원시스템과 회계, 인사/급여 등 경영현황을 지원하는 경영지원 부분으로 크게 나눌 수 있다. 각 업무에 해당하는 기능 설명은 [그림 9-10]과 같다.

① 회계관리

실시간으로 현재의 재무상태를 파악하며, 경영진의 의사결정을 위한 재무제표 및 자금흐름에 대한 정보를 제공함으로써 미래에 대한 손익 및 투자결정을 위한 자료 제공을 할 수 있는 시스템이다.

② 인사/급여

기업 내 인적자원에 대하여 채용부터 평가에 이르는 전 과정에 대한 인사관리정보를 제공하여 효율적 인적관리가 가능하게 하고 다양한 인력체계에 따른 급여관리를 유연하게 제공할 수 있는 시스템이다.

그림 9-10 ERP의 주요 기능모듈

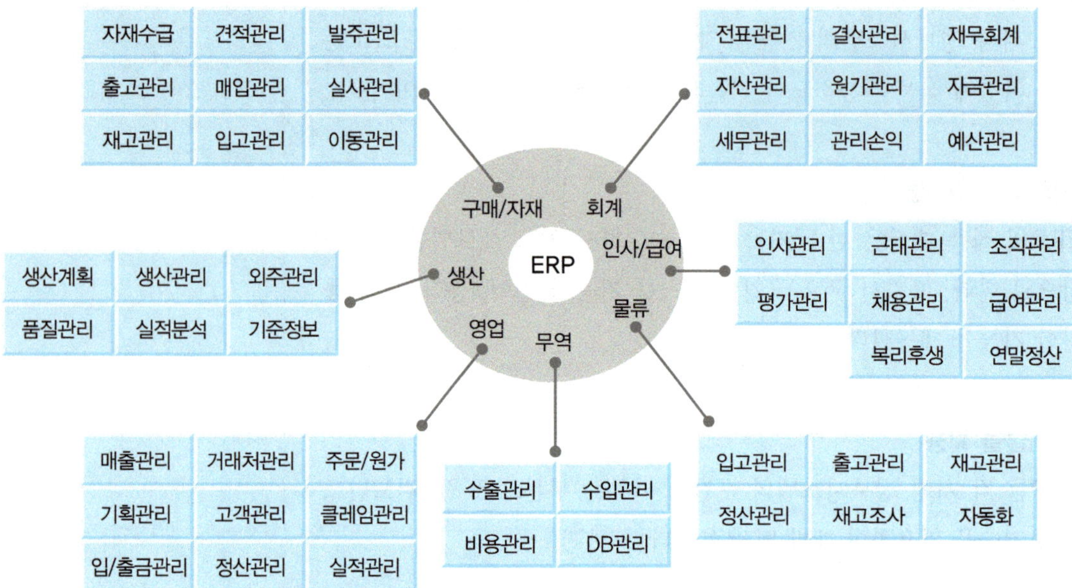

③ 구매/자재

사업장별로 필요한 다양한 자재들을 공정하고 적정한 가격으로 적시에 구매 조달할 수 있고, 생산계획 및 매출과 연계하여 통합적으로 구매 및 수불관리를 실현하는 통합 구매/자재시스템이다.

④ 생산

영업정보와의 유기적인 연동을 통해 납기와 생산능력(capacity)을 충분히 고려하여 수용가능한 생산계획을 수립하고 생산공정 현황의 신속한 정보공유를 통해 현장밀착형 생산정보를 바탕으로 생산현황 정보를 실시간으로 제공할 수 있는 시스템이다.

⑤ 영업

매출 및 재고정보의 신속한 제공으로 효과적인 영업전략 수립 및 영업지원을 제공할 수 있는 시스템, 또한 고객의 다양한 요구사항을 현장에서 수집하여 지원할 수 있는 고객관리시스템도 운영한다.

⑥ 무역

표준화된 업무체계를 기반으로 급속한 환경 무역업무의 프로세스 혁신을 실현하여 수출입의 전반적인 정보흐름을 신속하고 정확하게 파악하도록 하여 편리하면서도 체계화되고 일원화된 시스템을 제공한다.

⑦ 물류

입출고정보에 대한 정확한 수집 및 재고정보에 대한 활용을 지원할 수 있는 시스템 및 각종 입출고 자동화기기와의 원활한 연동을 통한 실시간 물류정보를 제공한다.

(3) ERP 도입 평가 및 활성화 방안

ERP 도입을 통한 성과 활용 측면에서 기대했던 목표를 어느 정도 달성했는지, 어떤 부분의 개선이 필요한지를 파악하여 지속적으로 활성화되어야 한다.

그림 9-11 ERP의 성과지표

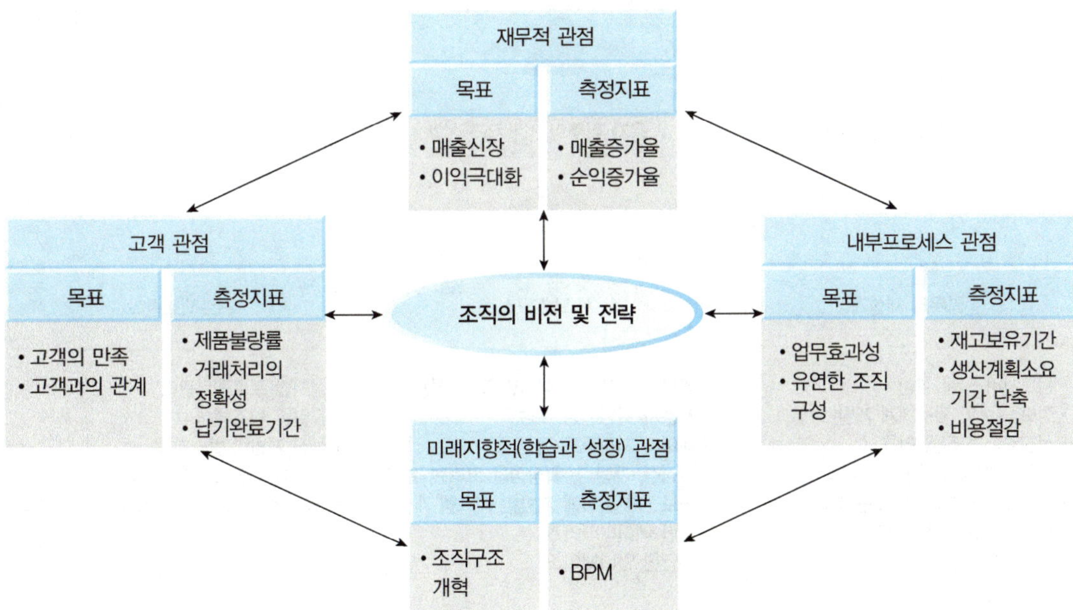

자료 : 최일용, 중소제조업체의 ERP 시스템 도입 효과에 관한 실증연구, 2002.

ERP 도입 성과관리가 ERP의 성공 여부에 막대한 영향을 미치고 있는 관계로 보다 체계적이고 시스템화된 성과관리방법을 활용하여야 한다.

특히, 재무관점 위주의 결과지표로 ERP의 성과지표를 관리하면 많은 문제점이 발생되므로 ERP의 목표와 가장 유사한 균형적 성과관리인 BSC(Balanced Score Card) 방법을 활용하는 것이 좋다. BSC는 재무관점, 고객 관점, 내부프로세스 관점, 학습 및 성장 관점의 4가지 성과관리를 하는 것으로, 특히 잠재적 성과도 재무성과와 같은 비중으로 관리하자는 것이 핵심이다.

(5) 변화관리에 대한 혁신

사람은 누구나 환경변화에 적응하면서 서서히 그리고 점진적으로 변화한다. 그러나 급진적인 변화를 맞으면 큰 혼란을 겪게 되고 불안해

그림 9-12 ERP시스템의 구축효과

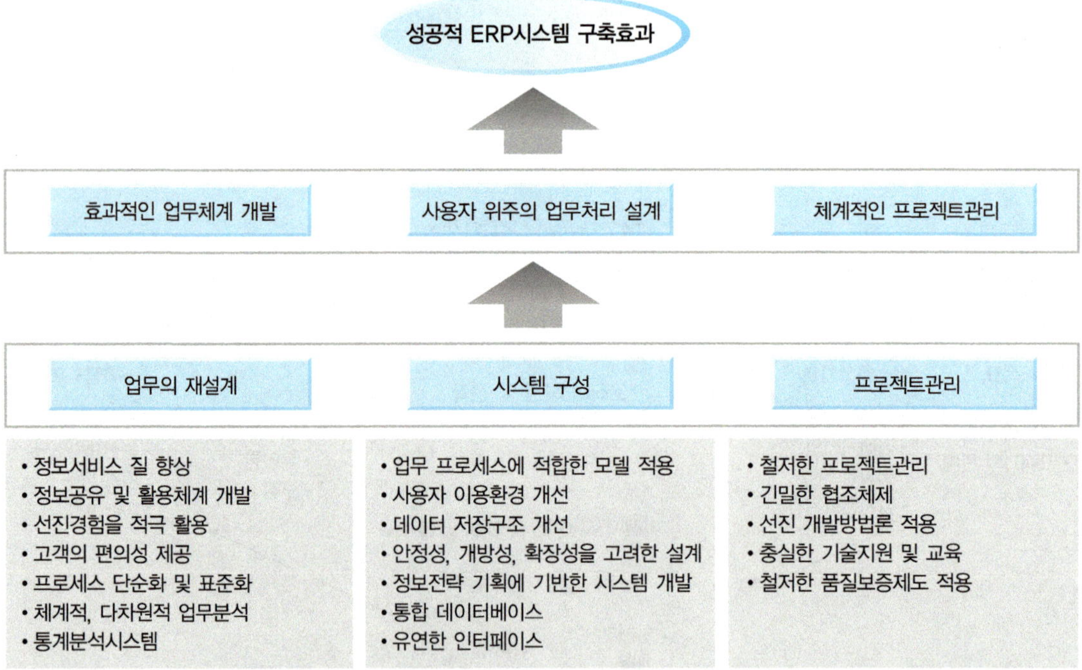

자료 : eBizKorea, 한국전자거래진흥원, 2005.

한다.

ERP시스템을 도입하면 인력을 줄일 수 있다는 잘못된 인식으로 일부 사람들은 자신들의 일자리를 잃게 될지도 모른다고 생각하고 생산직에서 일하는 사람들은 전산이라는 새로운 기능에 두려움을 많이 갖는다. 이러한 사원들의 변화에 대한 두려움 및 반발을 무마하여 성공적으로 ERP시스템을 도입하기 위해서는 적극적인 변화관리가 필요하다.

ERP시스템은 기업의 전체 업무를 다루기 때문에 새로운 시스템의 사용법뿐만이 아니라 업무 프로세스 변화에 따른 조직, 업무사고, 문화의 변화가 필수적이다.

이러한 변화관리를 하기 위해서는 교육 및 훈련을 통해 ERP시스템 도입의 당위성을 사원들에게 인식시키고 기업의 업무를 혁신적으로 개선하지 못하면 기업이 생존하기 어렵다는 위기의식을 공유하여 적극적으로 동참을 유도하여 사원들의 의식개혁을 바꿔야 할 것이다.

ERP 구축에 대한 효과를 살펴보면 다음과 같다.

ERP는 기업의 모든 자원을 효율적으로 관리하고 경영계획을 수립하기 위한 전산시스템이기 때문에 구축만으로 끝나서는 안 되고 지속적인 활용이 있어야만 ERP를 도입하여 운영하는 기업이라 할 수 있다.

ERP의 활용도를 높이기 위해서는 ERP의 구축효과와 활용도를 지속적으로 평가하여 현 프로세스의 문제점과 개선방향을 도출해야 하며, 도출된 결과를 가지고 효율적인 업무 프로세스를 지속적으로 정립해 나가야 한다.

ERP는 단위업무 최적화가 아닌 전체업무 프로세스의 최적화를 목표로 끊임없이 움직이는 시스템으로 활용, 회사의 부가가치 창출과 선진경영체계 확립에 최대한 기여할 수 있게 하여야 하고 변화하는 외부 환경과 기업 내부의 니즈(needs)에 따라 새로운 기능을 추가하거나 CRM이나 그룹웨어 등 추가로 구축되는 다른 시스템과의 연동도 무리 없이 이루어져야 한다.

ERP 구축에 대한 미래방향은 다음과 같다.

현재의 ERP는 경영지원을 위한 다양한 정보시스템 중에서도 근간을 이루는 솔루션으로 인정받고 있으며, 타 시스템이 효과적으로 구축되기 위한 필수적인 요소로 받아들여지고 있다.

ERP를 새로이 도입하는 기업의 경우 업무 프로세스 혁신과 ERP를 동시에 추진하는 사례가 지속적으로 출현하고 있어 ERP 도입에서 ERP 컨설팅의 중요성이 갈수록 커지고 있으며, 이러한 추세는 갈수록 거세질 것으로 보인다. 따라서 ERP 벤더와 컨설팅 업체와의 연관성 및 협력 수준은 ERP 프로젝트 수주 여부를 좌우하는 가장 큰 요소 중의 하나로 작용할 것으로 보인다.

이미 ERP를 도입한 대기업들은 BI(Business Intelligence), BPM, EP(Enterprise Portal) 등과의 연계를 통한 ERP의 확장, 해외 사업장 간의 시스템 및 프로세스 통합을 위한 글로벌 ERP 추진, 핵심영역 지원을 위한 개별모듈의 도입(기존 재무 및 회계중심의 도입 형태에서 인적자원관리시스템(HRM) 등의 개별 모듈로의 확대)이 예상되며, 대기업에서 제2금융권, 닷컴기업, 운송 및 유통회사들을 중심으로 한 서비스업 ERP 시장의 확대 등이 예상된다. 또한 ERP시장에서 가장 큰 규모를 차지하고 있는 제조업의 경우 소프트웨어라이센스 측면에서 보면 정체된 것으로 보이나, 이는 ERP 자체가 SOA를 기반으로 변화하는 과정에 있다는 분석이 제기되고 있다. ERP가 기업 프로세스 혁신에서 출발하고 있는 만큼 현 시점에서 ERP는 모듈중심이 아닌 비즈니스서비스중심으로 전면적인 시각의 변화가 필요하며, 이를 위해서는 SOA 기반의 다양한 기술들이 접목되어야 한다. 이를 위해서는 해외시장에서도 SOA 기반의 ERP 구현 논의가 활발해지고 있다.

BI
데이터를 수집·분석해 이를 근거로 올바른 의사결정을 내릴 수 있도록 해주는 솔루션 및 기술

SOA(Service Oriented Architecture)
기업의 소프트웨어 인프라를 구축하는 방법을 정의하는 것으로, 기업의 정보시스템을 공유와 재사용이 가능한 서비스와 컴포턴트 중심으로 묶는 IT아키텍처를 의미한다.

EXERCISES

연·습·문·제

1. 프로세스 의미를 설명하시오.
2. BPR의 등장배경과 4가지 기본 핵심요소는 무엇인가?
3. BPR의 5가지 실행절차와 상호연계성을 설명하시오.
4. BPR과 BPM과의 차이점을 설명하시오.
5. BPM을 실행하기 위한 프레임워크에 대하여 설명하시오.
6. PDM과 PLM과의 관계를 설명하시오.
7. ERP의 정의, 기능, 미래전망을 설명하시오.

Chapter 10

공급체계관리(SCM)와 전자무역론

10.1 공급체계관리(SCM)의 환경
10.2 SCM의 다양한 기술
10.3 SCM의 도입효과
10.4 업종별 SCM의 추진현황
10.5 바코드(Bar Code) 정의와 국제표준코드
10.6 유비쿼터스 기반의 물류/유통
10.7 무역과 전자무역

온라인 기업이든 오프라인 기업이든 기업의 형태는 대부분이 기업 내·외부 간의 네트워크를 통하여 수행되어지고 있다. 핵심사업부문에 역량을 집중하고 거래비용을 절감하고, 효율적으로 기술을 혁신하고 고객과 친밀한 관계를 유지하지 위하여 정보기술에 입각한 전략을 수행하고 있다. 특히 공급관리가 잘 이루어져야만 기업활동이 원활이 이루어지며 특히 원자재, 부품, 완제품 간의 전자적인 거래활동이 상호 협력적인 관계를 유지하여야만 한다. 본 장에서는 이러한 거래활동의 기본이 되는 공급체계관리(SCM)와 전자무역에 대하여 알아본다.

10.1 공급체계관리(SCM)의 환경

최근의 기업환경은 국내외적인 환경의 영향으로 기업 간의 외부의존적인 경향이 심화되는 경영환경이 되어가고 있다. 원자재공급업체, 부품공급업체, 협력업체, 유통 및 물류업체 등 고객과 긴밀한 관계를 유지하여 시장환경의 선점에 기울여야 하고 이러한 유기체들을 하나의 파이프라인으로 연결하여 정보와 물리적 제품의 흐름이 원활히 진행될 수 있도록 관리하는 것이 절대적으로 요구되고 있다.

그림 10-1 공급체인관리 흐름도

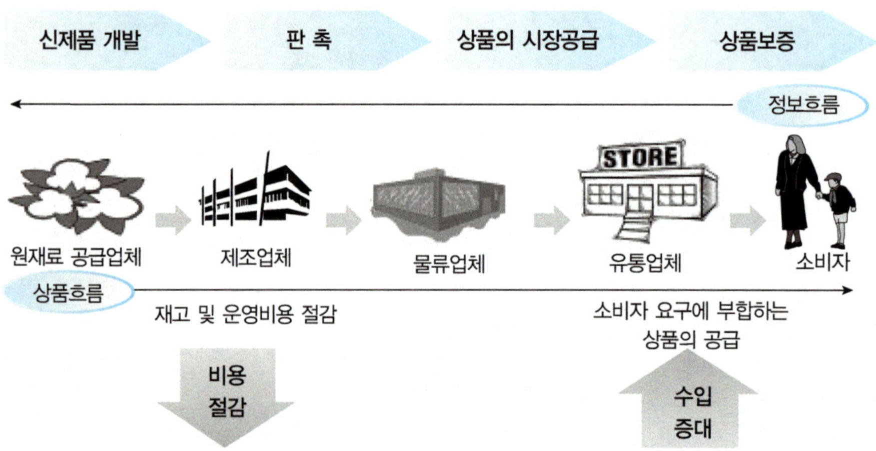

현재 국내외적으로 산업의 구조 변화에 따른 제조업의 서비스 공급구조 및 수요의 변화, 유통산업의 발전에 따른 경로의 변화, 국제시장의 대외개방에 의한 외국 전문기업의 진출 가시화, 네트워크 간 경쟁 확대 및 서비스의 저가격. 고품질화, 고비용 등과 같은 새로운 관리기법의 출현 등의 제조업의 환경변화가 전개되고 있다. 또한 제품의 품질만으로 시장에서 경쟁력을 확보하던 시대는 이미 지나가고 있으며 서비스의 품질, 즉 고객이 원하는 제품을 고객이 원하는 방식으로, 고객이 원하는 시간에, 고객이 원하는 장소로, 그리고 최소의 비용으로 어떻게 전달할 것인가가 경쟁력의 핵심이 되었다.

결국 제조업계와 유통업계 모두 글로벌 환경에서 경쟁력을 확보하기 위해서는 기업내부의 조직뿐만 아니라, 원자재 및 부품을 공급하는 공급업체에서부터 생산 후 제품을 최종고객에게 전달하는 모든 조직을 관리하여야만 경쟁력을 확보가능도록 집중되어야 한다. 이러한 시기에 효율적인 정보시스템관련 공급체계의 확충과 관리기법의 중요성이 증대되고 있다.

그림 10-2 공급체인 간의 정보연계도

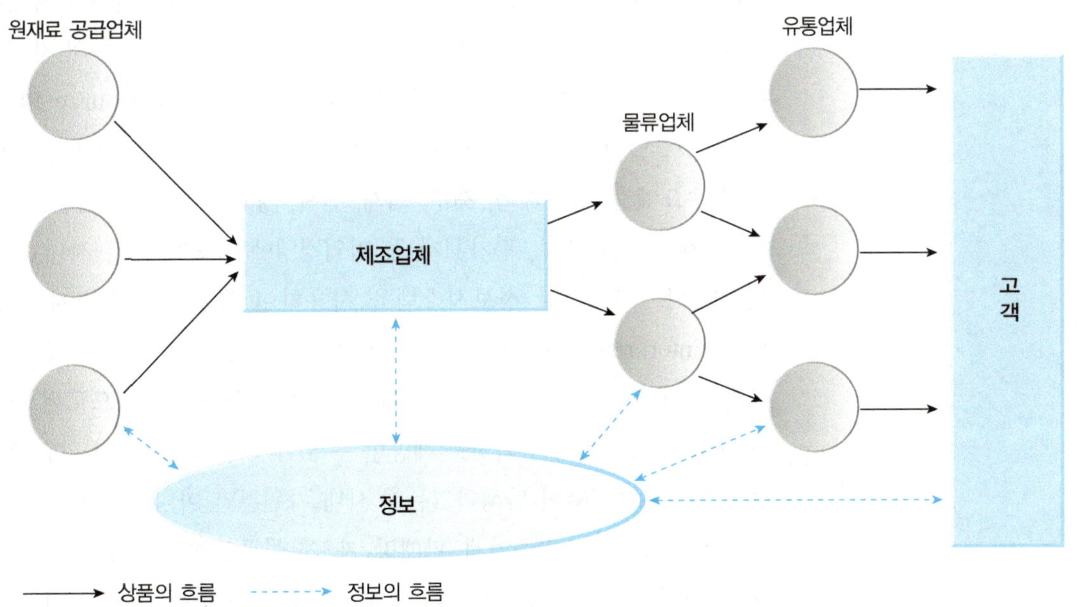

공급체인관리(SCM : Supply Chain Management)는 원재료 공급자로부터 생산, 제조업체, 물류센터와 유통업체, 최종소비자에 이르는 물류흐름상의 각 주체와 협력업체 및 거래선의 연결 부분을 통합한 전체적인 물류흐름의 네트워크를 일컫는다. 공급체인관리는 이러한 공급체인 사이의 3가지 흐름, 즉 정보의 흐름, 물류의 흐름, 그리고 현금흐름의 과정을 최적화하고자 하는 방법론이라고 할 수 있다.

기업내부의 효과성에 주로 초점을 맞추는 기존의 경영전략 또는 정보화전략과는 달리 SCM은 거래업체들 간의 인터페이스에 대한 리엔지니어링(re-engineering)을 강조한다. 이는 공동의 사업계획, 정보의 교환, 이익의 공유 그리고 공통의 체제 안에서의 협력 등을 필요로 한다. 따라서 SCM을 이해하기는 간단할지 모르지만 실천에 옮기기는 상당히 어렵다. SCM은 신기술이나 새로운 아이디어처럼 기존에 없었던 것을 만들어내는 것이 아니라, 이미 검증된 개념과 방안을 새로이 조합하여 활용하는 기업 간 거래업무 처리관행이다.

SCM의 추진목표

첫째, 디지털환경으로 등장한 새로운 패러다임에 부합할 수 있도록 원재료 · 제품 · 정보흐름을 리엔지니어링하는 것이다.

둘째, 디지털기술을 활용하여 판매, 원재료, 구매, 제조, 물류 등을 동기화(Synchronization)하는 것이다.

셋째, 이를 통해 고객에 대한 대응능력을 높이고 새로운 서비스를 제공하여 고객만족도를 높이는 것이다.

SCM의 출현배경으로 1960년대 말에는 제품의 수량 및 일정을 토대로 그 제품생산에 필요한 원자재, 부분품, 완제품, 조립품 등의 소모량 및 소요시기를 역산해서 일종의 자재소요계획을 수립하는 MRP (Material Requirement Planning)가 사용되었으며, 1970년대의 자재뿐만 아니라 제조에 필요한 설비, 자금, 생산인력, 외주, 기술 등의 자원도 통합적으로 관리하는 제조자원계획(Manufacturing Resource Planning)으로 발전하였다. 1980년대 말에 이르러 제조에 필요한 자원뿐 아니라 수요예측, 생산계획, 재무, 회계, 인사, 영업, 주문처리, 품질, 데이터, 마케팅, 관리홍보, 평가체계 등 기업경영에 필요한 모든 사내 지원 및 기능을 체계적인 정보시스템을 사용하여 통합 관리하고자 하는 ERP(Enterprise Resource Planning)가 발전하였는데, 이는 기업 내의 모든 자원에 관한 정보를 통합 데이터베이스에 의해 관리함으로써 기업 내 물류의 가시성과 추적성을 제공할 수 있게 되었다. 1990년도에 ERP의 기반으로 SCM이 탄생하였는데 사내 자원뿐만 아니라 자사와 연결되어 있는 공급자, 외주업체, 판매망, 제3자 물류업체, 운송업체, 창고업체 등과 유기적으로 연결된 물류정보를 정보시스템으로 통합하여 정보

그림 10-3 공급체인의 네트워크 구조

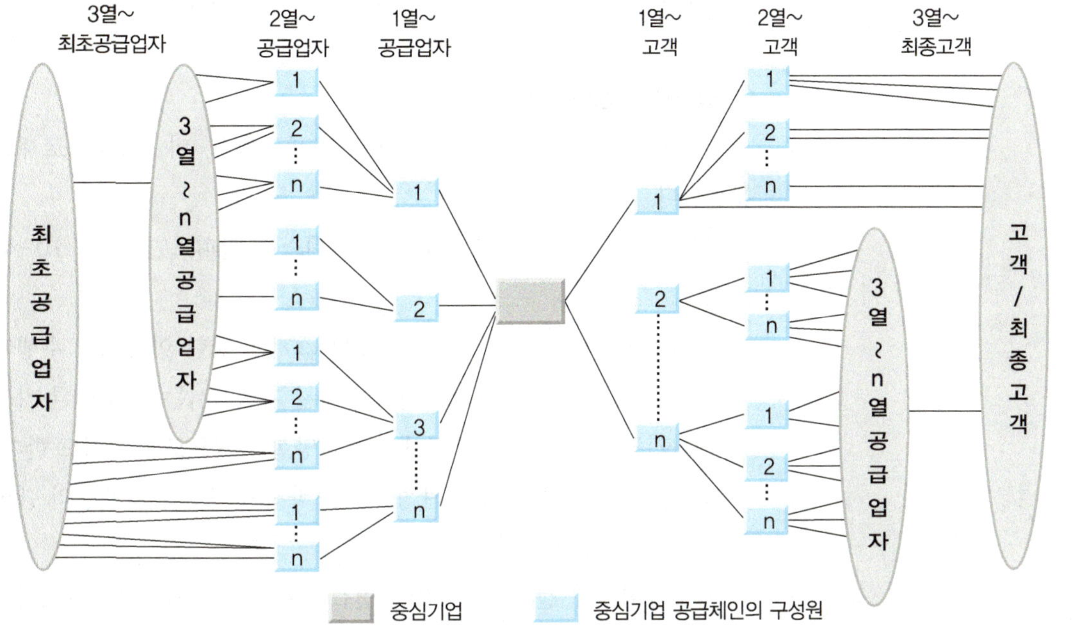

교환과 의사결정지원기능을 제공하게 되었다.

결론적으로 SCM은 제품과 서비스가 설계, 판매예측, 구매 및 재고관리, 제조/생산, 주문관리, 물류 및 유통, 고객만족 등과 같이 조직의 통합된 프로세스를 계속적으로 개선시키는 방법과 시스템 및 리더십을 의미한다.

공급체인의 네트워크 구조([그림 10-3] 참조)는 구성원과 구성원 간 연결고리의 네트워크이며 세 가지 관점을 살펴보면 다음과 같다.

① 공급체인의 구성원

원산지에서 소비지에 걸쳐 공급체인의 중심기업과 직접 또는 간접적으로 상호작용하는 모든 기업 및 조직을 포함하나, 관리상의 편의를 위해 주요 구성원과 보조 구성원으로 분류한다.

② **네트워크의 구도**

수평구조, 수직구조, 기업의 수평적 위치로 설명한다.

③ **프로세스 형태의 관점**

관리프로세스, 관찰프로세스, 비관리프로세스, 비구성원프로세스로 분류한다.

그리고 공급체인관리(SCM)의 프로세스를 살펴보면 [그림 10-4]와 같다.

- 기업내부에 다양한 형태의 프로세스가 다양한 이름으로 수행되고 있고 비슷한 이름의 프로세스가 다른 기업에서는 전혀 다른 기능을 하기도 하며 비슷한 프로세스가 다양한 이름으로 불리기도 한다.
- 기업 간 프로세스가 일관성을 확보하지 못하면 공급체인의 단절과 비효율성이 나타난다.
- 공급체인에 걸쳐 기업 간에 연결될 수 있는 대표적인 프로세스로 고객관계관리, 고객서비스관리, 수요관리, 주문충족, 생산흐름관

그림 10-4 공급체인의 경영프로세스

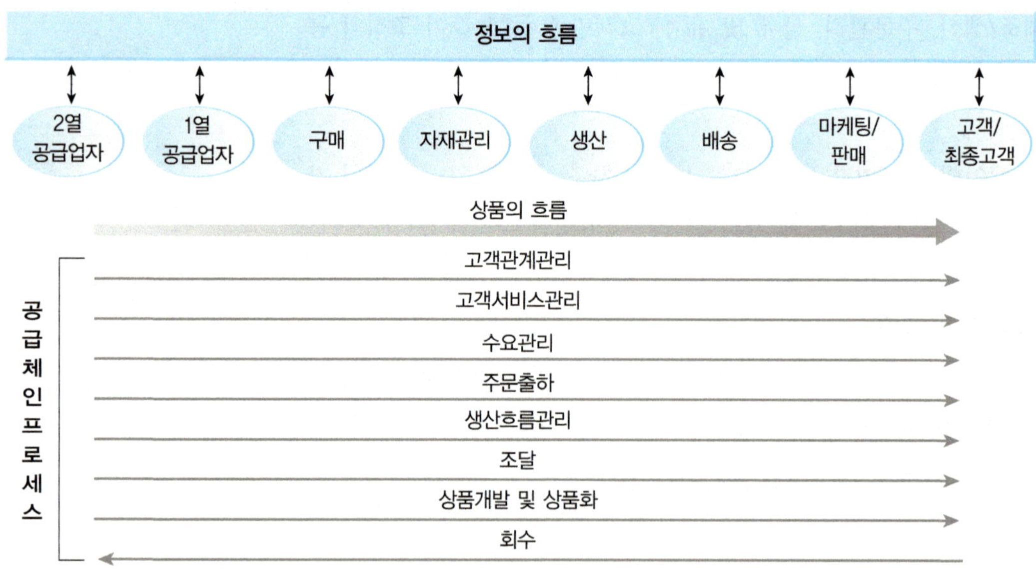

리, 조달, 상품개발 및 상업화, 회수 등을 들 수 있다.

10.2 SCM의 다양한 기술

SCM을 지원하는 애플리케이션으로는 다양한 기술들이 존재하며, 이는 전체 유통공급체인망을 강화하기 위해 부문별로 최적화를 하기 위한 수단으로 적용되고 있다.

그림 10-5 SCM의 애플리케이션의 흐름도

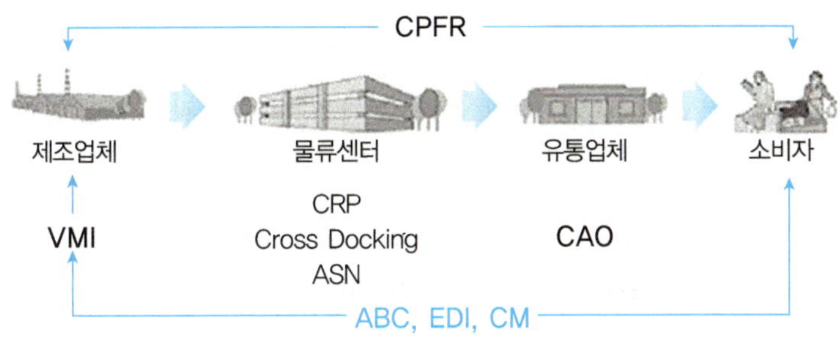

(1) CAO(Computer Assisted Ordering, 자동발주시스템)

CAO는 고객에 대한 반응과 효율적인 상품보충 측면에서 상당한 잠재적 개선을 이룰 수 있도록 하는 데 중요한 역할을 한다. POS(Point Of Sale)데이터와 상품보충과정을 연계함으로써 더 적은 비용으로 보다 한정된 판매공간에서의 상품판매 효과를 높일 수 있으며, 판촉활동에 의해 발생하는 제품수요에 즉각적으로 대응할 수 있게 된다. 현행 주문관행과는 대조적으로 자동발주시스템을 통해 소매업체는 보다 신속하게 소비자의 수요에 반응할 수 있을 뿐만 아니라 동시에 운영비를 절감하고 재고수준을 낮출 수 있다.

자동발주시스템은 POS데이터를 근거로 사람의 손이 거의 가지 않고 점포에서 주문을 할 수 있게 된다. 이러한 주문은 EDI를 통해 물류센터로 전송되고, 즉각적으로 재고보충이 이루어지게 되며, 이러한 업무처

EDI
기업 간의 데이터를 효율적으로 교환하기 위해 지정한 데이터와 문서의 표준화시스템이다.

ABC(활동기준원가계산)
투입자원이 제품이나 서비스로 변환되는 과정을 명확히 밝혀 제품이나 서비스의 원가를 계산하는 방식이다.

CM(Category Management)
상품이 단품수준이 아니라 상품의 그룹 또는 카테고리 수준에서 이루어지는 관리이다.

그림 10-6 CAO의 흐름도

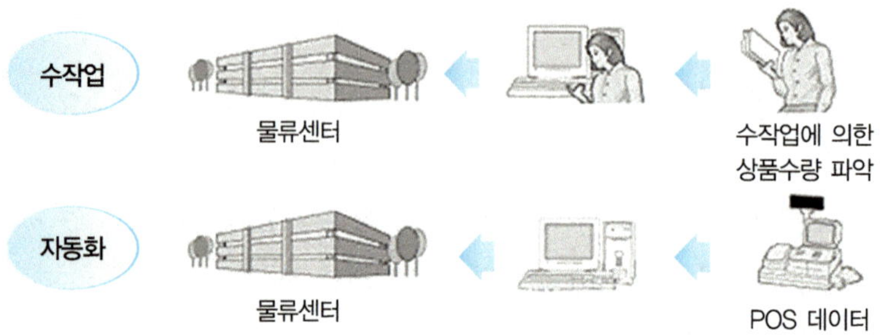

조건		
	• 100% 정확한 스캐닝 • 수작업의 제한 • 물류활동과의 일체화	• 일별/주별 변화에 대한 계획 • 수요관리에 대한 통합

리과정을 통해 물류의 동기화 및 수요관리의 통합화가 가능해진다.

(2) CRP(Continuous Replenishment Process)

CRP는 상품을 판매데이터와 판매예측을 근거로 소비자 수요에 기초하여 상품보충이 자동적으로 이루어지도록 하는 것을 일컫는다. 이는 기존의 전통적인 밀어내기식(Push) 공급방식이 아닌 정확한 수요에 근거하여 상품이 공급되는 Pull방식이다. CRP는 거래업체 간에 상품이 공급되는 모든 지점에 적용될 수 있는 개념이다.

그림 10-7 CRP의 흐름도

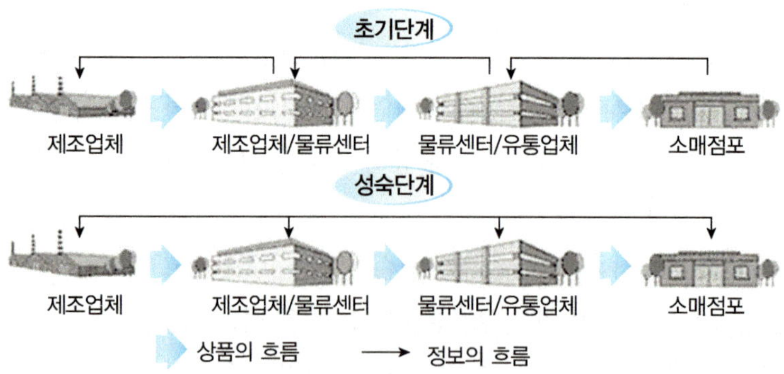

그림 10-8 크로스도킹(Cross Docking)의 흐름도

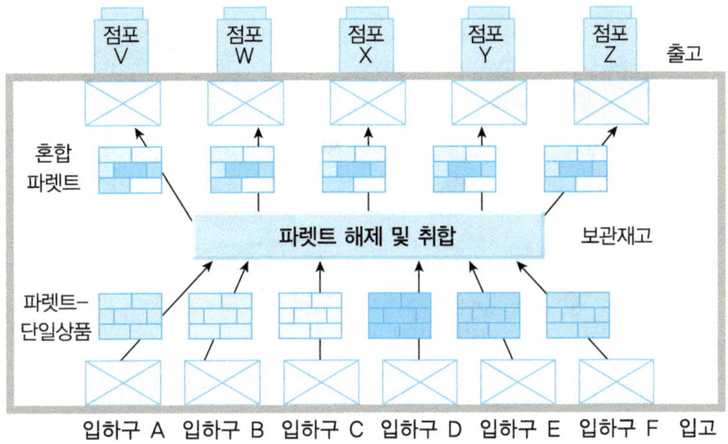

(3) 크로스도킹(Cross Docking)

크로스도킹은 창고나 물류센터에서 수령한 상품을 창고에서 재고로 보관하는 것이 아니라 즉시 배송할 준비를 하는 물류시스템이다. 다시 말해, 크로스도킹은 배달된 상품을 수령하는 즉시 중간 저장단계가 거의 없이 배송지점으로 배송하는 것을 말한다. 즉 물류센터에서의 크로스도킹은 중간단계가 매우 짧다는 것이 특징이다. 그러므로 배송의 동시화가 결정적으로 중요하다.

크로스도킹의 목적은 유통업체나 도매 · 배송업체의 물류센터에서 발생될 수 있는 비생산적인 재고를 제거하고자 하는 것이다. 크로스도킹의 이점은 상품을 창고로케이션으로 입고되고 출고되는 데 소요되는 시간과 비용을 제거하는 것이다. 이는 재고정보시스템에 연결데이터를 입력함으로써 가능해진다.

(4) ASN(Advanced Shipping Notice)

ASN은 제조업체와 도매업체가 상품을 실제로 창고에서 출하한 시점에서 그 상품에 관한 자세한 정보를 전용하는 것을 말한다. 소매업체의 유통센터와 점포는 이 정보를 사용하여 검품 작업을 줄여 검품의 신속

그림 10-9 ASN의 흐름도

화를 꾀할 수 있다. 또한 ASN 정보를 사용해서 해당상품에 관한 정보가 바르게 상품마스터에 등록되어 있는지, 점포의 POS 가격검색파일에 올바르게 등록되어 있는지 여부 등을 체크해 줄 수 있다. 더욱이 ASN의 정보가 소매업측에 사전에 전송됨으로써 작업의 사전스케줄을 잡을 수 있게 된다.

(5) VMI(Vendor Managed Inventory : 공급자 재고관리)

VMI는 유통업체가 제조업체에 판매 · 재고정보를 전자문서교환(EDI)으로 제공하면 제조업체는 이를 토대로 과거 데이터를 분석하고 수요를 예측하여, 상품의 적정 납품량을 결정하는 시스템 환경이다. 유통업체는 재고관리에 소모되는 인력, 시간 등의 비용절감 효과를 기대할 수 있고, 제조업체는 적정생산 및 납품을 통해 경쟁력을 유지할 수 있다.

VMI는 소매업의 점포관리를 소매업체를 대신해서 공급자인 제조업체와 유통업체가 하는 것을 말한다. 소매업측에서 자동보충발주를 치밀하게 하더라도 제조업체와 유통업체에서는 그 상품이 없기도 하고, 또는 출하하기까지 필요 이상의 시간이 걸려 납기를 지키지 못하게 되면, 시스템은 제 기능을 하지 못하게 된다. 따라서 공급자 재고관리는 소매업에 의한 발주단위 자체를 없애고, 재고관리를 제조업체와 유통업체의

그림 10-10 VMI흐름도

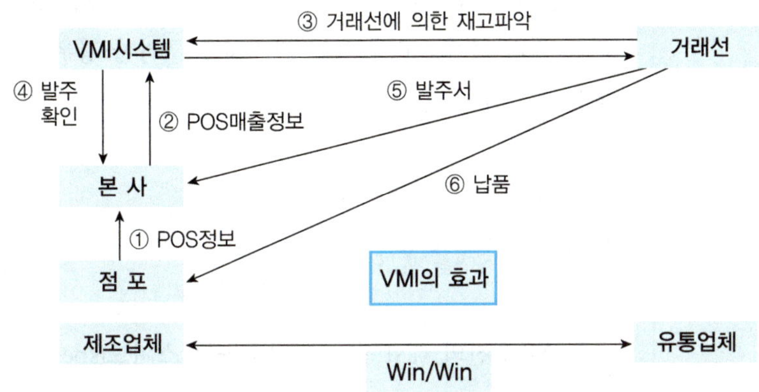

손에 맡겨 이루어지도록 하는 것이다.

(6) CPFR(Collaborative Planning, Forecasting and Replenishment)

기업이 거래처와의 협력을 통해 상품 계획과 예측을 하고 상품을 보충하는 것, 즉 수요예측과 재고보충을 위한 공동사업을 말한다. 돌발적인 수요 증감을 정확히 파악해서 보급망 전체를 최적화하는 방법이다.

그림 10-11 CPFR의 흐름도

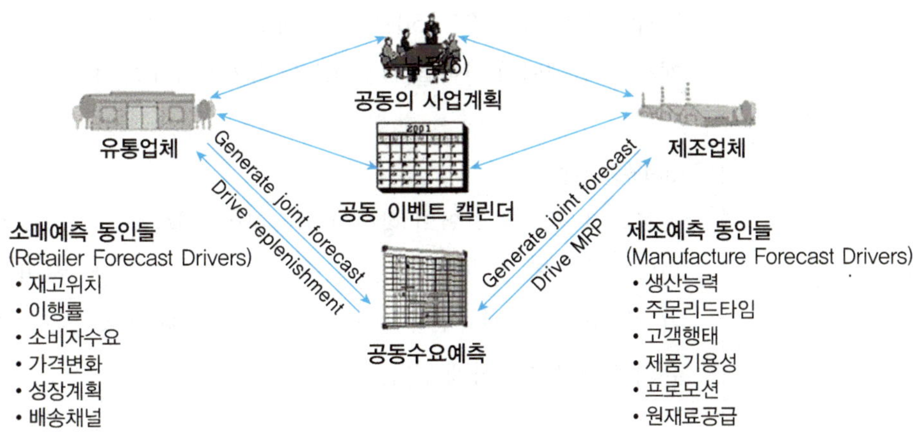

제조와 판매를 담당하는 각각의 기업이 도 · 소매 예측치를 공유해서 재고삭감이나 판매증가를 목표로 하는데, 이때 공유하는 판매예측치에 대해서 미리 설정하고자 하는 기준치를 초과한 경우에만 생산 · 판매계획 등을 인정하게 된다.

10.3 SCM의 도입효과

SCM 추진의 대표적인 도입효과는 스피드(speed)와 응답률의 향상, 재고(inventory)의 감소, 매출증대, 최적화된 업무, 낭비요소 제거 등이 나타나고 있다.

① 스피드(speed)와 응답률의 향상

수요의 가시성과 동기화를 통해 잘 짜여진 공급체인(supply chain) 유지가 가능하며, 시장과 고객변화에 대한 대응능력이 증가하며, 경험에 근거한 사전 대비가 가능하고, 시장에 근접한 수요예측의 정확도가 향상 가능하며, 궁극적으로 고객서비스(customer service)와 마켓공유(market share)의 확대가 가능하게 된다.

② 재고(inventory)의 감소

공급체인 사이클 시간이 25~50% 정도 감소가 가능하며, 반응시간(response time)이 25~50% 감소, 재고금액도 감소, 수요의 불확실성이 개선, 공급체인의 사이클 시간감소로 작업처리가 개선된다.

③ 매출증대

즉각적 전달로 작업의 향상이 가능하며, 정확하고 신뢰성 있는 납기회답이 가능하고, 이에 따라 공급채널의 결품률이 감소하며, 절대재고가 감소하며, 경쟁자보다 좋은 고객서비스와 빠른 응답을 통해 마켓공유의 확대가 가능하게 된다.

④ 최적화된 업무

최적화된 스케줄로 물동량이 증가하며, 수요창출과 신제품 출시를 위한 유용성에 관한 준비와 다른 제약조건(자재, 노동력)에 의한 대기시간이 감소하며 추가적인 자본투자 없이 높은 산출물의 달성이 가능하다.

⑤ 낭비요소 제거

공급망 내의 모든 거래 당사자들과 서비스 제공업체들은 거래에 필요한 정보를 사전 또는 적시에 받을 수 있어, 정보를 별도의 처리나 가공 없이 업무에 그대로 사용할 수 있다. 또한 종래에는 특히 구매 같은 업무에서 보면 매 구매 시마다 공급가격, 납품시기, 결재조건, 납품 및 검품 등의 과정을 거치면서 매 과정마다 서류문서가 작성되고 결재 등의 여러 가지 계층을 거치므로 많은 시간이 소요되었다. 결재라인의 상이한 처리 취향에 따라 여러 차례의 수정 및 제작업이 습관화되어 있었다.

이에 비해 e-비즈니스 환경에서의 업무처리에서는 업무처리에 필요한 절차와 정보형식을 미리 약속하고 정해진 절차에 따라 자동적으로 진행하므로 종래의 이러한 업무관행에서 발생하는 낭비요소나 수정·재작업 등을 완전히 제거할 수 있다. 따라서 업무절차가 획기적으로 간소화되고, 업무의 처리시간이 대폭 단축되게 되어 업무비용을 최소화시켜 경쟁력을 올릴 수 있다.

10.4 업종별 SCM의 추진현황

SCM은 적용되는 산업별로 그 표현을 달리하고 있다. 즉, 식품부문에서는 ECR(Efficient Consumer Response), 의류부문에서는 QR(Quick Response), 의약품부문에서는 EHCR(Efficient Healthcare Consumer Response), 신선식품부문에서는 EFR(Efficient Foodservice Response)로 명명되어 다양하게 전개되고 있다.

가. 섬유, 의류(QR)

QR의 요소별 구분

- 생산 · 유통관계의 거래당사자 간에 협력한다(파트너십의 형성).
- 소비자에 대하여 적절한 상품을 적절한 장소에, 적시에, 적량을 적정한 가격으로 제공하는 것을 목적으로 한다(고객만족도 향상).
- 공동상품코드에 의한 소스마킹(SourceMarking), 전자데이터교환, 이것을 지원하는 KAN 코드, 정보 DataBase 등의 정보처리기술을 활용한다(테크놀로지의 이용).
- 생산 · 유통기간의 단축, 재고의 삭감, 투매, 반품 loss의 감소 등 생산유통의 각 단계에서 합리화를 실현한다(낭비의 제거).
- 성과를 생산자, 유통관계자, 소비자가 나누어 가질 수 있다.

QR(Quick Response)이란 1980년대 중반 미국의 의류업계와 유통업체가 상호 협력하여 생산 · 유통관계의 거래 당사자가 협력하여 소비자에게 적절한 시기에 적절한 양을 적정한 가격으로 제공하는 것을 목표로, 소비자의 개성화나 가격지향 시대에 적응하기 위해 기업의 거래선과 공동으로 실시하는 리엔지니어링의 개념이다. 바코드, 전자데이터교환(EDI) 및 판매시점정보관리(POS), 유통정보데이터베이스 등의 정보처리기술을 활용하여 생산 · 유통기간의 단축, 재고의 감소, 반품으로 인한 손실의 감소 등 생산 · 유통단계에서 합리화를 실현하고 그 성과를 생산자, 유통관계자, 소비자에게 이익을 부여하는 것이다. 즉, 신비전이라는 마켓 사상의 구체화이다.

(1) 상품코드와 EDI 표준화에서 QR의 기반조성

'QR' 이라는 용어가 처음으로 나타난 것은 1984년에 미국의 한 리서치 회사가 작성한 보고서 속에서 'QR 프로그램'의 전개를 제안하였을 때이다. 거의 10년 전의 미국에서는 현재의 일본과 같이 홍수처럼 유입되는 수입의류품 때문에 섬유산업이 궁지에 빠져 국산품 애용단체가 리서치회사에 위기타개의 방안연구로 시작되었다.

보고된 'QR프로그램'에서는 직편물 등의 소재단계로부터 봉제 이후 소매(小賣)단계에 이르기까지 거래관계가 이어지는 기업들이 신뢰와 협력의 파트너십을 이룩하여 충분한 정보교류를 통하여 잘 팔리는 상품을 부족 없이 신속히 생산하여 공급하자는 것이 제안되었고 그 정보교환에 있어서는 제조와 판매 간의 정보교환수단을 표준화하도록 제기되었다.

기업 간의 각종 정보를 신속하고 정확히 전달하는 최적의 통신수단이 컴퓨터에 의한 네크워크인 것을 아무도 의심하지 않는다. 그러나 지금까지의 정보 네트워크의 약정은 업무의 순서도 통신의 순서도 기업에 따라 제각각이고, 거래처 기업과 온라인 통신을 행하기 위해서는 역학관계에 있어 약자인 기업이 언제나 강자가 채택하고 있는 비즈니스와

그림 10-12 QR시스템의 구성도

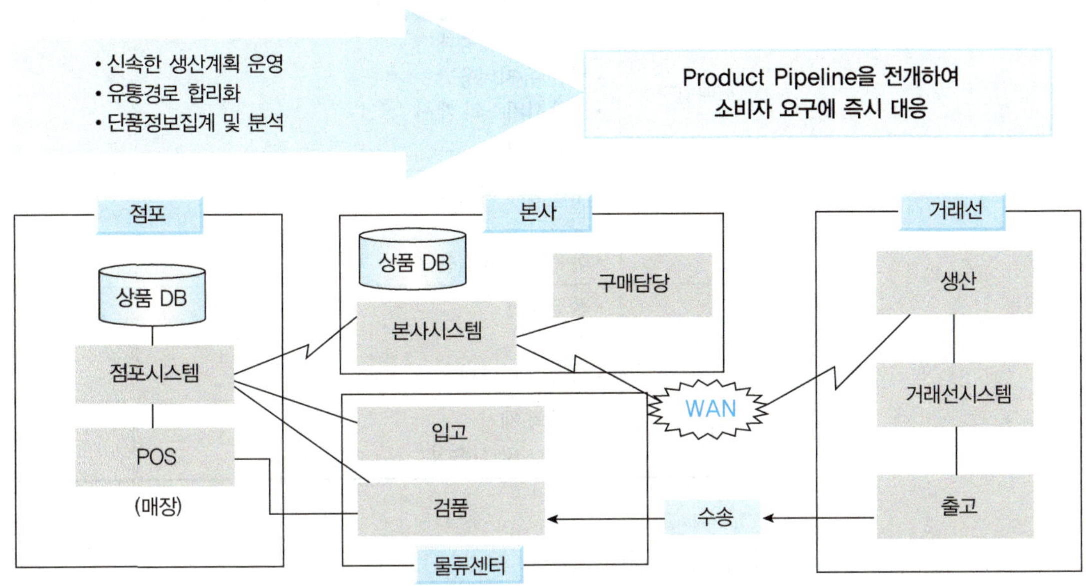

통신의 순서에 맞추도록 요구되었다는 점이다.

(2) QR의 효과를 촉진하는 로지스틱스(Logistics)

생산과 판매의 연결고리이고 지금까지 관심 외의 대상이었던 물류기능이 QR에서는 종합적 후방지원시스템의 로지스틱으로서 각광을 받았다. QR에서는 여러 상품을 함께 적재한 카톤(Carton) 안에 내용명세를 나타내는 특수코드를 표시한 운송용 외부상자의 라벨, 즉 SCM (Shipping Carton Marketing)이 활용된다.

SCM정보는 출하상품의 바코드를 공장에서 읽을 때 자동적으로 작성되어 상품과 동시에 도매나 소매의 물류센터(DC : Distribution Center)로 보내진다. SCM과 함께 로지스틱 효과를 발휘하는 것이 ASN (Advanced Shipping Notice, 사전출하통지)이다. 이 ASN이 DC에 직접 전송된다. 도매와 소매의 물류센터가 미리 수령하고 있는 ASN과 후에 도착한 운송용 외부상자의 SCM 라벨의 스캔 결과를 컴퓨터를 통해 시스템적으로 대조하면 상자를 개봉하지 않고도 납품된 상품의 검사를

표 10-1 ■ QR의 활용분야

구분	내용
소매업자	• 매출과 수익증대 • 낮은 유지비용 • 고객서비스의 개선 • 상품회전율
제조업자	• 주문량에 따라 유연생산 • 공급자수 줄임 • 높은 자산회전율
소비자	• 품질개선 • 저가격 • 상품의 다양화
시스템	• 낭비의 제거 • 효율성 및 신속성

할 수 있는 것이다.

나. 식품 및 잡화(ECR : Efficient Consumer Response)

ECR은 최종소비자의 만족도를 증대시키기 위해 공급자와 소매업자가 공동으로 협력하는 전략의 일종이다. 그 목적은 공급자와 소매업자는 서로 적대적이 아닌 협동의 자세로써 공급망에 상존해 있는 비효율적인 요소들을 제거함으로써 생산성을 높임과 동시에 소비자에게는 양질의 제품과 서비스를 제공하는 것이다. ECR의 양대 축은 100% 비문서화에 의한 양질의 정보교환, 그리고 원활한 제품의 흐름으로 요약된다.

(1) ECR의 필수조건

ECR 목적을 달성하기 위해서는 6가지 지켜야 할 필수조건이 있다.

- 최종 소비자에게 보다 양질의 제품과 서비스를 제공할 수 있도록 지속적으로 노력하라. 그리고 가능하다면 공급망에 상존해 있는 비용을 줄여라.
- Win-Lose 대신 Win-Win이라는 협력의 자세가 이익을 가져다줄

그림 10-13 ECR에 의한 유통흐름도

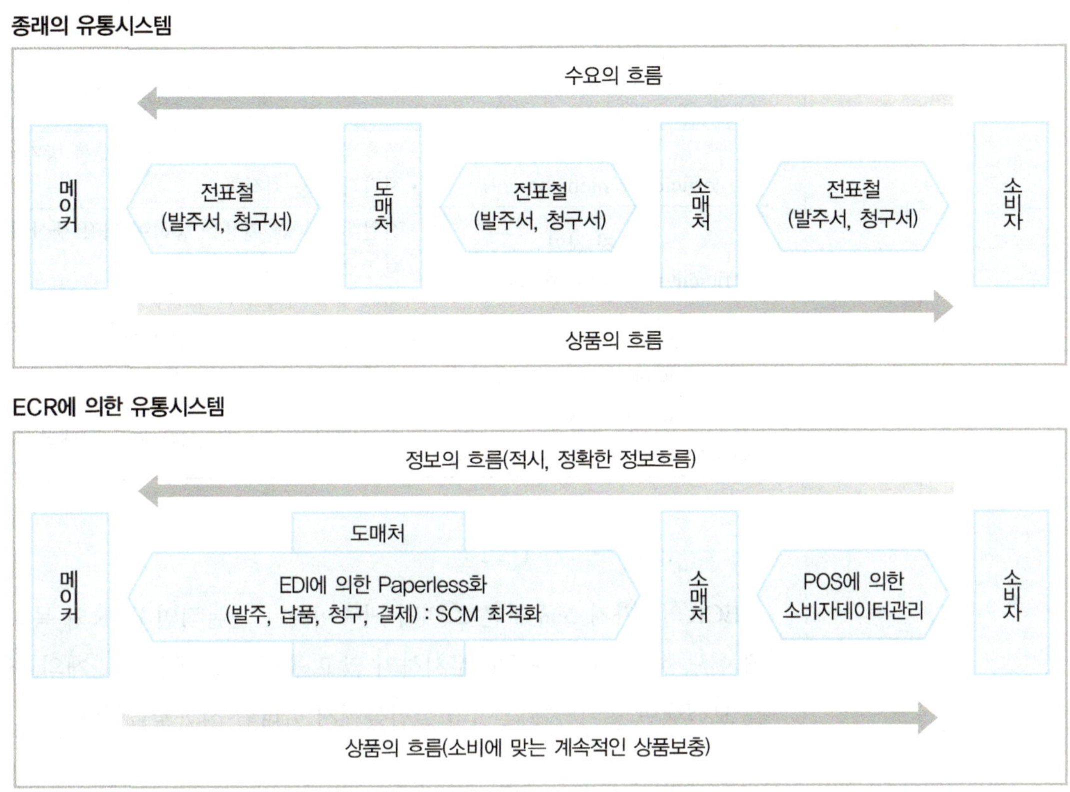

수 있다는 고위경영진의 사고방식 전환이 필요하다.

- 마케팅, 물류, 생산에 관련된 의사결정을 할 수 있는 신속하고도 믿을 만한 정보교환방법이 필요하다. EAN 표준 전자문서를 근간으로 한 EDI가 필수적이다.
- 생산에서 소비에 이르는 제품의 흐름을 최적화함으로써 적절한 시기에 적절한 제품을 제공할 수 있어야 한다.
- ECR의 효과(비용절감, 재고감소, 자원의 효율적 활용 등)를 측정하고, 그 이익(회전율향상, 이익증가)을 규명하는 한편, 이익의 공정한 분배를 실현할 수 있도록 공동의 평가시스템을 정의해야 한다.
- 소비자에게 보다 나은 서비스를 제공하기 위해 파트너와 지속적인 대화와 커뮤니케이션이 이루어져야 한다.

(2) ECR의 구현전략

표 10-2 ■ ECR의 구현전략

구현전략	목표
효율적 보충 (efficient replenishment)	• 연속적인 제품 보충으로 공급오류를 방지함 • 시간과 비용 최적화
효율적 진열 (efficient product introductions)	• 진열대의 공간 활용을 통하여 가장 생산성이 있는 제품구색을 갖춤 • 재고 및 소비자 접점에서의 점포공간 최적화
효율적 판매촉진 (efficient promotions)	• 소비자의 호감을 살 수 있게 함 • 거래와 판촉시스템의 효율성 극대화
효율적 상품개발 (efficient product development)	• 신상품 개발 및 소개활동의 효과 극대화

(3) ECR의 8가지 도구

ECR의 8가지 도구들은 소비자 만족이라는 근본적인 ECR의 목표하에 어느 한 거래 당사자도 무시하지 않고 공급자/소매업자 관계의 변화를 모색했던 초기단계의 여러 실험들에서 나타난 성과물들이다.

표 10-3 ■ ECR의 도구

ECR 도구	정의
컴퓨터를 이용한 자동발주(CAO)	판매데이터를 기초로 한 자동발주로서 상품에 부착된 바코드가 기술적으로 완벽하다는 가정에서 출발한다.
전자문서교환 (EDI)	컴퓨터 간의 전자적 커뮤니케이션을 통해 공급자와 소비자 간에 발생하는 정보의 교환이 비문서화됨을 의미한다.
크로스도킹 (Cross Docking) 통과형 물류센터	판매되는 시점의 장소와 포장 형태를 고려하여 공급자는 소매업자에게 상품을 보낸다. 물류센터 도착 즉시, 점포별로 구분되어 적하된 팔레트는 광학적 문자 판독과정(UCC/EAN 표준바코드)을 거쳐 분류되고 재적재된다. 이 과정은 제품을 직접 체크할 필요가 없으며 소요시간도 불과 몇 분이다.
가치체인분석 (VCA)	ECR의 잠재적 이익을 예측하기 위해 제품보충체인과 거래당사자 각자가 수행해야 하는 활동에 대한 정밀한 분석이 선행되어야 한다. 이러한 분석과정을 거침으로써 ECR 도구들이 어디에 적용될 것인가가 나타나게 된다. 중복 또는 불필요한 활동이나 꼭 필요하지만 지금 놓치고 있는 것들이 무엇인가를 파악해야 한다.

활동원가회계 (ABC)	ABC분석을 통해 공급자나 소매업자는 상품과 관련된 제반 비용들을 측정하여 그 수익성 수준을 결정할 수 있다. 실질적으로 상품은 최종소비자에 이르기까지 비용을 파생시키는 수많은 과정을 거치게 된다. 하나의 과정(여러 종류의 상품 취급행위)에서 파생되는 비용을 정의내림으로써 상품의 실제 비용이 파악되며 이 정보는 거래당사자들이 ECR의 이익을 서로 공유하는 데 필요하다.
카테고리관리 (CM)	상품관리가 하나하나의 단품수준이 아니라 상품의 그룹 또는 카테고리수준에서 이루어지는 것이 카테고리관리이다. 즉 소비자의 입장에서 선 상품개념이라 할 수 있다.
연속적인 제품보충 (CRP)	재고량, 유통채널 잔존주문량, 예측판매량, 재고수준 등 공급업자와 소매업자와의 정보공유로서 상품의 흐름을 통제/관리하는 것이다. 이를 통해 재고량과 재고시간을 단축할 수 있다. 공급자와 소매업자 사이의 긴밀한 협조체계하에서 가능하다.
배송상품의 순서선정 (sequencing of parcels)	배송처에서의 상품위치를 고려한 납품준비. 이것은 불필요하게 선반 사이를 오고 가는 일 없이 상품을 진열대에 바로 배치하는 데 유용하다.

8가지 ECR 도구들은 서로 밀접히 연관되어 있다. 예를 들어, 지속적 제품보충이라는 ECR 도구가 가능하기 위해서는 EDI와 CAO뿐만이 아니라 카테고리에 의한 상품관리 기법이 필요하다.

(4) ECR의 이점

유통체인의 비용감소, 재고의 감소와 생산성의 향상으로 인한 재무부담의 감소 등 전체 유통망 측면에서 볼 때 상당한 이점이 있다. 상품의 경쟁력이 있을수록, 최종소비자에게 돌아가는 이점은 더 증가한다.

ECR은 단순히 비용의 감소측면에서가 아니라 공급자와 소매업자 사이의 협력을 통한 거래관행의 개선 측면에서도 그 중요성을 가진다. 즉, 무재고의 감소, 촉진활동 측면에서의 효율성 제고, 소비자와 소비자니즈에 대한 지식의 확대, 브랜드 혹은 점포에 대한 소비자충성도의 증대 등이 몇 가지 예가 될 수 있다.

이러한 ECR의 이점은 전체적인 관점에서 살펴볼 필요가 있다. 예를 들어, 재고가 가지는 의미는 반드시 모든 이에게 같은 의미를 지닌다고는 할 수 없다. 전체적인 효율성이라는 측면에서 본다면, 소비자 전략에

표 10-4 ■ ECR의 이점

활용분야	내용
매장의 상품구색 최적화	• 판매 및 평당 마진의 증대 • 상품회전율의 증대
제품보충 최적화	• 창고 및 점포주문의 자동화 • 무재고의 감소 • 분산창고에 의한 물류 • 파손율의 감소 • 재고감소
판촉활동 최적화	• 제조/재고/수송의 최적화 • 반송(회차)/공급자 재고/ 과다저장의 감소
신제품 평가 최적화	• 신제품 출시 실패율 감소 • 제품평가의 신뢰성 증대

따라 반드시 재고를 가지고 가는 경우도 있다.

이러한 직접적인 이익뿐만 아니라, 많은 간접적인 이익들이 공급자, 소매업자, 소비자들에게 돌아간다. 이를 정량화하기는 힘들지만 ECR에 참여하는 거래당사자들에게는 매우 중요하다. 왜냐하면 이러한 이점들이 ECR 참여업체와 그렇지 않은 업체들 간 경쟁에 있어 중요한 요소로서 작용하기 때문이다.

다. 해외기업 구축사례

(1) Dell컴퓨터의 SCM전략

Dell컴퓨터의 인터넷을 통한 컴퓨터 직판판매모델(Direct Model)은 구매 전 과정을 총괄하는 인터넷 점포를 이용하여 가치체인 내의 중간 유통단계를 제거한 직접판매모델을 구축하는 것이다. SCM에서 가치체인의 통합/폐지 관점에서 중요한 요소로 평가되며, 고객이 신청한 인터넷 점포 주문을 바로 공장으로 연결하는 것이 특징이다. 또한 PC 인터넷판매와 배송업체와 물류연계하여 새로운 공급체인관리시스템을 구현하였다. 이의 전반적인 특징은 기존의 배송자(distributor)나 재판매자(reseller)의 유통채널을 사용하지 않는 것이 특징으로 미국 내의 주문은

1일 내 생산, 3일 내 배달을 원칙으로 하고 있다. SCM시스템은 고객 및 고객기업과 델사의 부품공급회사의 정보연계가 실시간으로 연결되는 것이다. 이러한 델컴퓨터의 직판모델에 의한 효과로는 다음과 같다.

- 고객의 다양한 욕구에 신속한 대응
- 부품회사와의 정보시스템 연계로 재고관리에 대한 부담 감소
- 현재의 재고 부품과 재공품을 포함하여 7~8일 정도의 양(재고는 경쟁사에 비해 약 1/7로 감소)

(2) 월마트의 SCM기반의 물류시스템

월마트의 사업전략은 1980년 대도시로의 진입으로 대형 소매업체와 전면적인 경쟁을 하였지만 공급업체의 과잉공급과 재고부족에 처하였다. 반면에 소비자는 보다 싼 가격의 제품을 원하고, 이에 부응하여 항상 싼 가격으로 제품이 공급되어야 하였으므로 '저가격전략' 보다 '저비용전략'을 목적으로 추진하였다. 그리고 판매관리비를 경쟁업체보다 상대적으로 낮추기 위해서는 탁월한 물류시스템이 필요하였다.

물류시스템은 위성통신을 이용한 전사통신망구축(WSN)을 통하여 본부와 전 유통센터 및 전 점포 간의 보다 원활한 정보교류와 데이터수신이 고속화되고 정확도가 향상되어 데이터전송비용 절감과 본부로부터 점포 및 유통센터로 화상전송이 가능하였다. 신상품 소개, 머천다이징 계획 및 기술, 각종 프로그램 교육, 전 배송차량의 이동위치를 추적하여 도착예정시간을 점포 및 유통센터에 알림으로써 관리를 효율적으로 수행하였다. 많은 비용을 투자하지 않고 유통센터의 통신망이 가능할뿐더러 WSN의 확장 및 변경이 용이하게 구축되었다. 본 물류시스템의 구축효과로는 다음과 같다.

- 공급선에서부터 매장에 이르기까지 모든 정보흐름의 일원화를 위한 선진 물류기법 도입
- 크로스도킹(Cross-docking), QR시스템 구축
- 위성통신망, POS시스템 도입, 전용 운송시스템 도입
- 공급자와의 파트너십 관계를 형성하여 약속과 신뢰를 중요시 하는 체계를 구축한 것

이러한 모든 일련의 활동은 고객만족을 실현시키기 위해 효율적인 물류시스템을 구축하고 협력업체와의 유대강화 및 과감한 투자를 한 결과로 나타난 것이다.

라. 의약품(EHCR : Efficient Healthcare Consumer Response)

EHCR은 의료공급체인을 효율적이고 효과적인 방법으로 관리함으로써 공급체인 내에서 발생하는 모든 비효율적인 요소들을 제거하여 관련 비용을 최소화하려는 업계 전체의 노력이라고 할 수 있다.

(1) EHCR의 목표

최종소비자의 니즈를 효율적으로 만족시키기 위하여 소비자가 원하는 제품을 원하는 장소와 시기에 가장 저렴한 비용으로 제공하는 것이다.

(2) EHCR의 범위

연구의 범위는 의료제품 공급체인과 관련된 일련의 과정들을 포함하고 있다. 공급체인은 완제품(생산라인의 마지막 단계)에서 시작하여 중간유통과정을 거쳐, 공급업체로 연결되며, 때로는 제조업체에서 공급업체로 직결되기도 한다. 연구의 분석은 전 세계의 공급체인보다는 미국 내 의료제품 공급체인에 초점을 맞추었다.

그림 10-14 의료제품 공급체인 관련 일련의 프로세스

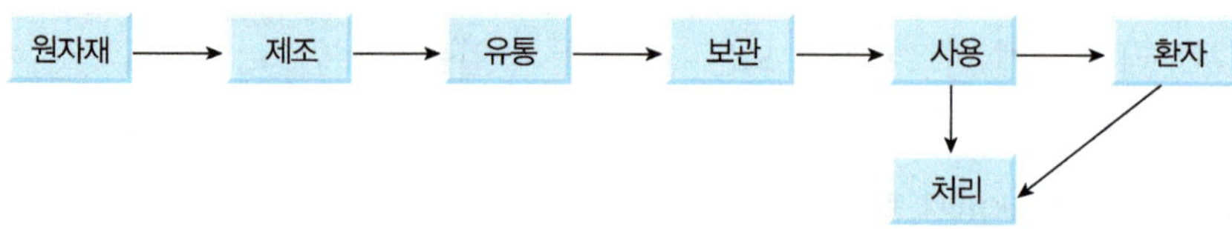

(3) EHCR의 전략 및 수단

의료관련 제품의 가장 효율적인 이동과 결제를 목표로 두고 있는 EHCR의 전략은 공급체인에 참여하는 모든 개별업체들의 협력과 기술을 강조하고 있다. 구체적인 전략부문은 ① 효율적 제품이동, ② 효율적 주문관리, ③ 효율적 정보공유 등으로 구성되며 이 3개의 전략은 참여업체들의 프로세스의 표준화와 환자중심의 운영에서 조직중심의 운영으로 관리초점의 이동에 근간을 두고 진행되어야 한다. 각 EHCR전략의 효과적 진행을 위한 공급체인 참여업체들은 문서작업의 감소, 데이터의 정확성향상, 생산성향상, 회전주기단축, 재고수준감소, 반품의 감소, 오류감소, 노동력감축, 효과적 커뮤니케이션 촉진, 고객만족증대 등의 효과를 얻을 수 있다.

EHCR의 기회요인

- EDI/Electronic Commerce
- 데이터 웨어하우징 (Data Warehousing)
- 원가계정(Net Biling)
- 프로세스 개선
- 경영 및 기능중심으로 비용계정 이동
- 총운송비 중심의 사고
- 재고감축프로그램
- 비용감축 의지
- 외부 위탁서비스업체 활용
- 산업의 자체적인 개선을 위한 'best practice' 팀 구성
- 산업 전반의 화물운송통합

표 10-5 ■ EHCR의 추진효과

목표	구성	내용
효율적 제품이동	① 재고통제시스템 ② 지속적 보충시스템 ③ 제품패킹과 핸들링	ADC, EDI, 선적추적, 유통과정추적, 유니트로드, 표준파렛트, 운송의 계획화, 기능중심의 비용관리, DRP시스템, 창고통제시스템
효율적 주문관리	① 계약 및 가격관리 ② 구매주문과 지불	EDI, 기능중심의 비용관리, 성과측정
효율적 정보공유	① 전자적 제품식별 ② 판매시점데이터획득 ③ 전자적 고객식별	EDI, 표준코드, 스캐닝, VAN, RFID, 전자제품카탈로그

(4) EHCR의 향후 목표 : 가치지향적인 공급체인

미래의 의료산업에 있어 기업들은 의료제품/서비스 공급과정에서 제공하는 가치에 의해 구분이 될 것이다. 단순히 기업이 제공하는 제품이나 서비스에 의해 구분되는 과거의 상황과는 다르다. 즉, 공급지향적인 체인이 아니라 가치지향적인 체인을 창조할 수 있는 기업이 미래 의료산업의 주도권을 잡게 될 것이다.

그림 10-15 EHCR의 향후 목표흐름도

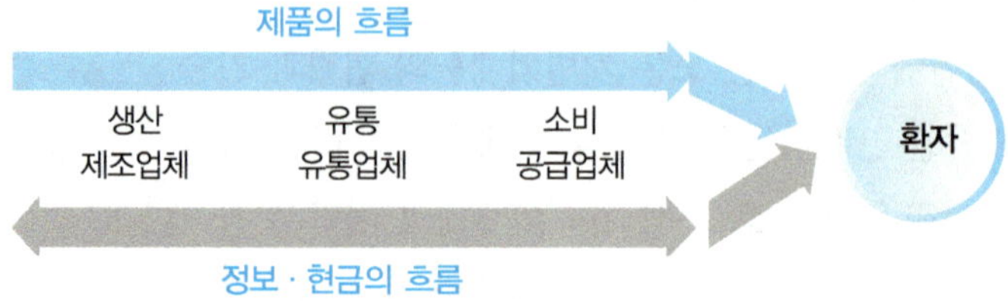

EHCR의 주요 목표 중의 하나는 단순히 공급체인에서 발생하는 이윤의 증가만이 아니라 그 이상의 미래의 공급체인의 변화를 의미한다. EHCR의 비전을 달성하기 위해서 의료산업은 제휴와 협조, 변화관리, 기술정보, 그리고 관리활동 중심의 비용분석(ABC) 등의 4가지 성공요건을 우선 받아들여야 한다. 이 4가지 성공요건은 EHCR전략들의 기초라고 할 수 있는 효율적인 제품흐름, 효율적인 제품관리, 그리고 효율적인 정보공유에 기초를 이루고 있다. 각각의 전략은 최선의 관행(사례)과 성공요건(enabler)의 조합으로 이루어진 솔루션 세트로 다시 구성된다.

10.5 바코드(Bar Code)와 국제표준코드

공급체인상에서 유통되는 상품에 대한 명확한 코드부여 그리고 ADC(Automatic Data Capture)기술을 이용한 상품코드의 신속 · 정확한 인식은 SCM을 위한 필수 불가결한 전제조건이다. 국제적으로 표준되어 활용되는 EAN표준과 바코드 스캐닝은 SCM의 상품보충(Product Replenishment)과 카테고리관리(CM) 등에서 없어서는 안 될 중요한 요소가 되고 있다.

ADC는 기존의 전통적인 방식인 키보드 대신 자동적으로 데이터를 컴퓨터에 입력하는 방법이다. 장점으로는 정보의 빠른 입력과 검색으로 기업으로 하여금 원재료의 취급과 조달을 분석하고, 작업진행에 대한 관리능력을 증대시키며 완제품의 공급체계를 원활하게 할 수 있다. 둘째는 정확한 정보의 취득으로 숙련된 담당직원이더라도 발생할 수 있는 데이터 입력오류를 자동인식 장비를 통해 최소화시킬 수 있다. 가장 보편적으로 ADC를 활용하는 것이 바코드이다. 바코드는 상품정보가 특정한 형태의 조합으로 기호화된 것이다.

광학적으로 표현된 바코드 심벌을 컴퓨터가 처리할 수 있는 디지털 데이터로 변환하는 기능을 가진 장비를 바코드 리더 또는 판독기라 한다. 바코드 판독기에서 해독된 데이터는 곧 바로 컴퓨터로 전송되거나, 또는 판독기 내의 버퍼에 임시 저장된 후 한꺼번에 보내지거나, 판독기 내에 있는 응용프로그램에 의해 이용될 수 있다.

바코드는 굵거나 가는 바(검은 막대)와 스페이스(흰 막대)의 조합에 의해 영문, 숫자 또는 특수기호를 광학적으로 판독하기 쉽게 부호화한 것이다. 이것을 이용하여 정보의 표현과 정보의 수집, 해독을 가능하게 한다. 문자나 숫자를 나타내는 검은 바와 흰 공간의 연속으로 바와 스페이스를 특정하게 배열해 이진수 0과 1의 비트로 바뀌게 되고 이들을 조합해 정보로 이용하게 되는데, 이들은 심벌로지라고 하는 바코드 언어에 의해 정의된 규칙에 의해 만들어진다. 즉, 바코드는 컴퓨터 내부 로직의 기본인 0과 1의 비트로 이루어진 하나의 언어로, 바의 두께와 스페이스의 폭의 비율에 따라 여러 종류의 코드체계가 있다. 이 인쇄된 코드는 바코드 인식장치에 빛의 반사를 이용해서 데이터를 재생시키며 재생된 데이터를 수집, 전송하는 것이다.

바코드는 일반적으로 두 가지 유형을 갖는다.

- 소스 마킹(source marking) : 제조업자가 생산시점에서 바코드 인쇄(동일 상품에 동일 코드 지정, 효율적)
- 인스토아 마킹(In-store marking) : 소매상이 제품에 점포 나름대로 코드부여, 스티커 형식으로 부착(코드비 표준, 마킹비용 발생, 비효율적)

가. 바코드의 분류

바코드의 분류는 기준에 따라 다르지만 일반적으로 코드화 방법에 따라서 모듈간격코드법과 NRZ 코드법으로 나뉜다.

① 모듈간격코드법

검은색과 흰색의 반사면과는 관계없이 바와 스페이스의 넓고 좁음에 따라 논리치를 '0' 또는 '1'로 표현한다. 넓은 요소의 폭은 일반적으로 좁은 요소의 2~3배 정도이며 이 기법은 넓은 요소의 좁은 요소를 이용하고 있다. 또한 이 형식에 의한 바코드의 종류는 3 of 9 코드, Industrial 2 of 5 코드, Matrix 2 of 5 코드, Interleaved 2 of 5 코드, Codabar, Code 11 등이 있다.

② NRZ 코드법

반사되는 면에 따라 검은색(반사되지 않는 면)과 흰색(반사되는 면)에 따라 논리치를 '0'과 '1'로 나타낸다. 이 형식에 의한 바코드의 종류로는 UPC, EAN, JAN, Code128, KAN 등이 있다.

바코드는 표현하고자 하는 데이터에 따라 다양하게 사용될 수 있다. 그러나 유통공급체인상에서 수많은 제조, 유통, 물류업체가 거래를 하면서 자의적인 목적에 따라 각기 상이한 데이터 체계를 설정하여 서로 다른 바코드를 사용한다면 거래업체 간 데이터의 공유가 효율적으로 이루어지기는 매우 어렵게 된다.

나. 바코드의 종류

(1) 데이터(Data)의 표현방법에 따라

① 불연속형(Discrete Type)

각 문자들이 독립적으로 분리되어 있고, 문자들 사이에는 갭(Gap)이 존재하며, 각 문자가 바(Bar)로 시작해서 바(Bar)로 끝나는 바코드 심벌로지를 말한다. 해독이 될 경우에도 문자별로 다루어진다.

② 연속형(Continuous Type)

불연속형 심벌로지와는 다르게 문자 사이의 갭(Gap)이 존재하지 않으며, 각 문자는 바(Bar)로 시작해 스페이스(Space)로 끝나는 바코드 심벌로지를 말한다. 다음 문자의 시작 문자에 의해서 문자의 끝이 구별된다.

(2) 데이터(Data)의 배열방법에 따라

1) 1차원(선형) 바코드 심벌로지

1차원 바코드 심벌로지들은 데이터를 횡축(X방향)으로 배열하는 단순한 형태로서 1970년대 초 이래 많은 종류가 개발되어, 심벌의 길이(데이터의 길이)가 가변적이고, 오류검출기능과 보다 높은 데이터 밀도를 가질 수 있게 되었으며, 모든 Alphanumeric 데이터를 표현할 수 있는 형태로 발전하였다. 일차원 바코드는 제품정보나 물류정보 자체보다는 이들을 담고 있는 데이터베이스에 접근하는 데이터 키(Data Key)를 표현하는 데 이용되고 있다. 이와 같이 데이터 키(Data Key)를 통하여 외부에 이미 존재하는 데이터베이스시스템에 접근하는 방식을 번호판(Licence Plate) 구조라 부른다.

일차원 심벌로지의 번호판 구조는 두 가지의 중요한 이점을 가지고 있다. 첫째는 상대적으로 짧은 데이터와 심벌로지로서 많은 양의 데이터를 참조할 수 있다는 점과, 둘째는 상품의 데이터베이스(Database)의 내용을 변경시킬 경우에도 바코드 심벌을 다시 인쇄할 필요가 없다는 점이다.

① UPC코드

UPC 코드는 식료품 관련협회인 Ad Hoc위원회가 설립된 이래로 식료품과 잡화 등 유통제품에 부착하기 위한 연구결과로 컴퓨터와 POS(Point of Sales) 제작에 흥미를 가졌던 많은 제작자들이 여러 제안에 의해 Battle Memorial연구소와 그래픽기술재단에서 인쇄내성(Printing Tolerance) 및 인쇄능력시험과 상점에서의 시험 등을 거쳐 대량의 심벌에 대한 평가연구를 시작으로 마침내 1973년 4월 3일 산업 부문 표준심벌로 채택되었다. 이 심벌은 IBM에서 고안한 것과 거의 유사한 것이며 현재 미국이나 캐나다 등지에서 POS용으로 백화점이나 슈퍼마켓의 식료품과 일상잡화, 의료제품 등에 사용되고 있다.

그림 10-16 UPC코드

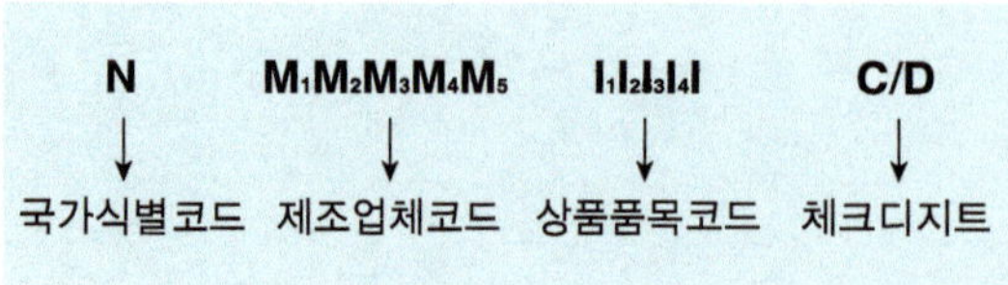

8 806123 456784

[바코드 심벌]

UPC 코드는 12개의 캐릭터로 구성되어 숫자(0~9)만 표시가 가능하며 세 가지 종류의 형이 있다. Version A는 표준형으로 12자리를 표현하고, Version E는 단축형으로 6자리를, Version D는 확대형으로 표준형보다 많은 데이터를 표현할 수 있다. UPC코드는 좌측 여백과 좌측가드패턴, 상품분류체계번호, 제조업체번호, 중앙가드패턴, 상품번호, 검사문자, 우측가드패턴, 우측여백으로 구성된다. 체크 디지트로 데이터의 잘못 여부를 확인하며 C/D로 표시하기도 한다.

② EAN코드

미국의 UPC코드 제정 이후에 유럽의 12개국이 모여서 국제적인 공통 상품코드를 1977년에 제정했는데 이것이 바로 EAN(European Article Number)코드이다. EAN코드는 UPC코드보다 상위 레벨의 코드로 EAN 코드를 판독할 수 있는 판독기는 UPC코드를 읽을 수 있으나 그 반대는 성립되지 않는다. WPC(World Product Code) 또는 IAN (International Article Number)으로도 알려져 있으며 UPC와 같은 기호로 구성되어 있다. EAN코드는 13개의 문자를 포함할 수 있는데 바코드로 표현하는 것은 12자리이고 맨 좌측의 문자는 수치로 표현되므로 UPC와 동일한 심벌길이를 갖는다. EAN코드의 종류에는 EAN-13, 즉 13개의 문자를 포함하는 표준형과 EAN-8인 8개의 문자를 포함하는 단축형이 있다.

앞부분의 세 자리가 국가번호이고, 제조업체자리, 상품번호자리, 검증문자 한 자리로 구성된다. EAN코드는 전 세계 약 50개 국가에 달하고 있다.

그림 10-17 EAN코드

- EAN-8 : 매우 작은 단품의 식별을 위해 제한적으로 적용된다.
- EAN-13 : 소매점의 판매시점에서 소비자단위의 단품에 적용되는 일반적인 형태의 코드이다.

③ CODE 128

CODE 128은 전체 ASCII 128문자를 모두 표현할 수 있는 연속형 심벌로지이며, 수치 데이터는 심벌 문자당 두 자리로 표현한다. 1981년 Computer Identics Corp.사에서 개발한 CODE 128은 현재 UPCSKS EAN 등 데이터의 고밀도 표현을 요구하는 여러 분야에서 응용하여 사용되고 있다.

CODE 128의 심벌구조는 좌우측 여백으로 인쇄되지 않는 영역이 있

그림 10-18 CODE 128코드

S/N : 05055556547

고, 바코드화된 캐릭터의 연속은 단일한 문자로 시작된다.

CODE 128의 캐릭터 요소는 8개로 구성되며 각 요소들은 바 또는 바의 부분으로 이루어지면 각 캐릭터는 세 개의 바와 스페이스로 이루어진다. 각각의 바는 짝수 모듈(짝수 패리티)이고 스페이스는 홀수 모듈(홀수 패리티)로 이루어진다.

CODE 128의 코드구조는 A, B, C 세 가지 문자 집합이 있는데 심벌 시작문자가 A로 시작되면 코드 A의 집합으로 정의된다. 심벌의 중간에 전이문자(shift character)를 사용해 다른 문자집합으로 옮길 수 있다. 문자집합 A는 모든 alphanumeric문자의 특수문자, 컨트롤문자를 포함하며, 문자집합 B는 모든 alphanumeric문자와 특수문자, 컨트롤 문자를 포함하는데 alphanumeric문자들의 낮은 경우가 포함된다. 문자 집합 C는 00에서 99까지의 디지트쌍 100개와 특수문자를 갖는데 문자마다 두 자리를 수치로 표현하므로 데이터의 밀도가 두 배이다.

CODE 128에는 문자집합 선택문자(A, B, C), 전이문자, 기능문자가 모두 특수문자로 존재하며, 한 개의 심벌 안에서 또는 한 개의 코드 부분집합에서 다른 코드의 부분집합으로 변화가 가능하다.

④ KAN(Korean Article Number)

KAN은 한국공통상품코드로 판매시점에 필요한 정보를 신속히 파악할 수 있는 POS시스템이 보급되면서 미국과 유럽에서 EAN 및 UPC 코드를 사용하고, 일본에서도 EAN에 가입하여 JAN코드를 사용하고 있다. 한국에서는 국제적인 상황에 맞추어 1988년 EAN에 가입함과 동시에 KAN코드를 제정하게 되었다. KAN은 표준형 13자리와 단축형 8자리의 두 가지가 있는데 표준형 코드구성은 제조국 코드 자리, 제조원, 개발원코드, 상품코드, 체크문자 한 자리로 구성된다. EAN 및 JAN은 두 자리의 숫자를 채택해 주로 국가 코드로서 사용되고 한국의 경우 EAN으로부터 국가번호코드로 '880'을 부여받았다.

상품제조업체코드 5자리는 일정한 기준에 의해 제조업체나 수입업자들이 사용하되 공통상품코드를 관장하고 있는 코드 지정기관이 각 대상업체에 부여하고 있다. 상품품목코드 5자리는 각 상품의 제조업체가 자유롭게 설정하여 관리하며, 체크문자 한 자리는 스캐너에 의한 판독 시의 잘못을 검사하기 위한 것으로 사용된다. 슈퍼마켓의 식품류에 붙어있는 바코드는 거의 대부분이 880으로 시작하는 KAN코드라고 보면 틀림없다. 바코드의 첫 번째 번호만 보고 어느 나라 제품인지 알 수도 있다. 0 또는 1로 시작하면 미국이고 49로 시작하면 일본제품이다.

단축형 코드의 구성은 주로 인쇄공간이 부족하거나 표준형 코드의 사용이 부적당한 경우 사용된다. 표준형과 거의 같지만 제조업체코드의 경우 표준형이 5자리인 데 반해 단축형은 네 자리로 구성되며 상품품목코드에서도 5자리인 표준형과는 달리 한 자리로 구성된다. 그러므로 단축형인 경우 하나의 상품제조업체코드로는 상품코드가 10품목을 초과할 수 없다. 단축형의 식별로 사용되는 기준은 나라마다 틀리지만 상품의 인쇄표시 면적이 담배갑보다 작은 경우 등에 보통 사용한다.

2) 2차원 바코드 심벌로지

2차원(2D) 심벌로지는 양축(X방향, Y방향)으로 데이터를 배열시켜 평면화시킨 것으로서 기존의 일차원(1D) 바코드 심벌로지가 가지는 문제점인 데이터 표현의 제한성, 즉 선적용 패키지와 같이 로트번호, 구매주문번호, 수취자, 수량, 기타 정보 등의 다양한 내용을 바코드로 표현하여 대상물에 부착하거나 동반시킴으로써 대상물의 이동과 함께 데이터가 수반되도록 할 때의 많은 데이터의 표현이 불가능한 점을 보완하기 위하여 1980년대 중반에 등장하게 되었다.

이런 의미에서 2차원(2D) 심벌로지는 포터블 데이터 파일(Portable Data File)의 개념을 가지고 있으며, 또한 전기적으로 연결되어 있지 않은 두 컴퓨터 사이에서 바코드는 데이터교환의 가교역할을 할 수 있기 때문에 데이터 브리지(Data Bridge)의 개념도 가지게 된다. 즉, 하나의 컴퓨터시스템에서 출력된 데이터파일은 2차원 심벌로 표현되어 타 컴퓨터시스템에 키보드를 치지 않고 재입력이 가능하다는 것이다.

2차원 심벌로지의 장점은 하나의 심벌에 대용량의 데이터를 포함시킬 수 있는 점, 좁은 영역에 많은 데이터를 고밀도로 표현할 수 있다는 점, 공간 이용률이 매우 높다는 점, 심벌이 오염되거나 훼손되어 데이터가 손상되더라도 오류를 검출하여 복원하는 능력이 탁월한 점이다. 또한 흑백요소가 변에 구속되어 있지 않아 심벌인쇄 및 판독이 쉽고 심벌의 판독을 360° 다방향으로 할 수 있다. 그리고 한국어를 비롯한 모든 외국어 그리고 그래픽정보까지도 표현할 수 있는 장점이 있다. 2차원 심벌로지는 데이터를 구성하는 방법에 따라 크게 다층형 바코드(Stacked Bar Code)와 매트릭스형 코드(Matrix Code)로 분류한다.

① 다층형 바코드

1차원 바코드와 같이 개별적으로 인식될 수 있는 몇 개의 문자가 모여 수평 방향으로 열(Column)을 구성하며 열 안에는 1개 이상의 데이터문자를 포함하고, 하나의 심벌 안에는 최소 2개 이상의 열을 포함한다. 각 열은 독특한 심벌 시작(Start)패턴과 종료(Stop)패턴을 가지고 있으므로 바코드 판독기는 열의 순서와 관계없이 어떤 열이 읽혔는지 분간할 수 있다.

또한 심벌 안에는 몇 개의 열(Column)과 줄(Row)이 있는지에 대한 정보와 심벌 종료패턴이 있으므로 심벌 내의 모든 데이터가 정상적으로 판독되었는지를 확인할 수 있다. 다층형 바코드는 1차원 심벌로지의 연장선상에 있으므로 특수한 별도의 장비가 아닌 상용화된 범용 스캐너로 판독이 용이한 장점이 있다. 다층형 바코드에는 PDF-417, Code 16K, Codablock 등이 있다.

그림 10-19 2차원 바코드의 예

QR code | PDF417 | Data Matrix | MaxiCode

VeriCode | Codablock | Aztec Code | Code16K

Code One | Calula Code | BP04 State Code | Postnet Code

② 매트릭스형(Matrix Code) 바코드

정방형의 동일한 폭의 흑백요소를 모자이크식으로 배열하여 데이터를 구성하기 때문에 심벌은 체크무늬 형태를 띤다. 이 심벌을 판독하는 스캐너는 각 정방형의 요소가 검은지 흰지를 식별해 내고 이 흑백요소를 데이터의 비트(Bit)로 삼아서 문자를 구성한다. 이런 단순구조로 인해 다층형 심벌로지나 선형 심벌로지보다 더 쉽게 인쇄나 판독이 가능하다. 그 이유는 바코드에 있어서 서로 다른 폭의 엘리먼트를 배치하거나 판독하는 일이 가장 어려운 일의 하나이기 때문이다. 이와 같이 매트릭스형 코드는 흑백요소를 데이터 비트로 삼아 수평 및 수직방향으로 배열하므로 2D 배열코드라고도 불린다. 매트릭스 코드에는 QR코드, Maxicode, Code One, DataMatrix, Vericode 등이 있다.

다. POS(Point Of Sale)시스템과 도입효과

POS시스템은 판매시점에서 고객과 상품정보를 입력하는 것으로 상

POS시스템의 구성
- 소매점포에 설치된 POS터미널
- 점포사무실에 설치된 스토어 콘트롤러
- 본부의 호스트컴퓨터

품생산과 재고관리에 유용하게 활용하는 것으로 단품별로 수집된 판매 정보와 매입, 매출 등 유통업체의 소매점포에서 발생하는 각종 정보를 컴퓨터로 처리해 유통과정상에 있는 모든 기업이 실시간으로 입력된 정보를 활용하는 것이다. 관련 정보유형으로는 상품판매와 고객거래처관리, 주력상품과 시장상품, 일자 시간대별 판매분석, 매출실적과 영업분석 등으로 구성된다.

주요 POS의 장점으로는

- 매상 등록시간이 단축되어 고객 대기시간, 계산대 수를 줄인다.
- 판매원의 교육 · 훈련시간이 짧아지고, 입력오류를 방지한다.
- 단품관리로 잘 팔리는 상품과 안 팔리는 상품을 구분한다.
- EOS(Electronic Order System)와 연계하여 신속하고 적절한 구매요구, 재고의 적정화 등으로 일컬어지며 여기서 EOS는 자동주문발주시스템, 매장 내의 적절한 재고를 파악하여 자동으로 컴퓨터 네트워크상에서 매장 내의 재고를 보충해준다.
- 상품의 판매경향, 가격, 점유율, 업체별 순위 등을 정확히 파악한다.

EOS(Electronic Order System) 자동주문발주시스템, 매장 내의 적절한 재고를 파악하여 컴퓨터 네트워크상에서 자동으로 주문하여 매장 내의 재고를 보충해주는 시스템을 말한다.

[표 10-6]은 POS의 도입효과를 나타낸다.

표 10-6 ■ POS의 도입효과

구분	내용
일반적인 효과	• 점포운영의 효율화를 극대화 • 상품화 능력의 향상 • 고객서비스 향상 • 새로운 판매 형태에의 대응
바코드 사용의 효과	• 고객의 Check-out 시간 단축 • 상품의 코드관리로 다양한 형태의 분석가능
업무별 적용에 대한 효과	• 영업정보측면 : 모든 계층에 필요한 정보를 신속 · 정확히 제공 • 단품관리측면 : 재고관리, 상품별관리, 발주 및 처분

라. 국제표준코드의 표현 및 GS1

2003년 5월 네덜란드 암스테르담 EAN 정기총회에서 국제상품바코드 관리기구인 유럽상품코드(EAN : European Article Number)와 미주지역의 유니폼코드위원회(UCC : Uniform Code Council)가 광범위한 국제표준화 기구인 GS1(Global Standards Number 1)으로 통합을 공식화하였다. GS1은 기존 EAN · UCC가 가진 시장영향력을 기반으로 기존 국제 표준바코드 보급 · 관리기관에서 탈피해 전자카탈로그 글로벌 네트워크 구축, RFID에 적용하는 전자상품코드(EPC)보급뿐만 아니라 1차산업과 의료산업 등에 대한 GS1 표준적용 확대 등을 위한 표준화기구로 변모하였다. GS1은 129개국 100만여 기업을 총괄하는 전자상거래 통합기구로 위상을 갖게 되었다. 기존 EAN조직도 GS1 출범과 함께 벨기에 단일본부 체제에서 미국과 벨기에 복수본부에다 각 대륙, 지역별 조직을 만들어 표준의 보급 지원망을 확대하기로 하였다.

그리고 GS1과 다국적기업들로 구성된 GCI(Global Commerce Initiative)는 지역별 · 국가별로 구축된 전자카탈로그(data pool) 간의 글로벌 연계를 통해 글로벌 상품정보 동기화(synchronization)를 실현하기 위해 글로벌 데이터동기화 네트워크(GDSN : Global Data Synchronization Network) 구축 프로젝트를 진행하고 있다. 이는 거대 다국적 유통 · 제조업체들이 각국 전자카탈로그(EPC)의 글로벌 연계를 위한 글로벌 상품통합등록소(global registry) 구축 합의에 의의가 존재한다.

그림 10-20 데이터동기화의 개념도

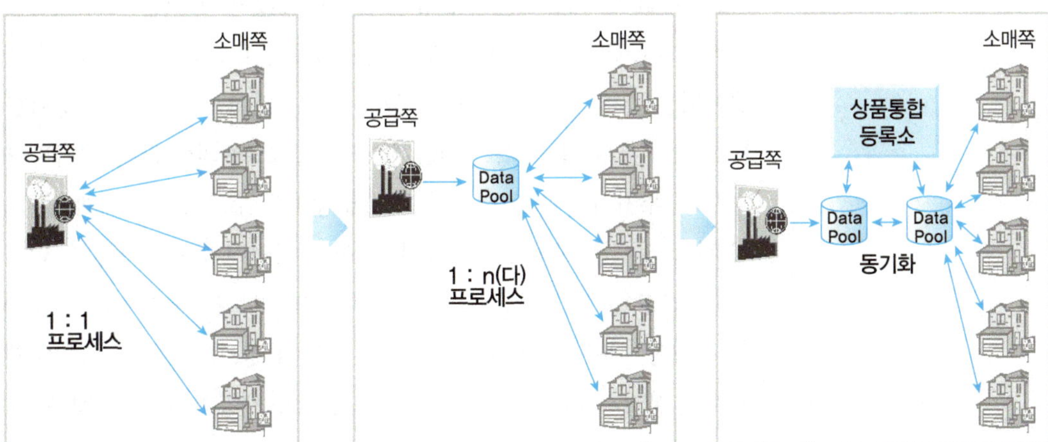

데이터 동기화의 필요성은 상품정보 비동기화로 인한 비효율성의 문제가 발생된다. 기존 거래업체 간 비표준기반의 상품정보로 공급체인상에서 상당한 비효율성을 야기되어 왔다.

글로벌 데이터동기화를 위해 GDSN 국제표준을 기반으로 한국을 대표하는 Korea Data Pool을 업그레이드하고 업그레이드된 Korea Data Pool을 국제표준기구로부터 GDSN 인증을 획득하여 한국의 공급업체 및 유통업체가 글로벌 데이터동기화 네트워크(GDSN) 월드에서 해외 다른 국가들과 상품정보 데이터동기화를 실현할 수 있는 기반을 준비하고 수행하는 데 그 목적이 있다.

10.6 유비쿼터스 기반의 물류/유통

물류업무는 물자의 보관 및 이동에 관련하여 단순 반복적인 업무가 많은 노동집약적인 업무로서 원가절감에 의한 경영개선이 우선시되는 산업분야라고 할 수 있다. 이런 이유로 물류분야는 IT를 기반으로 하는 MRP, ERP 및 SCM 등의 자동화 및 정보시스템이 도입되었으나, 최근에 RFID를 기반으로 하는 각종 시스템을 이용한 u-물류관리의 구현을 추진하고 있는데, 기존의 물류시스템이 사용하는 바코드의 단점을 보완하는 RFID가 물류에 도입되어 물류업무의 효율성을 증대시키고 있으므로, RFID를 이용하는 u-물류관리가 각광을 받고 있는 것이다.

기존 바코드가 RFID로 대체되는 이유는 바코드가 기하급수적으로 생산되는 개별 물자와 정보를 일치시킬 수 없어 이들에 대한 정확한 정보를 파악할 수 없으므로, 지금까지의 바코드에 의한 IT는 공급자나 기술자 및 투자자를 위한 데이터 처리에 중점을 두고 경영자에게 가치창조에 관한 정보를 제공하지 못하여 더 이상 기업경영에 기여할 수 없게 되었고, RFID는 그 자체가 스스로 컴퓨터의 기능을 보유하고, 언제 어디서나 생성, 사용 및 폐기가 용이하여 물자와 정보의 흐름을 정확하게 일치시켜 경영자에게 필요한 가치 있는 정보를 제공할 수 있기 때문이다.

가. u-물류관리

u-물류 네트워크가 가져오는 본질적인 기술적 변화로는 콘텐츠의 대용량화, 모바일과 IPv6은 네트워크에 접속되는 기기를 증대시켜 네트워크의 면적을 확대하고, 상시접속과의 사용자 인터페이스 네트워크 간의 관계성을 다양화하여 네트워크의 깊이를 심화시키고, 이들 간의 관련 정보의 교환 및 공유, 커뮤니티 파워의 증대 및 감시, 위치추적 능력을 확대하는 등 사회변혁을 촉진하는 힘을 발휘하게 된다는 점이다. 이 중에서 네트워크에 접속하는 물류의 증대와 유통콘텐츠의 조합을 통하여 생태감시나 위치추적 능력이 확대되고, 이것이 물류에 많은 영향을 미치게 되는 것이다.

즉, IPv6와 RFID 태그가 보급되면서 기업에서 개별문자별로 하나씩 센서를 부착하게 되어 기업의 모든 제품과 부품이 네트워크에 접속되므로 언제 어디서나 센서를 작동시켜 리얼타임으로 재고와 물품장소, 상황, 물자의 내용 등 사람과 사물의 생태감시나 위치추적이 가능하게 하며, 자금결제 등의 정산절차를 간소화하게 되는 것이다.

예를 들면, 기업의 유통재고에 RFID 태그를 부착하여 재고관리수준을 향상시키고 비용을 절감하며, 차량에 탑재된 화물의 위치를 추적하여 고객서비스를 향상시키며, 창고 내에서는 각종 제품과 부품의 위치를 파악하고 입 · 출하에 따른 물량의 확인과 도난을 방지하는 등 물류분야에서 RFID를 이용한 효과는 매우 크다고 할 수 있다.

이상과 같이, RFID 센서와 리더기를 이용한 네트워크와 컴퓨팅 기술을 활용하여 공급자, 생산자, 유통업자, 소매업자 그리고 고객과 관련된 물자나 정보 등의 흐름을 신속하고 효율적으로 관리하여 고객만족과 업무의 효율성을 증대하는 것을 u-물류관리라고 한다.

스마트환경의 물류관리의 범위는 [그림 10-21]과 같이 나타낼 수 있다.

그림 10-21 u-물류관리의 범위

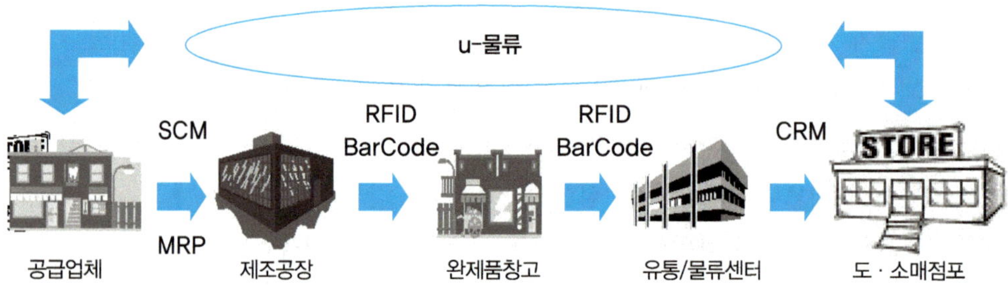

나. u-물류관리의 구현기술

제품이나 서비스생산에 필요한 원자재, 조달, 구매, 물류, 창고관리뿐만 아니라 기업 간 업무프로세스와 협업 간 웹 기반의 e-비즈니스를 융합하는 지능형 물류 · 유통 공급망관리라고 할 수 있다.

(1) 자동인식기술

u-물류관리의 주요 기술적 구성요소는 유연한 프로세서 간의 연결, 품목별 데이터 인지가능성 그리고 제품품목에 관한 데이터 생성 및 수집에 관한 국제표준인 자동인식(AIDC : Automatic Identification and Data Capture)기술과 이와 같은 데이터의 수집체계, 처리과정 그리고 배포를 치밀하고 효율적인 가치체인 비즈니스모델을 제시하는 EPCglobal 네트워크로 크게 나눌 수 있다.

자동인식분야의 기술동향으로 무선인식(RFID)이 첨단기술로 주목을 받고 있으며, 이는 기존의 단점을 극복한 비시계성, 비접촉성, 안정된 거리, 복수인식, 품목 개별 인식 등의 특성으로 현장에서 작업처리속도, 안정성 그리고 웹서비스 지원 연계가 용이해졌다.

(2) 비즈니스 프로세서 혁신을 위한 RFID 기술 도입

u-물류관리의 필수기반 기술인 RFID 적용의 주목적은 비즈니스 프로세서 혁신을 달성하기 위하여 가시성을 우선 고려해야만 한다. 가시

그림 10-22 RFID 기반 유통 · 물류 SCM모델

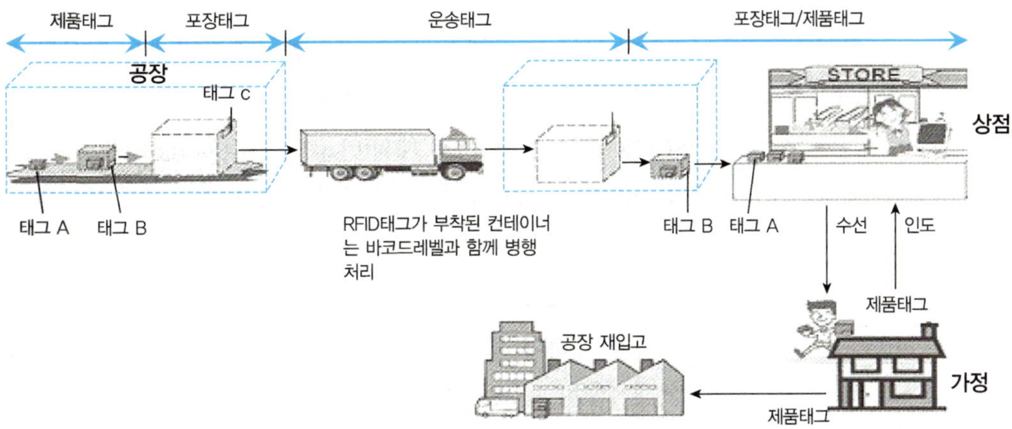

자료 : T.Yoshika, ISO SC31/WG4/ARP.

성의 가치는 화물의 연계보관성, 전자족보, 그리고 재고연한으로서 나타낼 수 있다. 이와 같이 무선인식을 이용한 가시성의 가치는 비즈니스 프로세스의 모니터링 및 관리를 나타내는 자사 내의 ERP시스템 그리고 물품의 이동을 나타내는 SCM시스템과 연계할 때 그 결과를 능동적으로 기업활동에 반영한다.

[그림 10-22]는 RFID 기반의 유통 · 물류 SCM모델로서, 국제표준기구에서 RFID와 SCM시스템에 대한 참조모델을 나타내고 있다. u-물류 유통체계 구현을 위한 고려사항으로서 현재 시스템 활용방안으로 EPCglobal 네트워크는 창고관리, 물류센터 관리비용을 낮추고 빠르고 정확한 물품 선적, 반입 프로세스 그리고 더욱 효과적인 선별 포장 운영을 촉진시키고자 하는 목표를 가지고 있으며, 보건의료 분야에서는 EPCglobal 네트워크는 더욱 정확한 상품추적 능력을 통해 위조된 약품을 찾을 수 있다.

(3) SCOR모델

SCOR(supply chain operation reference)모델은 공급체인의 각종 용어들과 공급체인 구성요소들이 연계되는 과정을 표준화하며, 공급체인

성과를 측정하여 최적의 업무처리 방식을 표준화한 것이다. 여러 공급체인의 공통요소, 효과적 실천사례, 각종 우수한 공급체인 관리업체의 벤치마킹 자료, 공급체인관리의 수익성 측정과 미래의 향상된 공급체인 관리기법 등을 구성하여 제작되었다.

SCOR 프로세스모델은 계획(Plan), 조달(Source), 제조(Make), 배송(Deliver), 반품(Return)의 다섯 가지 상위 레벨의 관리 프로세스로 구성된다.

- 계획(Plan) : 수요 · 공급을 계획하는 단계로 모든 공장의 모든 제품에 대하여 평가, 수요의 우선순위, 재고계획, 분배요구량 파악, 생산계획, 자재조달, 개략적 능력을 계획한다.
- 조달(Source) : 원료의 공급과 관련된 단계이다. 조달처를 개발하여 조달, 입고, 검사, 보관을 수행하고 조달계약, 지불, 납입수송, 자재의 품질, 공급자 검증 · 지도 등의 조달 기반구조를 형성한다.
- 제조(Make) : 조달된 자재를 이용해 제품을 생산하고 검사 · 포장 · 보관하는 단계로서 설비 · 기계 등의 제조 기반시설을 관리하고 제품의 품질검사와 생산현황, 작업스케줄을 관리한다.
- 배송(Deliver) : 주문을 입력하고 고객의 데이터베이스를 관리하며, 주문발송과 제품의 포장, 보관, 발송, 창고관리, 배송 기반구조 관리 등의 활동을 포함한다.
- 반품(Return) : 공급자에 대한 원재료의 회수 및 고객활동에서 완제품의 회수, 영수증관리 등 반품의 영역을 포함한다.

10.7 무역과 전자무역

가. 무역이란?

물품이나 서비스를 거래할 때 소비자는 자신의 만족도를 높이고자 하고, 공급자는 자신의 이익을 극대화시키고자 한다. 소비자와 공급자 간의 거래, 즉 재화(goods)와 서비스(service)의 거래행위를 무역이라고 한다. 무역이란 상품 · 기술 · 용역 등을 교환 · 매매하는 경제적 활동을 일컫는다.

넓은 의미의 무역은 국가 간과 국내 간에 행해지는 모든 상거래 행위를 뜻하지만, 일반적으로 국내거래를 제외한 국가 간의 행위를 무역거래로 보고 있다. 이러한 서로 다른 국가 간의 물품이나 서비스의 매매를 무역거래로서 해외로 물품을 파는 것을 수출이라 하고, 해외로부터 물품을 사오는 것을 수입이라 한다. 해외로부터 물품을 구입한 후 다른 나라에 파는 무역거래를 삼국 간 무역거래라고 부른다.

무역수지와 경상수지
- 무역수지 : 좁은 의미의 무역, 즉 상품의 수출입만을 대상으로 집계한다.
- 경상수지 : 무역수지와 무역외수지, 즉 넓은 의미의 무역으로서 상품의 수출입뿐만 아니라 여행 · 유학 · 운수 · 로열티 등의 서비스 거래까지 포함하여 집계한다. 예를 들어 해외여행, 어학연수 등으로 인해 서비스수지가 적자를 기록했다면 무역수지 흑자로 인해 이를 만회해 전체 경상수지는 흑자를 유지하는 정부발표를 접할 수 있다.

무역거래는 서로 다른 국가 간에 매매를 하는 것이기 때문에 국내거래와 비교하여 많은 차이점이 발견된다. 특히 계약교섭에 있어서 언어, 문화, 화폐통화, 종교, 법률적 규제 등을 들 수 있다. 무역거래에서는 거래처에서 상품을 어떠한 절차로 매매하느냐가 기본이 된다. 좋은 거래처, 좋은 상품을 어떻게 선정하여 어떠한 절차로 거래하느냐가 최선의 방법인가를 결정해야 하는 과제를 무역실무자에게 안겨준다.

무역실무란 물품을 수출국의 매도인으로부터 수입국의 매수인에게 인도하고, 그 대가인 물품대금을 수입국의 매수인으로부터 수출국의 매도인에게 지급하는 각종 업무에 관련된 실무수속을 말한다. 각 업무가 문제없이 이루어질 수 있도록 조약 및 법률, 국제기관의 규칙 등이 정해져 있다.

매도인 = 화주 = 수출자
매수인 = 수화주 = 수입자

무역거래의 주요 서류로는 매수인에 대한 대금청구나 선적에 대해 상세히 기재한 송장(invoice), 선적의 증거서류인 선화증권(B/L : bill of landing) 등을 들 수 있으며, 이들 서류는 대부분 은행을 경유하거나 직접 매도인이 매수인에게 송부하기도 한다. 이러한 무역서류의 종이서류 기반의 무역프로세스를 전자문서 기반으로 전환, 문서유통비용을 절감하고 종이 없는 무역을 실현하는 대표적인 것이 EDI(Electronic Data Interchange, 전자데이터교환)다.

Invoice(송장)
매매계약조건을 정당하게 이행하였음을 밝히는 판매자(수출업자)가 구매자(수입자)에게 보내는 서류

B/L(선화증권)
해상운송계약에 따른 운송화물의 수령 또는 선적을 인증하고 그 물품의 인도청구권을 문서화한 증권

EDI란 컴퓨터 및 통신회선을 통하여 상거래에 필요한 정보를 서로 다른 조직 간에 교환하기 위한 규약을 말하는 것으로 1970년경 미국 운수업계의 심한 경쟁에서 비롯된 육상 운수업계의 각종 전표교환을 네트워크에 의한 전자교환으로 바꾸고자 한 것이 EDI의 시발점이다.

그림 10-23 EDI 흐름도

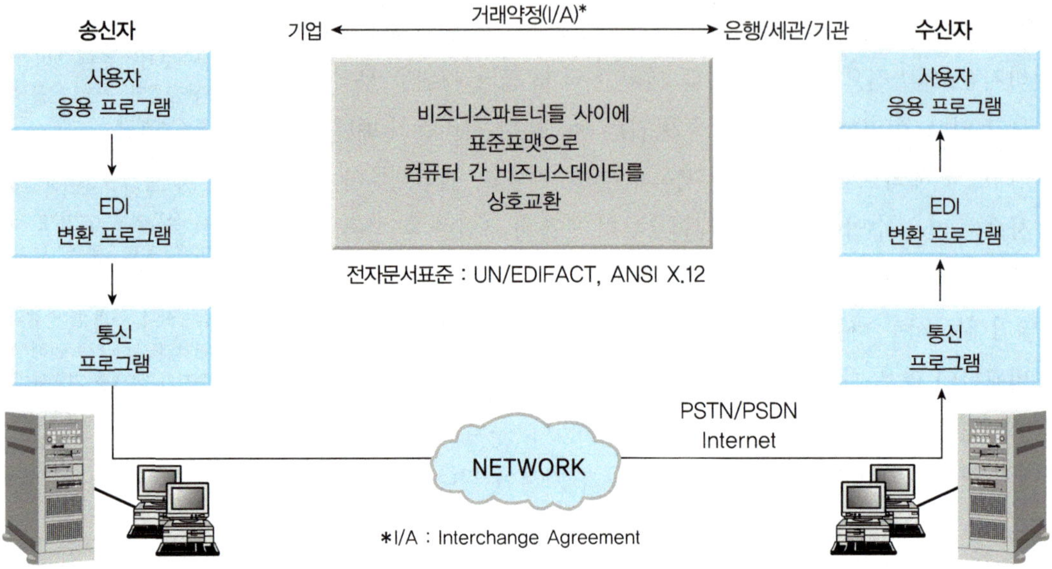

EDI는 1970년대 후반에 미국에서 구축되어 1979년 미국, 유럽, 일본에서 테스트된 CARDIS(CARgo Data Interchange System)에서 시작되었는데, CARDIS는 통신회선에 의한 온라인 데이터 교환으로, 다른 업종을 포함하는 기업 간의 네트워크를 구축하여 표준포맷에 의하여 데이터교환을 하는 것이다. 전자데이터의 포맷표준화는 Trade Data Coordinate Committee를 관련시킨 TDCC Syntax Rule이라는 이름으로 진행되었는데, 이것이 후에 미국의 EDI 표준인 ANSI X.12의 기본이 되었다.

EDI의 표준은 UN/ECE/WP4(국제연맹의 유럽경제위원회 제4작업부회)가 개발한 UN/EDIFACT(United Nations/Electronic Data Interchange For Administration Commerce and Transport, 행정 · 상업 및 운수를 위한 전자데이터교환 국제연맹규격집)가 제정되어 있다.

일반적으로 EDI는 종이문서를 전자문서로 대치하는 방식 또는 우편, 전화, 직접배달 등과 같은 종래의 데이터 전송방식을 전자적인 전송방식으로 대치하는 것이라고 간주되어 왔다. 그러나 EDI는 사실 단순히 종이를 없애는 것을 넘어서 데이터의 재입력과 처리지연을 없애는 것을 목적으로 하고 있다. 즉 EDI는 문서의(수동의) 데이터 입력을 전자적인 (자동의) 데이터 입력방식으로 교체하는 것이다.

나. 인터넷무역 및 프로세스

인터넷무역은 인터넷과 기존의 VAN에서 처리된 EDI 등의 정보통신 기술(ICT)을 결합시킨 새로운 형태의 무역처리시스템이다. 이는 국내에서 생산된 제품 또는 관련 서비스를 전 세계 바이어들에게 인터넷 등 정보통신매체를 통해 관련 제품, 서비스, 부가가치 제품에 대한 광고 및 마케팅활동을 수행함은 물론 시공간의 한계를 극복하고 경제적 · 효율적으로 무역거래를 수행하는 것을 목적으로 한다고 할 수 있다.

그림 10-24 인터넷무역 프로세스

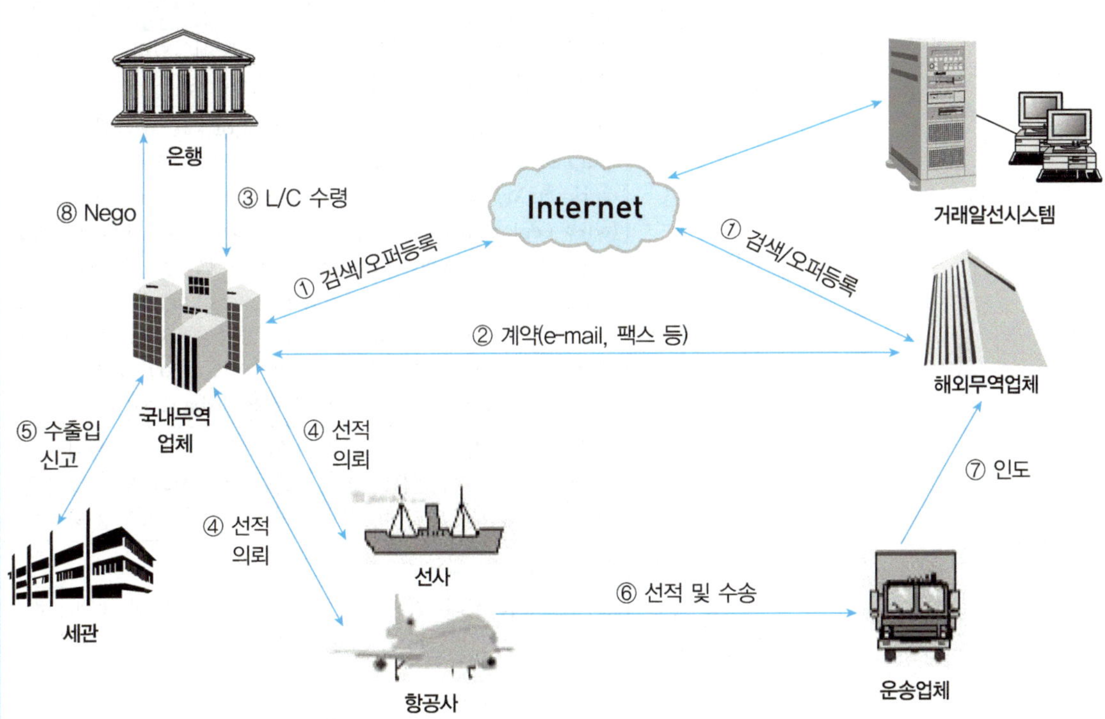

자료 : 허재관 · 허현, 무역 아는만큼 성공한다, 새로운 제안, 2007.

오퍼(offer, 청약)란?
수출자(Seller, 매도인)가 수입자(Buyer, 매수인)로 부터 조회(견적의뢰) 받은 특정 상품에 대하여 가격과 수량, 인도조건, 품질, 보험조건, 대금지급조건, 포장조건 등의 정보와 거래의사를 제시하는 것

즉, 인터넷무역은 기존의 EDI 형태의 무역거래와는 달리 인터넷 등 컴퓨터 네트워크를 통해 무역거래를 위한 마켓시장정보나 기업정보, 바이어정보, 각종 상품 및 서비스정보 등을 검색하고 바이어를 발굴하여 수출입계약 이전까지의 과정에 활용되고 있으며, 특히 기업 간 거래(B2B)보다는 기업과 소비자 간의 쇼핑몰(B2C)거래에 특히 적합하다.

[그림 10-24]는 인터넷무역 프로세스에 대한 흐름도를 보여준다. 인터넷 무역은 과거 VAN 기반의 EDI와는 달리 XML, ebXML 등과 같은 최신정보통신기술을 활용하여 관련 기업 간 협업과 연계 및 통합을 추구하여 모든 무역업무 프로세스의 효과적 개선을 이루도록 하는 것이다.

인터넷무역을 하기 위하여는 우선적으로 우리 제품에 대한 시장조사가 필요하다. 해외시장조사를 하는 방법은 인터넷을 이용함으로써 조사

표 10-7 ■ 인터넷무역 및 시장조사방법

구분	내용
마케팅조사	해외무역 인터넷 검색엔진등록, 배너광고, 메일링리스트, 관련 유관무역기관 조사활동, 전시회참가, 자체현지조사 등
무역관련 사이트 (시장조사, 바이어 찾기, 무역서식 등)	대한무역투자진흥공사(www.buykorea.or.kr), 무역협회(www.kita.net, www.tradekorea.net), 한국무역정보통신(www.tradeworld.co.kr), EC21종합무역포털(www.ec21.com), 이씨플라자(www.ecplaza.net), 중소기업진흥공단(www.gobizkorea. com), 대한상공회의소(www.korcham.net), 대한상사중재원(www.kcab.or.kr), 세계해외한인무역협회(www.okta.net), 한국수출보험공사(www.keic.or.kr), 중소기업협동조합중앙회(www.kfsb.or.kr), 한국환경산업기술(www.keite.re.kr), 전략물자관리원(www.kosti.or.kr), 서울산업통상진흥원(sba.seoul.kr)
거래처발굴	자체홍보물 제작 및 전자카탈로그, 해외광고(국내에서 해외발간용 이용), 해외공공기관 이용, 각종 사절단 및 전시회 참가, 해외출장을 통한 직접방문, 인터넷상의 무역거래 알선사이트 활용 등
계약방식	전자우편, 팩스, 전화, 인터넷(원격, 화상회의) 등
신용 및 신용장개설	신용조사(자본상태, 거래규모, 경영전략, 평판 등)와 방법(은행조회, 신용보증기금), 신용장(EDI) 활용, 전자지불, 무역카드, 전자자금이체 등
제품준비	국내(내국신용장, 구매승인서)(EDI 활용) 국외(외화획득용 원료 수입신용장 등)(EDI 활용)

에 따른 관련 비용을 절감하는 것이다. 조사방법으로는 검색엔진을 통한 시장조사방법과 무역협회와 관련되어 운영되는 무역거래 알선시스템을 이용한 시장조사방법 등이 많이 이용된다.

(1) 신용장방식에 의한 수출절차

수출계약 내용이 확정되거나 신용장을 수취하면, 수출업자는 수출물품을 확보해 이를 선적한 후 물품대금을 회수하는 일련의 계약이행을 위한 활동을 전개한다. 무역신용조회, 무역계약체결, 신용장내도, 수출승인, 수출물품확인, 수출통관, 물품선적, 수출대금회수, 관세환급 및 사후관리로 진행되는 수출절차에 대한 전반적인 프로세스는 [그림 10-25]와 같다.

신용장
(L/C : Letter of Credit)
은행이 거래처의 요청으로 신용을 보증하기 위하여 발행하는 증서

그림 10-25 신용장방식에 의한 수출절차 프로세스

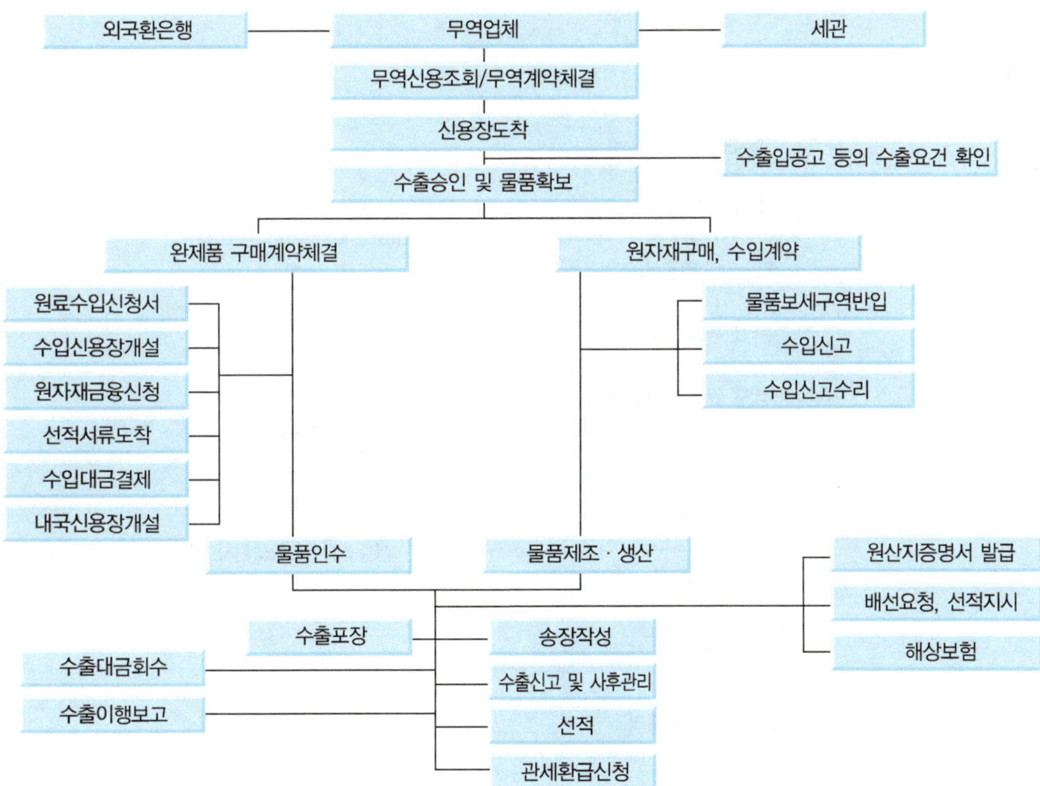

자료 : 염홍기 · 한혁, 실전 인터넷 무역 쉽게 배우기, 중앙경제평론사, 2004.

대외무역법
국제수지의 균형과 통상의 확대를 위해 제정한 법률로 대외무역을 진흥하고 공정한 거래질서를 확립해 국제수지의 균형과 통상의 확대를 도모함으로써 국민경제의 발전에 이바지함을 목적으로 함

우리나라 대외무역법에서는 대부분의 물품을 수출하는 데 아무런 영향이 없으나 일정 물품에 대해서는 개별 수출을 제한하고 있다. 만약 제한적인 물품을 수출하고자 하는 경우에는 지식경제부 장관으로부터 수출 승인을 받아야 한다.

(2) 신용장방식에 의한 수입절차

수입은 수입업자가 해외로부터 물품을 수입하기 위해 수입 대상품목의 거래처를 선정하여 수입계약을 체결한 후 수입신용장을 개설한 후에 해외의 수출업자로부터 선적 관련 서류와 화환어음이 도착하면 수입대금을 지급하고 서류를 인도받아 수입통관절차를 거쳐 물품을 수령하는 일련의 절차를 거친다. 수입계약체결, 수입승인, 수입대금결제수단, 신용장개설, 선적서류내도 및 대금결제, 수입신고 및 물품인수 등에 관한 수입절차는 [그림 10-26]에 나타난다.

그림 10-26 신용장방식에 의한 수입절차 프로세스

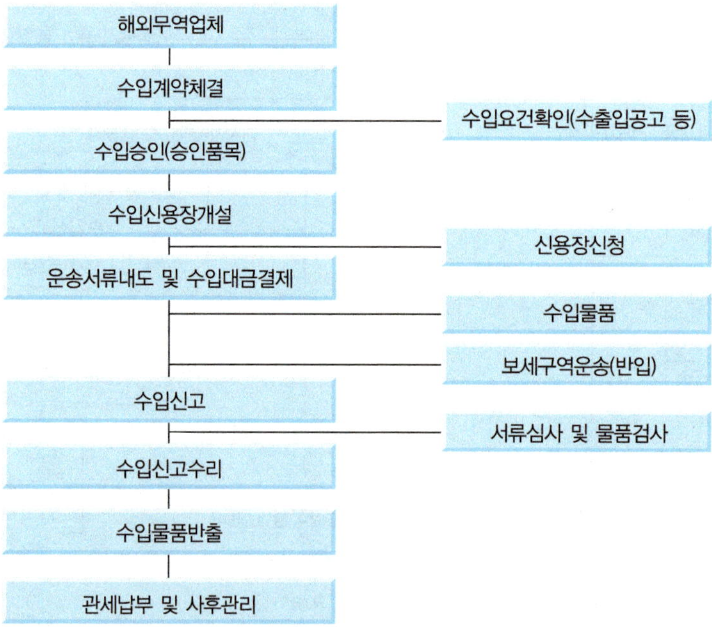

자료 : 염홍기 · 한혁, 실전 인터넷 무역 쉽게 배우기, 중앙경제평론사, 2004.

수입가능 여부는 산업통상자원부장관이 공고하는 수출입공고와 별도 공고 등에 의해서 결정되는데, 당해 품목이 이들 공고상 제한품목에 해당되는 수입승인 품목일 경우 해당 승인기관 등에서 적합한 승인을 받아야 한다.

다. 전자무역

(1) 전자무역의 환경

오늘날 정보기술의 급속한 발전과 보급에 따라 무역거래방식 및 관행이 매우 빠르게 변화하고 있으며, 무역의 전부 및 일부가 컴퓨터 등 정보처리능력을 가진 장치와 정보통신망을 이용해 이루어지는 거래를 전자무역이라고 한다. 전자무역의 대상에는 일반적인 물품 이외에 전자적 형태의 무형제품(소프트웨어, 게임, 음반, 출판물 등) 등을 직접 다운로드하고, 독점판매권을 부여하는 형식의 수출입도 전자무역으로 정의한다. 전자무역의 거래방식은 마케팅, 계약, 운송, 보험, 통관, 대금결제 등 무역거래의 전부 또는 일부를 인터넷 및 EDI 등의 정보기술과 사이버 공간을 이용함으로써 무역을 편리하고 신속하고 경제적으로 이루어지게 한다.

온라인무역
www.etrade.com
www.tradeweb.com
www.quickandreilly.com
www.unx.com
www.datek.com
www.ameritrade.com
www.enrononline.com

무선(wireless)무역
www.dljdirect.com
www.suretrade.com
www.msdwonline.com

글로벌 전자 e-마켓플레이스는 "바이어(수입업체)와 셀러(수출업체)가 해외 홍보, 해외 마케팅, 거래선 발굴, 거래 협상 등을 할 수 있도록 하는 인터넷 기반의 전자시장"을 말한다. 글로벌 전자 e-마켓플레이스는 B2B 모델로서 그 중요성에 비해 상대적으로 정당한 대우를 받지 못한 측면이 있다. 그것은 국가 간 상거래인 무역거래의 전체 프로세스를 온라인으로만 처리할 수 없는 상황에서 계약 이전의 거래 알선(오퍼) 정보, 수출입 기업정보, 수출입희망 상품정보 등 중개 역할에 치중했기 때문이다.

그러나 XML(eXtensible Markup Language), 보안 및 인증기술 등 인터넷 관련 기술의 발달에 힘입어 계약 이후의 서류중심의 정형화된 업무도 인터넷상에서 처리할 수 있는 XML/EDI서비스 등이 제공되면서 글로벌 무역 e-마켓플레이스는 단순 중개기능에서 벗어나 무역과 관련된 다양한 서비스 제공업체와의 전략적 제휴 등을 통해 통합 무역관리서비스를 제공하는 방향으로 기능이 확대되고 있다. 이러한 글로벌 무역 e-마켓플레이스의 기능 확장은 최초 2003년 3월 연간 수출실적 300만 달러 미만의 국내 중소기업에게 인터넷을 통한 거래알선 및 바이어 정보제공은 물론, 무역 전문가의 무역거래 성사 지원 및 사후관리까지 종합 지원하도록 하는 e-무역상사제도의 시행으로 더욱 가속화되고 있다.

한편 e-무역상사로 지정된 글로벌 무역 e-마켓플레이스는 EC21, ECplaza 2개사이지만 국가에서는 산업통상자원부 지원하에 KOTRA가 운영하는 무역포털사이트(www.buykorea.or.kr) 중소기업진흥공단의 gobizkorea.com, 농수산물유통공사의 agrotrade.net가 대표적으로 운영되고 있다.

또한 행정안전부의 전자정부 사업의 관점으로 시작한 u-TradeHub는 VAN EDI 기반 무역자동화시스템을 인터넷 XML 기반의 전자무역시스템으로 365일, 24시간 연중무휴 제공한다. 그리고 2008년 7월부터

그림 10-27 전자무역 네트워크

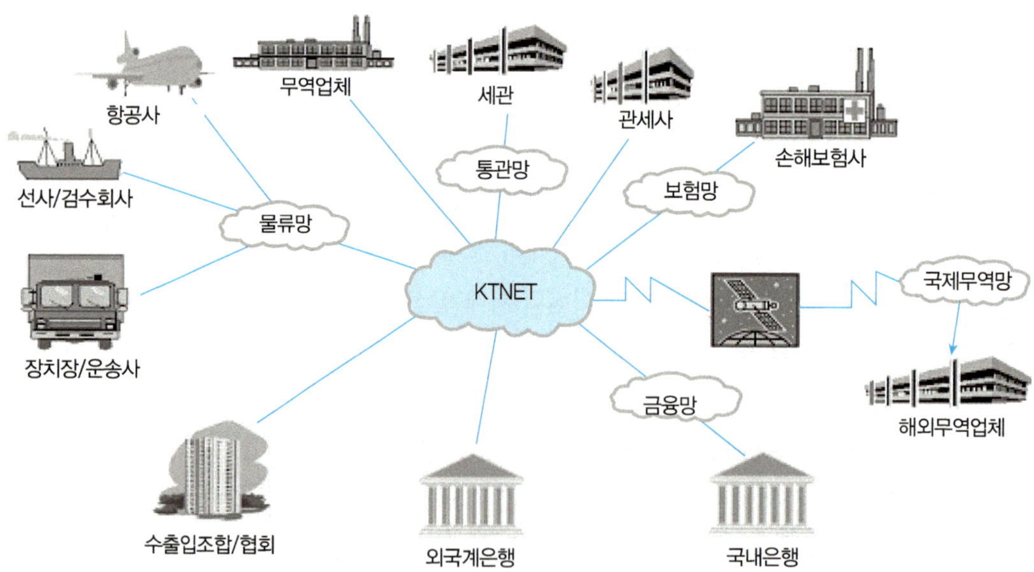

물류, 금융, 통관, 마케팅, 무역, 결제 등 무역관련 서비스를 이행하고 있다. u-TradeHub 구축사업은 단순한 무역거래 절차의 전산화가 아니라 불필요한 무역절차를 간소화하고 관련 기관 간에 다수 대 다수의 연계 네트워킹을 통해 단절 없는 무역업무 처리는 물론 전자무역문서의 공유와 유통을 가능하게 하며, 비대면 무역거래의 활성화와 무역거래의 불활실성의 제거 등을 도모하는 등 무역거래 절차를 근본적으로 혁신하고 국가경쟁력을 높이기 위한 국가적 차원의 인프라구축이라는 점에서 한국무역정보통신(KTNET)이 운영하고 있다.

(2) 네트워크 및 시스템

전자무역은 그 명칭에도 불구하고 이미 상당기간 동안 여러 단계를 거쳐 진화하여 왔으며, 지금도 완성단계라기보다는 진화과정 중에 있다고 할 수 있다. 전자무역에서는 무역업무의 효율화를 위해 정보통신 기술을 활용하고 있는데, 이러한 정보통신기술의 진화속도 및 방향은 매우 빠르며, 다양한 분야에서 접목되기 때문이다. 특히 1990년대 중반부터 본격화된 인터넷의 등장은 기존의 무역업무자동화의 패러다임을 개방형 네트워크 기반으로 확산시키는 형태로 진화하여 오늘에 이르고 있다.

VAN 기반의 무역업무자동화에 비해 인터넷을 활용할 경우 사용료의 획기적 절감이 기대되었을 뿐 아니라, 가상공간을 활용한 거래 이전단계인 시장조사 및 거래 교섭단계에서 그 활용이 급증하고 있다. 이에 따라 무역업무 자동화를 위한 공간을 기존의 폐쇄된 네트워크(Closed Network) 기반에서 개방형 네트워크(Open Network) 기반으로 확대되었으며 최근에는 Web EDI로 진화하고 있다.

결국 전자무역의 탄생과 진화는 정보기술의 급속한 진화에 따라 본격화되고 있으며, 앞으로도 전자무역은 정보통신기술의 발달과 함께 더욱 진화될 것으로 전망된다. 또한 정보통신의 기술적 진화는 인터넷의 탄생이 커다란 획을 그었던 것이 사실이지만, 모바일 네트워킹의 본격화에 따라 이를 활용한 휴대전화기, 스마트폰, PDA, 노트북, 태블릿PC 등의 모바일기기를 활용한 모바일상거래(Mobile Commerce)가 점차

그림 10-28 전자무역(u-TradeHub)의 서비스구성도

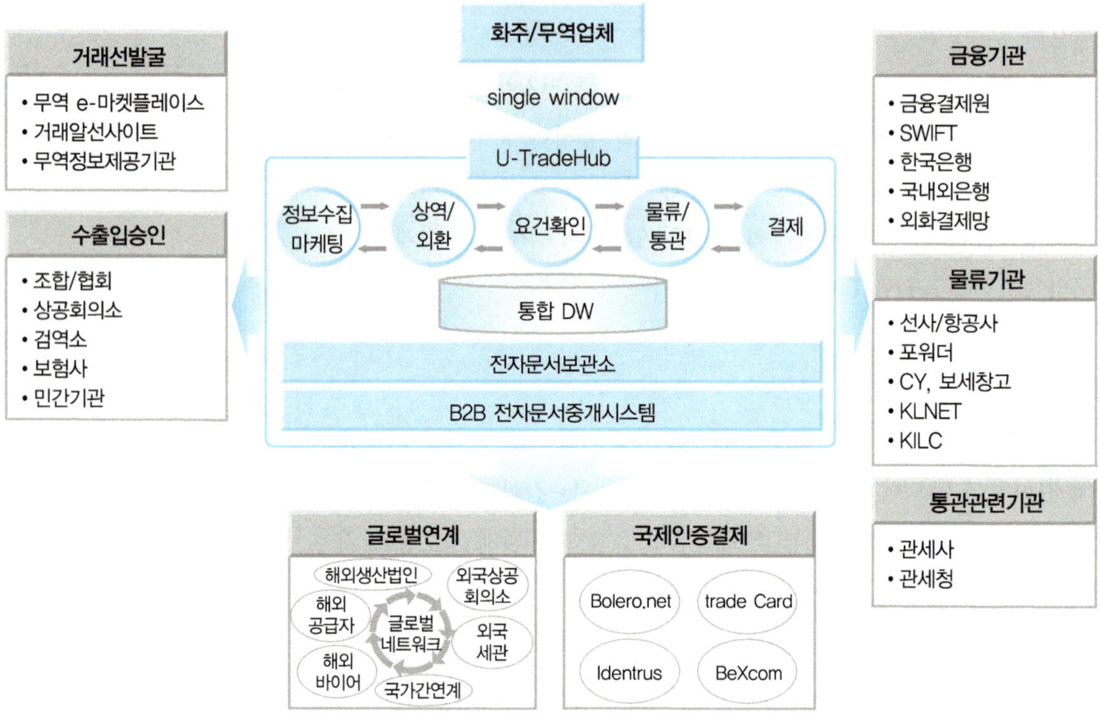

SWIFT(Society of world-wide Interbank Financial Telecommunication)
국제은행 간 자금결제 통신망

일상화되어 가는 추세이다. 유비쿼터스컴퓨팅 기술이 접목된 전자무역(u-TradeHub)의 서비스구성도는 [그림 10-28]과 같이 구분할 수 있다.

u-TradeHub의 특징 및 장점은 다음과 같다.

① 인터넷방식의 원스톱 전자무역서비스

u-TradeHub는 마케팅에서부터 외환, 요건확인, 통관, 물류, 대금결제에 이르는 모든 무역업무를 인터넷을 통해 처리할 수 있는 무역업무 단일 창구로 u-TradeHub 홈페이지 접속만으로도 모든 업무를 쉽게 이용할 수 있다.

② 업무시간 단축 및 비용절감

u-TradeHub를 통해 모든 무역업무를 일괄 처리하므로 오프라인의

절차가 모두 없어지고 업무시간이 단축되어 비용의 대폭 절감이 가능하다. 특히 한 번 입력한 정보는 u-TradeHub에 그대로 저장되어 다른 문서작성에 활용할 수 있어 동일한 반복 입력할 필요가 없다.

③ 편리한 문서보관, 유통

XML 표준을 적용하여 전자문서의 상호 연동성을 제고하며, u-TradeHub에 구현된 전자문서보관소를 통하여 저장된 문서의 한 번 클릭으로 은행, 물류업체, 관세청 등에 신속 · 정확하게 제출할 수 있다.

④ 업무처리 및 통합검색기능

개별 수출입 건별로 업무 진행상황, 처리결과, 관련 문서의 실시간 확인이 가능하며, 정보에 대한 통합검색 기능을 강화하여 필요한 정보들을 한 번의 검색으로 조회할 수 있다.

⑤ 거래보장 및 맞춤서비스

정보 및 문서는 권한 있는 사용자만 접근 · 활용할 수 있어 거래 안전성이 보장되고, 위변조에 따른 금융사고 등의 걱정이 없으며, 각자의 이용자에 맞게 적합한 맞춤형 서비스를 제공함으로써 메뉴설정, 업무현황, 모니터링 등 나만의 업무영역을 제공한다.

(3) 전자무역과 표준

① 전자무역의 표준

전자무역의 다양한 기술적인 기반구조에 가장 핵심적인 역할을 하는 것이 무역 관련 당사자 간의 원활한 전자문서 교환을 위한 전자문서표준(message standard)이다. 이는 전자문서표준이 어떻게 정해지느냐에 따라서 전자무역을 구성하는 요소들의 종류와 역할, 시스템구조 등이 결정되기 때문이다. 표준화 절차에는 이미 개발이 이루어진 문서를 표준으로 제정하여 공표하고 관리를 통해 개정 및 폐지하는 작업 등이 포함된다.

예컨대 무역에 사용되는 상업송장이 전자문서로 개발되고 표준으로 제정 및 공표되면, 이후 상업송장의 사용을 필요로 하는 업체는 업종 또는 국가표준으로 제정된 표준상업송장을 사용하면 간단하다. 이렇게 함으로써 업체는 전자문서 개발을 위한 중복된 노력을 피하게 되고, 통일된 문서가 표준으로 정착된다.

표준전자문서의 개정 및 폐지를 두는 것은 거래환경의 변화에 따라 새롭게 등장하는 요구사항을 반영하여 내용을 추가 및 삭제하고, 필요 없게 된 표준전자문서를 폐지할 수 있는 유연성 확보가 중요하기 때문이다.

최근 유엔 산하 무역촉진 및 전자거래 표준제정 국제기구인 UN/CEFACT에서는 ebXML의 전 세계적인 보급 확산을 위해 노력하고 있다. 이는 ebXML의 개방성과 상호연동성(누구나 특정 솔루션이나 플랫폼에 의존 없이 전자상거래 가능) 때문이다. 관세무역기구(WCO)에서도 회원국들의 통관업무 자동화와 관련하여 국가 간 데이터교환 표준으로서 CDM(Customs Data Model)의 보급 · 확산을 추진 중이다.

② 우리나라의 전자문서 표준 현황

전자무역을 구현하기 위한 전자문서 표준과 관련하여 우리나라는 비교적 선도적인 입장에 있다고 말할 수 있다. 1990년대 초부터 전통적인 VAN/EDI 방식의 종합무역자동화 사업을 추진하는 데 있어 1987년 UN에서 제정한 EDI 전자문서 국제표준인 UN/EDIFACT를 수용하였다.

1990년대 중반 이후 개방형 네트워크인 인터넷 환경으로의 변화와 더불어 확장성 표시언어(XML) 등 새로운 관련 기술이 개발되고, 2001년 5월 XML 국제표준인 ebXML이 발표되면서 이를 국가적 차원에서 적극 수용하였다. XML 국제표준인 ebXML은 유엔 산하 무역촉진 및 전자거래 표준제정 국제기구인 UN/EDIFACT 및 세계 최대의 민간 XML 표준화기구인 OASIS의 공동 노력에 의해 2001년 5월 발표되었다. 이러한 전자문서 국제표준의 수용 및 보급 확산과 관련하여 정보통신산업진흥원(www.nipa.kr)에서 주도적인 역할을 수행하고 있다.

1991년 제정된 '무역업무자동화촉진에관한법률'에 의해 한국

EDIFACT위원회(사무국 한국EDIFACT표준원, 현재의 정보통신산업진흥원은 전신)에서 무역부문을 중심으로 표준화 작업을 선도하였다.

1996년 EDI 표준화 개발업무를 각 분야로 효율적으로 확대 추진하기 위해 한국EDIFACT위원회가 한국산업정보전자문서교환위원회로 개편되면서 사무국 명칭도 한국EDIFACT표준원에서 한국전자거래진흥원으로 개편되었다. 2009년도 한국전자거래진흥원은 정보통신산업진흥원으로 흡수 · 합병되었다. 1999년 전자거래기본법 제정과 함께 전자문서 표준을 조사, 심의, 의결하기 위해 대통령령에 따라 산업통상자원부에 설치된 법정위원회(제24조 2항)로서 한국전자문서교환위원회로 확대 개편되었다.

2004년 2월 개편된 한국전자문서교환위원회의 조직은 2010년 정보통신산업진흥원에서 모든 표준활동에 대표성을 맡고 있으며, 산하에 비즈니스그룹(TBG), 기술평가그룹(TAG), e비즈표준화그룹(eBG) 등 3개 그룹으로 구성되어 있다. 2010년 한국표준전자문서(KRSM)는 총 354종으로서 EDIFACT 263개, XML 91개이다.

당초 무역자동화를 위해 무역, 보험, 해상운송, 육상운송, 외환금융,

표 10-8 ■ 한국표준전자문서(KRSM) 개발현황(2004. 3 기준)

부문	한국표준전자문서	부문	한국표준전자문서
무역(EDIFACT)	37종	자동차(EDIFACT)	22종
보험(EDIFACT)	4종	운송((EDIFACT)	1종
해상운송(EDIFACT)	38종	조선(EDIFACT)	21종
육상운송(EDIFACT)	6종	무역(XML)	27종
외환금융(EDIFACT)	31종	보험(XML)	4종
통관(EDIFACT)	39종	섬유(XML)	22종
의료(EDIFACT)	11종	조달(XML)	15종
유통(EDIFACT)	19종	철강(XML)	5종
철강(EDIFACT)	11종	공통(XML)	1종
전자(EDIFACT)	20종	전력(XML)	17종
공통(EDIFACT)	3종		

자료 : 한국전자거래진흥원, e-비즈니스 백서, 2006.

통관 등을 중심으로 EDIFACT 기반하에 개발되었다가 점차 의료, 유통, 철강, 전자, 자동차, 운송, 조선 등 다른 산업부문으로 확대되었다. 인터넷 환경으로 변화하면서 XML 기반하에 무역, 보험, 섬유, 조달, 철강, 전력 등의 산업에서 활용될 한국표준전자문서(KRSM)를 개발 및 적용 중이다.

그러나 이러한 노력에도 불구하고 ebXML을 활용한 국제적인 전자문서 표준화 및 이를 수용하는 솔루션의 개발 등은 아직도 미흡한 상황이다. ebXML이 XML 국제표준으로 발표되었으나, RosettaNet이 전자 · 반도체 · 솔루션 등의 산업을 중심으로 이미 검증과정을 거쳐 보급 확산 중에 있어 기업은 물론 솔루션 개발업체 등의 혼란이 가중되고 있다.

그러한 노력의 일환으로 2003년 7월 한국무역협회가 전자거래표준화 주관기관인 한국전자거래진흥원(정보통신산업진흥원으로 흡수합병)에 의뢰하여 전자무역 전자문서 개발 및 표준화 지침으로서 "전자무역 XML 전자문서 표준화지침"을 개발하였다. 이 지침은 전자무역에 사용되는 전자문서의 개발 및 표준화에 활용될 것이다.

③ ebXML과 RosettaNet

인터넷 기반의 전자상거래 국제표준과 관련하여 ebXML(electronic business eXtensible Markup Language)과 로제타넷(RosettaNet)의 두 개 표준이 전 세계적으로 각축을 벌이고 있다. 이 두 표준은 모두 차세대 인터넷언어인 확장성표시언어(XML)를 기반으로 한다는 공통점을 갖고 있으나, 개발주체가 각각 달라 프레임워크상에 여러 가지 차이점이 존재한다. 이 두 표준이 함께 사용되기 위해서는 상호운용성 문제를 해결해야 하며, 효율성 측면에서도 차이점이 존재한다.

ebXML은 messaging service, registry 및 repository structure 등 IT 하부 기술에 중심을 두고 있는 반면 RosettaNet은 business process, dictionary 등 IT 상위 애플리케이션에 중심을 두고 있다. 국내 표준화 분야가 전자카탈로그, 전자문서, 전자상거래서비스, 전자지불 등 콘텐츠 위주로 진행되고 있어 비즈니스프로세스 없는 전자문서 표준화는 현실적으로 무의미하다. 따라서 국제표준의 프레임워 기반하에 비즈니스 프로세스와 콘텐츠의 표준화에 중점을 두고, 표준화의 방향은 수평적 마켓과 수직적 마켓에 따라 달라질 수 있으므로 두 경우 모두 고려하는 것이 바람직하다.

그동안 ebXML은 범용성, 개방성, 상호운영성 등에서 이상적임에도 불구하고 현실성이 떨어진다는 비난을 받아 왔다. 2001년 5월 발표된 후2003년 5월 국제연합(UN)에 의해 전자거래 표준문서로 승인받으며 각국 정부에 대해 ebXML 문서채택을 촉구한 바 있으나, 구체적인 거래에 수반되는 기술적인 표준에 대한 인증이 없다.

그러나 최근 ISO/TS 15000 인증을 통해 ebXML의 기술적인 측면에 대한 인증이 완료됨에 따라 실질적으로 ebXML에 대한 전 과정이 시장에서 신뢰 획득과 함께 ebXML의 확산할 것으로 전망된다.

(4) 미래 u-Trade 발전방향

현재의 전자무역 이후의 u-Trade 발전방향에 대하여 소개하면 다음과 같다.

첫째, e-Trade는 유선인터넷과 웹기술을 활용하는 반면, u-Trade는 유비쿼터스컴퓨팅 환경(무선인터넷, 증강현실(augmented reality), 웹현실화(web presence) 기술 등)에 활용될 것이다. 즉, 3A(any time, any where, any how)의 구현이 구체화되며, 이를 통해 보다 쉽고 빠르고 저렴한 업무처리가 가능하다.

둘째, u-Trade는 기존의 PC 네트워크는 물론, 휴대폰, 스마트폰, PDA나 휴대용 컴퓨터와 같은 다양한 유형의 차세대 휴대기기를 사용하고 이들 휴대기기의 네트워크를 기반으로 될 것이다. 기존의 e-Trade가 주로 PC 기반의 유선 네트워크를 기반으로 추진되어 왔다.

셋째, u-Trade는 사람이 의식하지 않아도 자율컴퓨팅 기능을 갖는 기기와 사물(기계)들에 의해 무의식적으로 상거래 활동이 발생하는 계기를 탄생시키고 이행하게 된다. 기존의 e-Trade는 사람들의 의식적인 컴퓨터 활용을 통해 상거래 활동의 전개가 가능하다.

넷째, u-Trade에서는 상품이나 그 상품과 연계된 물리적 생활공간 속의 사물(가전기기, 자동차, 창문, 보일러 등)과 기업의 비즈니스 공간에 존재하는 사물(상품, 진열대, 계산대 등)들까지 지능화 · 네트워크화하는 것으로 정보화영역이 확대된다. 기존의 e-Trade의 정보화영역은 주문, 결제와 같은 상거래과정을 네트워크로 연결하고 이를 전자적으로 처리하는 것에 국한되고, 온라인으로 진행되는 상품 거래과정과 오프라인에서 이루어지는 제조, 물류, 상품진열, 매장관리가 별도로 수행되었다. 그러나 u-Trade에서는 온라인과 오프라인을 모두 통합한 상거래 구현이 가능해짐에 따라 거래의 주문/처리의 효율화가 실시간으로 구현이 가능할 것이다.

다섯째, u-Trade에서는 생활, 경제, 산업, 교통공간과 그 속의 사물, 기계, 상품 등 필요한 모든 것에 센서, 칩, 마이크로머신, RFID 태그 등이 탐재되고, 이들이 유비쿼터스 네트워크(USN : Ubiquitous Sensor Network)로 연결됨으로써 과거에는 없었던 새로운 비즈니스들과 비즈니스 프로세스의 혁신이 일어날 것이다. 예컨대 부품이나 폐기물 등에 RFID Tag를 부착함으로써 효율적인 리사이클링, 더욱 용이해진 정보공개, 실시간 폐기물 운영경로의 추적, 업무처리의 투명성 향상 등이 가능하다. 또한 수출입화물의 각종 규제(예 : 수출제한 및 금지품목, 적성국가의 물품판매금지 등)에 대하여 일일이 관련 서류의 점검과 인 · 허가 절차 단계가 자동적으로 처리가 가능하다.

여섯째, u-Trade에서는 보이지 않는 컴퓨터로서 단말기기와 사물에 식재된(embedded) 센서, 칩, 태그, 라벨이 고객의 상황정보는 물론이고 상품의 상황정보도 언제 어디서나 실시간, 연속적으로 인식, 추적, 의사소통이 가능해진다. 기존의 e-Trade에서는 주로 고객이 회원으로 가입할 때 입력한 정보를 활용해 마케팅활동이 진행되고, 국제마케팅은 국내마케팅에 비해 상대적으로 비용과 시간이 많이 소요된다. 그러나 유비쿼터스 환경을 활용할 수 있게 됨에 따라 이른바 '유비쿼터스 상황인식 마케팅(Ubiquitous Contextual Marketing)' 의 시대가 도래할 것이다.

EXERCISES 연·습·문·제

1. SCM의 등장배경과 도입효과를 자세히 설명하시오.
2. QR/ECR에 대한 특징과 장점을 비교 · 설명하시오.
3. 국내외 SCM의 도입사례의 성공요인을 설명하시오.
4. 바코드의 정의와 분류체계를 설명하시오.
5. 유통 및 물류에서 국제적인 데이터연계에 대하여 설명하시오.
6. 무역거래에 환경, 형태, 과정, 서류 등을 자세히 설명하시오.
7. 전자무역이란 무엇인가 자세히 설명하시오.
8. u-TradeHub가 최근 전자무역에서 주목받는 이유에 대한 설명을 타 사이트와 비교하여 설명하시오.
9. 웹 EDI에서 XML이 중요하게 된 이유를 설명하시오.
10. u-Trade의 미래방향은 무엇인지 설명하시오.

Chapter 11

고객관계관리(CRM)

11.1 고객이란?
11.2 CRM 등장배경
11.3 고객데이터 분석방법론
11.4 CRM 구성과 기능

다른 모든 기업활동과 마찬가지로 기업의 경쟁력을 강화하고 수익을 극대화하기 위하여는 고객과의 관계를 어떻게 지속하느냐에 달려 있다. 고객관계강화를 통해서 기업의 경쟁력을 향상시키고 수익을 극대화하려는 노력이 바로 CRM인 것이다. 보다 체계적인 고객의 분류 · 활용을 통해서 기존고객을 잘 관리하고 이탈을 방지할 뿐만 아니라 이들과의 거래관계를 더욱 활성화키시고, 새로운 고객을 충성고객으로 유인하는 방안을 필요로 한다. 본 장에서는 이러한 고객에 대하여 분석하고 CRM에 대한 상세한 기능과 프로세스에 대하여 학습한다.

11.1 고객이란?

고객(Customer)은 개인과 조직의 운명을 결정하는 중요한 자산이다. 프로세스 관점으로 살펴보면 가족적인 입장에서 개인은 아내, 아들, 딸은 모두 내부고객이다. 가족이 행복한 삶을 살아가기 위하여 맡은바 임무를 충실히 해냈을 때 비로소 내부만족도는 높아지고 더욱 큰 행복을 누리는 것이다.

이처럼 가족과 같이 조직입장의 내부고객이란 일반직원, 중역관리자, 최고관리자 등이다. 내부고객이 만족되어야만 외부고객 간의 만족도도 향상된다. 외부고객은 원자재를 납품해주는 거래처나 협력업체가 된다. 또한 우리 회사가 생산한 제품이나 서비스를 구매해 주는 사람들이 외부고객이 된다. 외부고객들은 자신이 지불한 희생에 대하여 높은 가치를 제공받기를 원한다.

고객은 회사의 제품을 주기적으로 구입하는 사람들이다. 이러한 고객들을 체계적으로 관리와 서비스를 제공하지 않으면 어느 순간에 회사제품이 이탈되기도 한다. 즉 고객은 주요 이해당사자인 것이다. 특히 최근의 고객들의 요구사항은 매우 까다롭다. 까다로운 고객의 요구를 만족시키려고 노력하는 기업은 경쟁력이 오히려 높아진다. 고객들은 높은 품질의 제품이나 서비스를 받으면서도 낮은 가격으로 개별적으로 차별화된 서비스를 받기를 원한다.

이러한 고객의 요구를 충족시키지 못하는 기업은 경쟁력을 급격히 상실하고 만다. 대부분의 성공한 기업가들은 항상 고객들을 위해 가치(value)를 창출하고자 노력한다. 이러한 고객가치 창출을 위해 기업들은 고객관계관리(CRM : Customer Relationship Management)의 원리를 이해하여 수준 높은 서비스를 제공할려고 노력한다. 여기에 CRM을 소개하기 전에 다양한 기업과 고객과의 관계제고 및 고객의 변화에 대하여 설명하고자 한다.

표 11-1 ■ 고객유형 단계

고객유형단계	내용
예상고객단계	첫 거래를 하지 않은 상태에서 상품구입 가능성이 높거나 스스로 정보를 요구하는 가망고객(개인적 접촉, 우편발송, 텔레마케팅 등)
고객단계	예상고객이 첫 거래를 한 이후의 단계(할인쿠폰, 마일리지 프로그램 등)
단골단계	불만족이 생기기 않는 한 한 점포 또는 한 브랜드만 구매(심리적 유대관계, 고객과의 관계강화 등)
옹호자단계	다른 사람에게 적극적으로 권장
동반자단계	기업과 고객이 완전히 융합

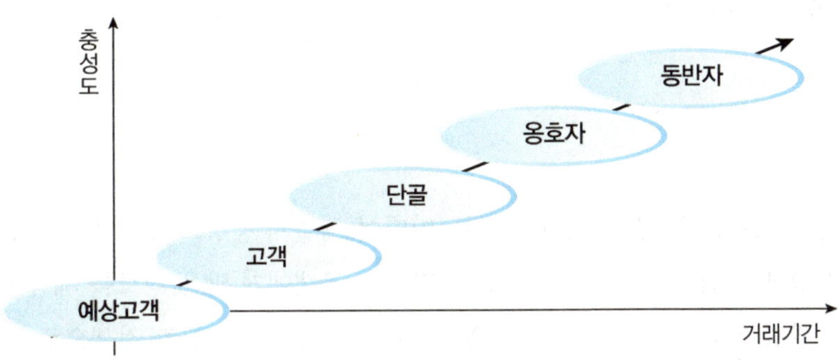

최근의 주변환경의 변화와 더불어 사회, 경제, 문화가 진화하면서 기업관점에서 고객 또한 끊임없이 변화한다. 이러한 고객의 변화를 감지하는 것이야말로 진정한 기업의 경영전략을 수정하게 만드는 가장 큰 요인이다.

가. 고객의 다양성의 증대

성별, 나이, 학력, 지역연고, 커뮤니티, 동문회 등 사회활동 범위가 점점 확대되고 새로운 산업 및 직업군의 탄생, 고객층의 다양화, 고령층의 확대로 인한 실버산업 등장, 전통적인 가족중심의 급속한 해체 등 고객들의 요구사항이 다양하게 변화되어 가고 있다. 이러한 인구통계학적 속성의 변화로 인해 고객의 요구사항이 다양해지면서 기업들은 점점 고객의 요구사항에 만족하기가 어려워지고 있는 것이 지금의 현실이다.

나. 1일 생활방식의 변화

산업화 · 도시화 · 정보화 · 지식화에 따른 고객들의 생활방식의 변화가 물리적 공간과 사이버공간 간의 차이를 점점 좁혀 놓고 있다. 이러한 고객의 변화는 인터넷쇼핑몰과 할인점, 식당, 패스트푸드지점들과 같은 오프라인 매장들의 운영시간을 1년 365일 24시간체제로 전환하게 하는 등 고객의 요구사항에 맞춘 서비스가 강화되어 운영되고 있다. 과거의 시간적 · 공간적 제약사항을 유지한 채로 고객을 받아들인다면 고객을 대상으로 하는 비즈니스를 수행할 수 없게 된다는 것을 의미한다.

다. 정보 및 지식사회

인터넷의 정보검색 및 관련 멀티미디어 채널의 등장으로 고객은 기업의 정보를 쉽게 찾아갈 수 있으며, 기업은 고객에게 많은 정보를 제공하는 쌍방향성 정보를 제시하고 있다. 다양한 정보의 출현과 검색으로 고객은 관련사항에 대하여 더욱 많은 것을 지식화시켜 나가게 됨으로써, 제품을 생산하는 기업보다 오히려 더 많은 지식을 보유할 수 있게 되었다. 기업이 기존의 정보를 가지고 고객을 대한다면 위험에 처할 수 있으므로 계속해서 고객만족을 위하여 끊임없는 연구개발이 절대적으로 필요하게 되었다.

라. 고객만족의 변화

제품이 가지고 있는 품질 이상의 가치가 제공되어야만 기업이 살아남을 수 있다. 즉 고객은 품질 이외에 고객서비스응대, 정보의 풍부함, 고객의 서비스가치, 전화응대, 불만처리, 사후서비스 등과 같은 기업과의 관계측면에서 기업을 평가하게 된다.

이러한 고객의 변화를 빠르게 감지하여 우수고객이 기업의 자산임을 명심하여야 하며, 고객들이 무엇을 원하는지, 어떻게 관리해야 할 것인지, 잠재고객을 우량고객으로 어떻게 유치하고 또 어떻게 우수고객을 유지할 것인가에 기업의 성패가 달려 있다고 할 수 있다.

기존의 고객관련 패러다임 변화와 새로운 패러다임의 변화를 살펴보면 [표 11-2]에 나타나 있다. 고객은 기업이 개별적으로 가치를 부여하

표 11-2 ■ 고객의 패러다임 변화와 새로운 과제

기존 패러다임	소비자의 변화	뉴 패러다임	새로운 과제
매스마케팅	소비자의 요구의 정교화와 다양화	마이크로 마케팅	• 초시장세분화 • 개인화, 대량맞춤 • 1 대 1 마케팅
교환마케팅	상품개발 참여 및 고객니즈 반영	협력마케팅	• 얼리어답터 파악 • 고객참여프로그램 • 오픈이노베이션
프리미엄 마케팅	영리해진 고객, 뚜렷한 효용추구	가치마케팅	• 현재 제품 및 서비스가치 평가 • 가치혁신 • 디자인, 체험, 엔터테인먼트 마케팅전략
체험/경험마케팅	감각 및 욕구충족	이벤트 및 체험마케팅	• 볼거리, 먹거리, 놀거리제공 • 계절별 고객참여 프로그램 • 교통/민박/주차난 해소
온 · 오프라인 마케팅	온 · 오프라인 교감의 소비성향	융합마케팅	• 소비자의 온 · 오프라인 구매행동분석 • 온 · 오프라인 통합마케팅 • 온 · 오프라인 마케팅믹스

자료 : 김계수, 성공을 부르는 고객관계경영, 도서출판 청람, 2010.

얼리어답터
제품이 출시될 때 가장 먼저 구입해 평가를 내린 뒤 주위에 제품의 정보를 알려주는 성향을 가진 소비자군(群)을 지칭

여 응대하길 원한다. 이러한 특별한 가치를 부여받기를 원하는 고객은 자신이 지불하는 가격보다 큰 가치를 원한다.

글로벌 금융위기 및 불황을 계기로 소비자들의 패턴이 꼭 필요한 제품만 사는 가치지향주의의 제품과 서비스를 선호하는 기업으로 몰리고 있다. 이러한 고객 패러다임의 변화를 인지하고 기업은 고객만족전략을 강구해야 할 것이다. 기업들이 새로운 변화에 대해 취할 수 있는 전략으로는 일 대 일 마케팅전략, 고객참여 및 체험마케팅전략, 가치마케팅전략, 협력마케팅, 융합마케팅전략 등이라고 할 수 있다.

11.2 CRM 등장배경

CRM(Customer Relationship Management)은 일반적으로 경쟁적 상황하에서의 지속적인 성장유지를 위해 수익성 높은 고객들을 파악, 획득 및 유지하는 일련의 활동으로 정의할 수 있다. 즉, CRM은 프로세스이다. 단순한 전산시스템을 구축하는 것이 아니라 전사적인 경영혁신관리(BPM)와 연동해서 기업활동의 중심에 제품 대신 고객을 더욱 세밀하게 분석하여 우량, 우수, 충성고객을 보다 많이 이끌어 내어 기업의 제품을 판매하는 것보다는 고객을 기업자산으로 평가하자는 것이다.

CRM이 각광받기 시작한 것은 1990년대 들어서인데 그렇다면 그 이전에는 기업들의 고객관계관리 활동이 존재하지 않았던 것일까? 조선시대에도 상인이 자녀들에게 사업을 물려줄 때 가장 중요시하였던 것 중의 하나가 고객명부였다는 것은 고객관계관리에 대한 인식이 이미 오래전부터 존재해 왔다는 것을 말해준다. 또한 우리는 경험을 통해 동네에 있었던 구멍가게, 양복점, 떡집, 통닭집, 음식점, 이발소, 세탁소 등에서도 고객관계를 관리하기 위해 나름대로 노력하여 왔음을 알고 있다.

예를 들어 어느 동네의 구멍가게 주인은 단골손님들의 얼굴을 기억하는 것은 물론 집이 어디인지도 알고 가게 앞에서 놀고 있는 아이가 어느 집 아이인지도 알고 있으며, 외상을 주어도 되는 손님과 안 되는 손님을 구분할 수 있었고, 손님들이 좋아하는 상표도 알고 있었다. 이 주인은 이

그림 11-1 CRM의 비즈니스 위치

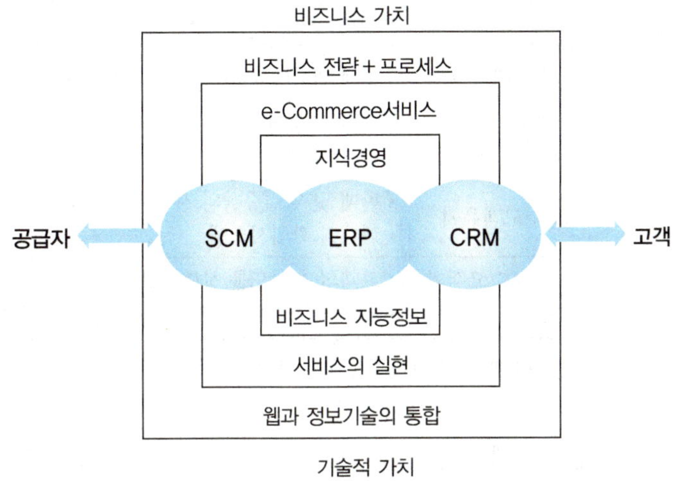

러한 기억을 바탕으로 단골손님 개개인에게 적합한 응대를 할 수 있었다.

그러면 1990년대 말에 등장한 CRM은 동네 구멍가게의 고객관계관리와 어떠한 차이가 있을까? 이 둘의 가장 큰 차이는 관리의 대상이 되는 소비자 및 고객의 수에 있다고 할 수 있다. 예를 들어 어느 동네의 양복점은 고객의 수가 많지 않기 때문에 고객에 대한 정보를 기입하거나 혹은 장부에 기록함으로써 고객에게 개별적인 서비스를 제공할 수 있지만 의류를 대량으로 생산하고 판매하는 어느 정도 규모의 의류업체라면 컴퓨터의 도움 없이는 고객에 대한 정보를 데이터베이스화할 수 없다.

따라서 우리가 CRM을 논할 때는 암묵적으로 기억이나 장부를 통해서 관리할 수 없을 정도의 많은 수의 고객을 대상으로 사업을 전개하고 있는 기업을 전제로 하고 있다고 할 수 있다.

[표 11-3]은 CRM의 4가지 요소를 기본으로 하고 있다. 즉, 고객 데이터웨어하우스(datawarehouse), 데이터마이닝(datamining) 등의 분석을 통해 고객을 세분화하는 등 시장과 고객을 이해한다. 이러한 이해를 바탕으로 고객 유형별(예 : 기업고객/일반고객) 마케팅활동의 전개 및 최적의 제품과 서비스를 개발한다. 개발된 최적의 서비스는 신속하고 경쟁력 있는 영업망 및 캠페인 활동을 통해 신규고객을 모집하거나 기

표 11-3 ■ CRM의 기본요소

요소	내용
Know : 시장과 고객에 대한 이해	• 수익성 높은 고객과 수익성 낮은 고객을 분류 • 고객 데이터웨어하우스 및 데이터마이닝을 통해 고객가치관리
Target : 최적 서비스 개발	• 어떤 고객에게 어떤 제품과 서비스를 어떤 채널을 통해 판매할 것인가?
Sell : 고객유치	• 판매 및 영업중심의 자동화시스템 • 캠페인 관리시스템
Service : 고객의 유지	• 고객의 충성도를 창출하고, 유지하기 위한 고객서비스 • 콜센터(CTI)와 안내데스크를 통한 고객지원

자료 : Ernst & Young CRM 자료, 2000.

존고객에 차별화된 서비스를 제공하는 데 이용된다. 기존고객에 대하여는 웹사이트나 CTI(Call Telephony Integration) 등을 통해 서비스 요청에 신속하고 일관되게 응대하여 고객의 만족도를 증가시킨다.

CTI
전화나 팩스를 컴퓨터시스템에 통합하는 기술의 하나로 고객에게 전화로 응대하는 콜센터 업무에 널리 이용

가. CRM의 정의

가트너그룹은 CRM을 신규고객의 획득, 기존고객의 유지, 그리고 고객의 수익성 극대화를 목적으로 지속적인 커뮤니케이션을 통해 고객의 행동을 이해하고, 나아가 고객의 행동에 영향을 주기 위한 광범위한 접근으로 정의한다. 이러한 정의는 고객과의 관계진화단계(획득, 유지, 강화)를 구체적으로 언급하면서 이에 대한 다양한 활동을 모두 포함하는 것을 의미한다. 그리고 CRM을 기업경영전략으로 파악하기 위하여는 다음과 같은 개념적 특성을 가져야 한다.

- 다양한 정보통신기술(ICT)을 활용한다.
- 고객획득, 유지, 강화 등 고객의 관계진화단계에 적용되어야 한다.
- 고객의 수익성의 극대화를 목적으로 하여야 한다.
- 고객에게 직·간접적으로 영향을 미칠 수 있는 모든 활동을 포함한다.

이러한 개념적 특성에서 정보통신기술과 수익의 극대화를 위하여는

고객관련 데이터의 과학적인 분석과 기획, 기업과 고객 간의 상호정보 교환을 위한 메시지 전달체계수립, 고객분류에 따른 피드백의 수렴 및 자동학습뿐만 아니라 충분한 고객과의 커뮤니케이션을 이룰 수 있는 다양한 자원과 역량이 확대 · 실시되어야 한다.

CRM의 궁극적인 목적은 고객의 관점을 포함한 기업과 고객 양쪽의 상호이익을 극대화하려는 개념으로 전환되어야 하며, 기업의 다양한 자원과 역량을 활용하여 고객과의 관계획득, 유지, 강화 등 전체 고객라이프사이클에 걸쳐 고객과 기업 상호 간의 이익극대화를 추구하기 위한 기업의 모든 경영활동의 기반이 되는 경영전략 또는 패러다임이라 말할 수 있다.

CRM의 경영성과를 나타내기 위하여 고객만족도 향상과 더불어 기업입장에서 고객의 충성도를 이끌어내는 전략이 수립되어야 한다. 기업입장에서 만족하는 고객이 있다면 투자가치가 존재하며, 만족도가 낮다면 만족도를 개선하려는 노력이 수반되어야 한다. 고객충성도는 고객이 거래기업의 제품과 서비스가 최고일 것이라고 믿는 믿음의 정도라 할 수 있다. 타 기업보다 좋은 서비스를 제공하는 기업은 높은 충성도를 확보하는 것으로서 기업의 미래가치가 높을 것이다. 고객만족과 고객충성도는 항상 직접적인 상호연관성을 갖지는 않는다. 이 둘 간의 관계요인에 따라서 그 결과는 달라진다. [그림 11-2]는 고객의 만족도와 충성도 차원에서 4가지 고객으로 분류한다.

기업의 고객관리자는 고객만족을 높이기 위하여 관심을 가져야 한다. 우선 사도고객(Apostles)은 고객충성도가 높을 뿐만 아니라 다른 사람에게도 이용을 적극적으로 권하는 고객들로서 이들에게 더욱 적절한 보상시스템과 유지관리가 절대적으로 필요한 고객층을 말한다. 테러리스트(Terrorists)고객은 극단적 불만고객으로서 어떻게든 다른 사람을 이탈시키려고 애쓰는 고객이지만 오히려 사도고객보다 사명감이 몇 배 더 투철할 수 있다. 그러나 고객불만처리를 잘못할 때 테러리스트 고객으로 양산될 가능성이 항시 존재한다. 용병고객(Mercenary)은 만족도가 높기는 하지만 가격이 싸다며 쉽게 이탈하는 고객들로서 사소한 이해득실에도 옮겨 다니는 고객 부류로 파악될 수 있다. 일반적으로 가격유

그림 11-2 고객만족도와 충성도에 따른 고객분류

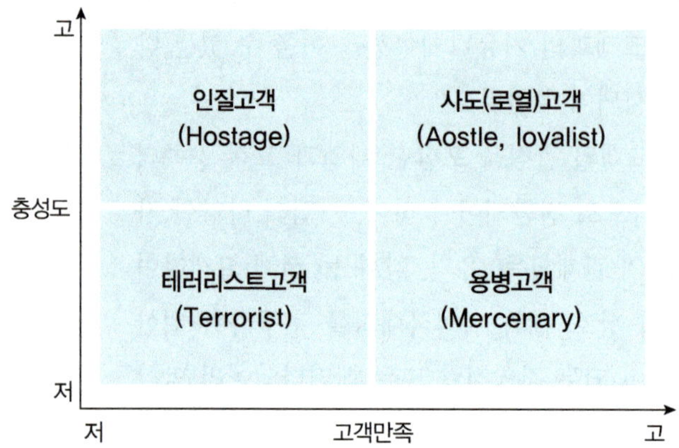

인에만 의존할 경우 대다수 고객이 용병고객으로 전락될 수 있다. 인질고객(Hostage)은 불만이 많지만 다른 대안이 없는 고객들로서 독점산업에서나 사내 고객의 경우와 같이 선택의 자유가 없는 고객을 말한다.

CRM은 기업의 생사를 좌우하는 핵심기능과 기존고객과의 관계를 유지하고 강화하여 더 많은 비즈니스 기회를 만들어 내고 초점을 맞추는데 치중한다. 그리고 CRM이 핵심경영 전략으로 자리매김하기 위하여 올바른 리더십, 고객지향적인 문화, 실행의지 등이 있어야 한다. CEO가 몸소 고객만족을 위해서 선도적으로 실천하면 조직구성원들도 자연스럽게 고객만족경영을 실천한다. 리더가 개별고객에 대하여 신경을 많이 쓰면 쓸수록 구성원들도 개별고객에게 세밀한 서비스를 제공하기 위해서 노력한다.

나. CRM의 구조

[그림 11-3]은 시스템적인 관점에서 CRM이 기업에 구축되었을 때의 구조도이다. 전송매체, 고객서비스, 데이터분석과 데이터웨어하우스, 내부처리시스템으로 구성할 수 있다.

그림 11-3 CRM의 구조

CRM

전송매체	고객서비스		데이터분석	데이터웨어하우스
e-메일 인터넷 SNS 휴대폰 스마트폰 태블릿PC	전자상거래 콜센터 모바일 상거래 모바일 컴퓨팅 소셜 커머스	마케팅 판매 서비스	데이터마이닝 OLAP 데이터마트	고객데이터

내부처리시스템(ERP, SCM, PDM, MIS)

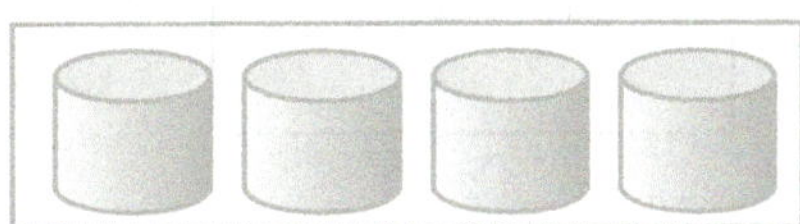

맨 위의 상단은 고객이다. CRM의 구조에서 전송매체는 고객과의 계속해서 대화의 채널을 통한 데이터 수집에 중점을 두고 있다. 특히 고객은 영업사원의 직접방문이나 전자우편(e-mail), 인터넷, 전화, SNS, 스마트폰, 이동통신 등을 이용하여 제품주문이나 서비스를 요청한다. 이 중 특기할 사항은 전화, 스마트폰과 인터넷이다.

전화의 경우 기업에서는 CTI 구축을 통해 Inbound Marketing(고객으로부터 걸려온 전화에 대해 Single Image로 고객을 대응), Outbound Marketing(고객에게 판매촉진을 위해 능동적으로 전화를 거는 행위)을 통해 고객만족 및 마케팅활동을 효과적으로 도모할 수 있다.

데이터마이닝(datamining)
많은 자료 중에서 쉽게 정보를 찾아주는 기법들로 자동화되고 지능을 갖춘 데이터 분석기법

OLAP(OnLine Analytical Processing)
최종사용자가 다차원 정보에 직접 접근하여 대화식으로 정보를 분석하고 의사결정에 활용하는 과정

데이터마트(datamart)
데이터웨어하우스는 기간업무시스템을 비롯하여 기업의 모든 부문에서 발생하는 데이터를 일원적으로 축적한 것

FAQ(Frequently Asked Question)
뉴스그룹이나 게시판에 흔히 하는 질문들을 의미함(답변들을 기사화)

인터넷의 경우는 3가지 면에서 매우 중요하다. 첫째는, 판매에 관한 것으로 웹을 통해 새로운 판매기회를 창출하는 것이다. 즉, 제품의 특성 및 경쟁상품과의 차별성, 제품견적을 웹을 통해 손쉽게 제공하는 것이다. 두 번째는 고객서비스에 대한 것으로, 게시판 및 FAQ 정보를 제공함으로써 고객을 학습시켜 서비스요청에 대한 답을 제공하고 고객을 더 높은 수준으로 만드는 것이다. 세 번째는 고객의 소리를 들을 수 있는 마케팅전략으로, 게시판 및 FAQ를 통해 제품에 관한 요구사항 및 결함정보를 이용하여 신제품개발 등 마케팅전략 수립에 이용하는 것이다.

CRM의 구조 중 고객서비스 즉 마케팅, 판매, 서비스에서 무엇보다도 중요한 것은 [그림 11-5]와 같이 연속적인 시간에서 고객과 기업 간에 끊임없는 커뮤니케이션을 통해서 기업은 얻고자 하는 목적을 달성하

그림 11-4 고객콜센터 기능

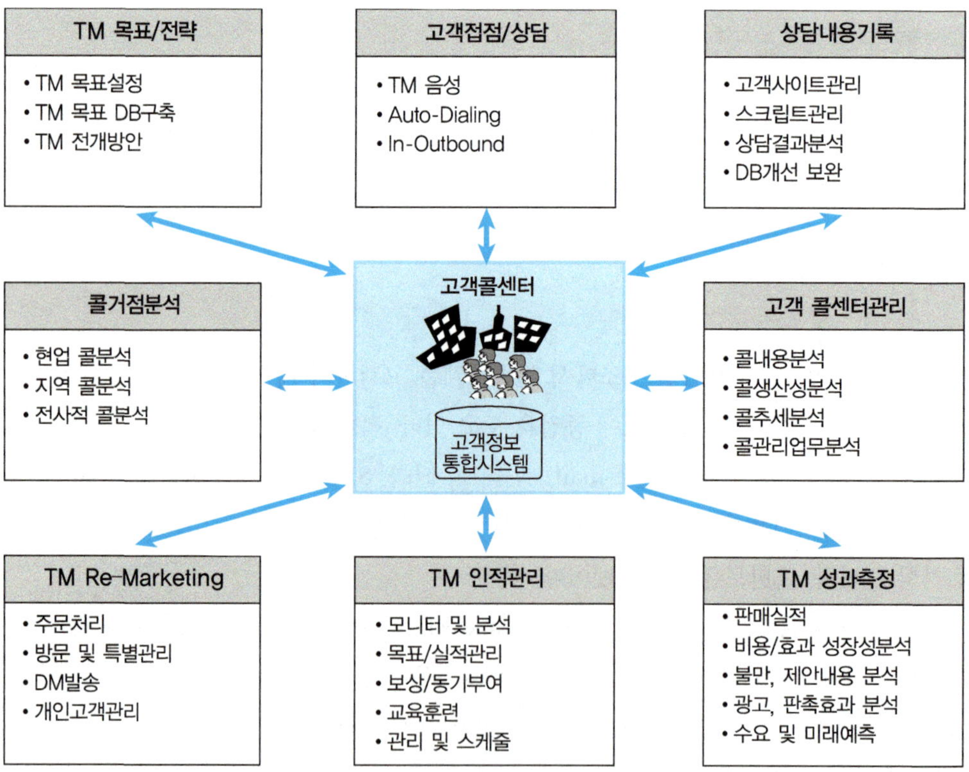

TM : TeleMarketing

그림 11-5 고객서비스에서의 기업과 시간 축에서 커뮤니케이션

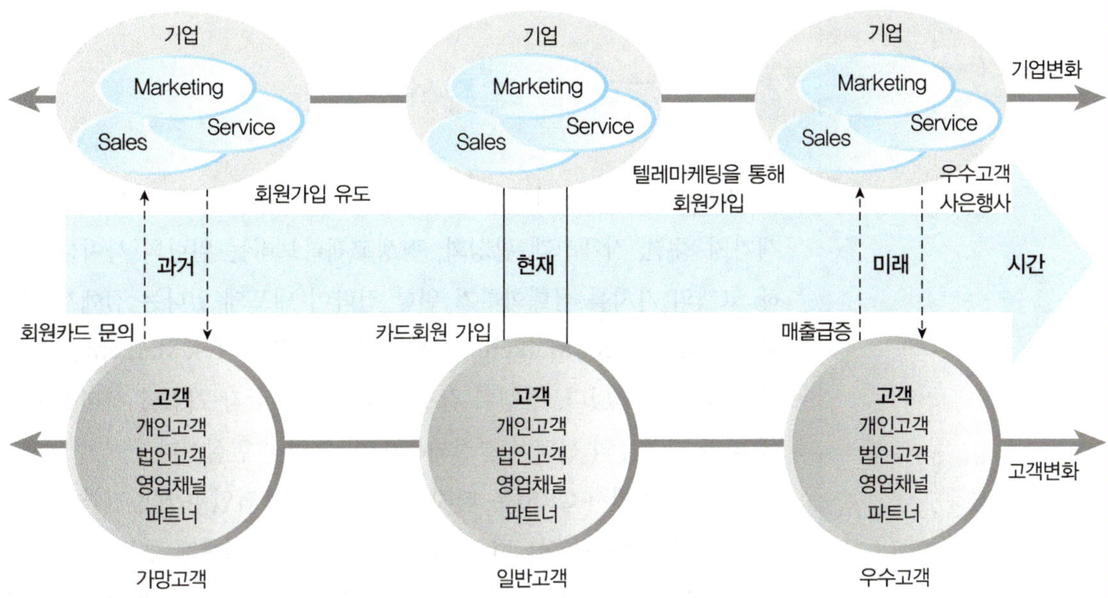

자료 : eBizKorea, 한국전자거래진흥원, 2005.

고 고객은 이에 따른 차별화된 재화를 얻을 수 있도록 하는 활동이다. 여기서 가망고객은 명목상의 고객이 아니라 확신을 가지고 판매의 실마리를 찾을 수 있는 고객으로 정의를 내리며 상품의 필요성을 느끼는 사람, 사업상 상품을 구입하는 입장에 있는 사람, 상품을 구입할 수 있는 재력이 있는 사람, 만날 수 있는 사람 등으로 향후 일반고객과 우수고객의 전초단계라고 할 수 있다.

어떤 남성이 소개를 통해 여성과 만남을 갖는다면 첫 만남에서 여성에 대한 성향, 어떤 영화를 좋아하는지, 어떤 음식을 좋아하는지, 취미는 어떤 것인지 알아가고 여성에게 그에 대한 제안을 통해 교제를 하는 것처럼 CRM도 이러한 연속적인 시간에서 일어나는 커뮤니케이션에 대하여 집중하는 것이 중요하다. 이것은 어떤 시점의 단발적인 이벤트로 단절되는 것이 아니라 기업이 존속할 때까지 고객을 이해하는 과정이고 이러한 이해를 바탕으로 기업전략을 행동으로 옮기는 과정이다. 따라서 커뮤니케이션을 중앙에서 통제하고 고객이해에 대한 지식을 축

적하기 위한 프로세스와 시스템이 가장 중요한 CRM의 요소이다.

11.3 고객데이터 분석방법론

CRM은 고객데이터를 세분화해서 신규고객 창출, 우수고객 유지, 고객가치 증진, 잠재고객 활성화, 평생고객확보라는 일련의 사이클을 통해 고객의 가치를 극대화하기 위한 전략이 내포돼 있다는 점에서 직접우편(DM : Direct Marketing), 텔레마케팅(TM : TeleMarketing)과 근본적인 차이가 있다. 경쟁이 갈수록 심화되면서 각 기업별 서비스 내용에 따라 고객들의 선택이 결정되는 것이 기업의 현실이다.

이 같은 면에서 CRM은 타깃별로 가장 효과적인 마케팅전략과 서비스를 제공함으로써 '한 번 고객은 평생고객'을 실현해 주는 가장 확실한 대안이 될 수 있다. 기업들은 CRM을 통해 대리점과 통합된 고객정보를 공유하고 영업, 마케팅, 서비스업무 등 프런트오피스 측면에서 업무 프로세스를 통합시키는 등 다양한 효과도 얻을 수 있다.

고객을 체계적으로 분석하는 CRM관점 이전에 기업들은 고객들에게 자사제품을 팔기 위하여 다양한 마케팅 채널로 가동하였다. 그러나 소비자의 관심이 점차 복잡 다양해지면서 기업들은 고객에 대한 새로운 마케팅에 관심을 가지게 되었는데 이러한 경향은 매스마케팅에서 세분화마케팅, 틈새마케팅, 타깃마케팅과 같은 다양한 마케팅 방식이 등장하였다.

최근에는 데이터베이스 마케팅의 도입과 정보기술의 발전으로 인하여 기업의 내·외부자료를 통합하여 마케팅활동을 지원함으로써 대용량 고객정보의 저장과 저장한 정보에 대한 분석을 가능케 하고 이렇게 저장된 정보를 분석함으로써 개별 고객의 요건을 발견해내며, 새로운 고객을 획득하게 된다. 이러한 데이터베이스마케팅은 고객과의 독특하고 개별적이며, 지속적인 관계를 유지하는 개별적(individual) 마케팅, 일대 일(one-to-one)마케팅, 관계(relationship)마케팅으로 진화하게 된다. 이러한 마케팅 방향에 대한 요소들을 기반으로 CRM이 등장하게 된다.

그림 11-6 고객데이터베이스 수집방안

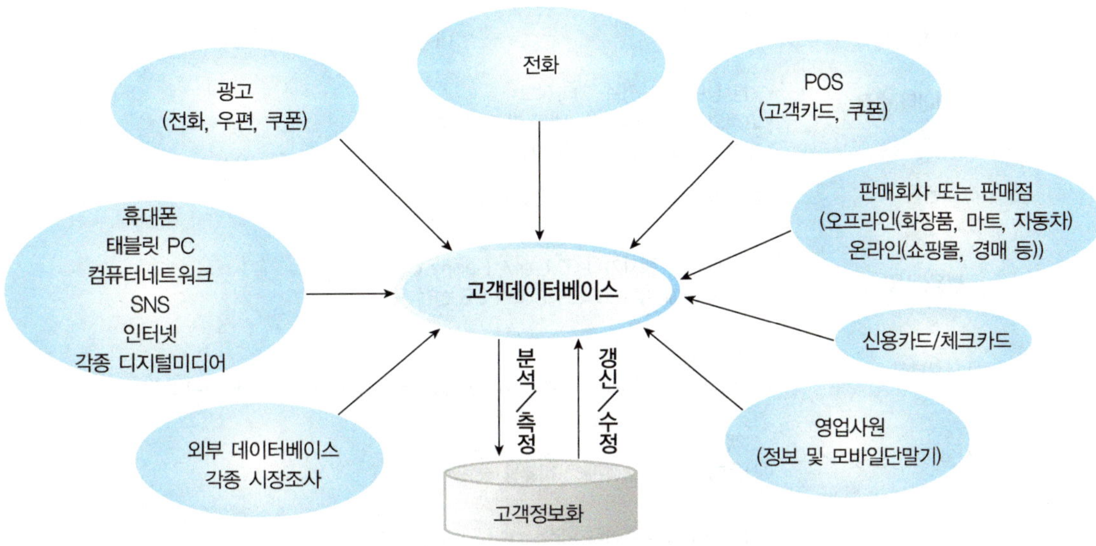

여기서 RFM(Recency, Frequency, Monetary)분석은 다음과 같은 이론에 준한다.

첫째로 새로운 제안에 반응할 가능성이 있는 고객을 확인하는 중요요소가 최근 구매요일(Recency)이다. 이는 과거에 구매할 고객들보다 최근에 구매한 고객이 더 구매할 가능성이 높다는 것이다. 이에 알맞은 질문은 "고객은 최근에 얼마나 구매하였는가?"이다.

둘째로 고객관리에서 중요한 요인은 빈도(Frequency)이다. 이는 자주 구매한 고객은 구매경험이 적은 경우보다 더 구매할 가능성이 높을 것이다. 이에 대한 질문은 "고객이 얼마나 빈번하게 우리 상품을 구입했는가?"이다.

셋째로 중요한 요소는 전체 소비금액(Monetary)기준이다. 과거 많이 구매한 고객들이 과거에 덜 소비한 고객보다 더 구매할 가능성이 높다는 것이다. 이에 맞는 질문은 "고객이 구매한 총금액은 얼마인가?"이다.

이와 같은 세 가지 질문에 근거하여 기업은 고객거래 정보를 통해서 구매고객의 성향을 분석하고 CRM전략을 마련할 수 있다.

그림 11-7 고객데이터 분석과정

분석과정	내용
고객데이터 수집	• 기본정보, 매상정보, 기타정보 • 고객의 기본속성(연령, 성별, 가족, 직장, 취미 등) • 고객 가입동기와 주요 희망사항
등록	• 온라인 등록, 입수 등록, 담당자 등록
활용(응용)	• 고객세분화, 행사기획, TM, DM, Happy call • 무점포 판매, 우수고객초대, 고객 DB 선정 등
1차분석	• 지역, 계절별 • RFM분석(Recency(최근구매일), Frequency(구입횟수), Monetary(구입금액))
보상을 통한 활용	• 고객 서열화 • 사은행사, 우수고객관리, 비활동 → 활동
2차분석	• 성과분석, 고객데이터 정리 • MCIF(Marketing Customer Information File)
feedback	• 고객상담센터, 마케팅부서에서 수신활동

고객 데이터베이스의 체계적인 분석방법론으로 CRM으로 실시되어야 하는 이유는 다음과 같다.

첫째는, 기존 마케팅방식은 마케팅부서에서만 실시되어 뚜렷한 마케팅의 정의와 투자요소의 방향이나 본질적인 요인을 정의하지 못한 채, 변화하는 시장환경을 따라잡는 데 급급하였다. 이러한 마케팅의 방향과 환경, 제도를 바꾸는 방안이 CRM이다. 고객에 대한 중요성을 마케팅의 전면에 배치하여 사내 모든 정보의 방향과 프로세스와 사내마인드 고객관계에 역량을 쏟아 넣는 것이다.

둘째는, 현재 각 기업의 마케팅은 고객의 니즈를 파악하지 못하고 있다. 고객들은 모든 광고와 정보의 홍수 속에 살고 있으며 이들 고객들은 어느 누구보다도 많은 정보를 갖고 있다. 반대로 이런 고객에 대한 분석력은 항상 제자리에 머물러 있다. 고객을 이해하기에는 많은 문제점이 존재한다.

셋째는, 고객에 대한 니즈를 파악할 수 있는 시스템이 기존에는 존재하지 않았다. 고객에 대한 정보는 하루가 멀다시피 변하고 있고, 또한 고객정보를 뒷받침할 수 있는 시스템은 전혀 없었다. 어떻게 고객을 세분화할 것인가? 어떻게 목표고객을 설정할 것인가? 목표고객에 대한 수익을 어떻게 증가시킬 것인가? 이러한 문제에 대한 해답을 제공할 만한 제반 인프라가 구축되어 있지 않기에 기반 조성을 통해 새로운 기회를 엿보며, 새로운 고객에 대한 전략을 실시하는 것이다.

넷째는, 지속적으로 고객에게 서비스를 제공할 방법이 없다. 고객에 대한 정보가 있어도 어떻게 서비스를 실시해야 할지를 모르고 있다. 어떠한 방향으로 고객을 만족시킬 것인지에 대한 대책이 없다면, 아무리 좋은 투자라도 무용지물이 될 것이다. 지속적인 관리방안을 통한 장기적인 계획수립을 통해 고객을 관리해야 한다.

다섯째는, 전사적이고 고객지향적인 데이터베이스가 되어야 한다. 더 나은 고객을 위해서라면 사내 어느 부서에 근무하는 그 누구라도 항상 고객을 위해 고객에 대해 준비해야 한다.

결국에 CRM은 전사적으로 고객에 대한 고객정보에 대한 마인드를 바꾸고 개선하며 집중적인 관리를 통해 완전한 정착단계에 이를 수 있다. CRM은 고객, 정보, 사내프로세스, 전략, 조직 등 경영전반에 걸친 관리체계이며, 이들 정보기술이 밑받침되어 구성되는 것이다.

가. 고객관계 전제조건 및 관리

전략적으로 CRM을 이해하기 위하여 여러 가지 대안이 도출되고 있는데 다음 세 가지로 요약할 수 있다.

첫째는, 고객통합 데이터베이스가 구축되어 있어야 한다. 기업이 보유하고 있는 고객, 상품, 거래 등에 관련된 데이터를 데이터웨어하우스 관점에 기초하여 통합한다. 즉, CRM을 위해서는 고객과 관련된 전사적인 정보의 공유체제가 확립되어야 한다. 고객이 생각하고 표현하는 말 한마디를 사내 정보망을 통해 공유하고, 이러한 정보가 충분히 분석된다면 향후 고객에 대한 마케팅을 실시할 때 고객에 대해 훨씬 더 다양하고 의미 있는 분석을 실시할 수 있게 된다.

둘째는, 고객특성을 분석하기 위한 데이터마이닝 도구가 준비되어야 한다. 구축된 고객 통합 데이터베이스를 대상으로 마이닝 작업을 통해 고객의 특성을 분석한다. 대용량 데이터를 분석하여 차별화된 정보를 획득하는 것은 마케팅 우위를 차지하기 위한 하나의 효과적인 방법이다.

셋째는, 마케팅활동을 대비하기 위한 캠페인 관리용 도구가 필요하다. 분류된 고객 개개인에 대한 특성을 바탕으로 해당 고객에 대한 적절한 캠페인전략을 지원 · 관리하는 도구가 애플리케이션, 웹 등의 다양한 형식으로 관련 부서 및 사용자의 목적에 따라 이용할 수 있다.

고객집단들에 대한 차별화된 마케팅을 통하여 고객의 가치를 알 수만 있다면 고객의 수익성을 안다는 것과 같은 이치이다. 이처럼 고객의 수익성은 CRM을 위한 기반조건이 된다. 고객을 분류하는 기준이 여러 가지가 있겠지만 기업의 입장에서 우수고객이라는 것은 바로 그 고객의 수익성이 되는 것이다. CRM은 기업의 모든 마인드를 고객을 위해서 준비하자는 것이지만 궁극적으로는 기업을 위해서 실시하는 것이다. 기업의 경쟁력 확보는 바로 고객을 이해하는 것에서 시작되고, 고객과의 관계를 우호적으로 유지하는 순간 기업은 성공에 이르게 된다.

전자상거래를 활용한 CRM의 경우 지리적으로 여러 곳에 분산되어 있더라도 아주 적은 비용으로 고객들의 데이터를 수집할 수 있으며, 이를 분석 · 공유함으로써 경험이 적은 사람이라도 우수한 세일즈맨 이상의 판매고를 올릴 수 있다.

나. 고객 개인정보 수집 및 분석

오프라인 기업이든 온라인 기업이든 전자상거래를 활용해 대상고객을 선별하고 양방향통신을 확립하여 효과적으로 CRM을 적용할 수 있는 방법에 대하여 알아본다.

인터넷의 세계는 공동취미와 관심을 가진 사람들이 지리적 · 시간적 제약을 뛰어넘어 정보를 교환하는 작은 공동체의 집합이기도 하다. 인터넷상에 많은 공동체들이 존재하며 이들과의 전자상거래의 연계성을 고려하여 분석 · 적용한다면 성공적인 CRM 적용의 열쇠가 된다. 전자상거래는 고객과의 계속적인 관계유지로 거래가 반복될수록 CRM의 유대관계가 상당수 깊어진다. 상품은 고객의 요구에 대응해 맞춤형으로 준비되며, 반드시 단일상품으로 한정되지는 않는다. 고객이 원하는 상품을 개발하고자 결정이 되었으면 고객의 토론장이나 대화채널을 가동하여 만들어 나가야만 한다. 분산된 영역과 정보전달의 양방향성, 즉 동시에 상대측의 응답을 받을 수 있는데 이러한 특성이 CRM의 기법에 잘 적용되고 있다.

그러나 어떻게 공동체의 그룹집단과 통신을 확립하고, 그 개인정보를 수집해 나갈 것인가에 대한 표준기법은 아직 확립되어 있지 않지만 여러 가지 시도가 행해지고 있다. 개인정보를 수집하고 기업의 마케팅 욕구에 대응하려는 것을 개념적 소비자의 창이라고 한다.

[그림 11-8]은 소비자창 기반의 개인정보 획득과정을 설명한 것이다. 인터넷상에 존재하는 서비스와 정보를 실제로 획득하기 위한 이용

그림 11-8 고객데이터베이스기반의 개인정보 획득과정

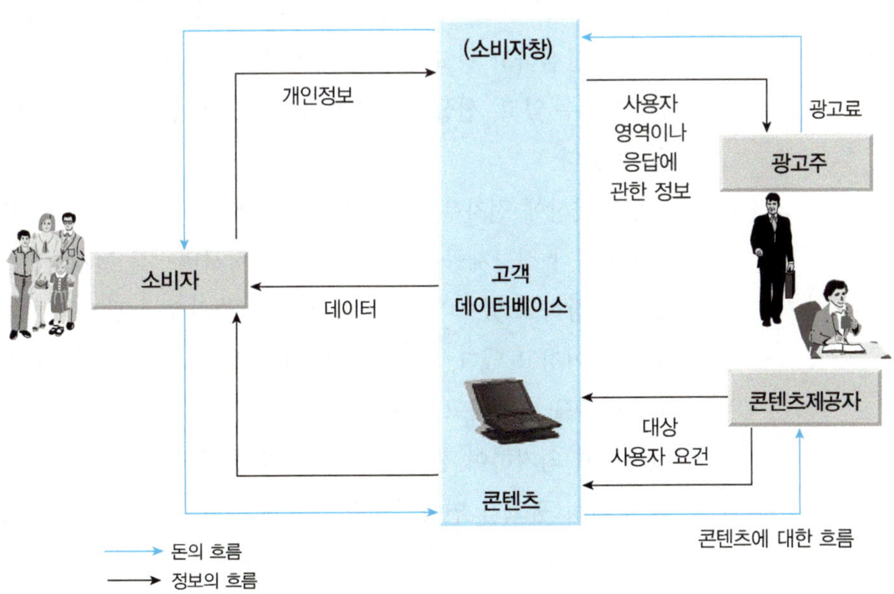

자료 : 송유진 외 2인, 전자상거래가 세상을 바꾼다, 1999.

자와의 인터페이스 기능인 검색엔진 그리고 비즈니스 응용에 적용되는 관점에 해당된다. 이 인터페이스 기능은 소비자의 구매활동과 생활방식, 취미 등의 정보를 파악하기 좋은 기능을 가지고 있어, 이 이점을 살려 소비자의 정보를 분석하고 영역화한다면 광고주의 마케팅서비스 사업은 상당한 성공을 거둘 수 있을 것이다.

소비자창은 바로 인터페이스 기능을 수행하면서 영역이 구분된 특정 소비자에 대해 그만의 특유한 요구에 대응하는 기업정보를 제공하는 새로운 업종으로 부상하고 있다. 인터넷사이트의 회원으로 가입할 때 주소, 주민등록번호, 직업 등을 기입하지만 고객에게 이러한 정보와 무관한 광고가 삽입되어 운영되기도 한다. 물론 쇼핑몰을 운영하는 기업측면에서는 고객이 관심을 가질 만한 광고를 선별하여 광고를 삽입한다고 주장은 하고 있다.

광고란을 열면 광고 후원자의 홈페이지에 연결되어 필요한 정보를 얻을 수도 있다. 후원자인 광고주가 정보를 제공하고 회원에게 정보를 압축하여 직접 전자우편을 통하여 제공하는 것이다. 물론 전자우편을 통하여 보내는 것으로 그치지 않고 고객이 광고를 열람했는지 체크까지 한다. 이러한 서비스는 비용 대 효과의 비교가 확실히 나오기 때문에 후원자는 안심하고 광고비를 낼 수 있다. 뿐만 아니라 고객동향조사도 간단히 할 수 있고, 신상품에 대한 소비자의 의견도 전자우편으로 쉽게 모을 수 있다.

인터넷상에 전자우편과 정보를 무료로 제공 및 교환함으로써 인터넷 쇼핑몰이나 정보제공사이트 간에 마케팅서비스를 전개하려는 업체들이 많이 등장하고 있으며, 이에 따라 웹 검색과정에 광고를 게재하는 시도도 이루어지고 있다. 이 서비스에서는 인터넷에 접근할 때 화면 일부에 광고공간을 마련하고 후원자로부터 광고수입을 확보한다. 이 광고는 개인정보에 의거하여 선별된 그 개인의 관심테마로 구성되어 있으며, 직접 우편형 광고가 연속적으로 흐르게 된다. 이는 사용자로서도 인터넷 접근이 무료일 뿐만 아니라 자기에게 필요한 정보를 손쉽게 넣을 수 있는 장점이 있다.

전자상거래에서 성공을 가능하게 하기 위하여는 기업이 소비자로 하여금 자기 개인정보를 기꺼이 제공해 줄 수 있을 만한 신용을 획득하는 일이다. 그러기 위해서는 여러 가지 정보제공자와 소비자 사이의 인터페이스를 잘 구축해야 하며, 소비자를 피곤하게 하는 불필요한 정보를 엄격히 제한해야 한다. 유용한 정보만 제공되도록 정보의 교통정리를 하는 등 회원이 만족할 만한 부가서비스를 제공하는 것이 무엇보다도 중요하다. 소비자 사이트 입장에 서서 정보를 주고받는 관계를 만들어 낸 개인이 공동의 집합체와의 통신권리를 획득하게 되면 새로운 소비자와 기업 간 모델에서는 상대적으로 소비자의 입장이 강조되고 소비자의 힘이 강해지기 때문이다.

개인정보 수집이 성공하고 전자상거래를 성공으로 이끌기 위하여 고객과 긴밀한 통신관계를 구축하는 능력과 고객으로부터 입수한 정보를 과학적으로 분석하여 마케팅전략을 수립하는 능력을 갖추는 것이다. 이것이 바로 본질적인 마케팅기술이라고 할 수 있고, 전자상거래의 본질적인 기술을 풍부하게 발휘할 수 있는 장소를 제공하는 것이라 할 수 있다.

모든 기업은 한 번 더 고객중시의 사고방식으로 되돌아가 전자상거래가 만들어준 새로운 정보유통구조를 적극 활용해야 한다. 이렇게 하면 새로운 성장기회를 찾는 기업들은 틀림없이 상거래활동의 재창출 기회를 발견할 수 있을 것이다.

11.4 CRM 구성과 기능

가. CRM의 구성

CRM에 있어서 세 가지 주요 구성은 새로운 고객의 확보, 기존고객으로부터의 수익성 강화 그리고 고객의 유지이다([그림 11-9] 참조). 이들 각각은 고객관계에 각기 다른 영향을 미치며, 회사와 당신의 고객과의 삶을 더욱 강화시킬 수 있다.

그림 11-9 CRM의 3가지 구성요소

자료 : Kalakota and Robinson, e-Business: Roadmap for success, 2000.

(1) 새로운 고객의 확보

제품과 서비스에 있어서 선도적 위치를 가지게 되며 새로운 고객을 확보할 수 있다. 고객을 위한 가치는 탁월한 서비스가 지원되는 우수한 제품을 제공하는 것이다.

(2) 기존고객으로부터의 수익성 강화

교차셀링(cross-selling)과 업셀링(up-selling)에서 탁월함을 발휘함으로써 고객과의 관계를 강화시킬 수 있다. 이것은 또한 고객 관계를 더욱 튼튼하게 한다. 고객을 위한 가치는 적은 비용으로 더욱 많은 편리함을 제공하는 것이다.

교차셀링
고객으로부터 걸려온 제품에 대한 문의전화에 대해 CRM 애플리케이션 담당자들이 자동적으로 보완적인 목록을 제시한다. 즉, 새로운 상품에 대한 구매를 유도

업셀링
담당자들이 유사한 제품이지만 더 나은 품질의 제품을 제시하는 것

(3) 유익한 고객의 유지

고객 유지는 시장이 원하는 것이 아니라, 고객이 원하는 것을 충족시키는 서비스 적응성에 초점을 맞춘다. 고객을 위한 가치는 그들의 가장 큰 관심에 부합하는 활동지향적인 관계를 제공하는 것이다. 오늘날 선

도적인 기업들은 새로운 고객을 끌어들이기보다는 기존의 고객유지에 더 많은 초점을 맞추고 있다. 여러분이 돈을 벌고자 한다면 여러분의 좋은 고객을 붙잡아라. 그러나 그것은 말하는 것처럼 그렇게 쉬운 일이 아님을 명심해야 한다.

CRM의 국면들은 상호 관련을 갖는다. 이 세 가지 국면들을 잘 수행하는 것은 어려운 문제이다. 기업은 이들 세 가지 중 어떤 것에 우선적으로 집중해야 할지를 선택해야 한다.

나. CRM의 기능

CRM의 기능들을 이론적으로 기술하는 것보다 현재 상용화되어 있는 CRM 패키지의 기능을 살펴보는 것이 바람직하다. 현재의 CRM 패키지는 크게 3종류로 볼 수 있다. 첫째는 확장 ERP로서의 CRM, 둘째는 데이터분석중심의 CRM, 세 번째는 영업자동화중심의 CRM이다.

ERP업체로 잘 알려진 SAP의 경우는 CRM을 확장 ERP 개념으로 접근하며, 이는 기 구축된 백오피스인 ERP에서 영업 및 고객대응 등의 프런트오피스부분을 확장하고 통합하는 것이다.

일반적인 CRM을 5가지로 설명하면 [표 11-4]와 같다.

[표 11-4] 중에서 고객분석 및 고객정보요소 등은 CRM에서 데이터웨어하우스 및 데이터마이닝 등의 데이터분석을 매우 강조하고 있다.

표 11-4 ■ CRM의 5가지 주요 수행기능

요소	수행기능
고객분석	고객세분화, 이탈고객분석, 고객가치분석
캠페인관리	캠페인 계획에서부터 캠페인 효과분석까지 수행
고객응대	콜센터, 영업자동화(Sales Force Automation) 및 고객지원센터, 텔레마케팅
고객정보	데이터웨어하우스, 데이터마이닝 등 분석작업 수행
컨설팅/통합	고객데이터분석의 기반이 되는 전략컨설팅과 시스템 통합

영업자동화 주요 기능

- 마케팅 분석기능
- 제품정보
- 판촉도구정보
- 거래이력관리
- 상담진척관리
- 영업사원 접촉관리
- 콜센터기능 등

영업자동화 관련 사이트

www.selectica.com
www.oraclesalesonline.com
www.frontrange.com

CRM의 핵심기능 중 더욱 세부적인 기능은 [표 11-5]와 같다.

표 11-5 ■ CRM의 5가지 주요 세부수행기능

구분	세부구분	수행기능
일반 관리	Organization	조직의 계층구조 및 직원의 데이터 접근권한을 정의
	Assignment	직원에게 일(판매기회, 캠페인, 서비스 요청, 제품하자, 계약 등)을 배정
데이터 관리	Account	고객정보를 관리하는 것으로 고객계층구조, 판매기회, 대고객 활동정보관리
	Contact	담당자정보를 관리하는 것으로 담당자에 판매기회를 연계하고 관련 메모 · 문서를 연계, 제공하는 기능
	Activity	담당자의 영업활동내역을 등록 · 수정 등 관리
	Products	상품정보를 관리하는 것으로 상품의 주요 특징과 유사상품 간 비교정보, 가격리스트(지급조건, 운송료, 선적조건 등) 정보관리
	Literature	모든 자료(file)의 관리 및 자료의 분배 · 유출관리
	Calendar	일정관리
	Competitor	경쟁업체 및 경쟁상품 간 비교 · 자료관리
	Partner	협력업체 정보관리 및 판매기회와 연계
	Correspondence	대고객 서신 발송관리(Direct Mail)
캠페인	List	외부리스트의 구입 및 내부자료를 이용하여 캠페인별 대상고객 리스트 생성
	Campaign	캠페인 내역을 관리하는 것으로, 특정 캠페인에 대한 표적고객 리스트 및 담당자를 정의하고, 캠페인을 통해 달성해야 될 몫(Quotas)을 설정
영업 활동	Opportunity	판매기회를 추가 · 수정 · 삭제하며, 판매기회를 추진하는 담당자 및 해당 상품을 연계
	Promotion	기존의 탬플릿을 이용하여 제안서 작성 지원
	Product Configurator & Quotas	상품과 서비스의 견적 시 사용될 상품정보(구성 아이템, 할인사항)와 청구, 배송정보관리
서비스 요청	Service Request	고객이 웹, 전화 등을 통해 요청한 서비스를 관리하는 것으로 담당자 배정, 관련활동 연계 · 요청, 서비스관련 솔루션검색 등의 기능 수행
	Product Defect	Service Request와 기능이 비슷하나 발생원인이 제품결함에 관한 것으로서, 결함관련 활동 및 솔루션 관리

자료 : 진휘철, CRM의 실체는 무엇인가, 삼성SDS, 2000. 5.

이상으로, CRM의 주요기능과 세부기능을 통하여 살펴본 결과, CRM의 핵심기능은 마케팅활동, 영업 및 서비스라는 것을 알 수 있다. 이렇게 비슷한 특징을 갖는 CRM제품의 기업적용은 기업환경에 의존한다고 할 수 있다.

(1) 기업의 CRM 프로세스

기업의 CRM 프로세스는 기업의 유관부서 사이에서 일어나는 다양한 활동으로서 특정 부서의 내부 업무프로세스가 아닌 고객에 대한 기업의 일관성을 유지하면서 기업내부의 자원을 효과적으로 활용하는 프로세스이다. [그림 11-10]은 이러한 프로세스에 대한 특성을 입증하는 일부 마케팅프로세스이다.

특히, 기업이 고객관계프로세스를 정립하는 데 있어 가장 중요한 요건으로는 고객과의 접점에 대한 실질적인 제어와 관계 설계를 기획할 수 있는 패턴을 정의하는 것이다. 기업이 고객과 관계를 형성하는 고객접점은 매우 다양하며 새롭게 대두되는 접점들과 잠재적으로 도입될 접점들로 향후 고려되어야 한다. 예를 들면 다음과 같은 접점들이 기업이 현재 보유하고 있는 주요 대고객 접점이다.

- 영업점 및 영업사원
- 전화(콜센터)
- 이메일
- 이동통신
- 웹사이트

이러한 다양한 채널에 대해 전략적으로 고객관계관리를 수립하는 것이 바로 프로세스를 개선하는 과정이다. 그러나 더욱 중요한 것은 이러한 접점의 종류보다도 어떤 프로세스로 고객과 접점을 형성하고 있는지에 대한 문제이다.

고객과 점점 사이에는 존재할 수 있는 다양한 프로세스가 있으며 이러한 것은 기업에 따라서 중복해서 존재하며 집중 관리해야 할 프로세스가 존재한다는 것이다. 모 백화점에서는 백화점의 특성상 고가제품을

그림 11-10 고객관계프로세스에 대한 사례

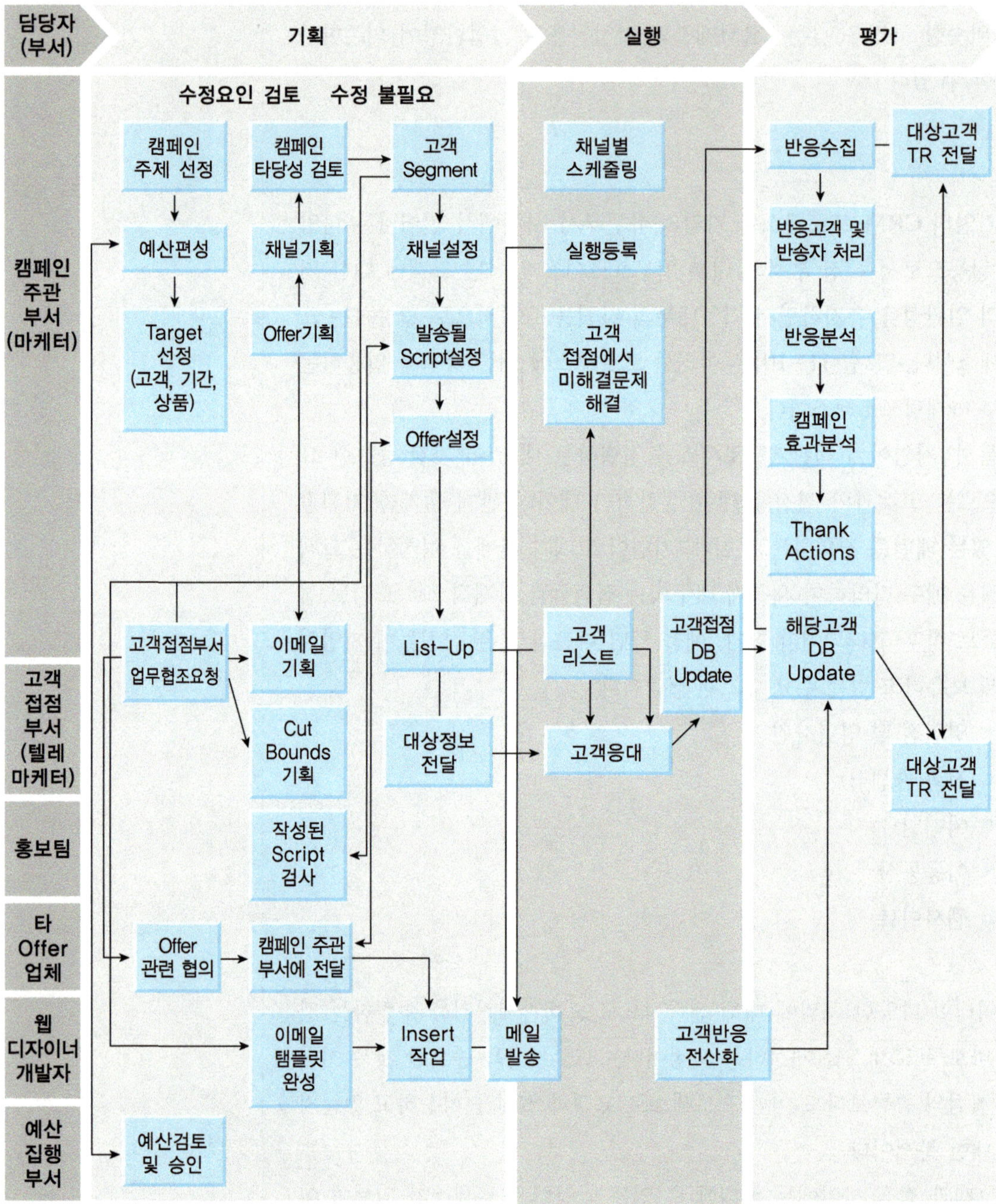

자료 : eBizKorea, 한국전자거래진흥원, 2005.

그림 11-11 고객관계접점 모형 사례

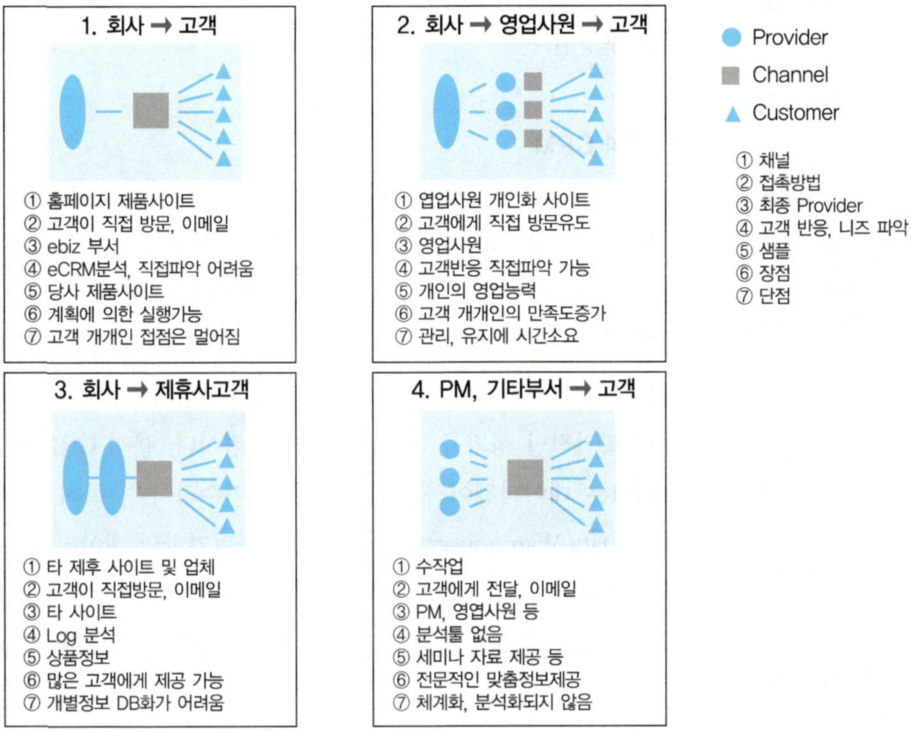

공급하고 있으며 대부분의 가치가 높은 고객들이 이메일이나 전화와 같은 자동화된 채널보다는 DM(Direct Mail)이 효과적이라는 것을 분석하고 이에 대한 프로세스를 적극적으로 개선함으로써 고객관계관리의 목표를 달성할 수 있었던 사례가 있다. 이와 같은 사례는 CRM도 집중해야 할 프로세스를 선택하고 이를 성공적으로 해결하는 것이 중요하다는 교훈을 주는 사례이다.

(2) CRM 솔루션의 구성

CRM 솔루션은 앞서 언급한 CRM 프로세스를 효율적으로 최적화하기 위한 IT기술이다. 여기서는 메타그룹에 따른 각 분야별 솔루션을 설명하고자 한다. CRM의 영역을 분류해 보면 고객을 발굴하고 고객과의 거래 접촉을 담당하는 '협업 CRM'과 고객의 주문, 출하 등의 고객 요청을 처리하는 '운영 CRM', 고객실적을 다양한 관점으로 분석하거나 고객 데이터를 이용하여 마케팅 의사결정을 지원하는 '분석 CRM' 등으로 구성된다.

① 분석 CRM

분석 CRM은 고객 데이터를 분석하여 마케팅에 유용한 정보를 산출하는 영역이다. 분석 CRM은 고객정보를 통합하여 조회할 수 있게 하며, 고객의 기여도, 실적 등을 시계열 또는 다양한 관점으로 검색할 수 있게 한다. 더욱 중요한 기능은 마케팅에 필요한 여러 가지 분석모형을 적용하여 우수고객의 확대, 이탈고객의 방지, 목표고객의 검색 등을 통해서 획기적인 성과를 거둘 수 있다는 점이다. 분석 CRM을 적용하기 위해서는 데이터웨어하우스의 구축이 필수적이다. 특히, EDW(Enterprise Data Warehouse)를 구축하고 마케팅기반의 데이터마트를 구축해서 활용하는 방법이 가장 널리 적용되고 있으며, 고객에 대한 단일 관점의 특정 정보를 모아서 관련 시스템에서 활용할 수 있도록 구성한다.

② 운영 CRM

운영 CRM은 고객에 대한 업무를 수행하고, 결과를 데이터베이스에 기록하는 등 실질적으로 업무규칙이 적용되는 영역이다. 운영 CRM의 업무기능으로는 영업지원, 판매자동화, 마케팅자동화, 서비스자동화 등이 있다. 운영 CRM에서는 어떤 채널을 통해서 고객의 요청이 접수되었더라도 일관성 있게 업무규칙을 적용하고 정확하게 데이터베이스에 반영하는 것이 중요하다. 또한 고객데이터의 분석결과가 신속하게 대고객 활동에 피드백될 수 있는 체계를 갖추어야 한다.

영업지원시스템 부문은 SFA(Sales Force Automation)로 언급하고 있으며 영업사원들이 직접 영업을 수행함에 있어 필요로 하는 거래선관리, 계정관리, 고객관리, 중요항목관리, 영업실적관리, 영업목표관리 등의 기능을 필요로 하는 시스템이다. 마케팅자동화는 분석 CRM에 기반을 두고 있는 부문으로 주로 마케팅 관점의 고객 데이터마트를 중심으로 고객에 대한 캠페인관리, 이벤트관리, 고객로열티관리 등을 지원

분석CRM의 본질적인 역할

- 데이터웨어하우스 : 전사적인 대규모 데이터저장소로써 데이터의 주제지향성, 데이터의 통합성, 데이터의 시계열성, 그리고 데이터의 비휘발성의 특징을 가진다.
- 데이터마트 : 상대적으로 소수의 사용자들이 제한된 주제를 가지고 소규모의 데이터를 추출하여 분석할 수 있도록 만든 부서단위의 데이터웨어하우스와 기본구성은 동일하지만 데이터웨어하우스가 비효율적인 상황에서 데이터마트가 더 효과적이다.
- ODS : Operational Data Store의 약자로 운영 및 협업 CRM을 위해 최적화된 고객데이터베이스를 의미하며 일반적인 운영 데이터베이스와 데이터웨어하우스의 장점을 모두 취하고 있다.
- OLAP : 최종사용자가 다차원 정보에 직접 접근하여 대화식으로 정보를 분석하고 의사결정에 활용하는 과정과 이를 지원하는 시스템. OLAP은 다차원 정보구조, 데이터에 대한 사용자의 직접적인 접근 허용, 대화식 질의를 통한 정보분석, 그리고 의사결정의 효과적인 지원 등의 특징을 가지고 있다.
- 데이터마이닝 : 일반적인 데이터베이스의 질의로부터는 알 수 없지만 데이터들 속에서 내재된 데이터들 간의 패턴이나 관련성을 발견하여 미래에 실행 가능한 지식을 추출해 내고 의사결정에 활용하는 과정이다.

운영 CRM의 본질적인 역할

- 마케팅자동화 : 운영CRM의 영역 중 마케팅 기능에 적용되는 CRM솔루션으로서 주로 캠페인관리나 이벤트 기반 마케팅을 운영하는데 사용된다.

그림 11-12 CRM 솔루션의 구성분류

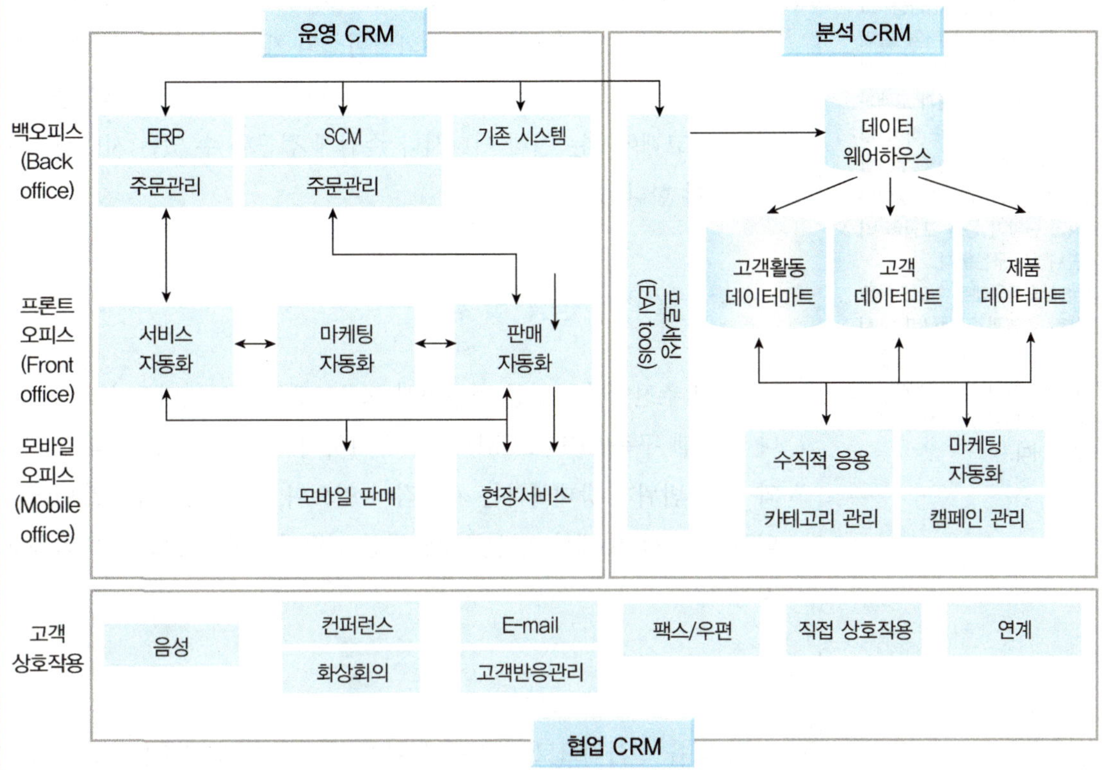

자료 : Meta Group

하는 기능으로 구성되어 있다. 특히 대상고객을 추출하고 관리해서 마케팅 컴포넌트를 설계하고 차후에 마케팅 결과를 모니터링 및 분석하는 폐쇄된 루프(Closed Loop) 형태의 프로세스를 지향하는 시스템이다. 서비스자동화는 특정한 단일 시스템이 아니라 고객과의 접점에서 고객의 문의를 접수받고 처리하는 시스템으로 VOC처리 및 고객상담처리시스템 등이 이에 해당된다.

- 영업자동화시스템(SFA) : 개별 영업사원의 생산성 증대를 위해 적절한 잠재고객을 선별하고, 이들 고객에 판매노력을 집중시키는 기능을 포함한다.
- 고객서비스자동화시스템 : 콜센터, 헬프데스크 등 고객지원 부서들의 업무를 보다 효과적으로 지원할 수 있는 정보 및 도구들을 제공한다. CTI기술이 적극 활용되고 있으며, 최근 고객 상호작용 센터의 개념으로 범위가 확대되어 가고 있다.

③ 협업 CRM

과거에는 고객과의 접촉은 주로 사람과 사람의 대면에 의해 이루어졌다. 은행의 경우, 고객은 창구의 직원을 통해서 입출금 등의 서비스를

협업 CRM의 본질적인 역할

- 고객접점 채널 : 본사, 본점, 지점, 매장, 영업사원의 방문, 그리고 고객서비스센터와 같이 고객과의 직접적인 대면접촉이 이루어지는 대면채널과 고객과 직접적인 대면접촉을 하지 않는 전화, 인터넷, 팩스, 우편발송, SMS, 그리고 ATM이나 모바일 단말기 등을 포함한 비대면채널로 구분한다.
- 고객 상호작용센터 : 고도화된 콜센터 기능과 고객서비스 지원기능, 그리고 기타 여러 운영 CRM활동들의 채널 전개를 지원하는 통합된 고객접점 운영 시스템이다.

제공받았다. 최근에는 고객접점의 자동화가 이루어지면서 무인자동화기기, ARS, 이동통신기기, 콜센터, 인터넷 등으로 접촉경로가 다양해지고 있다. 접촉 CRM에서는 개인화서비스의 제공, 다양한 채널의 제시, 고객접촉 업무 프로세스의 효율성 제고, 다수 채널의 통합관리 등이 중요하다. 고객에게는 언제 어디서나 손쉽게 접근할 수 있는 시스템을 제공하여야 한다.

다. CRM 추진전략 및 방안

CRM 추진방법은 기존 경영혁신 프로그램(BPM, e-비즈니스) 도입이나 시스템 구축(ERP, SCM) 등과 유사하게 추진할 수 있다. 다만 목표와 관여 범위가 방대하다는 차이점이 있으며, 기업 외부적인 요인(국내외시장, 고객, 마케팅, 영업 등)에 대한 전략과 비전이 중요한 영역을 차지한다.

(1) CRM 비전의 공유

CRM을 전사적으로 추진하기 위해 가장 중요한 요소는 조직구성원들에게 일체의 CRM 비전을 인식시켜 주는 일이다. CRM 비전이란 우리 기업에서 고객중심적 사고가 왜 필요하고, 구체적인 모습이 무엇인지에 대한 선언이며, 이것에 기초하여 경쟁우위 확보를 위한 마켓 포지셔닝이 만들어진다. CRM 비전을 통해

- CRM에 의한 기업의 변화 모습을 정확히 그려낸다.
- CRM 사업 및 산업환경의 특징을 반영한다.
- CRM의 당위성 및 성공 가능 확신을 심어주어야 한다.

고객지향적 조직이 되기 위해서 중요한 것은 조직 내에 고객을 중요시하는 비전이 있고, 그 비전이 구체적으로 표현되고 실천될 때 가능하다. 실제적으로 CRM 관련 조직개편이나 비전 선포식 등의 그룹 내의 공감대 형성이 가장 효과적이다.

(2) CRM전략

CRM전략이란 CRM 비전하에 기업이 고객을 대상으로 행동에 옮겨야 하는 구체적인 작업내용과 원칙에 대한 것이다. 기업은 각기 다른 사업목적과 환경에 처해 있으므로 나름대로의 CRM 추진을 위한 로드맵을 통하여 전사적이고, 성과중심적이고, 가치중심적인 추진이 필요하다.

CRM 추진전략 가운데 가장 핵심적인 사항은 어느 고객이 높은 수익을 창출하는가와 그 고객에게 추가적으로 팔 수 있는 상품은 무엇인가, 그리고 그 상품을 어떻게 해야 가장 효과적으로 팔 수 있는가의 물음일 것이다. 즉 고객, 상품, 채널이라는 3가지 요소가 전략수립의 핵심적인 영역이다.

① 고객전략

고객가치의 극대화를 위한 각종 정책을 의미하며, 이는 수익극대화 및 비용최소화에 바탕을 두고 있다.

고객가치 평가를 위해 가장 많이 활용되는 척도는 수익성(profitability)과 충성도(loyalty)이다. 수익성은 기여이익을 의미하며, 이는 다시 현재이익과 미래이익으로 나누고 미래이익은 다시 확정된 미래이익과 잠재적 미래이익으로 구분한다. 충성도는 경쟁사 대비 자사비율 및 거래기간 등에 기초한다. 그러나 실질적인 상황에서 가치측정에는 많은 어려움이 따른다.

고객가치를 바탕으로 고객과 상품전략과 채널전략이 도출되며 세분화(segmentation) 작업이 이루어진다. 세분화 작업의 가장 일반적인 기준은 가치기반의 세분화가 가장 많이 이루어진다. 그 이후 CRM 활동 및 사후평가관리의 기본지표로 이용된다. 그러나 실질적인 CRM 캠페인 및 세부 실행을 위해서는 다양한 고객정보를 바탕으로 고객요구기반 또는 라이프스타일 기반의 부수적인 세분화 작업이 필요하다.

② 상품전략

상품전략이란 세분화된 고객그룹별로 상품과 서비스를 선정하는 방안을 말한다. 고객에게 제공되는 상품의 범위를 파악하며 상품구매를 위한 의사결정의 핵심요소를 파악한다. 또한 상품제공 유도전략을 수립하며 고객중심의 상품에 대한 구매욕구에 대한 분석이 필요하다. 상품속성은 고객관점에서 해당상품을 구매하는 데 중요하게 고려하는 의사결정요소로서 가격민감도, 새로운 상품의 기반이 된다. 구매의사결정 핵심요소를 활용하여 세분화된 고객층을 대상으로 판매기능 상품군을 정의하고 상품 개선방향을 도출한다.

③ 채널전략

고객이 이용가능한 채널의 범위를 정한다. 채널믹스전략 및 채널 간 연계방안을 수립하여 채널 최적화전략을 수립한다.

채널 이용현황과 운영 원가분석을 통해 캠페인 수행을 고려한 각 채널의 수행역량을 평가한다. 최근 기업 내 각 채널의 고객처리 수행능력 향상에 대한 논의가 활발하다. 기존에는 고객요청을 처리(트랜잭션 처리) 위주에서 판매 중심의 조직전환을 추구하고 있다. 채널 운영비용과 수익성 기준의 고객 그룹별로 할당하여 최적화된 채널믹스(Channel Mix) 모델을 수립한다. 채널 간의 연계성 및 통합성을 충분히 고려하여 온라인과 오프라인을 연계하는 다채널 운영전략을 꾀하고 있다.

(3) CRM 수익률(ROI) 모델 수립

CRM의 본격적인 추진에 앞서 CRM 효과 산출에 대한 측정모델을 준비해야 한다. 먼저 CRM 도입을 위한 인력, 시스템 및 프로세스 전환에 대한 비용을 산출해 총소유비용(TCO)을 파악한다. TCO 파악에는 시스템 투자비 외에 유지비, 교육비, 프로세스 전환비용 등도 고려해야 한다. 고객유지율 증가, 수익성 개선 등과 관련한 산출이다. 보통 6개월에서 1년 또는 그 이상의 기간에 걸쳐 정기적으로 산출하고 관리해야 한다.

(4) CRM전략의 지속적 유지 및 변화

대규모 개발인력과 시스템이 도입되어 CRM시스템이 구축되고, 예정된 프로세스대로 운영된다. 하지만 당초 계획과 목표대로 성과가 나오지 않는 경우가 허다하며 이러한 이유로 인해 조직 내의 CRM 추진력이 급감하고 혼선을 빚기 시작한다. 권한과 위상의 저하는 곧바로 조직 내 어렵게 설계해 놓은 프로세스를 흩뜨리기 시작한다. 즉, CRM전략의 위상 문제가 제기된다. 초기 낮은 성과에도 불구하고 CRM전략은 지속적으로 유지할 필요가 있으며 필요하다면 변화를 수용해야 한다. 성급한 실패 결론이 CRM 실패의 큰 원인이기도 하다.

이외에도 자사의 CRM 수행평가능력 진단이 중요하다. 신규 CRM 도입에 앞서 CRM을 적용할 수 있는 인적, 기술적 기반이 갖추어져 있는가에 대한 판단과 CRM 운영 및 기술이 어떻게 융화될 것인지 미리 파악하여 조직개편 및 프로세스 설계가 이루어져야 한다.

EXERCISES 연·습·문·제

1. 고객과 고객변화를 설명하시오.
2. CRM의 중요성은 무엇이며, 구성과 기능을 설명하시오.
3. 고객에 대한 정보를 수집하는 방법과 고객데이터 분석 방안을 설명하시오.
4. CRM에 대한 솔루션 입장에서 기능적 요구사항을 설명하시오.
5. CRM의 구축전략을 자세히 설명하시오.

Chapter 12

인터넷마케팅과 광고

12.1 마케팅환경 및 변화
12.2 인터넷마케팅의 정의와 장 · 단점
12.3 인터넷마케팅 추진전략과 믹스
12.4 모바일마케팅과 유비쿼터스마케팅
12.5 인터넷광고
12.6 인터넷광고 전략 및 측정

인터넷마케팅은 개인이나 조직이 인터넷을 이용하여 쌍방향 의사교환을 바탕으로 마케팅활동을 하는 것을 말한다. 전통적인 마케팅과 비교할 때, 인터넷마케팅은 불특정 다수가 아닌 1 대 1 마케팅을 할 수 있고, 비용을 절감할 수 있으며, 실시간으로 고객의 욕구를 파악해 신속하게 대응할 수 있는 장점이 있다. 인터넷을 통한 마케팅은 정보제공자와 수용자 간의 커뮤니케이션이 쉽고, 시간이나 공간 등의 제약을 받지 않고 무제한적으로 정보를 주고받을 수 있다는 장점을 갖는다. 또한 기존의 시장점유율 위주의 마케팅에서 벗어나 고객의 구미에 맞는 정보를 직접 전달할 수 있어 인터넷시대의 효과적인 마케팅 수단으로 떠오르고 있다. 이러한 변화되는 환경에 대처하기 위하여 본 장에서는 인터넷마케팅의 의미와 구성, 모바일마케팅, 유비쿼터스마케팅과 광고에 대하여 학습한다.

12.1 마케팅환경 및 변화

가. 소비자환경 및 마케팅

마케팅이란 말은 우리의 생활 속에 깊이 침투되어 있다. 그러나 미국마케팅협회에서는 마케팅의 정의를 '조직과 이해관계자들을 위해 고객에게 가치를 창조하고 커뮤니케이션하여 그 가치를 전달하는 것이며, 고객과의 관계를 관리하기 위한 조직의 기능 및 일련의 프로세스' 로 정의내리고 있다. 즉 단순히 제품이나 서비스를 교환하는 것이 아니라 가치를 교환하는 것이다.

특히 인터넷시대에 마케팅환경은 기업이 소비자 욕구충족을 통한 경쟁력 제고와 이익의 달성에 초점을 둔 개별기업 활동으로서의 미시적인(micro) 마케팅환경과 생산–유통–소비라는 국민경제적 차원에서의 거시적(macro) 마케팅환경으로 구분지을 수 있다. [그림 12-1]은 조직에 영향을 끼치는 비즈니스환경의 주요 요소를 보여준다.

그림 12-1 마케팅환경

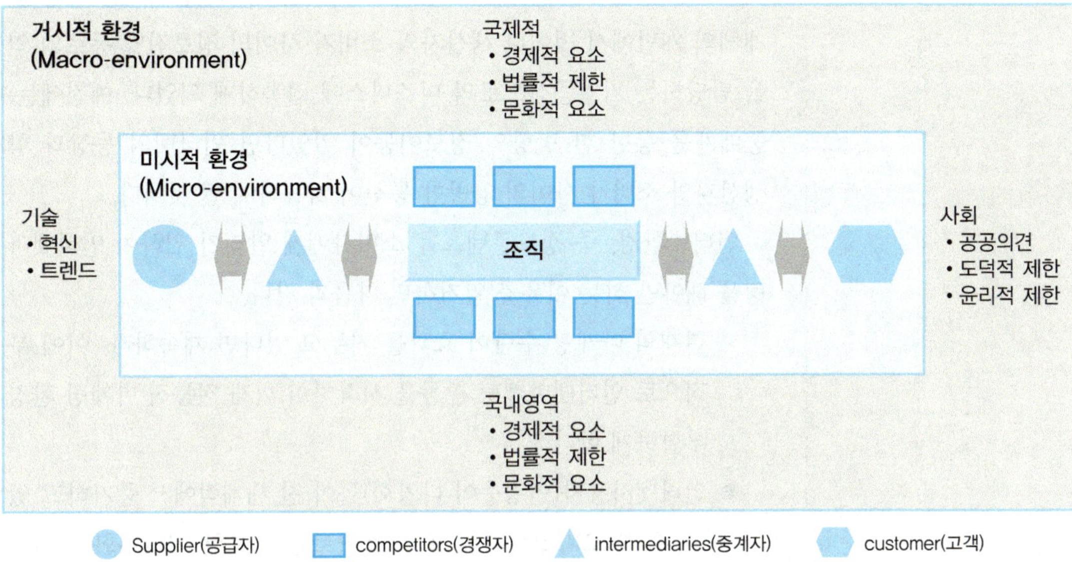

운영적인 환경으로 알려진 미시적인 환경은 조직의 즉각적인 마켓장소를 자극한다. 인터넷 마켓전략의 개발에 가장 중요한 영향을 미치는 것은 미시적 환경이다. 이것은 마켓플레이스 내에 경쟁자, 공급자, 중개자들을 통한 어떠한 서비스 방법과 고객의 필요성을 제공한다. 인터넷과 전자적인 의사소통이 인터넷마케팅전략을 수행할 뿐만 아니라 조직에 많은 영향을 끼친다.

먼거리 환경으로 알려진 거시적인 환경은 실제로 비즈니스가 수행할 수 있는 지역 및 국제적인 경제상황에 보다 넓은 개념을 제공한다. 인터넷과 전자적인 커뮤니케이션은 거시환경에 대한 중요한 변화를 가져온다. 조직의 기술적인 혁신의 방향은 조직에 우월한 서비스를 제공하고 마켓플레이스의 형태도 변화를 가져온다. 또 다른 영향요인은 새로운 기술에 대한 영향과 온라인마케팅을 제어하는 데 따른 법적인 작용이다.

한편 인터넷을 통한 마케팅에 대한 변화는 최근에 특징적으로 이루어지고 있다. 인터넷은 기존의 미디어와는 달리 새로운 기술이 추가되어 사용자나 소비자로 하여금 보다 감각적이고 호소력이 강한 새로운 정보전달매체로 부상하고 있다. 새로운 미디어의 등장은 마케팅에 있어서 패러다임의 변화를 가져왔으며, 즉 인터넷은 정보전달이라는 단순한 매개체의 개념에서 벗어나 생산자와 소비자 사이의 정보전달 통로의 역할을 담당하는 기업중심으로의 비즈니스에 접목하게 되었다. 예전에는 대중매체를 통한 한 방향의 정보이동이 있었다면 인터넷의 등장과 함께 생산자와 소비자 사이의 양방향 통신이 가능하게 된 것이다.

인터넷환경, 즉 정보콘텐츠를 소비자에게 알리기 위하여 인터넷마케팅을 해야만 하는 이유를 열거하면 다음과 같다.

- 현재의 마케팅 수단이 효과를 거두고 있다면 계속하라. 이에 부수적으로 인터넷마케팅 활동을 시작하여 현재 전통적 마케팅 환경과 부합하게 한다.
- 인터넷사용자(연령층이 다양화)들이 전 세계적에서 증가하고 있으며, 특히 모바일상거래 또는 스마트폰을 통한 인터넷화의 집중도가 폭발적으로 증가하고 있다.
- 정보콘텐츠를 올리는 기업들이 일상적인 세계에서 인터넷화를 지향하고 있다. 인터넷이 존재하지 않는 기업은 생존 자체도 위협을 받을 수 있다.
- 최소한의 컴퓨터관련 장비만 존재한다면, 여러분의 상품을 인터넷을 통해 시장화하는 데 소요되는 비용은 매우 저렴하다.
- 모바일기기와 정보콘텐츠의 인터넷 연결로 인한 관련 제품에 대한 실시간 고객 간의 관계 변화가 지속적으로 감지되고 있으며, 또한 모바일 상거래활동이 예상외로 크게 성장하고 있으며 이에 대한 모바일 마케팅화가 급속도로 진행되고 있다.

기존의 마케팅이 대중을 대상으로 일방적이고 획일적인 마케팅을 시도하였다면 최근에 등장하고 있는 개인적인 마케팅, 사이버마케팅, 데이터베이스마케팅, 일대일마케팅, 텔레마케팅, 다이렉트마케팅, 웹 및 앱마케팅 등은 그 용어의 상이함에도 불구하고 컴퓨터와 정보통신기술과의 연계를 통하여 고객의 개별적인 요구와 취향에 맞추어 표적대상의 마케팅을 펼친다는 의미를 부여한다. 또한 고객과의 지속적인 관계를

그림 12-2 소비자와 마케팅환경

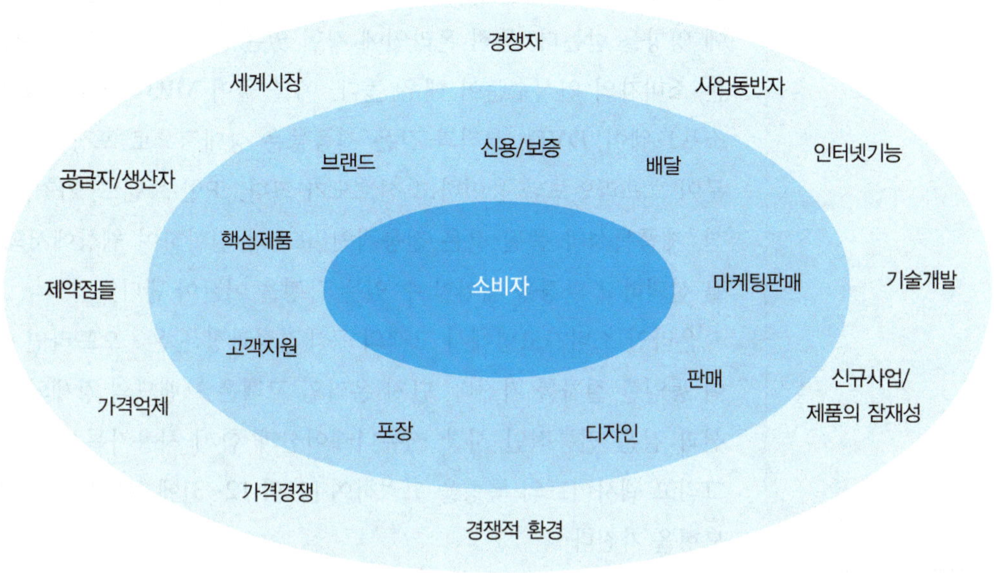

유지하고 새로운 고객을 유치하기 위한 고객관계를 중심에 둔 마케팅이라는 점에서 공통점을 가진다.

소비자와의 끊임없는 대화, 제품개발 단계별 피드백, 여러 부서의 고객지원 활동을 통해서 인터넷형 프로그램에서 가장 핵심적인 구성요소가 소비자라는 사실을 알 수 있다. 인터넷은 소비자와 조직 외부와 상호 통신할 수 있는 채널을 제공하며, 이런 소비자가 기업의 매출을 결정한다. 따라서 대화를 유도하여 소비자들의 구매의욕을 고취시키고 지원서비스를 손쉽게 할 수 있도록 네트워크 기능들을 모든 사업기능에 적용시키기 위해서는 정보의 유통과정과 조직 전체의 상호관계를 개선하기 위한 방법을 고안해 내야 한다. [그림 12-2]는 인터넷이 핵심적인 사업처리 흐름에 적용되는 환경에서 소비자는 자연스럽게 대화의 중심을 차지하게 된다는 것을 나타내고 있다.

오프라인에서 직접 물건을 고르거나 온라인상에서 물건을 고를 경우 구매결정에서의 차이점은 발견되지 않는다. 그러나 전통적인 오프라인에서는 브랜드의 강세와 광고 등에 의해 영향을 받는 반면, 온라인에서는 웹사이트의 기술적인 표현도구들, 예를 들어 전자지불, 배송, 웹디자인, 지능적인 검색엔진, 전자카탈로그, 콜센터, 개인맞춤형 전자우편 등에 영향을 받는다. 특히 온라인에 경험 있는 소비자들은 제품특성에 맞는 소비자의 인식수준이 매우 높다. 예를 들어 MP3다운로드, e-book, 소프트웨어, DVD, 서적과 같은 제품들은 상대적으로 포장과 배송, 주문이 오프라인보다 용이하고 선호도가 크다. 또한 브랜드, 가격, 프로모션, 제품특성과 품질 같은 전통적인 요소와 결합하여 웹상에서의 구매를 신뢰하고 환경을 제어할 수 있는 감정을 이끌어 낸다.

온라인 소비자모형에서 고객의 구매결정과정은 온 · 오프라인 상관없이 동일한 절차를 가진다. 단지 온라인 고객은 브랜드의 강세와 프로모션과 같은 전통적인 시장 커뮤니케이션과 함께 사용자특성, 제품특성 그리고 웹사이트의 특성을 고려하여 [그림 12-3]에 표현된 소비자행동 모형을 가진다.

클릭스트림 행위 (clickstream behavior)
소비자들이 인터넷의 검색엔진에서 다양한 사이트를 통해 그곳에서 특정 사이트의 특정 페이지로 이동하여 구매결정을 하게 되는 일련의 거래활동을 일컫는다.

기업이 인터넷을 통해 소비자와 연결되면, 이 네트워크와 접속되어 있는 기업의 직원들도 소비자와 직접회선으로 연결되게 된다. 소비자들은 제품, 지원서비스, 필요한 정보, 앞으로 출시될 신제품 등에 대하여

그림 12-3 온라인 소비자의 구매행위 모형

표 12-1 ■ 소비자의 구매의사결정 프로세스

단계	구분	내용
1단계	문제인식 및 욕구인식	• 온라인 구매욕구의 증대
2단계	정보탐색	• 인터넷을 이용, 빠르고 정확하고 방대한 정보를 탐색 • 쇼핑 에이전트를 이용한 가격 및 제품비교 탐색
3단계	대안평가	• 최종적으로 도출된 상품군에 속한 각 선택대안을 평가하고 소비자의 욕구에 일치하는 특정 대안을 선택하는 과정 • 다양한 평가관련 사이트 등장(랭킹, 온라인구전 등)
4단계	구매결정	• 대안평가 후 욕구충족이 가능한 제품에 대한 긍정적 감정 발생, 구매의도 형성 • 상표, 구매시기, 구매량의 결정, 대금지불방법 등의 결정
5단계	구매후 평가	• 구매 후 자신의 구매에 대한 만족, 불만족을 표출 • 디지털 소비자의 불평 행동관리의 중요성 • 소비자의 반응에 신속하게 대응하고 소비자 피드백을 통해 고객만족에 대한 관리가 필요 • 안티사이트관리

지속적인 대화를 나눌 수 있다. 소비자들이 제시하는 각종 질문, 불만, 제품평가, 구매결정, 지원요청 등이 웹으로 접속되어 있는 각 서버에 출력된다면 결국은 데이터베이스마케팅의 중요한 요인이 된다. 소비자에 대한 의견수렴 등을 통해서 경쟁력을 측정하고, 외부환경 아래서 사업을 영위하기 위한 근거를 찾으며, 인터넷 프로그램을 소비자 중심으로 배열함으로써 개별 프로그램의 가치를 증대시킬 수 있으며, 네트워크 투자효율성도 최대한 높일 수 있다. 인터넷은 항상 변하므로 미래시장에 끊임없이 진보하는 전략을 내 놓는 기업이 되어야만 살아남을 수 있다.

나. 마케팅의 변화도

새로운 멀티미디어시대에 따라 기존의 마케팅에도 변화가 일어나고 있다. 특히 인터넷을 제품의 마케팅 도구로 활용하기 위해서는 새로운

표 12-2 ■ 마케팅의 변화

구분	대중마케팅 (mass marketing)	➡ 표적마케팅 (target marketing)	➡ 일대일마케팅 (one-to-one marketing)
대상	대중	표적집단	다양한 층의 접촉 개인관리(맞춤형)
시장접근방법	비차별적 마케팅	차별적 마케팅 집중마케팅	데이터베이스마케팅, SNS, 모바일, 앱 등 다양한 마케팅 등장
마케팅목표	시장점유율, 매출액, 고객만족도		고객점유율, 고객만족도, 매출액, 마니아(충성도)
경제원리	규모의 경제 (economics of scale)		범위의 경제 (economics of scope)
관리	제품관리		고객관리 제품과 서비스 동시구현
커뮤니케이션	단방향(one-way)		쌍방향(two-way)

마케팅 개념이 필요하다. 인터넷은 동시쌍방향성, 개인화된 상호작용, 고객주문형 가치제공 등으로 대변될 수 있기 때문에 인터넷을 통한 마케팅은 유효적절한 효과를 얻을 수 있는 장소가 된다. [표 12-2]는 인터넷사회에서의 새로운 마케팅 개념과 이에 따른 마케팅전략의 변화를 잘 보여준다.

(1) 대중마케팅(mass marketing)

대중마케팅은 판매업자가 모든 구매자를 대상으로 하나의 제품을 대량생산하여, 대량유통하고, 대량촉진하는 형태이다. 하나의 회사가 한 제품에 대하여 전체시장을 대상으로 대중마케팅을 주장하는 이유는 이것이 최소의 원가와 가격으로 최대의 잠재시장을 창출해 낼 수 있다는 점이다.

(2) 표적마케팅(target marketing)

판매업자는 우선 전체 시장을 몇 가지로 세분하여 세분시장을 확인한 후, 이들 중에서 하나 또는 몇 가지의 세분시장을 선정하고 그 각각의 세분시장에 적합한 제품과 마케팅믹스를 개발하는 것이다. 고객의 일반적 요구와 개별 요구를 파악하고 명확한 목표와 사업성에 근거한 마케팅을 구현하는 것이 주요 특징이다. 온라인 매체를 통한 특성에 맞는 표적집단 선별이 이행되어야만 한다. 그리고 확실한 표적집단의 선별, 즉 소규모라도 정확한 선별이 필요하다.

(3) 일대일 마케팅(one-to-one marketing)

전자우편과 제품정보를 근간으로 하는 쌍방향 커뮤니케이션은 기업의 입장에서 볼 때 고객의 불만사항이나 의견을 접수하거나 고객의 프로파일, 소비자의 구매형태, 라이프스타일, 서비스 요구의 종류와 질 등을 전자우편을 통해 실시간으로 파악함으로써 제품의 질이나 서비스를 향상시킬 수 있으며 고객만족 경영에 기여할 자료들을 고객 데이터베이스 및 개인관리를 구축함으로써 인터넷마케팅에 사용할 수 있는 근거가 된다. 그리고 초기부터 온라인 데이터베이스마케팅을 고려한 시스템 개발 및 운영이 필요하다.

(4) 웹마케팅(web marketing)

웹마케팅은 인터넷홈페이지(웹사이트)를 활용한 총체적인 마케팅이다. 인터넷을 통한 마케팅 채널은 다른 정보전달매체에 비하여 아주 우수하다. 인터넷을 통해 많은 정보의 양을 고객에 전달하는 것이 가능하고, 잠재고객과 우수집단에 대한 전자우편, 메일링리스트, 포털사이트의 홈페이지 등을 통하여 고객의 의견을 수렴하는 것이 수월하다. 또한 24시간 정보의 전달이 가능하다. 정보전달도 연령별, 고객별, 산업별 등 차별화가 가능하다. 그리고 비용면에서 타 매체광고 비용보다 적은 경비로 사업이 가능한 분야이다. 이 부분은 다양한 마케팅 방법을 개발해야만 한다.

(5) 블로그마케팅(blog marketing)

블로그는 작성자의 개인적 의견을 바탕으로 하기 때문에 입소문 마케팅을 벌이기가 안성맞춤이다. 일반 웹사이트와 마찬가지로 블로그는 판매목적인 아닌 브랜드광고와 상품판매광고는 게시할 수는 있다. 그러나 보통 사람들에게 목소리를 내고 싶어하는 개인들이 만들었기에 기업들이 웹마케팅과 광고지원은 하지 않는다. 블로그를 만드는 개인, 블로그를 사용하는 개인, 광고주들 간에 협약으로 상호 간에 수익이 발생할 수도 있다.

(6) 모바일마케팅(mobile marketing)

휴대전화를 인터넷에 접속하여 입출금 등의 은행업무를 보는 모바일뱅킹, 온라인게임을 하는 모바일게임, 영화를 실시간으로 보는 모바일영화 등 다양한 서비스가 제공되고 있다. 또한 휴대전화와 PDA, 노트북, 컴퓨터, 스마트폰, 태블릿PC 등의 장점을 이용한 제품이 개발되고 있으며, 모바일 비즈니스와 모바일 전자화폐 · 모바일 전자정부 등 새로운 모바일기기를 통한 마케팅활동이 생겨나고 있다.

(7) 소셜네트워킹마케팅(social networking marketing)

온라인상의 소셜네트워킹은 서로 의사소통을 하고, 친밀한 집단적인 및 개인적인 관계를 형성하며, 가치와 아이디어를 공유할 수 있게 해주는 웹사이트를 의미한다. 개인들은 자신들의 프로필을 구성하고 친구들을 초대해서 그들로 프로필을 만들게끔, 또한 자신의 프로필과 링크를 하게끔 한다. 네트워크는 구전과 이메일 링크를 통해서 성장한다. 기업들은 참여자들에게 마케팅을 하여 소셜네트워크사이트의 폭발적인 인기와 성장세를 이용하기 시작하였다. 소셜 네트워크에 참여한 사이트에서 주로 친구들의 구매 및 추천에 따라 소비자들이 구매를 결정하는 데 좋은 역할을 제공한다.

(8) 앱마케팅(application marketing)

스마트폰으로 인한 앱의 등장은 마케팅에도 큰 변화를 일으키고 있다. 스마트폰 사용자들은 마음대로 골라 쓸 수 있는 앱에 열광했고, 마케터들은 앱을 통해 고객을 그림자처럼 따라다니면서 제품과 서비스를 홍보하는 방법을 고민하게 되었다. 스마트폰의 대중적 인기로 기업들의 마케팅도 본격화되고 있다. 국내 화장품, 자동차, 패션, 금융업계 등은 속속 관련 앱을 개발하여 서비스하는 등 고객과의 소통을 강조하는 마케팅에 주력하고 있다. 뿐만 아니라 공공기관, 통신, 금융, 제조, 쇼핑몰 등 영역의 구분 없이 자사 브랜드와 상품 또는 서비스를 알리는 창구로 앱을 널리 활용하고 있다.

다. 전통적 마케팅과 인터넷마케팅의 비교

[그림 12-4]는 전통적 매스마케팅(단방향)과 인터넷을 이용한 마케팅(쌍방향)을 비교한 것이다. 전통적 마케팅의 경우 고객의 선택이 전혀 없는 단방향 마케팅이며, 인터넷을 이용한 웹마케팅의 경우 고객의 선택권이 있으며, 공급자는 비용부담을 줄이면서 더 많은 정보를 제공할 수 있는 쌍방향 마케팅이다.

전통적 마케팅은 공급자 주도로 마케팅이 이루어지며, 내용 및 마케

그림 12-4 전통적 마케팅과 인터넷마케팅의 비교 모형

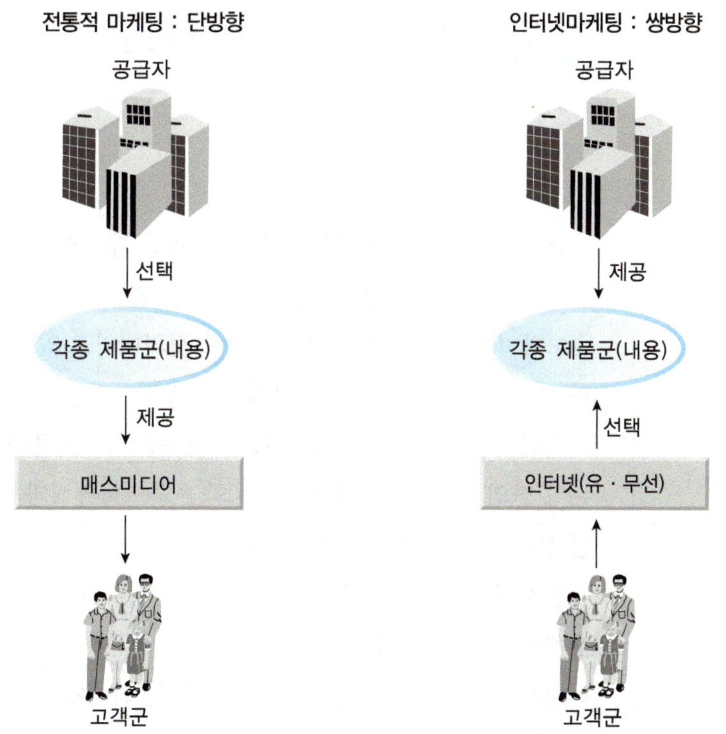

팅 매체의 선정이 전적으로 공급자에 의해 결정된다. 특히 소비자는 공급자가 제공하는 일방적 마케팅을 수렴하는 쪽이다. 반면에 인터넷마케팅의 경우 생산자는 필요한 정보를 매체에 전시 · 홍보하고 소비자는 마케팅 매체를 선정하고 이를 통해 필요한 정보를 찾아가 탐색하며 쌍방향 마케팅활동이 이루어지며 고객의 요구사항 등의 수렴을 할 수 있고 즉각적으로 고객의 의견을 파악할 수 있으므로 마케팅의 효율성 측면에서 전통적 마케팅과 차이가 있다.

전통적 마케팅은 카탈로그, 인건비, 운송비 등 상대적으로 비용과 시간이 많이 소요되며, 광고를 제작하여 게재하는 데 몇 개월이 걸릴 수도 있다. 그리고 카탈로그를 통한 고객의 반응을 측정하는 경우 대상선정에 어려움이 따를 수도 있다. 반면에 인터넷마케팅은 시간과 비용을 많이 절감시켜주며, 정보제공, 지역적인 제한 타파, 시장에 대한 진입장벽, 시간적인 제한 없이 1년 내내 마케팅활동이 이루어지는 것이 특징이다.

12.2 인터넷마케팅의 정의와 장 · 단점

가. 인터넷마케팅의 정의

1985년 미국의 마케팅협회는 마케팅을 개인과 조직이 목표를 달성하기 위해 아이디어, 상품, 서비스 개발을 기획 · 집행하며 가격을 매기고 홍보하며 배포하는 모든 활동이라고 정의내리고 있다. 즉 마케팅은 상품과 서비스 교환을 통한 일상생활의 물질적 · 정신적 욕구충족을 말한다.

인터넷마케팅은 인터넷을 통한 의사전달로 상품과 서비스를 판매하는 일련의 행위로 정의한다. 최근의 온라인마케팅과 인터넷마케팅의 개념을 구분하여 설명하기는 어렵다.

본서에서는 인터넷을 통해 사업을 한다는 것은 인터넷을 이용하여 고객에게 물품을 판매하고 소비자가 고객서비스를 받기 위해 인터넷으로 판매자를 접촉하는 모든 행위를 말한다. 인터넷을 사용하는 목적을 나열하면 정보수집, 경쟁사 연구분석, 타사와의 협조, 업무상 부서 간 연

그림 12-5 인터넷마케팅의 흐름도

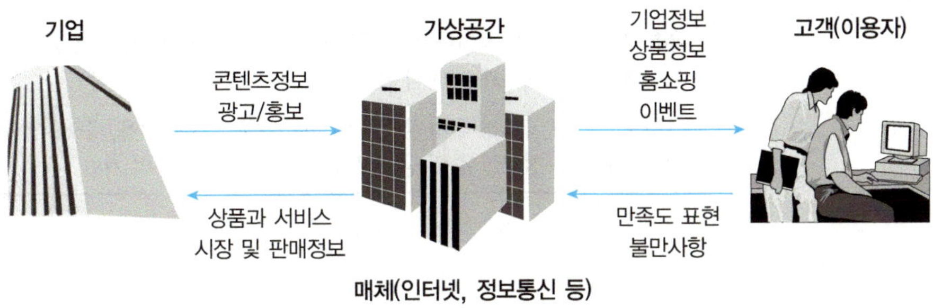

락, 주문수취, 고객서비스 등이다.

나. 인터넷마케팅의 장점

인터넷을 통한 마케팅은 소비자와 생산자, 판매자 모두에게 이익을 가져다 준다. 생산단가나 광고비용의 절감으로 단가를 낮춤으로써 물건을 싸게 팔 수 있고, 고객에게 자세한 제품정보를 제공할 수 있어 유익하다. 구매자의 입장에서 컴퓨터 앞에서 필요한 물건에 관한 정보와 가격 그리고 구입방법 등을 짧은 시간에 모두 파악할 수 있다.

표 12-3 ■ 인터넷마케팅의 장점

구분	내용
고객관리	• 고객과의 1 : 1 대응으로 유대관계강화 • 데이터베이스를 활용한 고객층의 세분화 강화로 고객관계관리(CRM)가능 • 다양한 기기를 통한 e-mail, SNS 등을 통한 고객과의 상호의견
시 · 공간상 이점	• 고객을 직접 상대할 매장이 필요없고, 전 세계적인 판매망이 가능하다. • 24시간 동안 계속해서 광고하며, 다양한 마케팅활동이 가능하다.
시간절약	• 1년 365일 24시간 물건을 주문할 수 있고 바쁜 시간을 할애할 필요가 없음 • 원하는 장소에 원하는 시간에 배송이 이루어져 대폭 절약됨
판매경비	• 고정적인 판매비용 절감(판매사원, 안내원 등) • 무형의 제품(정보콘텐츠, MP3, 동영상 등)의 판매비용은 가격이 저렴함

정보공유	• 다양한 콘텐츠를 통한 제품정보 검색, 멀티미디어 정보사용 • 표적집단에 대한 정보접근이 용이함
유통구조 변화	• 도매상이나 소매상의 중간상인의 개입이 많지 않음 • 직거래 형태의 유통으로 소비자의 비용이 절감됨
환경보호 및 변화	• 국가경제 차원에서 이익(카탈로그 제작비용, 종이, 인쇄잉크 등) • 정보공유 및 공개로 인한 투명한 사회로의 기반 정립

(1) 고객관리

인터넷마케팅의 주 이용자인 판매자는 소비자와 일대일 관계를 형성하면서 더욱 고객과의 유대관계를 강화하여야 한다. 장기적인 안목에서 고객과의 유대관계는 고객관계관리(CRM)를 통해서 지속적으로 발전되어야 한다. 특히 다양한 기기를 통한 전자우편, SNS 등을 통한 고객과의 상호의견을 교환하고 소비자의 불평과 아이디어를 수시로 마케팅에 반영할 수 있어야 한다. 웹사이트 방문 시 상품이나 서비스에 관심이 있는 경우 고객은 전자우편 주소를 남긴다. 이를 모으면 고객 데이터베이스가 형성되어 새로운 제품이 소개될 때마다 고객과 연락을 취할 수 있다.

(2) 판매경비

일반판매인 경우 고정적인 경비가 많이 들게 되는데 인터넷 판매방식으로 바꾸면 상당 부분의 비용을 절감할 수 있다. 인터넷 웹사이트에 제품을 올려놓으면 고객이 품목들을 살펴보고 주문난에 지불방법을 기입하여 주문하기 때문에 경상경비를 절감할 수 있다. 특히 무형의 제품인 정보콘텐츠, MP3, 동영상 자료 등은 실제 비용이 많이 절감되어 유통이 가능하다.

(3) 시 · 공간상의 이점

인터넷마케팅은 물건을 전시하고 고객을 직접 상대해야 하는 매장이 따로 필요없으므로 경영자에게 이점이 많다. 품목에 따라서는 장소 설정이 중요한 요인으로 작용하지만 인터넷시장에서는 위치 선정이 큰 요인으로 작용하지는 않는다. 실내장식에 들어가는 비용 등이 필요없게 되므로 상품가격에 반영되어 가격경쟁력을 높일 수 있다. 특히 자본이 적은 중소기업들이 사업을 운영하는 데 이롭다고 할 수 있다.

지역을 초월하는 이점 때문에 어느 지역에 한정되지 않고 컴퓨터로 연결되어 있는 한 전 세계적으로 통용이 가능하다. 다시 말해 시간 및 공간상의 제약을 받지 않고 있어 어디든지 인터넷마케팅사업을 할 수가 있다.

(4) 시간절약

웹을 통한 상거래는 1년 내내 어느 때고 물건을 주문할 수 있고 시간을 할애하면서 판매점이나 백화점에 직접 가지 않아도 된다. 바쁜 현대인에게 인터넷은 유용한 생활패턴으로 자리잡고 있다. 시간과 경비를 절약하는 큰 장점 때문에 온라인 쇼핑은 빠른 속도로 증가할 것이다. 또한 국제무역에 있어 장애요인인 시차 또한 인터넷은 극복할 것이다.

(5) 정보공유

신문이나 방송을 이용한 마케팅에는 광고료 제약 때문에 소비자에게 제공하는 상품이나 서비스정보의 양에는 한계가 있었다. 그러나 웹을 통한 인터넷마케팅은 적은 비용으로 무제한 정보제공이 가능하다. 시간이나 공간상의 제한을 받지 않으므로 표적집단에 대한 정보접근이 용이할 뿐더러 다양한 콘텐츠를 통한 제품정보 검색 및 멀티미디어 정보사용이 가능하므로 내용을 체계적으로 인터넷을 통하여 제공할 수 있기 때문에 최상의 정보공유가 가능하다.

(6) 유통구조변화

기존의 유통구조는 도매상에서 소매상을 거쳐가는 과정에 중간상의 개입으로 제품의 판매가에 영향을 많이 끼쳐 왔다. 그러나 웹을 통한 인터넷마케팅은 중간상인이 개입할 수 있는 공간이 많지 않기 때문에 유통구조 측면에서 변화가 일어나고 있다. 생산자는 인터넷을 통하여 직접 상품을 안내하고 주문을 받을 수 있어서 영업의 대가로 이득을 취하는 판매조직이 필요없게 된다. 그 대신 주문을 받은 상품을 배달해 주는 서비스산업이 비약적으로 발전할 것이다.

(7) 환경보호 및 변화

제품의 카탈로그 제작에 드는 비용, 종이, 인쇄잉크, 운반에 드는 비용과 연료소모 등을 감안한다면 인터넷마케팅은 국가적 경제차원에서 이익을 가져다 준다. 수많은 광고지를 절약하면서 수많은 고객과의 접촉으로 인터넷은 환경측면에 많은 영향을 끼칠 것이다. 특히 정보공유 및 공개로 통한 투명한 사회로의 기반이 정립되어 건전한 사회유통이 가능하다.

다. 인터넷마케팅의 단점

[표 12-4]는 인터넷의 단점을 제시하고 있다. 그러나 점차적으로 인터넷의 기술적인 보완이 이루어지게 되면 장점으로 부각될 수도 있다.

표 12-4 ■ 인터넷마케팅의 단점

구분	내용
표적화된 광고	인터넷 이용자들은 표적화된 광고를 싫어한다. 기업으로 들어오는 전자우편 광고를 성가시게 느끼고, 다른 사람에게 알림으로써 기업이미지가 나빠질 수 있다.
부정적인 정보	인터넷에 자유롭게 게재되는 자사제품에 대한 부정적인 정보 때문에 회사가 손해를 입는 경우도 발생한다. 경쟁자의 참고자료가 기업의 신뢰성과 합리성 등에 치명적인 결과를 낳게 할 수도 있다.
통신보안 및 정보유출	통신보안성 문제가 인터넷의 적극적 이용을 가로막는 주요인이다. 즉 개인정보가 유출될 수 있다. 또한 웹을 통하여 경쟁자의 정보나 소비자 동향을 쉽게 파악할 수 있다.

라. 인터넷마케팅의 방법과 도구

인터넷마케팅을 수행하기 위하여 해결해야 할 방법과 도구들을 소개하면 다음과 같다.

(1) 표적마케팅

고객들의 욕구가 다양해짐에 따라 기업들은 일부 세부시장에 마케팅 노력과 자원을 집중하여 경쟁우위를 확보하려는 접근방법을 도입하여야 한다. 선별된 표적시장의 고객들에 맞는 제품과 유통망을 개발하고 차별화된 광고 및 판매촉진 프로그램을 제공함으로써 표적시장 내에서 비교우위를 확보해야만 한다. 최근에는 틈새마케팅(niche marketing)으로 더욱 세분화된 타깃마케팅이 이루어지고 있다. 시장규모는 적지만 경쟁자가 많지 않으며 독특한 고객욕구를 만족시켜줌에 따라 소비자가 기꺼이 고가의 제품을 구매하게 하는 방법을 통해 보다 집중화된 마케팅의 채널을 가동할 수 있다.

(2) 관계마케팅

뉴스그룹을 타깃으로 하는 표적마케팅 광고가 많이 존재하는데 이런 광고에 싫증을 낼 수도 있다. 보다 효과적인 광고주제에 관한 토론에 참여하고 다른 사람에게 정보를 나누어 주고, 기업에 대한 인지도를 높일 수 있는 참여관계도를 높여 제품에 대한 광고효과를 크게 할 수 있다.

(3) 홈페이지 활용과 메일링리스트

어떤 기업의 홈페이지에 들어가면 웹카운터가 존재하여 몇 번째 손님이라고 나타내는 것을 볼 수 있는데 이 숫자를 통해 고객의 수가 많다는 것을 나타냄으로써 기업의 신뢰도를 높이는 효과도 있다. 방문자의 숫자는 광고효과를 분석하는 통계자료로 활용되기도 한다. 홈페이지에 존재하는 방명록 등은 고객의 반응을 관찰하는 수단으로 삼고, 특별서비스 제도의 수행으로 고객이 자주 홈페이지에 들어갈 수 있도록 홍보하고 이의 데이터를 인터넷마케팅에 활용하기도 한다. 그리고 메일링리스트를 작성하여 고객이 원하는 정보를 함께 제공하여 기업의 신뢰도를 높여야만 한다.

(4) 다른 매체의 활용

인터넷은 아주 우수한 매체인 것은 사실이다. 그러나 아직 우리의 실

최근 새롭게 등장한 마케팅들

- 버즈마케팅(Buzz Marketing) : 주의를 끄는 뉴스, 게임, 엔터테인먼트 등을 이용하여 사람들이 온라인상에서 회사의 상품에 대해서 이야기가 나오도록 하는 마케팅
- 온라인 구전마케팅(online mouth marketing) : 사람들로 하여금 회사의 상품에 대하여 온라인으로 이야기하게끔 동기를 제공하는 것
- 온라인 바이럴마케팅(online viral marketing) : 이메일, 블로그 혹은 인적 네트워크를 통해 전파될 메시지를 만들어 제공하는 것
- 온라인 커뮤니티마케팅(online community marketing) : 회사의 브랜드에 대해 관심을 유도할 수 있는 특정 분야의 온라인 커뮤니티를 형성하는 것
- 온라인 풀뿌리마케팅(online grassroots marketing) : 온라인상으로 자신들이 친구들에게 접촉해 줄 자원봉사자를 조직하거나 사람들을 고용하는 것
- 영향력 있는 마케팅(influencer marketing) : 온라인 커뮤니티상에서 오피니언 리더이거나 핵심적인 영향력을 미치는 사람들을 찾는 것
- 대화마케팅(conversation marketing) : 재미있는 온라인 광고를 통하여 이메일, 블로그와 네트워킹 프로파일을 기반으로 한 구전 홍보를 촉발시킬 수 있도록 하는 것
- 브랜드 블로깅(brand blogging) : 회사의 브랜드의 가치를 홍보하고 공유할 수 있도록 블로그를 만들거나 블로그에 참여하는 것, 혹은 블로그 사용자를 고용하는 것

정은 TV와 신문과 같이 많은 시장을 선점하지 못하고 있다. 고객이 마음먹은 홈페이지를 방문하기 전에는 고객에게 능동적으로 다가가는 것이 어렵기 때문이다. 따라서 제품선전을 인터넷을 통해서만 할 것이 아니라 TV와 신문 등 현재의 대중매체를 통하여 자신의 홈페이지를 광고하는 것도 대단히 중요하다.

12.3 인터넷마케팅 추진전략과 믹스

인터넷마케팅 추진전략에서 가장 중요한 요인은 기업, 정부, 연구소, 공공기관, 개인 등 다양한 층에 우선적으로 접하게 되는 홈페이지를 개설하는 것이다. 이 홈페이지를 활용할 때 마케팅적 전략적 수립이 요구된다. 무엇보다도 목표설정이 중요하다. 기업측면에서 인터넷마케팅 추진전략을 고려하면 다음과 같다. 인터넷을 통한 단기적 매출의 증대와 장기적 사업기반을 모색하는 면이 중요한 목표이지만 단순하게 회사의 기업홍보용보다는 인터넷을 통한 사업, 즉 전자상거래 분야로의 확대로 발전하고 있다.

만약 회사의 쇼핑몰을 운영한다면 상품의 특색이 중요한데 일상용품, 전문용품, 무형상품, 자사상품 등을 구분하여 철저하고도 시장성 있는 분석이 필요하다. 그리고 대상고객도 국내전용, 해외전용, 국내외전용으로 구분하지만 보다 넓은 시장영역을 확보하기 위하여는 국내외 대상으로 고객들이 찾을 수 있는 사이트를 만들어야만 한다.

① 홍보용

자사제품에 대한 홍보와 관련하여 홈페이지를 구축하여 각종 검색엔진에 등록하고 다양한 채널을 통하여 사이트를 알리는 데 주력해야만 한다. 만약 해외에 제품을 알리고자 한다면 거래알선시스템에 등록하여 자사 상품정보를 전 세계의 바이어에게 홍보, 거래알선 발굴 등을 할 수 있게 도와 주는 종합적인 가상무역공간으로 자체 홍보를 강화해야만 한다.

② 온라인판매

관련 기업이 B2C사이트를 구축하여 판매하는 것이다. 그리고 기업이 매출을 높이기 위하여는 사이트에 입점하는 것과 직접 판매대를 구축하여 각종 고객서비스를 행하는 활동으로 구분된다. 그리고 B2B e-마켓플레이스를 구축하여 거래활동을 지원하는 방법이 존재한다. 이는 구매자관점과 판매자관점으로 거래활동을 지원하기도 한다. 최근에는 국제간 무역활동에서 인터넷을 통한 전자무역의 활성화가 매우 빠르게 진행되고 앞으로 이를 통하여 직거래활동이 더욱 활발해질 것이다.

전통적인 마케팅전략은 Product(제품), Price(가격), Promotion(판촉), Place(유통)의 4P이며, 인터넷마케팅이 등장하면서 점차 고객, 콘텐츠, 커뮤니티, 커뮤니케이션 등이 중요시되어 저자들은 4P+2C(고객전략과 콘텐츠전략)를 덧붙여 마케팅전략을 수정 · 보완하였다([그림 12-6 참조]).

그림 12-6 인터넷마케팅 믹스

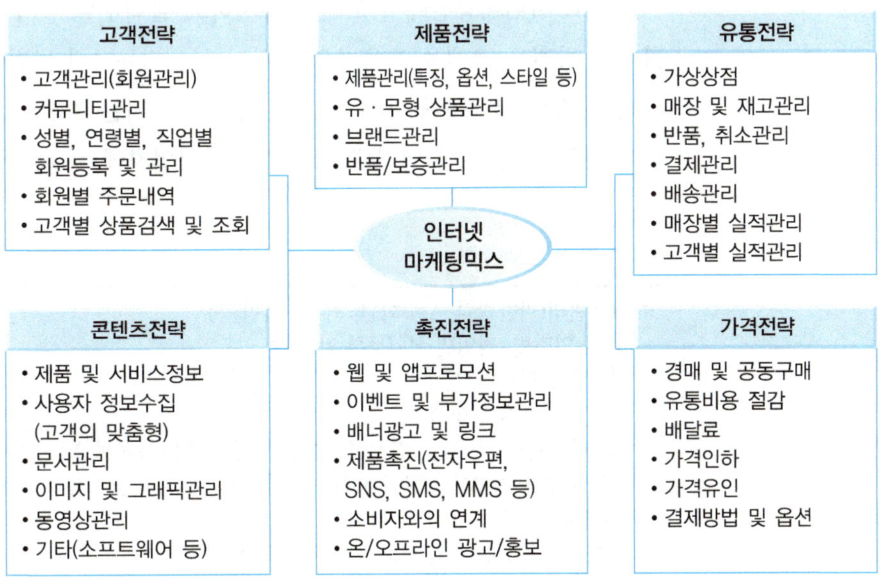

가. 고객전략

정보화사회에서의 소비자는 눈에 띄게 변하고 있다. 소비자, 사용자 중심, 즉 고객지향적 생산과 서비스 등이 변해가는 마케팅인 것이다. 고객과의 쌍방향 커뮤니케이션을 바탕으로 고객이 도대체 무엇을 바라고 무엇을 원하는지를 파악할 수 있어야만 예전에 비해 훨씬 다양하고 개성화되어 있는 소비자들의 취향을 맞출 수 있다.

그러나 인터넷을 통하여 사업하고 있는 대부분의 기업들은 아직도 자사 또는 자사제품 홍보 중심의 일방적인 정보만을 제공하고 있을 뿐이고 네티즌들은 이러한 점에서 많은 불만을 가지고 있다.

고객들은 수동적인 입장을 떠나서 정보의 생산 또는 자신이 구매하고자 하는 상품과 서비스의 내용과 질, 나아가 가격까지 스스로 참여하여 결정하기까지 모두를 원하고 있는 추세이다. 대표적인 예가 경매와 공동구매 형태로서 소비자들이 직접적으로 구매상품의 가격까지 결정하고자 한다는 점이다.

그리고 사이버공간에서 고객을 유치하고 클릭수를 증가시키기 위한 확실한 방법은 고객을 효율적으로 관리하는 커뮤니티 방법이다. 이 부분의 강조는 고객이 웹에서 진정한 가치를 가지는 자산으로 인식되고 있기 때문이다. 특히 인터넷 비즈니스의 사업자에서 고객은 핵심으로

표 12-5 ■ 고객전략

- 고객관리(일반회원, 우수회원, 최우수회원 등)
- 성별, 연령별, 직업별 회원등록 및 관리
- 회원별(고객별) 주문내역
- 고객별 상품검색 및 조회
- 커뮤니티관리 : 이메일, 블로그, SNS, 채팅룸 등을 통하여 공통의 관심사에 대하여 의견과 정보를 교환하는 사용자 간의 공식적 · 비공식적인 공동체를 의미함(인터넷공동체 형성)
  - 다양한 채널을 통한 공동의 관심의 집중화
  - 우수고객의 확보와 고객참여형 콘텐츠 개발 및 생성
  - 고객에 특화된 관심 분야와 고객맞춤서비스의 콘텐츠 제공
  - 거래중심의 커뮤니티 조성
  - 체험형 관심과 유대관계 지속

자리하고 있다. 따라서 직접적으로 구매를 촉진시키는 활동보다는 구매가 발생할 수 있는 환경으로서 고객과의 커뮤니티가 매우 중요하게 부각되고 있다.

온라인 공동체가 기업에게 주는 이점은 고객을 유치하고 표적대상을 찾는 데 드는 비용을 줄인다는 점과 고객구매를 촉진시키는 경향을 가지고 있다는 것이다. 또한 고객에 대한 인적사항, 거래정보 등을 확보하기가 편리하기 때문에 일대일과 타깃마케팅이 유리하다. 커뮤니티를 통해 확보된 회원은 그 자체로 자산적 가치를 가진다. 앞으로 고객을 전략적으로 관리하지 않으면 인터넷에서의 사업은 매우 어려움이 따를 수 있다.

나. 콘텐츠전략

콘텐츠는 고객이 컴퓨터 화면을 통해 만나게 되는 첫 접점이다. 인터넷상에서 고객은 제품 그 자체를 만난다기보다는 콘텐츠를 만난다고 표현할 수 있다. 따라서 인터넷상거래에서 콘텐츠를 어떻게 구성할 것인가는 성공에 중대한 영향을 끼친다.

웹의 콘텐츠는 단순한 정보만을 의미하지는 않는다. 사용자가 내비게이션에 얼마나 빠르게 도달하느냐 하는 것과 다양한 취미 및 오락적인 요소와의 연계를 통하여 사용자가 즐길 수 있는 내용이 되어야만 한다. 콘텐츠는 멀티미디어를 기반(텍스트뿐만 아니라 동영상, 음성, 하이퍼링크, 게임, 무형제품(논문, 연구자료 등) 등을 포함한다)으로 하며, 인간의 지적 창의성을 반드시 포함하고 있어야 한다. 인터넷 콘텐츠는 인터넷 비즈니스에서 잠재적 구매고객으로서 회원을 확보하기 위한 중요한 요인으로 가치를 가진다. 일반적으로 웹과 앱에 관한 콘텐츠로서 유의해야 할 사항을 열거하면 다음과 같다.

- 참신하고 신선한 콘텐츠를 제공해야만 한다.
- 콘텐츠의 다양한 질에 승부를 걸어야 한다.
- 계속적이며, 지속적으로 콘텐츠를 수정, 보완, 유지발전시켜야 한다.
- 고객의 참여형태로 고객과 함께 만들어야만 한다.

표 12-6 ■ 콘텐츠전략

- 고객의 정보수집(고객의 맞춤형 관리)
  - 사용자의 관련 정보수집
  - 최신형 및 고객에게 참신한 콘텐츠 제공
  - 맞춤형 콘텐츠 개발
    - 고객(사용자) 입장의 맞춤형 개발
    - 기업입장의 다양한 옵션화 맞춤형 개발
  - 외부 콘텐츠 분석
  - 지난 콘텐츠 보관
- 제품관련 콘텐츠 물리적 특성 파악
  - 문서관리
  - 이미지, 사진, 그래픽관리
  - 동영상 및 멀티미디어관리
  - 기타(소프트웨어, 게임 등)

- 고객의 데이터베이스를 활용하여 개개인의 개별화된 콘텐츠를 제공해야만 한다.
- 최상의 콘텐츠로서 고객관리전략과 관련정보의 서비스를 제공할 수 있도록 구성되어야 한다.
- 외부의 콘텐츠의 연결로 자체 소홀한 내용을 상호 · 보완해야만 한다.
- 이동통신사의 간섭을 배제하고 판매되는 수익의 일정부분을 개발자가 가져가는 규정으로 개발자들의 의욕을 자극하는 콘텐츠 환경도 함께 병행하여 추진되어야 한다.

다. 제품전략

(1) 제품관리

인터넷제품에서 가장 인기 있는 제품으로는 여행티켓, 영화, 콘서트 및 페스티벌 관련 티켓, 책, 옷, 캐주얼의류, 전자제품, 비디오, 뮤직다운로드, 모바일폰, 장난감 등이다. 이들 제품들은 대부분 소형이거나 특별히 제품이나 서비스를 직접 눈으로 보거나 만져보지 않아도 그 품질이나 내용을 확인할 수 있는 것이거나 디지털로 무장된 무형의 제품들이 대부분이다. 특히 품질이 신뢰성 있고, 표준화되어 있는 제품이 많다.

표 12-7 ■ 제품전략

- 제품관리
  - 인기제품 관리(특징, 옵션, 행사, 가격, 스타일 등)
    - 유형제품(소형제품으로 판매하되, 대형제품은 홍보위주로 구축)
    - 무형제품 : 정보탐색용 제품(지도, 음식, 관광, 여행, 버스, 시장정보 등)
    - 기존의 무형제품(예약서비스, 서점, 응용소프트웨어, 논문, 연구보고서, 멀티미디어적인 콘텐츠 제품 등)
    - 시간과 비용절감
    - 반품 및 보증관리
- 제품 및 브랜드관리
  - 기존상표등록 및 계속된 홍보의 필요성
  - 상표창출 : 인터넷 관련기술과 독특한 인터넷 고유 상표를 통한 브랜드관리
  - 급변하는 인터넷 시장환경과 미래유통의 변화 가능성에 대비한 상품의 다양성 제공
  - 다양한 스마트형태의 기기를 통한 제품 및 브랜드의 지속적인 관리

예를 들어, 소프트웨어, 음악 등이 좋은 예이다. 품질과 내용에 대하여 염려할 필요가 없는 공연이나 연극, 여행 및 여행관련 제품 등은 인터넷을 통하여 구입하더라도 무리가 따르지 않으며 예매 장소에 나갈 필요가 없으므로 시간과 비용이 절감되는 효과를 누릴 수 있다.

현재와 미래에 인터넷쇼핑몰에서 고객들에게 사랑을 받는 품목인 디지털화된 제품들의 많은 성장이 예상된다. 그러나 실체감이 있는 옷 등은 인터넷을 통한 제품구입은 망설이다가 최근에 폭발적으로 증가하고 있다. 다양한 디자인에다 값이 저렴하고 배송 또한 원할하기 때문인 것으로 볼 수 있다. 그러나 일부 정해진 치수와 옷맵시가 개인 성향에 따라 다르게 표현되기 때문에 신중하게 선택하는 것이 바람직할 것이다.

최근의 앱관련 인기 제품으로는 정보탐색용 제품으로 지도찾기, 맛있는 음식 찾기, 여행지 및 관광상품 찾기, 버스 및 기차스케줄 찾기, 기타 시장정보 등이 있다.

(2) 제품 및 브랜드

제품 및 브랜드로 매력적인 인터넷시장을 선점하는 것도 매우 중요하다. 일반시장에서의 상표를 그대로 인터넷에서 활용하는 것이고 다른

것은 인터넷 고유의 상표를 창조하는 것이다. 대부분의 인터넷사업은 그대로 오프라인 시장상표를 사용한다. 왜냐하면 기존 상품은 새롭게 선전할 필요가 없기 때문이다. 그러나 소규모 중소기업과 벤처기업들은 오프라인시장이 미비하므로 인터넷 관련기술이나 독특한 인터넷 고유 상표 및 브랜드를 창출함으로써 인터넷상에서 상당히 인기있는 기업 혹은 제품이 되는 경우가 종종 있다.

보통 인터넷시장은 처음에는 매출을 크게 기대하지 않고 장기적인 사업기반의 디딤돌로 삼는다. 급변하는 시장환경과 미래유통의 변화 가능성에 미리 대비하는 차원에서 사업을 시작하는 것이다. 인터넷 브랜드로서 대표적인 것은 아마존이 될 수 있다. 미국의 대형서점인 반스 앤 노블(Barnes & Noble)은 오히려 인터넷상표명인 온라인 회사인 아마존보다 브랜드, 상표가치, 인지도, 편리성 등의 모든 면에서 오프라인에서의 우위를 살리지 못하고 있다.

인터넷환경이 다양한 스마트 형태의 기기를 통하여 관련 정보들이 제공되기 때문에 제품 및 브랜드의 지속적인 관리가 이루어져야 한다.

라. 가격전략

인터넷상거래에서 주목하는 것 중의 하나가 제품을 만드는 회사에서 가격을 설정하여 파는 것보다는 오히려 제품의 가격을 고객이 직접 책정하여 구매하는 공동구매와 경매를 통하여 제품을 구입하는 회사 사이트들이 눈에 띄게 성장가도를 달리고 있다는 것이다. 이처럼 기존의 무조건적인 판매중심에서 고객중심으로 이동되고 있다.

그러나 아직은 인터넷상거래의 주요 특징 중의 하나는 무엇보다도 저렴한 가격경쟁이다. 인터넷가격이 저렴한 이유들로는 물리적인 매장 구입 혹은 임대비용 저렴, 매장을 유지하기 위한 비용이 매우 저렴하기 때문이다. 또한 제품 판매 시 발생하는 서류작업의 자동화, 중간상인 비개입으로 인한 유통비 절감 등을 들 수 있다.

인터넷가격전략에는 여러 가지가 존재한다. 고객은 인터넷을 통하여 가격을 비교 · 분석하여 원하는 상품을 구매하기 때문에 가격이 타 사이

표 12-8 ■ 가격전략

- 경매 및 공동구매, 소셜쇼핑을 통한 제품가격 인하 유도
- 저렴한 가격경쟁
  - 일반관리 및 물리적인 공간 배제로 오프라인보다 가격경쟁 존재
  - 온라인 매장이 오프라인 매장 유지비용보다 매우 저렴함.
  - 판매 시 서류작업의 자동화와 중간상인 비개입으로 유통비 절감
- 시간과 가격전략방법
  - 데이터베이스마케팅(고객층의 다양화, 메시지를 통한 정보제공, 차별적인 제품선도로 고객유인정책, 마일리지 구매고객에 차별화된 가격제시 등)
  - 주기적인 행사, 이벤트, 광고, 마일리지 등을 통한 가격유인정책
  - 배송료 : 택배 등을 통한 주문처리(다양한 배달 옵션 제공)
  - 지역에 따른 가격인하 : 배송조건과 가격차이 명기, 배송기간 명기
  - 고객의 선호도에 따른 가격책정(개별, 묶음 등)
  - 결제방법 및 옵션(다양한 지불형태의 보안 및 보험적용)

트보다 무조건적으로 저렴하여야 한다. 물론 가격이 저렴하다고 불량품이라든가, 기능이 현저히 낮은 가격으로 유인하는 정책은 고객이탈현상이 바로 나타나므로 보다 신중한 차별화된 가격전략이 필요하다.

(1) 가격인하

인터넷가격전략의 큰 장점은 유통단계를 줄임으로써 낮은 가격구조로 소비자에게 공급할 수 있다는 것이다. 보통 인터넷상점들은 기존상점보다 10~40%까지 할인해 주고 있다. 현재의 고객을 인터넷시장으로 끌어들임이 가능해짐에 따라 소비자와 기업이 공동이익을 얻어 함께 발전할 수 있을 것이다.

최근에는 스마트폰을 이용한 소셜쇼핑 형태가 급속도로 확산되므로 지역 및 제한된 구역 내에서 고객접근의 용이함으로 인하여 가격인하 효과를 크게 볼 수 있다.

(2) 배송료

인터넷에서 주문을 하면 주로 택배를 통해서 고객에게 배송된다. 인터넷 주문제품이 일정금액 이상이면 택배를 무료로 배송하는 경우가 대부분이다. 이는 일부 섬지역이나 육지보다 먼거리의 지역은 아직도 배

송비를 추가로 받고 있어, 구매고객은 사전에 배송비의 추가유무를 알아볼 필요가 있다. 물론 물건을 판매하는 기업은 보다 저렴한 배송료와 전문성이 있는 배달업체 선정이 중요하다. 그리고 고객에게는 다양한 배달옵션과 추가적인 보너스제도를 도입하는 것도 매우 중요하다.

현행 전자상거래에서 택배업체가 많은 부분을 차지하고 있으며, 규모가 작은 업체들은 상대적으로 배송이 저렴한 우체국을 이용한다. 전자상거래시장이 점점 커지면서 인터넷쇼핑몰 운영회사와 고객 간의 불만족의 사례들이 점점 늘어나고 있는 추세이다.

(3) 결제방법 및 옵션

인터넷을 통한 물건을 꺼려 하는 주된 이유 중의 하나는 인터넷 지불 보안 문제이다. 현행 인터넷 지불의 대부분이 카드로 이루어지다보니 이에 대한 철저한 고객신뢰가 존재하지 않으면 안전한 인터넷쇼핑몰을 서핑할 수가 없다. 특히 결제방법인 지불시스템에 대하여 고객이 안심하고 대금처리를 할 수 있도록 보안에 철저히 대비하여야 한다.

① 무통장입금

인터넷쇼핑몰에서 원하는 물건을 구입하면 바로 문자메시지나 일정기간 내에 무통장으로 물품대금을 결제하는 제도로서 인터넷의 보안에 믿음이 가지 않는 고객이 매우 선호하는 결제수단이다.

② 인터넷뱅킹(실시간송금)

쇼핑몰에서 물건을 구매한 후 바로 인터넷뱅킹을 통하여 제품가격을 실시간으로 입금한 후 관련 쇼핑몰에서 확인후 물건이 배송되는 과정을 밟는다. 본 실시간처리인 인터넷뱅킹으로 고객의 개별은행에 접속하여 계좌이체하는 편리함 때문에 많이 이용하는 송금방식이다.

③ 신용카드와 휴대폰을 통한 결제

현재 전자지불시스템에서 가장 보편적으로 많이 사용하는 것이 신용카드를 이용한 구매방법이다. 주문 후 동시에 바로 쇼핑몰 사이트에서 바로 신용카드 정보로 결제하는 방법이며, 인터넷 보안을 통한 안전한 전자지불이 가능하며, 특히 최근의 스마트폰을 통한 소액결제 및 다양한 결제시스템들이 도입을 진행하고 있다.

마. 유통전략

인터넷을 통하여 제품을 판매하기 위한 전략이 인터넷 유통전략이다. 인터넷 유통과 다른 경로와의 차이점은 공간성이다. 하나는 기업으로부터 제품이나 서비스를 제공받아 이를 고객(네티즌)에게 판매하는 간접판매와 직접 자사의 홈페이지를 통해 판매하는 직접판매 형태로 구분된다.

현행 쇼핑몰 운영업체는 기존의 전통적 상거래와의 유통전략에 있어 차이점이 발견된다. 기존의 대부분의 기업은 대리점이나 도 · 소매상을 지정해서 일정지역 독점판매권을 가지고 고객에게 제품을 판매하는 형식을 가졌던 것과 비교하여 인터넷 판매방식은 다양한 고객층을 상대로 운영되기 때문에 기존 판매방식보다 더욱 매출이 증가될 수 있다.

유통혁신은 많은 문제점을 유발할 수 있으며 기업차원에서도 국내 유통전략에 문제점들을 유발할 수 있다. 전통적 상거래와 온라인 상거래

표 12-9 ■ 유통전략

- 무한한 가상공간 유통 : 제한된 공간 즉 지역, 거리, 시간의 제약이 없으므로 보다 차별화된 제품관련 콘텐츠(영어, 일어, 중국어 등)를 다양화하고, 보다 넓은 가상공간에 대한 유통전략이 절대적으로 필요함
- 유통정보관리(매장관리, 반품 및 취소관리, 결제관리, 배송관리, 매장별 실적관리, 고객별 실적관리 등)
- 해외 유통거래 시 문제점
  - 정보 및 관련 제품에 대한 콘텐츠로 세계시장에 대한 타깃 가능
  - 1년 365일 24시간 가동
  - 수출 및 수입에 관한 법률 : 해당 국가의 법률 검토
  - 세금 : 해외 거래 시 세금문제
  - 환율 : 환율변동으로 인한 차이
  - 문화적 차이 : 광고나 판매방식 습득
  - 보안 : 데이터 보완과 인증제도 도입
  - 결제 : 외국은행과의 연계성

가 유통혁신과 가격혁신을 통해 고객에게 접근하기 위한 다양한 전략적인 대책의 강구가 필요하다.

(1) 가상공간의 유통

전자상거래 쇼핑몰 운영은 지역, 거리, 시간에 제한이 없으므로 1년 365일, 24시간 오픈상태의 상점으로 운영되기 때문에 어느 때보다 유통에 많은 전략적 접근방안을 필요로 한다. 특히 차별화된 제품관련 콘텐츠를 개발하여 고객에게 쉽게 접근할 수 있을 뿐만 아니라 고객이 선택한 제품에 대하여 유통에서의 문제점이 발견되지 않도록 하기 위하여 노력하여야 한다. 이를 위한 유통정보시스템을 구축하여 매장관리, 반품 및 취소관리, 결제관리, 배송관리, 매장별 실적관리, 고객별 실적관리에 있어서 보다 철저한 관리가 필요로 한다.

(2) 해외 유통거래 시 문제점

제한된 지역에서 인터넷을 통한 물품거래는 문제점이 적다. 그러나 인터넷은 지역적 · 시간적 · 공간적 제한을 두지는 않는다. 국내에서 쇼핑몰을 운영한다고 하더라도 어느 정도는 세계시장을 염두에 두고 사업을 진행하여야 한다. 그러나 세계시장은 여러 가지 문제점이 노출될 수 있다.

① 언어

인터넷은 미국에서 시작되어 모든 체계가 영어로 되어 있고, 대부분의 사이트들이 영어로 만들어져 비영어권 국가들은 그만큼 제약을 받고 있다. 결론적으로 자국의 웹사이트만 고집할 수는 없다. 세계시장을 개척하기 위하여는 영어, 일어, 중국어 등 다양한 정보 및 관련제품에 대한 타깃국가의 다국어 콘텐츠를 만들어 운영되어야 한다.

② 시간

인터넷은 공간적 · 시간적 제한이 없다. 24시간 웹사이트를 보여 주어야 하며 24시간 방문한 고객을 상대로 즉각적인 서비스에 대비하여야 한다. 특히 소비자와의 상호작용이 신뢰도를 높일 수 있으며, 실시간처리는 고객에 만족감을 더할 수 있다. 그리고 소비자와 연결된 24시간 서비스센터를 가동해야 한다.

③ 수출 및 수입에 관한 법률

인터넷에 대한 거래는 어느 국가든 수출 및 수입이 될 것이다. 그 나라의 해당 법률에 의거하여 수입절차가 필요하다. 해외주문에서 결제, 선적, 통관 등과 관련된 각종 법률을 보다 적극적으로 검토해야 한다. 예를 들어, 식품을 수입할 때 국내는 보건복지부장관의 허가를 받지 않으면 통관조차 할 수 없으므로 사전에 법률적인 검토가 필수적인 요소이다.

④ 세금

해외거래에 발생하는 금액에 대해서 통관세 혹은 부가세, 특별세, 목적세 등의 세금이 붙게 된다. 이에 대한 사전적 검토가 요구된다.

⑤ 환율

대부분의 경우 환율은 시시각각으로 변하기 때문에 환율의 적용시점에 따라 사고팔 때에 금액에 차이가 따른다. 특히 해외거래인 경우 우리나라 원화 사용이 보편화되지 않기 때문에 문제가 발생한다. 가격표시를 할 때 원화와 달러화의 환율을 각각 표시해 주고 선택할 기회를 주는 것도 하나의 방법이다. 특히 온라인 거래 시 환율선택의 기준을 명확히 해줄 필요가 있다. 신용카드를 사용할 때 정해진 전신환에 따라 주문시점에서 환율이 정해지므로 사용화폐를 다양화해야 한다.

⑥ 문화적 차이

광고나 판매방식은 문화적 방식에 따라 세심한 주의가 요구된다. 인터넷에서 소비자에게 접근할 때 표적시장에 접근하기 위하여 공통적으로 소유하고 있는 지식, 감정 혹은 생활양식을 중심으로 접근하는 것이 국가별 문화적 차이를 극복할 수 있는 하나의 방법이 될 수 있다.

⑦ 보안

보안시스템은 인터넷 쇼핑에 필수적이다. 데이터 보안을 위하여 브라우저별로 비자나 마스터 등 지불결제서비스 업체에서 채택한 암호기법을 사용한다. 그리고 인증서비스와 관련 기술을 도입하여 거래상대방을 확인할 뿐만 아니라 거래정보, 결제정보, 상품정보 등 해킹의 우려가 없도록 철저히 보안을 해야만 한다.

⑧ 고객서비스

해외고객을 상대로 등록, 안내, 상품주문, 홍보 및 안내 등을 제공하고는 있지만 보다 편리한 쇼핑이 되기 위하여 고객서비스에 더욱 신경을 써야 한다.

바. 촉진전략

인터넷을 통한 광고는 판매촉진, 기업홍보, 소비자보호, 제품설명, 제품정보 등 다양한 판매촉진전략이 들어가 있다. 인터넷 촉진활동의 유형으로는 국내외 다양한 고객에게 기업의 홍보와 관련정보를 제공하며, 상품이나 서비스에 대한 정보나 부가서비스를 제공함으로써 판매를 유도한다. 단순한 제품광고뿐만 아니라 마케팅전략에 따라서 각종 캠페인 정보제공이나 시장조사도 가능하다. 촉진전략은 고객만족경영을 위한 도구로써 활용이 가능하며, 내부 커뮤니케이션용으로 사용하는 것이다.

인터넷 촉진활동은 기업 스스로 고객에게 정보를 제공하고, 고객들이 기업의 사이트에 들어와 충성도를 가지면서 커뮤니케이션이 이루어지는 이상적인 활동이다. 또한 고객들이 스스로 찾아와서 기업이 제공한 정보에 피드백을 제공하는 쌍방향성인 커뮤니케이션이 되어야 한다.

인터넷은 전화선, 전용선, 인공위성, 케이블 TV, 무선통신, 정보고속도로, 스마트관련 기기 및 폰 등 거의 모든 방법을 통하여 저렴한 가격으로 시간과 공간의 제약없이 표적집단에 정확하고 빠르게 원하는 정보를 전달할 수 있다. 그리고 고객으로부터 즉각적인 피드백을 얻을 수도 있다. 인터넷 자체의 성격이나 다른 매체와의 비교를 통해서 볼 때 인터

표 12-10 ■ 촉진전략

- 웹 및 앱관련 프로모션을 통한 촉진전략
- 판매촉진 이벤트 및 부가서비스 관리
- 배너광고 및 기업홍보
  - 웹 및 광고 : 웹의 인터넷 대중화와 상업적인 앱도구
  - 배너(Banner)광고
    - 검색엔진, 언론매체, 스마트 및 모바일관련 사이트 등
  - 홈페이지를 이용한 광고 : 자사 홈페이지를 이용하는 광고
  - 가상상점 등을 이용한 광고
  - 인터넷 스폰서(Sponsor)광고 : 웹사이트 내용을 광고주의 지원으로 제작하는 방식
  - 메시지 및 전자우편광고
- 오프라인광고 : 기존 매체광고 이용
- 소비자와의 연계된 촉진전략

넷은 지금까지 어떤 매체보다도 가치있는 광고매체로서 인식되며, 최근에는 모바일, 즉 스마트폰을 가지고 다양한 인터넷관련 사이트에 접촉이 가능하므로 모바일 쇼핑몰의 대중화에 판매촉진할 수 있는 계기가 될 것이다.

인터넷 촉진전략에서 가장 중요한 요인은 사이트를 프로모션하는 것이다. 이는 직접적인 마케팅과 관련이 있으며, [표 12-11]은 사이트를 증진시키는 웹프로모션 전략들로 구성된다. 인기 있는 검색엔진에 우리 기업 사이트를 링크시켜 놓고, 누구든지 검색 키워드로 찾을 수 있도록

표 12-11 ■ 인터넷관련 프로모션 도구형태

- 검색엔진 등록 : Google, Naver, Daum 등
- 해외 마켓플레이스 등록 : 무역관련 전문사이트(www.cybercc.com)
- 해외전시회 참가 및 사이트 홍보
- 해외 수출입상 e-mail 리스트 활용
- 유사업종 및 동일표적시장을 보유한 웹사이트와 하이퍼링크
- 대중매체 광고 : 신문, TV, 전화번호부, 쇼핑가이드, 웹사이트 띠광고 및 배너광고
- 오프라인 광고 : 회사로고, 차량, 건물, 명함 등
- Worth of Mouth : 친구, 가족, 동료, 직장인들에게 구전광고
- 기타 : 최신 정보기기에서의 웹프로모션 광고 및 마케팅, 스마트기기 및 스마트폰을 통한 앱관련 프로모션 및 마케팅

색인으로 구성되어야 한다. 그리고 전자우편, 메시지 등을 통한 지속적으로 개별성 광고를 지속해야만 한다.

12.4 모바일마케팅과 유비쿼터스마케팅

가. 모바일마케팅

우리의 일상생활을 크게 바꾸어 놓은 것 중의 하나가 휴대폰의 사용이다. 현대인에게 휴대폰은 단순한 의사소통 기기를 넘어서 생활필수품이자 패션 액세서리로 성장하였다.

2010년 3월 방송통신위원회의 조사에 따르면 국내 휴대폰 사용자가 약 4,897만 명을 넘어섰으며, 이 가운데에 모바일서비스가 가능한 휴대폰을 가진 사람이 대부분으로 파악되고 있다. 실제로 국내 모바일 서비스의 잠재고객 기반은 엄청나며, 고객들의 통화량이나 모바일 서비스 사용시간이 꾸준히 증가하는 추세이다. 또한, 국내의 모바일 콘텐츠나 모바일서비스 관련 기술과 산업들도 활발하게 성장하고 있다.

최근에는 PC와 같이 운영체제(OS)를 탑재하여 다양한 애플리케이션(응용프로그램)을 설치 · 동작할 수 있는 스마트폰이라는 다기능 휴대폰이 등장하고 있다. 이 휴대폰의 주요 특징은 인터넷의 다양한 프로그램들이 연동되는 것이 주요 특징으로 모바일마케팅의 대표적인 적용사례로 등장되고 있다.

그러나 모바일 사용가능 인구가 지속적으로 증가하고, 관련기술 및 인프라가 구비되어 있음에도 불구하고 다음과 같은 문제점이 있다. 첫째, 사용상의 불편함이다. 작은 스크린으로 가독성이 떨어지고, 데이터 저장과 전송의 용량이 제한되어 있으며, 버튼 조작이나 서비스를 이용하는 컴퓨터화로의 동기화가 떨어진다. 둘째, 데이터의 사용요금 때문에 사용을 쉽게 망설이게 된다. 무료 온라인서비스에 길들여진 고객 입장에서는 통화료뿐만 아니라 데이터서비스 사용요금을 지불해야 하는 것이 부담이기 때문이다. 일부 통신사에서 제공하는 와이파이(WiFi) 내에서 인터넷의 콘텐츠 및 다양한 프로그램 접속 시 무료로 이용하고 있으나 국내에 전체영역을 커버하는 지리적인 제약 때문에 고객들의 인터넷요금이 부담으로 작용될 수 있다. 셋째, 개인정보 유출에 대한 염려이다. 휴대폰 사용자들이 모바일서비스를 사용하면서 개인정보 누출을 대부분이 두려워하고 있다. 넷째로 모바일서비스를 사용하면서 발생하는 문제를 해결할 수 있는 법률적인 제도가 아직도 미비하다고 할 수 있다. 모바일을 통한 다양한 결제시스템의 기술적 · 제도적인 문제점은 존재하고 있다.

이와 같은 모바일서비스의 사용을 저해하는 요소들을 극복하기 위해서는 저해요인의 최소화 노력과 함께 모바일의 장점을 고객에게 보다 효과적으로 개선할 수 있는 모바일마케팅 전략이 필요하다.

(1) 모바일마케팅의 특징

다양한 연령층을 대상으로 하는 모바일마케팅은 다음과 같은 독특한 특성 때문에 기존의 마케팅 기법과는 차별화된 접근을 필요로 한다. 첫째, 모바일서비스는 개인 휴대폰을 통해서 이루어진다는 점이다. 즉, 개인화서비스에 대한 니즈(needs)가 높으며 개인의 프라이버시(privacy)를 침해당하는 것에 상당히 민감하다. 둘째, 언제 어디서나 서비스의 사용이 가능한 이동성(mobility)이다. 개인이 원하는 시간과 장소에서 사용할 수 있으며, 이에 따라서 변화하는 고객의 니즈를 항상 감지할 수 있어야 한다. 또한, 시간과 장소에 구애받지 않고 서비스를 사용할 수 있을 뿐만 아니라, 예측하지 못한 상황에서 다양하게 사용될 수 있다는 특징이 있다.

(2) 모바일마케팅 성공전략

① 이동성을 최대한 활용

모바일서비스의 가장 큰 특징은 이동성이다. 언제 어디서나 휴대폰을 소지하는 고객들을 활용하여 실시간으로 원하는 서비스를 제공하도록 해야 한다. 지금 TV광고에서 관심을 끌고 있는 위치정보서비스(GPS)를 예로 들어보자. 휴대폰 하나로 상품구매나 결제가 가능하며, 막히는 길

GPS(Global Positioning System)
위성위치확인시스템으로 지구상에 있는 물체의 위치와 시간을 측정하기 위한 시스템

을 가르쳐 주는 운전도우미 역할을 하기도 한다. 또한, 특정 매장에 들어서거나 거리를 지날 때 즉석에서 쓸 수 있는 할인쿠폰이 실시간으로 제공되기도 한다. 모바일 위치추적 기술의 꾸준한 발전으로 생활 속의 모바일서비스가 자리잡아 가고 있음을 보여주는 예이다. 이동성을 이용한 모바일마케팅의 핵심은 변화무쌍한 고객의 욕구를 제대로 파악하는 일이다. 특히, 시간과 장소에 따라 고객의 욕구 변화를 면밀히 파악해야 한다.

한편, 서비스 개발뿐만 아니라 광고에서도 이동성을 적극적으로 활용해야 한다. 항상 고객의 곁에서, 시간과 장소에 관계없이 고객의 시선을 사로잡을 수 있는 모바일광고야말로 효과가 매우 높을 것이다. 모바일광고는 온라인광고에 비해서 클릭률이 매우 높다. 또한, 모바일 휴대폰이 점점 대형화되고 고해상도적인 그래프의 표현이 가능해지면서 다양한 형태의 모바일광고가 나타날 것이다.

② 고객맞춤 서비스를 활용

개성이 강하고, 원하는 바를 분명히 표현하고 개성이 강한 고객들은 자신이 서비스에 맞추는 것이 아니라, 서비스가 자신에게 맞추어지기를 기대한다. 모바일서비스의 경우도 예외가 아니다. 특히, 개인화서비스인 만큼 개인의 정보와 관심사, 사용행태, 라이프스타일 등을 철저하게 분석하고 사전에 파악하는 작업이 중요하다. 아무리 까다로운 고객이라도 서비스제공자가 항상 자신에게 관심을 보내고 필요한 서비스를 제공하고 있다면, 계속해서 사용하게 될 것이다.

현대인에게 다양한 마케팅 채널을 제공하는 데 모바일이 효과적으로 사용될 수 있다. 예를 들어, 정보를 풍부하게 제공할 수 있는 온라인의 장점과 언제 어디서나 사용할 수 있는 모바일의 장점을 활용해서, 고객이 필요한 정보를 적시에 풍부하게 제공할 수 있다.

그러나 이 같은 서비스는 개인 휴대폰을 이용하기 때문에 고객들은 자신의 프라이버시가 침해될 경우 민감하게 반응하게 된다. 또한, 자신의 과거 구매기록이나 관심사를 미리 파악하고 전송된 광고를 받게 되면, 자신의 정보유출에 대해서 염려하지 않을 수 없다. 따라서, 고객과의 합의를 통한 퍼미션마케팅(permission marketing)이 전제되어야 한다.

③ 체험의 기회제공

아무리 환상적인 서비스라 하더라도, 고객이 모바일서비스의 효용을 경험할 수 없다면 무용지물이 될 것이다. 이러한 원칙은 현재사용고객과 잠재사용고객에게 모두 해당된다. 기존고객의 경우 모바일서비스 자체의 이점을 어느 정도 알고 있으므로, 새로운 서비스가 출시되었을 때 기존고객들이 사용할 수 있는 기회를 적극적으로 부여해야 한다.

단순히 모바일인터넷에 대한 광고와 판촉활동을 늘리는 것만으로는 신규고객을 끌어들이는 것이 역부족이다. 가격부담 없이 모바일서비스의 효용을 실제 고객들이 느낄 수 있도록 무료 사용기회를 늘리는 것이 필요하다.

④ 초기 마니아층 확산

초기 마니아들 중에 제품수용주기에서 상품이나 서비스가 새로 나오자마자 재빨리 구입 혹은 사용하는 사람들을 의미한다. 모바일 초기 마니아들은 다른 사람보다 모바일서비스에 대한 관심이 높고 서비스에 대한 지식이 전문가 못지않으므로, 모바일시장의 리더 역할을 담당하고 있다. 또한, 모바일 사용자들은 구전효과가 큰 젊은 계층에 집중되어 있기 때문에 소수의 마니아들의 의견이 확산될 가능성이 매우 높다. 따라서, 초기 모바일 마니아들의 의견을 서비스 개발이나 개선에 적극적으로 반영하는 것이 효과적이다. 결국, 고객의 니즈는 고객이 가장 잘 알고 있기 때문이다.

⑤ 고객세분화 강조

모바일마케팅의 핵심은 최적화된 고객세분화와 포지셔닝이다. 다양한 기준에 의해 고객세분화가 가능하지만, 모바일서비스 사용 경험과 서비스 몰입도에 따른 고객세분화를 우선적으로 생각할 수 있다.

첫째, 모바일서비스 없이는 하루도 살 수 없는 충성고객이 있다. 이들

그림 12-7 모바일마케팅 세분화

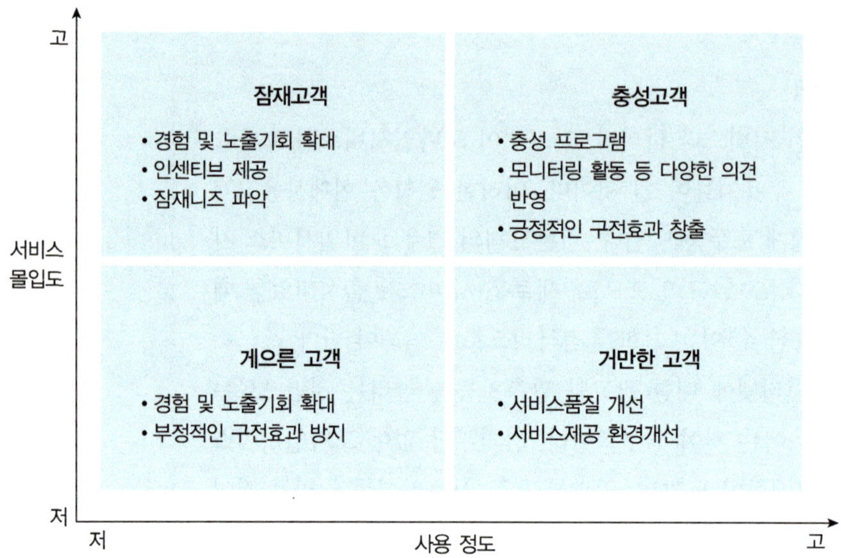

자료 : LG주간경제, 모바일마케팅 5가지 성공포인트, LG경제연구소, 2002.

은 서비스 사용경험이나 사용시간이 많을 뿐 아니라, 개발자 수준으로 모바일서비스의 메뉴나 특성을 잘 알고 있으며, 새로운 서비스가 출시되기 무섭게 사용을 시도한다.

둘째, 현재는 사용량이 적지만 앞으로 사용의향이 높은 잠재고객이 있다. 비싼 사용요금이나 사용상의 불편함 등의 이유로 현재 사용량이 많지는 않지만, 모바일의 장점을 충분히 알고 있으므로, 사용여건이 개선되기를 기다리는 고객이다.

셋째, 좀처럼 기대수준을 만족시키기 어려운 고객이다. 이들은 모바일광고에 익숙해져 높은 기대수준을 가지고 있기 때문에, 모바일서비스를 몇 번 사용해 본 후 실망하여 절대로 사용하지 않는 거만한 고객이다.

넷째, 모바일서비스의 장점을 아무리 알려도 꼼짝하지 않는 고객이다. 즉, 인터넷 등 다른 서비스에 비해서 느린 속도와 인터페이스, 사용요금 등을 이유로 아무리 편한 점이 많은 서비스라도 현재와 같은 사용여건에서는 사용할 수 없다는 고객이다.

이와 같이 사용경험과 사용몰입도에 따라서 일차적으로 고객을 세분화한 다음, 고객이 원하는 서비스 유형이나 라이프스타일, 관심사, 인구통계학적 기준으로 세분화하는 것이 효과적이다.

특히, 모바일 마니아층인 10대와 20대의 경우 그들만의 독특한 문화와 생각을 공유하는 경향이 있다. 이들은 자신들만의 소속감과 동질적인 문화에 대한 공유욕구가 높으며, 고유의 라이프스타일을 고수하기를 즐긴다. 이와 같은 문화적인 특성을 잘 활용해서 고객세분화를 하는 것이 좋다. 효과적인 모바일마케팅의 핵심은 개인화와 이동성이라는 모바일서비스의 특성을 잘 활용하고, 기존 마케팅기법을 적절히 응용하는 것이다. 기존고객의 니즈를 파악하는 데 노력을 집중하고, 잠재고객의 모바일서비스 사용을 저해하는 심리적 요인들을 파악하고 제거하도록 해야 한다. 무엇보다도 언제 어디서나 고객이 원하는 바를 충족시킬 수 있도록 고객의 입장에서 서비스를 바라보는 지혜를 잊지 말아야 한다.

나. 유비쿼터스(ubiquitous)마케팅

다소 생소한 유비쿼터스란 단어가 친근하게 느껴질 정도로 유비쿼터스 환경, 기술, 서비스에 대한 관심이 높아지고 있다. 유비쿼터스란 원래 라틴어인 ubique에서 유래한 말로 어디서나(everywhere)를 의미하며 유비쿼터스 네트워크 환경은 언제, 어디서나, 누구와 어떤 장치를 통해서든지 정보를 교환하고 의사소통 및 상호작용을 하는 환경을 의미한다. 즉 우리가 살고 있는 물리적인 공간이 지능화되어 온라인상의 전자공간과 융합할 수 있는 요건을 갖춘 것이다. 유비쿼터스마케팅이란 유비쿼터스환경, 기술을 활용하여 고객에게 보다 가치있는 서비스를 제공할 수 있는 마케팅 기법이다.

(1) 유비쿼터스마케팅의 특징

첫째, 고객의 상황적 정보(context)가 유용하게 활용되어 고객만족을 제고할 수 있는 컨텍스트마케팅(context marketing) 성격을 나타낸다. 주파수인식시스템인 RFID나 센서 네트워크기술의 발전을 고객의 시간 및 장소정보뿐만 아니라, 고객의 행동을 감지하여 상황에 적합한 광고 및 서비스를 실시간으로 제공할 수 있다. 예컨대 미국 Well Fargo Banks의 경우 ATM을 이용하는 고객의 상황에 맞게 개인화된 프로모션을 시행하였다.

둘째, 고객들에게 편리하고 신속한 서비스를 제공할 수 있다. RFID가 부착된 스마트태그(smart tag)의 경우 실시간으로 위치파악, 신속하고 정확한 배달을 함으로써 유통상의 손실을 줄일 수 있으며 물류관리의 효율성을 높여준다. 예컨대 Wal-Mart와 Tesco의 경우 선반의 재고현황을 자동적으로 알려주는 Smart Shelf를 도입하고 있다.

셋째, 고객과 기업, 기업과 기업의 협력이 강조되는 협업마케팅(collaborative marketing) 성격을 나타낸다. 기술의 발전 및 정보의 공유로 고객들의 참여가 업체에게 직접적으로 영향을 미치게 된다. 이뿐만 아니라 다양한 채널들에서 고객정보통합 및 기술의 표준화가 이루어지기 위해서는 담당자들의 실질적인 협력이 중요하다.

(2) 유비쿼터스마케팅을 위한 고려사항

첫째, 개인의 프라이버시(privacy) 존중을 명심해야 한다. 누군가가 나의 일거수일투족을 알 수 있다는 사실만으로도 개인의 사생활이 침범된다고 느낄 수도 있을 것이다. 따라서, 사전에 개인정보 사용에 대한 고객의 허락 및 동의가 전제되어야 하며 개인정보관리를 위한 철저한 보안시스템이 마련되어야 한다.

둘째, 유비쿼터스환경에서 가능한 서비스들이 제대로 그 효과를 발휘하기 위해서는 고객들의 정보가 한 곳에 모일 수 있는 통합고객관계관리(CRM)가 필수적이다. 그러나 관련업체의 고객정보를 교환 및 공유하기 위해서는 현실적으로 많은 법적인 한계와 애로사항들이 존재하여 이는 관련업체들이 머리를 맞대고 신중하게 방안을 모색해야 할 것이다.

셋째, 서비스에 대한 고객들의 기대수준이 크게 높아질 것이며, 이에 대한 효과적인 방안이 모색되어야 한다. 항상 고객보다 낮은 위치에서 고객들이 필요한 바를 찾아서 해결해 주려는 적극적인 자세가 필요하다.

(3) 유비쿼터스마케팅 전략

① 정보제공을 통한 마케팅

유비쿼터스시대에는 기업이 파악하고 있는 고객의 속성 및 구매이력 등 고객의 기본정보와 함께, 현재 그 고객의 주위환경에 대한 정보인 시간, 장소, 고객의 행동까지도 맞춤 제안이 가능하다. 따라서 소비자들이 지금 현재 어떠한 상황에 놓여 있는지를 파악하여 필요로 하는 상품을 추천함으로써 마케팅 효과를 극대화할 수 있다.

② 온 · 오프라인의 통합화된 채널을 통한 마케팅

혼성소비자의 출현으로 기업은 소비자가 원하는 시간에 원하는 장소에서 원하는 채널을 통해 물건을 구매하고 소비활동을 할 수 있게 하여야 한다. 유비쿼터스시대에는 온라인 · 오프라인의 경계가 없어지므로 혼성소비자의 특성에 맞게 복합채널을 이용하여 온라인 · 오프라인을 통합한 마케팅전략을 구축하여야 한다.

③ 커뮤니티를 통한 마케팅

기업들은 온라인 커뮤니티를 통해, 고객을 찾는 비용을 줄이고 고객의 소비성향을 파악할 수 있으며, 특정 소비자들을 타깃 삼아 마케팅을 할 수 있고, 현존하는 상품과 서비스에 가치를 더할 수 있다. 가상 상호작용의 저비용성과 온라인 커뮤니티의 회원 규모가 커지면서 기업들은 온라인 커뮤니티들과 직접적인 상호작용을 통해 이윤의 확대를 실현할 수 있게 되었다. 고객이 속해 있는 커뮤니티에 의해 기획단계의 상품을 제시하고 그 평가에 의하여 개량을 반복하는 고객 참가형 상품을 창출할 수 있게 된다.

다. 앱(App.)마케팅

앱마케팅의 출현은 인터넷기반에서 출발하였으나 여러 가지 모바일 기기에서 인터넷의 다양한 응용프로그램인 앱을 통해서 고객들에게 주목받기 시작하면서 점차적으로 앱관련 마케팅의 시작을 알리는 계기가

그림 12-8 앱마케팅의 흐름도

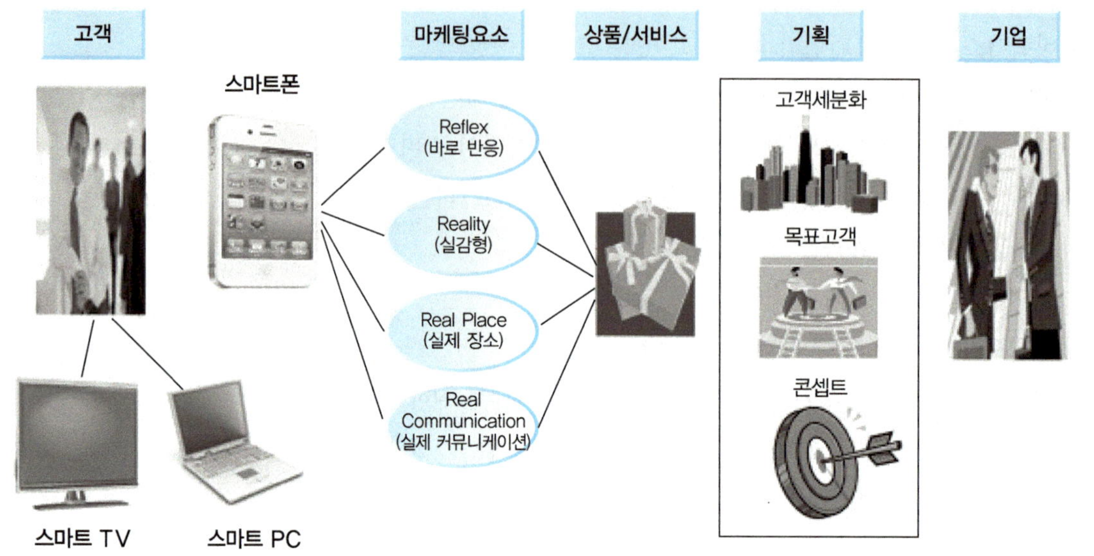

자료 : 김명한 · 김지민, 앱마케팅, 더날출판, 2010.

되었다.

그러나 스마트폰의 활성화에 힘입어 다양한 응용프로그램인 앱의 등장으로 기존의 마케팅과는 다른 새로운 요소가 필요해졌다. 이러한 새로운 요소가 [그림 12-8]에서 표현된 4R이다. 여기서 4R이란 Reflex(바로 반응), Reality(실감형), Real Place(실제 장소), Real Communication(실제 커뮤니케이션)로 개개인의 정보를 제공하고 구매를 자극하면 결국에는 실제 구매행위로 연결할 수 있다.

(1) Reflex(바로 반응)

스마트폰을 이용한 앱마케팅이라면 기기를 여는 순간 바로 앱이 보이고 다시 한번 터치하면 몇 초 내에 광고나 이벤트 및 다양한 홍보행사 등에 접근할 수 있다. 그리고 일반 오프라인에서 제품을 구매한 후 제품에 부착된 QR코드를 바로 읽어낸 후 원하는 홍보제품에 부착된 인증번호를 입력하면 바로 휴대폰으로 당첨사실을 확인할 수 있다. 바로 반응이 나오기 때문에 고객이 기다리는 궁금증이 바로 해결된다. 흥미로운 앱이라면 고객의 반응을 유도할 수 있고, 구매욕구가 생기면 따로 기억해둘 필요 없이 그 자리에서 터치만 하면 상품을 구매할 수 있다. 이러한 앱은 고객들의 이용빈도와 서비스만족도를 향상시킴으로써 회사의 가치를 높여주는 브랜드 동질성을 제공하는 동시에 고객들에게 재미를 제공해 준다.

(2) Reality(실감형)

스마트폰이 가장 주목 받는 서비스 중의 하나가 바로 증강현실이다. 증강현실(augmented reality)은 가상현실과는 구별되는 개념으로 실제 환경에 가상으로 생성된 정보를 혼합한 것을 말한다. 여기서 가상현실(VR : virtual reality)은 컴퓨터그래픽이 만든 가상환경에 사용자를 몰입하도록 함으로써 실제환경을 볼 수 없는 데 비해, 증강현실은 실제환경에 가상의 객체를 혼합하여 사용자가 실제환경에서 보다 실감나는 부가정보를 제공받을 수 있다. 예를 들면 길을 가다 스마트폰 카메라로 주변을 비추면 근처에 있는 상점의 위치 및 전화번호, 지도 등의 정보가 입체영상으로 표시되고, 하늘을 비추면 날씨정보가 나타나는 등 다양한 분야에 적용되고 있다.

이처럼 증강현실을 활용한 앱들은 더욱 현실감 있는 서비스로 고객이 필요한 정보를 원할 때 제공하는 것이다. 이 경우 고객이 브랜드나 서비스 이름을 기억할 확률이 높아지고, 정보를 활용하여 실제 구매가 이루어진다면 고객의 선호도, 고객반응, 신속성, 그리고 고객의 충성도를 파악하는 데 매우 유용한 도구로 인식된다. 특히 정보전달과 동시에 구매를 유도할 수 있어 고객과의 상호관계 파악이 매우 쉽다.

(3) Real Place(실제 장소)

대부분의 소비자들이 원하는 정보, 위치, 장소, 시간 등의 요소를 바로 확인하기를 원한다. 기존의 컴퓨터기반의 인터넷환경에서는 이러한 것이 전혀 불가능하였다. 예를 들어 텔레비전에 나온 맛집을 찾아갈 경우 장소, 위치, 시간 등을 알아보기 위하여 컴퓨터의 인터넷 검색에 접속해야 한다. 하지만 특정 앱을 활용하면 정보접근에 대한 제약 없이 그저 몇 번의 터치만으로 자신이 원하는 상점들의 위치가 바로 펼쳐지는 것이다.

(4) Real Communication(실제 커뮤니케이션)

인터넷마케팅은 고객과의 커뮤니케이션을 통한 유대관계를 강화시켰다. 특히 스마트폰을 통한 실시간 정보검색이 빨라지면서 다양한 앱관련 마케팅이 시간과 장소에 대한 제약 없이 이루어지고 있다. 이러한 환경은 실제 의사소통에 있어서 고객참여를 통한 즉각적인 피드백도 받을 수 있게 되었다.

12.5 인터넷광고

인터넷에 접속해 보면 국내외 많은 기업들이 접속횟수가 많은 사이트에 제품이나 자사 소식을 광고하는 것을 보았을 것이다. 이러한 인터넷광고나 인터넷상거래는 국내에서는 활발하게 도약단계로 진입하고 있다.

현대 사회에서 대중매체를 통한 광고가 자신을 알리거나 상품을 소개하는 데 있어 주요한 역할을 했다면, 인터넷상에서의 광고는 기존의 대중을 향한 광고와는 달리 개별화된 특성에 맞는 소비자와 공급자가 대화를 통한 새로운 방향을 모색하고 있다. [그림 12-9]는 인터넷에서 특

그림 12-9 인터넷광고의 형식

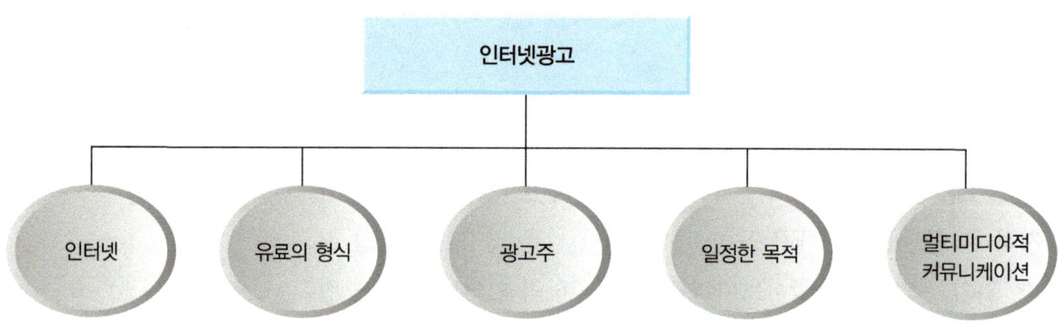

정 광고주에 의해 유료의 형식으로 자신의 상품과 서비스 등에 관한 의도적 목적의 수행을 위해 집행되는 멀티미디어적 커뮤니케이션 활동을 보여주고 있다.

기존의 광고가 대중매체를 통해 대중을 향해 전달되어졌다면 웹이라는 전달매체의 변화와 함께 광고전략에도 새로운 방향 모색이 불가피해졌다. 광고는 정보를 효율적으로 전달하는 방법 중의 하나이다. 예전의 광고와 웹에서의 광고가 구분되는 점이 있다면, 방향성의 문제이다. 기존광고는 대중매체를 통해 이러한 효율성을 증대시키는 방안으로 여러 광고 기법들이 이용되어지고 있지만, 흔히 웹에서 볼 수 있는 광고는 이미지광고와 배너광고, 동영상광고, 최근에는 휴대폰을 이용한 광고형태 등으로 다양화되고 있다.

특히 인터넷 확산과 통신서비스의 발달에 힘입어 인터넷을 이용한 광고가 고개를 들기 시작해 어느 정도 규모를 갖추고 있는 기업들은 모두 자사의 웹페이지를 통해 광고와 판매를 겸하고 있다. 기업들의 경우 낭비에 가까운 홍보용 인쇄비를 줄일 수 있을 뿐 아니라 전 세계의 소비자를 대상으로 광고할 수 있어 일석이조의 효과를 노릴 수 있기 때문이다.

그 어떤 미디어도 국경의 장벽을 손쉽게 뛰어넘을 수는 없었으나 인터넷광고는 일단 인터넷망에 광고를 올려 놓으면 전 세계 소비자들에게 접근할 수 있는 소위 '광고의 글로벌화' 라는 장점을 갖고 있어 순식간에 국가 간 가로막혀 있던 국경의 장벽을 훌쩍 뛰어넘어 버렸다. 세계가 하나의 통합된 시장으로 변화하는 시점에서 인터넷이 갖고 있는 이 같은 특성은 다국적광고의 효과를 십분 발휘할 수 있도록 한다.

인터넷을 이용하면 광고주들은 조회건수나 시간 등을 확인해 소비자의 반응을 즉시 파악할 수 있다. 미국 등 해외에서 기업들이 앞다퉈 인터넷에 광고란을 개설하고 있는 것도 이 때문이다. 현재 AT&T, 마스터카드, 아메리칸 에어라인, 마이크로소프트 등 미국의 유명한 기업들은 인터넷광고를 활용하고 있다. 이들은 인터넷 이용자들이 자주 찾는 곳에 자사의 이미지를 담은 띠광고를 끼워넣거나 마우스만 누르면 자사의 홈페이지로 연결되게 함으로써 사용자의 호평을 받고 있다. 제품마다 타깃으로 삼는 성별, 연령별, 소득수준이 있으므로 제품에 대한 광고도 타깃에 맞게 제공해야 할 것이다. 따라서 타깃광고가 필요하게 되는 것이다.

- 미혼 여성인 경우 향수, 화장품, 액세서리, 패션의류 집중광고
- 중년 남성인 경우 건강식품과 양주 광고
- 졸업, 입학, 승진 등과 이벤트성 광고
- 연인, 스포츠 스타 및 스포츠경기 광고

이 같은 웹을 통한 광고는 아직은 낯설은 느낌을 갖게 한다. 그러나 앞으로 전자상거래가 활성화되고 폐쇄된 기반의 정보인프라에서 오픈된 기업환경으로 대체하고, 자사제품 및 기업 이미지를 알리기 위하여는 인터넷광고를 유효적절하게 활용하여야만 한다.

[표 12-12]는 인터넷광고에 대하여 협의의 관점과 광의의 관점으로 정의하며 보여주고 있다(정보통신부 · 최환진, 1999).

협의의 관점에서의 정의는 특정 사이트에 자신의 광고용 배너를 게재하여 자신의 사이트로 하이퍼링크시키거나 검색엔진이나 다른 사이트에 자신의 사이트를 하이퍼링크시키고 그 대가를 지불하는 것으로 정의할 수 있다. 광의의 관점에서의 웹과 앱광고는 인터넷을 이용하여 기업이 고객과 가지는 여러 가지 커뮤니케이션 활동을 포괄하며, 웹사이트 및 앱프로그램에 각종 홍보 목적으로 기업정보 소개, 고객관리, 제품소개, 각종 이벤트 프로모션, 인터넷상거래 등의 인터넷마케팅 커뮤니케이션 활동을 전개하는 것이다.

표 12-12 ■ 인터넷 광고의 정의

- 협의의 광고의 의미
  - 특정 사이트에 광고를 게제하여 노출시킨 후, 상표인지도 및 이미지 구축을 목표로 하거나, 혹은 자신의 사이트를 하이퍼링크시킨 후에 그 대가를 지불하는 형태(보다 넓은 의미로는 인터넷상의 모든 커뮤니케이션이라고 함)
- 광의의 광고의 의미
  - 기업이 인터넷을 이용하여 행하는 고객과의 일련의 커뮤니케이션 활동을 포괄
  - 웹사이트 및 앱프로그램을 구축하여 각종 기업정보 소개, 고객관리, 제품소개를 하고 각종 이벤트 프로모션 등의 인터넷마케팅 커뮤니케이션 활동을 전개하는 것

가. 인터넷과 각 매체와의 특성비교

Barker & Gronne은 각 매체의 광고와 인터넷광고 매체로서의 특성을 평가하기 위하여 다음과 같은 차원을 고려한다.

- 도달률 : 도달할 수 있는 수용자(고객)는 얼마인가?
- 선택성 : 얼마나 정확하게 수용자에게 정보, 정보요구 사항들이 도달할 수 있는가?
- 피드백 : 수용자가 광고주에게 피드백하는 것이 얼마나 쉬운가?
- 정보력 : 매체를 통하여 얻는 정보는 많은가?
- 비 용 : 매체를 통하여 전달하려는 비용은 얼마인가?

웹광고가 매스미디어광고와 다른 장점은 일반 사용자가 보고자 할 때 언제든지 볼 수 있다는 것과 매스미디어광고는 수초 안에 전달하고자 하는 내용을 전달하는 반면, 웹광고는 자세한 내용과 지식을 언제든지 시간제약 없이 전달할 수 있다는 것이다. 또한 기업은 광고비용을 절감할 수 있고, 실시간으로 광고에 대한 효과를 파악할 수 있다.

표 12-13 ■ 인터넷과 각 매체와의 특성비교

	신문	TV	라디오	직접우편	잡지	인터넷
도달률	높음	아주 높음	높음	아주 낮음	중간	낮음
선택성	중간	아주 낮음	낮음	아주 높음	중간	높음
피드백	낮음	아주 낮음	아주 낮음	낮음	낮음	아주 높음
정보력	중간	낮음	아주 낮음	중간	중간	아주 높음
비용	높음	낮음	아주 낮음	아주 높음	높음	아주 낮음

자료 : Advertising on the World Wide Web(1996.4), Barker & Gronne

나. 인터넷광고의 유형

인터넷광고의 유형으로는 온라인광고와 오프라인광고로 크게 분류할 수 있다.

(1) 온라인광고

온라인방법은 국내외 정보검색엔진과 웹디렉토리에 등록하여 홍보하는 것과 국내외 웹관련 메일링리스트와 전자우편을 통해 홍보, 비슷한 업종 및 표적시장이 같은 웹사이트와 하이퍼링크, 유명 웹사이트에 배너광고로 관련 회사를 홍보하는 것이다. 대표적인 온라인광고는 배너광고와 콘텐츠광고이다.

배너광고는 웹페이지 내의 특정 위치(첫 화면 기준 시 : 상단과 오른쪽에 위치)에 사각형의 띠광고를 다는 것을 말한다. 방문자, 즉 고객이 이들 배너광고를 클릭하면 해당 광고페이지나 사이트와 연결되는 형식으로 이루어진다.

콘텐츠광고는 배너광고가 소비자에게 노출되는 위치나 시점이 고정되어 있기 때문에 네티즌을 따라 광고메시지를 전달하기는 어렵다는 단점을 보완하기 위하여 고객이 많이 찾는 정보와 콘텐츠를 활용하여 브랜드이미지를 강화하는 광고이다.

(2) 오프라인광고

오프라인광고는 회사로고, 편지머리, 명함 등에 웹사이트 주소를 기재하여 사이트를 알리는 것과 신문, TV 등의 일반 대중매체에 웹사이트 구축 사실을 알리는 것이다. 최근에는 대중매체를 통하여 웹사이트를 알리는 홍보가 눈에 띄게 늘어나는 것을 볼 수 있다.

인터넷쇼핑몰이든 홍보사이트든 일단 자신을 알리기 위하여는 필연적으로 기존의 신문, 라디오, TV, 잡지 등과 같은 오프라인 매체광고를 이용해야 한다. 최근에 많은 관심 속에 이루어지는 인터넷쇼핑몰의 경우도 주광고는 오프라인에서 이루어지는 광고이다.

다. 인터넷광고의 특징

인터넷광고의 주요 특징으로는 온라인매체로서 상호통신할 수 있는 채널이 확보되어 있으며, 상호작용 매체로서 기존 매체에 비해 쌍방향성을 가지며 디지털매체로서 정보의 변경이 즉각적으로 이루어진다. 광

그림 12-10 인터넷광고의 유형

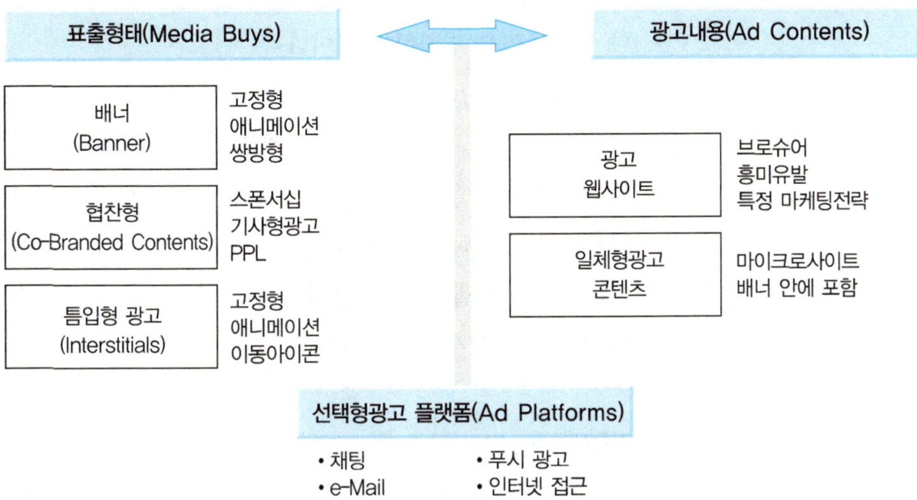

고주 입장에서 인터넷광고는 특정 계층과 특화된 타깃마케팅이 가능하여, 보다 효율적인 광고계획 및 마케팅계획 수립이 용이하다. 또한 고객과의 의견수렴 과정을 대화를 통하여 동시에 진행할 수 있다. 기타 인터넷광고는 시공간의 제한을 받지 않는 것과 광고비용이 기존 매체광고보다 저렴하고 광고내용을 변경할 때 들어가는 추가적인 비용이 거의 없기 때문에 기존 매체보다 비용효과 측면에서 효율성이 높다. [그림 12-10]은 인터넷광고의 유형을 나타낸 것이다.

(1) 표출형태에 따른 분류

① 배너(Banner)

- 고정형 배너(static banner) : 움직임이 없는 배너이다.
- 애니메이션 배너(animated banner) : 애니메이션을 활용하여 주목률을 높인 배너이다.
- 쌍방형 배너(interactive banner) : 배너의 기능을 확장하여 사용자와 상호작용을 하는 배너로서 마우스의 움직임에 따라 애니메이션되거나 정보검색이나 거래기능이 부가되는 배너이다.

② 협찬형(co-branded contents)

- 스폰서십(sponsorship) : 특정 웹페이지에 협찬하여 기업의 로고나 브랜드명을 명시하는 것이다.
- PPL(product placement) : 게임이나 채팅과 같은 특정 콘텐츠 내에 제품을 클로즈업시켜 삽입하는 것이다(영화나 드라마의 소품에 기업의 제품을 협찬하는 것과 동일한 형태).
- 기사형 광고(advertorial) : 관련업계의 기사 또는 사설 등을 배포하는 웹사이트를 이용해 웹사이트의 에디토리얼 형태를 모방함으로써 기업의 신제품이나 제품의 특징을 알리는 형태이다.

③ 틈입형(interstitials)

- 고정형(splash screen) : 가장 보편화된 방식으로 목적지의 웹페이지가 로딩되는 동안, 작은 창이 열려서 제품이나 서비스를 광고하는 형태이다. 팝업 틈새광고(pop up interstitials)라고도 불린다.
- 애니메이션형(intermecials) : 고정형과 동일한 형태이나 일정시간 애니메이션되다가 자동으로 원하는 다음 페이지로 넘어가는 형태이다. 즉, shockwave나 JAVA와 같이 용량이 큰 파일이 포함된 페이지가 다운로드되는 동안 작은 용량의 애플릿(applet)이나 동영상이 먼저 화면에 떠서 방문자의 주의를 유지시키는 형태로 인라인 틈새광고(inline interstitials)라고도 부른다.
- 이동아이콘 광고(moving icon advertisement) : 웹사이트를 이동하면서 일차적으로 사용자의 주의를 끌고, 마우스를 배너광고 위에 갖다 대면 또 하나의 배너광고가 나타나면서 이차적으로 광고주 웹사이트로 연결된다.

Shockwave
문서상에 영화를 볼 수 있도록 매크로미디어사가 제공한 넷스케이프용 플러그인

Applet
HTML, 문서에 들어갈 수 있는 소형 자바 애플리케이션

(2) 전달되는 광고내용

① 광고 웹사이트

- brochureware : 기업이나 제품소개 브로셔와 같이 기업이나 제품을 직접적으로 소개하는 가장 단순한 형태의 광고사이트이다.
- showbiz : 사용자들의 흥미를 끌 수 있는 오락적 요소나 특정 정

보적 내용을 웹사이트 내용에 포함하여 수용자들의 재방문을 유도하는 광고유형이다.

- utilitarian : 특정 마케팅전략에 따라 예비가입자 모집, 고객불만 접수, 판촉 캠페인 등의 내용을 포함시킨 광고이다.

② 일체형 광고 콘텐츠

- micro site : 배너광고를 집행하는 web publisher, 즉 매체의 웹사이트 내에 하이퍼링크되는 광고메시지를 삽입하는 형태의 광고이다. 다시 말해, 대부분의 배너광고가 다른 웹사이트로 하이퍼링크됨으로써 시간이 오래 걸리고 수용자들이 기다리다 지쳐서 링크를 포기하는 경우와는 달리, 같은 웹사이트 내에 하이퍼링크될 광고 콘텐츠가 있음으로 해서 빠르게 연결될 수 있다는 장점이 있다.
- within banner : 특정 광고메시지로 하이퍼링크하지 않고 배너 내부에서 회원가입이나 구매신청을 직접 할 수 있게 하는 형태로 정보검색, 사용자등록, 구매요청 등 소비자의 참여를 높일 수 있는 새로운 기법의 광고형태이다.

③ 선택형 광고 플랫폼

- 채팅(chatting) : 인터넷 채팅룸에 배너형태의 광고를 노출하는 것이다.
- 푸시광고(push ad) : 푸시기술을 이용하여 컴퓨터를 사용하지 않는 시간에 다른 정보와 함께 광고메시지를 노출시키는 형태이다.
- e-Mail : 확보된 고객의 이메일리스트나 무료 이메일을 이용하여 목표 수용자에게 광고메시지를 발송하는 형태이다.
- 인터넷 접근형 : 개인들에게 무료 인터넷서비스를 제공하는 대가로 광고를 노출시키는 형태의 광고이다.

12.6 인터넷광고 전략 및 측정

가. 웹사이트 광고전략

초기의 웹사이트 광고전략은 아무리 지나치게 강조하여도 지나침이 없다.

- 사이트 홍보 : 웹사이트를 통하여 광고활동을 할 경우 무엇보다도 우선 고려해야 할 사항은 어떻게 보다 많은 잠재고객에게 웹사이트를 알리고 접속을 유도하는가 하는 것이다. 아무리 좋은 사이트라도 고객이 모르면 그 사이트의 존재가치는 없다. 다양한 채널을 통하여 웹사이트를 알리는 것이 급선무다.
- 데이터베이스 마케팅활동 : 웹사이트를 알리기 위하여 해당되는 웹사이트에 접속할 경우 경품, 간이상품을 제공한다는 유인책을 강구하는 것이다. 이러한 방법으로 잠재고객의 성명, 주소, 나이 등을 파악할 수 있다면 추후 데이터베이스 마케팅을 통한 기초자료로도 사용이 가능하다.
- 접합상품 수행 : 웹을 통한 광고는 웹의 사용이 적합한 제품에 대하여 수행하는 것이 효과적이다. 수시로 변하는 유·무형제품 등은 웹을 통하여 광고하는 것이 타매체보다 훨씬 수월하다. 고객의 정보요구가 높아 신속한 정보를 원하는 고객의 잦은 접속 및 검색을 유도할 경우는 더욱 유리하다.

나. 인터넷광고 전략

- 인터넷광고는 대중 미디어와 비교해 볼 때 보다 직접적이고 쌍방향적인 특징을 보여주기 때문에 광고 집행 시 목표에 대한 정확한 확인이 선행되어야 한다.
- 기업이 인터넷광고, 즉 인터넷미디어를 활용한 광고를 하고자 할 때 달성하고자 하는 목표는 여러 가지가 될 수 있다.
- 현재 시장에서 잠재고객에게 기업이나 제품의 정보를 전달하고 싶

을 수도 있고, 더 나아가 직접적인 고객의 반응을 얻거나 제품판매를 원할 수도 있다.

- 결국 기업의 최종 목표는 제품을 구입하는 고객을 만드는 것이겠지만, 인터넷이 모든 것을 해결해 줄 수는 없기 때문에 명확한 범위를 갖게 하는 것이 바람직하다.
- 인터넷광고를 집행하고자 할 때 웹사이트를 선택하는 기준은 인지도를 높이고자 하는 것과 직접적인 반응을 얻고자 하는 것으로 크게 나눌 수 있다.

다. 배너광고 전략

배너광고는 온라인상에서 이루어지는 디지털광고이다. 최근에 뉴스, 검색엔진, 유명한 사이트 등에서 볼 수 있는 배너광고는 점점 비용 면이나 선호도 면에서 앞서 있다. 기업 입장에서 웹사이트에 광고를 싣는 것은 저렴하게 기업을 알릴 수 있는 효과가 있다.

배너광고의 특징을 기존 매체와의 차이점에서 살펴보면 다음과 같다.

- 시간적 여유성 : 배너광고는 타매체보다 시간적인 여유가 많다. 1년 365일 어느 때든 고객이 사이트에 들어가면 이벤트, 신상품 소개 등 다양한 배너광고들이 시간, 장소에 구애받지 않고 있다.
- 표현 유연성 : 광고표현을 자유롭게 설정할 수 있고, 수시로 바꿀 수가 있다. 동일 상품에 대하여도 다양한 멀티미디어성 광고를 도입하여 규칙적이든 불규칙적이든 광고를 게재할 수 있다.
- 광고표현 대상의 여유성 : 광고를 보여줄 대상도 기존 매체보다 많은 편이다. 일반대상, 특정분야, 전문분야 등 대상에 맞는 광고로 고객들에게 동질감을 보여주고 타깃성 마케팅의 기본이 될 수 있다.
- 광고측정의 용이성 : 기존매체는 고객이 얼마만큼 광고에 반응을 보이는가 하는 것을 측정하고 분석 및 평가하는 것이 매우 어려웠다. 반면에 웹광고는 히트 수를 적용하면 현재 몇 명이 이 사이트에 머물고 있었는지를 대략 알 수 있다. 어느 배너가 인기가 있는가를 파악하고 앞으로 추구해야 할 고객의 의견수렴도 가능하다.

배너광고는 접속자 수와 실제 구매자 수를 비교하여 광고효과를 정확하게 분석할 수 있다.

라. 모바일광고

인터넷광고에서 대표적인 형태는 디스플레이광고, 검색광고, 문맥광고이다. 여기서 키워드 방식인 검색광고가 대부분의 포털업체들의 주요 수입원이 되고 있다. 검색광고 대부분은 광고주가 광고대행사(오버추어, Overture)와 계약을 맺고, 광고대행사가 파트너사(네이버, 다음, 동아일보, 조선일보, 한국경제, 중앙일보 등)에게 비용을 나누어 주는 형태로 진행되고 있다.

그런데 이런 검색광고는 주로 키워드 방식으로 부정적인 클릭이 나타나 문제점이 대두되고 있다. 즉 경쟁업체가 광고를 반복클릭해서 경쟁자의 홍보비용을 증가시키는 행위나 광고 게시자가 광고료를 더 받으려고 자신의 사이트에 기재된 광고를 클릭하는 형태가 자주 나타난다. 인터넷광고에서 늘 광고주와 광고대행사 사이의 불신의 장벽으로 작용하고 있으며, 불필요한 비용상승의 원인이 되고 있다. 인터넷의 형태는 불특정 다수를 상대로 한 광고이므로 어쩔 수 없이 발생하는 문제이다. 그러나 휴대폰, 즉 모바일광고에서는 이러한 염려가 없다. 개인의 정보를 파악할 수 있는 환경에서는 부정클릭이 발생할 염려가 없다.

휴대폰 또는 모바일광고는 디스플레이광고와 검색광고가 대부분을 차지한다. 구글의 에즈워즈(AdWords)는 모바일기기를 통한 광고형태로서 구글검색을 할 때 검색 결과에 나타나는 짧은 문자나 이미지광고이다. 모바일광고를 통해 사용자를 광고주의 모바일 웹페이지로 이동시키거나 회사 전화로 연결하게 하는 것이 에즈워즈 모바일광고 서비스의 역할이다. 즉 광고주의 광고가 모바일기기에서만 게재되어 위치정보를 기반으로 모바일기기에 최적화된 광고 집행이 가능하다. 미래 모바일기기를 통한 온라인 광고시장은 계속해서 증가될 것으로 전망된다.

마. 인터넷광고 측정

인터넷광고비 책정은 보통 CPA(Cost Per Action)로 이루어지며 인터넷광고 측정은 얼마나 많은 사용자가 웹사이트에 방문했느냐에 따라 소비자반응 측정지표로 나타내고 있다.

CPA
광고주가 지정한 액션이 일어나야 광고비가 지출되는 광고방식이다. 단순하게 클릭만 해서는 비용이 나가지 않고, 그보다 좀더 구체적이고 적극적인 액션, 예를 들어 무료회원가입, 이벤트참여, 카드발급/대출신청, 경품/샘플신청 등의 경우에만 광고비가 지출되는 것.

① 히트 수(hits)

hits는 서버로부터 얼마나 많은 객체들이 제공되었는가를 기록한 수치이다. 웹페이지는 텍스트(text)와 그래픽(graphic)으로 구성되어 있는데 각각의 텍스트와 그래픽은 하나의 객체로 계산한다. 따라서 10개의 객체로 구성된 웹페이지에 10명이 방문하게 되면 100hits가 기록된다. 히트 수는 사용자의 증가보다 객체의 증가에 영향을 많이 받으므로 광고를 집행하는 측에서는 큰 의미를 갖기 어렵다. 히트 수의 단점으로는 광고효과가 발생하는 최소한의 이용시간의 전제조건이라 단지 특정 사이트의 위상을 규정하는 지표이지 광고효과를 측정하는 지표는 아니라는 것과 사용자 수와 일치하지 않는다는 것이다. 고객이 계속해서 사이트에 반복해서 접속하면 이 경우도 히트 수가 증가하는 것으로 간주한다.

② Request

로그파일은 HTML 파일이 요청될 때마다 기록을 남긴다. request는 웹페이지가 얼마나 다운로드되었는가를 알 수 있기 때문에 hits보다는 효용가치가 크다. 그러나 request의 단점은 그래픽이 제외된다는 점이다.

③ Visit

일정한 시간 동안에 이루어진 순차적인 request는 1visit로 계산된다. 다시 말하면, 한 사용자가 특정 웹사이트에 접속해서 일련의 웹페이지를 연속적으로 이용할 때 이를 하나의 visit로 기록하는 방법이다. 사용자가 일정시간이 지난 후 다시 해당 웹사이트에 방문하면 이는 또 다른 visit으로 추가된다. 표준화된 시간제한은 없으나 보통 15분에서 2시간 사이를 측정기준으로 하며, 대략적인 평균시간은 30분이라고 할 수 있다. visit는 hits와 같이 실제 사용자 수에 관계 없이 접속 숫자가 과대계상되는 폐단을 막을 수 있는 장점이 있다.

④ Visit length-duration time

웹사이트에 사용자가 머무른 시간을 측정하는 것이다.

⑤ Reffering URL

방문자가 접속을 해온 경로로, 어떤 사이트를 통해 왔는가를 알 수 있다.

⑥ IP주소

웹사이트에 접속하는 컴퓨터는 IP주소를 갖고 있다. 사실 IP주소는 개인 사용자를 의미하는 것이 아니라 컴퓨터를 의미하는 것이다. 하나의 컴퓨터는 여러 사람에 의해 사용될 수 있으므로 IP주소의 수는 정확한 수용자의 크기를 나타내지는 못한다.

⑦ Unique user

웹사이트에 접속한 한 사람의 사용자로 사용자등록과 같은 시스템에 의해 측정하는 것이다.

⑧ Domain name

도메인 이름은 숫자로 된 IP주소를 인지하기 쉽게 바꾸어 놓은 것이다. 따라서 어느 특정 개인이 속한 집단에 대한 정보를 제공해 줄 수 있다.

⑨ Impression, ad view

광고가 보여진 횟수를 나타내는 수치로 현재 인터넷 광고시장에서 가장 널리 통용되고 있다. 광고배너가 전송된 수를 기록하게 함으로써 알 수 있다.

⑩ Page views

서버가 에러 없이 특정 페이지를 전달한 횟수를 말하며 종종 이 페이지에 포함된 광고배너의 노출 수와 동일하게 간주되기도 한다. 그러나 page views는 사용자가 해당 페이지의 모든 객체를 전송받았다고 보기는 어렵다. 만약 사용자가 자신의 웹브라우저에서 이미지 받기 기능을 꺼 놓았을 경우 광고배너는 전송이 되지 않기 때문이다.

⑪ Ad click, click through

사용자가 광고배너를 클릭하였을 경우 측정되는 수치를 말하며, 광고노출에 비해 사용자의 반응을 측정한다는 점에서 인터넷 광고효과를 측정하는 표준으로 제시된다. 더 나아가 노출에 대한 클릭 수를 나타내는 클릭률은 광고 캠페인 전개 시 광고집행자의 관점(광고메시지, 크리에이티브 등)에서 비교가 가능한 데이터를 제공해 준다는 장점이 있다. 그러나 클릭 수와 클릭률은 광고물에 의해 영향을 받기 때문에 미디어 측에서는 광고비 산출기준으로는 받아들이기 어려운 데이터이다.

인터넷광고의 효과를 측정하는 것은 다소 무리가 따른다. 그러나 기존매체보다는 광고효과를 측정하는 것이 다소 유리하다. 현행 인터넷매체에서 광고의 가격책정은 광고노출과 클릭, 상호작용에 대하여 보편적으로 광고비를 책정한다.

표 12-14 ■ 인터넷광고의 가격체계

단위	기준	가격모델
광고노출(Impression)	메시지 도달	CPM(Cost per Millenium)
클릭(click)	단순반응(관심)	CPC(Cost per Click)
상호작용(Interaction)	추가행위(참여)	CPL(Cost per Lead) CPP(Cost per Purchase)

자료 : www.adic.co.kr

CPM
일정기간 동안 진행되는 광고에 대해서 미리 정해진 금액을 광고비로 지불하는 광고의 의미임. 일단 광고가 시작되면 약정기간 중간에 키워드변경, 광고중단이 불가능하다.

CPC
이용자가 광고주의 광고를 클릭할 때 해당 광고주가 광고비를 지출하는 방식이다. 구글 애드워즈, 오버추어가 대표적이며 광고효과를 확인할 수 있지만 치밀한 광고 전략과 관리가 요구된다.

EXERCISES 연 · 습 · 문 · 제

1. 인터넷마케팅의 배경은 무엇인가?
2. 전통적 마케팅과 인터넷마케팅의 차이점을 비교 · 설명하시오.
3. 인터넷마케팅의 믹스(mix)를 설명하시오.
4. 앱마케팅의 4R을 사례를 들어 설명하시오.
5. 인터넷광고의 배경과 정의는 무엇인가?
6. 인터넷광고와 타 매체 광고를 비교 · 설명하시오.
7. 인터넷광고와 모바일광고의 성공사례 사이트를 조사하시오.
8. 인터넷광고의 효과측정을 설명하시오.

Part 05

e-비즈니스전략 및 통합업무

Chapter 13 e-비즈니스전략 및 실행
Chapter 14 e-비즈니스 통합업무 및 관련기술

e-비즈니스.com

Chapter 13

e-비즈니스전략 및 실행

13.1 e-비즈니스전략

13.2 e-비즈니스와 클라우드서비스전략

13.3 전통기업의 e-비즈니스 실행단계

13.4 e-비즈니스 조직활성화 방안

13.5 e-비즈니스 성공전략

13.6 e-비즈니스의 지속적인 혁신전략

e-비즈니스 전략과 실행을 위하여 지속가능한 경쟁우위를 발굴 · 유지하는 제반 활동과 더불어 전자 카탈로그, 고객만족, 구매자와 판매자의 연계, 판매결과에 따른 공급관리 등과 같이 주로 정보를 신속하고 효과적으로 유통시켜야 한다. 이러한 정보의 신속하고 효과적인 유통은 즉각적으로 비용절감효과로 나타나고 있으므로 인터넷을 기반으로 한 다양한 전략 및 실행이 요구된다. 그리고 이러한 전략과 실행이 한층 더 요구되는 사항이 바로 혁신인 것이다. 지속적인 혁신은 바로 기업의 경쟁요소를 한층 높이는 계기가 된다. 본 장에서는 경쟁요소를 높이기 위한 전략의 실행과 더불어 혁신에 대하여도 학습한다.

13.1 e-비즈니스전략

가. e-비즈니스전략과 기존전략의 차이점

e-비즈니스전략은 가치증대와 비용감축의 동시추구 및 짧은 수명주기를 특징으로 한다. e-비즈니스에서는 전략적 수단 간의 트레이드오프(trade-off)보다는 생산적인 경계의 외적 확장이 매우 중요한 이슈로 등장하고 있다. 즉, e-비즈니스는 하나의 수단인 동시에 가치증대와 비용감축의 목적으로 사용가능하다. 또한, 인터넷상에서 이루어지는 모든 성공적인 e-비즈니스전략은 매우 신속하게 경쟁자에 의한 모방이 가능하다는 점도 고정적인 전략적 포지션에 안주하지 못하게 하는 하나의 원인이 되고 있다. 따라서 e-비즈니스전략은 과거와 달리 지속적으로 변해가는 과정으로 분석 · 파악되어야 한다.

> **trade-off**
> 두 개의 정책목표 가운데 하나를 달성하려고 하면 다른 목표의 달성이 늦어지거나 희생되는 경우의 양자 간의 관계

기존의 전통적인 전략은 지속가능한 경쟁우위를 발굴 · 유지하는 제반 활동으로 정의할 수 있으며, 이는 e-비즈니스에서도 마찬가지로 적용이 가능하다. 전통적인 전략으로는 비용우위(cost predominance), 차별성(differentiator), 니치 플레이어(niche player)의 세 가지 전략적 포지션으로 설명된다. 특히, 이 중에서 직접적인 경쟁을 회피하려는 목적의 전략적 포지션인 니치 플레이어를 제외한 두 전략적 포지션은 [그림

그림 13-1 전통적인 전략적 위치관계

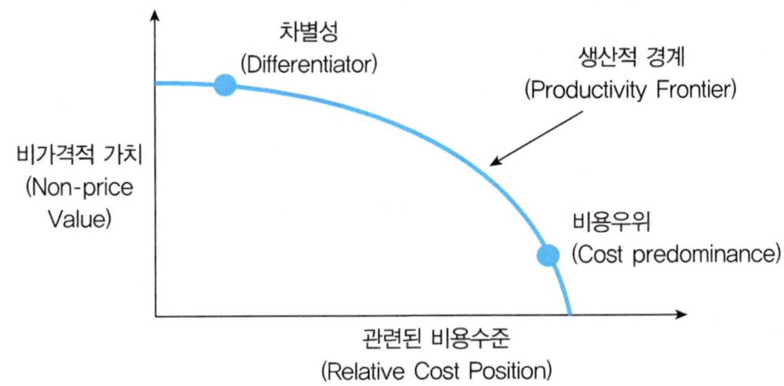

자료 : LG경제연구원, e-Business 전략기획, 2000. 5.

13-1]과 같이 비가격적 가치수준과 관련된 비용수준이라는 트레이드 오프(trade-off) 관계의 두 가지 활동방향 중에서 어느 쪽을 얼마만큼 선택하는가에 따라 결정된다. 생산적 경계(productivity frontier)를 확장하려는 모든 시도는 일정시점이 지나면 경쟁사에 의해 모방되므로 이는 전략적 선택이 아니라 단지 운영상의 효율성으로 간주된다.

인터넷의 본질은 관련정보를 찾고 올리는 것이지만, 기업의 비즈니스 영역까지 확장되어 정보통신기술과의 상호연계로 관련된 처리비용과 시간을 절약하는 등 기업의 여러 가지 측면에서 활용할 수 있다. 이에 따라 e-비즈니스 사업전략은 전략포지션의 선택보다는 생산적 경계(productivity frontier)의 지속적 확장에 초점을 두게 되는 것이 바람직하다.

인터넷은 기본적으로 정보의 저장, 분배, 접근, 비교 등 정보관련 활동을 빠르고 신속하게 해주는 도구라고 간주할 수 있다. 이에 따라 기업은 주로 전자 카탈로그, 고객만족화, 구매자와 판매자의 연계, 판매결과에 따른 공급관리 등과 같이 주로 정보를 신속하고 효과적으로 유통시킬 목적으로 인터넷을 전략차원에서 적극적으로 기업활동에 도입하고 있다. 정보의 신속하고 효과적인 유통은 즉각적으로 비용절감의 효과로 나타나고 있다. 또한 유통의 대상이 정보이므로 이를 통하여 새로운 서비스가 가능하고 기존의 서비스도 강화할 수 있게 되어 가치증대의 효과도 함께 가질 수 있다. 이처럼 e-비즈니스에 있어서 대부분의 전략적 결정은 비용과 가치에 동시에 영향을 미쳐 결과적으로 생산적 경계가 확장되는 효과를 가져온다 할 수 있다.

따라서 e-비즈니스전략의 계획은 차별성과 비용우위의 위치에 안주하는 것이 되어서는 곤란하며, 끊임없이 경쟁자의 전략을 탐색하고 그에 대응하는 새로운 전략을 수립하는 과정으로 파악되어야 한다.

나. 유연한 e-비즈니스전략

인터넷은 전통적 산업구조를 모든 분야에서 급속도로 변화시키고 있다. 또한 하루가 다르게 변형되어 진행되고 있으며, 앞으로도 진행의 속도는 더욱 빠를 것으로 예측하고 있다.

[그림 13-2]에서 볼 수 있듯이 전통기업의 산업구조는 급속히 해체되고 있으며, 이는 인터넷이 산업 각 단계별 정보흐름을 굉장히 빠른 속도로 파괴하고 있기 때문이다. 즉, 소비자들이 소매판매업체뿐만 아니라 도매업체나 생산제조업체와 직접 접촉하고 정보를 얻을 수 있게 된

그림 13-2 전통적인 산업구조와 e-비즈니스 산업구조

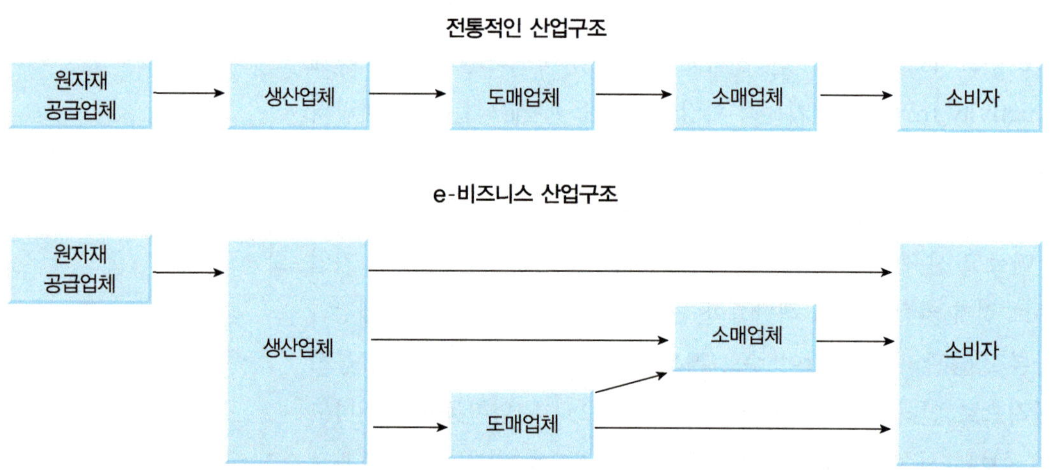

자료 : LG경제연구원, e-business 전략계획, 2000. 5.

결과로 각 유통기관의 전통적인 역할분담의 의미가 희석되었기 때문이다. 따라서 전통적 산업과 달리 e-비즈니스에서는 환경의 변화에 즉각적으로 대응할 수 있는 유연한 전략의 수립이 절대적으로 요구되고 있다.

끊임없이 변화하고 있는 인터넷환경에서는 불완전한 전략이라도 이를 신속하게 수행하는 것이 정교한 전략을 다소 늦게 수행하는 것보다 훨씬 더 성공의 가능성이 높다고 할 수 있다. 시장변화의 속도가 대단히 빨라 환경에 대한 완벽한 이해는 거의 불가능하다. 따라서 시장상황에 모두 대응가능한 정교한 전략을 갖추고 시장에 늦게 참여하는 것보다는 다소 완성도가 떨어지더라도 시장에 선발자로 참여하는 것이 바람직한 e-비즈니스 수행전략이다. 온라인 선도기업이 된다는 것은 e-비즈니스의 핵심 성공요소인 브랜드 확보에도 대단히 유리하며, 또한 적절히 조직화된 고객은 로열티가 매우 높다는 점을 고려할 때 선발업체의 이점은 매우 높다고 할 수 있다.

지속적인 전략의 개선 및 보강을 위해 e-비즈니스전략은 기존의 핵심역량을 최대한 활용하도록 만들어져야만 한다. e-비즈니스는 전통적인 기업 프로세스보다는 다소 색다른 비즈니스임에 틀림없다. e-비즈니스 전략은 동영상과 함께 멀티미디어 사이트를 만드는 방법의 전략이 아니라, 실제 사업관점에서 전략을 세우는 것이어야 한다. 전통산업의 구조 자체가 급격하게 변화하므로 자사가 해당 산업에서 수행해야 할 역할을 분명히 하고 그에 합당한 차별화된 핵심역량을 확보하는 것이 매우 중요해지고 있다. 확보된 핵심역량을 어떻게 하면 인터넷환경에서 경쟁력으로 연결시킬 것인가를 생각하는 것이 e-비즈니스전략 계획의 기본적인 본질이라고 할 수 있다. e-비즈니스전략이 기존의 핵심역량에 기반하고 있지 않다면 그 실행이 원활하지 못할 것은 물론, 디지털환경 변화의 속도에 대응한 전략의 개선 · 보완이 적절히 이루어질 수 없다.

다. 전략적 제휴와 e-마켓플레이스의 형성

e-비즈니스에서 신속하게 성공적인 우위를 차지하기 위해서는 광범

그림 13-3 전통기업과 e-마켓플레이스 관계도

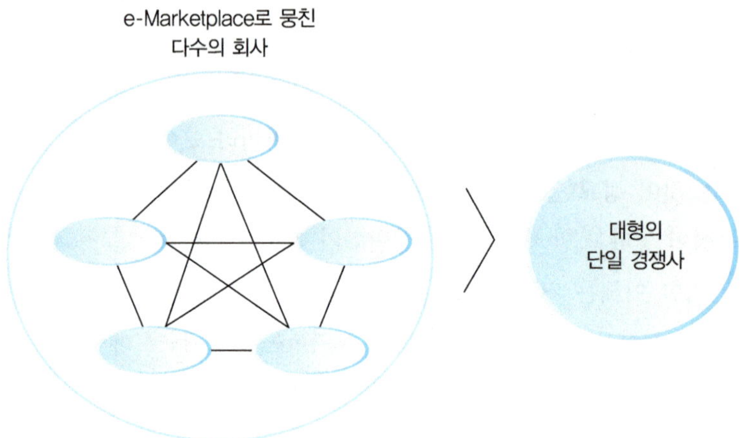

자료 : LG경제연구원, e-business 전략계획, 2000. 5.

위한 e-마켓플레이스 파트너십 관계를 구축하는 것이 필수적 요소이다. 인터넷환경에서의 경쟁력은 고객에게 보여지는 전체로서 결정되어진다. 즉, 각 개별기업 단위로 보여지는 것과 e-마켓플레이스 파트너들과의 공동연합체로 보여지는 것과는 큰 차이를 가질 수 있다([그림 13-3] 참조).

최적 파트너의 관계 설정은 회사 설립 초기 시점에서부터 시작되어야 하며, 꾸준히 계속적으로 전략화되어야 한다. 최초의 성공적인 파트너십의 구축은 곧이어 또 다른 파트너십의 구축을 유도한다. 성공적인 파트너십의 구축을 위해서는 우리가 파트너를 필요로 하는 만큼 누군가도 우리를 파트너로 필요로 하게 만들어야 한다.

파트너십으로 떠오른 B2B 마켓플레이스는 단지 구매자와 공급자의 주문 매칭 형태의 거래만을 지원하는 소극적인 단계를 벗어나, 거래와 관련되어 각 기업들이 별도로 필요로 하는 일련의 프로세스를 통합적으로 지원하는 기능을 수행해야 한다. 이러한 기능으로는 주문관리, 운송, 물류, 고객서비스, 금융서비스, 마케팅서비스 등이 있다.

디지털 마켓플레이스의 운영주체는 각 기업체가 해당 마켓플레이스를 통해 얻을 수 있는 다양한 부가가치를 극대화할 수 있도록 연관된 비즈니스서비스를 제공하는 업체와 긴밀한 파트너십을 형성하여 통합적으로 업무를 지원해야 한다. 물론 업종별로 전문화된 서비스들이 존재하기 때문에 이들 기업들이 공통적으로 필요로 하는 비즈니스 관련 서비스들을 여러 제휴채널을 통해서 제공해야만 한다. 미래 비즈니스서비스의 정도와 범위는 확대될 것이다.

공동연합체의 구축은 본질적으로 자사가 고객에게 제공할 수 있는 가치를 짧은 시간 내에 확대시키기 위한 것이다. 적절한 연합체는 파트너의 고객과 자사의 고객을 합쳐 기존의 고객 데이터베이스를 증대시키고, 나아가 신규고객이 파트너 회사의 서비스를 사용하게 함으로써 신규고객의 유치가능성을 증대시킨다. 각 파트너들이 해당 업계에서 확보한 신뢰도가 합산되어 상호효과를 얻게 된다. 이는 브랜드의 가치 및 신뢰도 향상에 크게 기여할 것이다. 각 파트너들의 서비스를 연계함으로써 새로운 부가서비스의 제공가능성이 높아진다.

분명한 목표를 가지고 전체 네트워크에 도움이 되는 기업을 선정함으로써 최적의 파트너 관계가 구축되어야 한다. 업계 최강의 브랜드를 가진 기업을 파트너로 선택하여, 기존의 고객층과 중복되지 않는 새로운 고객을 끌어올 수 있는 기업을 파트너로 선택하여야 한다. 파트너십이 모든 것을 해결해주지는 않는다. 파트너로부터 얻을 것과 파트너에게 줄 것에 대한 분명한 목적과 한계를 설정하여야 원만한 사업적인 전략적 제휴와 유연성이 동반되어 win-lose가 아닌 동반상승(win-win)전략을 수반하게 된다.

라. e-비즈니스 변화를 성공적으로 이끌기 위한 요소

e-비즈니스는 자산의 효율적 활용에서 지식의 총체적 활용으로, 거래위주에서 외부관계 위주로 변화되는 상황을 인식하는 것이 바람직하며 정보기술처리 위주의 거래는 기본이 되어가고 있다. e-비즈니스 변화를 성공적으로 이끌기 위해서는 [그림 13-4]와 같이 기본적으로 기업내부와 외부 간 e-비즈니스가 연계되어 있어야만 한다.

e-비즈니스로의 변화에는 기업 내 · 외부의 심리적 또는 구조적 저항

그림 13-4 기업내 · 외부 간의 비즈니스 연계도

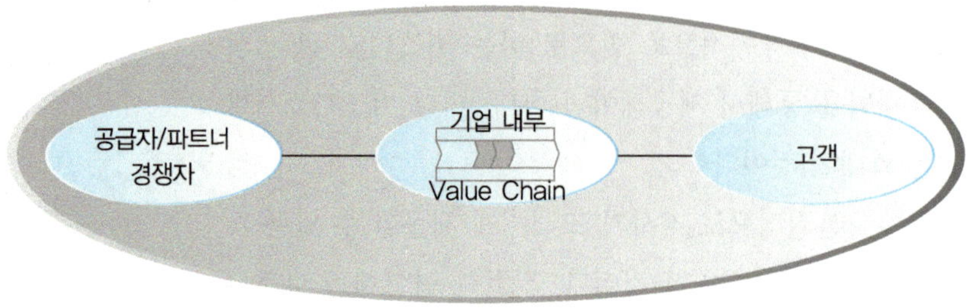

과 난관이 매우 크게 발생한다. 이를 극복하기 위해서는 강력한 CEO 리더십의 확보와 발휘가 요구된다. 전통적 기업의 환경에서 성공적으로 사업을 영위하였던 기업은 인터넷환경으로 진입하기를 꺼리게 되는 것이 당연하다. 이는 인터넷환경이 기존의 환경과는 너무 달라 지금까지는 전혀 고려하지 않았던 많은 일들을 새로이 시작해야 하기 때문이다. 따라서 성공적으로 e-비즈니스가 되기 위해서는 이러한 변화를 순조롭게 유도해 낼 수 있는 강력하고 효과적인 리더십의 확보가 매우 중요하다.

또한 e-비즈니스 변화의 기세를 타는 것이 중요하다. 모든 것을 단번에 바꾸려고 하지 말고 변화의 대상 가운데서 가장 성공가능성이 높은 부분에서 시작하여 변화를 추진하되, 변화가 일단 시작된 부분에서는 철저하고 신속하게 작업을 추진하여야 한다. 이를 위해서 빠르게 움직이지 않는 부분은 과감하게 제거, 포기하고 변화에 필요한 자료는 철저한 자료와 백업을 통하여 대비하여 변화를 추진하여야 한다. 조직의 저항을 봉쇄하기 위해서는 최고경영진이 직접 일선에 나서야 되는 것은 필연적이다.

새로운 업무프로세스를 신속하게 개발하는 것도 함께 추진되어야 한다. 또한 조직 내부의 커뮤니케이션 방법에 대한 생각도 바뀌어야 한다. 기존의 업무프로세스는 속도, 변화에의 대응능력 등의 측면에서 e-비즈니스에는 적합하지 않으므로 새로운 비즈니스 방식에 맞는 새로운 업무프로세스가 신속하게 개발되어 실제 업무에 적용되어야 한다. 만약 새

그림 13-5 e-비즈니스 기업문화

전	e-Culture	후
감동경영 – 고객/사원	글로벌네트워크시대에 맞는 신가치관 정립	가치경영 – 고객/종업원/주주가치 /전략적 제휴업체
안정기업형 제도/문화 – 위험회피/단기성과 보상체제	창의 · 스피드 · 성과위주 도전적 조직문화 개혁	가치증폭(value×speed)형 – 차별화된 성과 및 보상체계
중앙집중식 조직구조 – 본사의존, 정형적 계층구조	자율, 책임경영을 위한 실질적 사업부제 정착	혁신적 기업 – 사업부 독립채산제/ 벤처집합
본사의존형 해외사업 – 본사거점 – 기획/사업의 분리수행	현지거점 중심의 글로벌 생산체제 구축	현지완결형 사업 · 조직구조 – 거점의 다각화 – 거점별 자생력 확보

로운 업무프로세스에 적응하지 못하는 조직원이 있다면 그 사람을 프로세스에서 제거하여야 한다. 한두 명의 부적응자가 전체 프로세스를 엉망으로 만들기 때문이며, 그 사람이 적응할 때까지 기다리다가는 시기를 놓치게 된다.

과거의 기능적 · 계층적 조직에서는 정보가 공식적 조직구조를 따라 흐르도록 되어 있었다. 그러나 이런 방식으로는 의사결정까지의 시간이 과다하게 필요하므로 신속하게 변화하는 인터넷환경에 대응할 수 없다. [그림 13-5]는 e-비즈니스 변화로 인해 기업문화도 변화되는 것을 보여준다. 기업문화 자체가 변화하지 않는다면 결국 e-비즈니스 변화는 실패할 것이다. 특히 e-비즈니스에 관련된 제품 · 서비스에 대한 관점, 전략에 대한 선입견, 내부인력 의존성 등은 필히 바뀌어져야 할 부분이다.

특정 e-비즈니스산업의 관점에서 만들어진 제품을 중시하는 개발전략 마련도 중요 고려사항이다. 기존 전통기업의 기술 중시의 문화에서 기술을 기본으로 한 고객과의 고객서비스 중심의 문화로 바꾸지 못하면 e-비즈니스에서 성공할 수 없다. 훌륭한 전략은 매우 복잡한 것이라는 고정관념에서 탈피해야 한다. e-비즈니스에서는 간단한 해법과 대안을 신속하게 행동으로 옮기는 것이 매우 중요하다. 내부인력에 의해 모든 것을 해결하려는 관행도 버려야 한다. 물론 e-비즈니스에서 인력의 확보는 과거의 M&A와 같은 관점으로 바라보아야 한다. 그만큼 e-비즈니스 사업에서는 전문인력의 보완이 절대적으로 필요하다.

디지털은 기술발전과 인프라 구축의 차원을 넘어 지식정보사회의 핵심 기반으로 자리매김해 감으로써 산업 전반을 변혁시키는 하나의 핵으로 작용하고 있다. 기업환경을 둘러싸고 있는 이러한 디지털 환경변화는 디지털기술 자체의 발전과 관련된 내용을 제외한다면, 디지털기술의 발달에 따른 정보의 도달성(reach)과 충실성(richness) 간의 트레이드오프(trade-off) 관계 해소 및 가치체인이라는 연계성으로 요약된다.

[그림 13-6]은 e-비즈니스를 개발 · 구축하기 이전에 고려해야 하는 사항을 나열한 것이다. 무엇보다도 목적과 추구하는 목표가 명확히 전달되는 것이 매우 중요하다. 즉, 디지털기술을 활용한 디지털 멀티미디

그림 13-6 e-비즈니스 도입 전의 고려사항

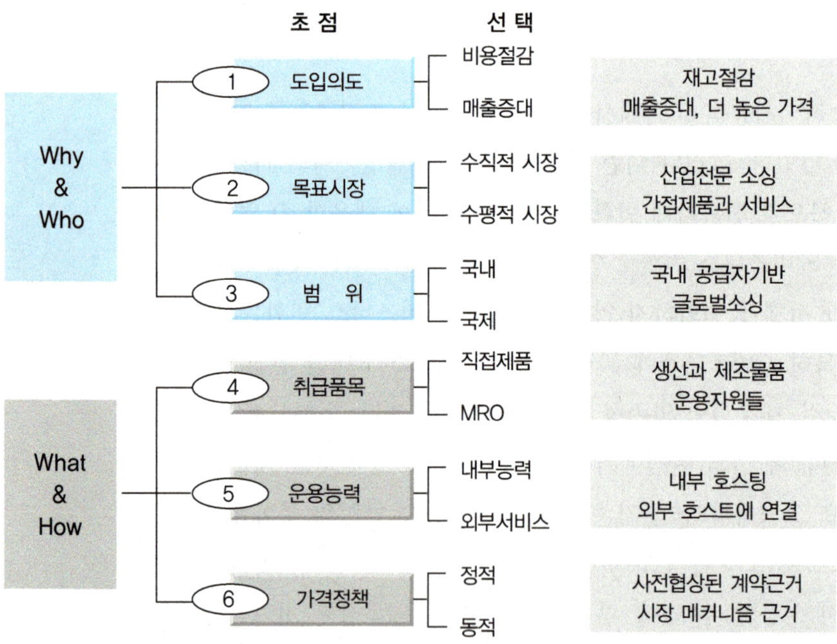

어 네트워크(정보통신 네트워크)인 인터넷은 전 세계를 거미줄처럼 연결하고 생산과 소비를 포함한 사회 전반의 틀을 변화시킴으로써 기업으로 하여금 경영의 기본모델, 즉 사업모델을 새로이 정립하도록 요구하고 있다.

13.2 e-비즈니스와 클라우드서비스전략

가. e-비즈니스와 ASP

과거와는 전혀 다른 성격을 가진 e-비즈니스전략을 지원하기 위해서는 IT전략 또한 바뀌어야 한다. 인터넷기술은 과거의 전통적인 전산실의 개념을 파괴하고 있으며 결과적으로 IT부서의 기능과 역할에 대해서도 새로운 정의를 내리고 있다.

e-비즈니스가 취급하는 정보의 양, 종류, 처리속도, 공유니즈 등 모든 면에서 과거에 비해 강력한 전산능력을 요구하고 있으나, 반대로 규모의 경제가 강하게 작용하는 전산의 특성상 외주 서버 센터에 비해 원가상의 이점을 가지기는 대단히 곤란하다. 이에 따라 정보통신기술을 사내에서 처리하기보다는 아웃소싱 형태의 ASP가 도입 · 운용되고 있다.

ASP(Application Service Provider)란 기업용 소프트웨어를 네트워크로 제공하는 새로운 사업분야로서 "소프트웨어는 사서 써야 한다"는 기존의 고정관념을 깨고 인터넷을 통해 프로그램을 공급해주고 월 사용료를 받는 아웃소싱 비즈니스 모델이다. ASP는 ERP, CRM, EC솔루션, 인적관계(HR), 기업용 애플리케이션 소프트웨어 등 고객사가 요구하는 프로그램을 인터넷으로 보내준다. 그 밖에 온라인 제품 카탈로그라든가 회계거래 데이터를 데이터 센터 서버에 보관해 주고, 온라인 영상회의 환경도 제공한다. 워드, 파워포인트, 오피스 등 사무용 프로그램은 기본이다. 결국 고객에게 필요한 것은 인터넷 접속환경과 웹브라우저뿐이다. "버스를 통째로 사지 말고 버스티켓만 끊고 승차하라." 이것이 ASP 관련 업체들의 슬로건이다.

이처럼 ASP가 떠오르는 이유는 영세업체나 중소업체들의 경우, 초대형 기업들이 인터넷에 기초한 SCM을 급속도로 추구함에 따라 반드시 필요한 사업인프라를 구축해야 하나, 전문인력과 자금부족으로 인해 인터넷시대에 어울리는 인프라를 사내에 구축하기가 쉽지 않기 때문이다. 즉, 공급-수요 파트너 관계인 대기업의 시스템에 맞는 ERP를 비롯한 고가의 기업용 애플리케이션 프로그램을 구매하기 어려움에도 불구하고, 이제는 필수불가결의 생존요소가 되어 버린 네트워크 환경을 구축하지 않는다면 인터넷시대에 살아남기 어렵다는 위기의식으로 ASP라는 대안을 선택한다. ASP의 경우 매달 사용료만 내고 필요한 모든 프로그램과 전문인력을 아웃소싱하면 되기 때문이다.

B2C에서 B2B로 이어지는 e-비즈니스 붐으로 인해 ASP는 기업경영에 있어서 가장 중요한 핵심인 시스템분야를 완전히 아웃소싱에 의존할 것인가는 의문이 든다는 부정적인 예측도 있다. 즉, 중요한 사업정보를 다른 업체의 데이터센터에 맡기고 원격접속을 한다는 것 자체가 계약업체의 시스템이 파괴되거나 문을 닫게 된다면 해당업체에는 재앙이 될 것이기 때문에 사업성이 불투명하다는 단점 또한 나타날 수 있다. 그럼에도 불구하고 전문가들은 이제 많은 기업들이 마이크로소프트나 다른 소프트웨어사의 제품을 구입하는 대신 ASP들에 월 사용료를 내고 빌려쓰는 패러다임 전환이 전개되고 있으나 최근에는 ASP보다는 클라우드 서비스 개념에 관심이 더욱 커지고 있다.

나. e-비즈니스와 클라우드서비스

e-비즈니스와 클라우드서비스 연계방안의 규모가 점점 커지고 있다. 이러한 클라우드서비스는 영화, 사진, 음악, 각종 기업업무, 거래유통 등 미디어파일, 문서파일, 주소록파일 등 사용자의 콘텐츠를 서버에 저장해 두고 스마트폰이나 스마트TV를 포함한 어느 기기에서든 다운로드 후 사용할 수 있는 서비스를 말한다. 이러한 정보가 인터넷상의 서버에 영구적으로 저장되고, 데스크탑 · 태블릿PC · 노트북 · 넷북 · 스마트폰 등의 IT기기 등과 같은 클라이언트에는 일시적으로 보관되는 컴퓨터

그림 13-7 클라우드서비스환경

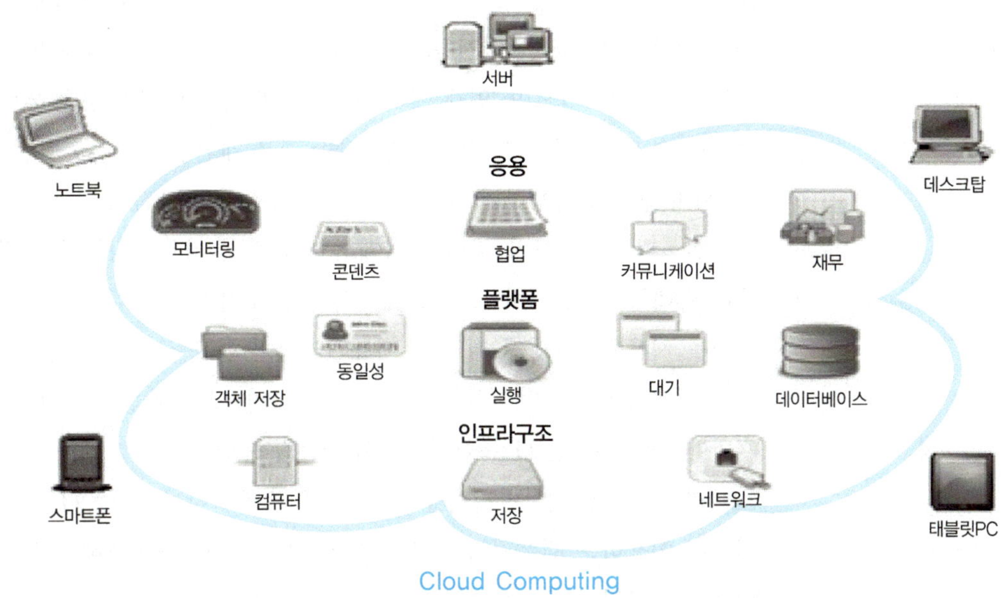

환경을 뜻한다. 즉 이용자의 모든 정보를 인터넷상의 서버에 저장하고, 이 정보를 각종 IT기기를 통하여 언제 어디서든 이용할 수 있다는 개념이다([그림 13-7] 참조).

다시 말하면 구름(cloud)과 같이 무형의 형태로 존재하는 하드웨어 · 소프트웨어 등의 컴퓨팅 자원을 자신이 필요한 만큼 빌려 쓰고 이에 대한 사용요금을 지급하는 방식의 컴퓨팅서비스로, 서로 다른 물리적인 위치에 존재하는 컴퓨팅 자원을 가상화 기술로 통합해 제공하는 기술을 말한다. 클라우드로 표현되는 인터넷상의 서버에서 데이터 저장, 처리, 네트워크, 콘텐츠 사용 등 IT 관련 서비스를 한번에 제공하는 혁신적인 컴퓨팅기술인 클라우드컴퓨팅은 '인터넷을 이용한 IT 자원의 주문형 아웃소싱서비스' 라고 정의되기도 한다.

클라우드컴퓨팅을 도입하면 기업 또는 개인은 컴퓨터시스템을 유지 · 보수 · 관리하기 위하여 들어가는 비용과 서버의 구매 및 설치비용, 업데이트비용, 소프트웨어 구매비용 등 엄청난 비용과 시간 · 인력을 줄일 수 있고, 에너지 절감에도 기여할 수 있다.

또 컴퓨터에 자료를 보관할 경우 하드디스크 장애 등으로 인하여 자료가 손실될 수도 있지만 클라우드 컴퓨팅환경에서는 외부 서버에 자료들이 저장되기 때문에 안전하게 자료를 보관할 수 있고, 저장공간의 제약도 극복할 수 있으며, 언제 어디서든 자신이 작업한 문서 등을 열람·수정할 수 있다. 하지만 서버가 해킹당할 경우 개인정보가 유출될 수 있고, 서버 장애가 발생하면 자료이용이 불가능하다는 단점도 있다.

구글·다음·네이버 등의 포털에서 구축한 클라우드컴퓨팅 환경을 통하여 태블릿컴퓨터나 스마트폰 등 휴대용 IT기기로도 손쉽게 각종 서비스를 사용할 수 있게 되었다. 이용편리성이 높고 산업적 파급효과가 커 차세대 인터넷서비스로 주목받고 있는 클라우드컴퓨팅은 2000년 대 후반에 들어 새로운 IT 통합관리모델로 등장하였다.

클라우드컴퓨팅은 인터넷을 통해 서버, 스토리지, SW 등 IT 자원을 필요시 이용하는 컴퓨팅 방식으로 공통적으로 인터넷을 통해 가상화된 형태로 이용자가 필요로 하는 IT 자원을 필요한 만큼 빌려쓰는 개념이며 클라우드컴퓨팅에 대한 다양한 정의와 서비스가 출현하고 관련 기술

그림 13-8 클라우드서비스 유형

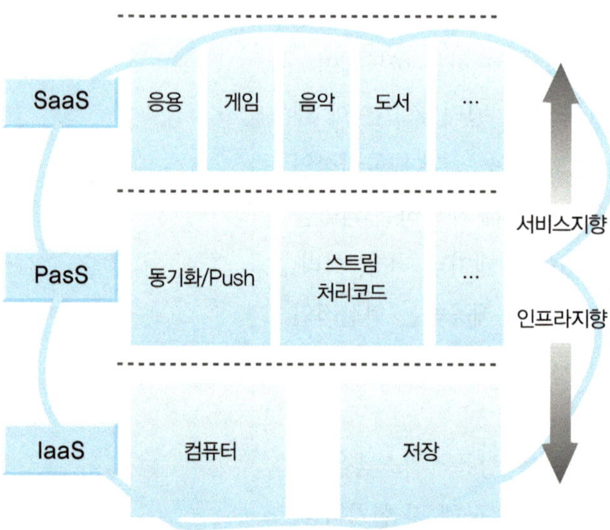

구분	내용
소프트웨어 (SaaS)	응용프로그램/솔루션 제공 (오피스웨어, 웹메일 등)
플랫폼 (PaaS)	개발환경, 데이터 연산 및 인프라서비스 제공
인프라 (IasS)	서버, 스토리지, 네트워크 등의 IT 자원 제공

주 : SaaS(Software as a Service) ; PaaS(Platform as a Service) ; IaaS(Infra as a Service)

개발이 빠르게 진행되면서 클라우드서비스의 개념도 지속적으로 변해 가고 있다.

클라우드컴퓨팅서비스의 유형으로는 클라우드서비스 사업자가 제공하는 IT 자원의 종류에 따라 인프라서비스(IaaS : Infrastructure as a Service), 플랫폼서비스(PaaS : Platform as a Service), 소프트웨어서비스(SaaS : Software as a Service)로 [그림 13-8]에 보여준다. 또한 서비스 개방 여부에 따라 퍼블릭 클라우드서비스(Public Cloud Service), 프라이빗 클라우드서비스(Private Cloud Service), 하이브리드 클라우드서비스(Hybrid Cloud Service)로 나뉘기도 하고, 클라우드 구현방법에는 네이티브앱(Native App) 방식, 웹앱(Web App) 방식, 하이브리드앱(Hybrid App) 방식, 클라우드스트리밍(Cloud Streaming) 방식으로 분류하기도 한다.

(1) 일반적인 분류

① 인프라서비스(IaaS)

- 스토리지, 서버, 메모리 등 컴퓨팅 인프라 구축에 필요한 가상 하드웨어 자원을 제공
- 인프라 구축에 부담을 느끼는 중소기업 고객이 주요 대상

② 자체 플랫폼서비스(PaaS)

- 프로그램이나 애플리케이션을 개발하는 데 필요한 툴이나 프레임워크 등을 제공
- 고가의 장비나 개발 툴을 구매하지 않고도 소프트웨어 개발이 가능하다는 이점이 있음

③ 소프트웨어서비스(SaaS)

- 소프트웨어나 애플리케이션을 최종 사용자(End-User)에게 제공
- 사용자는 소프트웨어를 직접 구매해 자신의 단말기에 설치하는 대신 웹 접속을 통한 임대 형태로 사용

(2) 서비스 개방 여부에 따른 분류

① 퍼블릭 클라우드서비스(Public Cloud Service)

- 사용대상에 제한을 두지 않으며 공개적으로 서비스를 제공
- 초기 투자비용이 없기 때문에 경제적이나 서비스제공자에 대한 의존도가 큼

② 프라이빗 클라우드서비스(Private Cloud Service)

- 특정 대상에게만 클라우드서비스를 제공
- 대규모의 투자 비용이 소요되지만, 데이터 및 인프라에 대한 통제권이 크기 때문에 보안에 강점이 있음

③ 하이브리드 클라우드서비스(Hybrid Cloud Service)

- 퍼블릭 클라우드서비스와 프라이빗 클라우드서비스를 혼용하는 방식
- 시스템자원을 효율적으로 사용하면서도 비용절감이 가능

(3) 클라우드 구현방법

① 네이티브앱(Native App)

- 운영체제가 설치된 사용자의 단말기상에 데이터 저장과 애플리케이션 구동이 진행되며 일부 작업에서만 클라우드 자원을 활용
- 동작속도가 빠르며 네트워크 단절 시에도 사용가능하나, 운영체제별로 서비스 애플리케이션을 개발해야 하는 단점이 있음

② 웹앱(Web App)

- 모든 데이터와 애플리케이션이 온라인 서버에 저장되며 웹 브라우저를 통해 클라우드서비스를 이용
- 하나의 애플리케이션만 요구되기 때문에 서비스 개발비용이 저렴하나, 네이티브앱 대비 구동속도가 느림

③ 하이브리드앱(Hybrid App)

- 사용자 인터페이스는 네이티브앱을, 서비스 프로세스는 웹앱 방식으로 구현
- 웹앱 대비 구동속도는 빨라졌으나 운영체제별로 서비스 애플리케이션을 개발해야 한다는 불편함은 여전히 존재

④ 클라우드스트림(Cloud Streaming)

- 모든 데이터는 온라인 서버에 저장돼 있으며, 애플리케이션 구동 또한 서버상에서 진행되므로 사용자의 단말기에는 서비스 관련 이미지만 전송
- 단일 애플리케이션만을 요구하며 서비스 속도 또한 빠르나 완벽에 가까운 네트워크가 필요하다는 제약이 존재

클라우드 정의의 주요 핵심적인 요소는 다음과 같다. 인터넷에 연결된 각종 하드웨어와 소프트웨어 등의 IT 자원을 원하는 때, 필요한 만큼 임대하여 사용할 수 있어야 하며, 인터넷에 분산되어 있는 수많은 IT 자원과 개인의 단말기가 마치 하나인 것처럼 가상화되어야 한다는 것이다. 이러한 요소를 만족하는 서비스라면 클라우드서비스라고 할 수 있다. 대표적인 사례가 e-Mail, 지도, 검색서비스 등이다. e-Mail, 지도, 검색데이터 등은 모두 인터넷상의 서버에 저장되어 있지만, 필요할 경우 언제든지 컴퓨터, 스마트폰 등 각종 개인 단말기에서 쉽게 확인할 수 있기 때문에 클라우드서비스의 범주에 포함된다고 할 수 있다. 따라서, 클라우드를 사용해 보았느냐는 질문의 정답은 모든 사람들이 이미 클라우드를 사용하고 있다는 것이다. 이처럼 클라우드는 전혀 특별하거나 새로울 것이 없으며, 이미 우리의 생활 속에 들어와서 누구나 사용하고 있는 것임에도 불구하고, 대부분의 사람들이 클라우드를 새로운 것으로 받아들이는 이유가 무엇일까?

그 이유는 지금까지 존재하던 클라우드가 아닌, 보다 진화된 모습의 클라우드이기 때문일 것이다. 컴퓨터중심의 기존 웹하드와 달리, 최근의 스토리지서비스는 스마트폰, 스마트패드 등 모바일기기까지 영역이

확대되고 있으며, 인터넷상의 스토리지와 개인의 여러 단말기에 내장된 스토리지가 마치 하나의 가상저장공간으로 인지될 수 있도록 자동으로 동기화(sync)시켜주고 있다. 이처럼 과거의 웹하드와 최근의 스토리지 서비스는 모두 광의의 클라우드 범주에 속하지만, 클라우드를 이용하는 수준에서 스토리지서비스가 한 단계 진화한 것이라고 할 수 있다. 이러한 클라우드의 진화는 특히 스마트폰을 중심으로 한 모바일 환경 변화로 인해 촉발되었으며, 스토리지서비스는 거대한 진화의 흐름 중 단지 시작에 불과하다.

향후 클라우드는 멀티 디바이스 환경이 본격적으로 도래하면서 보다 다양한 모바일서비스와 결합될 것이고, 모바일기기의 이동성을 향상시키기 위해 단순히 인터넷상의 저장공간만을 이용하는 것에서 벗어나 인터넷상의 IT자원을 프로세싱(연산)에 활용하는 비중이 높아질 것이다. 또한, 4G시대가 본격적으로 열림에 따라 보다 고품질의 네트워크를 필요로 하는 새로운 유형의 클라우드가 등장할 것으로 기대되고 있다.

다. e-비즈니스와 정보기술 사업전략

인터넷환경은 컴퓨터와 컴퓨터를 이용한 서비스 및 정보를 분리시켰고 이는 전통적인 IT기능과 역할에 큰 영향을 끼치고 있다. 컴퓨터 장비 설치의 지역적인 제약이 사라진 결과, 규모의 경제를 추구할 목적으로 여러 지역에 분산되어 있던 서버와 그 운영을 하나의 대규모 서버 센터로 집중하는 경향이 나타나고 있다. 또한 응용프로그램도 보안화된 인터넷 브라우저를 통해 사용하는 것이 가능하게 되고 있다. 향후에는 VPN(Vitual Private Network) 기술의 발달에 따라 비즈니스 자체가 인터넷상에서 모두 구현될 것이다. 결국 IT는 기계실의 운영자 또는 컴퓨터 유지관리자가 아니라 전산서비스의 제공자라는 본연의 기능에 더욱 충실하게 될 것이다.

VPN
인터넷과 같은 공중망(public network)을 사용하여 사실망(private network)을 구축하게 해주는 기술 혹은 통신망의 총칭

궁극적으로 e-비즈니스시대의 정보통신기술은 경영전략을 충분히 이해하고 이의 달성을 위해 제공되는 각종 서비스를 통합 조정하는 서비스통합의 역할을 수행할 것이다. IT는 사업담당자와 비전, 가치기준 등

그림 13-9 e-비즈니스와 아웃소싱의 관계도

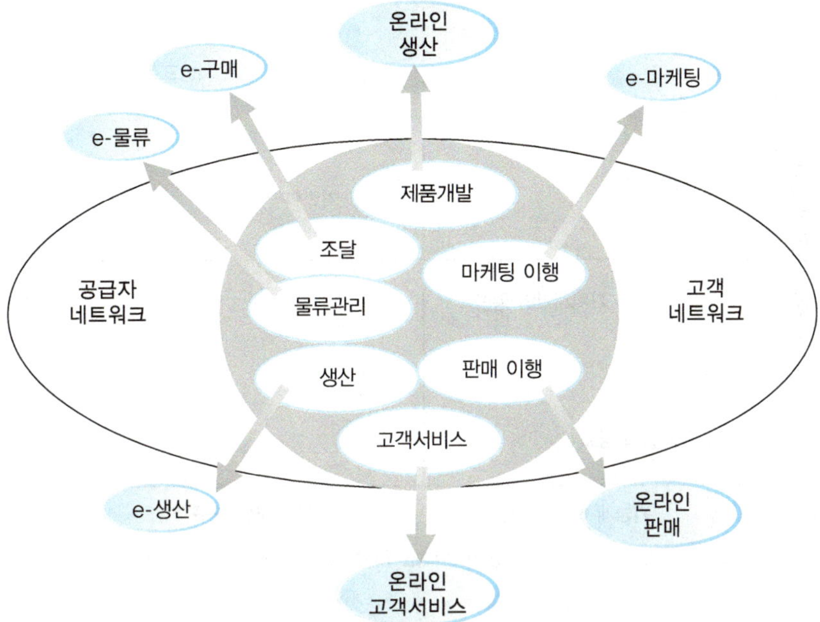

을 공유하는 경영진의 일부로서 작용하여야 한다. IT는 사업전략의 형성에 적극적으로 참여하여 때로는 사업전략을 이끌어야 한다. 또한 사업담당자들은 IT와 관련된 주요한 의사결정에 참여하고 이를 통한 사업전략과 IT전략이 통합될 수 있도록 개발해야 할 분야와 아웃소싱할 분야를 구분하여 추진해야 한다([그림 13-9] 참조).

라. 온라인화의 개발전략 및 가치창출기회

(1) e-비즈니스 개발전략

e-비즈니스 개발계획은 전략적 계획수립과 애플리케이션, 가치체인과의 차이점을 채워주며, 마케팅, 정보기술, 제조 등 전체를 통괄하는 차원에서 이루어진다. 디지털시대에서의 경쟁은 고객을 만족시키기 위한 통합된 인프라스트럭처들을 기업들이 어떻게 활용하는가에 달려 있다. [그림 13-10]은 e-비즈니스를 개발하는 단계를 보여준다.

그림 13-10 e-비즈니스 모델의 개발단계

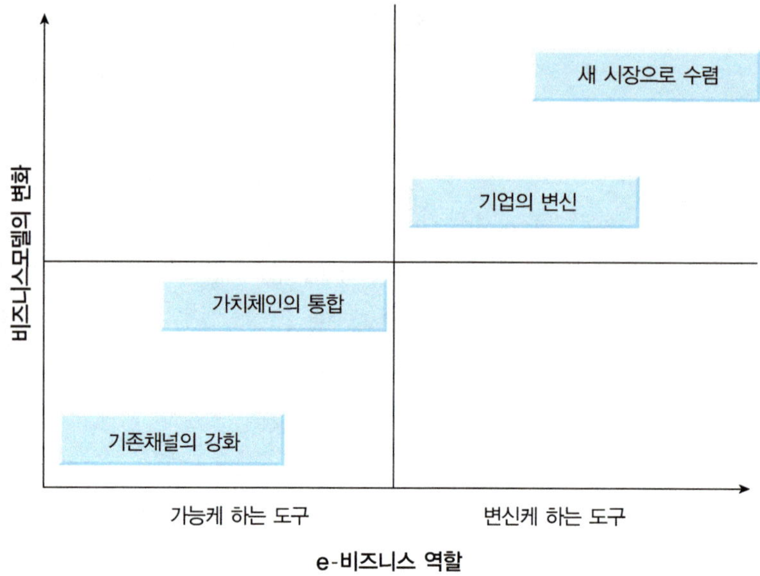

새로운 e-비즈니스를 구축하는 데 있어서 첫 번째 단계는 기존채널의 강화에 있다. 기업 내부와 외부 간의 연계를 강화하는 것이 무엇보다도 중요하다. 그리고 두 번째 단계는 이들 기업 내부와 외부 간의 가치체인을 통합하는 요소로 생각할 수 있다. 세 번째로 전통기업에서 온라인기업으로의 변신을 통한 사업확장이 요구된다. 즉 전략적 파트너십 관계가 필요하다. 네 번째는 새로운 시장으로 변혁을 의미한다. 이들 개발목표가 완료되면 e-비즈니스는 새로운 기업의 청사진으로서의 역할을 하게 된다. 보다 나은 경영이 이루어지도록 개발전략을 잘 세우면 더욱 발전된 경영으로 나아갈 것이다.

(2) 새로운 e-비즈니스모델

우리 산업의 환경적 인프라를 살펴볼 때 기존 전통산업의 대부분을 차지하는 오프라인기업이 신생 인터넷기반 기업인 온라인기업보다 월등히 많다. 이렇게 볼 때 인터넷기반의 신생 온라인기업의 설립이나 기존 전통기업인 오프라인기업의 새로운 온라인 비즈니스모델([그림 13-

그림 13-11 새로운 차원의 비즈니스모델

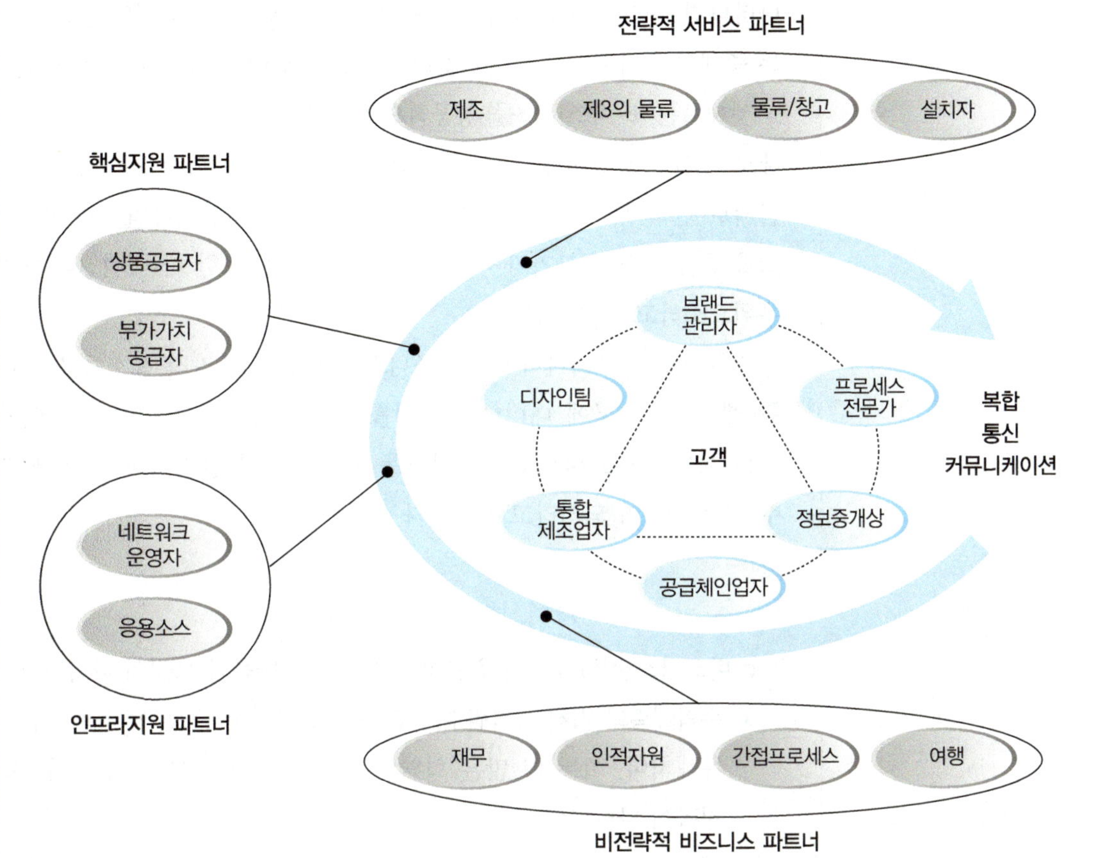

11] 참조)을 구축케 하는 e-비즈니스는 이미 e-비즈니스가 많이 보급되어 있는 선진국보다 우리 산업경제에 보다 큰 영향을 줄 수 있다.

둘째로는, 선진국에 비해 우리의 기존 거래방식은 비효율적이며 불투명한 면이 많았다고 볼 수 있다. 특히 건설부문, 의료부문 등에서 투명치 못한 면이 있었다고 볼 수 있는데, 인터넷기반의 새로운 e-비즈니스기반 거래가 되면 투명성이 제고되어 사회 인프라적 여러 면에서 효과를 가져다 줄 수 있을 것이다. 또한, 우리나라의 기존 거래방식은 논리적 · 체계적 · 합리적인 거래보다는 인적 거래에 기반을 둔, 정실에 의한 거래가 주를 이루었다고 볼 수 있는데, 이제 이러한 시공을 초월하지 못하여 답답하게 이루어지던 거래가 시간과 공간을 초월한 새로운 거래방식으로 바뀌어 거래방식의 변혁을 기대할 수 있다. 과거에는 "중개인이 나타나면 나타날수록 가격이 비싸진다"는 관념을 갖게 되었는데, 이제는 중개인이 나타날수록 물건값이 싸지는 관념이 생기게 되는 것이다.

셋째로는, e-비즈니스를 성공적으로 하기 위해서는 인적자원에 의한 새로운 전략 모색이라고 할 수 있는데, 우리나라는 이러한 지적 자산을 근거로 한 풍부한 인적자원을 갖고 있다. 이러한 인적자원이 e-비즈니스를 통해 고도의 부가가치를 창출하고 있는 점 또한 다른 선진국 대비 우위요소라고 할 수 있다.

결론적으로 우리나라의 e-비즈니스에 대한 인프라적 요소들을 고려할 때, 타 선진국에 대비하여 우위를 점하고 있다고 보여지며, 나아가 다른 어느 나라보다도 e-비즈니스를 통하여 보다 빨리 선진 대열에 낄 수 있는 계기가 되리라고 생각한다.

(3) e-비즈니스 가치창출

e-비즈니스 전략개발이 원활이 이루어지면 다음과 특징이 나타난다.

- **수익체증의 법칙** : 회원수가 많을수록 다양한 정보와 서비스가 가능해지며, 이는 더 많은 회원의 가입을 촉진시키므로 공동마케팅 전략이 나타난다.
- **시간과 공간의 초월** : 네트워크 기반 가상공간에서 새로운 형태의 거래가 이루어짐으로써, 지금까지의 모든 시간과 공간 제약상의 거래방식을 초월하여 비용, 시간 등이 상당수 절감된다.
- **소비자의 수요에 따른 차별화 가능** : 소비자들의 선호를 데이터베이스로 파악하고 있으므로 철저히 일대일마케팅, 판촉, 광고가 가능하다.
- **고객이 공급자를 선택** : 고객이 공급자와 상품에 대한 많은 정보를 갖고 공급자를 선택하게 된다.
- **다각화의 용이함과 다면 경쟁** : 웹상에서 쉽게 다른 상품과 서비스를 추가할 수 있으므로 기존의 비경쟁업체가 경쟁자로 변한다.
- **비용상의 우위** : 매장 임대비용과 같은 기타 비용의 절감이 물류비보다 클 경우 비용상의 우위를 점할 수 있다.

그림 13-12 e-비즈니스의 가치창출 기회

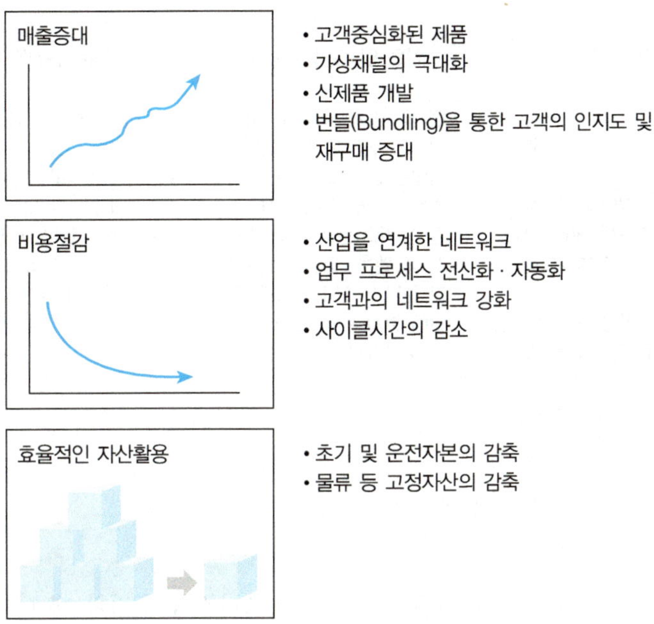

이상과 같은 e-비즈니스 특징으로 [그림 13-12]에서와 같은 가치창출 기회가 주어진다. e-비즈니스 기업은 매출증대와 비용절감, 효율적인 자산관리를 전개할 수 있다. 특히 고객중심화된 제품으로 신제품 개발과 네트워크 구축으로 사이클시간의 감소로 기업의 기회비용이 상당수 감소하는 결과를 초래할 것이다.

13.3 전통기업의 e-비즈니스 실행단계

전통기업이든 온라인기업이든 저마다 비슷한 수준의 e-비즈니스를 전개하고 있고 또 창출하는 성과도 거의 같은 발전단계에 있다. 일반적으로 기업은 e-비즈니스를 전개함에 있어 다음의 3단계를 거치게 되는데, 문제는 기업이 이러한 발전단계를 명확히 인식하고 시행착오 없이 보다 상위의 단계로 신속히 발전할 수 있도록 해야 한다는 점이다. [그

그림 13-13 e-비즈니스의 실행전략 단계

기반단계	기초 및 도약단계	전문화단계
• 기업 내 각 사업부가 저마다의 아이디어를 가지고 사업 추진 • 전사적인 조정이 거의 이루어지지 않고 자원배분도 사업부 차원에서 개별적으로 이루어짐 • 중복투자의 발생, 모든 사업이 기대 이하의 성과를 창출할 가능성 • 이 단계를 가능한 한 빨리 벗어나는 것이 핵심	• 전사적인 차원에서 e-비즈니스의 추진방향이 정립됨 • 정립된 방향으로 e-비즈니스를 추진하기 위해 자금, 인력, 기술 등을 투입하여 사업모델을 개선 · 발전시킴 • 그 결과 비즈니스시스템 전반에 걸쳐 e-비즈니스를 통한 부가가치 창출	• e-비즈니스 활성화를 위한 세부전략 실행 • 공식적 조직구조 정착 • 고객의 입맛에 맞는 개인화된 제품, 서비스 제공 • 자사에 적합한 최적의 조직형태 구축이 관건

자료 : LG경제연구원, 전통기업의 e-비즈니스 실행전략, 2000.

림 13-13]은 기업이 e-비즈니스를 추진할 때 나타나는 실행전략 단계를 보여준다.

가. 기반단계

기반단계는 기업이 인터넷이 제공하는 기회를 향유하기 위해 e-비즈니스를 처음으로 전개하는 단계로서 각 사업부가 저마다의 아이디어를 가지고 사업을 시작하며 체계적인 e-비즈니스 전개를 위한 전체적인 조정은 거의 이루어지지 않는다. 따라서 자원의 배분도 사업부 차원에서 개별적으로 이루어지게 되며, e-비즈니스의 전개도 전사적인 전략과 조정없이 중구난방식으로 이루어지게 된다.

그 결과 e-비즈니스 전개과정에서 얻게 되는 노하우와 지식이 전사적으로 공유되지 못하고 중복투자가 발생하는 등의 문제점이 발생하기도 하며, 최악의 경우에는 고객에게 혼란만 주고 기존 사업에 해를 끼칠 수도 있다.

이처럼 e-비즈니스가 전사차원의 전략적 방향없이 개별적으로 전개될 경우에는 각 사업에 배분되는 자원규모가 임계점에 도달하기가 어려워 모든 사업이 기대 이하의 성과를 거둘 가능성이 높다. 이 단계도 여러 새로운 아이디어를 테스트하고 훌륭한 기회를 포착하기 위해서 꼭 필요하다.

나. 기초 및 도약단계

기초 및 도약단계는 회사 전체적인 차원에서 e-비즈니스의 추진방향과 우선순위가 정립되어 특정 분야로 전사적인 노력의 결집이 이루어지는 단계이다. 이와 함께 e-비즈니스 기술을 축적하고 전사차원의 통일된 표준을 확립하며 e-브랜드이미지를 높이는 활동들도 동시에 이루어지게 된다.

이 단계에 있는 기업들은 정립된 방향으로 e-비즈니스를 전개해 가기 위해 자금, 인력, 정보기술 등을 집중적으로 투입하여 사업모델을 개선 · 발전시켜 가게 된다. 이러한 노력의 결과는 흔히 전혀 새로운 온라인 제품이나 서비스의 개발, 또는 기존 제품이나 서비스의 비용 효율적인 유통, 효과적인 대고객 커뮤니케이션 채널구축 등의 모습으로 비즈니스시스템 전반에 걸쳐 나타난다. 대표적 예로, 포드는 부품의 공급에서부터 자동차의 판매 및 서비스에 이르기까지 비즈니스시스템 전반을 e-비즈니스화하고 있다.

이때 e-비즈니스가 기존사업과 어느 정도 연관이 되어 있느냐에 따라서 e-비즈니스 전개를 위한 별도의 조직 구축이 필요할 수도 있고 그렇지 않을 수도 있다.

다. 전문화단계

전문화단계는 정립된 전략방향대로 e-비즈니스를 전개하기 위한 세부전략을 수립 · 실행하는 단계이다. 여기서는 스피드와 유연성을 살릴 수 있는 공식적 조직구조를 형성 · 정착시키고 필요자원과 우수한 인재를 적재적소에 배치함으로써 소기의 성과, 즉 고객의 입맛에 맞는 개인화된 제품과 서비스를 제공하여 가치를 창출하게 된다.

한편, 이 단계에서는 자사에 맞는 조직형태를 구축 · 정착시켜야 하는데, 일반적으로 기업이 채택하고 있는 유형으로는 다음 세 가지가 있다.

첫 번째 유형은 별도의 조직을 만들지 않고 기존의 사업조직 내에서 e-비즈니스를 전개하는 경우로서 기존사업을 보완하거나 또는 기존사업 전체를 변혁시키고자 할 경우에 주로 사용된다. 후자의 경우, 즉 기존사업에 e-비즈니스를 체계화시켜 기업 전체를 변혁시킨 대표적 기업으로는 FedEx를 들 수 있다. FedEx는 내외적 환경변화에 대응하여 기업 전체를 전자화하여 e-비즈니스 자체를 기업의 사업이자 미래로 간주하고 있다.

두 번째 유형은 기존의 사업운영조직과 분리된 별도의 조직이나 사업부를 기업 내에 구축하는 방법이다. 이 방법은 어느 정도의 자율성과 민첩성을 확보할 수 있을 뿐만 아니라 기존조직으로부터 자원도 지원받을 수 있는 등의 장점을 지니고 있다. 이러한 유형의 대표적 예로는 기존사업과는 물리적 · 문화적으로 분리된 기관이나 고객 대상의 포털사업부를 기업 내에 마련한 Merrill Lynch를 들 수 있다.

기업 내에서 기존사업과는 별개로 운영되는 e-비즈니스 사업부는 사업을 영위하는 데 필요한 기술과 기술적 역량을 내부에 구축해 놓아야 하며, 동시에 기업 전체적으로는 기존사업과의 시너지를 향유하면서도 자율성과 민첩성을 보장할 수 있는 제도적 장치와 공정한 성과평가시스템을 마련해야 한다.

세 번째 유형은 e-비즈니스 전개를 위한 별도의 단독 또는 합작법인을 설립하는 방법이다. 이 방법은 자본시장에서의 가치평가와 자본조달이 용이하고 관련 인력을 쉽게 확보할 수 있는 장점이 있다.

한편, 미국 기업이 e-비즈니스 추진을 위해 채택하고 있는 조직형태를 보면, 기존 사업부 내에서 e-비즈니스를 전개하고 있는 형태가 가장 많으며 다음으로 타 기업과의 협력관계 구축, 독립법인으로의 분사 등의 방법을 활용하고 있다.

13.4 e-비즈니스 조직활성화 방안

바람직한 e-비즈니스 조직활성화를 구현하기 위해서는 e-비즈니스 활성화 목적, 제품특성, 관리시스템 및 문화적 이질성 등 여러 가지 사항들을 고려해야 한다.

많은 경우 기업들은 e-비즈니스 조직활성화를 통해 기업가치 또는 주가를 큰 폭으로 증대시키기를 희망하고 있는데, 이 경우에는 e-비즈니스를 기존조직에서 분리하여 운영하는 것이 바람직하다. 이와는 반대로 e-비즈니스를 통해 기존사업의 경쟁력과 가치를 높이고자 할 경우에는 기존조직 내에서 e-비즈니스를 통합하는 것이 보다 바람직하다.

또 채널갈등의 가능성이 없을 경우에는 기존조직에서 e-비즈니스를 활성화하여도 무방하나, 반대로 e-비즈니스가 기존사업의 매출을 감소시킬 가능성이 있을 경우에는 독자적인 가치와 고객기반을 바탕으로 사업을 전개할 수 있도록 e-비즈니스를 기존조직과 분리하여 운영하는 것이 바람직하다.

한편, e-비즈니스가 기존사업의 강화 내지 보완 등과 밀접히 연관되어 있을 경우에는 기존의 자원을 용이하게 활용할 수 있도록 기업 내에 e-비즈니스 조직을 두는 것이 유리하다. 또한 e-비즈니스가 새로운 시장과 사업모델을 창출하고 동시에 기존의 조직과 사업 전반에 혁신적인 영향을 미칠 경우에도 별도의 e-비즈니스 조직을 둘 필요없이 기존조직 내에서 e-비즈니스를 전개하는 것이 유리하다. 왜냐하면 e-비즈니스 자체가 향후 기존조직이 나아가야 할 방향 자체이기 때문이다.

또 e-비즈니스를 활성화함에 있어 요구되는 문화가 기존사업의 문화와 유사하여 융합가능할 경우에는 기업 내 사업부 등의 형태로 e-비즈니스 조직을 운영하며, 그렇지 않고 전혀 이질적인 문화가 필요할 경우에는 별도 법인을 설립하여 독립시키는 것이 바람직하다. e-비즈니스의 효과적 추진을 위한 차별적인 조직관계도는 [그림 13-14]에 나타나 있다.

그림 13-14 e-비즈니스 조직관계도

가. e-비즈니스 인재의 확보

전통기업들이 e-비즈니스를 추진하는 과정에서 겪고 있는 가장 큰 장애요인으로 적재적소에 배치할 우수한 인재의 확보 문제를 지적하고 있을 정도로 필요한 인재를 확보하는 것은 e-비즈니스를 활성화함에 있어 중요하고도 어려운 일이다.

필요한 인재를 확보하고 유지하는 방법은 활성화하고자 하는 e-비즈니스의 목적과 내용, 해당기업 및 시장의 상황에 따라 달라진다. 그러나 기본적으로 e-비즈니스에 필요한 인재 확보와 관련해서는 판매자시장의 성격이 강하다. 따라서 전통기업들은 우선 정확히 어떠한 요건의 인재가 필요한지, 그리고 경쟁사가 어떠한 제안을 통해 인재를 확보하는

지 파악하고 있어야 하며, 이들 인재를 유인할 수 있도록 주식에 기초한 또는 그에 상응하는 차별적인 보상패키지를 구축할 필요가 있다. 즉, 사업특성과 개인의 가치관 등에 따라 희망하는 보상방식이 다를 수 있는 바, 구성원들로 하여금 보다 개인화된 보상형태를 선택할 수 있도록 해야 한다. 예로서 미국의 한 기업은 e-비즈니스 전개에 필요한 인재를 확보하기 위해 벤처캐피탈이나 닷컴기업의 급여수준을 벤치마킹하는 한편, e-비즈니스 성과에 연동하는 뮤추얼펀드를 조성하여 구성원들에게 보상을 하고 있다.

이 외에 인재를 확보하고 나아가 유지하기 위해서는 개개인을 위한 맞춤식의 인사관리가 필요하다. 즉, 형평성을 중시, 틀에 갖춘 일률적 적용의 인적자원관리로는 다양한 특성과 니즈를 지닌 개별 구성원을 만족시키기가 어려워 확보된 인재의 유지가 불가능하다. 따라서 기업의 비전과 목표에 입각하여 자신의 고용도를 높일 수 있도록 스스로가 경력개발계획을 설계하는 개인주도형의 e-비즈니스 조직도의 기본적인 틀을 마련할 필요가 있다.

나. 채널갈등의 해소

e-비즈니스를 전개함에 있어 기존기업이 지니고 있는 불리한 것 중의 하나는 채널갈등 문제가 발생할 가능성이 높다는 점이다. 기존기업이 채널갈등 문제에 직면할 경우 택할 수 있는 방법은 두 가지이다. 하나는 지금까지 기업에게 수익을 가져다 주었던 기존채널을 계속 보호하는 방법이며, 다른 하나는 필요할 경우 기존채널의 잠식을 받아들여 채널전략을 수정하는 방법이다.

물론 기존의 오프라인 채널과 온라인 채널이 처음부터 서로 시너지를 발휘하여 보완적 기능을 수행할 수 있는 경우에는 온라인 채널을 활성화하는 것이 너무나 당연하다. 그러나 문제는 두 채널 사이에 갈등가능성이 있을 경우이다. 실제로 대부분의 기존기업들은 이러한 채널갈등 문제에 직면하게 된다.

고객이 온라인을 통해 구매한 제품을 오프라인을 통해 반품할 수 있도록 하는 등의 시너지, 즉 온라인과 오프라인 간의 선순환을 형성하여 매출증대를 도모하는 방안을 마련해야 할 것이다. 결국, 디지털시대에 대비하여 e-비즈니스를 추진하는 전통기업들은 지금까지 설명한 실행전략을 통해 e-비즈니스 성공요인을 분석 · 개발하여 미래의 목적을 달성하고 시장을 지배하는 역할을 담당할 것이다

13.5 e-비즈니스 성공전략

가. 고객지향의 가치체인의 효율화

e-비즈니스 분야에서는 인터넷 전문기업뿐만 아니라 기존산업과 기업의 변신전략 또한 중요해 질 것이다. 인터넷기업의 도전을 받은 기존의 전통기업들도 인터넷을 위협인 동시에 기회로 간주하고 기업변신에 나서고 있다. 전통기업들은 일단 e-비즈니스를 전자상거래와 기타 기업경영활동의 인터넷화를 포함하는 개념으로 보고 있다. 기업활동의 각 분야에서 인터넷을 활용하면서 가치체인을 효율적으로 재구축해 부가가치를 높이는 데 주력하고 있는 것이다.

특히 전통기업들 중에서는 구매 · 조달업무를 우선적으로 인터넷환경으로 전환하고 합리적 효과를 노리는 경우가 많다. 예를 들어, 도시바는 PC 생산거점인 공장에서 인터넷을 활용한 자재조달시스템을 갖추었다. 공장 인근에 납품기업들이 부품을 재고로 둘 수 있는 공간을 만들어 재고책임을 거래기업에게 전가한 것이다. 그리고 도시바는 납품업체들이 도시바의 생산계획, 발주, 납품 등의 정보를 인터넷을 통해 확인할 수 있게 해 이들의 재고 자체도 최종적으로 감축시켰다. 이와 같이 많은 기업들은 e-비즈니스를 경영합리화의 수단으로 활용하려는 경향이 강하다.

그러나 e-비즈니스를 단순히 합리화의 수단으로만 본다면 고객위주로 재편되고 있는 시장의 구조적인 변화에 대응하기 어려울 것이다. 공급체인관리(SCM)의 재구축에 있어서도 고객 입장에서의 접근이 중요해지고 있다. 즉, 기업의 가치체인 통합화를 통한 공급자와 고객 네트워

그림 13-15 가치체인 통합화를 통한 공급자와 고객네트워크 관계도

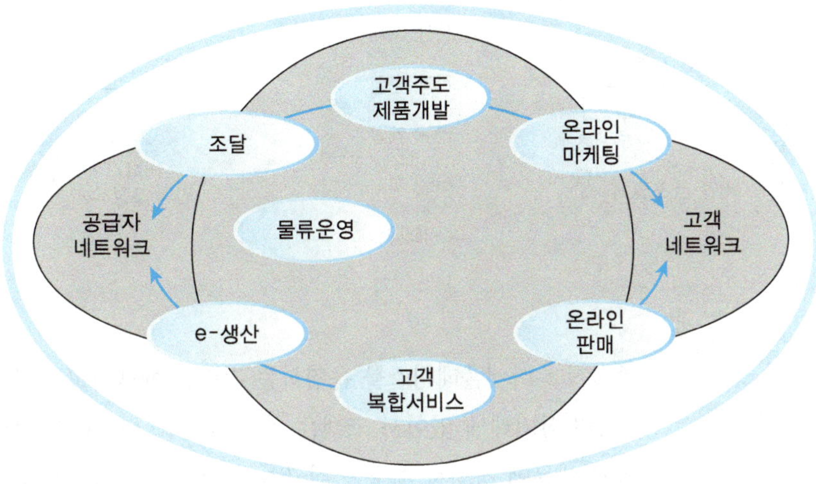

크 구축은 좋은 예이다([그림 13-15]). 예를 들어 고객의 니즈를 효율적으로 파악하기 위해 영업분야와 개발분야의 연계성을 강화하는 DCM(Demand Chain Management)이나 고객니즈에 맞는 계획생산 수단인 SCP(Supply Chain Planning)를 포함한 비즈니스모델이 추구되고 있는 것이다.

나. 모든 기업이 유통포털지향

인터넷을 활용한 e-비즈니스는 영업이나 조달 등 일상업무의 합리화를 통해 부가가치를 제고시키지만 이 과정에서 B2B 혹은 B2C 포털에 의존하게 된다([그림 13-16] 참조). 재래형 유통부문이 합리화되더라도 창조된 부가가치가 새로운 가상유통업체와 정보매개업체에게 돌아가게 되는 경향도 있다.

종합상사들이 기업연합을 조직해 철강, 화학 등의 B2B 관련 e-마켓플레이스를 운영하고 있으며, 중화학공업 분야 역시 B2B 시장에서 우세를 보이고 있다. 이들은 대부분 각 상품별로 e-마켓플레이스를 구축해 나가고 있으나 국내에서도 B2C의 경우와 같이 여러 제품을 통합한

그림 13-16 e-비즈니스와 가치체인

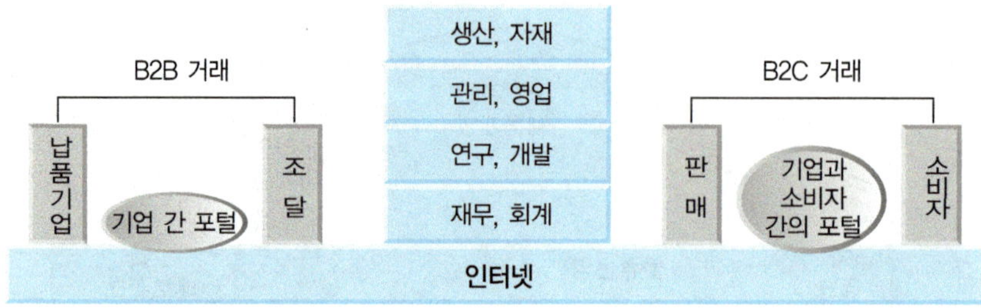

종합형 e-마켓플레이스를 운영하는 전략을 채택하고 있다.

전자상거래에 있어서 고객은 여러 상품을 비교해서 구입하는 경향이 있기 때문에 경쟁사 제품을 취급하기 어려운 제조업체가 유통포털을 구축하는 데는 한계가 있는 것이다. 따라서 제조업체의 직영 사이트는 제품의 차별성과 브랜드이미지를 강조해 고객을 유인하려는 전략을 쓸 필요가 있다.

다. 고객에게 친숙한 비즈니스모델로 차별성 추구

사이버공간에서 제품의 차별성을 확보하기 위해 기존의 제품개발 노력을 충실히 하는 한편 고객에게 친숙한 비즈니스모델을 추구해야만 한다. 인터넷을 통한 쌍방향 커뮤니케이션으로 확인된 고객의 니즈나 아이디어를 제품기획에 반영하는 전략은 무엇보다도 차별화된 차별성이다.

라. 토털 솔루션 능력 제고

인터넷의 장점으로서 쌍방향 일대일 기능이 중요하나 이와 함께 고객의 요구에 대해 종합적으로 대응할 수 있는 종합적 문제해결능력도 중요하다. 고객니즈에 대한 종합적인 문제해결능력을 갖추고 이러한 능력을 자사 포털사이트에서 원스톱 형태로 제공한다면 능력이 배가될 것이다.

예를 들어 B2B 마켓플레이스를 운용하면서 각 참여업체에게 토털솔루션서비스를 제공한다면 관련 본사와 협력업체 간 도면 · CAD 데이터의 송 · 수신, 전자상거래 데이터지원 소프트웨어뿐만 아니라 자금결제, 물류, 창고 등의 서비스도 받을 수 있다. e-비즈니스를 활성화하는 데에 있어서 필요한 정보처리서비스는 본사 데이터센터를 통해 일괄적으로 제공 · 관리하기 때문에 회원사들은 큰 투자부담 없이 모든 업무를 온라인상에서 해결할 수 있는 것이다.

인터넷혁명에 따른 고객의 수요는 기존의 비즈니스 구분에 구애받지 않고 문제해결서비스 중심으로 변화하고 있기 때문에 전통기업들은 웹 가상공간에서 수많은 기업과 제휴하면서 토털솔루션 능력 제고에 주력하고 있다고 볼 수 있다.

마. 지식기반형 e-비즈니스지향

차별성 있는 품질과 서비스 수준을 확보하기 위해서나 고객에 대한 토털솔루션 능력을 제고하기 위해서도 기업들은 지식기반(knowledge base) 경영을 강화해야만 한다. 즉, 인터넷 가상공간은 상세한 상품정보를 담을 수 있으며, 고객정보 및 지식욕구를 높이고 있기 때문에 관련기업도 판매에 앞선 정보제공기능을 강화해야 한다.

그리고 기업들은 고객에 대한 솔루션 능력을 확보하기 위해 핵심분야 및 관련분야를 망라한 전문가의 지식을 웹을 통해 효율적으로 고객에게 제공할 수 있는 시스템의 구축도 병행해야 한다. 고객대화 기능을 담당하는 콜센터와 데이터베이스 컴퓨터시스템을 통합적으로 운용하면서 고객의 고충이나 기업의 관련지식이 체계적이고 신속하게 확충되도록 해야 한다.

13.6 e-비즈니스의 지속적인 혁신전략

가. 지속적 혁신(이노베이션)의 필요성

최근 IT산업을 중심으로 스마트화의 변혁이 불어 닥치면서 혁신(이노베이션)의 중요성이 더욱 강조되고 있다. 새로운 기술 · 제품을 창안하여 시장의 선발 진입을 통해 이노베이터(Innovator)가 되지 않으면 경쟁우위를 확보하기 힘들다는 인식이 고조되고 있는 것이다. 스마트화시대에 접어 들면서 혁신의 중요성이 더욱 부각되고 있는 이유를 몇 가지 설명하면 다음과 같다.

첫째, 스마트화로 인해 S/W기술 기반의 UI(사용자 인터페이스) 및 기능 융합이 급진전되었기 때문이다. S/W기술 중심의 융합은 이전의 H/W기술 간 융합에 비해 복제가 용이치 않다. 기술적인 박스화 및 일체형으로 통합하다 보니 후발자들이 어느 영역이 추종을 전개한다고 해도 이를 모방하기가 쉽지 않다. 1990년대말부터 디지털시대가 본격 전개되면서 부품의 모듈화 · 표준화의 급진전으로 기술의 이식 및 복제가 가능해져 기술 · 제품의 범용화가 일어났다. 또한 다양한 기술 · 제품의 등장으로 고객 선택의 폭이 증대된 반면, 고객의 요구사항의 복잡화로 인해 불확실성은 더욱 증대되었다. 이와 같이 불확실성이 큰 상황에서는 충분한 대비가 부족한 상태로 시장에 먼저 진출하였으나 시장 · 고객니즈의 방향성이 명확하지 않음으로 인하여 고객이 요구하는 맞춤화된 제품에 적절하게 대응하지 못하였다. 그러나 기술의 주도적 흐름이 H/W가 아니라 S/W 기술중심의 융합으로 흘러가면서 빠른 추종자를 통한 따라잡기가 쉽지 않게 된 측면이 있다.

둘째, 컨버전스를 통한 영역 간 경계가 붕괴되면서 전자기기, 통신서비스, 콘텐츠 · 미디어, S/W 및 플랫폼 등 다양한 분야의 기업들 간의 전면 경쟁 또는 협력이 불가피하게 되었다. 이에 따라 과거 단일기업 중심의 경쟁 양상이 생태계 형성을 통한 기업군 간 경쟁으로 변모하게 되었다. 즉 기업들이 혁신 역량을 기반으로 공급자 · 파트너를 규합하여 강력한 생태계를 형성하여 진입장벽을 구축할 수 있게 된 것이다.

셋째, 개인화 · 맞춤화 경향이 심화되면서 기존 대량 맞춤화를 통한 제품 · 서비스 개발이나 고객가치 충족방법으로는 소비자들의 주목을 끌기가 힘들어지고 있다. 세분화되지 않은 고객 요구사항을 개별적으로 충족시키기 위해서는 보다 혁신적인 방안이 필요해지고 있는 것이다.

혁신의 파괴력과 그 필요성은 더욱 증대되고 있는 반면, 자원의 한계, 역량과 체질의 차이, 기존 사업기반 붕괴에 대한 우려 등으로 기업들이 자사가 속한 모든 사업영역에서 지속적인 혁신을 이어가기는 쉽지 않다. 한때 혁신기업으로 위상을 떨쳤던 기업들이 영속적으로 그 자리를 지키지 못하고 있는 것도 이 때문이다. 아날로그시대 혁신의 선봉장이었던 제록스나 코닥, 워크맨 신화의 주역이었던 소니, 맞춤형 제조를 통한 비즈니스모델을 창조한 델컴퓨터, 미국 제조업의 상징이었던 모토로라, 휴대폰시대를 선도했던 노키아 등을 그 예로 들 수 있다. 그러나 1990년대 중반 연이은 적자로 추락하던 애플이 아이팟–아이폰–아이패드 등으로 이어지는 혁신제품 또는 사업모델을 만들어내면서 최고의 혁신기업으로 부상하고 있다.

나. 새로운 혁신에 대한 필요성

전통적으로 혁신은 ① 기술혁신을 통한 발명(혁신 대상과 가치제공 방법 측면), ② 새로운 비즈니스 영역의 발굴(시장창출 유형 측면), ③ 기존제품 · 서비스공간 내 혁신(고객가치 창출방안 측면), ④ 선발진입(시장진입 타이밍 측면) 등으로 인식되어 왔다. 혁신에 대한 기존의 인식과 새로운 혁신에 대한 필요성을 설명하고자 한다.

(1) 혁신에 대한 모방과 재조합적 혁신

전통적으로 혁신은 창조적인 혁신관점에서 기존에 존재하지 않은 완전히 새로운 것을 창조해내는 것이다. 대개의 기업은 모방과 추종을 통하여 혁신의 근거로 내세우고 있다. 그러나 모방이나 추종전략을 추구하는 기업은 차별적인 제품 · 서비스를 만들어 낼 수 없으며, 이에 따라 시장을 선도할 수 없다. 그동안 수많은 산업, 사업, 기술 · 제품들이 새롭게 창조되고 쇠퇴 · 소멸되는 현상이 반복되는 가운데, 최근 들어서는 기존에 없는 새로운 것들을 만들어내는 일이 거의 불가능으로 여겨지고 있다. 또한 창조적인 혁신의 경우 추진과정에서 많은 비용과 시간이 소요된다.

따라서 해당 산업 분야의 내 · 외부 세계에서 이미 검증된 기술이나 아이디어를 가져와 새로운 가치를 만들어내는 이른바 재조합적 혁신이 보다 효과적인 혁신방안으로 대두되고 있다. 재조합적 혁신을 성공적으로 달성하기 위해서는 어디에, 어떤 기술이나 아이디어가 있는지를 감지할 수 있는 폭넓은 조사분석 및 검색, 기존기술이나 아이디어의 본질을 이해하는 역량, 자신이 속한 고객 · 시장의 요구에 맞게 적절히 고객맞춤화하는 능력 등 일종의 혁신적 모방능력이 필요하다.

따라서 모방은 혁신의 장애물이 아니라 혁신과의 시너지를 낼 수 있는 가능성으로 제시된다. 오히려 혁신을 완성시키고 의미 있는 시장을 창출하는 것은 모방에 의해서이다. 혁신과 모방은 기업 내 · 외부에서 생성되는 새로운 정보 파악, 기업 업무관련 지식을 빠르게 포착하는 행위 및 평가하는 요인들과 다양한 사업모델들에 대한 분석을 바탕으로 그 중에서 가장 유망하고 차별적인 대안모델이 무엇인지 생각해볼 필요가 있다. 그리고 그 변형 및 조합모델 등을 선택하고 분류할 수 있어야 한다.

어떤 기업이든 모든 사업 분야에서 창조적 혁신을 지속할 수는 없다. 즉 몇 가지 핵심적 사안에 창조적 역량을 집중하고, 모방역량을 바탕으로 한 재조합적 혁신을 동시에 진행할 경우 효과적이며 지속적인 혁신을 이루어 나갈 수 있다.

① 모방과 재조합의 대상영역

모방과 재조합의 대상을 차별적으로 선택하는 것이 중요하다. 지금까지 대부분의 기업들은 모방의 대상을 자사가 속한 동종산업, 같은 제품범주, 같은 지역 및 국외 선진지역, 기업 내에 속한 성공한 기업이나 혁신적인 제품 · 서비스에서 찾아 왔다. 그러나 이는 유사사업 내 수많은 기업들의 벤치마킹 또는 모방의 대상이 되기 때문에 이를 모방할 경우 혁신으로 연결시키기가 쉽지 않다. 따라서 혁신적 모방, 재조합적 혁신을 성공으로 이끌기 위해서는 가까이가 아닌 보다 먼 곳에서 그 대상을 찾아야 한다. 멀리 떨어진 시간 및 지역, 멀리 떨어진 타 산업분야 사례, 과거 실패한 사례, 소규모기업 등이 그 대상이 된다.

특히 과거에 실패한 제품 · 서비스에서 창의적인 제품이 나올 수 있다. 즉 비슷한 영역의 제품일지라도 출시 타이밍에 따라 기존제품의 성숙도, 인프라 여건 등이 달라져 그 성공 여부에 차이가 발생할 수 있기 때문이다.

또한 기술 · 제품개발에 대한 모방이나 재조합의 틀을 벗어나, 사업 및 산업 간 융합, 사업모델 간 융합 등으로 그 범위를 확대해 나갈 필요가 있다. 나아가 기술 자체를 상품화하기보다는 기술을 기존 비즈니스에 접목시켜 고객의 문제점을 해결하는 데 활용하는 것도 혁신의 한 방안이 될 것이다.

② 독특한 가치를 제공

모방과 재조합을 통해 만들어진 제품 · 서비스가 혁신으로 이어지기 위해서는 단순한 복제가 아니라 기존제품 · 서비스와 비교해 차별적이며, 독창적 가치를 제공할 수 있어야 한다. 즉 혁신은 그 과정에 있어 새로운 것의 창안을 의미하기보다는 기존 기술이나 아이디어를 모방 · 재조합하더라도 사후적 고객가치 측면에서 독특함을 제공할 수 있는 것을 의미한다.

(2) 새로운 고객가치 창출

새로운 고객가치 창출을 위한 혁신의 유형을 몇 가지 분류하면 다음과 같다.

첫째, 전통적으로 인식되고 있는 신규시장 창출형 혁신이다. 이는 기존시장에 유사한 편익이나 효용을 제공하는 제품 · 서비스가 없어 완전히 새로운 비즈니스 영역을 창출하는 유형이다. 전자산업 분야를 예로 들면 ① 가정 및 개인 여가활동에 만들어진 라디오, TV, 카세트, MP3, VCR, 카메라, 캠코더 등의 다양한 전자기기, ② 가정생활의 편의를 위하여 만든 냉장고, 세탁기, 전자레인지, 자동청소기 등의 백색가전,

③ 개인 및 직장의 정보화에 따른 컴퓨터, 노트북, 태블릿PC 등의 컴퓨팅 기기, ④ 커뮤니케이션을 위한 전화, 휴대폰, 스마트폰 등의 정보통신 기기가 대표적인 사례이다.

둘째, 시장세분화 혁신으로 신규시장 창출형 혁신이 만들어 낸 개별 시장을 세분화하여 이를 확대시키는 혁신 유형이다. 기존에 유사 시장이 존재하지만, 세분화된 제품 · 서비스별로 각기 전문화된 편익을 제공하면서 차별화하는 유형이다. 물론 기존 제품 · 서비스를 일부 대체할 수도 있으나 기존시장을 세분화하여 확대시키는 측면이 강하다. 휴대폰 분야에서 과거 카메라폰, 뮤직폰 등 특정 기능별로 세분화되어 온 것이 그 사례이다.

셋째, 기존시장 대체형 혁신이다. 기존시장에 유사한 편익을 제공하는 제품 · 서비스가 있지만, 기술 발전에 따른 기능 · 성능 향상이나 사용편의성 제고 등을 통해 보다 고차원적인 편익을 제공함으로써 기존 제품 · 서비스시장을 대체하는 유형이다. 3DTV, LCD TV, 스마트 TV, LCD 모니터, MP3, 디지털카메라, 최근의 스마트폰 등을 예로 들 수 있다.

따라서 혁신의 범위를 전통적인 신규시장 창출형에 초점을 맞추기 보다는 새로운 고객가치를 만들어 낸다는 관점으로 혁신을 이해하는 것이 바람직하다. 기존 제품 · 서비스들이 해결하지 못한 일상생활 및 업무상의 문제점을 해결하여 소비자의 생활에 변화를 초래하는 것이 고객가치 창출, 바로 혁신인 것이다.

(3) 고객경험 사이클 전반의 혁신

전통적으로 소비자들은 해당 제품 · 서비스가 가지는 본래의 특징 또는 용도를 중심으로 한 차별화에 관심을 가져 왔다. 기업들은 기존 제품 · 서비스 범위 내에서 그 효용이나 편익을 향상시키는 방향의 고객가치 혁신을 주로 추구해 왔다. 그러나 최근 고객가치의 변화 양상을 감안할 때 기존 제품 · 서비스 공간에 머물러서는 새로운 고객가치 창출에 한계가 있다는 점을 알 수 있다. 즉 고객의 관심사가 해당 제품 · 서비스의 본질적인 측면을 벗어나 관련된 다른 부분으로 이전되면서 기존의 전형적인 고객가치 체계가 무너지고 새로운 가치체계가 만들어지고 있기 때문이다. 그러나 고객가치의 지속적 변화에도 불구하고 기업들은 여전히 해당 제품 · 서비스 본래의 특징이나 편익에 초점을 둔 채, 고객가치를 규명하거나 혁신기회를 찾는 경우를 계속하고 있다.

고객가치 혁신의 관점을 고객경험 사이클 전반으로 확대하는 것이다. 소비자들은 생활상의 필요에 의해 어떤 제품 · 서비스를 구매하고 사용하려는 요구가 발생하면서부터 해당 제품 · 서비스에 대해 일련의 과정을 겪는다. 즉 해당 제품 · 서비스의 탐색 · 구매→배달→사용→보완→유지 · 보수→폐기 · 처분에 이르는 단계의 사이클이 존재한다. 이러한 단계의 사이클은 해당 제품 · 서비스와 관련하여 고객 입장에서의 총체적인 과정을 나타내 주는 것으로, 각 단계에서 발생하는 고객의 문제점 현안, 잠재적 애로사항이나 추구가치 등이 무엇인지를 잘 규명할 경우 진정한 혁신기회를 만들어낼 수 있을 것이다.

(4) 실질적인 시장선도

혁신상품은 단순히 시간적으로 가장 먼저 출시된 제품 · 서비스가 아니라, 시장의 실질적 성립을 가져온 최초의 제품 · 서비스, 의미있는 시장을 창출한 선발상품이다. 물리적이고 시간적인 측면에서 선 · 후발상품 중 어느 것이 혁신을 이끄는 데 유리한가에 대해서는 그동안 많은 논의의 대립이 있어 왔다. 현재로서는 선 · 후발 진입의 이점을 일률적으로 규정하기 힘들고 해당 사업 · 산업의 특징, 해당 시기의 인프라 여건 및 고객수용도, 관련 선 · 후발사업자의 역량 등에 따라 선 · 후발 진입의 효과는 달라질 것이다.

신규시장 창출형 혁신을 성공적으로 이끌기 위해서는 물리적인 선 · 후발 여부보다는 단번에 시장의 표준을 만들어 대중시장을 창출할 수 있느냐에 달려 있다. 따라서 기업들이 혁신의 성공 확률을 높이기 위해서는 고객요구의 불확실성 수준과 더불어 관련 인프라나 주변 여건의 성숙도 등을 면밀히 파악한 후 선 · 후발 진입 여부를 결정해야 한다.

EXERCISES 연·습·문·제

1. e-비즈니스전략과 기존전략과의 차이점을 설명하시오.
2. e-비즈니스 성공을 위한 ASP와 클라우드서비스에 대하여 연계성을 설명하시오.
3. e-비즈니스화의 개발전략 및 가치창출 기회를 설명하시오.
4. e-비즈니스 실행단계를 설명하시오.
5. e-비즈니스 성공전략을 설명하시오.
6. 전략과 실행이 한층 더 요구되는 혁신에 대하여 예들 들어 설명하시오.

Chapter 14

e-비즈니스 통합업무 및 관련기술

14.1 e-비즈니스 통합업무 환경
14.2 SOA를 통한 비즈니스프로세스 혁신
14.3 e-비즈니스 통합시스템관리(SMS)
14.4 전사적지식포털(EKP)
14.5 실시간 기업활동(RTE)
14.6 비즈니스 인텔리전스(BI)

경영자들은 각 부서 간 협업과 업무 프로세스 개선을 통해서 기업의 전략을 신속하게 비즈니스에 반영하려는 시도를 하지만, 기존의 IT시스템은 이미 독립적으로 개발이 되어서 연계성이 떨어지고, 비즈니스 요구사항을 IT시스템에 반영하려면 기존 시스템들에 대한 수정을 일일이 거쳐야 하기 때문에 민첩성이 떨어지게 된다. 그러나 이제는 기업내·외부 간의 산발적인 애플리케이션들을 각 영역별로 잘 통합하여 관련기술 분석을 통해 효율적인 시스템을 구축해야 하는 당위성을 가지고 있다. 본 장에서는 이러한 통합환경을 제공하고 실제 기업에서 전략적인 관점의 분석요소인 기능과 관련기술들에 대하여 학습한다.

14.1 e-비즈니스 통합업무 환경

전통적으로 기업의 애플리케이션 개발은 각 부서의 업무나 특정 업무의 요구사항에 맞춰서 필요한 시기에 전사적인 기업업무나 기존의 IT시스템에 대한 고려 없이 독립적으로 개발되었다. 즉 고객관리를 위해서는 고객관계관리(CRM)가 개발되었고, 고객을 타깃층으로 분석·의사결정하기 위해서는 데이터웨어하우스(DW)시스템이 개발되었고, 기업내부의 전산화를 위해서는 전사적자원관리(ERP)가 개발되었다.

또한 최근에 빠르게 변화하는 기업환경에 맞춰 시스템 또한 개발과 변경이 용이하지 않으면 안 되는 것이 e-비즈니스이다. 지금까지 기업들은 비즈니스 기회의 창출과 업무의 효율성을 위해 끊임없이 개별적인 애플리케이션을 도입해 왔다. 이런 각각의 애플리케이션의 개발은 개발 당시의 적합한 기술 또는 주류가 되는 기술에 의해서 되었고, 결과적으로 기업의 애플리케이션들은 각기 다른 기술로 구축이 되고, 데이터 또는 기능상의 불필요한 중복을 야기하게 되었다. 1980년대에서 1990년대의 호스트 컴퓨터환경을 거쳐 클라이언트/서버환경에서 인터넷환경까지의 급격한 기술변화를 거치면서 IT시스템들의 플랫폼은 점점 더 다양화되었다. 이로 인해 점점 프로그램들이 거대해지고 다양화된 IT시스템에 대한 유지보수 및 중복개발로 인한 비용이 증대하게 되었고, 이는

SEM
전략기획, 예산편성 및 예측, 성과측정, 보상 등의 일련의 경영성과 업무를 통합적으로 지원

MES
제조실행을 위해 필요한 기능들의 집합체로서 공장의 모든 발생 상황에 중점을 두어 이익을 측정하는 시스템

CPS(협업적 제품상거래)
기업 내, 기업 간, 기업과 고객 간 제품의 지적 자산을 재정립하고 가치를 높여 주는 전자상거래 협업방식이다.

그림 14-1 e-비즈니스 통합업무환경

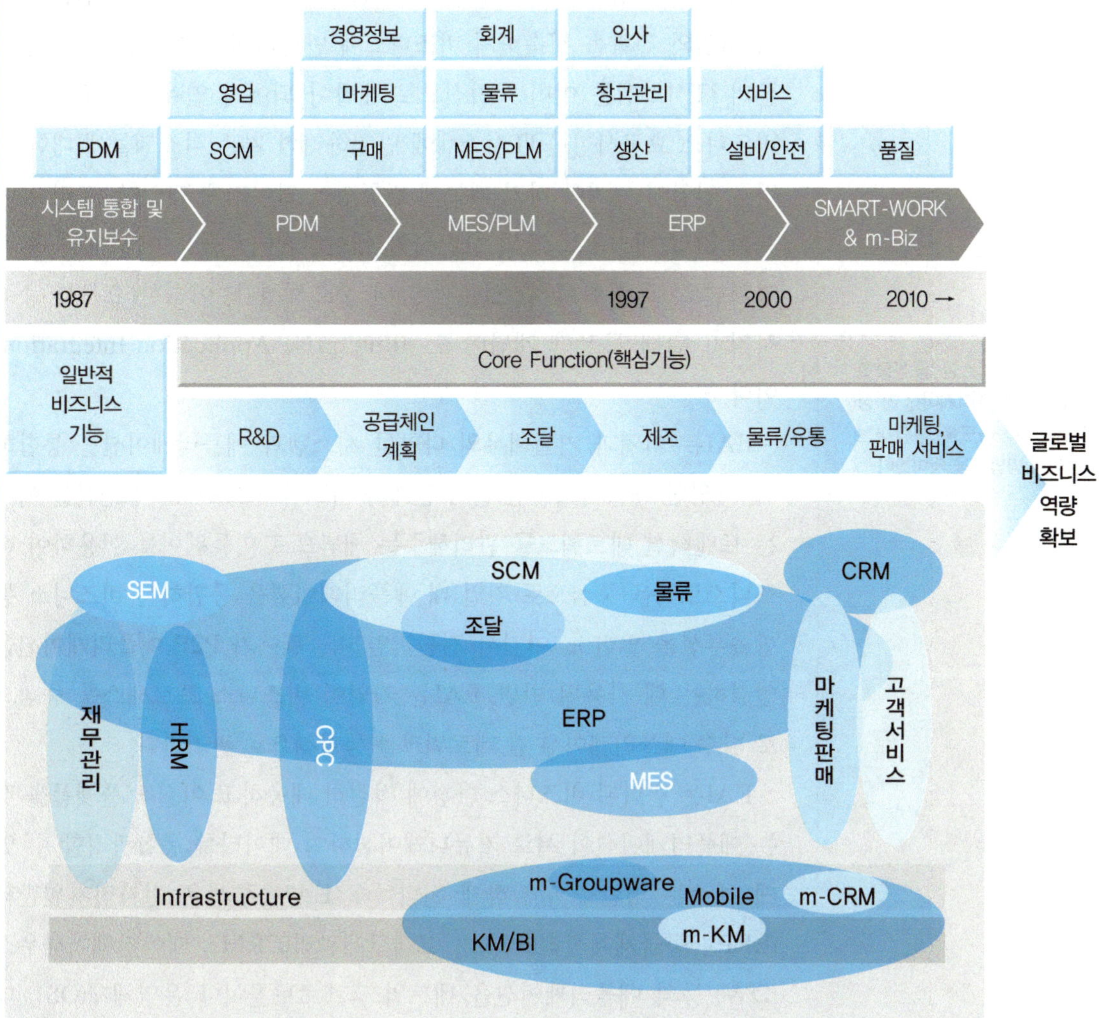

기업시스템 운영의 문제점으로 대두되게 된다.

이제 기업의 전산시스템은 웹과 앱의 애플리케이션 서버를 중심으로 재편되고 있는데 얼마나 일원화되고 변화에 빠르게 대처할 수 있는 전산시스템을 구축하느냐가 그 기업의 비즈니스 경쟁력을 좌우하는 요체가 된다. 웹 애플리케이션 서버는 기업이 e-비즈니스 경쟁력을 획득하기 위한 가장 빠르고 안정된 길을 제시하고, 나아가 기업이 e-비즈니스를 전개하는 데 없어서는 안될 주요 원동력이 되고 있다.

이 시기에 경영자들은 각 부서 간 협업과 업무 프로세스 개선을 통해서 기업의 전략을 신속하게 비즈니스에 반영하려는 시도를 하지만, 기존의 IT시스템은 이미 독립적으로 개발이 되어서 연계성이 떨어지고, 비즈니스 요구사항을 IT시스템에 반영하려면 기존 시스템들에 대한 수정을 일일이 거쳐야 하기 때문에 민첩성이 떨어지게 되었다. 그러나 이제는 기업 내·외부 간의 산발적인 애플리케이션들을 어떻게 하면 각 영역별로 잘 통합할 수 있을까가 더 중요해졌다. 이러한 요구를 충족시키기 위해 등장한 개념이 EAI(Enterprise Application Integration)이다.

EAI
비즈니스 프로세스를 중심으로 기업 내 각종 애플리케이션 간 상호연동이 가능하도록 통합하는 솔루션이나 방법론을 의미한다.

EAI는 기업과 기업내부의 다양한 시스템과 애플리케이션을 통합하며, 다양한 애플리케이션 간의 관계와 비즈니스프로세스의 근간을 이루는 트랜잭션 네트워크를 관리해주는 개념으로 미들웨어를 이용하여 비즈니스로직을 중심으로 기업 내 애플리케이션을 통합하는 비즈니스 통합솔루션을 말한다. 여기서 전통적인 미들웨어가 P2P 애플리케이션을 연결하는 데 사용된 반면, EAI는 기업이 비즈니스 프로세스를 중심으로 다수 애플리케이션 간 네트워크를 통합적으로 관리한다.

EAI는 변화된 비즈니스 환경에 적절히 대응하고 이질적 플랫폼을 갖는 애플리케이션이 서로 커뮤니케이션하여 데이터를 통합관리할 수 있게 해주는 역할을 담당하게 된다. 즉, EAI솔루션은 전자적자원관리(ERP), 공급체계관리(SCM), 고객관계관리(CRM), 데이터웨어하우스(DW) 등의 애플리케이션을 네트워크 프로토콜이나 운영체제(OS), 데이터베이스와 상관없이 비즈니스 프로세스 차원에서 통합하는 것으로 상호 연관된 모든 애플리케이션을 유기적으로 연동하여 필요한 정보를 중앙집중식으로 통합·관리, 사용할 수 있는 환경을 구현하는 것으로 e-비즈니스의 기본인프라가 된다.

인터넷을 기반으로 하는 비즈니스에서 보안 및 분산기능은 필수적인 요소이다. 개방형 네트워크가 등장하면서 고립되어 있는 전산망이 인터넷이라는 표준으로 묶이게 되면서 정상적인 사용자는 물론 비정상적인 사용자(해커)나 악의적인 애플리케이션(바이러스)에게도 전산망이 공개

돼버리는 결과를 초래한다. 이에 따라 분산시스템과 인터넷의 취약점에 대한 개별 대응책으로 방화벽이나 침입탐지시스템과 같은 개별 보안 솔루션이 등장하기 시작하였다. 하지만 해킹과 같은 위협요소들이 지속적으로 발전하면서 보안시스템의 숫자가 증가하고 그에 따라 보안시스템들을 관리하는 데 들어가는 비용도 급증하고 있다.

웹 애플리케이션은 데이터통신의 안전을 확보하는 방화벽 기능과 애플리케이션 서버의 액세스 관리기능을 통해서 웹 애플리케이션 서버의 강력한 보안을 확보하는 기능을 제공하는 동시에 URL기반에 의한 분산, 트랜잭션의 일괄적인 처리, 데이터보안 기능의 탑재, QoS(Quality of Service)에 의한 제어기능을 통해서 웹 애플리케이션 서버에 대한 빈틈없는 트래픽관리 등 업무의 안정적인 이용을 실현하는 기능의 패키지로 제공한다.

QoS
데이터통신에서 서비스품질을 나타내는 용어로서 OSI 기본 참조 모델 각 계층의 서비스를 규정하는 경우에 쓰인다. 이 경우에 서비스 품질요소로는 처리능력, 전송지연, 정확성 및 신뢰성 등이다.

가. EAI시스템 통합에 필요한 요소

인터페이스 서비스는 추출될 데이터의 스키마를 파악해 통합서버에서 포맷을 변환할 때 사용할 수 있도록 저장해주고 실제 사용자 데이터를 전송매체에 전달하는 역할을 하며, 데이터 변환서비스는 인터페이스에서 전달받은 스키마 또는 정의된 포맷 정보를 바탕으로 데이터를 변환하여 공급해 준다. 연결 서비스는 보통 비동기 방식의 미들웨어이며 메시지 대기방식과 메시지 버스방식을 사용한다. 마지막으로 프로세스 관리 서비스는 통합 서버에서 데이터가 가공처리되는 흐름을 관리해 주는 서비스라고 할 수 있다. 이러한 세 가지 서비스들이 대상 시스템에 분산되어 개발되었는지 아니면 중앙의 통합서버에서 조절하는지가 EAI 인프라 구조를 파악하는 데 좋은 근거를 제시한다.

EAI 솔루션은 그 통합의 단계를 의미론적 통합의 정도에 따라 데이터레벨의 통합과 객체레벨의 통합, 프로세스 레벨의 통합의 세 가지로 나누어 볼 수 있다. 데이터레벨통합(Data-Level Integration)은 가장 기초인 관점에서의 통합으로 필요시 해당 데이터를 추출해서 사용하는 수준으로 계속적인 데이터 단위의 통합을 하게 되면 시간이 지나갈수록

표 14-1 ■ EAI와 B2Bi 비교

구분	B2Bi	EAI
통합대상	기업 간의 시스템통합	기업 내 이기종 간의 애플리케이션의 통합
목적	이기종 간의 기업 간 업무프로세스가 연계되도록 여러 기업이 참여하는 e-마켓플레이스와 각 사의 내부시스템 간의 물류, 통관, 결제 등 제3자 서비스군을 모두 통합해 협업이 이루어지도록 하는 것	기업마다 다른 목적으로 구축한 상이한 애플리케이션의 상관관계를 비즈니스 프로세스 측면에서 재구성하고 이를 통해 시장변화에 유연하게 대응할 수 있는 정보기술 지원환경을 구축하는 것
방화벽	외부	내부
메시지 형태	표준(XML/EDI)	비표준
발전동향	B2B환경은 경매, 역경매, 구매처리 등 프론트엔드(front-end) 기능을 중심으로 발전하였지만 점차적으로 백엔드(Back-end) 기능 차원의 통합이 필요함	비정형 이전 데이터를 통합하며, 비교적 소규모 통합에 사용됨

복잡해지는 인터페이스와 개발은 물론 유지 · 보수 측면에서도 많은 어려움을 겪게될 가능성이 크다. 객체레벨통합(Object-Level Integration)은 단순히 데이터베이스 차원의 데이터교환이 아닌 응용프로그램에서 데이터를 추출해 사용한다. 그리고 프로세스레벨통합(Process-Level Integration)은 내부프로세스통합과 기업 간 내부프로세스통합의 두 가지로 나눈다. 기업 내 내부프로세스 통합차원을 넘어서 기업 간 프로세스 통합으로 확장되면 B2Bi의 영역으로 확장된다. EAI와 B2Bi는 비슷하다고 할 수 있으며 이를 비교하면 [표 14-1]과 같다.

- 기업내부 프로세스통합 : 기업내부의 프로세스통합으로 기업 간 프로세스 통합의 기반이 이루어짐
- 기업외부 프로세스통합 : 기업외부 프로세스통합은 다중으로 분산된 기업들 간의 애플리케이션이 프로세스 레벨에서 통합되는 것을 말한다. 기업 간 전자상거래가 새로운 비즈니스 패러다임으로 대두되면서 기업 간에 느슨하게 연동된 애플리케이션통합이 보다 중요하게 부각되고 있다.

통합대상이 기업내부일 경우는 전략적으로 통합인프라를 가져갈 수 있지만 B2Bi의 대상인 기업과 기업은 대부분 전략적으로 통합 플랫폼을 구축하기 어렵다. 그러므로 기업 내 통합 인프라로 비동기식 미들웨어를 사용한다면 기업 간에는 좀 더 느슨한 인프라가 필요하게 된다. 즉 XML을 비롯해 쉽게 접근 가능한 프로토콜 등을 사용하게 된다.

나. 비즈니스 통합업무 솔루션

IT기술의 최전선 혹은 가장 효과적인 IT 활용자원에 대한 EAI로서 요구되는 기능을 수행하기 위해서는 [표 14-2]와 같은 4가지의 기본요소를 만족시킬 수 있어야 한다.

표 14-2 ■ EAI 솔루션 제공영역과 기술적 필요기능

기술적 필요기능	EAI 솔구션 제공영역
EAI 솔루션 제공기업	EAI 솔루션의 판매 및 프로젝트 수행, 지원을 일관되게 수행하는 기업
비즈니스 워크플로우	비즈니스 프로세스를 설계, 운용 및 모니터링하는 기능
어댑터(Adapter)	다양한 패키지 애플리케이션 및 기업에서 자체적으로 개발한 애플리케이션을 신속하고 재사용이 높은 인터페이스로 지원
데이터 통합	애플리케이션 상호 간에 데이터의 포맷 등의 차이에 대한 문제해결
미들웨어 플랫폼	유연성이 있고 대규모 사용자 환경까지 사용할 수 있는 확장성, 장애에 대한 대응력이 뛰어난 고가용성을 가지고 있는 메시지 전달을 책임지는 인프라의 제공

자료 : Gartner Group.

(1) 비즈니스 워크플로우

비즈니스 워크플로우(Workflow)는 상호 연동된 시스템 또는 애플리케이션의 업무를 일련의 업무순서에 맞게 정의하고 자동으로 수행하도록 하는 기능을 제공한다. 즉 업무흐름의 설계 및 운용환경을 제공하는 것으로 EAI에서 전사적으로 연동된 다양한 환경의 업무시스템 또는 애

플리케이션이 일련의 작업을 자동으로 수행하도록 정의하는 것이다. 사용자는 비즈니스 워크플로우 솔루션을 선택하여 사용할 수 있으며 최근의 비즈니스 워크플로우 솔루션은 전자상거래의 성장과 더불어 인터넷, 초고속통신망 등과 관련된 기술이 확대되고 있다. 즉 비즈니스 워크플로우의 엔진이 자바와 XML 등의 표준을 적용하여 개발되고 있다. 비즈니스 워크플로우 엔진과 연동되는 시스템 및 애플리케이션과의 인터페이스 기술도 애플리케이션 기동의 방식과 더불어 표준 데이터인터페이스인 XML 등의 기술로 급진전하고 있다.

(2) 어댑터(Adapter)

어댑터는 연결 및 연동이 되어야 하는 시스템이나 AP 등을 EAI 플랫폼과 인터페이스하는 기능으로 정의한다. EAI 이전의 Point-to-Point로 애플리케이션 및 시스템이 연동될 경우 대부분 직접 애플리케이션 코드를 개발하여 연결하고 운용하여 왔다. 그러나 EAI에서는 미들웨어 방식의 애플리케이션 및 시스템과의 연동은 표준 인터페이스로 일관되고 유연성이 있는 구조의 어댑터를 사용한다.

어댑터의 역할은 크게 두 가지로 구분하여 나눌 수 있다. 첫째는 대상시스템으로부터 데이터를 추출하여 전송매체, 즉 MOM(Message Oriented Mid-dleware)까지 전달하는 역할이다. 둘째는 추출할 데이터에 대한 포맷스키마로 이는 EAI서버의 포맷터 리파지토리(formattor

그림 14-2 애플리케이션 연계방식

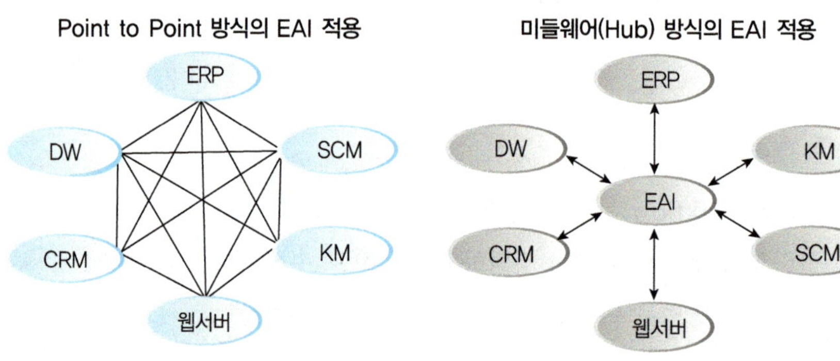

repository)로 로그된다. 다음으로는 응용프로그램에서 데이터를 추출하는 방식이 어려울 경우 사용되는 데이터베이스, 파일, 프로토콜, 웹 애플리케이션 서버 어댑터 등이 있다.

(3) 데이터 통합(Data Integration)

EAI의 구성 특징과 같이 애플리케이션의 개발을 최소화하고 단지 설치 및 구성을 신속하게 하여 시스템 간 또는 애플리케이션 상호 간에 데이터의 교류가 가능하도록 해야 한다. 데이터 브로커 기능에서는 데이터의 포맷 및 데이터코드의 변환, 브로커방법 등을 애플리케이션 개발에 의한 것보다는 그래픽사용자인터페이스(GUI)에 의한 구성 및 운용 · 관리를 할 수 있도록 되어 있다.

(4) 플랫폼(Platform)

EAI의 백본으로 모든 애플리케이션 또는 시스템과의 연결을 제공하는 어댑터 또는 데이터 브로커, 비즈니스 워크플로우 솔루션 등이 모두 플랫폼상에서 운용 · 관리된다. EAI를 위한 플랫폼은 기본적으로 미들웨어 기반으로 대부분 구성되어 있다. 그러므로 미들웨어 플랫폼이라고 한다. 또한 다른 환경과의 어댑터는 그 시스템 환경에 맞는 어댑터의 사용 또는 어댑터를 개발하여 사용이 가능하다. 미들웨어 플랫폼은 초기에 MOM(Message Oriented Middleware)을 플랫폼으로 많이 사용하였으나 점진적으로 전사적인 플랫폼으로 적합한 트랜잭션 미들웨어를 많이 사용하게 되었다. 그러나 전자상거래 환경에서는 트랜잭션 미들웨어 플랫폼과 더불어 웹 미들웨어라고도 불리는 웹 애플리케이션 서버와의 연동 솔루션 사용이 확대되고 있다.

다. EAI에 요구되는 기능과 기대효과

EAI에서 요구되는 기능은 [그림 14-3]에서 보여주는 7개의 레이어(Layer) 기능을 모두 포함한다.

시스템 통합의 필수인 다양한 프로토콜을 지원해야 하며 메시지를 주

그림 14-3 EAI에 요구되는 기능

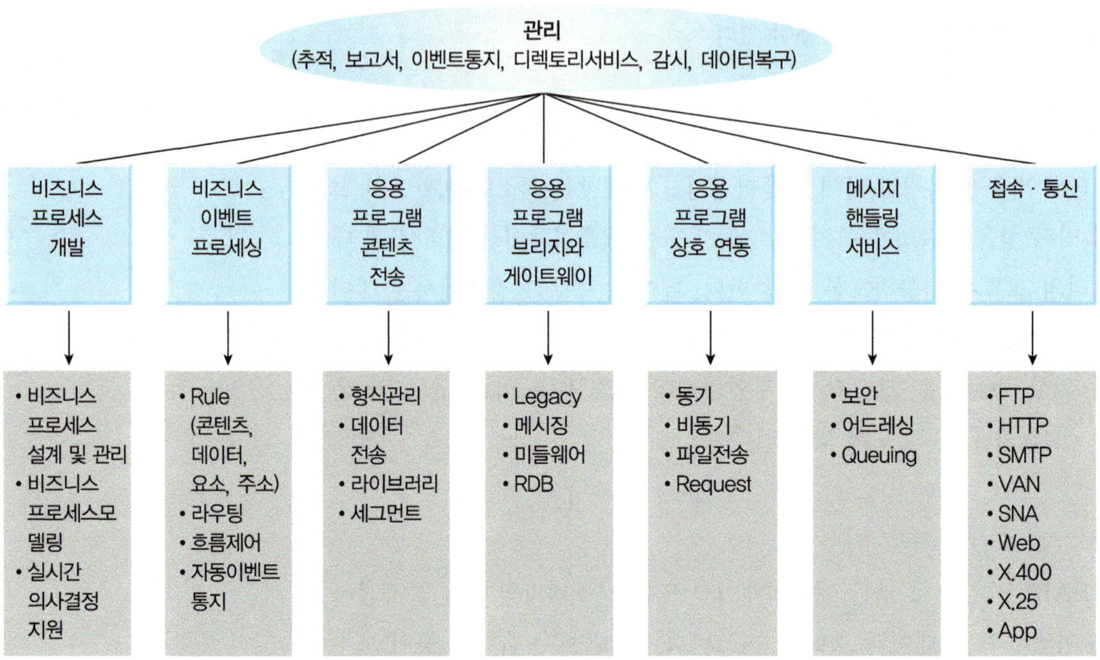

고받을 때 보안 및 우선순위를 설정할 수 있는 메시지 핸들링 서비스지원, 응용프로그램 간 메시지를 동기 · 비동기식으로 요청 및 응답할 수 있도록 지원해주는 응용프로그램 상호연동 기능, 다양한 레거시시스템, 미들웨어, 관계형 데이터베이스시스템과의 통합을 위한 다양한 어댑터와 게이트웨이의 지원이 필요하며 메시지를 전송할 때 문서포맷 관리와 구조검증을 지원해야 하며 비즈니스 이벤트 설정 및 설정된 이벤트를 자동으로 통지하는 기능과 비즈니스 모델링 및 설계할 수 있는 기능이 제공되어야 한다.

EAI는 다음과 같은 기대효과를 가져온다.

- 새로운 애플리케이션을 기존 시스템 안에서 유연성 있게 확장가능하며, 이를 통해 시스템의 처리능력이 확대된다.
- 새로운 비즈니스 및 업무를 지원하기 위하여 완전히 새롭게 구축하기보다는 기존의 시스템 및 애플리케이션과 연동하여 기존 시스

템의 활용도를 극대화한다.

- 새로운 시스템 도입 시 유연성 있게 확장가능하며, 사내정보, 데이터를 실시간으로 통합가능하다.
- 기업 내, 기업 간 정보교환 및 처리의 속도가 증가된다.
- 고객과 기업 내부 서비스가 향상된다.
- 시스템 선정 시 제약점이 감소한다.
- 급변하는 환경에 대한 적응력과 적응속도가 향상된다.

14.2 SOA를 통한 비즈니스프로세스 혁신

1996년 가트너그룹에 의해 처음 소개된 서비스지향 아키텍처(SOA : Service Oriented Architecture)는 객체지향에 기반을 둔 IT아키텍처로 급변하는 기업환경 시스템에 유연성 있게 대처하기 위한 개념이다.

빠르게 변화하고 있는 환경에 효율적으로 적용하고 신속하게 대응(Time-to-Market)하여 정보기술을 통한 경쟁력을 강화하는 것이라고 할 수 있다. 이러한 기업의 요구를 만족시킬 수 있는 정보기술로서 서비스지향 아키텍처(SOA : Service Oriented Architecture)는 기업의 비즈니스프로세스 혁신을 위한 새로운 개발방법론으로 확산되었으며, 표준기반의 공통 사용가능한 서비스들의 프로세스들을 결합하는 모델링 개념하에 소프트웨어의 서비스화를 지향하는 아키텍처이다. 여기서 서비스는 비즈니스 프로세스를 수행하는 일련의 소프트웨어 컴포넌트들을 말한다. 가장 단순한 형태의 서비스지향 아키텍처(SOA)는 네트워크상에서 서로 통신을 하는 일련의 서비스들을 들 수 있다. SOA를 적용하면 내부 애플리케이션을 기업 내부뿐만 아니라 외부 기업까지 통합할 수 있도록 하기 때문에 궁극적으로 협력사 또는 고객과 표준화된 환경을 구축할 수 있다.

SOA
개별 애플리케이션의 기능에 초점을 둔 기존의 시스템과는 달리 애플리케이션 로직(Logic)들을 서비스(service) 또는 컴포넌트(component) 중심화한 서비스 중심의 접근방법을 말한다.

우선적으로 SOA는 웹서비스를 통해 이기종 시스템 간의 통합요구에 가장 적절하게 대응할 수 있는 환경을 제공해 줄 수 있다는 것이 강점이며 SOA기반 시스템을 구축하게 되면 애플리케이션이 서비스 개념으로 정의되고 공유 및 재활용이 가능한 형태로 제공되기 때문에 기존 시스템의 복잡성을 높이지 않고도 새로운 기능을 추가하는 것은 물론 통합 등의 요구에 보다 유연하게 대처할 수 있다.

SOA는 체계적인 인터페이스와 서비스들 간 규약을 통해 서비스라고 하는 애플리케이션의 다양한 기능단위를 상호 연관시키는 개념이자 아키텍처라 볼 수 있다. 인터페이스는 표준기술을 통해 하드웨어 플랫폼, 운영체계, 프로그래밍 언어에 독립적인 방식으로 정의된다. 따라서 다양한 시스템들에 구현된 어떤 서비스라도 일반적이고 통합된 방식으로 상호연동할 수 있다.

SOA는 3가지 구성요소를 가지고 있다. 첫째로 서비스요청자(Service Client)는 '서비스제공자'에 의해 제공되는 하나 이상의 서비스를 이용한다. 둘째로 '서비스제공자(service provider)'는 '서비스요청자'가 호출 시 입력하는 값을 가공하고 그에 해당되는 결과를 제공한다. 셋째로 서비스레지스트리(service registry)는 서비스에 대한 기술정보를 저장 · 검색할 수 있는 저장소로서 '서비스제공자'는 여기에다 자신이 제공하는 서비스를 등록하고 '서비스요청자'는 여기에서 자신이 원하는 서비스를 검색하여 호출할 수 있다.

SOA를 도입하는 환경은 통합관점에서 모든 프로그램들이 연결하는 새로운 코드를 작성하기 위해 과도한 시간을 낭비할 필요가 없어지므로 인하여 개발자들이 표준코드 프로토콜을 사용할 수 있다. SOA코드 상당부분 재사용이 가능하기 때문에 개발비용도 줄어 든다. 그리고 개발에 따른 위험부담을 최소화하면서 기존 IT투자의 가치를 극대화할 수 있다.

14.3 e-비즈니스 통합시스템관리(SMS)

가. 통합시스템관리(SMS)의 배경

SMS(System Management Software)는 단순한 시스템과 네트워크

그림 14-4 SMS의 영역

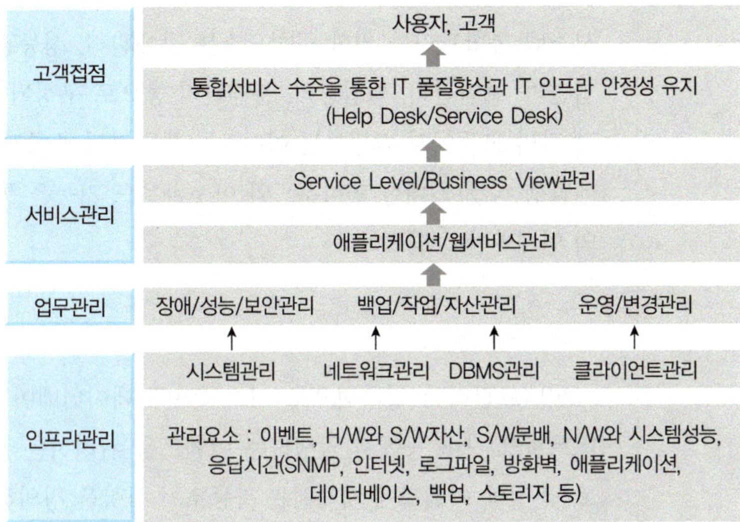

관리의 영역을 넘어서 정보시스템 운영을 위한 제반절차, 프로세스 등을 포함한다.

SMS 구축을 통해 기업의 정보시스템 환경은 네트워크상의 이기종 컴퓨터 지원관리를 플랫폼 중심에서 업무프로세스 중심의 관리로 전환가능하며, 독립적으로 운영되는 각각의 관리도구들로부터 발생하는 모든 종류의 운영정보들을 한곳에 취합하여 전체 현황을 관리하고, 단순반복 작업의 자동화를 통한 시간절약과 일관된 정책으로 조직의 업무절차와 응용업무를 예측가능케 하여 향상된 서비스품질을 제공하게 된다.

나. 효과적인 통합관리요소

기존의 정보시스템은 시스템과 네트워크관리를 위해서 플랫폼 위주의 시스템관리에 주력을 하였다. 그러나 이것은 전자상거래 환경에 맞는 통합적인 시스템관리를 위한 통합관리 자동화 단계에는 이르지 못하고 있다. SMS를 구축하기 위하여 먼저 정보기술환경에 대한 철저한 대비와 검토를 비교 · 분석한 후 가장 효과적인 정보시스템의 표준정책과

절차를 정하고 이에 합당한 SMS관리 툴을 도입해야 한다.

정보기술자산 환경에 따라 관리대상이 되는 요소들은 차이가 있지만 시스템 통합관리를 위한 구성요소는 장애관리, 성능관리, 구성관리, 작업관리, 보안관리, 백업관리, 분배관리 등으로 구성된다. 그리고 여기에 각 관리 모듈에서 발생하는 이벤트를 통합하여 종합적으로 관리하고 장애발생 티켓에 대한 인바운드와 아웃바운드 기능을 통합 헬프데스크와의 연계방안이 필요하다.

(1) 이벤트관리

이벤트관리란 일차적으로 시스템이나 데이터베이스, 응용프로그램, 네트워크 장비 등에서 발생하는 이벤트를 관리하는 것이다. 주요 이벤트 및 장애 이벤트에 대해서는 자동조치 사항을 정의하거나 관리자에게 장애상황을 통보할 수 있는 수단을 구축하는 것을 말한다. 이벤트를 관리하는 목적은 주요 시스템 자원과 장애관련 이벤트에 대해서 사전에 일련의 조치사항을 정의하여 두고 이벤트 발생 시 자동으로 정의된 사항이 실행되는 것을 목적으로 한다. 이를 통해 서비스 중단으로 인한 시간적 · 경제적 손실이 최소화되고 시스템의 안정성을 높일 수 있다. 또한 자동조치의 결과 및 장애상황을 자동으로 관리자에게 통보함으로써 관리자의 작업효율성을 극대화시키고 장애에 대해 신속하게 대응하도록 한다.

(2) 성능관리

정보기술자원의 사용률과 성능은 완만히 반비례의 곡선을 나타내지만 어느 시점에서 임계치를 지나면 성능은 급격한 저하를 보이게 된다. 바로 이 시점이 사용자의 적극적이고 지속적인 관리를 요구하는 시점이다. 성능관리는 모방과 아웃소싱이 어려운 기업고유의 관리체계이다. 각각의 기업이 갖는 정보기술 자원마다의 특성이 다르고, 사용자의 요구수준이 다르며, 업무 애플리케이션이 다르기 때문이다. 기업 내의 상황관리가 툴 의존적인 형태라면 성능관리는 기업의존적인 관리라 할 수 있다. 따라서 성능은 도입하는 그 순간부터가 아니라 성능관리를 이용한 지속적인 감시와 데이터관리의 노하우 축적을 통해서 개선된다고 할 수 있다.

(3) 헬프데스크관리

장애티켓관리를 통해서 장애발생에서부터 복구 · 확인에 이르는 전 과정에 대한 기록과 복구에 대한 체계적 관리를 할 수 있게 한다. 또한 단일 연락창구를 통한 정보시스템 관리요원을 최종사용자의 직접적이고 산발적인 전화로부터 격리하여 집중된 업무를 수행할 수 있도록 함으로써 업무효율성을 높이며, 장애 및 대응에 관한 정보기지(Information Hub)를 통한 정보공유 데이터베이스를 가능하게 한다. 이러한 헬프데스크를 구축하기 위해서는 해당 조직 내 업무절차 및 프로세스를 명확히 하고, 정보기술자산을 관리하기 위한 관리표준이 수립되어야 한다. 기타 보안관리, 백업관리, 분배관리 등은 각 부문 전문 솔루션을 통한 구현이 바람직하다.

(4) 장애관리

장애관리란 시스템, 데이터베이스, 애플리케이션, 네트워크 등에 대한 사용현황에 대한 모니터링 및 장애에 대한 감지 및 사전에 정의된 작업에 대한 자동수행을 할 수 있도록 하여 준다.

(5) 구성관리

구성관리란 시스템, 애플리케이션, 네트워크를 구성하고 있는 물리적 구성도 및 시스템의 구성정보에 대한 항상 최신의 정보를 보유하고 관리하는 것을 말한다.

(6) 작업관리

작업관리란 시스템에서 수행되는 작업의 시작시간, 횟수, 작업 간의 의존관계 오류 시 대처방법 등에 대한 종합적인 관리를 말한다.

14.4 전사적지식포털(EKP)

Enterprise Knowledge Portal(EKP)이란 사용자들이 조직 내부와 외부의 지식을 공유하고 의사결정을 위하여 필요할 때 지식에 접근하는 단일화된 창구이다. EKP는 지식경영시스템(KMS : Knowledge Management System), 문서관리(Electronic Document Management), 그룹웨어(Groupware), 검색엔진(Search Engine), 인트라넷(Intranet) 등의 시스템이 진화한 개념으로서 이들의 한계로 지적되어 온 정보와 지식의 조직화와 개인화, 시스템의 확장가능성 등의 문제를 표준화와 웹 인터페이스, 업무 프로세스와의 통합 등의 방법으로 해결하고자 하는 노력의 일환이다. 이러한 노력을 통하여 EKP는 단순히 조직이 보유한 정보와 지식을 관리하는 수준에서 벗어나 웹에 기반한 전략경영의 도구이다.

가. EKP 개념 및 발전단계

급변하는 기술 및 경제환경하에서 생존하고 성장을 지속하기 위하여 대부분의 현대 기업들은 기존의 조직형태와는 다른 유연한 감지-반응 조직(sense-and-respond organizations) 또는 학습조직(learning organizations)으로 변화해야 한다. 변화에 대응하는 이상적인 조직형태로 거론되어 온 학습조직이 기업현장에서 논의되기 시작한 것은 1990년대 이후 지식경영에 대한 논의가 본격화되고 그룹웨어나 KMS로 대표되는 지식경영 솔루션들이 상용화된 후부터이다.

ERP(Enterprise Resource Planning)시스템이 1990년대 초반에 활발하게 논의되었던 BPR(Business Process Reengineering)을 현장에서 구체적으로 실현하는 도구의 역할을 했던 것과 마찬가지로 지식경영 솔루션은 기업이 학습능력을 갖추기 위한 실제적인 전략적 도구의 역할을 하게 된 것이다.

한편, 2000년대 이후 기업정보시스템은 응용시스템 통합과 웹 애플리케이션의 두 가지 추세를 만나게 된다. ERP나 CRM(Customer Relationship Management), SCM(Supply Chain Management) 등 소위 엔터프라이즈 단위의 시스템 솔루션들이 등장하면서 각 업무단위나 프로세스별로 구축되어 온 정보시스템들이 전사적인 관점에서 통합되기 시작하였고, 네트워킹 기술의 발달과 광대역 망을 통한 데이터 처리 속도 향상에 힘입어 통합된 응용시스템들을 웹상에 구현할 수 있게 되었다. 응용시스템 간의 통합이란 결국 각 응용시스템에서 사용하는 정형화 · 비정형화된 데이터의 표현형식을 표준화하고 인터넷기반의 네트워크 인터페이스를 통하여 사용자가 개별 응용시스템상의 데이터와 프로세스에 쉽게 접근하여 필요한 데이터를 적시에 업무에 활용할 수 있도록 하는 것이다. 그러므로 단일한 웹 인터페이스를 통하여 회사 내부와 외부의 지식을 통합 관리하는 EKP는 통합된 응용시스템 환경을 구현하는 데 필수적인 요소이다. EKP의 개념과 발전단계는 [그림 14-5]와 같다.

EKP를 통하여 기업이 달성하고자 하는 주요 목표는 기업이 보유하고 있거나 필요로 하는 지식을 관리하고 이를 경영활동에서 활용하는

그림 14-5 EKP의 개념과 발전단계

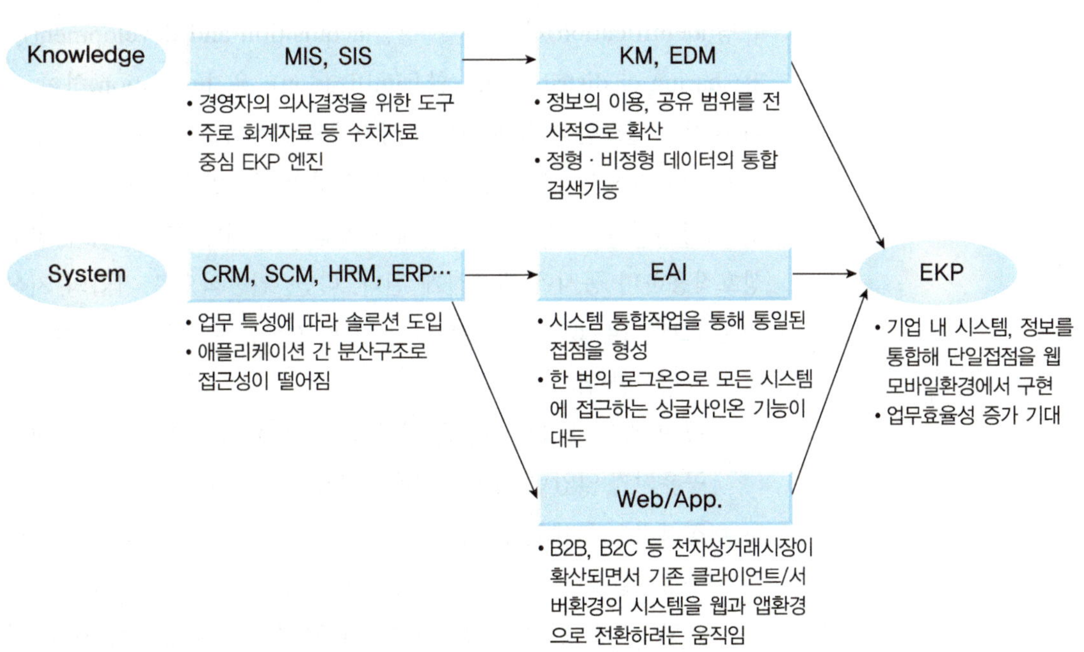

그림 14-6 지식경영의 단계적 접근방안

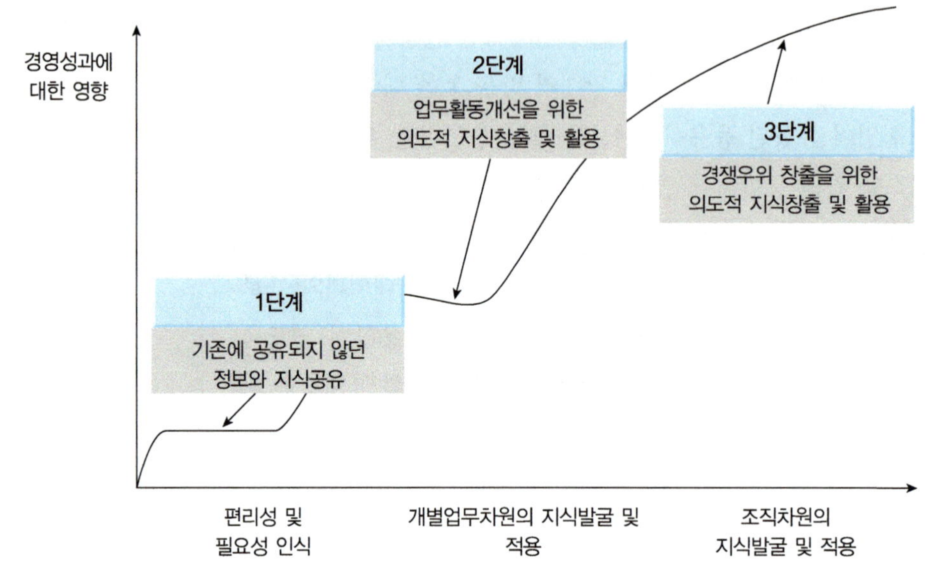

자료 : 부즈, 앨런 & 해밀턴(2003).

것, 즉 지식경영이란 기업의 존립과 경쟁력 강화를 위해 필요한 지식을 규명(identification)하고 이를 창출(acquisition and development), 공유(sharing or distribution), 활용(utilization), 유지(retention)하여 필요한 사람이 필요한 시간에 필요한 장소에서 활용하도록 하는 것이다.

제시한 지식경영의 다섯 단계는 편의상의 구분일 뿐이며 실제 지식경영 상황에서는 단계 간의 선후에 관계없이 단계별 활동들이 끊임없이 상호작용하며 동시에 발생하게 된다. 다만, 일반적으로 기업의 지식경영은 [그림 14-6]에서 보는 바와 같이 지식공유, 지식창출, 지식활용 순으로 진화한다.

- 첫 번째 단계에서 기업은 지식경영의 필요성을 인식하고 이전에는 공유되지 않았던 지식을 공유하고자 노력한다.
- 점차적으로 개인 간 혹은 하부조직 간의 지식공유활동에 익숙해진 구성원들은 자신들이 담당하고 있는 업무활동을 개선하기 위하여 의도적으로 지식을 창출하고 창출된 지식을 활용하게 된다. 이때부터 기업의 지식경영활동이 경영성과에 미치는 영향이 가시화되

기 시작한다.

- 마지막으로 지식경영활동이 일정궤도에 이르게 되면 일상적인 업무활동 개선 차원에서 한 걸음 더 나아가 기업의 지속적인 경쟁우위 창출을 위한 지식을 창출하고 활용하게 된다.

나. EKP기반 지식관리시스템의 기능구성

전사지식포털 기반의 지식관리시스템의 구성도를 보여주고 이들을 구성하는 요소 시스템들과 주요 연동 모듈에 대하여 기능 및 역할을 설명하기로 한다.

[그림 14-7]에서 보다 완전한 프로세스와 지식의 통합을 위해서는 BPM을 활용할 수 있다.

그림 14-7 지식경영의 단계적 접근방안

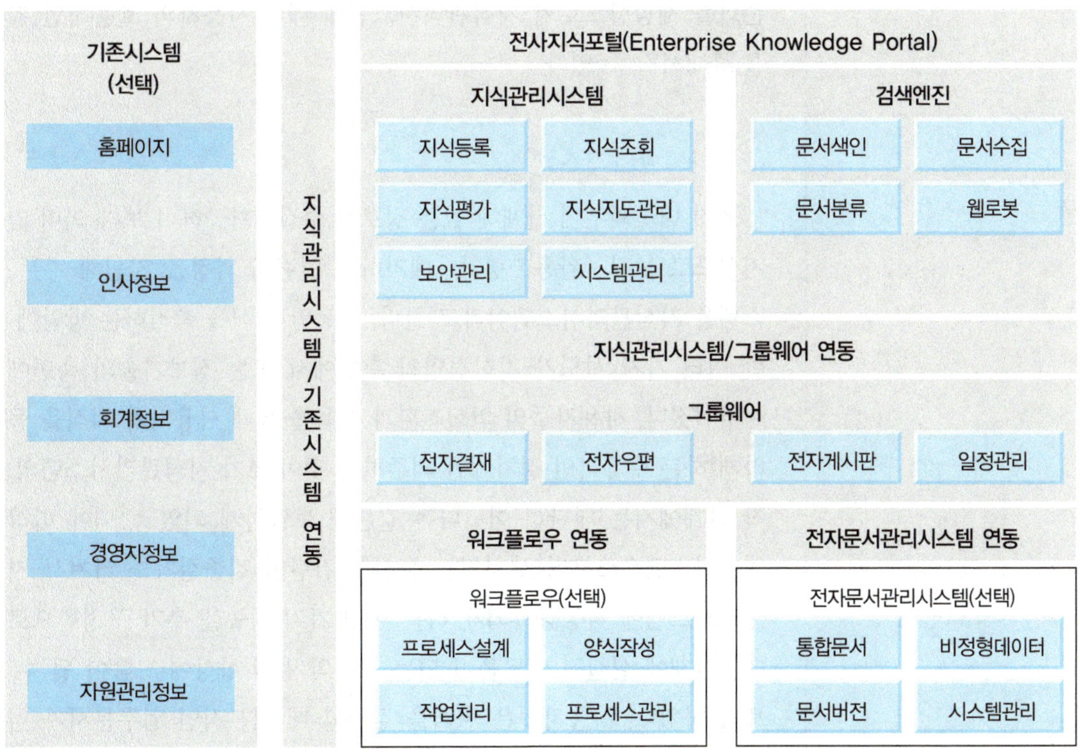

(1) 전사지식포털(Enterprise Knowledge Portal)

전사지식포털은 사용자가 본인이 자주 접근하는 기능을 한 화면에 통합하여 볼 수 있도록 해주는 기능으로 사용자는 로그인을 한 후, 그룹웨어의 주요 기능과 지식관리시스템의 주요 기능을 한 화면에서 볼 수 있으며 여러 경로를 거치지 않고 한 번에 접근이 가능하도록 구성되어 있다. 포털 기능은 여러 이질적인 시스템이 서로 다른 접근방식과 서로 다른 사용자 인터페이스를 가지고 사용자에게 제공됨으로써 사용자가 본인이 필요로 하는 기능과 데이터에 접근하기 위하여 많은 노력을 기울여야 하는 단점을 극복하기 위하여 출현된 개념이다. 지식관리시스템에도 이와 같은 개념을 도입하여 지식관리시스템에서 각 기능들의 중요성과 활용성을 측정하고 기능상 중요하면서도 빈번하게 조회가 되는 기능과 지식관리시스템과 필수적인 연동이 이루어져야 하는 그룹웨어의 주요 기능을 한 화면에 통합한다. 부가적으로 웹과 앱 콘텐츠 및 기존 시스템의 주요 기능을 통합하여 효율성을 증대시키고 정보접근에 대한 단순화를 제공함으로써 지식관리시스템에 대한 사용자의 효율적인 활용을 증대시킬 수 있다.

(2) 지식관리시스템

조직 내 · 외부에 산재해 있는 정보를 수집 · 가공하여 보다 의미 있는 지식으로 보관 · 활용 · 평가 · 폐기하는 일련의 과정을 지원해 주는 시스템을 지식관리시스템이라고 한다. 그동안 지식을 축적하는 방안에 대한 여러 가지 시도가 지식경영의 측면에서 또는 정보기술의 측면에서 이루어졌다. 사용자들의 의식전환과 교육을 통해 사용자가 지식을 등록하게 하는 수동적인 절차에만 의존하는 것이 초기 지식관리시스템의 정착 단계에서는 대단히 어렵다는 결론에 도달하게 되었고, 이에 따라서 업무시스템으로부터 생성되는 문서를 간단한 검증절차를 거쳐서 지식관리시스템에 자동등록되게 하는 여러 가지 기능을 추가 구성함으로써 초기단계에 실질적인 도움이 되는 지식의 양적 향상에 도움이 될 수 있도록 하였다. 사용자들은 지식을 검색할 때 기본적인 업무문서가 검색됨으로써 이들 문서를 활용할 수 있으며 새로운 지식의 생성이 아닌 기존 업무문서를 기반으로 본인의 의견 및 경험을 추가하는 절차를 통해서 점차적으로 양적인 성장에서 질적인 성장으로 유도하는 계기가 마련될 수 있도록 구성하였다.

(3) 검색엔진

지식관리시스템의 중요한 구성요소 중 하나를 차지하는 것이 검색엔진이다. 검색엔진이 문서에 대한 전문 검색을 제공하는 기능뿐만 아니라, 사용자가 빈번하게 참고로 하는 주요 웹사이트에 대하여 관리자가 적정한 검증절차를 거친 후 시스템에 등록하여 두면, 웹 로봇이라고 불리는 모듈이 이들 사이트에 대하여 적절한 시간간격을 두고 새롭게 갱신되는 문서들을 자동으로 수집하고 이들 수집된 문서들을 중요 키워드별로 자동으로 분류하여 지식관리시스템에 등록하게 하는 기능을 추가함으로써 사용자가 필요로 하는 지식을 한 곳에서 관리하고 활용할 수 있는 효율성 및 편의성을 제공한다.

(4) 그룹웨어

그룹웨어는 사용자들의 협업을 지원하는 시스템으로 커뮤니케이션을 위한 메일, 게시판 등의 기능에 국내의 업무 특성에 맞는 결재기능을 추가함으로써 업무에 반드시 필요한 시스템으로 입지를 확고히 하고 있다. 그룹웨어는 정보화를 추진하는 기관의 우선구축대상 1순위로 평가받고 있으며, 이미 많은 그룹웨어들이 구축되어 사용자들에게도 친숙한 시스템이다. 따라서 지식관리시스템이라는 새로운 시스템을 도입할 때 생길 수 있는 사용자들의 거부감을 줄이고 사용자들의 접근성을 높이기 위하여 그룹웨어와 지식관리시스템의 로그인을 단일통합인증(SSO : Single Sign On)으로 단일화하고 동일한 사용자 인터페이스를 제공한다.

(5) 지식관리시스템/기존시스템 연동

전사지식포털을 구성하는 목적 중의 하나는 조직 내 · 외부에 흩어져 있는 지식들을 한 곳으로 통합하여 관리하는 지식관리시스템을 구축하면서 동시에 독립적으로 구축되어 있는 개별적인 시스템에 대한 기능적인 통합도 제공함으로써 보다 효율적인 시스템이 구축될 수 있도록 하는 것이다. 따라서 기존에 이미 구축되어 있던 시스템에서 생산되는 정보의 연동과 더불어 이들 시스템에서 제공하는 주요 기능들을 전사지식포털로 통합하는 작업이 이루어지게 된다. 이때, 기존시스템들은 조직의 성과에 따라 다양한 시스템으로 분류될 수 있으며 통상적으로 경영정보시스템(MIS), 전사자원관리(ERP), SCM, 회계정보, 홈페이지 등의 연결이다.

(6) BPM 연동

BPM(Business Process Management)은 업무 참여자와 이기종 정보시스템 사이에서 업무를 중심으로 서로를 연계하고 업무흐름을 자동화함으로써 업무를 통합적으로 관리하는 역할을 하는 시스템이다. 가장 기본적이며 중요한 기대효과는 단계별 업무를 정해진 규칙에 따라 담당자 혹은 시스템으로 자동 전달함으로써 복잡한 업무를 수행하기 위한 시간을 절감할 수 있도록 하는 업무자동화이다. 또 다른 기대효과는 업무부하를 조정하는 것으로 적절한 사람에게 적절한 업무가 전달되도록 하는 것이다. 이는 특정 사람에게 업무가 집중되는 것을 피하고, 전체적인 업무들이 적절히 수행되어 업무를 신속히 완료할 수 있게 한다.

BPM은 업무수행 중에 업무와 관련된 많은 문서를 생성하게 되고, 또한 업무수행에 참고하기 위하여 많은 정보들을 필요로 하게 된다. 따라서 업무수행 중에 생성된 문서를 지식관리시스템으로 적절한 검증을 거쳐 이관하고 업무수행에 필요한 정보를 검색하기 위해 지식관리시스템을 활용할 수 있도록 하는 상호 연동이 필요하게 된다.

(7) 전자문서관리 연동

전자문서관리(EDM)의 연동은 크게 두 가지 분류로 나눌 수 있다. 첫 번째는 데이터 간의 연동으로 지식관리시스템과 전자문서관리가 각각 서로 다른 지식과 정보를 공유하고 있는 상태에서 사용자의 요구나 기능상의 통합을 위해 서로 간에 데이터를 이관하거나 서로에게 데이터를 공개하는 경우이다. 두 번째는 지식저장 공간의 연동으로 지식관리시스템에서 보유한 지식을 좀 더 효율적으로 관리하기 위한 저장공간으로 전자문서를 사용하고 지식관리시스템에 등록된 지식은 실제적으로 전자문서관리로 이관되어 관리되고 활용되는 경우이다.

다. EKP 도입절차 및 성공요인

조직 간 업무 노하우, 경험이 공유되지 못해 업무를 추진하는 데 필요한 정보추출에 많은 시간과 비용이 소요되며, 유사한 작업을 위한 반복적 노력이 투여되는 기업은 EKP의 도입을 통해 지식획득 비용을 감소시키고, 저하된 생산성을 끌어올려 기업경쟁력을 회복시킬 수 있다.

그렇다면 EKP를 효과적으로 도입 · 구축하기 위해 각 기업은 어떠한 전략과 방침을 가져야 하는가? 아무리 훌륭한 옷과 음식도 자기 몸에 맞지 않으면 소용이 없다. 기업이 EKP를 성공리에 안착시키기 위해서는 대개 다음과 같은 단계별 구축 전략을 가지고 추진해야 한다.

(1) 1단계 : 조직의 비전과 전략을 토대로 지식경영활동의 목표를 정한다

성공적인 EKP 도입이 이루어지려면 무엇보다 우선 기업들은 각자의 비전과 업종 특성, 조직문화 등을 고려해 자사 특성에 맞는 도입 시나리오를 짜는 것이 중요하다.

기업의 비전과 전략을 토대로 지식경영의 활동 목적과 목표를 구체화시키는 것이 필요하다. 기업의 목표와 지식경영의 목표가 연계되지 않은 가운데 추진되는 EKP는 효율적으로 도입될 수 없다. 기업이 가고자 하는 방향 내에서 지식경영활동의 추진 방향을 결정해야 EKP 활용이 가능할 것임은 자명하다.

이와 관련 EKP(KMS)에 관한 마스터플랜을 수립하고 구축에 들어가는 것이 효과적일 것이다. 현재의 단계를 파악하고 앞으로 나아가야 할 방향 및 단계별 계획을 수립한다. 지식경영 체계 도입과 정착화, 지식경영 확산과 충실화, 자율적 지식경영 전개와 성숙화 등과 같은 단계별 계획을 구축하되, 이때 중점관리 대상이 되는 핵심업무, 핵심사용자, 지식과 그 원천이 포함되어야 할 것이다.

또 하나 기업의 경영전략과 지식경영활동을 연계시키는 데 있어서 간과해서는 안될 중요 요소는 바로 경영진의 위임이다.

(2) 2단계 : 목적에 부합되는 핵심역량과 필요지식을 확인한다

지식경영의 활동목적과 목표가 구체화되었다면 이제 그 활동목적에 적합한 핵심역량과 지식을 도출 정의하고 이를 해당 필요 지식과 매핑시킨다.

EKP(KMS)의 대상이 되는 지식집약적인 업무와 그 중 핵심이 되는 지식 업무 프로세스를 정의하고, 관련 지식을 핵심지식으로서 조직 내부의 합의하에 결정한다. 예를 들어 수익증대, 업무효율화 등 각 지식경영의 활동목표를 정한 후 각 목표를 달성하기 위해 필요한 업무와 그 업무를 추진하기 위해 필요한 지식을 선정해 연계시키는 것이다.

이러한 과정을 통해 조직 내 지식경영 및 EKP의 구축 필요성이 인지되고 경영진의 지원과 구성원의 적극적인 참여를 확보하게 된다. 목표 지식 업무와 관련 지식을 정의함에 따라서 조직 내의 인적 · 물적자원을 효과적으로 활용할 수 있는 기반이 조성되고 더욱 많은 성과를 달성할 수 있는 것이다.

(3) 3단계 : 핵심역량과 필요지식 확보를 위한 실천전략을 수립한다

핵심역량과 필요지식을 정의한 다음에는 이를 효과적으로 창출하고 공유 · 활용하기 위한 체계와 제도를 마련하는 것이 필요하다. 조직 내의 지식사이클을 관리하기 위한 표준지식 프로세스를 정립하고, 지식을 적절히 분류하고 공유할 수 있는 표준체계를 수립하며, 지식관련 표준용어집을 정의하는 작업이 이에 해당된다. 평가 · 보상 및 인사제도의 마련도 실천전략에 들어간다.

지식을 활용하는 데 있어 핵심적인 것 중의 하나가 지식맵(Knowledge Map)을 작성하는 것이다. 지식맵이란 조직차원의 지식을 누구나 쉽게 찾아볼 수 있고 전체적인 구성을 이해하는 데 도움이 되도록 정보기술

그림 14-7 지식맵의 수립기준

구분	내용	특징
고객 · 사업기준	• 영역 혹은 대상기준 • 고객단위, 사업단위 중심의 설계방법	• 지식의 최종 사용용도에 부합됨 • 지식의 내용물과 투입 측면에 대한 고려가 미흡함
프로세스	• 업무의 흐름기준 • 프로세스 체계에 따른 설계방법	• 업무효율적 수행에 높은 기여 • 지식의 투입, 사람적 측면에 대한 고려가 미흡
조직도기준	• 현 조직의 체계기준 • 조직단위 체계에 따른 설계방법	• 단위조직 내 업무처리에 효율적 • 조직 간의 지시관계 규명과 시너지창출 미흡

을 활용해 조직의 지식체계를 논리적으로 표현한 것으로 'know where' 에 해당되는 '메타지식(meta-knowledge)' 에 해당된다.

지식맵은 고객이나 업무프로세스, 조직, 사용자 스킬 등 다양한 기준으로 작성할 수 있으며, 복수의 기준을 사용한 다차원 지식맵을 작성할 수도 있다. 지식맵 수립기준은 다음과 같은 사항을 고려해 작성한다.

- 조직의 특성이나 환경에 따라 지식의 유형별, 주제별, 조직별, 위치별 등 다양한 형태로 작성하는 것을 고려한다.
- 분야별 전문가 검색이 가능하고 조직이 보유한 기술과 정보를 파악할 수 있어야 하고 새로운 조직원들에게 업무에 필요한 정보나 업무 관련자들을 연결한다.
- 개인화된 지식지도 구성이 가능하고 다양한 뷰(View)의 형태로 지식을 볼 수 있도록 지원한다.

보상제도를 수립하는 것은 조직 내에서 지식의 이전과 공유가 원활히 이루어지도록 투명하고 공정한 보상체계를 수립하는 것을 의미한다. 이러한 보상제도를 통해 지식의 공유를 활성화시키는 문화를 조성할 수 있으며, 특히 도입 초기의 지식제공자와 사용자의 참여를 유도해 시스템의 성공에서 한 걸음 더 나아가 궁극적인 지식경영의 성공을 확보할 수 있다는 관점에서 지식경영의 성장단계에 따라 보상수준을 차별화하는 제도의 수립이 필요하다.

이와 함께 핵심지식의 제공자와 사용자를 파악하고 확보하는 것도 필요하다. 핵심지식 제공자를 파악하고 확보한다는 것은 조직 내에 지식관련 전문가가 누구인지 파악하고 확보한다는 것을 의미한다. 핵심지식 제공자는 핵심이 되는 지식을 적은 노력과 비용을 소비하고라도 제공할 수 있는 능력을 가진 핵심적인 구성원으로, 이들은 지식경영시스템의 도입 초기에 더욱 중요한 역할을 수행한다. 아직 보편화되지 못한 시스템에 가치를 부여해 지식베이스의 내용을 매력적으로 보이게 하는 것이다.

지식을 이용하는 사람들, 즉 핵심지식 사용자에 대한 확보도 필요하다. 핵심지식 사용자는 지식의 이전과 공유를 가능하게 하는 매개체 역할을 하게 된다. 이들은 조직 내에 다른 구성원들보다 지식시스템을 수용하고 채택하여 업무에 활용하는 사람들을 의미하며, 조직 내에 새로이 도입되는 시스템의 초기의 성공사례를 구축해 낼 수 있는 사람들이다. 핵심지식 사용자를 파악하여 서로 간의 공유와 이전이 활발하게 일어난다면 이들은 조직 내의 오피니언 리더의 역할을 수행하게 되며, 시스템을 그들 자신이 사용한다는 개인수준의 의미만을 가지는 것이 아니고, 조직 내의 다른 구성원들의 사용을 유발해 낼 수 있는 영향력을 가지고 있으므로 시스템 도입의 초기에 더욱 중요해진다.

(4) 4단계 : 실천전략에 의거해 단계별 지식활동을 추진한다

실천전략을 통해 지식경영제도 기틀을 만들었다면 그 다음으로 지식경영을 위한 기업문화를 조성하고, 역량확보를 위한 학습조직 활동을 장려하며, 실제 업무 프로세스별 필요지식을 공급 · 사용할 수 있도록 실질적인 활동을 추진하는 것이 필요하다.

일반적으로 사람들은 개인의 지식을 공개하지 않으려는 성향이 있으므로 지식을 공유하기 위해서는 지식제공자들이 활발한 활동을 할 수 있도록 신뢰를 구축하는 것이 중요하다. 이러한 개인적인 신뢰를 통해 지식을 공유하는 문화를 구축해야 베스트 프랙티스(best practice)가 확산될 수 있다.

우선 쉽고 실천가능한 것부터 실행하는 것이 필요하다. 먼저 열린 문화를 만들어 Q&A부터 시작해 커뮤니티를 형성하고 다시 지식을 공유하는 지식공동체로 나아가는 것이 필요하다.

업무흐름과 지식흐름의 상호연동을 통해 구성원이 업무를 처리하는데 있어 지식활동이 유기적으로 연계되도록 설계하는 것이 중요하다. 업무프로세스에 지식을 내재화시키고 예외상황을 처리하기 위한 지침을 규정하는 것이다. 지식과 프로세스의 통합적 설계는 조직구성원들이 업무 수행 시 체계적이고 공식적으로 전문화된 업무환경을 구축하기 위한 프로세스를 설계하는 것으로 EKP의 핵심이기도 하다.

지식경영활동의 성과를 측정하고 효과적으로 관리하기 위한 기반을 구축하는 것도 중요하다. 지식경영 및 관리가 어느 정도 성숙한 후에는 지식평가와 관리가 더욱 더 중요해진다. 지식이 프로세스에서 활용된 수와 유용성 측정 및 평가를 함으로써 업무처리의 혁신을 위한 새로운 지식과 방법을 창출한다. 지식의 업무성과를 측정하고 평가하여 업무성과에 영향이 미흡하거나 방해가 되는 지식은 제거하고, 업무성과에 도움을 주는 지식들은 재사용하고 지속적인 업데이트를 통한 지식을 창출하는 제도적·시스템적 기반들을 구축한다. 지식자산가치와 경영성과를 측정할 수 있는 BSC(Balanced Scorecards) 등과 같은 기법이 활용될 수 있다. 자율적인 분위기 속에 경쟁을 유도하는 성과평가체계와 보상체계의 확립이 무엇보다 중요하다.

14.5 실시간 기업활동(RTE)

가. RTE(Real-Time Enterprise)의 등장배경

인터넷을 비롯한 정보기술에 기반한 e-비즈니스가 가져온 사회적 변화는 기업경영에 있어서도 엄청난 위협과 기회로 다가왔다. 초기의 e-비즈니스가 점차 성숙된 모습으로 기업환경에 자리잡으면서, 경영자들은 새로운 기술을 통하여 시간을 절약할 수 있을 뿐 아니라, 추가비용을 들이지 않고도 비용을 절약할 수 있다는 것을 알게 되었다.

프로세스의 지연시간 축소를 통한 시간절약은 비용절약의 측면뿐만 아니라, 경영프로세스의 질적인 향상을 가져오게 되는데, 이에 대한 해결책이 기업의 RTE화이다.

이러한 RTE 흐름에서 가장 중요한 것은 '속도' 이다. 속도야말로 RTE의 핵심적인 방향성이라 할 수 있다. 또한 속도의 핵심은 '변화' 이다. '변화의 속도' 란 '적응력' 으로 이해될 수 있다. 곧 시장의 변화 및 소비자의 요구변화를 비롯한 기업 내 · 외부의 상황변화에 대해서 얼마나 빠르게 적응하는가 하는 것이 RTE의 핵심요건이라고 볼 수 있다.

사실 경영환경을 논할 때 이러한 적응력 · 속도 · 변화 등의 키워드를 강조해 온 것은 어제 오늘의 일이 아니다. 다만 인터넷의 발전은 이러한 강조를 보다 일반화시키고 그 필요성을 증폭시킨 것으로 볼 수 있다. 변화의 속도가 계속 고조됨에 따라 기업경영의 입장에서 보다 빨리 적응해야 하는 상황에 직면하게 된 것이다. 경쟁의 치열함 역시 마찬가지로, 없던 경쟁이 발생한 것이 아니라 그 정도가 가중되고 있는 것이다. 언제, 어디서, 어떤 형태의 경쟁자가 나타날지 예측할 수 없고, 또한 기업의 생존을 위하여 언제, 어디서, 어떤 고객과 어떤 상품 혹은 어떤 서비스로 이윤을 창출해야 할지 예측할 수 없는 동시에, 모든 경쟁과 가능성에 대비하여 인력과 기술 · 자본을 축적해 놓는 것 역시 가능하지 않다. 이러한 여건 때문에 내 · 외부의 변화에 실시간으로 대응하는 것이 현재 주어진 상황에서 가장 적절한 모습일 것이다.

따라서 유연성 · 빠른 대응력 · 위기대처능력이 없는 기업은 심화되는 글로벌 경쟁에서 도태될 수밖에 없다. 특히 국내 기업은 운영(Operation) 측면에서는 이미 선진수준에 도달하였으나, 관리(Manage-ment) 측면에서는 그동안 관심과 노력이 상대적으로 취약했다. 게다가 M&A · 전략적 제휴 등을 통한 기업의 그룹화 · 협업화 · 공동화 현상의 가속화로, 공유된 정보를 빠르게 파악하고 대응하는 것이 중요한 요건으로 부각되고 있다. 기업 내부적인 측면을 강조한 기능중심의 최적화를 통해서는 이제 더 이상의 경쟁우위를 가져오기는 어렵다는 것을 인식하게 되어, 외부 파트너 및 공급자와의 연계를 통한 가치창출의 중요성 측면이 부각되고 있다.

이미 2000년대부터 IT인프라에 대한 지속적 관심과 투자가 이루어져 왔으며 이를 통한 성과가 일부분 확인되었다. 또한 일반적으로 시간기반의 경쟁우위를 확보한다는 경영기법의 접근방식에 대해서도 우호적인 관심이 자리잡은 상황이다. 또한 기술적인 측면에서는 통합성 부족으로 인해 목표달성에 실패한 많은 IT시스템의 단점을 보완하기 위해, 보다 유연성과 확장성이 보강되어 신속한 의사결정 체계를 지원할 수 있는 새로운 기술들이 등장하고 있다.

따라서 이제는 각각의 영역에서 나름대로 진행되어 왔던 노력들을 하나로 통합해야 하는 시기가 되었다. 즉, 비즈니스프로세스관리(BPM)나 핵심경쟁력 강화 등 경영학에서 강조하는 표어들, 웹이나 이동통신 등의 정보기술을 이용하여 새로운 시대 변화에 적응하려는 여러 가지 기술적인 노력들이 이제는 하나로 융화되어 새로운 가치를 창출하기 위한 재도약의 시점이 도래한 것이다.

나. RTE란?

가트너는 RTE(Real-Time Enterprise)를 "비즈니스 환경에 영향을 주는 근본적인 문제나 잠재적인 기회를 제때에 모니터링하여 발견하고, 그 원인과 결과를 분석한 최신의 정보를 이용하여, 경영층에게까지 지연시간을 진보적으로 줄여, 중대한 프로세스를 실행하며 경쟁하는 기업"이라고 정의하였다. 가트너가 말하는 RTE의 정의를 키워드 중심으로 그 의미를 되짚어 보면 다음과 같다.

(1) 최신의 정보를 이용

정보활용의 가장 이상적인 형태는 데이터가 수집되어 정보가 생성되는 동시에 필요한 곳으로 곧바로 전송되는 것이다. 비록 이상적이지는 못하더라도 이와 비슷하게 정보가 수집되고 이를 필요로 하는 곳에 적시에 전달되도록 하는 것이 중요하다. 현재 기업들은 최신의 정보기술시스템을 보유하여, 최신의 정보를 기업 전체에 실시간으로 전송하는

표 14-3 ■ RTE의 정의와 특징

구성		내용	적용(예)
정의	최신의 정보시스템	• 기업의 가상화에 따른 정보의 통합 요구 • 투명경영을 위한 실시간 정보공유	• Web Service • RFID/USN
	핵심 비즈니스 프로세스	• 핵심적이고 차별화된 기능 프로세스를 대상	• 제조업(SCM) • 통신업(CRM)
	관리와 실행	• 운영 및 의사결정 지원 • 결과에 대한 예측분석 지원	• BPM • BSC • SEM • ABM
특징	• 정보시스템들을 연결해 주는 프로세스 자동화 • 고객, 조직구성원, 파트너, 공급자들과 정보를 실시간으로 공급하고 교환하는 것 • 관련 정보가 네트워크에 적시에 제공되고 일관성 있게 해주는 프로세스 • 지연, 재고, 수동입력 대신에 감지 및 대응접근방식을 가능케 하는 이벤트 기반 프로세스		

일이 가능하다. 단지 이를 제대로 '활용'하는 것이 과제이다. 훌륭한 정보기술도 이를 통해 얻어진 정보가 사람 또는 프로세스에 영향을 미치지 못한다면 아무런 쓸모가 없는 것이다.

(2) 경영층

초기에는 RTE가 공급체인망(SCM), 고객과의 대응시간(response time) 등과 같이 운영수준에 관련된 것들이 많이 논의되었다. 하지만 많은 기업, 특히 이미 운영에 관련된 정보기술시스템을 도입한 기업은 지식노동자와 경영층에게까지 RTE에 관련된 많은 논의와 노력을 하는 것이 실질적인 이익을 준다는 것을 알고 있다.

(3) 지연시간을 진보적으로 줄임

RTE는 단지 몇 개월 동안의 프로젝트만으로 이룰 수 있는 것이 아니고, 지속적으로 노력을 해야 가능한 것이다. 단 한 번의 시도를 통해서 프로세스의 끝에서 끝까지(end-to-end) 사이클이 최적의 상태로 바뀔 수는 없는 것이므로, 지속적으로 지체시간을 줄여나가는 노력을 해야 한다. 여기서 의미하는 지연시간은 단지 프로세스 간에 발생하는 지연시간을 의미하는 것이 아니라, 전체 프로세스 중에 병목현상(bottle-neck)이 생기는 프로세스상에서 발생하는 지연시간을 의미하며, 지연시간을 줄이기 위해서 병목프로세스를 분석하여 지체시간을 줄이는 노력이 필요하다.

현대사회에서 경쟁우위는 항상 유지될 수 있는 것이 아니다. 즉 어떤 기업이 비용과 시간을 줄이는 데 성공한다면, 경쟁기업 역시 비슷한 노력으로 그 수준에 맞출 수 있는 것이다. 따라서 기업은 끊임없는 새로운 기술의 탐구와 실행으로 시간에 관련된 비즈니스 프로세스에서 많은 개선과 성과를 이룰 수 있어야 한다.

(4) 중요 프로세스

기업은 동일한 의지와 노력으로 모든 프로세스에 동시에 적용시킬 수 있는 것은 아니며, 또한 그리 생산적인 일도 아닐 것이다. 즉 가치와 중요성이 높은 프로세스에 집중하여, 그 성과가 가장 효과적으로 영향을 미치게끔 하는 것이 중요하다.

(5) 경쟁

비록 RTE가 종합적인 사업전략은 아닐지라도, 직접 또는 간접적으로 경쟁우위를 갖는 것을 목표로 한다. 신속한 고객서비스를 통해 경쟁우위를 획득하는 것이 직접적인 방법이라면, 간접적인 측면으로는 RTE화를 통해 비용절감을 이룸으로써, 제품 또는 서비스 가격을 낮추어 경쟁에 앞서가야 한다.

또한 가트너는 RTE에 대해 "또 다른 기술을 의미하는 것이 아니라 6시그마품질 · JIT 제조기법 · ERP Ⅱ · BPM 등 다양한 기법과 기술이 제공하는 통찰력과 방법론 · 원칙을 결합하는 것"이라고 설명하였다. RTE는 특정 기술을 지칭하는 것이 아니라 다양한 IT나 인터넷기술을 이용해 업무프로세스를 실시간(real time)으로 구현하는 것이라고 할 수 있다. 그리고 RTE로 나가기 위해서는 다양한 IT기술을 접목해야 한다고 강조한다. RTE를 위한 인터넷 기술로는 인스턴트 메시징, 무선데이터 처리기술, EAI(Enterprise Application Integration) 웹서비스 등의 통합기술, 콘텐츠관리, 데이터웨어하우스(DW : Data Warehouse), 비즈니스 인텔리전스(BI : Business Intelligence) 등의 정보관리기술 등이 포함된다.

이러한 최신 정보시스템을 보유하고도 기업이 이를 제대로 활용하지 못하면 쓸모가 없다는 점과, 정보는 생성과 동시에 필요로 하는 곳으로 전달되어야 그 의미가 있다는 점에 RTE의 탄생 배경이 있다. 가트너의 RTE 정의에 정보기술, 즉 IT라는 단어가 들어 있지 않은 것은 이러한 개념을 가능하게 하는 것이 오직 IT밖에 없기 때문이라고 볼 수 있다. 즉 RTE는 새로운 기술이나 시스템이라기보다는 경영혁신 및 경쟁우위 획득을 위한 철학인 것이다.

기업경영에 있어서 상위경영층이 어떠한 문제에 대해 의사결정을 내리면, 그에 따라 중간경영층이 신속하게 처리방안을 마련하여, 이를 실무담당자가 처리하는 데까지 걸리는 시간을 최소화하여 실시간 또는 실시간에 가깝게 이루어지게 하는 것이 바로 RTE화 하는 것이다.

가트너가 말하는 RTE의 기본원칙을 살펴보자.

- 우선 가장 기본적인 가치창출 영역을 향상시켜야 한다. 시간기반 전환(time-based transformation)은 기업이 가치를 창출하기 위하여 가장 우선시해야 하는 항목이며, 견실하고 · 신뢰성 있고 · 쉽게 이해되는 프로세스를 가지고 있는 기업이라야 한다. 즉 내부의 효율성이 수익성과 중요한 상관관계를 가지고 있다.
- 경과시간을 기업의 경쟁력으로 간주하여야 한다. 기업이 보유하고 있는 자원은 한정되어 있으므로 가지고 있는 자원을 최대한 이용하여 경과시간을 줄이는 것이 불필요한 노력 없이 경쟁력을 향상시키는 지름길이다.
- 검증되고 성숙된 정보기술(IT)을 활용해야 한다. 인터넷시대에 기업은 정보의 흐름과 업무자동화의 스피드를 향상시키기 위하여 효과적인 IT투자를 통해 업무의 효율성을 높여야 한다.
- 경과시간위주의 관리를 해야 한다. 대부분의 기업이 비용위주의 관리를 하고 있지만, RTE는 경과시간관리를 가장 우선순위로 두

어야 한다.

- 사람(people) · 프로세스(process) · 조직(organization) · 시스템(system)의 관점에서 시간관리가 이루어져야 한다. RTE는 이들로부터 발생하는 이벤트에 얼마나 효율적으로 대처하느냐에 달려 있고, 이를 위해 관리자는 이벤트의 종류와 이를 처리하는 데에 걸리는 시간 등을 관리하여야 한다.
- 서비스 향상과 가격절감을 위해서는 경과시간을 줄이는 것에 의존해야 한다. 고객서비스의 향상과 가격절감을 통한 생산성 향상을 위해서, RTE는 경과시간의 근원적이고 과감한 단축에 초점을 두어야 한다.
- 간단한 측정으로 이점을 살려야 한다. 현장에서 저렴하고 손쉽게 활용할 수 있는 Timestamps를 이용하는 것을 비롯하여 효율적인 웨어하우스 관리와 분석 툴을 활용하여 기업의 경영활동을 분석하여야 한다.
- 수평 · 수직 · 교차적으로 관점을 넓혀서 생각해야 한다. RTE는 경과시간을 줄임에 있어서, 수직적 · 수평적인 위치에 있는 공급자 및 파트너 등과 함께하는 협업 프로세스의 여러 측면도 같이 고려해야 한다.
- 경영활동의 신속한 보고가 이루어져야 한다. 보다 효과적인 의사결정과 기업의 투명성 확보 및 윤리경영을 확산시키기 위해서는 신속한 내부보고 · 자동화 · 데이터로의 자유로운 접근이 이루어져야 한다.

다. RTE 비즈니스 프로세스

RTE의 시스템적인 측면을 논하기 위해서는 우선 시스템이 반영해야 할 비즈니스 프로세스의 측면을 먼저 명확히 해야 함이 순서일 것이다.

RTE의 기본개념으로 봤을 때 RTE의 비즈니스 프로세스는 얼마 전까지 경영분야의 이슈가 되었던 BPR과 상당부분 공통점을 가지고 있다. 빠르게 변화하는 기업환경, 조직의 복잡성 증대와 효율성 저하를 타개하기 위하여 업무처리방식을 근원적으로 재설계하는 동시에 정보기술을 적극적으로 활용한다는 BPR의 개념은 분명히 RTE와 같은 맥락을 가지고 있다. 시간단축 및 수익성 증대, 첨단패키지 도입을 위한 시스템의 최적화 · 통합화 · 표준화 등의 표어에 있어서도 RTE와 크게 다르지 않다.

RTE화에 있어서 언급되는 비즈니스 프로세스의 재정립은 실시간화를 그 근간으로 하며 BPR이 말하는 경영기법 이상의 다양한 분야의 아이디어기법을 조화시킨 개념이며, 이는 RTE를 과거 BPR과는 차별화시키는 점이라고 볼 수 있다.

다양한 개념의 조화 측면에서 보자면 RTE는 적시생산(Just-In-Time Manufacturing) · 6시그마품질(Six-Sigma Quality) · 시간기반경쟁 · 네트워크조직 · 무한서비스 보장(Unconditional Service Guarantee)과 같은 경영 분야의 개념과 BAM(Business-Activity Monitoring) · ERP II · STP(Straight-Through Processing) 그리고 ZLA(Zero-Latency Architecture)와 같은 시스템 개념을 포함한다. 실시간의 측면에서 보자면 RTE는 인스턴트 메시징 · 무선데이터 · 휴대단말기 등의 커뮤니케이션 기술, 애플리케이션 서버 · 통합 미들웨어 · 웹서비스와 같은 통합기술, 그리고 콘텐츠관리, 데이터웨어하우징, BI(Business Intelligence)와 같은 정보관리기술을 적극 활용하는 의미를 지닌다.

라. RTE 비즈니스 아키텍처

RTE 비즈니스 프로세스에 관련하여, 우선 가트너가 말하는 RTE 비즈니스 아키텍처에 대해서 살펴보도록 하겠다. 가트너는 RTE 비즈니스 아키텍처가 '감지(awareness)–의사결정(decision)–실행(action)' 의 3가지 기본요소 또는 단계로 이루어지는 것으로 보았다. RTE 비즈니스 아키텍처 각각의 단계를 설명하면 다음과 같다.

첫 번째 단계는 외부 이벤트에 대한 '감지' 이다. 이는 인간의 감각기관에 해당하는 영역으로서, 다음 두 단계로 구성된다. 첫 단계는 주목할 만한 이벤트에 대한 지각이고, 그 다음 단계는 정보의 여과를 통한 인지

그림 14-9 RTE 비즈니스 아키텍처

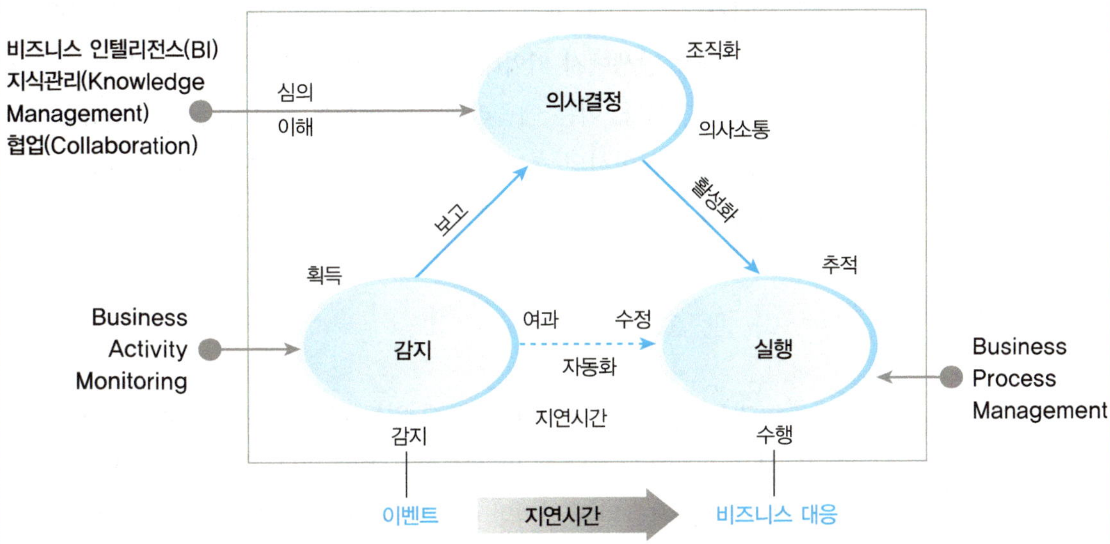

자료 : Gassman(2004)

이다. 지각과 인지의 범위는 단순히 기업 내부에 국한되는 것이 아니라 가치사슬의 전 영역에 걸쳐 이루어져야 한다. 효과적인 지각과 인지를 위해서는 BAM을 위한 다양한 운영시스템 및 모니터링시스템의 지원이 뒷받침되어야 한다.

두 번째 단계는 '의사결정'이다. 이는 인간의 두뇌활동에 해당되는 영역으로서, 획득된 정보를 적절히 여과한 후에 실질적인 의사결정을 위한 정보분석 작업이 이루어진다. 방대한 정보량을 바탕으로 의사결정을 최적화하기 위해서는 비즈니스 인텔리전스 · 지식관리 · 협업시스템의 지원이 뒷받침되어야 한다.

세 번째 단계는 '실행'이다. 이는 인간의 육체행위에 해당되는 영역으로서, 의사결정 단계에서 생성된 사항이 실질적으로 가치체인상에서 실시간으로 실행되는 단계이다. 인간의 두뇌가 근육과 골격을 통해 육체활동을 제어하는 것과 마찬가지로 기업의 경우도 의사결정에서 도출된 내용이 말단 비즈니스 조직과 파트너들에 이르기까지 신속하게 전파되어 실행되는 구조를 갖추어야 한다.

RTE 비즈니스 프로세스의 기본 취지는 기업이 외부의 이벤트 발생을 실시간으로 감지하여 비즈니스 프로세스상의 끊김 없는 대응을 함으로써 이벤트 발생에서 기업대응까지의 전반적인 프로세스 지체를 최소화한다는 것이다. 이는 애플리케이션 통합이 전제되었을 때 가능한 것이며, 애플리케이션의 통합은 멀티스텝프로세스(Multistep Process)·데이터 일관성·복합작업이라는 해결과제를 내포하고 있다.

마. RTE의 효과성

가트너는 RTE를 통해 얻을 수 있는 가장 큰 이점으로서 잠재적 문제점을 조기에 발견할 수 있다는 점을 들고 있다. 즉, 수요 변화에 대한 정보나 경쟁사들의 혁신적인 움직임 등을 보다 빨리 인식할 수 있을 뿐만 아니라 자재비용 절감·효율성 증대·제품과 고객서비스 경쟁력 강화·잠재적 문제점의 조기발견·의사결정의 효율성 제고 등을 기대할 수 있다.

은행·항공·통신 등과 같은 특정 산업에서는 이미 예약·고객관리·공장운영 등과 같은 영역에서 운영관리시스템을 도입하여 사용하고 있다. 그럼에도 불구하고 이러한 시스템을 보유하고 있는 회사 중에서 프로세스가 완전히 실시간으로 이루어지고 있는 곳은 별로 없다. RTE의 원칙과 개념을 현재의 프로세스에 적용시킬 수 있는지 분석하고 이를 통한 프로세스 타임의 향상을 얻게 된다면 산업별로 다음과 같은 효과를 볼 수 있다.

전통적인 항공회사들의 경우, 실시간 항공운영시스템을 가지고 있으나, 고객의 주문으로부터 현금을 실제로 수금하는 데까지 몇 주의 시간이 걸리고 있다. 이는 여행사와 같은 중간상인과 복잡하게 판매되는 여행상품 판매루트에 따른 것으로, 웹을 통한 직접판매와 같은 방법으로 주문에서 수금(order-to-cash)까지의 시간이 몇 분으로 줄어들 수 있다.

고객을 상대로 하여 금융업을 하는 기업은 주 업무를 정보시스템으로 대부분 처리하지만, 대출 및 담보 프로세스의 경우 실제 업무는 많은 서류심사를 거치게 되므로 많은 시간이 소비되고 있다. 이를 실시간화할 경우 고객이 얻는 만족도는 크게 향상되어 경쟁우위를 확보하는 원동력이 될 것이다.

유통사업에서 가장 중요한 프로세스는 물품의 공급 및 판매를 원활히 하여 상품의 판매기회를 놓치지 않게 하는 것이다. 제품의 재고 여부 파악 및 공급에 걸리는 시간을 최소화하는 것이 유통산업에서 RTE가 갖는 최우선 목표이다.

대규모의 제조업체는 자사의 공장에 대해 실시간 모니터링시스템을 보유하고 있음에도 불구하고 수요에서 서비스(Demand-to-Service) 및 주문에서 처리까지(Order-to-Process)의 시간에서 향상의 여지가 매우 많다. 수요가 급증 또는 급감하여 이를 대처할 수 있는 생산량 조절에 몇 주가 걸리고, 고객의 주문으로부터 생산이 시작되는 데까지 여전히 오랜 시간이 걸린다는 문제가 있다. 고객수요와 재료공급자와의 관계를 실시간으로 관리할 수 있는 시스템의 활용이 필요하다.

모든 비즈니스 프로세스에 대한 성과에 있어서, RTE의 기여도가 100%라고 말할 수는 없을 것이다. 기업이 시간과 밀접하게 관련된 프로세스 개선을 통해 가장 직접적인 효과를 얻을 수 있는 부분은 실시간경보(Real Time Alerts) · 이벤트관리(Event Management) 또는 리얼타임 비즈니스 인텔리전스(Real-Time Business Intelligence)이다. 이것은 리얼타임 기업을 위해 필요한 경영관리 접근법으로서, 사용자들이 수동적인 반응에서 능동적인 반응으로 전환하게끔 해준다. 단지 어떠한 사실이 발생한 후에 사실에 대한 보고만을 실시간으로 제공하는 것이 아니라, 조기에 성과에 대한 심층적인 원인을 발견하고 적절한 대안을 강구하도록 해 주는 것이다.

14.6 비즈니스 인텔리전스(BI)

오늘날 기업 경쟁력의 원천은 모든 기업이 일상적으로 수집하는 방대한 데이터이다. 매일매일 수집되어진 데이터를 어떻게 분류 · 가공 · 분석 · 활용하는가에 따라 기업의 운명이 좌우되는 것이다. 데이터를 보다 체계적으로 모으고, 분석하고 기업유저에게 활용하기를 원하는 폭넓은 차원에서 비즈니스 인텔리전스가 등장하였다. 비즈니스 인텔리전스(BI)는 기업 데이터의 잠재력을 기업의 진정한 경쟁력으로 바꾸어 줄 것이다.

오늘날 일상생활에서 자동차 내비게이션이 보편화되고 있는 것처럼, 기업경영에서는 비즈니스 인텔리전스(BI)가 비즈니스 내비게이터의 위치를 확립하고 있다. 최적의 전략 수립과 신속정확한 의사결정, 다양한 비즈니스 위험에 대한 적절한 대응을 위해 BI의 효율적 도입 및 활용이 주요 과제로 부각되고 있다. 이는 고객이 기업의 포털사이트나 인터넷 쇼핑몰과 통신판매 등의 다양한 채널을 통해 서비스를 요청하면 기업은 기업용 애플리케이션과 비즈니스 인텔리전스(BI) 등을 통해 고객과 비즈니스 파트너를 연결하기 때문이다.

가. 비즈니스 인텔리전스(BI)의 정의

자동차 내비게이션은 운전자를 목적지까지 가장 빠르고 안전하게 안내하며 운전자가 운행 중의 다양한 위험요인들로부터 효과적으로 대처할 수 있도록 미리 알려준다. 기업경영에서 내비게이션 역할을 수행하는 것이 바로 '비즈니스 인텔리전스(BI)' 이다. 즉, 기업이 전략을 세우는 데 필요한 데이터를 수집하고, 가장 효과적이고 효율적인 방법으로 이 데이터를 이용하여 적절한 의사결정을 내리도록 도와주며, 경영상의 다양한 위협이나 위험을 자동적으로 알려주는 시스템이라고 할 수 있다.

'Intelligence(인텔리전스)' 를 직역하면 '지능, 지식' 으로 해석할 수 있는데, 지식과 정보는 "가공된 데이터를 바탕으로 특정한 의미가 내포된 데이터"라 할 수 있다. 즉, 비즈니스 인텔리전스는 데이터를 수집 · 분석해 이를 근거로 올바른 의사결정을 내릴 수 있도록 해주는 솔루션 및 기술이라고 할 수 있다.

기존에 기업 내부의 효율성에 중점을 둔 ERP는 주로 프로세스 통합이나 거래처리의 효율성 제고 등에 초점을 맞추고 있으므로, 사용자에게 의사결정이나 성과향상을 위한 분석정보를 제공하는 데 한계가 있기 때문이다. 따라서 ERP만으로는 부족한 부분을 보완해주며, 이를 채워

그림 14-10 ERP와 BI의 비교

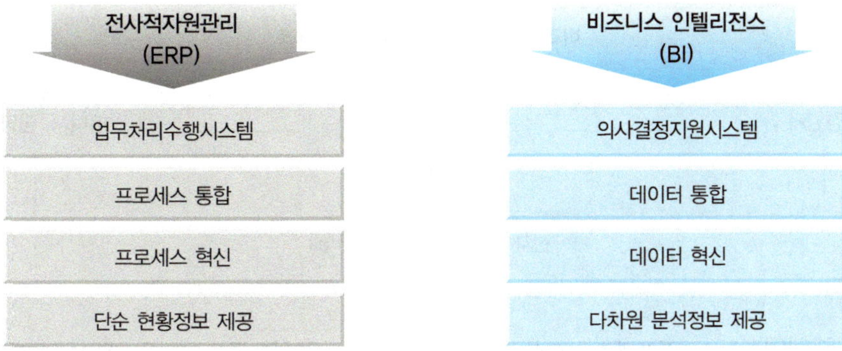

줄 수 있는 대안으로서 비즈니스 인텔리전스가 요구되고 있는 것이다([그림 14-10] 참조).

비즈니스 인텔리전스라는 용어는 1990년대 초 가트너그룹의 Howard Dresner에 의해 만들어진 신조어이다. 그의 정의에 따르면, 비즈니스 인텔리전스는 최종 사용자의 질의 및 보고, OLAP의 개념을 포함하고 있으며, 특히 데이터웨어하우스와 데이터마트와 유사한 개념으로서 사용되기도 한다. 그러나 데이터웨어하우스와 OLAP는 기업의 의사결정 지원, 경향분석, 사업단위 간의 비교, 전략적 사업결정에 대한 모니터링, 가상 시나리오 분석을 통한 최적화 등의 수행을 지원한다.

OLAP(Online Analytical Processing)
최종사용자가 다차원정보에 직접 접근하여 대화식으로 정보를 분석하고 의사결정에 활용하는 과정이다.

한편, 비즈니스 인텔리전스는 이러한 분석 도구와 더불어 전략경영시스템을 통해 효과적인 전략 수립과 전략적인 성과 모니터링, 정확한 수익성 분석, 기업가치 증대를 위한 가치동인 등에 대한 효과적인 관리를 수행함으로써, 인텔리전스의 영역을 전략적인 부분으로까지 확장시키는 데 기여할 수 있다.

나. 비즈니스 인텔리전스의 범위

비즈니스 인텔리전스는 광범위한 영역에 걸친 다양한 솔루션과 이 솔루션을 가능하게 하는 다양한 기반기술이 연관되어 있다([그림 14-11]

그림 14-11 BI의 프레임워크

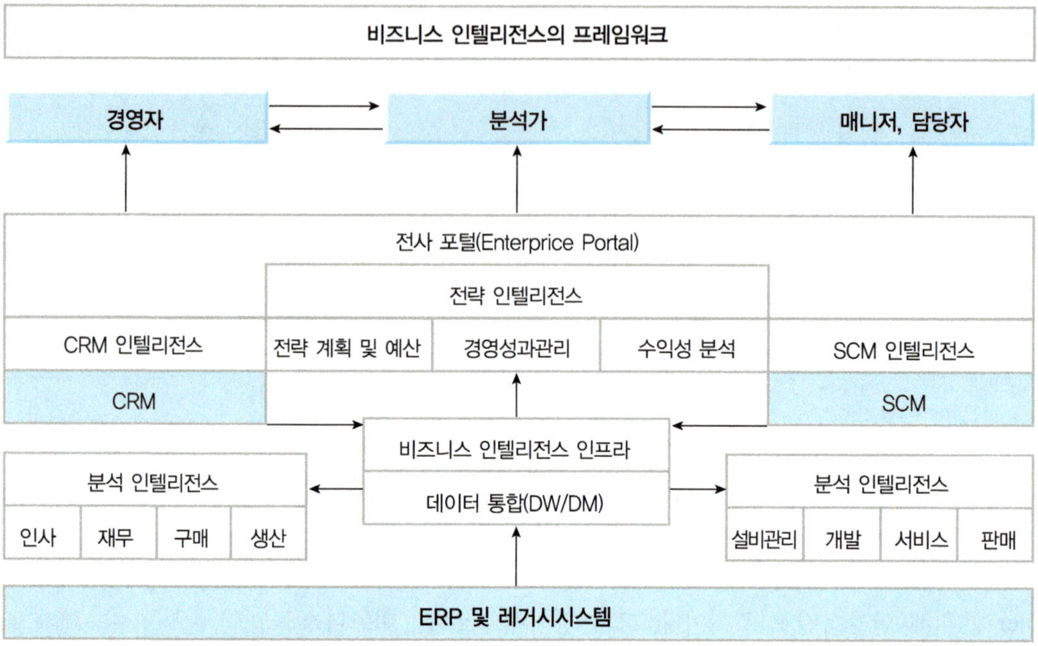

참조).

비즈니스 인텔리전스 솔루션에는 가치중심경영(VBM : Value Based Management), 균형성과관리(BSC : Balanced Scorecard), 활동기준관리(ABM : Activity Based Management) 등의 전략 인텔리전스(SEM : Strategic Enterprise Management) 솔루션과 각각의 업무영역별로 다양한 의사결정을 지원하는 분석 인텔리전스가 있다. 또한 CRM과 SCM의 ERP 확장을 고려하여 각각의 분석정보를 제공하는 확장형 인텔리전스가 있다.

이러한 비즈니스 인텔리전스 솔루션과 연관된 영역은 비즈니스 모델링, 데이터웨어하우스, 데이터마트, 데이터마이닝, OLAP, 전사 포털 등이 포함된다. 나아가 최근에는 에이전트 기술이나 인공신경망, 유전자 알고리즘과 같은 인공지능 기법과의 연계를 고려한 비즈니스 인텔리전스 영역들이 기술적으로 확장되고 있다.

표 14-4 ■ BI의 구성내용과 영역

구성	내용	솔루션	비고
전략 인텔리전스	경영전략을 효과적으로 수렴하고 실행에 필요한 경영성과 및 전략, 실행 모니터링, 관리자 중심원가 및 수익성 등에 관한 경영분석 정보를 제공	• VBM • BSC • ABC/ABM	경영자 등 관리자중심
분석 인텔리전스	특정 이슈의 해결을 위한 전문적인 의사결정모델부터 업무가능성 영역별 보고서 및 조회를 위한 기능과 다양한 정보를 생성하고 제공하는 것	• OLAP • 데이터마이닝 • 전문화된 의사결정도구	분석가, 관리자 및 실무담당자
확장 인텔리전스	기업내부뿐만 아니라 고객, 공급자 등과 같은 외부 이해관계자와의 거래 및 운영 프로세스에서 생성되는 데이터를 분석하여 정보를 제공	• CRM • SCM	
인프라 인텔리전스	비즈니스 인텔리전스를 제공하기 위한 플랫폼의 역할을 수행하는 것으로 인텔리전스를 구현하기 위한 다양한 기술 및 데이터 통합기반 제공	• 데이터하우스 • 데이터마트	
정보전달 인텔리전스	사용자의 요구에 맞게 인텔리전스 정보를 통합하여 제공하는 기능으로 정보통합 측면과 정보전달 측면이 포함됨	• 포털	

비즈니스 인텔리전스는 [표 14-4]와 같이 전략 인텔리전스, 분석 인텔리전스, 확장 인텔리전스, 인프라 인텔리전스, 정보전달 인텔리전스로 크게 5부분으로 구성되어 있다. 여기서는 비즈니스 인텔리전스의 5대 영역 중 비즈니스 인텔리전스가 ERP나 데이터웨어하우스와 차별화될 수 있는 전략 인텔리전스에 대해 집중적으로 살펴보도록 한다.

많은 기업들이 전략 실행의 필요성을 인식하고, 이를 위해 경영관리 프로세스와 경영관리 제도를 혁신하고, ERP를 통해 기업의 다양한 프로세스와 데이터를 체계화하고 있다. 그러나 프로세스가 혁신되고, ERP 구축으로 기반 시스템이 갖춰졌다고 해서 기업의 경영활동이 경영자가 원하는 방향으로 나아가고 있다고 할 수 있는가? 정확한 원가가 얼마인가? 판매금액을 얼마로 결정해야 하는가? 낭비되는 요인은 없는가?

확장해야 하는 사업과 철수해야 하는 사업을 어떻게 판단할 것인가? 사업성과를 어떤 방법으로 측정할 것인가? 또한 이에 대한 보상은 어떻게 해야 하는가? 이와 같은 일련의 과정들을 경영인들은 사업전략 수립, 성과 모니터링, 실적분석, 비즈니스기회의 탐색, 예산수립 등과 같은 많은 과업들을 통해 효율적이고 효과적으로 수행하길 원한다. 그러나 대다수의 기업들이 전략의 실행을 뒷받침할 수 있는 경영관리 도구의 부재로 진정한 효과를 거두지 못하고 있는 실정이다. 이러한 문제점을 타개하고자 제안된 시스템이 바로 전략적 기업경영(SEM)이다.

SEM(Strategic Enterprise Management)은 기업의 경영정보를 보다 정확히 파악하여 임원 및 최고경영진으로 하여금 가치중심 경영을 전사적으로 구현할 수 있게 해주는 일련의 통합된 분석용 시스템으로서 기업구조 전반에 걸쳐 전사적 정보를 통합해 실시간으로 경영진이 기업의 가치를 평가하고 향상함을 목적으로 정의된다.

SEM의 특징을 보면, 첫째 차별적인 전략의 수립과 실행을 지원함으로써 기업의 지속적인 경쟁우위를 가능하게 한다. 둘째, SEM은 의사결정 지원의 효과성을 제고시킨다. ERP와 기존 시스템은 운영적인 측면에서 프로세스를 효과적으로 통합하여 운영상의 효율성을 제고한다. 이러한 작업이 전략정보관리를 위한 비즈니스 인텔리전스로 연계되어 전략경영과 성과향상을 위하여 활용될 때 그 효과성은 배가될 수 있게 된다. 셋째, SEM은 전략경영 사이클을 효과적으로 지원한다. SEM은 VBM, BSC, ABM의 유기적인 조합을 통해 가치동인에 기반한 경영계획 수립 및 시뮬레이션, 전략과 운영성과의 모니터링, 성과에 대한 평가 및 피드백과 같은 일련의 프로세스를 통합적으로 지원할 수 있다. 특히, 경영위험에 대한 효과적인 대응과 e-비즈니스 등 환경변화에 대한 능동적인 분석을 통하여, 전략적 기업경영의 전 과정을 효과적이고 통합적으로 관리한다.

SEM은 가치중심경영(VBM), 균형성과관리(BSC), 활동기준관리(ABM)로 구성되어, 최고경영층의 관심을 가치경영 핵심과제로 집중하도록 시스템화함으로써 언제, 어디서든지 즉각적인 경영성과 모니터링이 가능하도록 한다.

그림 14-12 SEM의 구성요소 및 연계도

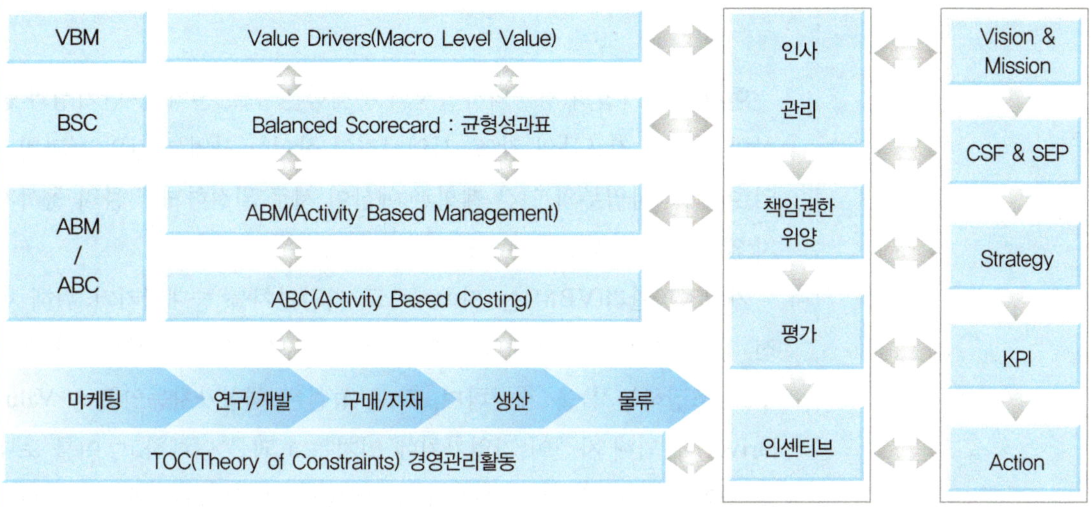

즉, SEM이란 "기업의 가치를 극대화하기 위한 경영전략을 수립하고 그 전략대로 경영활동이 효과적으로 이루어질 수 있도록 전략중심형 조직(SFO : Strategy Focused Organization)을 구축하고 실행하는 경영 프로세스와 시스템으로 운영되는 기업경영체계"이다.

SEM의 공통된 구성요소 중 가치경영관리(VBM : Value Based Management)는 가치창출요인의 관리, 가치중심의 사업운영을 지원하게 하며, 균형성과관리(BSC : Balanced Scorecard)는 비전 및 전략의 실행관리, 단기 및 중장기에 걸친 경영성과 관리를 가능케 하며, 활동기준관리(ABM : Activity Based Management)는 활동기준원가계산을 통한 수익성 분석을 기반으로 전략적 · 운영적인 의사결정을 지원한다. 제약이론(TOC : Theory of Constraints)은 조직의 목적 및 목표 달성을 위해 프로세스를 분석하여 가장 약한 부분의 자원을 집중해서 해결해 나가는 선택과 집중의 개념이다.

VBM은 가치창출 활동과 사업에 자원을 집중하게 하며, BSC는 비전 및 전략의 실행관리, 단기 및 중장기에 걸친 경영성과 관리를 가능하게 하고, ABM은 ABC를 통한 수익성 분석을 기반으로 전략적이고 운영적인 의사결정을 지원한다.

(1) 가치중심경영(VBM)

현재까지 기업의 경영의사결정의 문제점은 주로 손익 등 단기성과 중심의 회계적 지표들의 강조, 사업성격이 상이한 사업부 간의 성과비교의 어려움, 사업부의 연간 계획과 예산이 서로 밀접하게 맞물려 돌아가지 않는다는 점 등을 들 수 있다.

가치경영관리(VBM)는 지속적으로 기업가치를 증대시키기 위해 비전, 전략, 경영 프로세스 및 기업의 인적·물적자원을 가치창출단위 위주로 조정하는 툴을 제공하며, 각 구성원은 핵심가치동인(Key Value Driver)에 의해 자신이 기업가치에 미치는 효과를 이해하고, 이를 토대로 책임 있는 의사결정을 함으로써 강력한 동기부여와 양방향 커뮤니케이션을 실현할 수 있다.

가치중심경영이란 경영의사결정의 판단기준을 손익위주에서 기업가치중심으로 전환하여 장기적으로 기업의 미래성장이 유지되도록 계획(Plan), 실행(Do), 통제(See)함으로써 기업가치를 극대화해 나가는 경영사고를 말한다. 즉, '가치' 개념을 토대로 기업의 모든 경영활동을 '기

그림 14-13 Plan-Do-See 사이클의 가치경영

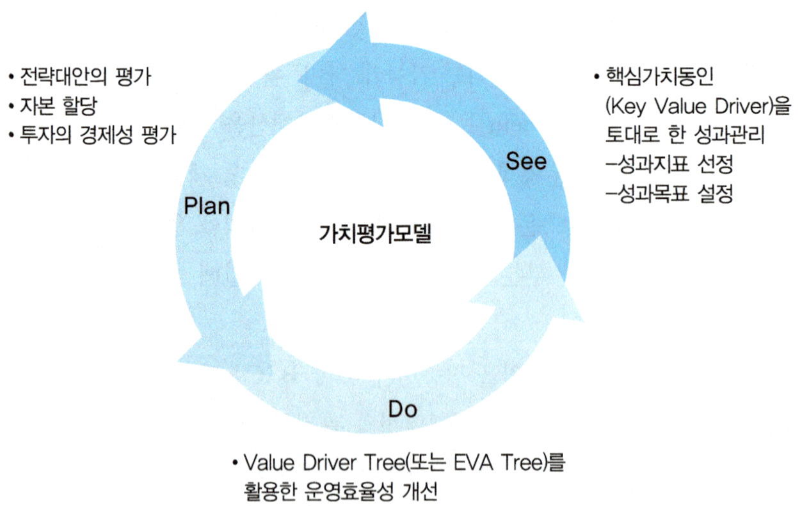

업가치증대'에 집중하도록 하는 경영사상이라 할 수 있다. 이러한 사상하에서 VBM 모델은 Plan-Do-See의 사이클을 가지고 있으며 각 단계에 따른 역할은 [그림 14-13]과 같다.

VBM을 도입하게 되면, 사업단위별로 투하자본을 고려한 경제적 부가가치(EVA : Economic Value Added) 개념을 통해 단기 사업실적을 평가하고, 중장기적으로는 현금흐름을 기반으로 사업부별 가치를 측정 및 평가할 수 있게 된다. 즉, 사업단위별로 향후 매출과 손익 등을 전망할 수 있게 되고, 이러한 전망치를 사업부별 예산편성의 기준으로 이용할 수 있다. 이를 통해 전체적으로는 예산편성 프로세스가 단순화 및 효율화되면서 가치창출 경영을 지원함과 동시에 장기전략에 입각한 투자예산 수립이 가능하게 된다.

기업은 가치경영관리(VBM)를 통해 회사, 사업단위, 부문, 제품별 가치를 평가하고, 가치창출 및 소멸요인을 파악하여 대응할 수 있으며, 자산효율이 극대화되는 방향으로 의사결정을 할 수 있다. 또한 사업단위별 가치 파악은 내부운영자원을 최적으로 배분하도록 하며, 기업은 사업의 단 · 중 · 장기에 걸쳐 기업가치를 극대화하는 방향으로 투자대안을 평가할 수 있다. VBM을 활용한 사업별 가치평가는 기업이 사업별로 가치창출부분과 가치소멸부분을 분석하게 하며, 핵심가치동인(Key Value Driver)을 활용한 상세한 시나리오분석은 가치창출을 극대화하는 전략을 수립하여 추진할 수 있도록 한다.

EVA를 논리적으로 분해하면, 다양한 사업 및 기업가치에 대한 가치동인도를 그릴 수 있으며, 이를 기초로 핵심가치동인(KVD)을 추출할 수 있다. 가치동인도를 활용하면 추세분석이나 경쟁기업과의 비교를 통해 핵심가치동인을 규명하고, 핵심가치동인을 활용하여 상세한 시나리오분석을 통해 가치창출을 극대화하는 전략을 수립하여 추진할 수 있게 된다. [그림 14-14]는 핵심가치동인을 활용한 통합경영을 보여준다.

이처럼 VBM은 지속적으로 기업가치를 증대시키기 위해 비전, 전략, 경영 프로세스 및 기업의 인적 · 물적자원을 가치창출단위 위주로 조정하는 틀을 제공한다. 그리고 각 구성원은 핵심가치동인(KVD)에 의해 자신이 기업가치에 미치는 효과를 이해하고 이를 토대로 책임 있는 의

그림 14-14 핵심가치동인의 활용 예

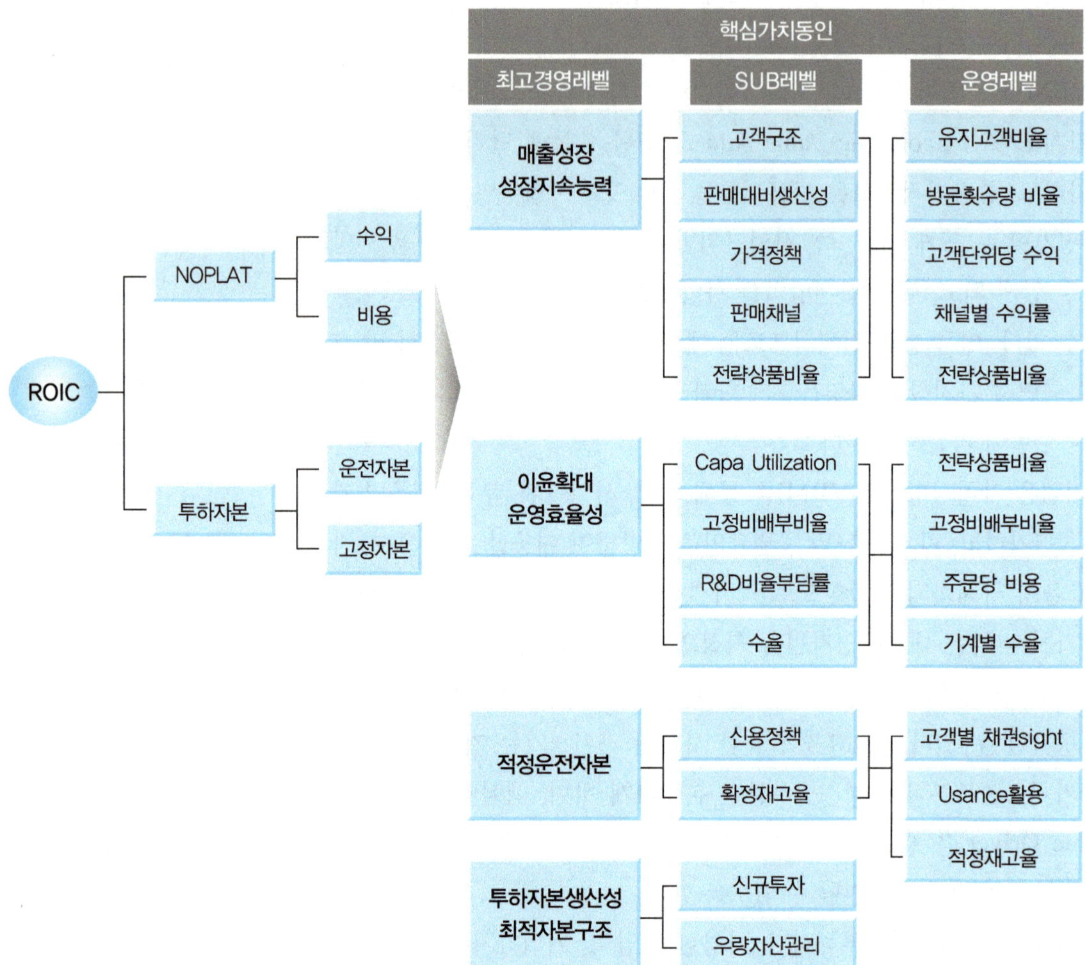

사결정을 함으로써 강력한 동기부여와 양방향 커뮤니케이션을 실현할 수 있게 된다.

(2) 균형성과관리(BSC)

1992년 「Harvard Business Review」에 캐플란과 노튼이 "The Balanced Scorecard-Measures that drive performance"를 기고한 후 균형성과관리(BSC : Balanced Scorecard)는 오늘날 거의 모든 회사들

의 핵심 경영기법으로서 중요한 경영 프레임워크 중 하나가 되었다.

BSC는 기업의 성과를 재무, 고객, 내부프로세스, 학습과 성장의 네 가지 관점에서 종합적이고 균형적으로 측정하는 성과관리시스템이다. 현재 BSC는 전략경영 지원과 전략적 의사소통, 균형적인 성과관리, 합리적인 평가 및 동기부여 그리고 책임경영체제 기반확보 등의 근거로서 기업에 필수적인 개념으로 자리잡아 가고 있다.

전략 전문가인 마이클 포터는 "궁극적으로 볼 때, 기업들 간에 원가와 가격에서 차이가 발생하는 원인은 제품이나 서비스를 창출 · 생산 · 판매 · 배달하는 데 요구되는 수많은 활동들에 있다"라며 경쟁우위를 위해서는 활동에 집중해야 한다고 지적하고 있다. 포터가 지적한 것처럼, 전략의 근본이 수백 개의 활동들을 선택하고 실행하는 것이라면, 전략은 기업의 최고경영층 몇 사람에게만 한정되어서는 안 된다. 전략은 모든 사람들이 이해하고 실행해야 하며, 기업은 전략을 중심으로 일체화되어야 한다.

성과관리시스템들은 조직의 일체화를 목적으로 설계되었으나, 문제는 이 시스템이 본연의 목적과 동떨어진 기능을 수행하는 데 있다. 따라서 기업에서는 전략경영의 올바른 구현과 이해관계자의 필요충족을 위해 궁극적으로 BSC에 의한 전략적 성과관리시스템을 필요로 하게 된다. BSC는 전략경영 지원과 전략적 의사소통, 균형적인 성과관리, 합리적인 평가 및 동기부여, 그리고 책임경영체제 기반확보 등을 근거로 기업에 필수적인 솔루션으로 자리잡아 가고 있다.

① BSC의 네 가지 관점

BSC는 기존의 재무지표들이 기업을 관리하기에 충분하지 않다는 것을 전제하고 시작한다. 재무지표들은 단지 과거의 사건에 대한 정보를 제공할 뿐이다. 고객, 공급업체, 종업원, 기술 혹은 혁신 등에 대한 투자를 통해 미래가치를 창출하는데 필요한 지침을 제공하는 데는 재무지표들이 도움을 주지 못한다. 따라서 BSC는 전통적으로 중요시되어 오던 재무적 관점 외에 고객, 내부프로세스, 학습과 성장이라는 3가지 비재무적 관점도 함께 고려함으로써, 조직의 전략을 입체적으로 관리하게 된다.

그림 14-15 BSC의 4가지 구성요소

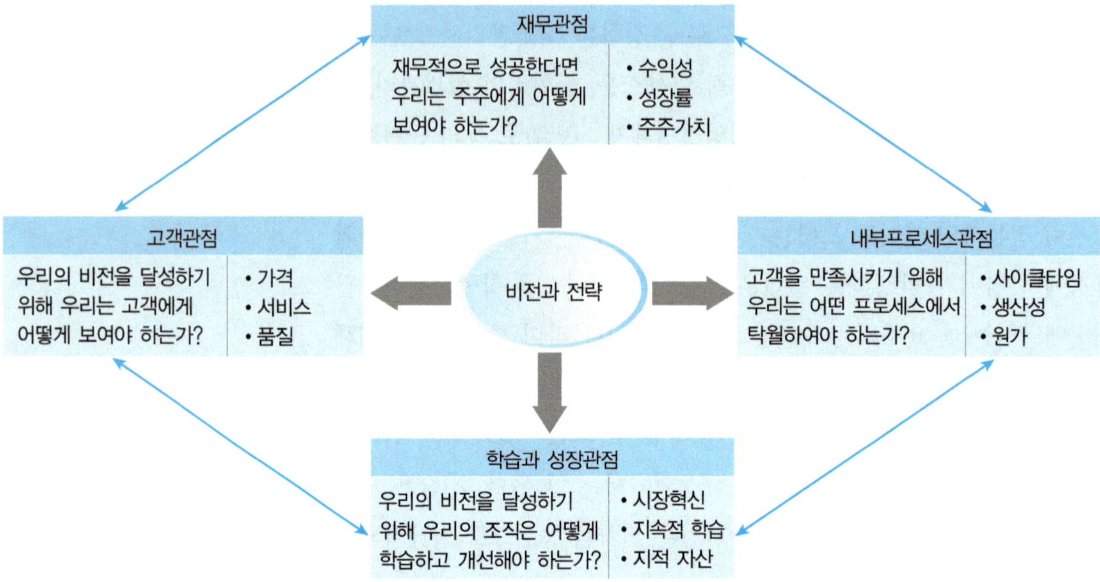

- 재무관점 : 주주의 관점에서 성장, 수익성, 위험을 살펴보는 전략
- 고객관점 : 고객의 관점에서 가치와 차별화를 창출하는 전략
- 내부프로세스관점 : 고객과 주주들의 만족을 창출하는 다양한 비즈니스 프로세스들의 전략적 우선순위
- 학습과 성장관점 : 조직의 변화, 혁신, 성장을 지원하는 풍토 창출을 위한 우선순위

BSC를 사용함으로써 기업 경영진은 사업단위들이 현재와 미래 고객의 가치를 창출하는 과정을 측정할 수 있다. 또한 미래의 성과를 향상시키기 위해 사람, 시스템, 절차에 어떤 투자를 해야 하는지도 파악할 수 있다.

BSC는 재무적 성과에 대한 관심을 유지하면서도, 탁월하고 장기적 가치를 가지며 경쟁력 있는 성과를 달성하는 동인들이 무엇인지 명백히 보여준다.

새로운 경영시스템으로서 BSC가 기존의 전통적인 성과측정시스템과 차별화되고, 나아가 경영자들에게 나침반 역할을 수행하기 위해서는 어떠한 요소를 갖추고 있어야 하는지를 고려해야 한다. 회사의 전략은 BSC 측정지표로 전환되어 관리 및 측정될 수 있으며, 이를 위해서는 인과관계, 성과동인, 재무적 목표로의 연결이라는 3가지 원리에 기초해야 한다.

- **인과관계** : 전략은 원인과 결과에 대한 가설이며, 인과관계는 조건과 결과(If-Then)의 형태로 표시된다. 따라서 측정시스템은 다양한 시각에서 이들 목표들 간의 관계를 명확히 함으로써 효과적으로 관리될 수 있어야 한다. 따라서 직원교육 강화 → 상품지식 습득력 향상 → 판매효율성 증대 → 상품의 평균이익 증대로 이어지는 인과관계와 같이 BSC는 연속적인 인과관계를 통해 전략을 표현할 수 있어야 한다.
- **성과물과 성과동인** : BSC는 성과를 유발할 수 있는 다양한 성과동인과 성과물이 잘 배합되도록 구축되어야 한다. 성과지표가 없는 성과는 그 결과물이 어떻게 성취되었는지를 전달하지 못하고 전략이 성공적으로 이행되고 있는지에 대한 정보 또한 제공하지 못한다. 또한 측정지표가 없는 성과동인은 그 지표가 최종적으로 재무적인 성과로 이어지고 있는지를 판단하지 못한다. 따라서 성과물과 성과동인이 충분히 고려된 전략이 세워지도록 성과물과 그 동인에 대한 깊은 성찰이 수반되어야 할 것이다.
- **재무적 목표로의 연결** : 모든 선택된 목표와 측정지표는 궁극적으로 재무 결과에 긍정적인 영향을 줄 수 있어야 한다. 고객, 내부 프로세스, 학습과 성장에 대한 목표와 측정지표들이 그 존재 자체로는 의미를 지닐 수 없기 때문에 이들 목표와 측정지표들은 서로 각각의 목표에 영향을 미쳐서 궁극적으로는 재무결과에 영향을 주어야 한다. BSC는 ROIC나 EVA 등의 재무적인 결과에 지속적으로 초점을 맞추어 개선 프로그램들이 궁극적으로 재무성과를 향상시키기 위한 구체적인 목표로 연결됨으로써 결국 조직이 실질적인 소득을 얻을 수 있도록 해야 한다.

② BSC 모델링과 KPI 도출방안

핵심성과지표(KPI)를 도출하기 위해서는 우선 전사 차원의 비전 및 전략목표를 수립해야 한다. 그리고 네 가지 관점에 따른 전략 및 추진목표와 연계된 핵심성공요인(CSF)을 정의한 후 조직 CSF 간의 인과관계를 도출한 뒤에, 이를 기초로 전사 차원의 KPI를 도출한 뒤 인과관계를 도출하도록 한다. CSF의 달성 여부를 측정하기 위해 개발된 KPI는 네

그림 14-16 BSC의 전략지도

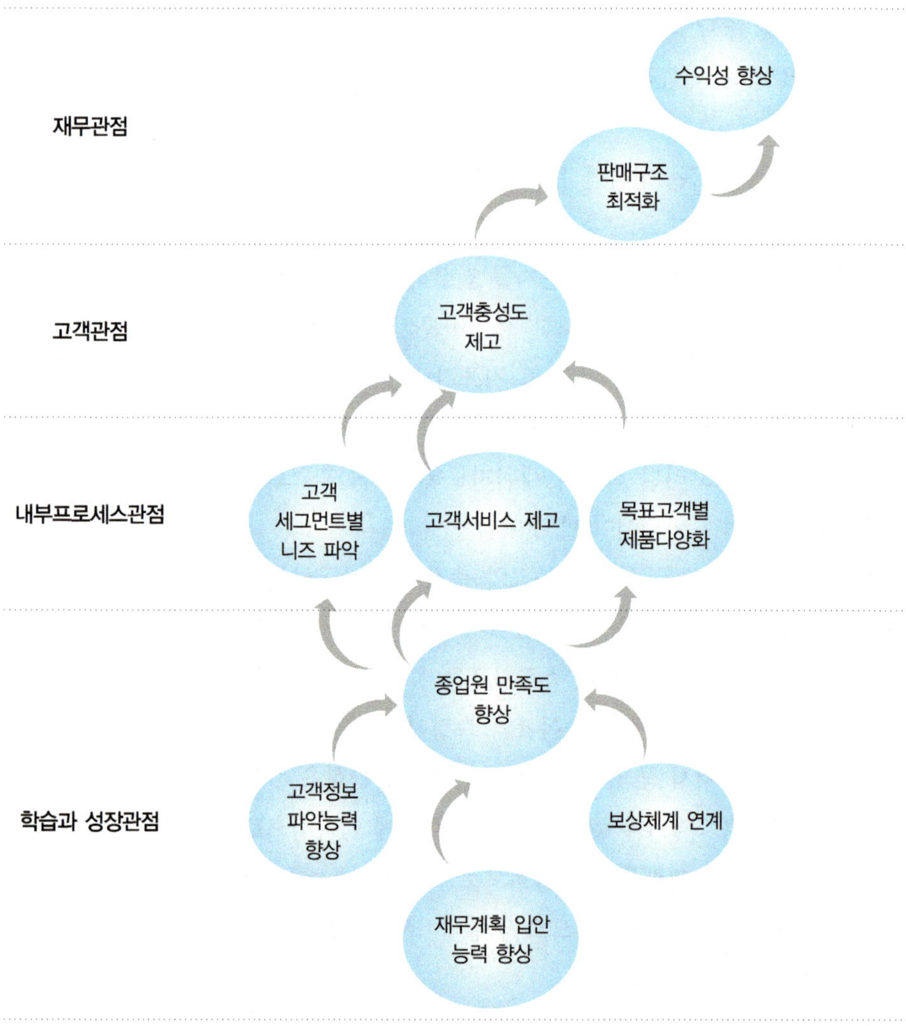

가지 관점을 바탕으로 도출된 것으로, CSF 간의 인과관계에 따라 KPI 간에도 인과관계가 형성될 것이다. 다음 단계는 다양한 관점을 통해 그룹 목표에 따른 KPI를 검토하고, KPI의 중요도를 고려하여 팀, 그룹별로 관리수준을 결정한 후, 그룹 KPI를 종합하여 전사 차원의 KPI를 선정한다. 선정된 KPI와 계산방식 등에 대한 관리방안이 마련되면, BSC 모델링 및 KPI 도출 프로세스가 완성된다. 이와 같이 완성된 KPI 및 전략과제는 하나의 지도로 볼 수 있도록 전략지도로서 구성된다([그림 14-16] 참조).

기업은 BSC를 통해 전략경영 지원과 관련된 업무활동을 핵심성과지표(KPI)를 통해 연계하여 실시간으로 모니터링하고 동시에 신속한 성과 교정 및 개선을 할 수 있게 된다. 더불어 전략목표에 대한 일체감의 형성을 통해 조직 간의 전략적 의사소통을 원활히 할 수 있게 된다. 또한 과거의 재무중심의 성과관리에서 재무뿐 아니라 고객, 내부프로세스, 학습과 성장의 시각에서 균형적인 성과관리를 실현할 수 있다. 공정한 지표로 합리적인 평가체제 구축이 가능하기 때문에 업무상의 동기부여를 통해 경영성과를 높일 수 있으며, 책임경영체제에 대한 기반을 확보할 수 있다. 따라서 현 상황에서 최고경영층과 전체 구성원이 함께 전략을 공유하고 실행할 수 있는 강력한 성과관리 도구가 지원된다면, 회사 비전을 더욱 용이하게 실현할 수 있을 것이다.

(3) 활동기준관리(ABM)

산업사회가 고도화되고 고객의 욕구가 다양해짐에 따라 직접노무비 비중은 급격히 감소하고 제조간접비의 비중은 급증하였다. 전통적 원가회계시스템에서는 제조간접비가 생산량과 비례하여 발생한다는 가정하에서 직접노무비나 직접노동시간 또는 직접재료비 등 생산량과 비례관계가 있는 조업도를 기준으로 제조간접비를 배부하였다. 이 방법은 제조간접비 비중이 적었던 시기에 사용하던 방법으로, 제조간접비가 생산량에 비례하지 않더라도 정확한 원가계산의 결과와 별 차이가 없고 원가측정 비용을 대폭 줄일 수 있어서 비용-효익 측면에서 오히려 더 효율적인 방법이었다. 이와 관련해서 피터 드러커는 전통적 원가계산시스템으로는 비생산원가에 대한 파악이 곤란하고, 제조방식 변화가 원가절감 및 경영활동에 미치는 효과 파악이 어렵다고 지적하였다.

이와 같이 전통적인 원가계산 방식만으로는 회사의 제품가격 의사결정이 왜곡되고, 이로 인해 최고경영자의 장·단기 의사결정이 잘못된 방향으로 기울어질 수 있다. 따라서 불필요한 활동을 제거하고 원가를 좀 더 효율적으로 절감함으로써 기업의 수익증대에 도움이 되는 방안이 절실히 필요하게 되었다. 이를 위해 개발된 원가계산 방법이 바로 ABC(Activity Based Costing)이다. ABC는 원가관리의 초점이 원가 자체에 있는 것이 아니라 활동에 있음을 인식하고, 원가를 발생시키는 활동별로 그 요인, 즉 원가동인을 확인·측정하여 원가동인을 기준으로 원가를 배부하고 활동별로 원가를 측정하는 기법을 말한다.

활동기준관리(ABM : Activity Based Management)는 의사결정 과정에서 경영자를 지원하는 강력한 도구이며, ABC 원가정보를 이용하여 기업에 나타나는 다양한 전략적이고 운영적인 의사결정이 이루어지게 하는 경영활동이다. ABM은 ABC를 활용함으로써 활동들에 대한 정확한 분석과 평가를 할 수 있으며, 이를 통해 기업 전체의 활동에 대한 능률을 개선할 수 있다. 또한 왜곡된 원가의 원인을 찾고, 이를 개선함으로써 기업이 잘못된 제품을 선택하는 전략상의 오류를 방지할 수 있다([그림 14-17], [그림 14-18] 참조).

ABM(Activity-Based Management)은 의사결정과정에서 경영자를 지원하는 강력한 도구이며, 이는 ABC 원가정보를 이용하여 기업에서

그림 14-17 ABM의 개요

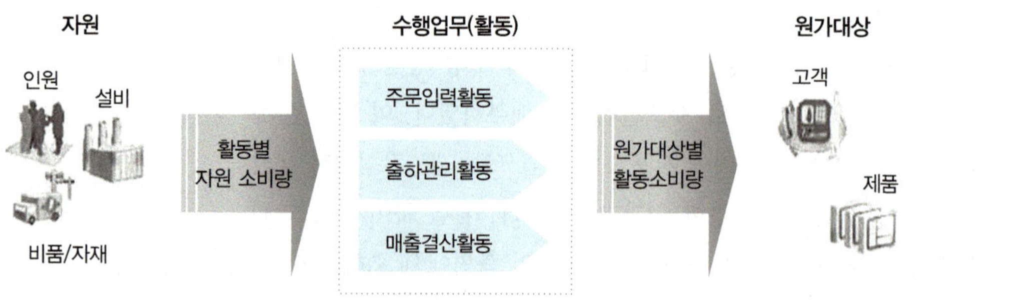

그림 14-18 전통적 방법과 ABM 방법의 비교

전통적 방법	
간접비	(천 원)
급여	700
복리후생비	300
감기상각비	600
비품	550
소모품	400
기타	260
총원가	2,810

ABM 방법	
간접활동원가	(천 원)
경영전략수립	500
마케팅전략수립	300
고객클레임처리	550
프로젝트관리	1,100
설비관리	360
총원가	2,810

나타나는 다양한 전략적 및 운영적인 의사결정이 이루어지게 하는 경영 활동을 의미한다.

오늘날과 같이 제조간접비 비중이 증가되고 있는 상황에서 전통적인 원가회계방식은 다음과 같은 문제점이 나타났다.

첫째, 직접노무비 등에 의해 제조간접비를 배부하므로 정확한 제품원가가 산출되지 않는다.

둘째, 정확한 제품원가가 산출되지 않는 관계로 제품의 수익성분석을 왜곡시킬 수 있다.

셋째, 기존의 원가시스템은 재무적 정보만 제공할 뿐 기업의 가치창조 활동 및 비재무적 측정치를 제공하지 못한다.

넷째, 제품의 수명주기에 따른 비용정보를 제공하지 못하고 있다.

이러한 문제를 해결하기 위하여 등장한 활동기준 경영관리의 주요한 특징은 ABC를 통한 정확한 원가산정 및 수익성 분석이다. 이는 자원과 활동 및 원가대상 간의 원가발생 인과관계에 따른 정확한 원가계산과 간접비에 대한 정확한 관리 및 배분을 통해 이루어진다.

ABC 방식의 원가계산 절차는 다음과 같다.

- 활동을 구분하고 각 활동을 분석한다. 활동분석은 활동의 원가와 성과를 측정하는 기초로서, ABC의 기본요소이다.

- 활동별로 원가를 집계하고, 활동에 따라 소비되는 자원인 원가동인을 결정하게 된다. 원가동인은 활동원가를 가장 직접적으로 변동시키는 것이어야 하며, 이는 활동원가의 배부기준이 된다. 원가동인은 회귀분석과 공정분석 등을 통해 파악할 수 있다.
- 활동별 원가배부율을 계산한다. 이는 활동별로 집계된 원가를 활동별 원가 동인수로 나눠주면 된다(활동별 배부율=활동별 집계된 원가/활동별 원가동인수).
- 제품별 원가를 계산하는 것으로, 활동별 원가배부율에 제품별로 파악된 원가동인수를 곱하여 제품원가를 계산한다(제품별 원가=Σ활동별 원가배부율×제품별 원가동인수).

ABM은 ABC를 이용하여 기업의 원가를 효율적으로 절감하며, 이 정보를 이용하여 계획 및 의사결정 단계에서 활용할 수 있다. 즉, 기존에 단순하게 책정되었던 원가 구분이 ABM을 통해 다양하게 세분되므로, 정확한 원가추정이 가능해지기 때문에 제품에 대한 정확한 원가를 산출할 수 있는 것이다. 또한 판매비와 관리비 또한 제조원가에 포함되기 때문에, 제품의 수명주기 단계에 따라 제품원가에 대응하는 가격을 효율적으로 결정할 수 있게 된다. 그리고 ABM에서는 고객도 원가대상으로 취급하기 때문에 고객별로 원가계산이 가능하며, 개별고객의 수익성을 정확하게 파악할 수 있으므로 기업활동에 도움이 되는 고객을 판별할 수 있게 된다. 또한 고객별 원가계산을 통해 고객서비스 가격을 결정할 수 있게 되면, 이를 통해 경쟁력을 더욱 강화할 수 있게 된다.

다음은 전략에 활용할 수 있는 분석으로 다차원적 · 전략적 수익성분석이다. 제품별, 조직별, 거래선별, 유통채널별 등 다양한 관점에서의 수익성분석을 하고, 이를 가격정책, 제품정책, 고객정책지원 등의 전략수립에 활용할 수 있다. 그리고 표준원가, 계획원가, 실제원가차이 분석을 통해 원가차이 구성요소 분석에 따른 품종별 원가계획을 수립할 수 있다.

경영계획을 위해 이익극대화를 위한 제품믹스를 산출하며 간접비 배부기준, 기준 변경에 따른 시뮬레이션 및 사전 원가계획 수립을 돕게 된다.

마지막으로, 활동기준 경영관리를 통해 내부프로세스 개선을 이룰 수 있다. 이는 활동별 관리 및 모니터링을 통해 부가가치를 내지 못하는 부문을 제거하고 효율적이지 못한 프로세스를 개선하게 되는 것이다. 이와 같은 특징 및 기대효과를 통해 기업의 수익성을 제고하는 데 중요한 전략정보로서 ABM 정보를 활용할 수 있다.

(4) TOC(제약이론, Theory of Constraints)

TOC는 조직의 목적 및 목표 달성을 위해 프로세스를 분석하여 가장 약하거나 병목이 되는 부분에 자원을 집중해서 해결해 나가는 선택과 집중의 개념이다.

부분최적화로는 전체최적화를 이룰 수 없으므로 조직의 지속적 성과 향상을 위해서는 제약요인의 집중관리와 개선을 효과적으로 추진해 나가야 한다.

여기서 제약요인에는 생산시설 등과 같은 유형적인 항목 이외에 비효율적인 구매방식, 잘못된 판매정책, 수요의 부족 등과 같이 무형적인 요인도 포함하여 해결해 나가는 관점의 전환이 필요하며, 궁극적으로는 ABM이나 BSC와 함께 연계되어 추진되어야 진정한 효과를 거둘 수 있다. 실제로 TOC를 통해 개선활동을 전개해 나가는데는 TQM, KM, CRM, SCM, ERP, PDM 등의 기존 비즈니스의 가치체인을 개선하기 위한 제반 기법과 시스템이 동원된다.

(5) SEM의 활용

[그림 14-19]는 영업이익이라는 핵심가치동인(KVD)과 이를 구성하는 하위 핵심성과지표(KPI)와 활동동인과의 인과관계를 보여주고 있다. 그림에서 현금기준 영업이익이라는 VBM의 가치동인은 제조원가, 공장생산성, 장비가동률이라는 BSC의 핵심성과지표(KPI)를 거쳐 ABM의 설계변경 요구횟수라는 활동동인과 연계되어 통합적으로 관리될 수 있다.

이와 같이 SEM을 통해 기업은 상위 가치동인에서부터 하위 세부활

그림 14-19 VBM, BSC, ABM의 연계흐름도

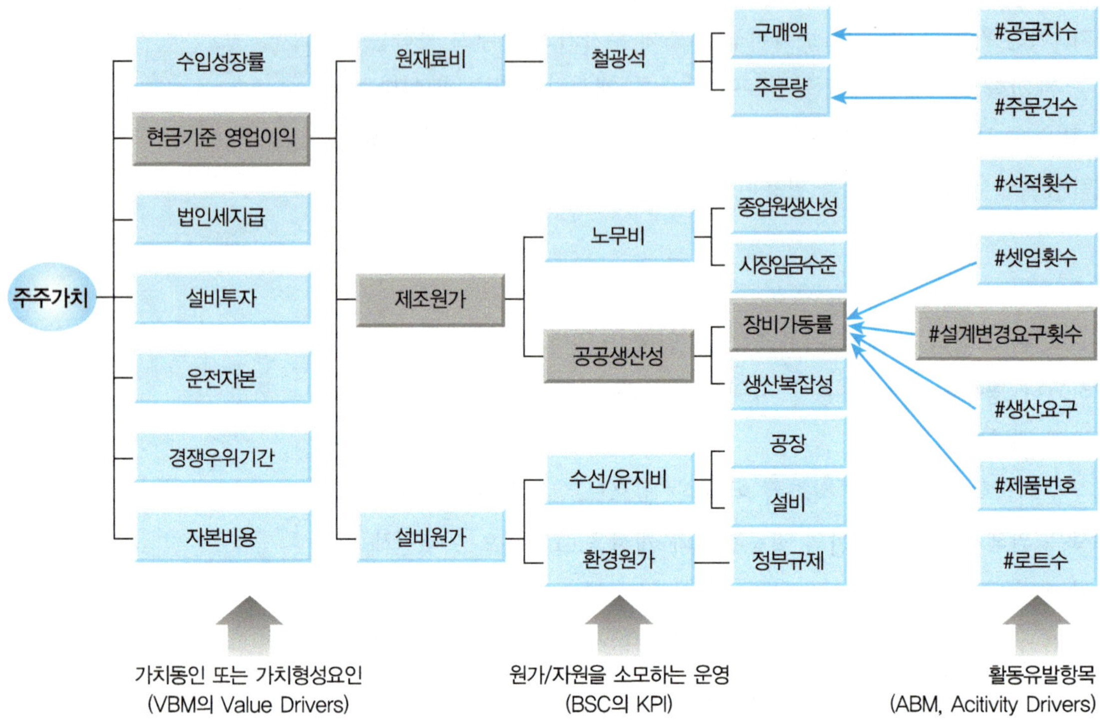

동 동인에 이르기까지 인과관계의 분석을 통하여 가치창출의 원인을 분석하고 이를 집중 관리함으로써 기업가치 극대화를 추구할 수 있다.

다. 비즈니스 인텔리전스의 활용

기업에서는 다양한 이유로 비즈니스 인텔리전스를 도입하고 있다. 재고관리, 원가통제, 벤더의 효과적인 관리, 세일즈나 마케팅 효과의 개선과 같은 특정 문제에 봉착하거나 비효율성을 개선하기 위해 비즈니스 인텔리전스를 도입하는 경우도 있다. 또한 전사적 차원의 조율, 고객유지율 개선, 또는 수익률 증가 등의 전략적 이슈를 해결하기 위해 비즈니스 인텔리전스 솔루션을 도입하기도 한다. 비즈니스 인텔리전스를 도입하기 전에 기업은 문제점이 무엇인지, 어느 정도의 개선효과를 기대하는지, 어떠한 타임프레임을 선택할 것인지에 대한 의사결정을 하고 그 결과를 측정하는 것이 중요하다. 따라서 성공적으로 비즈니스 인텔리전스를 운영하기 위해서는 다음과 같은 사항을 고려해야 한다.

첫째, 데이터의 품질과 정합성의 확보이다. 데이터의 정확성이나 신뢰성 상실은 비즈니스 인텔리전스 구현 시 가장 큰 걸림돌로 작용하기 때문에, 데이터의 통합, 데이터의 품질 향상을 위한 방안을 강구해야 한다. 둘째, 활용도 제고이다. 아무리 정교하고 체계적으로 개발된 시스템이라도 사용자가 활용하지 않는다면 이내 사장되고 만다. 특히 비즈니스 인텔리전스와 같은 분석 솔루션은 OLAP와는 달리 '안 쓰면 그만' 이고, 쓰지 않는다 해서 트랜잭션에 치명적인 장애를 발생시키는 것도 아니기 때문에 활용방안을 강구하지 않으면 큰 비용 낭비라 할 수 있다. 셋째, 효율적인 관리 및 확장이다. 개발 후 사용되지 않는 정보는 삭제하고, 사용도가 높은 정보를 튜닝하고, 보안 측면에서 권한 설정 및 다양한 기능을 추가하는 등 관리에 신경을 써야 한다. 또한 확장성을 감안하여 동일한 기술 기반하에 공통적으로 사용될 수 있도록 개발되어야 할 것이다.

EXERCISES 연·습·문·제

1. e-비즈니스 통합업무환경을 설명하시오.
2. SMS의 통합관리요소를 설명하시오.
3. EKP의 출현의미와 전망을 설명하시오.
4. RTE가 기업에서 각광받는 이유를 설명하시오.
5. BI와 ERP를 비교 · 설명하시오.
6. BI구성 중 SEM의 성과평가방법(VBM, BSC, ABM)들을 설명하시오.

Part 06

정보통신환경과 e-비즈니스 관련기술

Chapter 15 인터넷과 e-비즈니스 관련기술

e - 비 즈 니 스 . c o m

Chapter 15

인터넷과 e-비즈니스 관련기술

15.1 인터넷환경과 구성요소
15.2 네트워크와 전용회선
15.3 이동통신의 개요
15.4 e-비즈니스 관련기술

전 세계의 컴퓨터들을 공통된 규칙(기술)에 따라 상호 연결하고 있는 통신 네트워크를 인터넷으로 정의한다. 인터넷은 인프라뿐만 아니라 사람, 속도, 컴퓨터연결장비, 비즈니스관련 활동들에 있어 많은 변화를 가져왔고, 향후 미래에도 인터넷이 중심이 되어 변화를 이끌어 갈 것이다. 이러한 인터넷은 모든 산업분야뿐만 아니라 전 세계를 1일 생활권으로 묶고 있으며 인터넷을 통한 접속활동과 더불어 특히 전자상거래, e-비즈니스, 스마트 비즈니스시대의 활동이 점점 커져가고 있다. 본 장에서는 이러한 정보통신환경에서의 인터넷과 네트워크를 학습하고, 다양한 e-비즈니스 관련기술들을 통하여 새롭게 등장하고 있는 신기술에 대한 트렌드를 알아본다.

15.1 인터넷환경과 구성요소

인터넷이란 전 세계의 컴퓨터들을 공통된 규칙(기술)에 따라 상호 연결하고 있는 통신망(네트워크)이다. 이러한 통신망에 연결된 컴퓨터들은 국적에 관계없이 서로 통신, 파일 및 이미지 전송, 웹페이지 검색, 전자우편(e-mail) 전송, 상거래활동 등을 할 수 있다. 또한 통신망(network)은 각각의 통신장비를 연결하여 정보를 주고받을 수 있게 해주는 시설인데 이러한 통신망(network) 중에서 가장 접근하기 쉽고 널리 퍼져 있는 것이 전화망이다. 초기의 인터넷은 이 전화망을 통하여 등장하였다. 이러한 인터넷을 보다 쉽게 설명하기 위해서 우리가 일상생활에서 많이 사용하는 전화(phone)통신망을 예를 들어 설명해 보자.

우리가 다른 사람에게 전화를 하기 위해서는 전화통신망, 전화기, 전화번호가 필요하다. 모든 전화기는 전화통신망에 연결되어 있으며 이러한 통신망들은 국내뿐 아니라 국제적으로도 연결되어 있다. 또한, 다른 사람과 통신을 하기 위해서는 전화번호를 알고 있어야 한다. 이러한 조건이 갖추어지면 우리는 전 세계 어느 누구와도 전화로 통화할 수 있다. 전화망은 전 세계적으로 연결되어 있는 광범위한 망이고, 사용자들은 전화 수화기를 들고 원하는 곳의 전화번호를 누름으로써 상대방과 통화할 수 있다.

인터넷도 마찬가지 원리이다. 다른 컴퓨터와 통신을 하기 위해서는 인터넷통신망, 컴퓨터, 인터넷주소가 필요하다. 모든 컴퓨터는 인터넷 통신망에 연결되어 있어야 하며, 전 세계의 컴퓨터와 통신을 하기 위해서 국내뿐 아니라 국제적으로 통신망이 연결되어 있어야 한다. 그리고 우리가 다른 사람에게 전화를 걸 때 반드시 전화번호를 알고 있어야 하듯이, 인터넷에 연결된 다른 컴퓨터와 통신을 하기 위해서 일정한 형식의 인터넷주소가 필요하다. 이와 같은 조건이 만족되면 인터넷상에서 파일이나 이미지 자료를 주고받을 수 있으며, 다른 나라의 컴퓨터(웹서버)가 제공하는 정보를 웹브라우저를 이용하여 검색할 수 있고, 다른 사람에게로 전자우편을 보낼 수도 있다. 지금은 인터넷 전용망이 설치되어 더욱 빠르게 접근되지만 사실 비용이 많이 들어 초기에는 대부분 전화망을 연결하여 인터넷을 이용하였다.

가. 인터넷(INTERNET)의 정의

인터넷은 전 세계의 컴퓨터를 상호 연결하는 컴퓨터 통신망을 나타내는 단어로 **INTERnational NETwork**에서 나온 말이다. 오늘날 인터넷의 발전추세는 매우 빠르게 변화되면서 단지 전 세계의 컴퓨터를 연결하는 하나의 거대한 통신망을 나타내는 추상적인 단어 이상으로 의미가 더해지고 있다. 즉 인터넷은 거대한 통신망에 여러 대의 호스트(인터넷에 연결되어 있는 컴퓨터)가 연결되어 있어서 서로 정보를 주고받을 수 있다. 전 세계가 전화망으로 연결되어 있고 이 전화망에 전화를 연결해서 서로 목소리를 주고받을 수 있는 것을 생각하면 쉽게 이해가능하다.

인터넷의 고유기능은 정보검색, 전자우편이었다. 그러나 현재는 전화, 팩스, TV, 라디오, 신문, 전자상거래 등의 역할을 대신하면서 문자형태의 정보에서 음성, 소리, 이미지, 동화상, 멀티미디어 등을 동시에 전달할 수 있다.

개인 및 회사가 홈페이지를 소개하고, 전자우편을 통한 서류전달, 정보검색을 위한 도구로 응용되었지만 이제는 인터넷상에서 회사를 설립하고 판매를 하는 전자상거래 활동들, 사이버 은행 및 주식 등의 본격적인 업무활동, 인터넷을 통한 기업업무의 전산화한 인트라넷(Intranet), 그리고 기업과 기업 간에 연결이 가능하도록 지원하는 엑스트라넷(Extranet), 웹과 앱상에서의 영화, 게임 등의 대규모 오락사업 등과 같은 다양한 분야에서 응용되고 있다.

최근에는 모바일 환경에서 와이파이(WiFi), 3G/4G, LTE를 통한 무선환경 기반하에 때와 장소에 구애받지 않고 인터넷접속을 하고 있다.

나. 인터넷의 역사

1969년 미국에서 군사용으로 사용할 목적으로 하나의 거대한 통신망을 미국 내에 건설하기로 하였다. 미국 국방성의 연구계획기관(DARPA : Defense Advanced Research Project Agency)에서 연구원들과 군납업체, 관련 연구기관 간에 정보공유를 지원하기 위한 하나의 통신망을 건설한 것이 ARPANET이다.

ARPANET은 원격시스템 접속, 파일전송, 전자우편 및 정보공유가 가능한 컴퓨터 통신망으로서 미국의 중요한 네트워크로 확장되었다. 이후에 ARPANET에 사용하는 프로토콜(protocol)이 TCP/IP로 통일됨으로써 어떤 기종이든지 상관없이 정보교환이 가능하게 되었다. 이를 통한 정보교환이 급격히 팽창되자 당초 취지인 군사목적에 해당하는 부분은 MILNET(Military Network)라고 하는 새로운 통신망으로 떨어져 나가고 ARPANET은 일반 사용자가 사용하는 통신망이 되었다.

한편, 1980년대 말에 미국의 정부기관인 국립과학재단(NSF : National Science Foundation)은 5개의 슈퍼컴퓨터 센터를 설치하여 이를 대학 및 지역 연구소에서 사용할 수 있도록 하기 위하여 같은 프로토콜인 통신규약을 이용하는 NSFNET이라는 통신망을 만들어 운영하였는데 이 통신망은 전 세계를 연결하는 최대규모의 국제 학술 연구망으로 발전하였다. 특히 연구개발에 많이 사용되는 UNIX시스템에서 TCP/IP를 기본적으로 제공함으로써 학계와 연구기관에 쉽게 확산될 수 있었다. 오늘날에는 산업계의 참여로 인터넷이 상업화되어 일반인들이 참여하

그림 15-1 인터넷의 발전역사

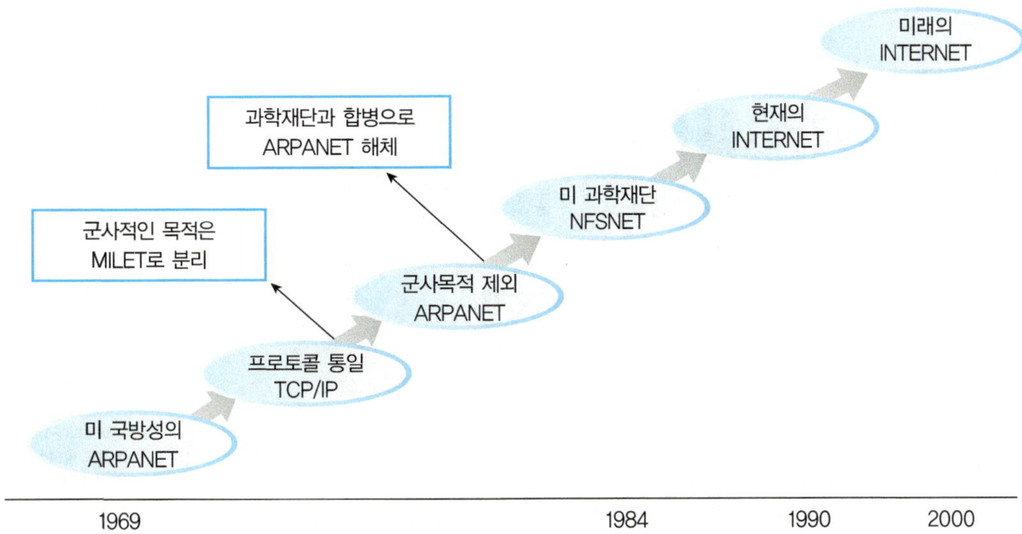

기 쉽게 되었으며 특히 멀티미디어 통신의 발달로 다양한 응용이 가능해 짐으로써 더욱 빠르게 확산되고 있다.

우리나라의 인터넷은 하나망(HANA), 연구전산망(KREONET), 교육전산망(KREN)의 3개의 전산망으로부터 시작되었다. 이 전산망은 교육기관, 공기업체, 정부, 연구소가 가입되어 있다. 또한 이 전산망은 학술전산망협의회(ANC : Academic Network Council)를 통해 서로 간에 조정과 협의를 하고 있다. 학술전산망협의회의 관할하에 한국네트워크정보센터(KNIC : Korea Network Information Center)를 운영하고 있다.

국내의 인터넷서비스 제공자는 비영리망과 영리망 2가지로 구분한다. 비영리망은 교육, 연구, 공공의 목적으로 사용되는 망을 말하며, 영리망은 사용목적에 제한을 두지 않고 요금을 지불하여 사용하는 망을 말한다.

1994년부터 한국통신에서 코넷(KORNet)을 통하여 상용 인터넷서비스를 시작했다. 같은 해 데이콤에서도 상용 인터넷서비스를 제공하기 시작하였다. 1995년에는 아이네트(INET)에서 인터넷 접속 서비스를

그림 15-2 국내인터넷망 구성도

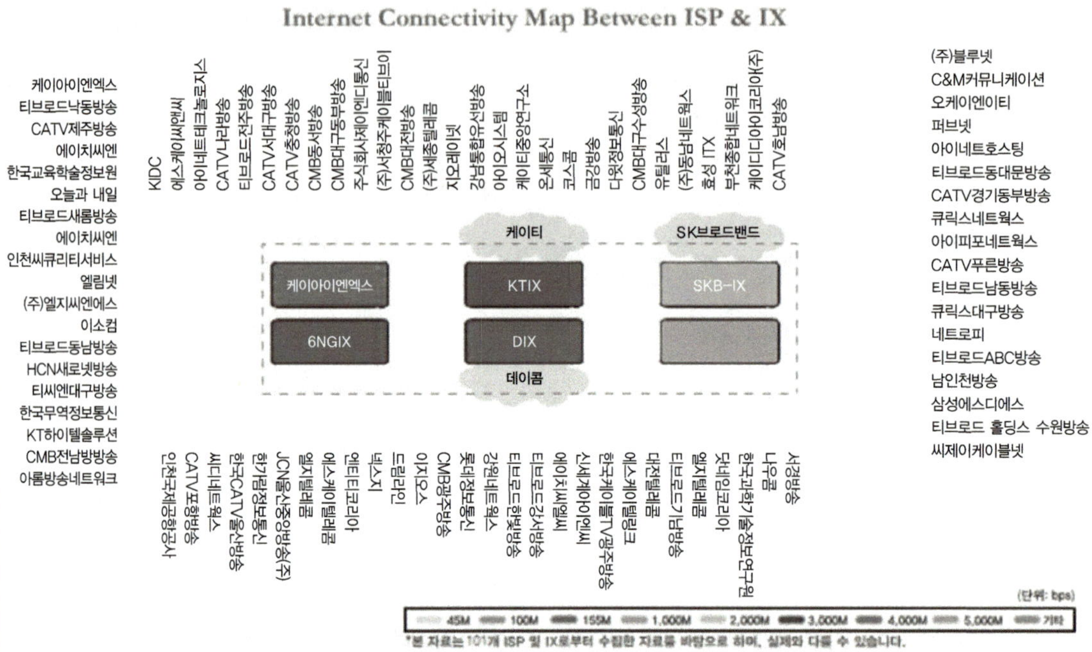

자료 : 한국인터넷진흥원, 2012. 9.

시작하였고 이후부터 많은 상용 인터넷서비스 제공자가 생겨나기 시작하였다. 현재는 대부분의 ISP & IX 서비스 제공자가 초고속 인터넷(xDSL, 케이블모뎀, LAN(아파트 LAN), FTTH, 위성)접속을 지원하며, 기관 사용자들을 위한 토탈 솔루션의 제공, 웹호스팅 서비스를 제공하며, 그 외에 인터넷 팩스 등의 서비스를 지원하기도 한다. [그림 15-2]는 2012년 9월 한국인터넷진흥원에 등록된 인터넷서비스 제공기관(ISP&IX)이다. 케이티, 데이콤, SK브로드밴드를 중심으로 국가기간망, 교육망, 공공망, 상업망 등 129개의 네트워크가 거미줄처럼 연결되어 다양한 형태의 인터넷서비스를 제공하고 있다. 각 네트워크는 네트워크 간 트래픽의 정도에 따라 T1(1.544Mbps), T3(45Mbps), E1(2.048 Mbps), 45M, 100M, 1,000M, 5,000M, 수십Gbps 등의 다양한 등급의 전용선으로 서로 연결되어 있다.

인터넷의 보급도를 나타내는 대표적인 지표인 국내 도메인수를 살펴보면, 1993년 인터넷이 국내에 보급된 시절에는 약 60여 개에 불과했지만 2013년 8월 1,192,431개로 많은 수가 등록되었다. 인터넷의 인구도 조사기관에 따라 약간은 차이가 있지만 2012년 9월 만 3세 이상 국내인터넷 이용자수는 약 3천7백만 명으로 조사되었고, 인터넷이용률은 78.0%를 나타내었다. 그리고 전 세계 인터넷 이용자수는 2008년 기준 약 15억 8천만 명인 것으로 조사되었다.

다. 인터넷의 구성도

인터넷은 각 기관의 TCP/IP를 사용한 LAN으로 구축된 서브망들이 서로 거미줄처럼 연결되어 거대한 컴퓨터 통신망으로 확장된 것이다. [그림 15-3]은 전형적인 LAN 구성도로 각 장치와 기능에 대하여 설명한다.

(1) 워크스테이션/서버(server)

네트워크를 구축할 때에 시스템의 자원을 관리하고 최적의 사용환경을 만들기 위해서는 서버들을 구축하는 것이 좋다. 네트워크에서 사용할 수 있는 서버는 파일서버, 데이터베이스서버, 응용 프로그램들의 서버들이 있다. 이러한 서버들은 자신이 담당한 자원(프린터, 데이터베이스 등)의 사용을 요구하는 클라이언트가 있을 때 그 요구에 상응하는 작업을 하거나 요청하는 자료를 전송해 준다. 이들은 하나 혹은 여러 컴퓨터에 분산하여 설치할 수 있다. 인터넷을 위한 서버 장비는 전자우편 서버, DNS서버, 홈페이지를 구축하는 데 필요한 웹서버가 있다.

LAN을 설치하기 위해서는 적절한 네트워크 운영체제(NOS)가 필요한데 주로 UNIX, Windows NT, Window 2000 server, Linux, 혹은 Windows 2000/XP/Vista, 윈도우 7 등을 사용하기도 한다. 네트워크 운영체제는 네트워크의 자원들을 적절히 활용하고 관리할 수 있도록 해주는 프로그램의 집합이다. 네트워크 운영체제를 탑재하는 데 사용되는 장비는 SUN, HP, RS6000 및 PC가 사용된다.

그림 15-3 인터넷망의 구성도

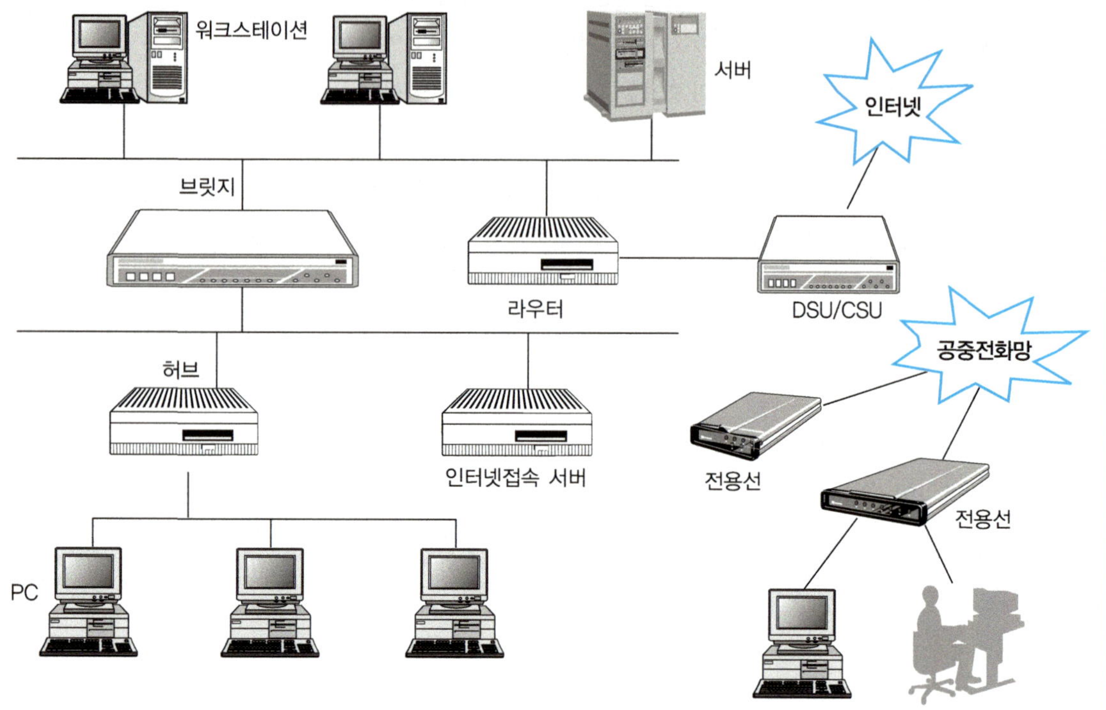

(2) 라우터(router)

LAN과 LAN을 연결해 주는 장비로서 전용회선을 통해 LAN에 연결된 모든 컴퓨터들이 동시에 인터넷을 사용할 수 있게 해주는 장비이다. 즉, 둘 이상의 네트워크를 서로 연결할 때에 라우터를 이용한다. 라우터는 두 개의 네트워크를 망계층(IP계층)상에서 서로 붙여주는 역할을 한다. 라우터는 다른 컴퓨터에서 전송되어온 데이터가 진행할 경로를 결정하는 일을 한다. 라우팅 정보를 참조하여 경로를 결정해서 데이터를 중계하며 서로 다른 네트워크를 연결해 주는 장비라 할 수 있다. 국내의 라우터는 주로 CISCO, Bay(3COM, Wellfleet), IBM제품이 사용된다.

(3) 브릿지(bridge)

브릿지는 하나의 네트워크를 두 개의 세그먼트로 나누었을 때 이 세그먼트들을 링크 계층에서 붙여주는 역할을 한다. 브릿지로 연결된 두 개의 세그먼트는 하나의 네트워크로 볼 수 있다.

(4) 게이트웨이(gateway)

게이트웨이는 서로 다른 통신규약을 사용하는 네트워크 간에 연결하기 위하여 자신의 통신규약을 상대편의 통신규약으로 바꾸어 주는 일을 하는 장비이다. TCP/IP를 사용하는 인터넷에서 다른 통신규약을 사용하는 컴퓨터 네트워크에 연결하려면 게이트웨이가 필요하게 된다. 그러나 최근의 게이트웨이는 주로 응용프로그램 게이트웨이를 의미하는 경우가 많다. 즉, 하위의 통신규약은 모두 TCP/IP를 사용하지만 응용 프로그램이 사용하는 통신규약이 다른 경우 이를 변환해 주는 일을 하는 프로그램을 가리키는 데 많이 쓰인다.

(5) 허브(hub)

LAN상에서 컴퓨터를 연결하는 방법은 선을 연결하는 방법과 통신규약에 따라 이더넷과 토큰링을 사용하는 방법이 있다. 그러나 이러한 모양은 사무실에 케이블을 늘어놓음으로써 관리가 불편하다. 따라서 허브를 사용하여 모든 컴퓨터가 선을 연결하는 집합장소가 된다. 허브 안에는 연결된 컴퓨터들이 이더넷 혹은 토큰링의 모양으로 연결되도록 회로가 구성되어 있다.

이더넷(Ethernet)
근거리통신망(LAN)을 위한 표준. 동축케이블에 연결된 각 단말기의 전송로의 신호유무를 조사해 다른 단말기로 데이터를 송출, 전송속도 10Mbps인 LAN 표준 규격의 일종

토큰링(Token-ring)
고리형태를 갖는 네트워크에서 모든 단말들이 물리적인 실제의 고리모양으로 구성되고 이 고리 주위로 토큰(송신권)이 순환한다.

(6) 네트워크 어댑터(network adapter)

네트워크 어댑터 혹은 네트워크 인터페이스카드(NIC : Network Interface Card)는 네트워크에 연결된 컴퓨터가 데이터를 네트워크에 보내고자 할 때 네트워크에서 사용하는 통신규약에 맞게 데이터를 조립하고 전송절차를 밟아 전송해 준다. 또한 통신규약의 링크 계층에 필요한 일들을 한다.

네트워크 어댑터는 LAN카드 혹은 모뎀을 사용할 수 있다. 네트워크 어댑터에는 물리적으로 케이블을 연결하기 위해 한 개 이상의 포트를 가지고 있다. 모뎀에는 전화선을 연결하기 위한 포트가 있고, LAN카드

에는 10Base/T의 RJ-422잭이나 10Base/2의 BNC 형식의 커넥터를 위한 포트가 있다.

(7) DSU/HSM/CSU

한 기관의 네트워크를 전용선을 사용하여 다른 네트워크에 연결할 때 네트워크에서 원거리의 다른 네트워크로 데이터를 전송하기 위한 장비이다. DSU/HSM/CSU는 일반 모뎀처럼 아날로그 방식이 아니라 디지털 방식의 신호를 전달한다. 64Kbps 이하에서는 DSU를, 128Kbps에서는 HSM을, 1.544Mbps에서는 CSU를 각각 이용한다.

- DSU(Digital Service Unit, Data Service Unit) : DSU는 디지털 전용회선을 사용할 때 필요한 장비로, 처리할 수 있는 속도는 9.6Kbps~56/64Kbps이다. 보통 컴퓨터에서 많이 사용하는 MODEM(MOdulator DEModulator)은 아날로그 회선에서 사용하며 디지털 데이터를 아날로그 신호로 바꾸거나 그 역기능을 한다. 그러나 DSU는 디지털용 전용회선에 사용하는 장비로 2진 직렬 디지털 데이터를 Return-to-Zero 방식의 바이폴라로 변환해 주는 역할을 한다. 그래서 디지털 서비스 유니트라고 한다. DSU는 모뎀에 비하여 상당히 단순하다. 신호의 변조 과정이 없이 단순히 유니폴라신호를 바이폴라신호로 변환하여 주는 기능만 제공하기 때문이다. DSU의 주요 구성 모듈은 Bipolar Encoder/Decoder와 Digital Phase Lock Loop이다.
- HSM(High Speed Modem), FDSU : HSM은 128Kbps~256Kbps의 속도에서 사용하며 요즘은 주로 FDSU(T1까지 지원)가 많이 사용된다.
- CSU(Channel Service Unit) : CSU는 T1/E1 트렁크를 수용할 수 있는 장비로서 채널 단위로 속도를 나누어 쓸 수 있는 장비이다. 채널은 56Kbps 혹은 64Kbps의 전송속도를 말하며, 이 채널의 조합으로 128Kbps, 256Kbps, 512Kbps 등의 전송속도를 낸다. 이런 여러 개의 채널을 MUX라는 집중화 장비가 모아서 하나의 대용량 전송로를 통하여 한꺼번에 전송하게 되는데 이것을 트렁크

전송방식이라고 한다(T1/E1). 전송방식의 차이로 T1(24Channel), E1(30Channel)으로 구분된다.

라. 인터넷 접속기술

(1) TCP/IP 프로토콜

우리가 컴퓨터를 통해 인터넷을 접속하든, 공유 폴더/파일에 접근하든, 메일을 주고받든 네트워크 프로토콜을 알게 모르게 이용하게 된다. 이렇듯 컴퓨터통신에 이용되는 프로토콜은 여러 가지가 있는데, 컴퓨터와 인터넷을 사용하면서 흔히 접하게 되는 프로토콜에 대하여 알아보자. 프로토콜(protocol)은 컴퓨터뿐만 아니라 다양한 방면에서 통용되는 용어이다. 공상과학영화 등을 보면 자주 나오는데, 사전적으로는 '규약', '약속' 등을 의미한다. 컴퓨터 네트워크에서의 프로토콜은 두 기기(이기종 컴퓨터)가 서로 통신하기 위한 사전 약속으로 해석할 수 있다.

프로토콜(Protocol)
두 대의 컴퓨터가 어떻게 하면 원하는 정보(메시지)를 교환할 수 있을지 메시지의 형태(format)와 기본규칙을 규정해 놓은 것

MS 윈도우 운영체제에서도 TCP/IP라는 프로토콜을 자주 접하는데, 이는 한마디로 '인터넷 접속'을 위한 통신규약이라 정의할 수 있다. 이는 TCP라는 프로토콜과 IP라는 프로토콜을 합쳐서 사용하는 것으로, '123.123.123.123'과 같은 IP 주소체계를 사용하면서(IP 프로토콜의 특징), 신뢰성 높은 데이터 송·수신을 제공한다(TCP 프로토콜의 특징)는 의미이다.

표 15-1 ■ TCP/IP 프로토콜의 구성

명칭	기능	프로토콜 명
애플리케이션층 (Application layer)	애플리케이션 간의 통신 처리	HTTP, POP, SMTP, FTP 등
트랜스포트층 (Transport layer)	데이터전송관리	TCP
인터넷층 (Internet layer)	어드레스 관리와 경로 선택	IP
네트워크 인터페이스층 (Network interface layer)	물리적인 접속기기 간의 통신을 확보	Ethernet

그리고 인터넷통신에서는 TCP/IP라는 프로토콜을 사용한다. 또 TCP/IP 중에는 몇 개의 프로토콜이 규정되어 있다. 예를 들면 웹페이지의 통신을 수행하는 HTTP와 메일 송·수신을 수행하는 POP와 SMTP, 파일전송을 수행하는 FTP 등이 여기에 해당된다. TCP/IP 프로토콜의 구성을 계층별로 나타내면 [표 15-1]과 같다.

이에 따라 전 세계의 모든 컴퓨터 기기가 인터넷을 통해 상호 연결되기 위해서는 TCP/IP라는 통신규약을 사용해야 하고, 그 일환으로 IP 주소를 각각 부여하고 있다. 윈도우 운영체제의 네트워크 속성 등에서 보는 'Internet Protocol Version 4(TCP/IPv4)'가 바로 이것이다(MS 윈도우7 기준).

그림 15-4 인터넷 연결을 위한 TCP/IP

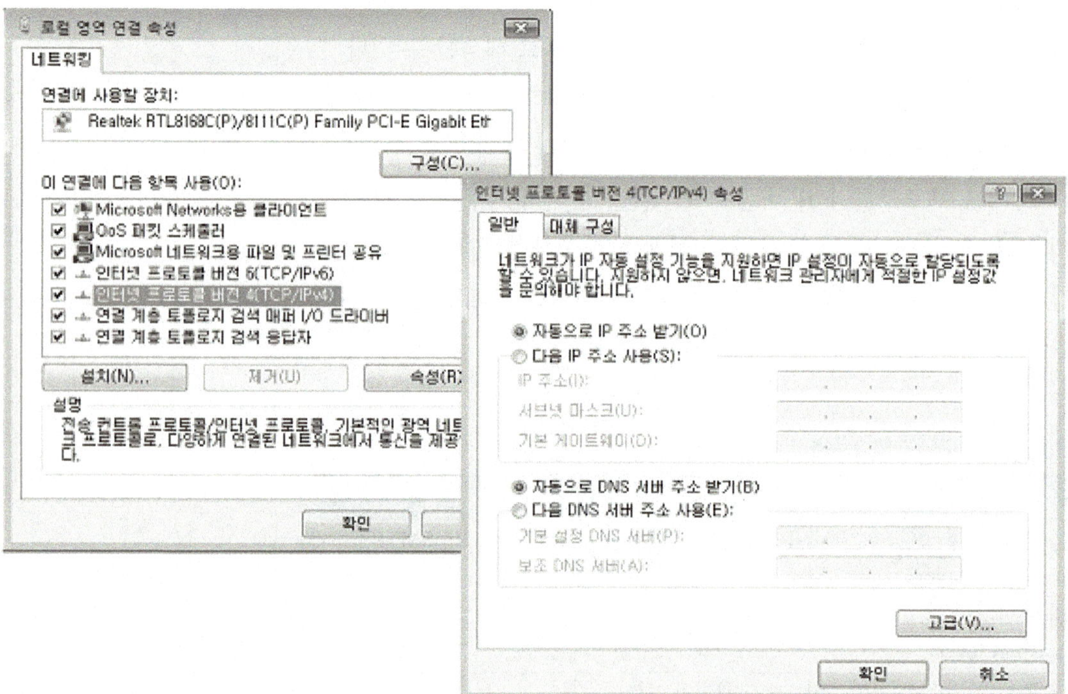

(2) e메일을 받고 보내기 위한 규약 : POP/SMTP

편지를 정확하게 보내고 받기 위해 우리는 우편번호를 적고, 보내는 사람 주소 위치, 받는 사람 주소 위치를 구분하여 기재한다. 이것이 편지 송·수신에 대한 사회적인 규약이다. e메일(이하 메일)도 마찬가지다. 메일을 인터넷으로 보내기 위한 프로토콜(POP)과 받기 위한 프로토콜(SMTP)을 정확히 구분해서 사용해야 한다. 일반적으로 네이버 등의 포털사이트의 메일서비스를 통해 메일을 주고받을 때는 이들 메일 프로토콜에 대해 몰라도 된다. 포털 측에서 미리 설정해 뒀기 때문이다.

한편 메일을 수신하는 프로토콜은 POP 이외에 IMAP이라는 것도 많이 사용된다. 스마트폰 등에 주로 적용되는데, 메일 수신함을 폴더 형태로 편리하게 사용할 수 있거나 서버의 메일 수신함과 기기의 수신함을 동기화시킬 수 있고, 메일 미리 읽기 등이 가능하다는 특징이 있다. 설정하는 방법은 POP와 동일하다. 네이버의 경우 메일 수신 서버 설정에 imap.naver.com이라 입력하면 된다.

그림 15-5 e메일을 받고 보내기 위한 규약 : POP/SMTP(예를 들어 네이버 설정)

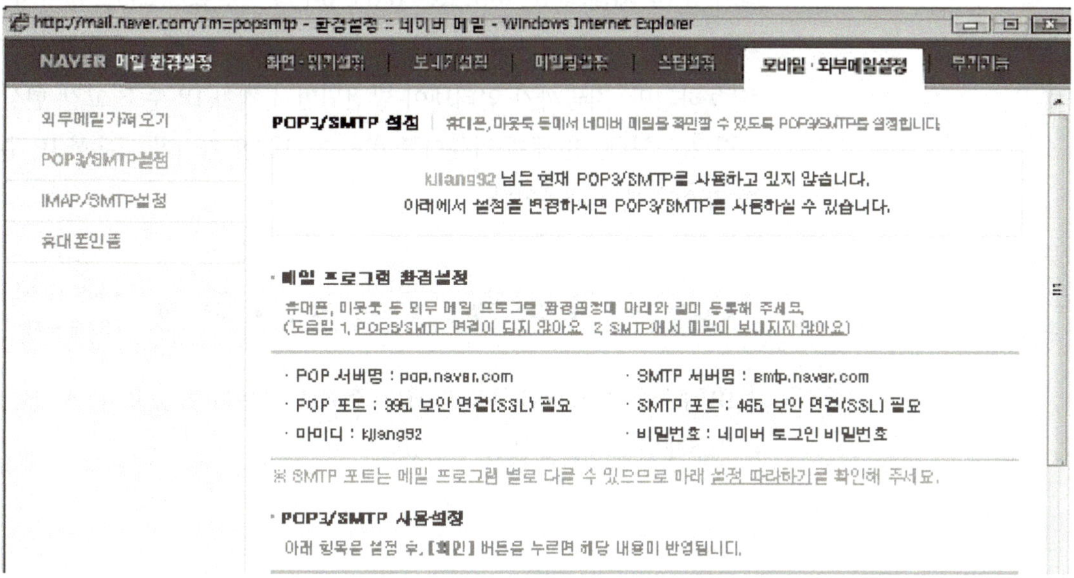

(3) IP 주소

편지는 받는 사람의 주소를 토대로 정확하게 배송한다. 이메일도 마찬가지로, 이메일 주소가 있어야 원하는 내용을 원하는 사용자에게 보낼 수 있다. 컴퓨터 네트워크에서 IP(Internet Protocol) 주소는 전 세계 컴퓨터에 부여된 고유의 식별주소다. 이론적으로 세상의 모든 컴퓨터(또는 네트워크 기기)는 중복되지 않는 IP 주소를 가지고 있어야 한다. 그래야 상호 충돌 없이 네트워크에 연결될 수 있기 때문이다. 따라서 IP 주소는 컴퓨터끼리 서로 통신하기 위한 '전화번호'라 생각하면 이해가 쉽다.

참고로 IP 주소는 각 나라의 공인기관에서 할당 · 관리하는데, 우리나라는 한국인터넷진흥원(www.krnic.or.kr)이 이에 해당된다.

2013년 8월 현재, 인터넷에 연결된 컴퓨터(혹은 모바일기기 등)에 할당된 IP 주소는 거의 대부분 IPv4(IP version4) 형태다. 이 IPv4의 주소 체계는 3자리 숫자가 4마디로 표기된다(각 마디를 옥텟(octet)이라 한다). 표기되는 숫자는 총 32개다. 예를 들어, '123.123.123.123'과 같은 식이다. 단 각 마디(옥텟)의 숫자는 255(0~255)를 넘을 수 없다. 따라서 IPv4 체계의 IP 주소로는 0.0.0.0부터 255.255.255.255까지 약 42억 개의 주소를 사용할 수 있다. 숫자로 보면 IP 주소가 엄청나게 많은 듯하지만, 지금까지 인터넷이 발전되면서 점차 IP 주소 고갈 현상이 나타나고 있다. 전 세계 컴퓨터를 비롯한 다양한 기기가 고유한 IP 주소를 가져야 하기 때문이다.

123.123.123.123

• 4마디(옥텟)
• 32개 숫자

IP 주소는 Network주소와 Host주소로 나누어져 있으며, A, B, C, D, E 5개의 Class로 구성되어 있다.

- A Class : Network Address 0~127
  (1.0.0.1~127.255.255.254)

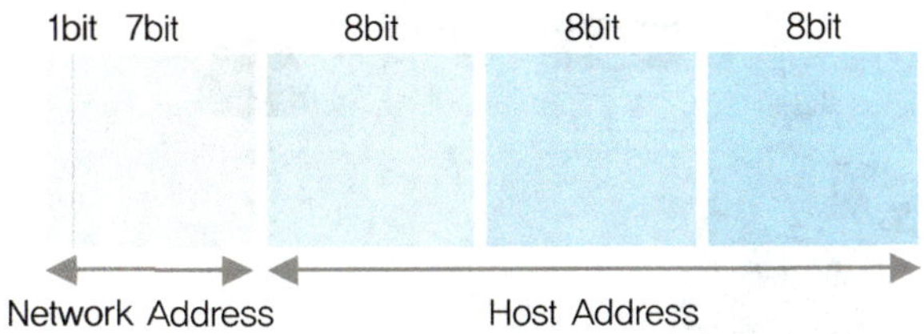

- B Class : Network Address 128~191
  (128.0.0.1~191.255.255.254)

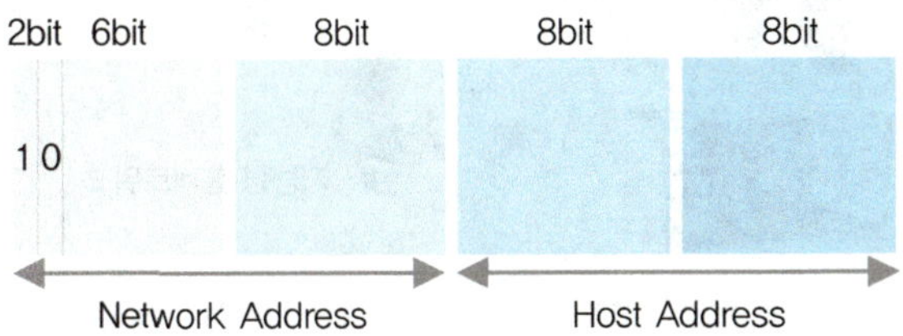

- C Class : Network Address 192~223
  (192.0.0.1~223.255.255.254)

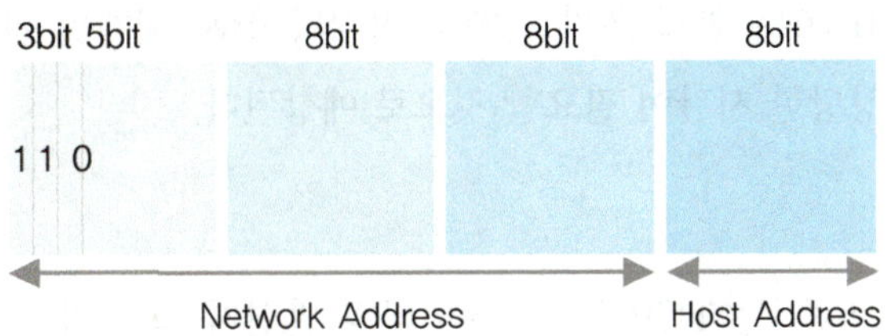

- D Class : IP 멀티캐스트용(224~239)
- E Class : 미래사용을 위한 유보용(240~254)

이와 같은 IP 주소 부족 문제를 해결하기 위해 제안된 새로운 IP주소 체계가 IPv6다. 이는 기존 IPv4의 32개 숫자가 128개로 늘어나고, 마디도 4개에서 16개로 증가한 형태다. 예를 들어, 3.4×10의 38승에 해당하는 IP 주소를 사용할 수 있게 된다. 한 마디로 거의 무한대로 사용할 수 있는 정도다. 이렇게 되면 컴퓨터 관련 기기뿐 아니라, 냉장고, TV, 세탁기, 전자레인지 등 일반 가전에도 IP 주소를 부여할 수 있어 각 기

그림 15-6 유비쿼터스 컴퓨팅환경

자료 : IT 동아.COM, 2010.

기 간의 통신이 가능해지며 이러한 통신환경을 일컬어 '유비쿼터스'라고도 한다. 다만 IPv6는 현재 초기 단계라 현재의 IPv4 체계를 완전히 대체하기까지는 상당한 시간이 필요할 것으로 예상된다.

(4) IPv6

IP(인터넷 프로토콜)는 TCP/IP 중 데이터의 발신지, 목적지 주소를 갖고 데이터가 마지막 목적지까지 안전하게 전달되도록 하는 기능을 갖고 있는 프로토콜이다. IPv6는 IPng의 일부분으로 여기서 ng는 New Generation의 약자로 계속해서 IP가 업그레이드될 것을 말하고 IPv6에서 v6는 IPng의 6번째 버전이라는 뜻이다. 버전 업그레이드 작업은 앞으로도 계속 인터넷 표준화 작업 기구인 IETF를 통해 진행되고 있다.

IETF(Internet Engineering Task Force)
망설계자, 운영자, 업체 그리고 연구자들에 의해 구성된 대규모의 개방된 기구

이렇게 IPv6가 필요하게 된 것은 현재 인터넷사용자가 급증하고 있기 때문이다. 예로 1997년 1월 전 세계 호스트는 1천7백만 개였는데 2005년에는 호스트 수가 약 2억 6천 개로 파악되고 있다. 이렇게 호스트가 증가하면서 이를 지원하기 위해 IPv6가 등장하게 되었는데 현재

표 15-2 ■ IPv4와 IPv6의 비교

구분	IPv4	IPv6
주소크기(개수)	32비트(약 43억 개)	128비트(약 43억×43억×43억×43억 개) → 거의 무한대
표시방법	8비트씩 4부분으로 10진수로 표시 (예: 201.25.6.33)	16비트씩 8부분으로 16진수로 표시 (예: 2002:0203:abcd:dddd:0000:gggg:1111:4c2f)
헤더필드	기본 12개(복잡)	기본 8개(단순)
플러그 & 플레이	없음	확장기능에서 기본으로 제공
주소할당체계	A, B, C, D 등 클래스단위의 비순차적 할당(비효율적)	네트워크 규모 및 단말기수에 따른 순차적 할당(효율적)
mobile 기능	곤란(비효율적)	가능(효율적)
웹캐스팅	곤란	가능
보안	IPsec 프로토콜 별도 설치	확장기능에서 기본으로 제공

32bit(IPv4)를 훨씬 능가하는 128bit가 만들어졌다.

128bit
$2^{128} \fallingdotseq 3.4 \times 10^{38}$

IPv6는 암호처리 및 사용자 인증기능을 내장, 보안기능이 없는 기존 IPv4에 비해 훨씬 안정적인 네트워크를 구성할 수 있을 것으로 보고 있다.

그리고 IPv6가 사용되면 지금의 통신환경이 많이 바뀌어야 한다. 이것은 IPv6가 사용될 경우 LAN카드부터 스위치, 라우터 등 모든 네트워크장비가 새로 개발돼야 하기 때문이다. 현재 전 세계에서 테스트 중에 있으며 앞으로 실제 사용이 될 때까지 많은 시간이 걸릴 것으로 보고 있다.

(5) 형태 및 용도에 따른 구분

IP 주소는 사용목적과 용도 등에 따라 여러 가지로 구분된다.

① 공인 IP 주소

공인 IP 주소는 공인기관에서 인증한 공개형(public) IP 주소다. 인터넷 유·무선 공유기를 사용하지 않는 한 컴퓨터 등에서 사용하는 대부분의 IP 주소는 공인 IP 주소다. 우편물로 치면 우체국에서 배달하는 실제 주소인 셈이다. 이 주소는 외부로 공개되어 누구라도 그 주소로 우편물을 보낼 수 있는 것처럼, 공인 IP 주소도 외부에 공개되어 있어 다른 컴퓨터 등에서 검색, 접근이 가능하다. 예를 들어, 내 컴퓨터의 IP 주소가 100.100.100.100이라면 인터넷에 연결된 어떤 사용자(혹은 컴퓨터)라도 이 IP 주소를 토대도 내 컴퓨터에 (1차) 접근이 가능하다. 따라서 공인 IP 주소를 사용하려면 보안장비(방화벽 등)가 반드시 필요하다. 다만 가정에서는 가입한 인터넷서비스회사(KT나 SK브로드밴드 등)에서 보안서비스를 제공하고 있기에 크게 걱정할 필요는 없다.

② 가상 IP 주소

공인 IP 주소가 공개형이라면 가상(private) IP 주소는 폐쇄형이다. 종종 '사설 IP 주소'라고도 하는데, 공인되지 않은 가상의 IP 주소라는 의미 때문이다. 즉, 이 가상 IP 주소는 외부에 공개되지 않아 외부에서 검색, 접근이 근본적으로 불가능하다. 가상 IP 주소는 주소 대역이 3개로 고정되어 있다. 이를테면, '192.168.xxx.xxx'와 '172.10.xxx.xxx', 그리고 '10.xxx.xxx.xxx' 대역이다. 가상 IP 주소는 인터넷 유무선 공유기를 사용할 때 흔히 접하게 되는데, 하나의 공인 IP 주소를 공유하여 여러 대의 컴퓨터가 인터넷에 접속하게 하려면 가상 IP 주소가 필요하기 때문이다. 그동안 컴퓨터 한 대에 100.100.100.100라는 공인 IP 주소로 인터넷에 접속하다가 유·무선 인터넷 공유기를 설치해 연결했다면, 공유기의 IP 주소가 100.100.100.100이 되고 공유기에 연결된 컴퓨터는 192.168.0.10 등과 같은 가상 IP 주소가 할당된다. 이러한 가상 IP 주소를 사용하는 이유는 두 가지 때문이다. 하나는 방금 언급한 IP 주소를 공유하기 위함이다. 이는 IPv4의 IP 주소 부족 문제를 해결할 수 있는 방안이기도 하다. 공유기가 없다면 사무실에 있는 10대의 컴퓨터 각각에 모두 공인 IP 주소를 부여해야 하지만, 공유기가 있으면 1개 공인 IP 주소만 공유기에 할당하고, 10대의 컴퓨터는 가상 IP 주소를 각각 할당받아 인터넷에 접속할 수 있게 된다. 또 하나의 이유는 보안 때문이다. 가상 IP 주소가 할당된 컴퓨터 등은 외부에서 검색, 접근이 기본적으로 불가능하다. 일반적으로 인터넷 공유기가 그러한 보안 장비의 역할도 수행하고 있다.

③ IP 주소 확인하는 방법

자신의 컴퓨터에 어떤 IP 주소가 설정되어 있는지 궁금할 것이다. 사용하는 운영체계가 MS 윈도우 XP, 또는 비스타7이라면 '시작'→'실행'→'cmd' 입력하고 엔터를 치면 '명령 프롬프트' 창이 나타난다. 여기서 'ipconfig /all' 명령을 실행하면 현재 IP 주소 등을 비롯한 각종 네트워크 정보를 확인할 수 있다. '명령 프롬프트' 외에도 IP 주소를 확인할 수 있는 방법은 다양하다.

④ IP 주소의 동반자, 서브넷 마스크

IP 주소가 '바늘' 이라면, 서브넷 마스크(subnet mask)는 '실' 이다. 네트워크에 연결되려면 이 두 정보는 반드시 쌍으로 입력되어야 한다. 서브넷 마스크라는 용어를 풀어 보면 '하위(sub) 네트워크(net)를 구분하는 표기(mask)법' 이라 할 수 있다. 우편물로 예를 들자. 한 집에 두 가구가 사는 경우 주소는 같지만 최종 목적지가 다르다. 이때는 주소 마지막에 '1층' 또는 '2층' 이라 표기해야 하는 것처럼, 서브넷 마스크도 네트워크 구역을 정확하게 구분하는 데 사용된다. 즉, 같은 IP 주소 대역이라도 네트워크를 A, B, C 등의 구역으로 나눌 수 있는데, 이를 구분하는 기준이라는 것이다.

이러한 서브넷 마스크는 사용자가 임의로 설정하는게 아니라, IP 주소를 할당하는 인터넷서비스 업체에서 제공하는 값을 입력해야 한다. 따라서 IP 주소가 정확하더라도 서브넷 마스크가 틀리면 인터넷 접속이 불가능하다. 서브넷 마스크는 일반적으로 '255.0.0.0' 또는 '255.255.0.0', '255.255.255.0' 등의 형식으로 표기된다.

(6) 도메인 네임(Domain name) 및 DNS

인터넷상에서 사용되는 도메인은 전 세계적으로 고유하게 존재하여야 하므로 공통적으로 정해진 체계에 따라야 하며, 임의로 변경되거나 생성될 수 없다. 인터넷상의 모든 도메인은 "." 또는 루트(root)라 불리

그림 15-7 전체 도메인 단계

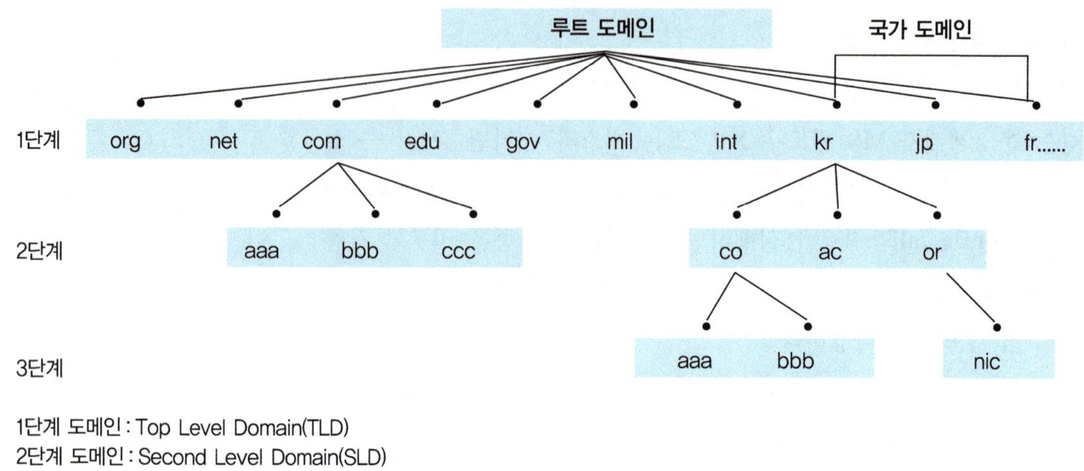

는 도메인 이하에 [그림 15-7]과 같이 나무를 거꾸로 위치시킨 역트리(Inverted tree)구조로 계층적으로 구성되어 있다. 루트 도메인 바로 단계를 1단계 도메인 또는 최상위 도메인(TLD : Top Level Domain)이라고 부르며, 그 다음 단계를 2단계 도메인(SLD : Second Level Domain)이라고 부른다. 도메인(Domain)이란 숫자로 표시된 컴퓨터주소(IP 주소)를 이용자가 사용하기 쉽도록 문자로 변환하여 표시한 것으로, 문자로 된 도메인은 실제로 사람이 인식하는 주소이고, IP 주소는 그 도메인이 설치된 컴퓨터를 가리키는 것으로 보면 된다.

일반 최상위 도메인(gTLD : generic Top Level Domain)은 인터넷 초창기에 생성된 COM, NET, ORG(등록시 별다른 제한 없음), EDU, GOV, INT, MIL(등록시 제한 있음) 등 7개의 TLD와 2001~2002년에 걸쳐 새롭게 생성된 BIZ, INFO, NAME, PRO(이상 Unsponsored TLD), AERO, COOP, MUSEUM(이상 Sponsored TLD) 등 7개, 2005년에 생성된 CAT, JOBS, MOBI, TEL, TRAVEL(이상 Sponsored TLD) 등 5개의 TLD를 합쳐 현재 총 19개의 gTLD가 있다.

국가코드 최상위 도메인(ccTLD : country code Top Level Domain)은 ISO 3166에 의거하여 세계의 각 국가들을 두 자리 영문약자로 표현

그림 15-8 국가도메인 단계

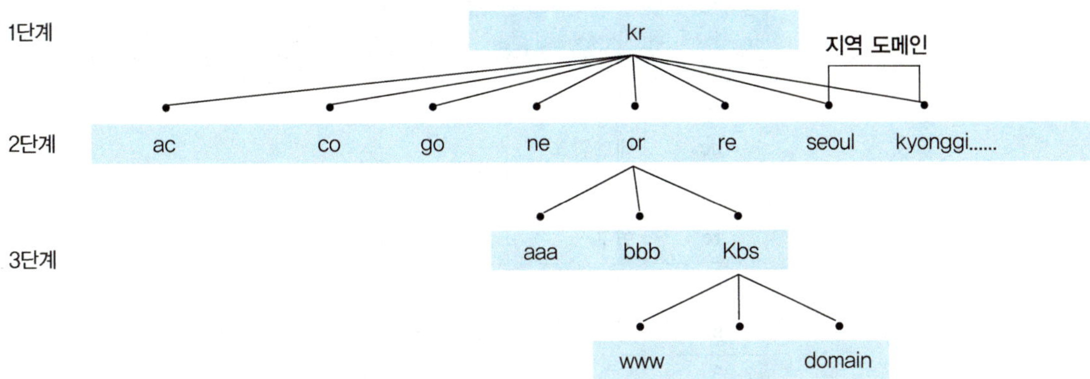

한 도메인을 쓴다. kr도메인은 대한민국을 의미하는 영문약자 kr로 표기되는 국가코드최상위도메인(ccTLD : country code Top Level Domain)으로, kr도메인에 대한 등록관리 업무는 현재 한국인터넷진흥원(KISA)에서 수행하고 있다. 각 국가들은 서로 다른 최상위 도메인을 사용하며, 최상위 도메인별로 도메인 이름체계 및 등록원칙이 다를 수 있다.

kr도메인은 최상위 도메인을 의미하는 kr(1단계), 도메인의 종류를 구분하는 공공도메인(2단계), 신청인이 정하는 이름(3단계) 등 3단계 체계(예 : kisa.or.kr)로 등록되며, 한글도메인(한글.kr), 퀵돔(영문.KR)은 2단계 체계로 등록된다. 여기서 퀵돔(QuickDom)은 빠름을 의미하는 영어의 '퀵(Quick)'과 문자로 표현되는 인터넷주소를 의미하는 '도메인(Domain)'이 결합된 합성어로 2006년 9월에 도입된 2단계 영문 KR도메인의 브랜드이다.

2단계 공공 도메인 종류는 co, re, ne, or, go, mil, pe, 지역도메인(예 : seoul.kr 등 총 16개), 교육기관 도메인(예 : kg, sc, es, ms, hs, ac)이 있으며, kr도메인 통계는 kr도메인의 3단계까지 합계하여 산출하고 있다.

표 15-3 ■ 중간단계의 국내사용 도메인

중간단계 (2단계 공공 도메인)	해당영역	등록자격
co ne or	영리 네트워크 비영리	법인 또는 개인
re	연구	
pe	개인	개인
go	정부기관	행정기관 또는 입법기관 · 사법기관
mil	국방조직	정보조직법, 국군조직법, 국방조직 및 정원에 관한 통칙에 의한 국방조직
ac	대학/대학원	교육기본법, 고등교육법, 기타 특별법에 의한 교육기관
hs	고등학교	교육기본법 및 초 · 중등교육법에 의한 고등학교 · 고등기술학교
ms	중학교	교육기본법 및 초 · 중고등교육법에 의한 중학교 · 고등공민학교
es sc	초등학교 기타학교	교육기본법 및 초 · 중고등교육법에 의한 초 · 중학교 · 공민학교 교육기본법 또는 기타법령에 의하여 주무관청에 설립허가, 등록, 신고 등의 절차를 거친 교육 · 훈련기관
kg	유치원	교육기본법 및 유아교육법에 의한 유치원
seoul busan daegu	서울특별시 부산광역시 대구광역시	해당 지역에 연고가 있는 법인 또는 개인
incheon	인천광역시	
gwangju	광주광역시	
daejeon	대전광역시	
ulsan	울산광역시	
gyeongi	경기도	

마. URL(Uniform Resource Locator)

컴퓨터 네트워크라고 하면 대개 웹사이트에 접속하여 정보를 습득하는 인터넷 서핑을 떠올리지만 이 외에도 많은 요소가 존재한다. 예를 들면 이메일을 주고받는 행위나 특정 파일의 업로드나 다운로드와 같이 데이터의 주고받음이 일어나는 작업은 모두 컴퓨터 네트워크의 자원을 이용하는 행위라고 할 수 있다. 인터넷의 발전으로 인해 컴퓨터 네트워크의 범위는 넓어지고 여기에 포함된 자원의 양과 종류도 점차 증가하고 있다.

이렇게 방대한 컴퓨터 네트워크에서 자신이 원하는 자원을 찾기 위해서는 해당 자원의 위치와 종류를 정확히 파악할 필요가 있는데, 이를 나타내는 일련의 규칙을 URL(자원 위치 지정자)이라고 한다. URL에는 컴퓨터 네트워크상에 퍼져 있는 특정 자원의 종류와 위치가 기록되어 있다.

URL은 일반적으로 웹브라우저(인터넷 익스플로러, 파이어폭스, 크롬 등의 프로그램)의 상단(주소표시줄)에 표시되기 때문에 대부분의 사람들이 'URL = 인터넷주소'라고 인식하고 있다. 이는 완전히 틀린 말은 아니지만 정확한 표현이라 할 수도 없다. 인터넷을 검색할 때 주로 입력하는 주소는 도메인 이름(예 : naver.com)이나 IP 주소(예 : 222.122.195.6)인데, 이는 어디까지나 해당 인터넷서비스를 제공하고 있는 컴퓨터(예 : 서버)의 위치를 나타내는 것이며, 해당 서비스를 제공하는 컴퓨터의 특정 자원을 지칭하는 것이 아니기 때문이다. URL은 인터넷 도메인 이름이나 IP 주소는 물론, 이메일, 파일 전송과 같이 컴퓨터 네트워크 자원을 이용하는 모든 형태에 적용된다.

(1) 일반적인 URL의 형태와 특징

URL의 대체적인 구조는 다음과 같다.

①프로토콜://②자원을 가진 컴퓨터의 위치/③파일 디렉토리/④자원 이름이다.

예를 들어 http://static.naver.com/www/u/2012/06/mm_123.gif라

는 URL이 있다고 가정하고 설명을 이어가기로 하자.

① 프로토콜

URL의 맨 앞에 있는 것은 프로토콜(protocol)이라고 하는데, 이는 컴퓨터 네트워크상에서 서로 다른 컴퓨터끼리 데이터를 주고받기 위한 통신규약 중 하나이다. 위의 예에서 쓰인 http는 인터넷에서 웹 브라우저로 문서나 파일을 표시하기 위한 공통규약이므로, 일단 이 URL은 일반적인 인터넷 검색을 위한 것임을 알 수 있다. 그리고 프로토콜 뒤에는 콜론(:)을 적으며 도메인 이름이나 IP 주소로 이어지는 경우 콜론(:)뒤에 슬래시 2개(//)를 덧붙여준다.

② 자원을 가진 컴퓨터의 위치

프로토콜 뒤에 표시된 것은 사용자가 접속하고자 하는 네트워크(혹은 인터넷)상의 컴퓨터 위치이다. 위의 예에서 static.naver.com이 표기 되어 있는데 이는 네이버 사이트의 도메인 이름이므로 사용자가 원하는 네트워크 자원이 네이버의 서버 컴퓨터 안에 있음을 알 수 있다.

③ 파일 디렉토리

컴퓨터 이름 뒤에 표시된 www/u/2012/06/는 디렉토리(파일경로)를 뜻하는데, 위의 경우 네이버 서버 컴퓨터의 하드디스크에 www라는 이름의 폴더가 있으며 이 안에는 u/2012/06/로 이어지는 하위 폴더가 포함되어 있다는 것을 알 수 있다.

④ 자원 이름

사용자가 얻고자 하는 자원(흔히 파일)의 이름이다. 위의 예에는 mm_123.gif라 표기되어 있는데, 이는 확장자(파일명 뒤에 붙는 구분기호)를 보면 알 수 있듯 그림파일의 일종이다. 따라서 위 사용자는 네이버의 서버 컴퓨터 안에 저장된 mm_123.gif 라는 이름의 그림파일을 보기 위해 위와 같은 URL을 입력했음을 알 수 있다.

바. 웹브라우저

웹브라우저(web browser)는 인터넷망에서 정보를 검색하는 데 사용하는 응용 프로그램을 말한다. 브라우저 혹은 인터넷 브라우저라고 부르기도 한다. 일반적인 기능으로는 웹페이지 열기, 최근 방문한 URL 및 즐겨찾기 제공, 웹페이지 저장 기능 등이 있다.

세계 최초의 웹브라우저는 1991년 등장한 월드와이드웹(WorldWide Web)이다. 유럽입자물리학연구소(CERN)의 연구원 팀 버너스 리(Tim Berners Lee)가 정보 공유를 쉽게 하기 위해 하이퍼텍스트의 개념을 처음 제안했고, 이것을 바탕으로 만들어진 것이 바로 월드와이드웹이다. 버너스 리는 이 발명으로 큰 부자가 될 수 있었지만, 모든 로열티를 포기하고 일반에 공개하는 길을 택했다. 이후 월드와이드웹은 인터넷을 의미하는 'WWW(World Wide Web)' 과의 명확한 구분을 위해 넥서스(Nexus)로 명칭이 변경됐다.

1993년에는 그래픽 기반 웹브라우저인 '모자이크(Mosaic)' 가 등장했으며, 1994년에는 최초의 상용화 웹브라우저인 '넷스케이프(Netscape)' 가 나타나 폭발적인 인기를 끌었다. 넷스케이프는 모자이크의 개발자 마크 엔드리슨(Marc Andreessen)이 창업하여 만들었다. 한때 전 세계 웹브라우저 점유율 90%에 달했던 넷스케이프는 1995년에 등장한 마이크로소프트의 '인터넷 익스플로러(Internet Explorer)' 와의 전쟁에서 패배한 후 2008년 공식 종료 이후 역사의 뒤안길로 사라졌다.

이후 인터넷 익스플로러의 독주가 한동안 계속됐다. 한때 전 세계 웹브라우저 시장의 95% 이상을 차지하며 시장을 완전 지배하였다. 그러나 넷스케이프의 후계자격인 '파이어폭스(Firefox)' , 애플 고유의 웹브라우저 '사파리(Safari)' , 구글의 '크롬(Chrome)' 등 경쟁자가 등장하면서 인터넷 익스플로러의 점유율은 점차 낮아지고 있는 추세이다.

(1) 웹브라우저의 종류

인터넷 익스플로러의 아성이 무너지면서 웹브라우저 시장은 다수가 경쟁하는 혼전으로 치닫고 있다. 대표적인 웹브라우저(PC용 기준)는 인터넷 익스플로러, 파이어폭스, 크롬, 사파리, 오페라 등이다.

① 익스플로러

윈도우95 운영체제의 부가 프로그램으로 처음 등장한 인터넷 익스플로러는 윈도우를 설치할 때 함께 설치되거나 서비스팩을 통해 별도로 제공되는 형태로 발전했다. 운영체제를 설치하면 따로 내려받지 않아도 바로 사용할 수 있기 때문에 많은 사람들이 애용하고 있다. 하지만 다른 웹브라우저에 비해 속도가 느리다는 점과 액티브X(역동적인 웹페이지 효과를 위한 특정 프로그램)로 인한 보안의 취약성 때문에 조금씩 외면받기 시작했다. 이에 최근 마이크로소프트는 성능과 인터페이스를 강화하고 웹 표준을 준수한 '인터넷 익스플로러 9'을 선보였지만 이는 윈도우 비스타 이상의 운영체제만 지원한다. 따라서 윈도우 XP 사용자들에게는 '그림의 떡'인 셈이다.

② 파이어폭스

모질라재단의 파이어폭스는 인터넷 익스플로러의 가장 강력한 경쟁상대다. 글자와 그림만 있는 웹페이지라면 실행 속도나 안정성 면에서 인터넷 익스플로러를 압도하는 것으로 알려져 있다. 또한 윈도우 운영체제의 기본 웹브라우저라는 장점을 활용해 독점적인 지위를 누렸던 인터넷 익스플로러와는 달리, 웹 표준을 준수하고 다양한 부가기능을 제공한다. 특히 액티브X를 직접적으로 지원하지는 않지만 우회적으로 사용할 수 있는 부가기능인 'IE탭'을 적용하면, 인터넷 익스플로러와 거의 흡사한 기능을 활용할 수 있다. 2011년 7월 전 세계 점유율 순위는 인터넷 익스플로러에 이어 2위를 차지하고 있으며, 독일이나 폴란드와 같은 일부 국가에서는 인터넷 익스플로러를 능가하는 인기를 누리고 있다. 근래에 속도를 높이고 보안기능을 추가 제공하며 HTML5 등 최신 웹기술을 지원하는 파이어폭스4를 내놓았다. 이어 파이어폭스5 베타도 나왔다.

③ 크롬

후발주자임에도 불구하고 무서운 속도로 시장을 잠식하고 있는 구글의 크롬은 점유율 3위를 차지하고 있다. 2008년에 처음으로 출시됐지만 2011년 4월 기준 10번째 버전까지 나왔을 정도로 빠른 업그레이드가 장점이다. 특히 9번째 버전과 10번째 버전은 불과 한 달 간격으로 출시됐다. 크롬은 구글 사용자에게 특히 유용한데, 크롬에 최적화된 웹 애플리케이션 스토어인 크롬 웹 스토어에 접속할 수 있기 때문이다.

④ 사파리

사파리는 마이크로소프트와 영원한 경쟁관계에 있는 애플이 만든 웹브라우저이다. 빠른 속도를 제외하고는 특별한 장점이 없어 점유율이 높지는 않다. 하지만 모바일로 넘어가면 상황이 다르다. 아이팟, 아이폰, 아이패드가 폭발적인 인기를 끌면서 모바일용 사파리의 인기도 덩달아 치솟았기 때문이다. 따라서 모바일 시장에서는 가장 인기가 있는 웹브라우저 중 하나가 됐다.

⑤ 오페라

오페라는 작은 용량과 빠른 속도가 특징이다. 다중 브라우징을 프로그램 내부에서 처리해 시스템 자원을 적게 차지함으로써 저사양 PC에서도 원활하게 이용할 수 있다. 최근 출시된 모바일용 웹브라우저인 오페라 미니 웹브라우저는 깔끔한 인터페이스와 빠른 속도로 호평을 받고 있다.

(2) 국내 웹브라우저의 환경

세계 웹브라우저 시장은 '웹브라우저 전쟁'이라고 부를 정도로 위의 브라우저들이 치열한 각축전 양상을 보이고 있지만, 한국에서는 아직 인터넷 익스플로러가 초강세다. 이는 한국의 대부분의 웹페이지에서 액티브X를 사용하고 있는데, 인터넷 익스플로러를 제외한 대부분의 웹브라우저가 이 액티브X를 완벽하게 지원하지 못하기 때문이다. 따라서 한국에서 전자상거래나 온라인게임 등을 즐기려면 아직 인터넷 익스플로러를 사용할 수밖에 없다. 더 좋은 성능의 웹브라우저가 출시돼도 인기를 끌지 못하는 이유가 여기에 있다. 또한 윈도우XP 사용자들은 옛날 버전의 인터넷 익스플로러를 사용하고 있어 보안에도 취약하다.

이에 액티브X를 퇴출하려는 움직임이 일어나기 시작했다. 2011년 3월, 국내 방송통신위원회는 액티브X 대체 기술을 지원하는 인터넷 이용 환경 개선 추진계획을 발표했다. 이 계획에 따르면, 앞으로는 액티브X 대신 전자서명이 가능한 스마트 기술이 보급되고 웹 표준기술이 본격적으로 확산될 것이다.

사. VoIP(Voice over Internet Protocol) : 인터넷전화

VoIP(Voice over Internet Protocol)는 IP 주소를 사용하는 네트워크를 통해 음성을 디지털 패킷(데이터 전송의 최소 단위)으로 변환하고 전송하는 기술이다. 다른 말로 인터넷전화라고 부르며, IP 텔레포니 혹은 인터넷 텔레포니라고도 한다. 일부 사람들은 사설 전용네트워크를 사용하면 VoIP, 공중망을 사용하면 인터넷전화, 이 둘을 합하면 IP 텔레포니라고 엄격하게 구분짓기도 한다.

(1) 유선전화와 VoIP의 차이

기존 유선전화의 경우 회선교환방식인 PSTN(public switched telephone network)을 이용한다. 발신자와 수신자 사이의 회선을 독점 사용하는 방법으로(1 대 1 통신), 아무 말을 하지 않는다고 할지라도 전화를 끊을 때까지는 해당 회선 사용을 보장받는다. 이 때문에 일정수준의 통화품질은 보장하지만 망 증설비용이 높고 시외전화나 국제전화 시 많은 요금이 부과된다. 또한 전송속도가 느려 음성 이외의 데이터 전송에는 적합하지 않다.

반면 VoIP는 그물망 형태의 기존 인터넷을 이용한다(다 대 다 통신). 사용자 간 회선을 독점 보장해주지 않으므로 트래픽이 많아지면 속도가 느려지거나 통화품질이 떨어질 수 있다. 하지만 기존에 인터넷망이 설치되어 있다면 회선 구축비용이 크게 들지 않고 통화요금도 매우 저렴하다. 또한 영상통화, 메시지 등 다른 멀티미디어 데이터를 전송하기에도 적합하다. 초기 VoIP의 주 고객은 통신비용을 절감하려는 기업들이었지만, 통화품질이 점차 발전하고 장비가 보급되면서 일반 가정에서도 VoIP가 대중화되기 시작했다. VoIP는 유선전화를 빠르게 대체하고 있으며, 머지 않아 PSTN 방식의 유선전화는 역사의 뒤안길로 사라질 전망이다.

또한 최근 들어 스마트폰 등을 통한 모바일 인터넷이 발전하면서 VoIP는 m-VoIP(모바일 인터넷전화)로 진화했다. m-VoIP는 와이파이(Wifi, 무선랜), 3G망과 같은 무선 모바일 인터넷을 이용해 휴대폰으로 인터넷전화를 할 수 있는 기술이다. 대표적으로 '스카이프(Skype)', '바이버(Viber)', '수다폰', '네이버톡', '마이피플' 등을 꼽을 수 있다. 이들 m-VoIP의 전송속도는 VoIP보다 느리긴 하지만, 스마트폰이 대중화됨에 따라 m-VoIP 가입자도 빠른 속도로 늘어나고 있다. 스마트폰 사용자라면 거의 대부분 m-VoIP 사용자라고 봐도 과언이 아니다.

(2) VoIP의 연결원리

VoIP의 연결원리는 일반적인 인터넷 사용법과 비슷하다. 인터넷통신은 URL(인터넷주소)을 사용하지만 VoIP는 전화번호를 사용한다는 게 다를 뿐이다. 인터넷통신에서 URL을 입력하면 DNS 서버를 통해 상대방의 IP 주소를 획득하는 것처럼, VoIP에서는 전화번호를 입력하면 소프트스위치(Softswitch)라는 시스템을 통해 상대방의 IP 주소를 획득한 후 통화로 연결된다. 기존의 인터넷망을 그대로 활용하기 때문에 같은 VoIP 사용자 간에는 통신비용이 발생하지 않는다.

하지만 이러한 연결은 어디까지나 VoIP와 VoIP끼리의 연결방식에 따른 것이다. 만일 VoIP끼리만 통화가 가능하다면 지금처럼 VoIP가 대중화되긴 힘들었을 것이다. VoIP가 전화로서 제 기능을 수행하기 위해서는 유선전화나 휴대폰과 상호 연결되어야 한다. 하지만 VoIP는 인터넷망을, 유선전화는 PSTN을 이용하기 때문에 이 둘을 연결해주는 장비가 필요하다. 이 역할을 하는 것이 게이트웨이다. 게이트웨이는 디지털 패킷을 아날로그 신호로 변환하거나, 반대로 아날로그 신호를 디지털

패킷으로 변환하는 역할을 담당한다. 말하자면 디지털과 아날로그를 연결하는 가교 역할을 한다고 볼 수 있다. 그런데 인터넷망을 거치는 부분에서는 요금이 발생하지 않고, PSTN을 거치는 부분에서만 요금이 발생하게 된다. 따라서 일반 유선전화보다 요금이 매우 저렴한 것이다.

(3) VoIP의 유형

① PC to PC

PC에서 전화를 걸고 PC에서 전화를 받는 방식이다. 이 방식은 별도의 마이크/스피커 장치가 필요할 뿐 아니라 양쪽 PC에 동일한 VoIP 프로그램(메신저 등)을 설치해야 한다. 더욱이 양쪽 PC가 모두 전원이 들어와 있어야 하기 때문에 사용자들끼리 접속시간을 맞춰야 한다. 초창기에는 PC끼리만 통화가 가능했기 때문에 전화번호가 필요하지 않았고, 대신 ID나 IP 주소를 이용했다.

② PC to Phone

국내에서는 새롬의 다이얼패드를 통해 유명해졌다. 기본적으로 PC to PC 방식이 가능했으며, 유선전화와 휴대폰에도 전화를 걸 수 있는 기능이 추가됐다. 하지만 초창기에는 통화품질이 좋지 않아 큰 호응을 얻지 못했다.

③ IP Phone to Phone/IP Phone to IP Phone

가장 대중화된 VoIP로, 인터넷전화기로 유선전화기에 연결하거나, 인터넷전화기와 인터넷전화기를 연결하는 방식이다. PC에 설치한 소프트웨어가 아닌 별도의 인터넷전화 단말기로 통화하기 때문에 일반 유선전화와 같은 방식으로 이용할 수 있다. 또한 인터넷으로 전화를 거는 것뿐만 아니라 받는 것도 가능해졌다. 이에 070으로 시작하는 전화번호를 사용하기 시작했는데, 초창기에는 700 유료정보서비스와 혼동하는 사람이 많아 가입자 확보에 어려움을 겪었다. 2011년 5월 현재 070으로 시작하는 전화번호를 주위에서 흔히 발견할 수 있을 정도로 VoIP가 대세가 됐다.

(4) 모바일 음성통화(m-VoIP)

스마트폰은 시장에 등장한지 불과 5년여 만에 전 세계 IT트렌드는 물론 사용자의 일상 패턴에도 엄청난 변화를 가져왔다. 이러한 '스마트폰 혁명'의 새로운 통신 혁명인 스마트폰을 통한 '모바일 음성통화(m-VoIP)'가 통신 업계의 화두로 등장했기 때문이다.

모바일 음성통화는 스마트폰 등을 통해 모바일 인터넷이 발전하면서, 기존의 VoIP(Voice over IP, 인터넷 음성통화 또는 인터넷 전화)가 한 단계 진화된 이동형 인터넷 음성통신(mobile-VoIP)서비스다. 즉 와이파이(WiFi)나 3G/4G/LTE 통신망과 같은 이동형(모바일) 인터넷망을 이용해 휴대폰(또는 스마트폰, 태블릿PC 등)으로 인터넷 전화를 걸고 받을 수 있다.

모바일 음성통화는 일반적인 유선전화처럼 자유롭게 상대방과 전화를 걸고 받을 수 있다. 전화전용망을 사용하는 일반 유선전화에 비해 통화품질은 약간 떨어지지만, 와이파이 또는 3G/4G/LTE 인터넷 망을 사용하니 통화요금이 따로 들지 않는다는 장점이 있다. 데이터 사용에 따른 요금은 부과되나 무제한 데이터 요금제라면 사실상 무료로 통화하는 셈이 된다. 이에 따라 스마트폰 사용자라면 기본적으로 모두 모바일 음성통화를 사용할 수 있다.

① 모바일 음성통화 시대의 선봉, 카카오톡 '보이스톡'

모바일 음성통화는 스마트폰 등의 특정 애플리케이션(이하 앱)을 통해 이루어진다. 일반적으로 메신저 앱이 그 역할을 담당하는데, 외산 앱인 '스카이프(Skype)'가 처음으로 서비스를 시작한 이후로 '국민 메신저'로 통하는 '카카오톡'이 국내 가입자 3,500만 명을 넘기며 이 분야에서 절대강자로 군림하고 있다. 뒤를 이어 네이버의 '라인'이나 다음의 '마이피플' 등도 독창적인 기능으로 가입자를 확보하고 있다.

이 중 카카오톡은 최근 '보이스톡'이라는 모바일 음성통화 기능을 전면 허용하면서 통신시장에 파란을 일으킨 바 있다. 카카오톡 이전에도 다음의 마이피플이 일시적으로 모바일 음성통화 기능을 제공하긴 했지

그림 15-9 모바일 음성통화 시대의 예들

만, 가입자 수가 얼마 되지 않아 별다른 반응은 없었다.

그러나 카카오톡은 3,500만 가입자가 카카오톡의 보이스톡, 즉 모바일 음성통화를 통해 (무료로) 전화를 걸고 받으면, 그만큼 SKT, KT, LG유플러스 등의 통신사의 수익이 대폭 줄어들기 때문이다. 이에 각 통신사는 카카오톡의 보이스톡 허용에 대해 반대하며 첨예하게 대립하고 있다. 사용자 입장에서는 더할 나위 없이 반가운 기능이지만, 통신사 입장에서는 자사 수익에 막대한 지장을 미칠 수 있어, 말 그대로 '뜨거운 감자'로 인식되고 있다.

모바일 음성통화는 와이파이 인터넷환경에서는 그나마 깨끗한 통화 품질을 기대할 수 있지만, 기존 3G 통신망에서는 이를 보장할 수 없다. 경우에 따라서는 통화가 거의 불가능할 정도로 품질이 좋지 않을 수도 있다. 이에 카카오톡 측에서는 보이스톡의 3G 데이터 현황 기상도를 제공하여, 최근 3일간의 보이스톡 연결 및 통화품질 상태(손실률)를 공개하고 있다. 이와 관련해 카카오톡 관리자는 각 통신사가 보이스톡을 견제하기 위해 모바일 음성통화 품질을 의도적으로 낮추고 있다고 주장한 바 있다.

그림 15-10 카카오톡을 통한 모바일 음성통화의 예

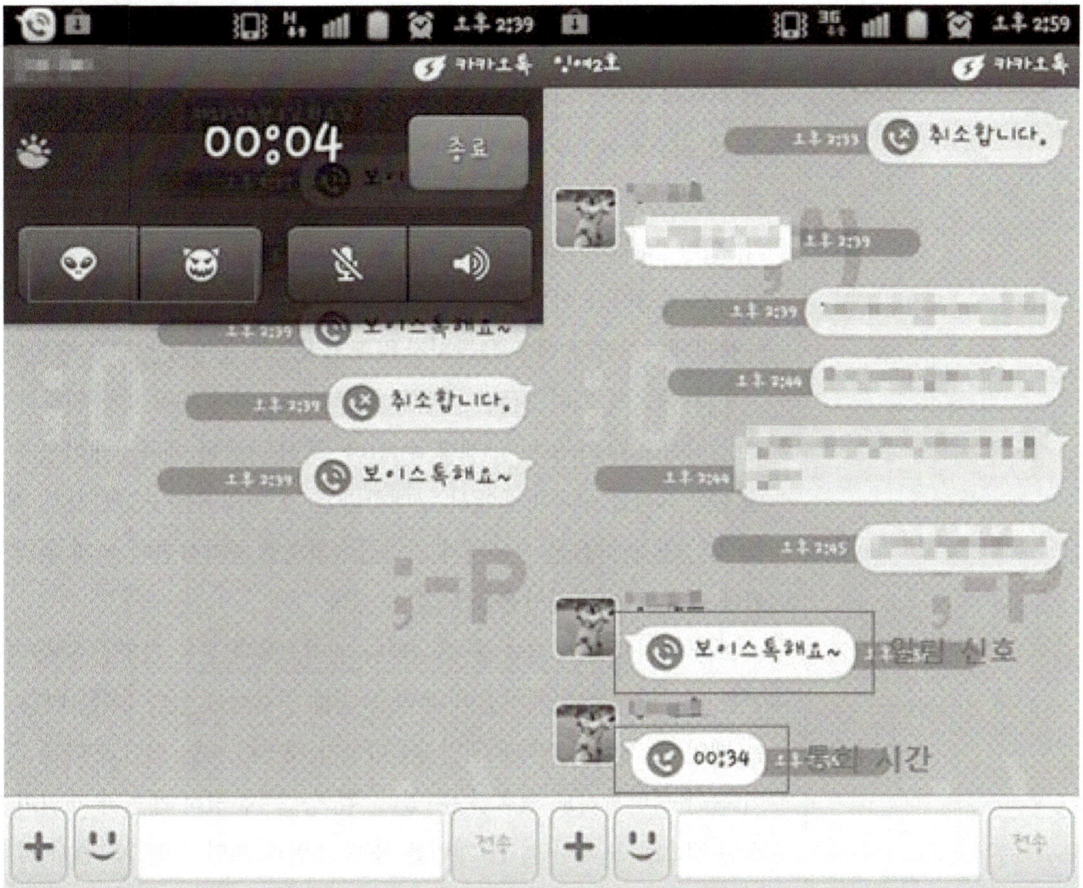

② 모바일 통신 과부하 해결이 관건

사용자 입장에서 모바일 음성통화는 또 다른 문제를 야기할 수 있다. 바로 인터넷 데이터 트래픽(부하) 증가 문제다. 카카오톡이 하루 24시간 내내 쏟아내는 인터넷 데이터의 양이 결코 적지 않은 상황에서 음성통화까지 가미된다면 이동통신 과부하 문제 발생은 불 보듯 뻔하다. 사용자는 비용을 지불하고 있으니 그에 합당한 어떠한 서비스라도 이용할 권리가 있다고 말한다. 이러한 대립을 중재할 수 있는 유일한 기관인 '방송통신위원회' 마저 어떠한 조치도 취하지 못하고 있는 상태다. 어느 한쪽으로 기울 수 없는 상황이기 때문이다.

아. 소셜네트워크

스마트폰이란 휴대전화에 인터넷과 정보검색 등 컴퓨터기능을 추가한 기능형 단말기이다. 기존의 휴대폰은 제조사별로 전용 OS(운영체제)를 탑재하여 제3자가 개발한 애플리케이션을 설치하는 데는 제한되었다. 일반 휴대폰의 소프트웨어는 대부분 제조사가 설치한 소프트웨어이다. 일반 휴대폰이 폐쇄적인 구조를 가지고 있다고 하는 것은 이동통신서비스 사업자가 이동전화 제조업체와 함께 설정한 규격에 따라 모바일 애플리케이션과 콘텐츠 유통시장을 독자적으로 운영하는 것을 말한다.

이와 다르게 스마트폰은 다양한 애플리케이션을 사용자가 원하는 대로 설치하고 추가 또는 삭제할 수 있다. 특히 다양한 애플리케이션과 콘텐츠를 디지털 오픈마켓에서 구매한다는 것 이외에는 PC와 같은 개념을 지닌다. 스마트폰 사용자가 기하급수적으로 증가하면서 이제 우리 생활에 깊숙히 자리 잡았음을 느낄 수 있다.

또한 스마트폰의 기능 중 트위터나 페이스북과 같은 다양한 SNS미디어를 이용한 커뮤니케이션이 우리 사회를 연결하고 있다. 소셜네트워크는 개인 대 개인, 개인 대 집단, 더 나아가 개인이 속한 집단과 다른 개인이 속한 집단까지도 연결될 수 있다. 겉으로는 분명히 개인과 개인이 연결된 것으로 보이지만, 한 개인을 통해 개인과 개인이 연결되면서 각 개인이 속한 집단과 집단의 연결점이 된다는 것에 소셜네트워크의 의미를 둘 수 있다.

소셜네트워크는 다양한 방면에서 활용되고 있는데 대부분 웹, 인터넷에 기반을 둔다. 싸이월드가 대표적인 것으로 일촌이라는 인맥을 통해 개인이 가진 집단과 집단이 연결될 수 있는 고리를 형성한다.

(1) 소셜네트워크 : 트위터

현재 전 세계에서 가장 유명한 소셜네트워크서비스는 바로 트위터이다. 트위터의 특징을 몇 가지 꼽아보면, '개방성', '간단한 정보', '실시간' 으로 요약할 수 있다.

우선 개방성인 트위터는 누구나 쓸 수 있다. 어떤 식으로 개발해서 새

그림 15-11 트위터 메인 홈페이지

그림 15-12 트위터kr 메인 홈페이지

로운 창작물로 내놓아도 무방하다. 면을 같은 색깔로 맞추는 큐브를 돌리듯 이리 돌리고 저리 돌려서 내 식대로 창조해놓아도 괜찮다. 이러한 개방성을 보장해 주는 덕에 현재 트위터를 활용할 수 있는 애플리케이션, 프로그램 등은 조금만 찾아봐도 무수히 많다. 즉, 사용하는 데 큰 어려움이 없으며, 이미 개발되어 서비스되고 있는 다양한 기업, 포털 등에서 어떻게든 활용가능하다.

트위터를 본떠서 만든 트위터kr은 모든 기능이 실제 트위터와 유사하며 동일한 기능이지만 어떠한 제재도 받지 않는다.

두 번째로 간단한 정보인 트위터는 140자의 단문 메시지로만 전송이 가능하다. 이 140자 제한의 글자 수는 휴대폰의 단문 메시지서비스(SMS, 문자메시지)에서 유래되었다. 대부분의 SMS서비스가 160문자(80바이트) 이내로 제한을 두고 있는 상황에서 계정 이름에 사용하는 20자를 제외하고 남은 140자가 된 것이다. 이렇듯 정보를 주고받는 방법이 단순하여 누구든 편리하게 이용할 수 있다는 장점이 있다.

이는 기존 소셜네트워크의 한 종류였던 블로그나 싸이월드의 그것에 비해 쉽다. 가령 사진, 동영상, 정보(텍스트) 등을 올린다고 가정했을 때, 트위터는 140자의 단문으로만 전송이 가능하므로 크게 어려움이 없다. 하지만, 기존 서비스는 사진 · 동영상을 편집하고 파일을 올려야 하는 등의 여러 절차가 필요하였다. 물론, 140자라는 단문메시지의 제약이 방대한 정보를 주기에 부족할 수밖에 없지만 때로는 복잡한 것보다 간단한 것이 쓰기에 편한 것이 사실이다.

세 번째로 트위터의 전파력은 실시간이다. 기존 TV나 라디오, 인터넷 매체 등과 같은 매스미디어도 속보나 뉴스와 같이 정보를 전파할 수 있지만, 트위터는 그 전파력이 개인이 개인으로 퍼트리기 때문에 더 직접적이고 강렬하다. 이 모든 메시지는 실시간으로 올라오는 140자 정보의 향연이다.

(2) 트위터의 장점

현재 전 세계적으로 트위터를 사용하는 사람은 7,500만 명이 넘고, 지금까지 트위터에 올라온 글이 100억 개가 넘는다고 한다. 이렇게 짧은 순간에 큰 영향력을 발휘하게 된 이유는 분명히 한두 가지만은 아닐 것이다. 하지만, 트위터 성장의 이유 중 하나가 스마트폰이라는 것은 부정할 수 없는 사실이다. 아니, 스마트폰이 있기에 트위터가 존재할 수 있다고 해도 과언이 아니다.

스마트폰은 개인이 지니고 다니는 휴대용 PC라고 볼 수 있다. 언제 어디에서든 인터넷에 접속할 수 있기에 트위터가 가진 실시간이라는 특성을 100% 활용할 수 있다. 예를 들어 압구정 길을 가던 한 트위터가 인근의 한 매장에서 지금부터 1시간 동안 50% 세일을 한다는 것을 보았다고 생각해보자. 그럼 그는 트위터에 이 사실을 알리고, 스마트폰을 들고 그 주변을 걸어가던 다른 트위터가 이 정보를 습득해 빠르게 그 깜짝 세일을 열고 있는 곳으로 갈 수 있다. 이 모든 것은 스마트폰이 있기에 가능하다. 스마트폰 보급률은 날이 갈수록 높아져 갈 것이 분명하며, 이 스마트폰의 보급이 확대될수록 트위터가 끼치는 전반적인 영향력은 더욱 커질 것이다.

15.2 네트워크와 전용회선

네트워크(Network)란 여러 대의 컴퓨터로 묶여진 그룹이나 다른 장치(예를 들어 프린터, 스캐너, 디지털카메라, CD 플레이어, 휴대폰, PDA 등)들이 서로 연결되어 통신이 가능하도록 해주는 장치나 시설 등을 말한다. 대표적인 것이 근거리통신망(LAN : Local Area Network)과 원거리통신망(WAN : Wide Area Network)이다. 네트워크 환경을 구축하기 위하여 한 장소에서 여러 대의 컴퓨터나 서버에 접속할 수 있는 것이 LAN이다. 회사규모에 따라 본사의 LAN과 원격지에 산재한 각 지점의 LAN을 연결하며, 더욱 대규모적인 네트워크인 WAN이 필요한 경우도 있다.

현재 네트워크는 다양한 용도로 사용되고 있다. 예를 들면 통신망네트워크, 기업네트워크, 학교네트워크, 데이터네트워크, 이동통신네트워크, 병원네트워크, B2B네트워크 등의 방면에서 네트워크라는 용어를

그림 15-13 네트워크의 연계도

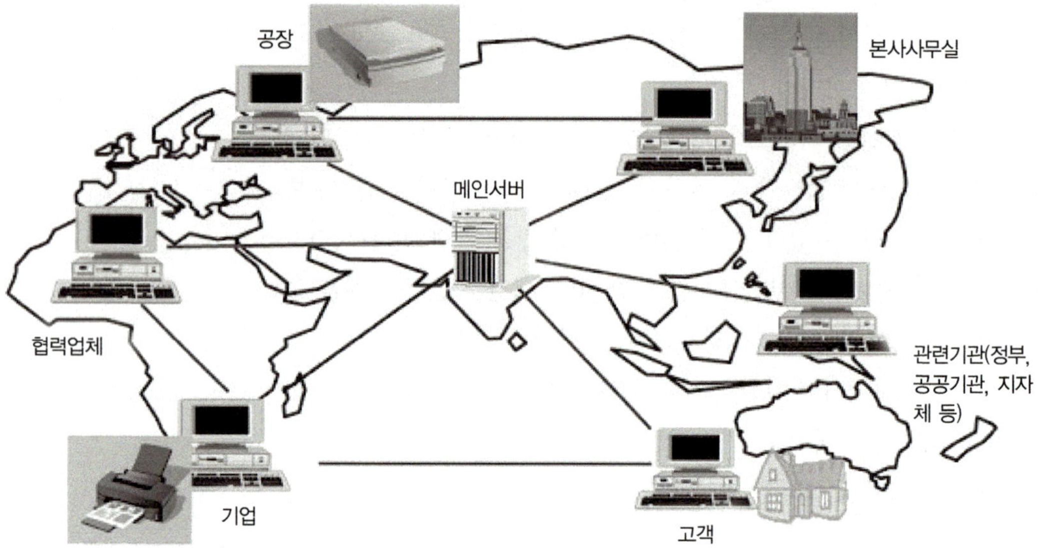

사용한다.

- 네트워크의 이점
  - 업무의 거리상의 문제와 제한에 대한 극복
  - 업무별 분산처리
  - 자원공유
  - 빠르면서 정확한 의사소통 가능
- 네트워크로 할 수 있는 일들
  - 하드디스크 공유와 파일교환
  - 데이터교환
  - 프린터공유
  - 원격접속

가. 근거리통신망(LAN)

LAN(Local Area Network)은 수백 미터에서 수백 킬로미터 거리 안에 있는 여러 개의 컴퓨터시스템이나 사무용 기기(프린터, 스캐너, 디지털카메라, 태블릿PC, 스마트PC 등)들을 하나의 통신망으로 연결하여 사용하는 것이다. 즉 한정된 영역이나 같은 건물, 같은 부서 또는 하나의 작업그룹에서 다수의 컴퓨터나 주변장치들을 물리적인 통신매체를 이용하여 상호 간 데이터통신이 가능하도록 한 것이다.

LAN의 특징은 다음과 같다.

- **연결성** : 다양한 주변 통신장치들과의 연결이 쉽다.
- **호환 및 지원장치의 다양성** : 다양한 종류의 LAN 지원장치들이 있으므로 사용자 환경에 맞는 설계가 가능하다.
- **신뢰성** : 많은 곳에서 사용하고 있고 데이터 전송 시의 에러율도 낮으며, 기술적으로도 검증된 기술이기 때문에 신뢰성을 가지고 사용할 수 있다.
- **다양한 데이터 포맷 지원** : 멀티미디어 파일뿐만 아니라 기존의 텍스트파일, 이진파일, 이미지파일 등 다양한 종류의 데이터들을 전송 및 수신할 수 있다.

(1) 무선 LAN

무선랜은 유선 케이블 대신 전파(RF)나 빛(적외선) 등을 이용하는 네트워크 구축 방식으로, 케이블의 연결 없이 무선으로 랜(근거리통신망) 환경을 구현하는 개념이다. 지역 내에 LAN을 설치하는 경우에는 일반적으로 LAN 케이블을 사용한다. 때문에 사무실의 배치에서 케이블을 어떻게 끌고 다닐지를 항상 의식할 필요가 있다. 물론 배선과 위치도 복잡하기 마련이다. 또 서버나 데스크탑 컴퓨터와 같이 설치 장소가 고정된 경우는 상관 없지만 노트북 컴퓨터와 같이 사무실 안에서 이동하면서 사용하는 기기는 케이블과 접속하기가 상당히 불편하다. 이러한 불편을 해소하기 위하여 등장한 환경이 무선 LAN이다. 무선 LAN은 케이블 대용으로 무선통신으로 LAN을 구축하는 방법이다. 이때 컴퓨터에는 무선 어댑터를 설치하고 이를 무선 어댑터와 통신하기 위한 액세스 포인트를 구내에 설치하면 된다.

무선 어댑터로는 데스크탑 컴퓨터의 확장 슬롯에 장착된 보드형과 노트북 컴퓨터에 이용되는 카드형이 있지만 대부분이 노트북은 내장형에 존재한다. 한편 액세스 포인트는 허브의 기능만을 구비한 것이 일반적이지만 인터넷이나 그 밖의 네트워크에 접속하기 위한 라우터 기능을 갖는 것도 있다.

무선랜은 근본적으로 랜(근거리통신망)이 가지고 있는 특성을 가지고 있다는 점에서 일반적으로 이야기하는 휴대폰을 통한 무선인터넷과는 대별된다 할 수 있다. 즉 노트북이나 PDA, 태블릿PC, 소형컴퓨터 등에 무선랜카드만 장착하면 특정 지역 안에서 통신케이블에 연결하지 않고도 자유자재로 인터넷에 접속할 수 있게 해주는 기술이다. 무선랜에는 여러 가지 표준규격이 있으며, 현재 11Mbps급의 표준규격으로는 무선 RF기술을 이용하는 IEEE802.11b가 확정되어 있다. 공중망 무선랜서비스는 무선 근거리망 기술(IEEE802.11b)을 사용해 ADSL, 케이블모뎀, cdma2000 1x, cdma2000 1x EVDO, 초고속전용회선 등 각종 유·무선 네트워크에 무선으로 접속할 수 있는 서비스이다. 가입자는 액세스포인트(AP)라고 불리는 무선 접속장치를 설치한 지점으로부터 반경 일정영역 내외 지역에서 무선랜 카드를 장착한 노트북PC, 스마트PC, 태블릿PC, 소형컴퓨터 등 단말기를 사용해 무선으로 인터넷을 이용할 수 있다.

나. 광역통신망(WAN)

랜(LAN)은 일정지역 및 일정 사무실 내에 불과 몇 대에서 몇 십대 단위의 컴퓨터들을 연결하지만, 광역통신망에서는 먼거리 지역을 통한 수백, 수천 대의 컴퓨터와 각종 컴퓨터 장비들을 연결하기 때문에 초고속처리가 가능한 주 컴퓨터를 사용할 필요가 있다. 요즈음의 광역통신망은 LAN과 LAN을 고속 전송이 가능한 통신망으로 연결하는 형태를 취하고 있으며, 곳곳에 주 컴퓨터의 부담을 줄이려는 장치를 설치하고 있다.

광역통신망(Wide Area Network)은 지방과 지방, 본사와 지방공장, 국내본사와 해외공장, 국가와 국가, 대륙과 대륙 같이 지리적으로 멀리 떨어져 있는 장거리 지역을 연결하는 통신망이다. 네트워크와 네트워크

그림 15-14 복수의 LAN을 연결한 WAN

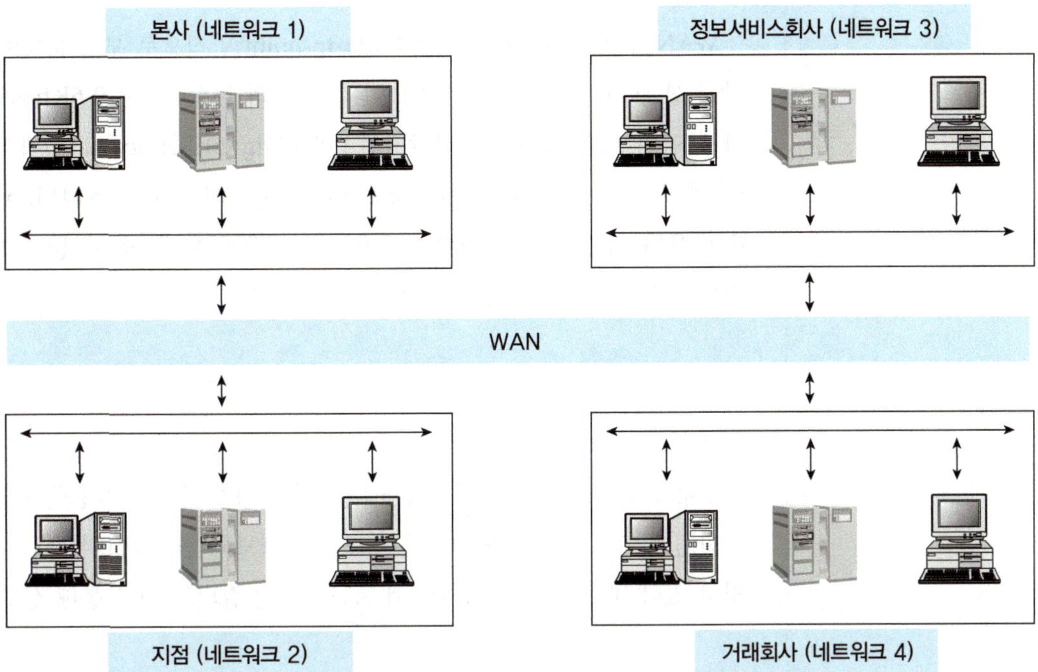

가 연결되어 거대한 네트워크가 자연스럽게 형성된 것이다. 즉 대륙과 대륙을 연결하기 위하여 깊은 바다 밑으로 통신회선이 설치되어 있으며, 인공위성을 이용한 통신방법도 WAN에 속한다고 할 수 있다. WAN은 멀리 떨어져 있는 다수의 사용자들을 연결해야 하기 때문에 적절한 위치에 서로를 연결해 주는 데이터교환기가 설치되어야 하고, 이것은 고속 링크에 의해 연결되어 있어야 한다. 한편 WAN을 지원하는 장거리 서비스는 대부분 통신회사들이 제공하고 있으며, 전 세계적으로 현존하는 가장 큰 WAN은 인터넷이다.

대부분의 광역통신망은 송출라인과 교환장치 2가지로 구성되어 있다. 회로, 채널 또는 중계선이라고도 불리는 송출라인은 여러 장치 간에 정보를 전달한다. 교환장치는 2개 이상의 송출라인을 연결하는 데 사용하는 라우터(router)를 말한다. 광역통신망을 설계할 때 중요한 설계상의 문제는 라우터들의 상호 연결이 위상학적으로 어떤 모습이어야 하는

가이다. 이것들의 유형에는 별형, 링형, 트리형, 완성형, 교차링형, 불규칙형 등이 있다.

WAN의 처리속도의 형태는 Point-to-point 방식으로 모뎀 하나에 단말기 한 대가 사용되는 형태였으며, 데이터의 전송속도는 9.6Kbps였지만 모뎀의 고속화 형태의 단말기인 DSU(Digital Service Unit)에서 보다 빠른 CSU(Channel Service Unit)가 사용되어 T1(1.544Mbps)과 E1(2.048Mbps), 45M, 100M, 1,024M, 3,000M, 5,000M 등이 보편적으로 사용되어 속도를 지원할 수 있게 되었다.

다. 홈네트워크

컴퓨터의 소형화, 노트북, 스마트폰, 태블릿PC 등이 일반인들에게 대중화됨에 따라 컴퓨터와 인터넷 네트워크 정보의 연계수요가 점점 높아지고 있다. 대부분의 IT기기의 네트워크에 연결되고 이를 통해 상호 연

그림 15-15 홈네트워크 연계도

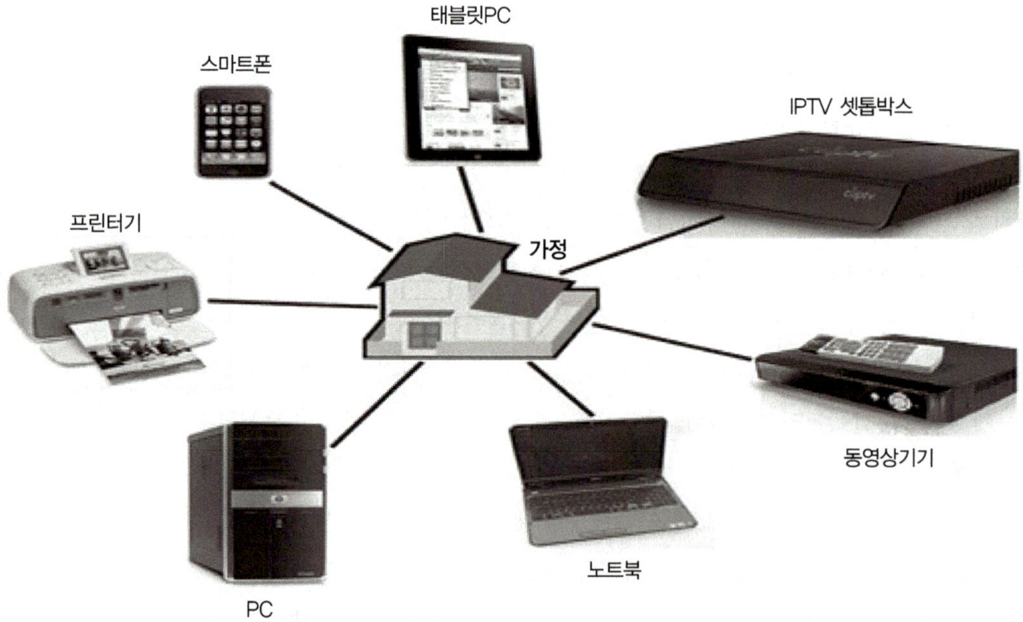

자료 : IT 동아.COM, 2010.

동하여 정보를 주고받고 있기 때문이다. 이러한 기기 간의 네트워크는 모든 사용자가 쉽게 이해하고 접근할 수 있는 분야는 아니다. 하지만 네트워크 기기 · 장비가 발전함에 따라 조금만 관심을 가지면 누구라도 네트워크를 활용할 수 있을 만큼 눈높이가 낮아진 건 사실이다. 그 대표적인 경우가 바로 홈네트워크라고 할 수 있다.

1가정에 2개의 컴퓨터시대가 완전 정착된 후 각종 모바일 및 스마트폰 기기까지 가세하면서 가정에서도 이들 기기들을 하나로 묶어 연동하기 위한 적절한 홈네트워크 구성이 필요해졌다. 그래야 각 기기별로 인터넷 접근도 가능하고, 데이터와 파일을 자유롭게 공유할 수 있을 것이며 가까운 기일에 홈클라우딩컴퓨팅 서비스시대가 도래할 날도 점쳐지고 있다.

(1) 공유기를 통한 홈네트워크

홈네트워크로 묶을 만한 가정용 IT기기들은 대략 데스크탑이나 노트북 등의 일반 컴퓨터나 스마트폰, 태블릿PC, IPTV 셋톱박스, 동영상(Divx) 플레이어 등이다. 홈네트워크 환경에서 이들 기기는 유선 또는 무선랜을 통해 서로 데이터를 공유할 수 있으며, 가정으로 들어오는 하

그림 15-16 공유기를 통한 홈네트워크

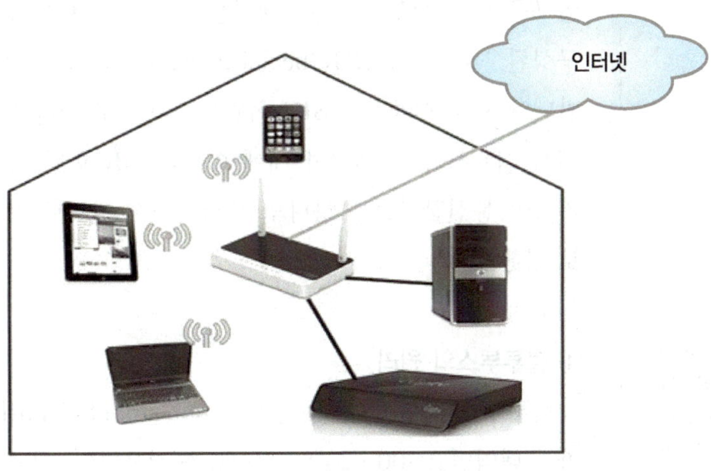

자료 : IT 동아.COM, 2010.

나의 인터넷 라인을 통해 인터넷을 동시에 사용할 수 있다. 예를 들어, 노트북과 스마트폰, 태블릿PC는 무선랜을 통해, 데스크탑과 셋톱박스, 동영상 플레이어 등은 유선 랜을 통해 하나의 구역으로 묶어 연결하여 정보를 공유하는 것이다.

홈네트워크를 구현하기 위해서는 몇 가지 준비물이 필요하다. 가장 핵심적인 것이 인터넷 유·무선 공유기이다. 마치 전원 케이블을 여러 개 꽂을 수 있는 전기 멀티탭처럼 공유기는 가정 내 여러 IT기기를 네트워크로 묶어주는 중요한 역할을 한다.

공유기는 유·무선랜 연결 포트 수에 따라 4개 케이블을 연결할 수 있는 4포트 제품과 8포트, 16포트 공유기가 있다.

(2) 블루투스(Bluetooth)

블루투스(Bluetooth)는 휴대폰, 노트북, 이어폰 및 헤드폰 등의 휴대기기를 서로 연결해 정보를 교환하는 근거리 무선기술 표준을 뜻한다. 주로 10미터 안팎의 초단거리에서 저전력 무선 연결이 필요할 때 쓰인다. 주로 홈네트워크에서 자주 사용한다.

예를 들어 블루투스 헤드셋을 사용하면 여러 가지 연결 케이블 없이도 주머니 속의 MP3플레이어의 음악을 들을 수 있다. 블루투스 통신기술은 1994년 휴대폰 공급업체인 에릭슨(Ericsson)이 시작한 무선기술 연구를 바탕으로, 1998년 에릭슨, 노키아, IBM, 도시바, 인텔 등으로 구성된 '블루투스 SIG(Special interest Group)'를 통해 본격적으로 개발됐다. 이후 블루투스 SIG 회원은 급속도로 늘어나 2010년 말 기준 전 세계 회원사가 13,000여 개에 이른다. SIG회원들은 자신들이 개발한 기술이 통신장치들을 하나의 무선기술 규격으로 공식명칭을 블루투스로 정했다.

① 블루투스의 원리

블루투스의 무선시스템은 ISM(Industrial Scientific and Medical) 주파수 대역인 2,400~2,483.5MHz를 사용한다. 이 중 위 아래 주파수를 쓰는 다른 시스템들의 간섭을 막기 위해 2,400MHz 이후 2MHz,

ISM
ISM이란 산업, 과학, 의료용으로 할당된 주파수 대역으로, 전파 사용에 대해 허가를 받을 필요가 없어 저전력의 전파를 발산하는 개인 무선기기에 많이 쓰인다. 아마추어 무선, 무선 LAN, 블루투스가 이 ISM 대역을 사용

2,483.5MHz 이전 3.5MHz까지의 범위를 제외한 2,402~2,480MHz, 총 79개 채널을 쓴다.

여러 시스템들과 같은 주파수 대역을 이용하기 때문에 시스템 간 전파 간섭이 생길 우려가 있는데, 이를 예방하기 위해 블루투스는 주파수 호핑(Frequency Hopping) 방식을 취한다. 주파수 호핑이란 많은 수의 채널을 특정 패턴에 따라 빠르게 이동하며 패킷(데이터)을 조금씩 전송하는 기법이다. 블루투스는 할당된 79개 채널을 1초당 1,600번 호핑한다. 이 호핑 패턴이 블루투스기기 간에 동기화되어야 통신이 이루어진다. 블루투스는기기 간 마스터(Master)와 슬레이브(Slave) 구성으로 연결되는데, 마스터기기가 생성하는 주파수 호핑에 슬레이브기기를 동기화시키지 못하면 두 기기 간 통신이 이루어지지 않는다. 이로 인해 다른 시스템의 전파 간섭을 피해 안정적으로 연결될 수 있게 된다.

② 블루투스기기 연결방법

예를 들어 블루투스를 지원하는 스마트폰과 블루투스 헤드폰을 연결하는, 예를 들면 스마트폰이 마스터, 헤드폰이 슬레이브가 된다. 헤드폰 전원을 켜고 스마트폰의 블루투스를 활성화하면 이내 주변의 모든 블루투스기기를 탐색한다. 그 중에서 연결을 원하는 헤드폰 모델을 선택하면 즉시 연결(페어링(paring), 두 기기를 한 쌍으로 묶는다는 의미)된다.

블루투스기기에 따라 연결 시 암호를 입력해야 하는 경우도 있다. 예를 들어 노트북에 블루투스 마우스와 키보드 등을 연결하는 경우가 그러하다. MS 윈도우 운영체제의 작업표시줄에서 블루투스 아이콘을 클릭하여 장치 추가 메뉴를 선택한 다음, 블루투스기기를 탐색하여 연결하면 된다. 필요에 따라 연결암호를 입력하여 연결을 완료할 수도 있다. 암호는 일반적으로 슬레이브기기에 부여된 문자 또는 숫자를 입력한다.

③ 생존과 보안

초창기 블루투스는 두 기기 사이에 통신이 가능하다는 점과 데이터 전송속도와 전송거리가 기존 무선기술에 비해 우수하다는 점 그리고, 소비전력이 적고 전파간섭이 적다는 점 때문에 큰 기대를 모았다. 유 ·

무선랜 기술이 생각보다 빨리 발달하면서 랜에 비해 느린 블루투스의 속도는 사용자에게 큰 만족감을 주지 못했다. 고품질 음악이나 동영상을 전송하기에는 성능이 부족했기 때문이다.

그러나 블루투스 1.1, 블루투스 1.2, 블루투스 2.0 등 버전을 업그레이드하며 속도를 높이고 가격을 낮추기 시작했다. 2009년에는 24Mbps로 속도를 대폭 높여 대용량 그림이나 동영상을 주고받을 수 있는 블루투스 3.0이 나왔고, 2010년에는 24Mbp 속도를 유지하면서도 손목시계용 코인 배터리로도 수 년간 쓸 수 있을 정도로 소비전력을 낮춘 블루투스 4.0까지 나왔다.

물론 그동안 무선랜도 끊임없이 발전했다. 2010년 발표된 와이파이 다이렉트는 인터넷망 없이 휴대기기 간 직접 연결해 통신할 수 있는 기술이다. 기존의 인터넷망을 기반으로 삼았던 무선랜이 기기 간 통신이라는 블루투스의 영역을 침범하기 시작한 것이다. 더욱이 와이파이 다이렉트는 기존 와이파이와 똑같이 빠른 속도를 낼 수 있다는 장점을 내세웠다. 하지만 그만큼 전력소모는 심할 것으로 보인다. 향후 개인 무선기술 경쟁구도는 저전력을 내세운 블루투스 4.0 대 빠른 속도가 강점인 와이파이 다이렉트를 중심으로 이루어질 전망이다.

한편 블루투스가 싸워야 할 상대는 무선랜뿐만이 아니다. 블루투스를 켜 놓은 상태에서는 해킹이 너무 쉽다는 보안상의 문제점도 있다. 마음만 먹는다면 블루투스 동글(Dongle, 중계기)을 장착한 노트북으로 지나가는 사람들의 블루투스 휴대폰 속 정보를 빼오는 것이 가능한 것으로 알려졌다.

블루투스를 이용한 해킹은 블루재킹(bluejacking), 블루스나핑(bluesnarfing), 블루버깅(bluebugging)으로 나뉜다. 이 중 블루재킹은 단순히 스팸메시지를 뿌리는 수준으로, 귀찮은 존재이긴 하지만 보안에 큰 위협을 가하지는 않는다. 하지만 모바일기기에 저장된 일정표, 전화번호, 이메일, 문자메시지 등에 접근하는 블루스나핑, 희생자의 휴대폰을 원격조종해 통화내용을 엿듣는 블루버깅은 치명적인 피해를 야기할 수 있다.

이를 막으려면 공공장소와 같이 유동인구가 많은 곳에서는 블루투스

기능을 꺼야 한다. 또한 안티 바이러스나 방화벽기능을 지원하는 모바일 기기용 보안 제품을 구비하는 것이 좋다.

라. 네트워크 상태를 점검 · 진단하는 명령어 : ping

컴퓨터 네트워크 상태를 점검 · 진단하는 명령어가 바로 ping이다. 이는 'Packet INternet Groper' 의 약자이며, 최초 개발자인 마이클 무스(Michael John Muuss, 1983년)가 물체 위치추적 음파탐지기로부터 개발되었다.

ping 명령어의 기본적인 작동원리는 네트워크 상태를 확인하려는 대상(target) 컴퓨터(또는 네트워크기기)를 향해 일정 크기의 패킷(packet, 네트워크의 최소 전송단위)을 보낸 후, 대상 컴퓨터가 이에 대해 응답하는 메시지를 보내면 이를 수신 · 분석하여 대상 컴퓨터가 작동하는지 또는 대상 컴퓨터까지 도달하는 네트워크 상태가 어떠한지 파악할 수 있다.

또한 ping 명령어는 TCP/IP 프로토콜 중 ICMP(Internet Control Message Protocol)을 통해 동작하므로, 이 프로토콜을 지원하지 않는

그림 15-17 Ping의 흐름도

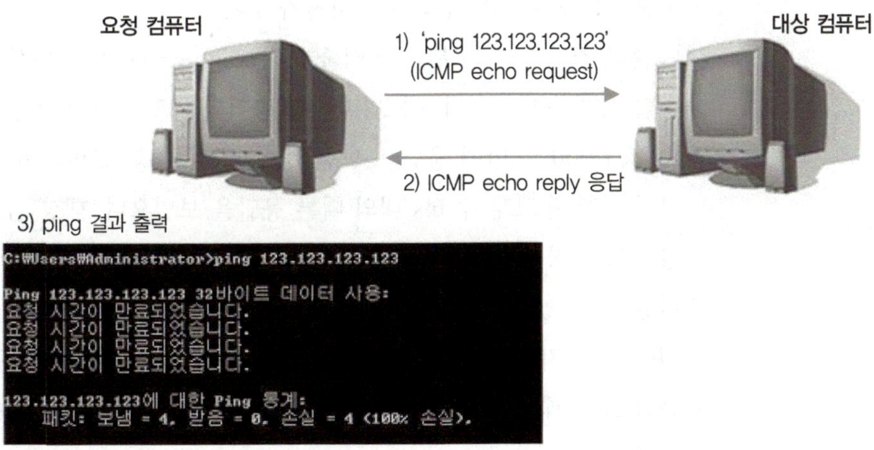

자료 : IT 동아.COM, 2010.

기기(IP 주소를 갖지 않는 일부 스위치, 허브 등)를 대상으로 ping을 수행할 수 없다. 또한 흔히 보안상의 이유로 ICMP 사용을 차단한 기기 역시 ping 요청에 대응하지 않는다.

ping 명령어는 대부분의 운영체제에 기본으로 포함되어 있다. 흔히 인터넷이 안 되거나 특정 컴퓨터와 통신이 되지 않을 때 사용하며, 기본 사용법은 아래와 같다(MS 윈도우 운영체제 기준). 처음에 ping을 실행하기 위하여 시작 → 실행을 실행한 후 cmd를 입력한 후 확인을 누른다. 도스창이 뜨면 ipconfig를 입력 후 엔터를 치면 자신의 네트워크 IP 주소가 나타난다. IP 주소를 아래와 같이 Ping 테스트를 하면 다음과 같다.

C:\>ping -t IP 주소 또는 도메인이름

ping 명령어는 MS 윈도우 계열 운영체제에서는 '명령 프롬프트(보조프로그램 내)' 를 통해, 리눅스/유닉스 계열 운영체제에서는 터미널 모드를 통해 실행할 수 있다. ping 명령어 바로 뒤에(공백 필요) 대상 컴퓨터의 IP 주소나 웹사이트 등의 도메인이름을 입력하면 된다.

예를 들어, 대상 컴퓨터의 IP 주소가 211.52.179.208이라면, 'ping -t 211.52.179.208' 이라 입력 후 실행하면 아래와 같은 결과가 출력된다. 물론 도메인 주소를 입력해도 마찬가지다.

출력 결과 중 위로부터 아래줄까지 ping 요청에 대한 대상 컴퓨터의 응답 상태를 나타낸다. 즉 32바이트 크기의 패킷을 보냈더니 1ms(밀리초, 1/1,000초) 만에 응답을 보낸 것이다. 결국 총 25번의 ping 요청을 보냈고 25번 모두 수 ms 내의 빠른 응답을 보였으니, 대상 컴퓨터는 정상적으로 작동하며 대상 컴퓨터와의 네트워크 연결 상태도 원활하다 판단할 수 있다. 만약 응답시간이 수십 ms로 높다면 패킷 송 · 수신에 병목 또는 지체가 발생하는 것이다. 아울러 그 아래에 출력되는 내용은 응답 요청 패킷을 25번 보내 254번 모두 제대로 응답을 받았음을 나타낸다.

윈도우 계열 운영체제는 ping 명령 한 번 수행에 위와 같이 4번 패킷

그림 15-18 Ping을 통한 네트워크 상태 점검완료

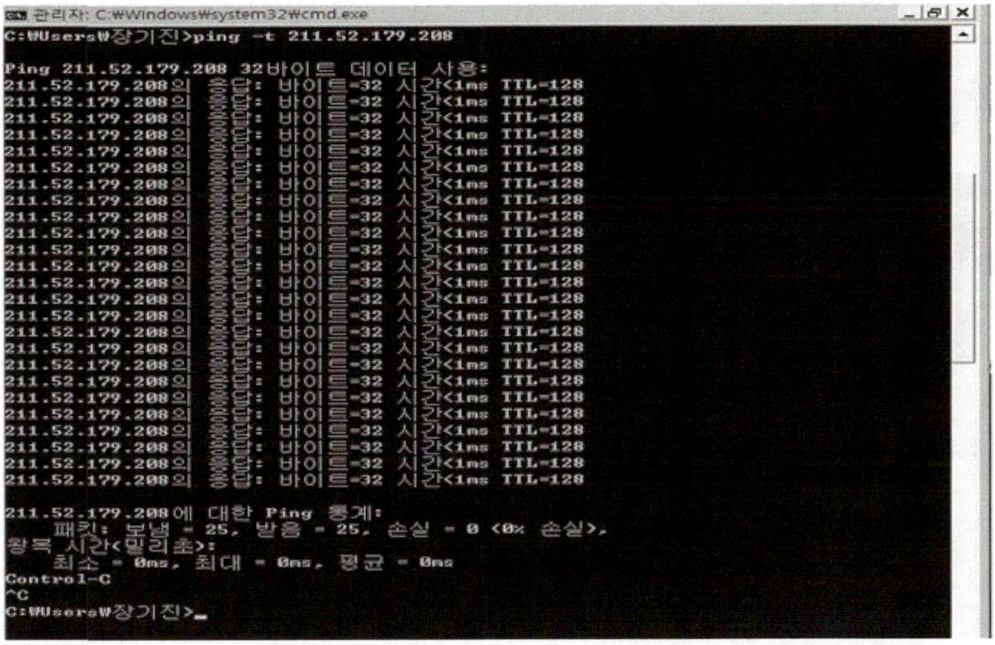

을 보내지만, 리눅스/유닉스 계열 운영체제는 사용자가 중지할 때까지 (흔히 컨트롤키 + C키로 중지) 지속적으로 요청/응답 단계를 수행한다. 만약 윈도우 계열에서 지속적인 테스트를 진행하려면 명령줄 맨 마지막에 '-t' 옵션을 넣어 실행한다. 이 역시 컨트롤키 + C키로 중지할 수 있다.

마. 네트워크 장비

컴퓨터나 모니터 등의 전원 케이블을 연결할 때 전기 콘센트가 부족한 경우 '멀티 탭'이라는 전기용품을 사용한다. 이는 하나의 전력원을 여러 기기로 분배해주는 역할을 담당한다. 네트워크 장비 중 허브(hub)와 스위치(switch, 혹은 스위치 허브)도 이 멀티 탭과 같이 분배의 역할을 한다. 다시 말해, 하나의 네트워크 라인에 여러 대의 컴퓨터에 랜 케

그림 15-19 네트워크 장비

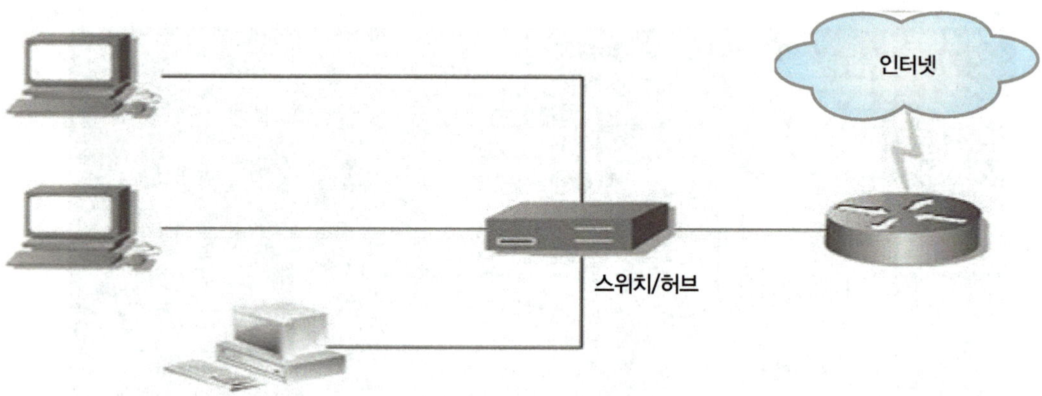

자료 : IT 동아.COM, 2010.

이블을 꽂을 수 있도록 분배하는 장비이다.

[그림 15-20]에서 볼 수 있는 바와 같이 비슷하게 생긴 이 두 장비의 가장 큰 차이는 데이터 전송대역이다. 허브는 단순한 분배중계기에 불과하기 때문에, 연결되는 컴퓨터 수에 따라 데이터 전송대역이 분리된다. 예를 들어, 원래 전송대역이 10Mbps인 네트워크 라인에 허브를 물리고 여기에 5대의 컴퓨터를 연결했다면 각 컴퓨터의 대역폭은 2Mbps가 된다. 한 번에 한쪽 컴퓨터로만 데이터를 전송할 수 있으므로, 전체 10Mbps 대역폭을 각 컴퓨터에 동시에 적용할 수 없기 때문이다. 한 번에 한 대의 차량만 이동할 수 있는 왕복 1차선 도로를 연상하면 이해가

그림 15-20 네트워크 장비 : 허브와 스위치

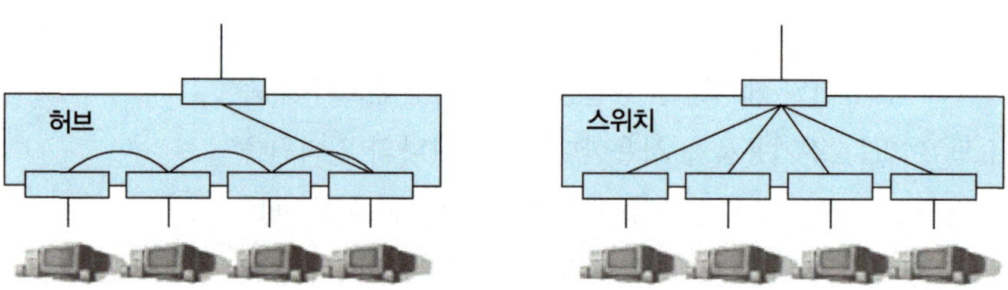

자료 : IT 동아.COM, 2010.

쉽다.

반면에 스위치는 10Mbps 대역폭을 5대의 컴퓨터에 모두 적용할 수 있어, 여러 대의 컴퓨터에 데이터를 전송하는 경우 허브보다는 상대적으로 속도가 빠르다. 이는 왕복 다차선 도로에 비유할 수 있겠다. 1차선에 차가 달리고 있어도 다른 차선의 차량 이동에 전혀 지장을 주지 않는 것처럼, A컴퓨터에서 B컴퓨터로 데이터를 전송하는 동안, C컴퓨터에서 D컴퓨터로도 데이터를 전송할 수 있다.

장비 구성을 보아도 스위치는 허브보다 고급 부품들로 생산된다. 일반적으로 스위치에는 CPU(컴퓨터용은 아니지만)와 메모리가 들어 있지만, 허브는 전기 멀티 탭과 같은 단순한 분배장치에 불과하다. 아울러 스위치는 몇 가지의 네트워크 기능과 서비스를 제공하기에 허브보다는 활용도가 높다. 허브와 스위치는 컴퓨터를 연결할 수 있는 포트 수에 따라 4포트, 8포트, 16포트 등의 모델로 나뉘며, 포트 수가 많을수록 가격이 비싸다. 가정보다는 컴퓨터 수가 많은 학교나 회사, PC방 등에 주로 사용된다.

허브와 스위치가 한 공간에 배치된 컴퓨터를 연결하는 장비라면, 라

그림 15-21 네트워크 장비 : 라우터

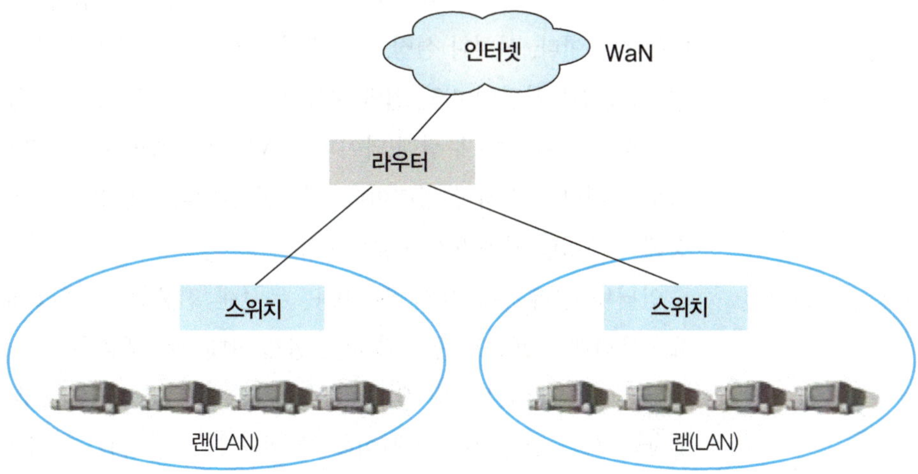

자료 : IT 동아.COM, 2010.

우터(router)는 다른 장소의 컴퓨터를 연결하는 장비라 할 수 있다. 데이터가 출발지에서 목적지까지 정확하게 이동하는 것으로 최적의 경로를 찾아주는 역할을 라우터가 담당한다. 배치되는 위치로 보면, 제일 하단에 컴퓨터가 그 바로 위에 허브나 스위치가, 또 그 위에 라우터가 존재한다. 라우터는 일반적으로 라우터끼리 연결되는 경우가 많다. 경부 고속도로의 서울 톨게이트와 부산 톨게이트를 각 지역의 라우터로 이해하면 된다. 이 때문에 라우터를 '게이트웨이(gateway)' 라고도 한다.

라우터는 최적의 경로를 찾아 데이터를 전송해야 하기 때문에 스위치보다 고급 부품으로 생산되며, 그에 따라 가격도 상당히 비싸다. 그리고 제대로 운영하기 위해서는 네트워크에 대한 고급 지식이 필요하다. 라우터는 기업용 전산시스템 환경에 주로 적용되지만, 가정이나 사무실에서 사용하는 인터넷 유 · 무선 공유기도 라우터의 일종이다. 집과 사무실 컴퓨터를 인터넷에 연결시켜 주기 때문이다. 사실 인터넷 공유기는 스위치와 라우터, 방화벽 등의 기능이 농축된 네트워크 토털 패키지 장비인 셈이다.

노트북이나 스마트폰이 대중화되면서, 인터넷 유 · 무선 공유기(이하 공유기)는 이제 일반 가정에서도 보편적인 네트워크 장비가 됐다. 집이나 사무실에 들어온 하나의 인터넷 라인을 공유하여, 두 대 이상의 컴퓨터나 스마트폰을 통해 유 · 무선으로 인터넷에 동시에 접속할 수 있도록 하는 장비이다. 설치나 설정, 사용방법이 간소화된 제품이 대거 출시되면서, 이제 전문가만이 아닌 일반 사용자도 얼마든지 활용할 수 있게 됐다.

인터넷 공유기는 무선랜(와이파이, WiFi) 연결을 지원하기에 일반적으로 안테나를 장착한 형태이다. 이러한 안테나가 많을수록 무선신호가 강해져 무선랜 사용반경이 넓어진다.

인터넷 공유기는 유선 랜 전용, 무선랜 전용(AP : Access Point), 유 · 무선랜 겸용으로 구분되지만, 현재 판매되는 제품은 거의 대부분이 유무선랜 겸용이다. 아직은 유선 랜이 무선랜보다 빠르니, 무선랜을 사용해야 하는 결정적인 이유(이동 중 인터넷 사용 등)가 없다면 유선 랜을 사용하는 것이 좋다. 속도가 빠른 것도 그렇고, 안정적인 인터넷 연결이 가능하기 때문이다.

'방화벽(防火壁)'은 컴퓨터 네트워크에서는 해커나 크래커 또는 바이러스 등이 네트워크 내부에 침입하지 못하도록 하는 보안장비를 말한다. 하드웨어일 수도, 소프트웨어일 수도 있다. 정확히 언급하면 소프트웨어에 가깝다. 이것이 설치된 하드웨어가 방화벽 장비다.

방화벽은 일반적으로 네트워크 구성에서 가장 윗단에 배치되어(컴퓨터-스위치-라우터-방화벽 순), 네트워크 내외에 걸쳐 데이터나 사용자의 이동 패턴을 분석한 후 사전에 지정한 보안정책에 따라 처리한다. 예를 들어, 외부에서 인증되지 않은 사용자가 주기적으로 침입하려는 시도가 발생하면, 이를 '불법침입'으로 간주하고 이를 차단하는 것이다. 한편 방화벽은 내부 네트워크에서 외부 인터넷 등으로 나가는 데이터도 통제할 수 있다. 이를테면, 관공서나 기업체 등에서 내부 직원이 특정 사이트에 접속하지 못하도록 차단하는 역할도 방화벽이 담당한다.

사실상 일반 사용자가 네트워크 방화벽을 직접 사용할 기회는 거의 없을 것이다. 왜냐하면 인터넷서비스를 제공하는 업체의 네트워크 구성에 고급 방화벽 등의 보안장비가 배치되어 있기 때문이다. 하지만 제아무리 고가의 고급 방화벽이라 해도 100% 안전할 순 없다. 따라서 윈도우 운영체제에서 무료로 제공되는 '윈도우 방화벽' 프로그램이나 무료 백신 프로그램(알약, V3 라이트, 네이버 백신 등)을 설치해 주기적으로 컴퓨터 상태를 점검해야 한다.

바. 전용회선

전용회선이란 통신회선의 일부를 특정인에게 독점 사용하게 하는 서비스로, 이용자가 원하는 지점 간을 직통으로 연결하는 통신회선을 말한다. 현재 우리나라에서 통신회선을 가지고 전용회선 임대사업을 하고 있는 임대사업자는 한국통신의 코넷과 LG U⁺의 보라넷, 두루넷 등이 있다.

(1) ADSL(Asymmetric Digital Subscriber Line)과 VDSL

ADSL은 음성통화와 고속 인터넷통신을 동시에 즐길 수 있는 차세대 접속서비스로 인터넷통신의 경우 기존 모뎀속도에 비해 최고 100배 빠르다. 저주파(4KHz대) 음성신호와 고주파(1MHz대) 데이터신호를 기존의 전화선에 같이 싣고, 스플리터(Splitter)라는 장치로 두 신호를 분리한 후 음성교환기(또는 전화기)와 데이터교환기(또는 가정 내 컴퓨터)로 우회시켜 신호를 종단시키는 기술이다.

이론상 상향 최대속도 640Kbps, 하향 최대속도 8Mbps이나, 구내배선, 가입자환경, 선로상태에 따라 속도는 가변적일 수 있다. 코넷이 제공하는 모든 서비스(예 : WWW, 전자메일, 파일받기 등)를 이용할 수 있다. VOD(Video On Demand), 영상전화 등 멀티미디어서비스를 제공받을 수 있다. 네트워크 게임을 가정 내에서도 고속으로 즐길 수 있다.

① ADSL의 개발과정

ADSL은 '비대칭 디지털 가입자회선'으로 기존의 전화선(구리선)으로 0~4KHz까지를 음성용으로, 4KHz~2.2MHz을 데이터용으로 대역을 나누어 음성과 데이터를 동시에 사용할 수 있게 하는 기술(xDSL) 중 하나이다. 인터넷 사용 시 데이터 흐름은 서버로부터 받는 데이터량(하향)이 대부분인 데 반해, 사용자가 발생시키는 데이터(상향)는 그리 많지 않다. 따라서, 이러한 데이터 흐름을 반영하여 하향/상향을 채널화하고 각각 다른 대역을 할당하여 회선 효율을 높일 수 있게 하였다.

스플리터(spitter)
전화선에서 음성통신 주파수 대역과 데이터통신 주파수 대역을 분리해 내는 장치이다.

그림 15-22 ADSL 가입자 흐름도

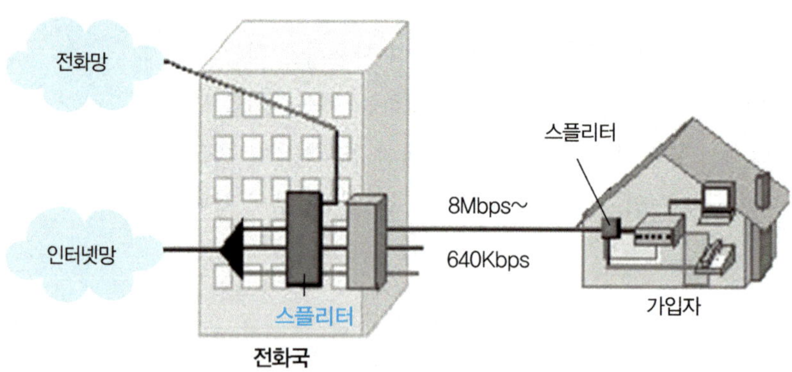

ADSL은 가정이나 SOHO를 대상으로 보급되기 위해 개발되었다.

② VDSL

VDSL(Very high bit rate Digital Subscriber Line)은 ADSL보다 한 단계 상위 개념의 차세대 초고속 인터넷서비스이다. ADSL과 유사한 장치로 2~5배까지 빠른 전송속도를 자랑한다. 특히 하향(내려받기)과 상향 전송속도 격차가 큰(비대칭) ADSL에 비해 양방향 동일한 속도를 보이는 데다 요금도 ADSL과 별 차이가 없어 차세대 서비스로 각광받고 있다. 이처럼 VDSL에 대한 관심이 꾸준히 커지고 있지만 본격적인 대중화에는 아직 시일이 남았다는 분석이다. VDSL은 상위개념의 초고속 인터넷서비스로 ADSL처럼 기존 전화선을 이용하고 전송기술이 간단하다는 것이 특징이다. ADSL의 8Mbps 하향속도보다 월등히 높은 속도를 보여 CD 한 장 분량인 600메가바이트 데이터는 약 2분만에 내려받을 수 있다.

(2) FTTH(Fiber To The Home)

FTTH는 모든 가정까지 광케이블을 연결해 방송 · 통신을 포함한 모든 서비스를 하나의 네트워크로 가능케 하는 초고속 인터넷 설비방식이다. 광섬유로 이루어진 광케이블을 가입자의 집까지 연결하여 상 · 하향 100Mbps로 데이터 전송속도를 제공한다.

일반 인터넷은 하나의 선에 수백 가입자가 연결되어 있어 인터넷을 많이 하는 시간대에는 속도가 느려지는 현상이 있으나, FTTH는 전화국과 가정집을 직접 연결하고 하나의 회선에 정해진 가입자 수만이 연결되기 때문에 사용자가 많아져도 속도에 문제가 일어나지 않는다.

FTTH망을 이용해 전화 등의 일반적인 통신서비스뿐만 아니라 CATV 등의 방송서비스도 함께 제공하는 것이 기술적으로 가능하여 방송 · 통신을 포함한 모든 서비스가 하나의 네트워크로서 통합될 수 있다.

FTTH의 성공적인 실현을 위해서는 주택형 광가입자 전송장치의 개발이 필요할 뿐만 아니라 광분배 및 접속기술, 센서기술 등의 기반기술 연구와 광커넥터, 대용량 ATM스위치, 분산시스템, 가입자 댁내의 네트

그림 15-23 FTTH 흐름도

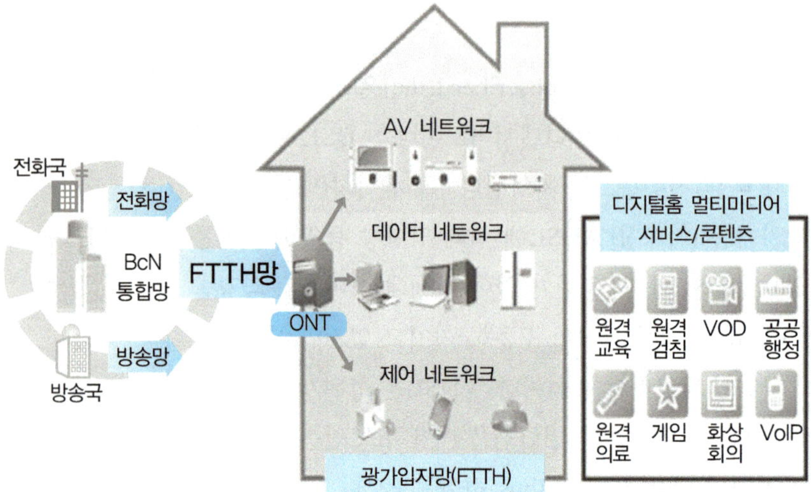

워크화 등 첨단 응용기술에 대한 연구도 병행되어야 한다. 인터넷 등 멀티미디어서비스 제공을 위한 초고속 가입자망에 대한 관심이 높아지면서 일반 가입자에까지 광케이블을 포설하는 FTTH 구축이 경제성 문제로 요원해짐에 따라 디지털가입자회선, 광대역 및 협대역 무선 가입자망이 주목받고 있다.

2005년 일본이 FTTH의 개발로 인터넷의 새로운 계보를 열면서 나오게 되었다. 그 후 KT가 2006년부터 국내에서 본격적으로 FTTH (Fiber to the Home) 상용 서비스를 실시하기로 발표함에 따라, 국내에서 FTTH 서비스에 대한 관심이 점차 높아지고 있다.

① 속도 측면의 FTTH

FTTH는 광케이블이 일반주택의 모뎀까지 개별적으로 연결되어 각 가정에서 신호를 보내면 즉시 신호를 받아 전송할 수 있도록 되어 있다. 직접적으로 분배기를 통해 연결된 것이 아니라 단자 모뎀을 통해 개별적 광랜이 집으로 들어오는 것이다. 그러므로 속도를 나눌 필요 없이 항상 빠른 속도를 가질 수 있다.

② FTTH의 미래

FTTH는 유비쿼터스사회를 만드는 중요한 요소로 작용한다. 기존의 인터넷은 전화선이나 기타 구리선을 통한 하나의 통신수단에 불과하였지만 FTTH가 가정으로 들어옴으로 해서 음성통화, 화상강의, 화상회의, 재택근무, 가정 홈 네트워크 등이 가능해졌다.

15.3 이동통신의 개요

가. 이동통신의 의미

(1) 1세대 이동통신

1세대 이동통신은 '아날로그통신' 으로 음성을 다른 신호로 변환하지 않고 그대로 전송하는 방식이었다. 1세대 이동통신은 그대로 전송하기 때문에 데이터 용량이 커졌으며, 전송속도의 한계가 있고, 그리고 이용자가 많아질 경우 주파수가 부족해지는 현상이 있었다. 전송속도는 9.6~14.4Kbps에 불과했으며, 우리나라에 도입된 시기는 1988년부터 1996년까지였다. 당시 무겁고, 투박하고, 무게가 많이 나가는 무전기

그림 15-24 이동통신의 발전과정

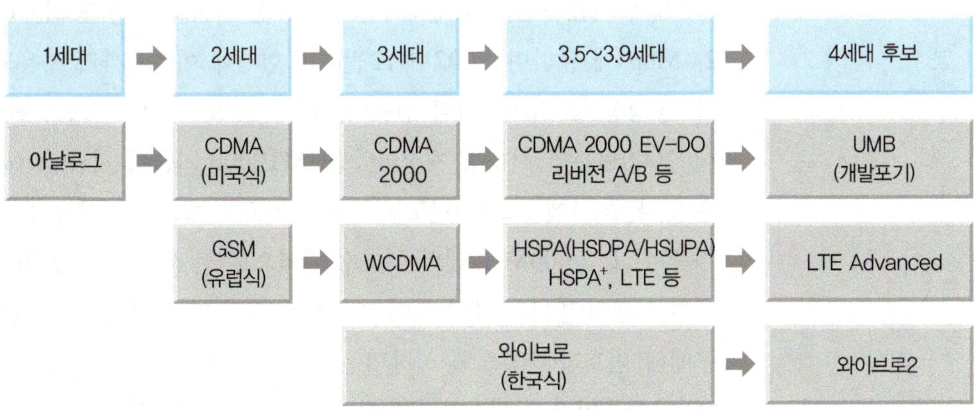

자료 : IT 동아.COM, 2010.

같던 휴대폰을 기억하면 된다.

(2) 2세대 이동통신

2세대 이동통신은 1세대 이동통신의 단점을 보완해 기존의 음성을 디지털신호로 변환해 사용하는 '디지털통신'이었다. 음성을 아날로그가 아닌 디지털로 전환해 전달하게 되면 훨씬 적은 데이터 용량으로 이전보다 더 깨끗한 통화품질을 제공할 수 있다. 전송속도는 14.4~64 Kbps이고, 우리나라에 도입된 시기는 1996년부터 현재까지 사용하고 있다. 처음 나온 휴대폰은 흑백화면의 플립형 휴대폰을 기억하면 된다. 또한, 이때부터 문자(SMS) 전송이 가능했다.

2세대 이동통신은 여러 방식의 기술이 존재하는데 북미 지역의 IS-54 TDMA 방식, 유럽의 GSM 방식, 미국 퀄컴이 개발한 CDMA 방식, 일본의 PDC 방식 등 다양한 기술이 경쟁하고 있었는데, 결과적으로 유럽의 GSM 방식이 시장을 선도하게 된다.

우리나라 2세대 이동통신은 CDMA(부호분할다중접속, code division multiple access) 기술이라고 생각하면 된다. 1991년부터 국책연구과제로 지정해 1995년 연구개발에 성공하였으며, 1996년 세계에서 최초로 상용화되기도 했다.

(3) 3세대 이동통신

3세대 이동통신은 범세계적인 이동통신 기술로 전송속도는 144K~2.4Mbps에 달하며, 2002년 12월부터 현재에 이르기까지 사용되고 있다. 동영상 등 멀티미디어 전송이 가능할 정도로 전송속도가 빨라졌는데, 2000년부터 시행될 예정이었던 IMT2000 기술이 시발점이라고 볼 수 있다. 초기에는 2000년도 상용화를 목표로 했으나 이 부분은 지켜주지 못했고, 2,000MHz대의 주파수 대역으로 전 세계 규격을 정해 유·무선 연동이 별다른 제약 없이 가능한 특징이 있다. 만약 최근 휴대폰을 구매해 번호가 010으로 시작되는 것을 사용하고 있다면 그것이 바로 3G 휴대폰이라고 생각하면 된다. 최근 방송통신위원회의 법안 발의로 이제 기존 01X 번호로 3G를 사용할 수 있다.

(4) 4세대 이동통신

4세대 이동통신은 고화질 동영상 및 3D 입체영상 등을 빠른 전송속도로 주고받을 수 있다는 특징이 있다. 특히 낮은 속도로 이동시 1Gbps, 빠른 속도로 이동시 100Mbps의 전송속도는 3세대 이동통신보다 50배 이상 빠르다는 장점이 있다. 현재 전 세계에서 상용화를 위해 박차를 가하고 있으며, 2011년 12월 14일 스웨덴의 텔리아소네라(TeliaSonera)사가 세계 최초로 4세대 이동통신 중 하나인 LTE 방식으로 상용화에 성공했다.

나. 이동통신규격의 발전과정

무선 이동통신규격의 발전과정을 먼저 살펴보는 것이 좋다. 무선 이동통신규격은 큰 범주로 1세대(1G), 2세대(2G), 3세대(3G)로 나뉘어 있으며, 현재 4세대(4G) 이동통신방식으로 발전 중이다. 각 세대별 기준은 데이터 전송속도의 차이에 있다. 참고로 2011년 7월 기준으로 국내외에 적용된 LTE는 엄밀히 말해 아직 4세대 이동통신규격이라 할 수 없다. 2008년, ITU(International Telecommunication Union, 국제전기통신연합)에서 4세대 이동통신규격을 정의하면서, 저속 이동시 1Gbps, 고속 이동시 100Mbps의 속도로 데이터를 전송할 수 있어야 한다고 규정함에 따라 LTE와 와이맥스(와이브로)는 4세대 이동통신규격이 아니라고 밝힌 바 있다. 따라서 LTE의 세대를 굳이 구분하자면 '3.9세대' 이동통신규격이라 하는 것이 옳다. 그리고 당시 ITU는 4세대 이동통신규격의 선정 후보로 LTE보다 발전된 형식의 LTE-Advanced와 와이맥스(WiMAX)의 발전된 형태인 와이맥스2를 언급하기도 했다.

(1) 1세대(1G) 통신규격

1G 이동통신방식은 '아날로그통신'이었다. 즉, 음성을 그대로 전송하는 방식이기 때문에 전송하는 데이터양이 컸을 뿐더러 전송속도의 한계도 있었다. 게다가 사용자가 많이 몰릴 경우 주파수가 부족해 아예 통화가 되지 않는 경우도 발생하는 등 문제점이 많았다. 1G 이동통신의

전송속도는 약 9.6~14.4Kbps에 불과했으며, 국내에는 1988년부터 1996년까지 도입되었다.

(2) 2세대(2G) 통신규격

2G 이동통신방식은 기존 아날로그방식인 1G 통신의 단점을 개선해 음성을 디지털신호로 변환해 전송하는 '디지털통신' 이었다. 통신방식이 디지털로 전환됨에 따라 1G 이동통신방식보다 적은 데이터 용량으로 훨씬 더 깨끗한 품질로 통화할 수 있게 되었다. 데이터 전송속도는 14.4~64Kbps이고, 1996년 국내에 도입된 이래 현재까지 사용되고 있다. 휴대폰번호 앞자리가 010이 아닌, 01X(011, 017 등)가 2G 이동통신규격이라고 보면 된다.

참고로 2G 이동통신규격은 GSM(유럽방식)과 CDMA(미국방식)으로 나뉘며, LTE는 이 GSM이 발전한 형태다. 국내에 적용된 2G 이동통신규격은 CDMA(Code Division Multiple Access, 코드분할다중접속) 방식이다.

GSM(Global System for Mobile Communication)방식은 유럽을 중심으로 서비스된 것으로 음성 및 데이터를 디지털화하고 일정한 크기의 패킷(packet)으로 나누어 특정 주파수대역 및 시구간에 이 패킷들을 실어 보내는 방식이다.

CDMA방식은 미국 퀄컴사의 원천기술로 1996년에 도입하여 세계 최초로 상용서비스에 성공하였다. CDMA는 IS-95표준으로 채택되었고, 한국, 미국 일부, 호주 등의 아시아 · 태평양 지역에서 사용되고 있다. CDMA는 여러 사용자가 시간과 주파수를 공유하며 사용자를 코드로 구분하는 방식으로 아날로그 방식보다 주파수 재사용 효율이 5배 정도 높다.

이후 2000년대에 접어들면서 기술적으로 한 단계 진화된 CDMA 2000 1x방식의 2.5세대의 통신기술이 개발되어 모바일 무선인터넷 서비스가 시작되었고 2001년에는 컬러휴대폰이 첫선을 보였다.

(3) 3세대(3G) 통신규격

1) 3G의 세계적 흐름도

3G 이동통신규격은 2002년 12월부터 상용화되어 현재까지 보편적으로 사용되고 있다. 처음에는 'IMT2000(International Mobile Telecommunication 2000, 국제 모바일 커뮤니케이션 2000)' 이라고 명명되었던 프로젝트로 진행되어, 2000년부터 1,800~2,200MHz 주파수 대역을 전 세계 공통으로 적용하려 했으나 제대로 시행되지는 않았다. 유럽식 GSM은 WCDMA로, 미국식 CDMA는 CDMA 2000으로 각각 나뉘어 발전됐기 때문이다. 3G 이동통신규격의 전송속도는 144K~2.4Mbps로 실시간으로 동영상, 사진 등을 전송할 수 있을 만큼 속도가 향상되었다.

이후 3G 이동통신은 각자의 방식대로 지속적인 발전을 거듭했다. 미국식 CDMA 2000은 CDMA 2000 EV-DO, 리비전(Rev.) A/B 등으로, 유럽식 WCDMA는 HSPA(HSDPA/HSUPA), HSPA+ 등으로 발전하며 데이터 전송속도가 향상되었다. 현재 국내에는 SKT와 KT가 HSPA, HSPA+ 방식으로, LG U+는 CDMA 2000 EV-DO 리비전 A 방식으로 서비스하고 있다.

① 전 세계 단일통신규격

전 세계 어디에서나 로밍이 가능하고 지상통신망과 위성연동으로 지구 반대편이나 사막, 바다 한가운데에서도 데이터통신을 할 수 있도록 전 세계 국가의 주파수를 1,800~2,200MHz로 지정했으나 유럽이 GSM 방식을 발전시킨 WCDMA 방식을 사용한 반면, 미국은 CDMA 방식을 발전시킨 CDMA 2000방식을 나누어 사용했기 때문에 단일통신규격을 사용하지 않았다. 이러한 단일통신이 아닌 기존 방식을 고집하게 된 결정적인 이유는 이동통신서비스를 위해서는 큰 투자를 통해 네트워크를 새롭게 구축해야 하기 때문이다. 한 번 구축된 네트워크는 다른 방식으로 변경하기도 어렵기 때문에, 한 번 선택한 방식을 고수하게 되는 것이다.

② 고속 데이터통신

CDMA 2000과 WCDMA로 양분된 3세대 이동통신방식은 단일통신규격이라는 목표에서는 실패했지만, 고속 데이터통신은 성공했다고 볼 수 있다. 지금 현재 대한민국에서 상용화되어 있는 3세대 이동통신을 예로 들어 보자.

먼저, KT와 SKT는 유럽식 WCDMA 방식을 선택해서 서비스하고 있으며, 전송속도가 2Mbps에 달해 과거 GSM 방식(100Kbps)보다 수십 배 빠른 데이터통신이 가능하다. 이후 WCDMA의 업그레이드 버전인 WCDMA HSPDA가 만들어졌고, 이론상 14.4Mbps까지 다운로드 속도를 늘려주었다. 하지만 이 HSDPA 방식은 비대칭 데이터 통신망으로 비약적인 다운로드 속도에 비해 업로드 속도는 2Mbps로 낮은 것이 단점이다. 2006년부터 KT와 SKT에서 'SHOW'와 'T'라는 브랜드로 홍보하고 있는 것이 바로 이 WCDMA HSDPA 방식의 이동통신이다. 당시 3.6Mbps의 속도로 서울에서만 먼저 상용화되었으며, 이후 7.2Mbps 다운로드 속도로 업그레이드해 전국적으로 상용화되었다. 하지만 다운로드 속도에 비해 업로드 속도는 384Kbps에 불과했었는데, 이 역시 업그레이드를 거쳐 현재는 다운로드 7.2Mbps, 업로드 5.76Mbps로 서비스 중이다.

LG U+는 앞서 말한 두 기업과 다르게 미국식 3세대 이동통신인 CDMA 2000 방식을 도입해 서비스하고 있다. 현재 LG U+에서 서비스하고 있는 'OZ'는 CDMA EV-DO에서 발전한 CDMA Rev.A 방식이다. LG U+의 CDMA Rev.A 방식의 전송속도는 다운로드 3Mbps, 업로드 4.8Mbps이다.

이렇게 국내에서 3세대 이동통신 방식이 기업에 따라 다른 이유는 그 기업의 정책 때문에 벌어진 일이다. LG U+의 경우 3G보다 4G에 올인하기 위해 기존에 있던 것은 최대한 유지하면서 추후 새로운 네트워크망을 구축하는 것에 집중하려 하기 때문이다. WCDMA 방식은 기존의 기지국과 같은 네트워크를 이어서 사용하지 못하고 새로 인프라를 구축해야 하지만, CDMA Rev.A는 기존에 사용하던 CDMA EV-DO 기지국을 업그레이드만하면 사용 가능하다.

CDMA와 WCDMA는 차이점
CDMA는 미국식 2세대 이동통신 방식, WCDMA는 유럽식 3세대 이동통신방식, CDMA Rev.A는 미국식 3세대 이동통신 방식이라고 정리할 수 있다. 또한, CDMA EV-DO는 2세대 CDMA 방식의 업그레이드 버전으로 다운로드 2.4Mbps, 업로드 144Kbps의 데이터통신이 가능하다.

2) 국내의 3세대(3G)의 흐름도 : 와이브로(WiBro)

와이브로(Wibro)는 'Wireless Broadband Internet' 의 줄임말로 무선 광대역 인터넷서비스, 무선 광대역 인터넷 등으로 풀이된다. 와이브로의 특징은 휴대폰, 스마트폰의 3G 통신망처럼 언제 어디서나 이동하면서 인터넷을 이용할 수 있다는 점이다. 이론적으로 최대 전송속도는 10Mbps(평균 전송속도는 2~4Mbps 정도이다), 최대 전송거리는 1km 이며, 시속 120km/h로 이동하면서 사용할 수 있다.

사용 반경으로 따지면, 기존의 휴대폰용 이동통신과 와이파이(WiFi, 무선랜)의 중간 영역에 위치하는 통신규격인 셈이다. 와이브로는 그 동안 2.3GHz 휴대인터넷으로 불리다가 지난 2004년 4월부터 공식적으로 와이브로라는 정식 명칭을 갖게 됐다. 해외에서는 '모바일 와이맥스(Mobile WiMAX)' 라고 한다.

와이브로는 지난 2002년 10월, 한국전자통신연구원(ETRI)과 삼성전자를 중심으로 우리나라에서 세계 최초로 개발되었다. 이후 우리나라

그림 15-25 와이브로의 흐름도

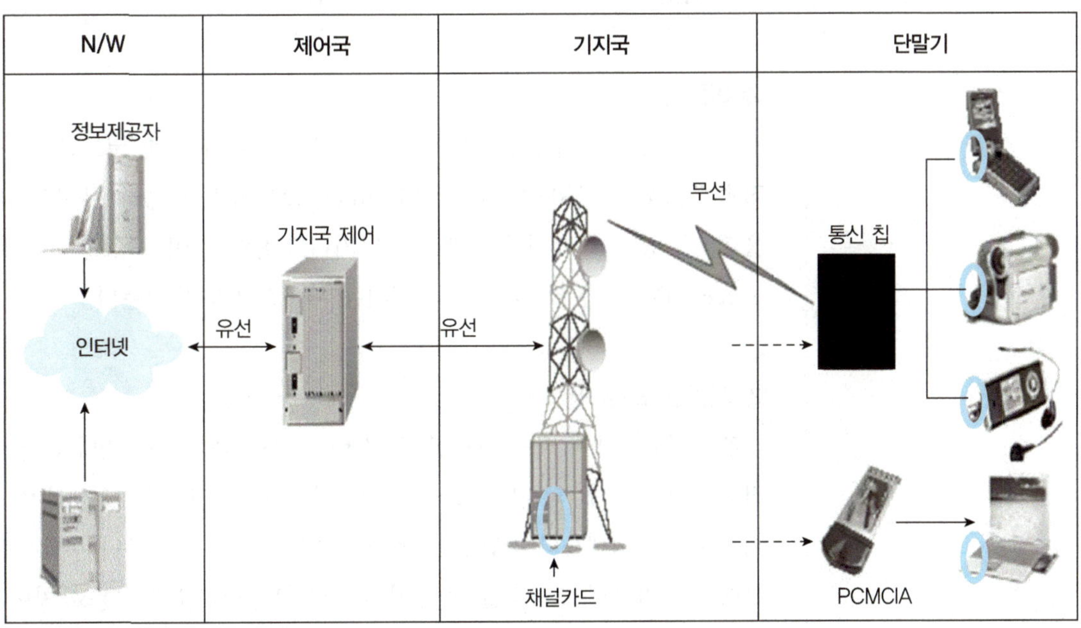

사업자로 KT와 SKT가 선정되면서 2006년 6월 30일부터 서울과 경기도 일부 지역에서 세계 최초로 상용화 서비스가 시작되었다. 2007년 10월 18일에 국제전기통신연합(ITU)에서 3G 이동통신의 6번째 기술표준으로 채택되었다.

한편 와이맥스(WiMAX : World Interoperability for Microwave Access)는 휴대인터넷의 기술표준을 목표로 미국 인텔사가 개발한 IEEE802.16d 규격의 무선통신기술이다. 전송속도는 빠르지만 사용 반경이 좁다는 와이파이의 단점을 보완한 기술로, 이론적으로 장애물이 없는 지역에서는 전송거리가 약 45km에 달한다. 전송속도는 최대 75Mbps라고 하지만 실제로는 약 5~10Mbps 정도이다. 다만, 와이브로와는 달리, 한 기지국에서 다른 기지국으로 이동될 때 지속적인 네트워크 연결을 보장하지 않는다.

휴대인터넷 와이브로(WiBro)의 특징으로는 다음과 같다.

① 높은 전송속도

ADSL(약 1Mbps) 정도의 전송속도로 이동통신사의 무선인터넷이나 3.5G HSDPA보다 데이터 전송에 유리하다.

② 이동성

유선사업자가 제공하는 넷스팟 같은 무선랜이나 기존 코드분할다중접속(CDMA : Code Division Multiple Access)을 이용해 무선인터넷을 할 수 있다. 하지만 무선랜은 도달거리가 짧아서 이동 중일 때나 AP (Access Point)가 멀어지는 실외에서는 서비스가 되지 않는다.

③ 저렴한 요금

휴대전화상에서 사용 가능한 EV-DO 무선인터넷은 사용범위도 넓고 접속도 비교적 잘 되지만, 요금이 너무 비싸다. 하지만 휴대인터넷은 현재의 유선인터넷보다 약간 비싼 월 3~4만 원 정도의 비용만 부담하면, 인터넷을 마음대로 사용할 수 있기 때문에 유선인터넷과 이용료 차이가 크게 줄어든다.

④ 다양한 콘텐츠

CDMA 무선인터넷은 SK텔레콤 네이트나 네이트닷컴에 입점한 콘텐츠만 주로 볼 수 있지만 와이브로 단말기에서는 유선 초고속인터넷에서처럼 자유롭게 인터넷의 바다를 항해할 수 있다. 앞으로는 텔레매틱스나 홈네트워크와 연계된 콘텐츠도 나올 가능성이 있다.

(4) 4세대(4G) 이동통신규격

LTE는 3G 이동통신규격 중 유럽식 WCDMA에서 한 단계 더 발전한 차세대 이동통신규격이다. 따라서 WCDMA HSPA 방식에서 발전한 HSPA+와 함께 '3.9G' 로 불리기도 한다. LTE의 전송속도는 이론적으로 다운로드 최대 75Mbps, 업로드 최대 37.5Mbps로, 기존 WCDMA HSPA(다운로드 최대 14.4Mbps, 업로드 최대 5.8Mbps)보다 다운로드는 최대 5배, 업로드는 최대 7배 정도가 빠르다.

LTE는 전 세계적으로 70% 이상 사용하고 있는 WCDMA의 후속 기술이기 때문에 기존 3G 통신망과 연동이 쉽다는 장점이 있다. 즉 네트크워 투자비용을 줄일 수 있고, 2G/3G 통신규격과 호환이 가능하기 때문에 서비스 지역을 넓히기에도 용이하다. 또한, 다운로드 75Mbps, 업로드 37.5Mbps에 달하는 전송속도 덕에 고화질 동영상 등을 실시간으로 감상할 수도 있고, 클라우드 관련 서비스를 본격적으로 가동할 수 있기도 하다. 실제로 국내 통신회사는 LTE 통신망을 통해 800MB 용량의 영화 파일을 불과 85초 만에 내려 받는 모습을 시연하기도 했다.

다만 LTE는 현재 4G 이동통신규격으로 발전하기 위한 과도기 단계에 있다. 국내외 이동통신사에서 이를 4G 이동통신이라고 언급하고 있는 것은 마케팅 · 홍보활동의 일환으로 이해해야 한다. 2009년 12월 14일, 스웨덴 스톡홀름과 노르웨이 오슬로에서 텔리아소네라(TeliaSonera)사가 최초로 상용화한 이후 미국의 버라이즌과 AT&T, 유럽의 보다폰, 일본의 NTT도코모 등 전 세계에서 여러 이동통신사가 LTE 이동통신규격으로 전환하고 있다.

국내 통신사도 LTE를 SKT, KT, LG U⁺가 2011년 하반기부터 LTE 상용화 서비스를 시작으로 현재까지 활발히 운영하고 있다.

2008년 ITU(국제전기통신연합, International Telecommunication Union)에서 발표한 4세대 이동통신의 정의는 1Gbps의 속도로 데이터를 전송할 수 있으며, 이동시 100Mbps의 속도로 데이터통신이 가능해야 한다는 것이었다. 또한, 기존 3세대 이동통신과도 연동할 수 있어야 한다.

① LTE란?

전 세계 무선 이동통신 시장의 관심은 4세대(4G) 이동통신이라 불리는 LTE에 있다. 스마트폰과 태블릿PC 등 모바일기기의 보급이 증가하면서 폭발적으로 늘어난 데이터 전송량을 이전 세대의 무선 이동통신방식으로는 더 이상 감당할 수 없기 때문이다. 최근 들어 자주 발생하는 스마트폰 통화 끊김 현상이나 무선인터넷 접속 불가 현상 등이 이러한 데이터 폭증 때문이다. 때문에 국내외 이동통신 시장에서는 이를 개선하면서 데이터 전송속도도 향상된 LTE(Long Term Evolution) 통신규격으로 전환하기 위한 작업을 시도하고 있다.

현재 이 조건을 만족하는 이동통신방식으로 3세대 이동통신인 WCDMA 방식이 발전된 LTE(Long Term Evolution) 방식이 영향력을 넓혀가고 있다. 기존 WCDMA HSDPA보다 12배 이상 빠른 속도로 통신할 수 있다는 장점이 있는데, 다운로드 속도가 최대 173Mbps에 이른다. 또한, GSM, WCDMA의 후속기술이기 때문에 유럽식 이동통신 기술을 선택한 대부분의 국가에서 도입하기에 용이하다는 장점이 있다.

국내에서 개발해 상용화되어 있는 와이브로도 이 4세대 이동통신에 추가할 수 있다. 특히, 이 와이브로는 외국 기술을 전혀 사용하지 않았기 때문에 로열티를 내지 않아도 되며, 만약 타 국가에서 와이브로를 도입하게 되면 우리나라가 로열티를 받을 수 있다는 장점이 있다. 하지만, 음성통신이 되지 않는다는 점과 대부분의 국가가 GSM, WCDMA 방식의 이동통신을 사용하고 있어 다른 나라에 진출하기가 힘들다는 점이 큰 단점이다.

② 국내 LTE의 도입환경

우리나라가 준비하고 있는 4세대 이동통신은 기존 WCDMA 방식과 연동이 가능한 LTE 방식으로 서비스될 가능성이 크다. 010 번호가 아니라 011, 017, 018과 같은 번호를 바꾸기 싫어하는 과거 2세대 이동통신 단말기 사용자도 알아두면 좋다. 앞으로는 2세대 이동통신 단말기를 더 이상 유통하지 않을 수도 있다.

다. 스마트폰의 통신규격 : WiFi

케이블 연결에 기반한 근거리 컴퓨터 네트워크 방식인 랜(LAN : Local Area Network)은 1970년대부터 개발되어 1990년대에 이르러서는 완전히 대중화되었다. 노트북, PDA와 같은 휴대용 컴퓨터시스템의 보급이 늘어나면서 네트워크 연결에 케이블이 반드시 필요한 랜만으로는 활용성에 한계를 느끼게 되었다. 따라서 랜을 무선화하고자 하는 시도가 1990년대 초반부터 본격화되기 시작했다.

다만, 개발 초기에는 각 기기 제조사마다 각기 다른 무선랜 규격을 사용하곤 했다. 때문에 기기마다 호환성이 없어서 서로 통신이 제대로 되지 않는 경우가 많았다. 이러한 어려움을 극복하기 위해 미국에 본부를 둔 전기전자기술자협회(IEEE : Institute of Electrical and Electronics Engineers)에서 무선랜 표준을 제정, 1997년에 표준 무선랜의 첫 번째 규격인 IEEE802.11을 발표했다.

IEEE802.11 기술규격의 브랜드명이 바로 wireless fidelity이며 줄여서 'WiFi(와이파이)' 라고 읽는다. 현재 대부분의 무선랜 기기들이 와이파이 규격을 준수하고 있으므로 와이파이 = 무선랜으로 인식되는 경우가 많다. 와이파이 규격을 준수하는 기기는 종류가 다르더라도 서로 통신이 가능하며, 와이파이 연합(WiFi Alliance)에서 부여하는 와이파이 인증(WiFi Certified) 로고를 달고 있는 경우가 많아 쉽게 확인이 가능하다. 초기에는 PC를 중심으로 와이파이가 쓰였으나 최근에는 휴대폰, 게임기, 프린터, 특히 스마트폰으로 인터넷을 사용하기 위하여 와이파이가 확장되고 있는 추세이다.

(1) WiFi의 모드

와이파이는 기기의 종류 혹은 사용 모드에 따라 무선신호를 전달하는 AP(액세스 포인트, access point, 무선공유기 등)가 주변의 일정한 반경 내에 있는 복수의 단말기(PC 등)들과 데이터를 주고받는 인프라스트럭처(infrastructure) 모드, 그리고 AP 없이 단말기끼리 P2P 형태로 데이터를 주고받는 애드혹(ad hoc) 모드로 나뉜다.

인프라스트럭처 모드는 일반적인 와이파이 사용 형태이다. 예를 들어 시중에서 판매되는 무선 공유기를 인터넷 신호가 전달되는 유선랜 케이블에 접속한 뒤 집안에 설치하면 주변에 있는 노트북이나 스마트폰 등이 모두 무선인터넷 접속이 가능해지는 것을 볼 수 있다. 이러한 형태가 인프라스트럭처 모드의 대표적인 모습이라고 할 수 있다.

애드혹 모드는 용도가 제한적인 편인데, 주로 휴대용 게임기나 멀티미디어 플레이어에서 사용한다. 2대의 휴대용 게임기를 애드혹 방식으로 연결하여 2인용 게임을 함께 즐기거나 MP3 플레이어끼리 서로 파일을 주고받는 경우 등이 대표적인 사용형태이다.

그림 15-26 WiFi의 모드 구분

자료 : IT 동아.COM, 2010.

(2) WiFi의 장점

와이파이는 기본적으로 근거리 네트워크 방식인 랜을 무선화한 것이기 때문에 사용거리에 제한이 있다. AP 및 단말기의 성능에 따라 차이가 있긴 하지만 대체로 가정용 제품의 경우 20~30미터 이내, 기업용 제품의 경우 100~200미터 정도가 일반적이라고 할 수 있다. AP에서 멀어질수록 통신속도가 점차 저하되며, 범위를 완전히 벗어나면 접속이 끊어지게 되는 것은 단점이라고 할 수 있다.

하지만 3G 이동통신이나 위성통신 등에 비해 와이파이는 AP의 설치가 수월하고 설치에 드는 비용도 저렴한 편이다. 게다가 데이터 전송 속도가 빠른 장점도 있다. 이런 이유로 점차 와이파이의 보급이 늘어나는 추세이며 각 이동통신사에서는 유동인구가 많은 곳에 자사의 스마트폰으로 무료 접속이 가능한 AP를 설치, 이를 광고하여 소비자들을 유인하기도 한다.

(3) WiFi의 규격

와이파이는 처음 발표된 이후 지속적으로 새로운 버전이 개발되어 점차 데이터 전송 속도가 향상되었다. 1997년에 발표된 IEEE802.11 규격은 최대 2Mbps의 속도밖에 내지 못했지만 1999년에 나온 IEEE 802.11b 규격은 최대 11Mbps의 속도를 지원하며, 2003년에 나온 IEEE802.11g 규격은 최대 54Mbps의 속도를 지원하게 되었다. 그리고 2002년에 처음 발표되고 2009년에 확정된 규격이 바로 IEEE802.11n 규격이다. 이는 기본적으로 최대 150Mbps 데이터 전송속도를 지원하며, 여러 개의 안테나를 사용하여 출력을 높이는 MIMO (multiple-input and multiple-output) 기술이 적용된 AP나 단말기를 사용하면 최대 600Mbps의 데이터 전송속도를 지원한다.

라. 로밍서비스의 의미

휴대폰 · 스마트폰 로밍서비스(Roaming service)는 자신의 전화기로 해외에서도 국내처럼 전화 통화를 하기 위한 통신중계서비스이다. 즉 서로 다른 통신사(혹은 나라)의 서비스 지역으로 이동하더라도 통신이 중단 · 단절되지 않도록 유지해 주는 서비스인 것이다.

일반 휴대폰을 사용하는 경우에는 출국 전 공항에 있는 각 통신사 로밍센터를 방문해 자신이 방문하려는 국가가 휴대폰 · 스마트폰 자동로밍을 지원하는지 확인하는 게 좋다. 자동로밍을 지원한다면 별도의 신청절차 없이 현지 입국 후 휴대폰 · 스마트폰의 전원을 껐다 다시 켜는 것만으로 로밍서비스를 사용할 수 있다.

로밍서비스가 적용되면 국내에서 사용하는 번호 그대로 해외에서도 전화를 걸고 받을 수 있다. 물론 통화요금은 국내기준보다 비싸긴 하다. 일반적으로 통화시간 1분을 기준으로 계산되며, 각 통신사마다 또는 서비스 국가마다 과금 정도가 약간씩 다르니 로밍통화 전 요금제를 한 번쯤 꼼꼼히 확인할 필요가 있다.

이와 같은 해외 로밍서비스는 국내 통신사와 현지의 통신사가 제휴하여 제공되는데, 해당 국가에 별도의 통신사가 없다거나, 있더라도 양 국가 간 로밍서비스를 제휴할 수 없다면 로밍서비스가 불가능하다. 남극지역이나 북한, 미얀마 등이 대표적인 예다. 또한 아메리카 대륙의 몇몇 국가들과 같이, 우리나라와 로밍서비스 주파수가 달라도 로밍서비스를 제공할 수 없다. 로밍서비스 가능 국가는 각 통신사 홈페이지에서 자세하게 확인할 수 있다.

(1) 자동로밍과 임대로밍

자동로밍은 국내와 외국의 통신주파수가 일치하고 양국의 통신사 간의 로밍서비스 제휴가 이루어진 경우에 해당된다. 복잡하고 번거로운 설정 없이 해외 현지에서 그저 휴대폰 · 스마트폰의 전원을 껐다 켜면 해당 국가의 통신사 신호를 바로 잡아 로밍서비스가 자동으로 제공되는 방식이다.

반면 임대로밍은 자동로밍이 불가능한 국가의 경우 해당 국가에서 사용할 수 있는 휴대폰을 따로 임대하여 사용하는 방식이다. 출국 전 각 통신사 로밍센터에 임대로밍을 신청하면 별도 휴대폰을 지급받게 되며, 통화요금 외에 추가 대여료가 부과된다. 자동착신서비스까지 신청하면 자신이 사용하던 번호 그대로 사용할 수 있다.

(2) 스마트폰의 로밍서비스

일반 휴대폰은 로밍서비스 신청 후 전화통화만 신경 쓰면 요금 폭탄을 맞을 일은 거의 없다. 문제는 요즘 인기인 스마트폰(또는 태블릿PC)이다. 스마트폰은 전화통화 요금 이외에 '데이터요금' 이라는 복병이 숨어 있기 때문이다. 흔히 말하는 '3G 데이터통신' 이 그것인데, 국내에서는 언제 어디서든 스마트폰을 통해 저렴하게 인터넷에 접속할 수 있어 편리하다.

그러나 해외에 나가서 국내처럼 무턱대고 3G 통신을 무제한 사용하다가는 요금 직격탄을 맞을 수 있다. 3G 통신에 연결되는 어플(애플리케이션)을 사용하지 않더라도, 자동으로 정보 갱신 · 업데이트되는 어플(날씨, 뉴스, 주식 관련 어플 등)의 경우 데이터 요금이 지속적으로 발생한다. 만약 영상통화라도 연결하는 날엔 많은 비용을 지불할 확률이 높다.

스마트폰의 전체 요금은 전화통화요금과 데이터이용요금으로 나뉜다. 우선 전화통화 로밍서비스는 음성로밍, 영상로밍, SMS(단문메시지) 로밍으로 구성되는데, 이 세 가지 모두를 묶어서 로밍되는게 일반적이다. 음성통화보다는 영상통화가 곱절 이상 비싸다. 그리고 결정적으로, 전화를 받아도 로밍요금이 부과됨을 명심해야 한다. 한편 데이터 로밍서비스는 해외에서 스마트폰으로 인터넷을 사용하기 위한 것으로, 국내에서 사용하는 방식과 동일하다. 하지만 이용패킷(512바이트)당 비용으로 부과된다.

(3) 출국 전 확인할 로밍서비스 항목

그동안 로밍서비스를 한 번도 사용해 본 적 없다면, 출국 전 공항 내 각 통신사 로밍센터를 방문하여 관련 내용을 전달받는 게 바람직하다. 앞서 언급한 대로, 방문할 국가가 자동로밍서비스를 제공하는지 확인한 후 그에 맞게 조치해야 한다. 아울러 현지 체류기간 동안 평소에 사용하던 자동 갱신 · 업데이트 어플을 삭제하는 것도 좋다. 나중에 귀국 후 다시 설치해도 된다. 그래도 마음이 놓이지 않는다면 스마트폰 · 태블릿 PC의 3G 데이터 통신기능을 아예 꺼두면 된다.

우리나라의 무제한 데이터요금제와 동일하게, 해외에서도 3G 데이터 요금 걱정 없이 무제한으로 사용할 수 있는 '무제한 로밍 데이터요금제도' 도 있어 해외에서 스마트폰을 사용할 수 있다. 다만 방문하려는 국가가 무제한 데이터 로밍서비스를 지원하는지를 먼저 확인해야 하며, 현지 도착 후 스마트폰의 데이터 통신망 설정을 현지 통신사로 변경해야 한다. 이 외에도 각 통신사별로 로밍과 관련된 다양한 부가서비스가 제공되고 있다. 특히 와이파이(무선랜) 로밍서비스는 외국 현지의 공항, 호텔, 카페 등에 국내 통신사와 제휴된 와이파이망을 통해 인터넷에 연결할 수 있도록 한다. 이는 스마트폰뿐 아니라 태블릿PC, 노트북 등까지 두루 이용할 수 있어 해외여행자들로부터 최근 들어 급부상하고 있는 서비스이다.

글로벌시대에 맞춰 해외 여행자는 매년 꾸준히 증가하고 있다. 그만큼 스마트폰 로밍서비스 과다요금 문제도 심심치 않게 발생할 것이다. 이에 각 통신사는 이와 같은 선의의 피해를 최소화하고 편안하게 스마트폰을 사용할 수 있도록 다양한 로밍서비스를 실시, 제공하고 있다. 스마트폰을 처음 구매했다면 기기사용법 다음으로 요금제 구성과 로밍서비스 과금정책에 대해 반드시 확인해야 할 것이다.

마. IPTV

(1) IPTV의 배경

IPTV(Internet Protocol Television)는 초고속인터넷을 이용하여 정보서비스, 동영상 콘텐츠 및 방송 등을 텔레비전 수상기로 제공하는 서비스를 말한다. 인터넷과 텔레비전의 융합이라는 점에서 디지털 컨버전스의 한 유형이라고 할 수 있다. 기존의 인터넷 TV와 다른 점이라면 컴퓨터 모니터 대신 텔레비전 수상기를 이용하고, 마우스 대신 리모콘을 사용한다는 점이다.

IPTV는 케이블망 대신에 초고속인터넷망에 직접 연결하여 영화, 드라마, 스포츠 등을 즐기는 멀티미디어 서비스라 할 수 있다. 이 서비스를 받기 위하여는 전용모뎀 IPTV(Interactive)와 셋톱박스와 같은 장치

그림 15-27 IPTV 서비스 개념도

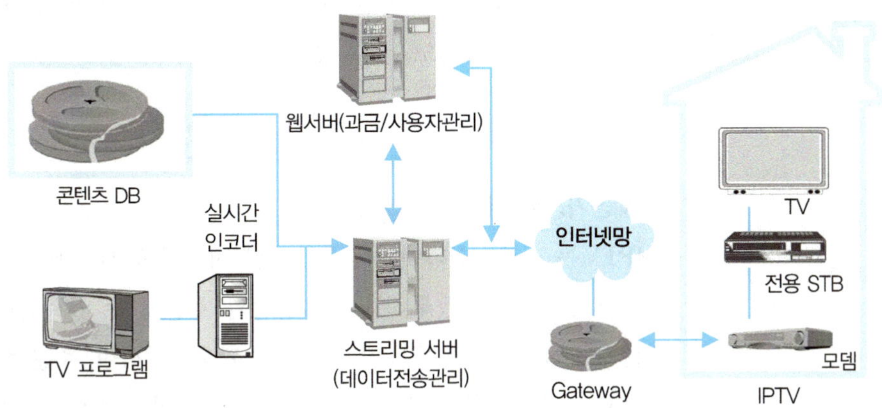

가 필요하다. 곧 텔레비전에 셋톱박스나 전용모뎀을 덧붙이고 텔레비전을 켜듯이 전원만 넣으면 이용할 수 있다. 따라서 컴퓨터에 익숙하지 않은 사람이라도 리모콘을 이용하여 간단하게 인터넷 검색은 물론 영화감상, 홈쇼핑, 홈뱅킹, 온라인게임, MP3 등 인터넷이 제공하는 다양한 콘텐츠 및 부가서비스를 제공받을 수 있다.

IPTV는 통신서비스 기반 위에서 비디오서비스를 제공함으로써 트리플플레이서비스(TPS)를 완결하기 위한 현실적인 대안으로 부각되고 있는 서비스로, 좁은 의미에서는 Walled Garden, VOD 등 초고속인터넷의 부가서비스로 서비스 제공영역을 PC에서 TV로 확장시킨 개념이지만, 넓은 의미에서는 초고속인터넷의 가입자망 구간을 물리적인 방송매체로 활용하여 A/V(Audio/ Video) 형태의 방송채널을 적극적으로 수용하게 된다. 여기서 Walled Garden서비스는 인터넷의 다양한 정보를 TV에 적합하게 재가공하여 On-demand 및 방송방식으로 제공하는 서비스를 말하며 TPS(Triple Play Service)서비스는 한 개의 셋톱박스로 디지털 방송서비스는 물론 초고속인터넷 접속과 전화서비스가 가능한 서비스를 칭한다.

케이블 사업자는 경쟁매체인 위성방송에 맞서기 위하여 케이블의 디지털화가 완료되면, 100개가 넘는 많은 채널은 양방향 EPG를 통해 편리하게 검색할 수 있고, 원하는 시간에 원하는 영화를 불러 볼 수도 있으며(VOD), TV의 리모콘만 가지고서 즉시 은행거래(T-banking)와 물품구매(T-commerce)도 할 수 있다.

(2) IPTV의 서비스제공 및 시장의 형성

① 제공가능한 서비스

IPTV는 초고속인터넷과 같은 통신서비스를 통해 인터넷에 접속하여 디지털 형식의 정보, 특히 디지털방송과 호환될 수 있는 텔레비전이기 때문에 T-commerce 등을 효율적으로 활용가능하며, 주문형 비디오 혹은 TV 채널방송을 통한 직접적인 수익뿐만 아니라 VoIP 전화, 초고속 인터넷, 방송 등을 번들로 묶어 통합서비스를 제공함으로써 방송사업 진출을 위한 통신사업자의 진입장벽을 낮춰주거나 T-commerce 등과 같은 전자상거래 시장에 효율적으로 진입하도록 도와주는 등 간접적 수익의 기대가 가능해졌다.

- 헤드엔드에 저장된 동영상 콘텐츠를 이용자의 요구에 의하여 제공하는 서비스로 제공방식에 따라 RVOD(Real VOD), NVOD(Near VOD), SVOD(Subscription VOD) 및 FOD(Free On Demand) 등으로 구분한 방송 및 VOD서비스 및 수수료 등의 사업이 가능하다.
- TV홈쇼핑과 유사한 형태의 단방향성 채널방식 상거래서비스와 방송 프로그램과의 연동을 통한 양방향 상거래에서 중간수수료를 얻을 수 있다.
- 인터넷의 다양한 정보를 TV에 적합하게 재가공하여 On-demand 및 방송방식으로 제공하는 Walled Garden서비스 등이 가능하다.
- 주화면과 보조화면으로 분리하여 출력할 수 있는 셋톱박스를 통해 사용자들이 주화면을 통해서 디지털방송 또는 IPTV를 수신하면서 보조화면을 통해 뉴스, 주식정보, 날씨정보, 재난방송, 자막 등을 수신할 수 있고, VoIP, 인터넷뱅킹, T-상거래, SMS 등과 양방향통신의 인터페이스로 활용할 수 있다.
- 방송사업자, 제조업체는 디지털시대의 새로운 광고수단으로 활용가능하다.

② 시장참여자

콘텐츠제공자는 콘텐츠 작성에 필요한 정지화나 동화, 효과음과 같은 소재만을 수집하여 수록한 콘텐츠 라이브러리(contents library)를 제공하는 사람 또는 사업자를 이야기하며 주로 영화스튜디오, 방송사업자가 해당이 된다. 그리고 내용수집자라 함은 재사용이나 재판매를 위해 다른 자원으로부터 웹 내용을 수집하는 개인 혹은 단체를 말하며, 수집자에는 단순수집자와 배포수집자가 있으며, 후자를 '신디케이션' 이라 부른다. 마지막으로 유료 TV사업자들이라 함은 서비스제공자 또는 전송망사업자의 통신망을 이용해서 접속하는 서비스를 운영하는 기업조직을 의미한다. 일반적으로 유·무선 전송·선로 설비를 설치하여 운영하는 통신 및 방송분야의 전송망사업자가 이에 해당된다.

표 15-4 ■ 콘텐츠 제공자에 따른 분류

구분	플레이어	예시
Content providers	영화스튜디오, 방송사업자	Universal, Disney, HBO, MTV, BBC
Content aggregator	특화된 Content Aggregators (몇몇 유로 TV 사업자들)	E.BisMedia, Kasenna Anytime, Arrivo
Service providers and network operators	통신사업자, ISP(Internet Service Providers), 몇몇 Content Aggregators	FastWeb, Video Networks, TimeWarner Cable, Chunghwa, PCCW, France Telecom

자료 : Ovum.

바. DMB

DMB(Digital Multimedia Broadcasting)는 영상이나 음성을 디지털로 변환하는 기술 및 이를 휴대용 IT기기에서 방송하는 서비스를 말한다. 이동 중인 개인 단말기에서도 영상과 음성을 전송받을 수 있어 휴대폰과 차량용 수신기(내비게이션)에 많이 탑재된다.

DMB는 아날로그 라디오를 대체하기 위해 유럽에서 만든 디지털 오디오 방송인 DAB(Digital Audio Broadcasting)에 바탕을 두고 있다.

아날로그 방식인 FM/AM 라디오는 애초에 고정된 장소에서 수신하기 위해 개발됐기 때문에, 이동 중에 수신할 경우 음질이 떨어지고 넓은 주파수대역이 필요하다는 단점이 있었다. 반면 DAB는 빠르게 움직이는 차량에도 고품질의 음성을 제공하며 문자, 이미지 등의 부가정보를 함께 전송할 수 있다. DAB를 우리나라에 도입하는 과정에서 동영상서비스라는 새로운 가능성을 발견하게 됐고, 방송위원회는 DAB에 멀티미디어방송의 의미를 추가한 DMB라는 용어를 만들어냈다. 이후 우리나라는 2005년 세계 최초로 DMB 방송을 시작하며 DMB 종주국의 자리를 확고히 하고 있다.

DMB는 전송 수단에 따라 위성 DMB와 지상파 DMB로 나뉜다. 위성 DMB는 2004년 SK텔레콤과 일본MBCo가 공동 제작해 발사한 DMB 위성 '한별'을 이용하며, 지상파 DMB는 지상에 있는 기지국과 중계기를 통해 송출된다.

(1) 위성 DMB

위성 DMB는 위성신호를 수신할 수 있는 지역이라면 전국 어디서나 같은 방송을 볼 수 있고 화질과 수신도가 우수하다는 장점을 가지고 있다. 또 영화, 음악, 스포츠 등 다양한 종류의 전문 채널을 다수 갖추고 있다. 그러나 매달 요금을 지불해야 하는 유료 서비스라는 점이 단점이다.

위성 DMB 채널은 22개의 비디오 채널(프리미엄 채널인 영화 채널과 성인방송 포함)과 16개의 오디오 채널로 구성되어 있다. MBC every1, SBS 드라마, KBS 드라마, Mnet, tvN 등이 공중파 및 케이블 채널의 주요 재방송을 내보내고 있으며, YTN, EBS+1, 애니박스, 온게임넷, SBS 골프 등 전문 채널도 다수 포진해 있다.

(2) 지상파 DMB

지상파 DMB는 서울, 경기지역과 전국 주요 도시에서 수신이 가능하지만, 중계기가 설치되지 않은 일부 지역에서는 수신이 불가능하다. 또한 위성 DMB에 비해 상대적으로 적은 채널 수도 단점으로 지적된다. 하지만 사용요금이 무료라는 점이 많은 시청자들의 호응을 얻고 있다.

수도권의 경우 U-KBS, MBC DMB, SBS(u), YTN DMB, U1미디어, 한국DMB 등 6개의 지상파 사업자가 비디오 채널을 운영하고 있으며, 전국적으로는 8개 지역에 총 19개 사업자가 있다. 따라서 지역에 따라 수신할 수 있는 채널이 조금씩 다르다. 콘텐츠는 TV 방송 생중계나 인기 프로그램의 재방송이 주를 이루고 있다.

(3) DMB를 지원하는 단말기

현재 국내에 출시되는 휴대용 단말기(휴대폰, 내비게이션, PMP, 스마트폰, 태블릿PC 등)에는 대부분 DMB 기능이 탑재돼 있다. 하지만 지상파 DMB를 지원하는 단말기가 대부분이며, 위성 DMB를 지원하는 단말기는 사실상 생산이 중단됐다. 따라서 위성 DMB를 보려면 구형 단말기나 위성 DMB, 지상파 DMB를 모두 지원하는 듀얼 DMB 단말기를 구해야 한다. 또 외산 단말기(휴대폰이나 스마트폰 등)와 해외에 수출되는 국내산 단말기에는 대부분 DMB 수신 기능이 없다. 따라서 외산 스마트폰이나 태블릿PC로 DMB를 보려면 별도의 DMB 수신기를 구매해야 한다. 마찬가지로 구형 내비게이션, 노트북, TV 등으로 DMB를 보고 싶을 때도 별도의 DMB 수신기가 필요하다.

15.4 e-비즈니스 관련기술

가. 기업 내외 간 정보시스템

인터넷은 신기술의 실행과 함께 기업조직들의 특성에 맞게 세분화하는 것이 필요하다.

가트너그룹이 정의한 인트라넷(Intranet)은 내부 정보시스템에 사용하기 위해 인터넷에서 파생된 기술과 통신 프로토콜들의 조정, 채택 및 통합에 기반을 둔 활용 모델을 말한다. 인트라넷은 일반적인 인터넷 기반 기술을 활용하는 네트워크지만 조직의 구조에 따라 다르며 대개 방화벽을 통해 세계적인 인터넷으로부터 보안이 유지되는, 즉 연결이 분리되는 네트워크이다. 게다가 인트라넷은 세계적인 인터넷에 있는 처리 과정, 서비스 및 애플리케이션들에 대한 가시성의 부족을 그대로 가지고 있어야 한다. [그림 15-28]은 인트라넷의 스펙트럼을 나타낸 것이다.

인터넷이 상용화되고 유용성이 검증됨에 따라 인터넷을 도입하는 기업의 수가 증가하면서 인트라넷이 발생되었다. 사용자가 프로그램을 옮겨 다닐 필요없이 인터넷 프로그램 하나로 모든 업무와 정보획득이 가능(사무용 프로그램과 인터넷 프로그램 통합)하다.

인트라넷(Intranet)은 TCP/IP 프로토콜을 지원하는 LAN을 기반으로 기업 내의 모든 정보를 인트라넷 서버(웹 서버)에 저장하고, 이것을 웹 브라우저를 통해 검색하는 개념으로 일반적 인식은 기본적인 인터넷 기술을 기업 내부 업무 및 정보처리를 효율적으로 하고자 하는 개념으로 사용하는 것이다. 일반적으로 이것은 웹의 속성과 기능을 채택한다는 것을 뜻한다. 웹이 인터넷의 한 부분이라는 것을 감안하면 인트라넷을 내부적인 웹이라고 표현하는 것은 옳다고 할 수 있다. 웹서버, 웹브라우저, HTTP, HTML/XML 등의 웹 기능과 사양의 사용은 오늘날의 인트라넷 환경의 특징이다. 게다가 웹은 다음의 요구사항들에 의해 증명된

그림 15-28 인트라넷의 영역

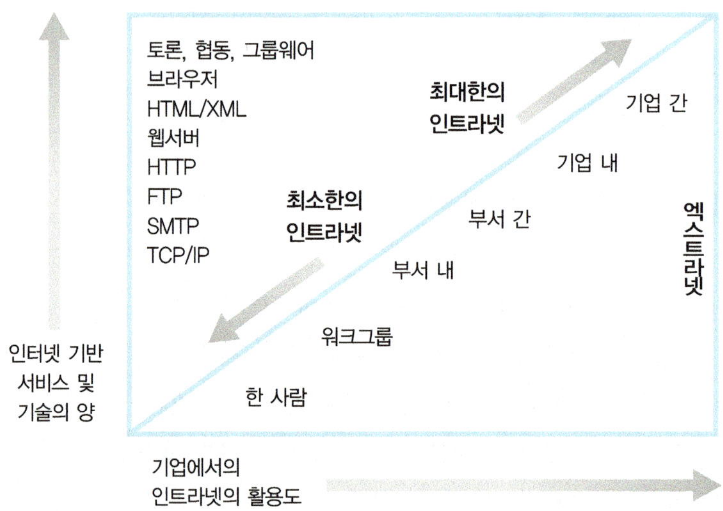

것처럼 인트라넷의 핵심으로써 가장 바람직한 사양들을 보여 준다.

- 콘텐츠의 작성 및 HTML을 통한 게시의 필요성
- 문서, 처리과정 및 서비스들을 한데 하이퍼링크로 연결하고자 하는 희망
- 애플리케이션 처리과정 및 서비스들을 직접 이용할 수 있게 해주는 브라우저 기반의 접속

또 부가적인 인트라넷 요구사항들은 특별히 웹에 기반을 두지 않으며 그러한 것들로는 토론그룹, 전자우편 및 SMTP, 그룹웨어, 전자결재 등이 있다.

이러한 기능들은 인터넷에 기반을 두고 있지만 내부 웹 기술들은 업계의 상업적이며 비즈니스적인 잠재성에 대한 양상 때문에 등장하게 된다. 인터넷의 기능, 표준 및 기술 옵션들의 증가에 따라 이러한 사양들이 인트라넷 전략에서 더 많이 채택될 것으로 보인다.

그림 15-29 인트라넷의 구조

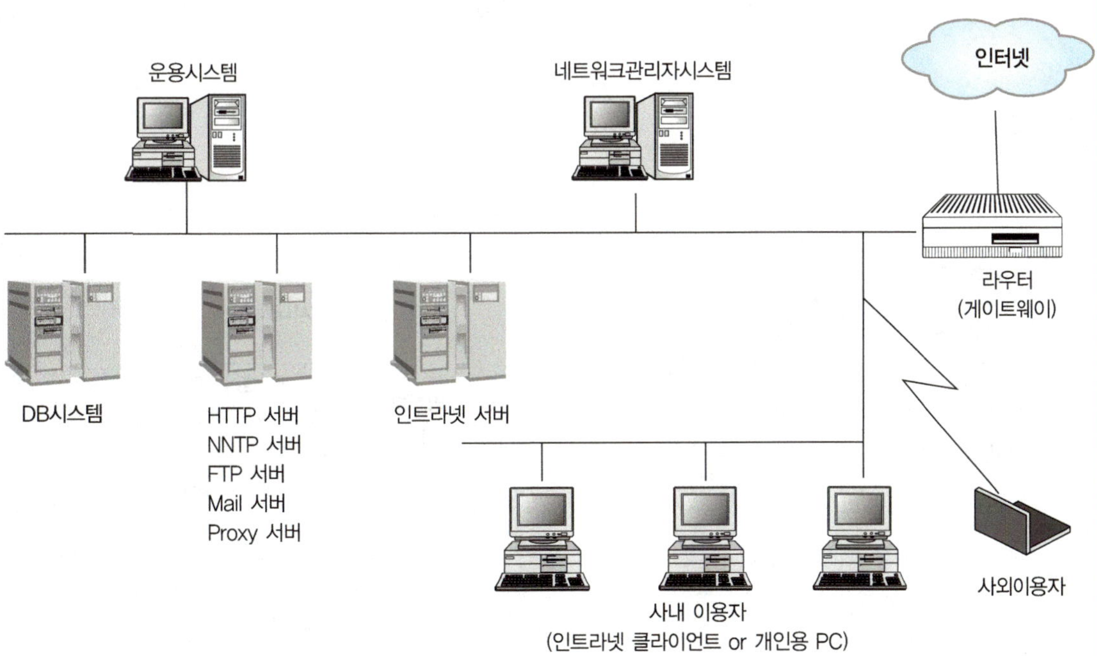

- 구축방법
  - TCP/IP가 지원되는 LAN 환경에서 구축
  - 사용자 S/W는 인터넷용 브라우저 사용
  - 전자메일, 전자결제시스템 등 인터넷의 웹 및 앱환경으로 통합
- 인트라넷의 구축효과
  - 각종 서류의 표준화로 조직의 표준화가 이루어짐
  - 별도 교육 불필요
  - 멀티미디어 문서 제작 가능
  - 지역에 관계없이 신속한 업무 처리
  - 비즈니스 정보수집, 정보분석, 의사결정 등 온라인 경영정보시스템 구축 가능

나. 엑스트라넷

엑스트라넷(Extranet)은 기존의 인트라넷과 연동 또는 독립적으로 작동되는 네트워크로서 외부 거래업체들과 정보를 공유하고 업무를 수행하기 위한 시스템으로 정의한다. 본래 인트라넷에 기반을 두었지만 사용

그림 15-30 엑스트라넷의 구조

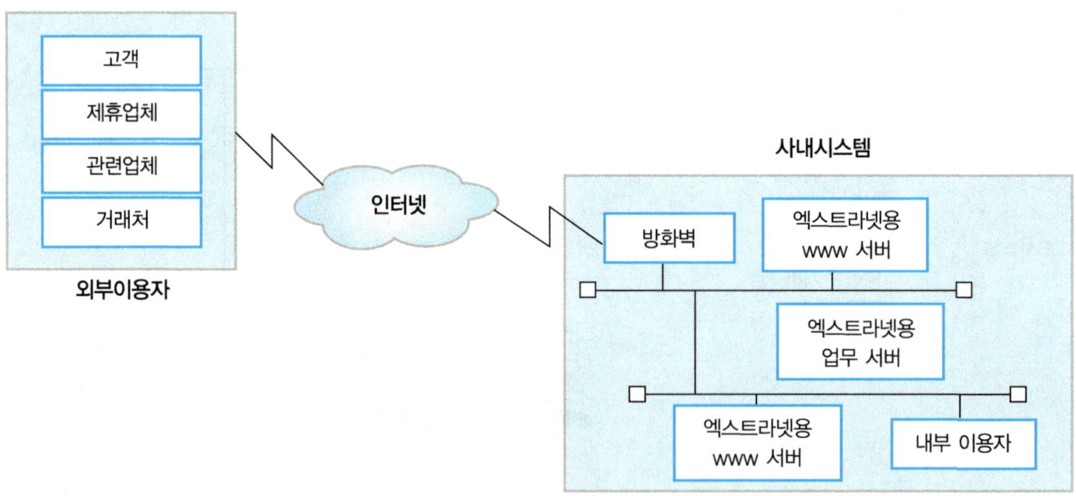

을 외부의 사용자와 조직들에게도 확대해 그들이 안전하게 접속할 수 있게 한 애플리케이션과 서비스들을 지칭한다. 엑스트라넷은 일반적으로 패스워드, 사용자의 ID 및 기타 애플리케이션 차원의 보안 방법들에 의해 보안이 이루어졌다. 이러한 애매한 정의 때문에 활용 및 보안전략에 속하는 애플리케이션들이 엑스트라넷 애플리케이션으로 불리고 있다.

조직 내에서 인트라넷의 설치에 대한 요구가 늘어남에 따라 인트라넷 기반 처리들을 외부에서도 접속하는 것이 가능해지고 있다. 이것은 대개 외부 협력사 및 멀리 떨어져 있는 사용자들과 협력을 용이하게 해준다. 이러한 유형들의 관계는 신뢰집단들 간의 협력관계라 할 수 있다. 이러한 집단들이 안전하게 내부 네트워크를 공유할 수 있게 하는 가장 믿을 만한 방법은 그들의 인트라넷 전략에 상호작동 및 통합이라는 파라미터들을 구체적으로 명시하는 계약을 포함시키는 것이다. 그리고 바로 이러한 사양을 엑스트라넷이라 할 수 있다.

다. e-비즈니스 적용기술

e-비즈니스의 구성요건은 정보화 인프라스트럭처, 공공정책 및 법률제도, 관련 요소기술로 나눌 수 있다.

- 정보화 인프라스트럭처
  - 통신망, 케이블, 전화, TV, 무선통신, 인터넷 등 정보화의 기반 시설 및 시스템으로 구성된다.
- 공공정책 및 법률 · 제도 등
  - 프라이버시(Privacy)보호, 시장 진출입, 정보이용가격, 조세 등 인터넷비즈니스에 대한 제반 규정이 필요하다.
- 요소기술
  - 기술표준 : 전체 네트워크 내에서 정보의 생산 · 교환 · 이전 및 호환성을 보장하는 기술적 표준이 도입되어야 한다.
- 서비스 기술
  - 보안/서명 확인 방안, 대금결제제도 등 기반기술을 의미한다.
  - 화상, 음성, 텍스트 등 정보를 생산 · 이용하는 하드웨어(H/W)

그림 15-31 e-비즈니스의 일반구조

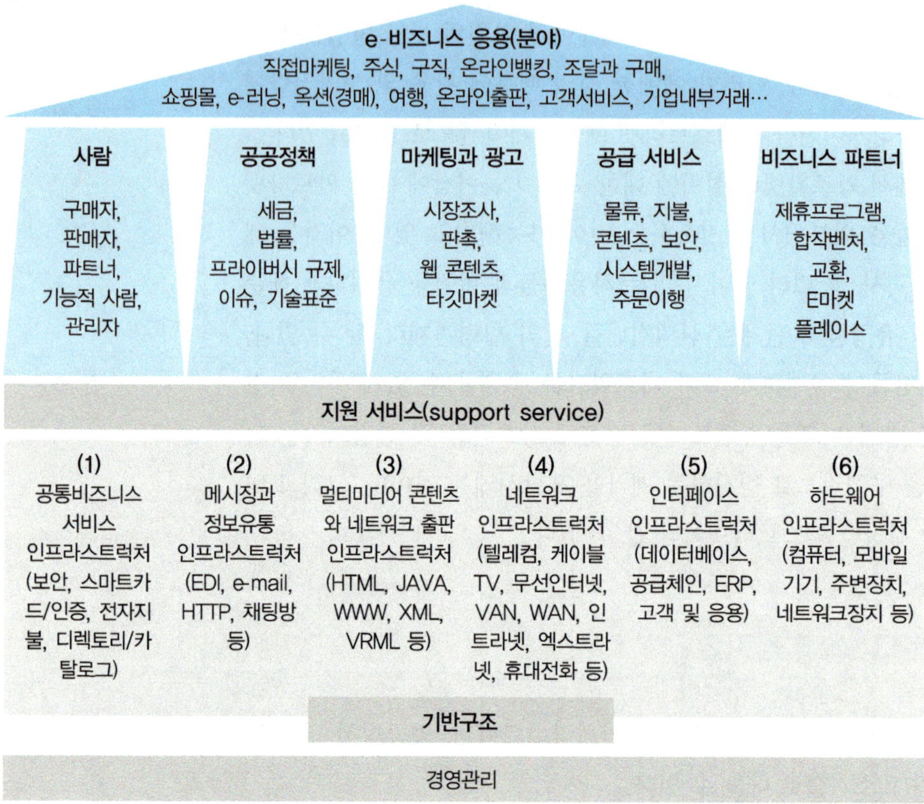

및 소프트웨어(S/W) 기술을 의미한다.

- 정보를 가공 · 전송하는 기술을 말한다.

인터넷비즈니스 도입에 따른 다양한 e-비즈니스 기술들을 몇 가지 유형으로 나누어 살펴보면 [그림 15-31]과 같다.

라. 디지털콘텐츠 보호기능(DRM)

DRM은 'Digital Rights Management' 의 약자로, IT 강국인 대한민국에서는 온라인 문화생활 속에서 자주 접하는 단어가 되었다. 인터넷을 돌아다니다가 디지털 음악, 전자책, 온라인 영화 등을 구매하는 경우, 우리는 쉽게 DRM 기술이 적용된 콘텐츠를 접할 수 있으며, 다소의 불편함을 감소하면서 유료 콘텐츠를 구매한 경험을 누구나 한번쯤은 가지고 있다. DRM이란 디지털콘텐츠에 권한 및 보안기능을 부여하여 허가받은 사용자만 해당 콘텐츠에 접근이 가능하도록 하는 기술이다. 더 간단히 말하면 상용화된 콘텐츠의 경우, 돈을 낸 사람들만 사용할 수 있게 하는 기술이다.

DRM 기술의 태동에는 두 가지 요인이 큰 역할을 하였는데, 첫째는 저작권법의 진화이며, 둘째는 디지털콘텐츠 제작 및 유통기술의 발달이다. 즉, 디지털콘텐츠 기술의 발달로 인해서 고급 디지털콘텐츠가 생산되었으며 이를 이용하는 사용자와 생산하는 저작권자 사이의 수요에 의해 개발된 기술이라고 볼 수 있다.

DRM은 보호대상 및 관점에 따라서 여러 분야에 응용이 가능한데, 디지털 가전과 같은 전자기기에서의 콘텐츠 불법복제 방지 목적으로 사용이 가능하며, 기업 내 핵심정보 보안, 온라인상에서 거래되는 멀티미디어 콘텐츠의 저작권 보호, 지식정보의 저작권 보호, 민원발급 문서의 위변조 방지 등 폭넓은 분야에 적용이 되고 있거나 향후 적용이 가능할 것으로 보인다.

디지털 저작권 보호기술은 온라인 네트워크상에서의 저작권 보호뿐만 아니라, TV나 VTR과 같은 가전기기에서의 콘텐츠 복제에 대한 부분도 고려의 대상이다. 게임이나 사진, 동영상 같은 온라인 디지털콘텐츠와 함께 방송콘텐츠도 고품질의 디지털콘텐츠로의 전달이 가능해짐에 따라, 이들 콘텐츠에 대한 보호기술의 개발이 필요하다, 고품질의 디지털콘텐츠를 누구나 쉽게 접하고 있고, 대용량 저장공간의 확보에 의해 풍부한 자원을 바탕으로 하는 고용량 고품질 콘텐츠의 이동이 자유로워졌다.

기업 간의 경쟁이 심화되면서 시장정보, 기술정보와 같은 가치있는 정보가 가장 중요한 경쟁요소로 대두되면서 기업들이 내부 정보보호에 대한 중요성을 인식하고, 이에 대한 보안대책을 마련하고 있다. 특히, 반도체, 자동차, 조선기술과 같은 국내 핵심기술이 중국, 대만 등지로 유출되는 사례가 발생하면서 국가차원에서 국가의 핵심 과학기술 보호에 대한 인식도 증대되고 있는 것이 현실이다.

마. 인터넷비즈니스 보안

인터넷을 기반으로 한 인터넷비즈니스가 등장하면서 시스템적으로 커다란 변화가 나타나고 있다. 특히 네트워크에 관련된 보안은 시급히 해결해야만 원활한 인터넷비즈니스가 구현될 수 있는 기반이 된다. 네트워크에 관련되어 전송되는 데이터에 대하여 어떠한 위험요소가 존재하는지 송신자와 수신자와의 관계에 대하여 살펴보자.

(1) 보안사고의 특징

① 전자문서 도청

송신자와 수신자가 메시지, 전자문서 등을 주고받을 때 제3자가 도청하는 경우이다. 특히 회사 기밀이나 중대한 사항이 도청된다면 위험해 처할 수 있다.

② 전자문서 변조

작성된 문서의 일부 또는 전체문서를 제3자가 가로챈다든지, 아니면 송신자가 메시지의 일부 또는 전체를 변경하여 수신자에게 보내진다면 데이터를 통한 업무이상 현상이 초래할 수 있다.

③ 전자문서 위조

송신자가 전자문서를 작성하지도 않았는데 제3자로 하여금 수신자에게 전자문서 메시지를 보냈을 때 발생하는 현상이다. 이는 전자문서 변조와 비슷하지만 송신자가 작성하지 않은 사항이므로 차이가 있다.

④ 전자문서 송 · 수신 부인

전자문서 도청, 변조, 위조는 제3자에 의해서 발생되는 위험요소인데 반하여 전자문서의 송 · 수신 부인은 전자문서를 주고받는 당사자에

정보보안의 쟁점

- 암호화 : 다른 누가 보지 않아야 하는데(기밀성)
- 디지털 서명 : 작성자가 정말 본인인지(작성자인증)
- 디지털 서명 : 작성자가 작성 여부를 부인한다면(부인봉쇄)
- 메시지 인증 : 남이 고치지는 않았는지(무결성)
- 인증서 : 암호키의 소유자가 정말 본인인지(신원인증)

의해서 발생할 수 있는 위험요소로서 차이가 있다. 특히 인터넷비즈니스 지불시스템에서 송신자가 일정금액을 보냈는데 수신자가 금액을 받지 않았다고 부인하는 경우와 송신자가 보냈는데 분명히 수신자는 받았는데 나중에 송신자가 보내지 않았다고 주장하는 경우가 발생할 수 있다.

⑤ 불법적인 시스템 접근

제3자 간 불법적으로 접근하여 중요한 정보를 얻는 행위이다. 특히 컴퓨터 서버에 들어와 파괴하고 불법적으로 정보를 갈취하는 행위이다. 특히 권한이 없는 자가 정보를 불법적으로 도용하는 행위이다.

(2) 인터넷 보안의 종류

① SSL 보안

SSL(Secure Socket Layer)은 네트워크 계층에 별도의 보안 전담 계층을 추가하여 모든 응용 프로그램에게 네트워크 투명성을 제공할 수 있도록 한 보안 대책이다. 별도의 응용 프로그램 자체가 보안 프로토콜을 구현할 필요가 없게 된다. 별도의 보안 계층은 TCP/IP계층 위에 위치하여 소켓(Socket)을 통한 암호화 채널을 사용한다. SSL의 응용 프로그램들은 자신들의 프로토콜을 사용하여 통신하며, 보안에 관한 것은 SSL에서 책임진다.

SSL은 신뢰성 있는 암호화 기법을 사용하며, 메시지의 암호화와 상대방의 인증을 지원한다. 그러나 비즈니스 환경에서 SSL의 유용성 여부는 의심의 여지가 있다. 이 프로토콜은 인터넷비즈니스의 필수 요건인 메시지 수신자 확인 기능을 제공할 수 없기 때문이다. 수신자 확인 기능을 구현할 수 없는 이유는 메시지가 아닌 데이터 열을 암호화하여 구매자가 특정 메시지에 서명을 할 수 없기 때문이다.

SSL은 신용카드 번호의 암호화 분야에 솔루션을 제시하고 있으나, 기업 간 거래에 적용할 만큼 안전하지는 않다. 장점으로는 어떠한 기업이 수출 허가를 얻게 되어 해외 구매자들이 신용카드로 구매한 상품의 대금을 지불할 수 있게 되었다는 점이다.

그림 15-32 SSL 구성도

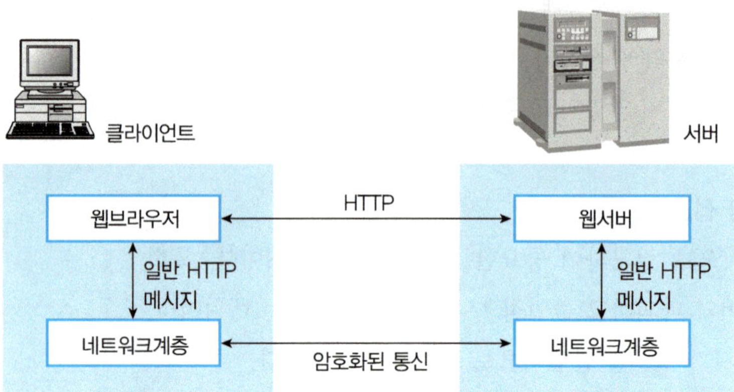

② Secure-HTTP(S-HTTP)

S-HTTP(Secure HyperText Transfer Protocol)는 웹을 위해 특별히 마련된 프로토콜로서, 1993년 EIT(Enterprise Integration Technologies)에 의해 개발되었다. S-HTTP는 기존의 HTTP를 확장하여 암호화된 데이터와 서명된 데이터를 교환할 수 있도록 보안 기능을 추가하였다. 이러한 데이터의 암호화와 전자서명의 확인 기능으로 인해 S-HTTP는 인터넷비즈니스에 사용될 수 있다. 직접 웹브라우저와 웹서버에 통합되어 구현되므로 별도의 모듈과의 인터페이스로 인해 생기는 속도 문

암호(cryptography)
데이터의 내용을 실제로 받아야 할 사람만 알아볼 수 있게 전송하는 방법

암호화(encrytion)
데이터를 암호로 번역하는 것

그림 15-33 S-HTTP 구성도

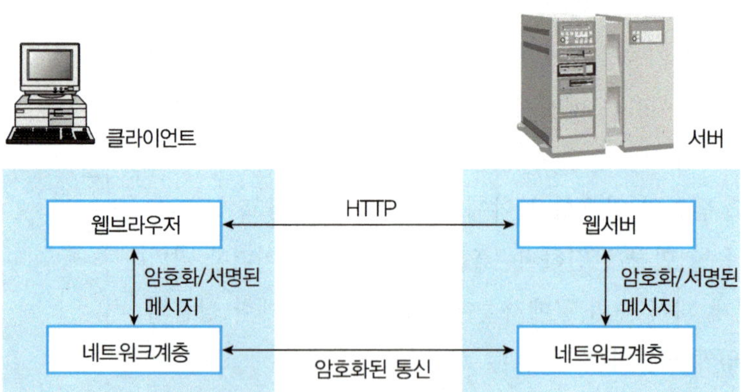

제와 관리의 불편함 등이 없다.

(3) 암호화 방식

① 비밀키(secret key) 암호화

대칭키는 송신자와 수신자 측에서 공히 동일한 암호키를 사용하는 방식이다. 암호키는 송신자 측의 데이터를 암호화하여 수신자 측에서 동일한 암호키를 이용하여 풀어야만 데이터 해독이 가능하게 된다. 이러한 방식의 암호화는 정보의 기밀성을 높일 수 있지만, 인증기능은 떨어진다. 특히 대칭성 암호화는 공유키를 대규모로 분산시키는 네트워크 환경에서는 약점이 있다.

복호화(decrytion)
암호를 원래의 데이터로 번역하는 것

키(key)
암호화의 복호화에 문자열 또는 숫자열을 사용한다. 키는 원문과 변화된 문서를 갖고 추측 불가능해야 한다.

그림 15-34 비밀키 암호화 : 대칭형

② 공개키(public key) 암호화

비대칭성 암호화 방식은 공개키 암호화 방식이라고 부른다. 공개키 암호화 방식은 인터넷비즈니스에서 안정성을 일층 기할 수 있는 방식으로 산술적으로 연관되어진 두 개의 키를 사용하여 하나는 암호화하고 다른 하나는 해독에 이용된다. 두 개의 키 중 하나는 공개되지 않는데 이 키를 비밀키라고 하며 데이터의 주인을 인식하기 위한 키이다. 다른 키는 공개되며, 이를 공개키라고 한다.

그림 15-35 공개키 암호화 : 비대칭형

바. 전자결제시스템

(1) 전자결제의 배경과 구성

네트워크 기술이 발전하고 컴퓨터의 보급이 확산됨에 따라 인터넷이라는 오픈 네트워크에 관심이 높아지고 있다. 선진 각국에서는 인터넷을 단순한 정보교류의 대상에서 이제는 비즈니스가 가능한 하나의 새로운 시장으로 인식, 각종 상거래시스템의 개발을 서두르고 있는 상황이다. 따라서 직접 상점에 가지 않고도 가정이나 사무실에서 네트워크에 연결된 컴퓨터를 이용해 원하는 상품을 가장 저렴한 가격으로 구입하고, 자신이 가지고 있는 전자지갑에서 전자화폐를 꺼내 대금을 지불할 날이 점점 다가오고 있다.

현금 · 수표를 대신한 디지털 지불매체로, 새로운 통화혁명을 예고하는 전자화폐는 'Cyber Cash' 'Electronic Money(Cash)' 'Virtal Currency' 등 여러 가지로 불리고 있다. 어디까지를 전자화폐의 범주로 생각하는가에 대한 명확한 정의를 내리는 것은 어렵지만 현재의 화폐를 그대로 디지털화한 것, 즉 지불정보, 신용정보, 융자정보, 통화사용정보, 예금정보 등과 같은 통화와 관련된 모든 정보를 디지털 데이터화한 것으로 보면 된다.

전통적인 결제 방법의 첫 번째 문제는 바로 편리성의 부족이다. 일반적으로 소비자가 온라인 플랫폼을 떠나 전화를 사용하거나 공인인증서가 필요하다. 둘째, 보안의 부족이다. 인터넷을 통해 결제를 하기 위해서는 소비자는 카드/결제계정의 상세 내용과 다른 개인적인 정보를 온라인으로 보내야 한다. 인터넷을 통한 카드/결제계정의 상세 내역을 제공하는 것은 보안문제를 야기하게 된다는 것이다. 셋째, 적용범위의 부족이다. 신용카드는 가입된 상점에서만 사용할 수 있으며, 일반적으로 개인 대 개인 혹은 기업 대 기업의 결제 트랜잭션을 지원하지 못하고 있다. 넷째, 부적합이다. 잠재적인 구매자가 신용카드와 수표계정에 적절한 신용등급을 모두 가진 것은 아니다. 이러한 결제방법의 문제점은 판매자에게 상당한 부담이 되고 있다.

이러한 문제점들을 보완하기 위해 현재까지 개발되고 실험적으로 실용화되고 있는 전자화폐로는 Mondex를 중심으로 한 IC카드형과 네덜란드 Digicash사의 e-cash와 같은 네트워크형으로 구분할 수 있다. 또한 보안유지를 위한 결제시스템의 차이로 인하여 모든 결제를 중앙에서 확인토록 한 중앙집중식 결제형(closed loop)과 전자화폐의 데이터를 하나의 카드에서 다른 카드로 직접 이체할 수 있는 분산형(open loop)으로 나눌 수 있다.

IC카드형은 영국을 비롯한 유럽에서 주로 개발 사용되어 왔고 최근에는 뉴욕을 비롯한 미국의 몇몇 도시에서 실험적으로 도입되고 있다. 하지만 미국에서는 광범위한 지역적 특성과 발달된 통신망을 통한 상거래의 증가로 인하여 네트워크에서 결제할 수 있는 시스템개발에 역점을 두고 있다.

우리나라에서도 전자지불시스템 개발에 많은 노력을 기울이고 있으며, 몇몇 은행과 기업들이 컨소시움을 구성하여 인터넷비즈니스에 필요한 전자지불시스템을 개발하고 있다. 하지만 이러한 시스템 개발은 국제표준과 적합성을 지닐 필요성이 매우 크고, 일단 구축한 뒤에는 이를 대체하기 위해 막대한 비용이 들어가게 되기 때문에 급변하고 있는 신기술의 도입 실용화에 있어서 국내 표준화 활동과 함께 국제 표준화 동향을 감안하여 추진하여야 할 것이다. 다만 대규모 장치비용이 필요하지 않은 지불시스템 소프트웨어 개발사용은 경쟁을 통해 편리성, 안전성, 운용비용 측면에서 가장 경쟁력 있는 제품이 사실상의 표준으로 자리잡을 수 있을 것이다.

전자지불시스템은 인터넷비즈니스에서 없어서는 안될 중요한 부분이다. 광범위하게 정의한다면 전자지불은 구매자와 판매자 사이에서 일어나는 온라인상의 화폐적 교환이다. 이러한 교환의 내용은 대개 은행이나 중개인에 의해 혹은 법률적인 감독인에 의해 지원되는 디지털 금융수단(암호화된 신용카드번호, 전자수표 혹은 전자화폐)의 형태이다.

인터넷비즈니스에서 중요한 것은 소비자가 다양한 제품과 서비스에 대해 어떻게 온라인으로 지불할 것인가에 대한 문제이다. 현재 소비자는 인터넷을 통해 벤더들이 제공하는 다양한 제품과 서비스를 보게 되지만 일관되고 보안이 완전 보장되는 결제기능이 존재하는 것은 아니다. 온라인 지불문제에 대해 제안된 솔루션은 특수한 목적에 적합하도록 만들어진다.

전자지불의 혁명은 고객결제를 단순화시키는 데 도움을 주고 있는데, 그것은 먼저 소비자에게 영향을 미치는 혁명으로 신용카드와 직불카드, 체크카드, 현금자동지급기(ATM), 그리고 인터넷뱅킹으로 분류한다. 둘째, 인터넷비즈니스를 가능케 하는 혁명으로는 디지털 캐쉬와 전자수표, 지능형 카드, 그리고 암호화된 신용카드가 있다. 셋째는 회사에 영향을 주는 것으로 회사가 직접 예금을 통해 근로자에게 지불할 수 있도록 해주는 ACH(Automated Clearing House)와 은행과 고객과의 거래를 위해 은행이 제공하는 지불메커니즘이 있다.

최근의 스마트폰이 보급되면서 스마트폰은 일반폰에 비해 인터넷 접속과 활용이 훨씬 자유롭다. 여기에 NFC(Near Field Communication)라는 근거리 쌍방향 통신기술을 적용하면 전자지갑 기능에 온라인 쇼핑 및 온라인 할인 쿠폰 등 각종 인터넷서비스를 함께 붙일 수 있다.

인터넷비즈니스를 성공적으로 구현하여 운영하기 위해서는 광범위한 거래영역과 다양한 비즈니스 기능을 매개하는 전자지불시스템의 지원이 필요하다. 전자지불시스템의 분류는 전자현금형, 신용카드형, 전자수표형, 스마트카드형, 전자지갑형 등으로 분류하였다. 각 유형의 특성을 살펴보면 다음과 같다.

- 전자현금형은 거래와 동시에 지불되고 이체되어 인증이 불필요하며 휴대가 불가하다. 주로 소액을 거래할 때 이용하며 시스템의 유형은 중앙집중형이기 때문에 사용자수와 기한이 정해져 있다. 개발 사례를 보면 Ecash, Netcash 등이 있다.
- 신용카드형은 거래와 동시에 이체가 되지 않고 인증이 필요하며 주로 고액을 거래할 때 사용하고 시스템의 유형은 분산형, 집중형이 있고 온라인상에서 결제가 이루어진다. 개발사례는 Cybercash, First Virtual, SET 등이 있다.
- 전자수표형은 현재 사용되고 있지는 않지만 이체시기는 신용카드와 비슷하고 주로 기업 간 거액의 거래에서 사용한다. 개발 사례로 NetCheque, NetBill 등이 있다.

Ecash
www.ecash.net

CyberCash
www.cybercash.com

First Virtual
www.fv.com

SET
www.visa.com

- 스마트카드형은 이체시기가 거래와 동시에 이루어지고 인증이 필요하지 않으며 휴대가 가능하고 소액 및 고액에 사용할 수 있으며 다른 지불시스템과 달리 온·오프라인에서 사용할 수 있다. 개발사례를 보면 Modex, VisaCash 등이 있다.
- 전자지갑(스마트폰결제)는 최근의 스마트폰 결제에 대중화가 시작된 지불결제방식이다. 이러한 기술은 10cm이내 거리에서 정보를 무선으로 전송할 수 있는 기술이 NFC(Near Field Communication)이다. 기존 전자지갑은 단순히 사용자의 결제정보를 결제기에 송신하는 데 그쳤다. 그러나 NFC기술을 활용하면 송신은 물론 수신도 가능하다. 즉 소비자가 스마트폰으로 물건 대금을 지불하는 것은 물론 매장결제기로부터 할인 쿠폰이나 관련 제품 추천 정보를 받아서 나중에 사용하는 쌍방향 서비스도 가능하다. 휴대폰 운영체제업체(노키아, 삼성전자, 구글, 애플)와 이동통신업체(AT&T, 버라이존)에서 기본으로 탑재하고 있다.

(2) 전자결제의 유형별 분류

인터넷비즈니스에서 주로 이용되는 지급결제수단을 그 결제형태에 따라 구분하면 다음과 같다.

- **액세스(access)형** : 인터넷 등 네트워크를 통한 지급지시에 의한 결제로 3가지 형태를 갖는다.
- **계좌이체형** : 인터넷 등을 통해 구매자계좌에서 판매자계좌로 대금을 이체
- **신용카드형** : 인터넷을 통해 신용카드정보를 판매자에게 전달하여 결제(실거래에서의 신용카드 사용과 유사)
- **전자수표형** : 수표에 관한 정보를 네트워크를 통해 송신하여 결제(기존의 수표거래를 인터넷상에서 구현)
- **가치저장(stored value)형** : 화폐가치를 전자기호로 저장하였다가 지급결제에 사용
- **IC카드형** : 화폐가치를 전자화하여 IC카드에 저장하였다가 지급수단으로 사용

NetCheque
gost.isi.edu/info/netcheque

NetBill
www.ini.cmu.edu/netbill

스마트카드
www.scia.com
www.visa.com
www.smart-card.com
www.nextcard.com
www.americanexpress.com

- 네트워크형 : 화폐가치를 전자화하여 PC 등에 저장하였다가 인터넷 등의 네트워크를 통해 지급결제에 사용

액세스형은 정보통신기술의 발달로 기존 결제수단(계좌이체, 신용카드)의 이용도가 확대된 것으로 볼 수 있으나 가치저장형(전자화폐)은 전통적인 화폐의 개념을 대체할 새로운 결제수단으로 등장하고 있다. 우리나라의 경우 현재 전자화폐는 개발단계에 있으며, 실제 인터넷비즈니스에서는 계좌이체형(ATM 등을 통한 온라인입금 포함) 및 신용카드형 결제방식이 약 6 : 4의 비율로 이용되고 있는 것으로 나타나고 있다.

사. 디지털서명과 인증

(1) 디지털서명

디지털서명은 손에 의한 서명이 컴퓨터로 이루어지는 것으로 이를 매개로 기술적으로 전송하고자 하는 문서의 메시지 요약을 만든 후, 이를 송신자의 전자서명 비밀키를 이용하여 암호화하는 것을 말한다. 기존의 서명이 서명자에만 의존하고 문서에 따라 변함이 없음에 비해 디지털서명은 서명자뿐만 아니라 전자문서(메시지 정보)에 따라 달라지는 디지털 정보이다. 이러한 방식으로 생성된 디지털서명이 송신되면, 수신자는 송신자의 전자서명 공개키를 이용하여 이를 확인하게 된다. 확인이 된 경우는 디지털서명의 특성상 송신자의 인증 및 문서의 무결성이 증명된 것이고, 이를 이용하여 차후에 부인방지의 기능을 할 수 있다.

디지털서명이 효율적으로 운영되기 위해서는 전자서명 비밀키가 안전하게 보관되어야 하며 공개키와 그 키를 소유한 사람이 일치해야만 한다. 만약 전자서명 생성키가 분실된다면 인감도장의 분실과 동일함을 의미하는데, 수기서명은 서명자와의 관계가 물리적으로 입증이 되지만 디지털서명은 새로운 문제가 발생할 수 있다. 이러한 문제는 송신자 및 수신자 모두에 의해 신뢰받는 제3자로 하여금 디지털서명키와 그 키를 소유하는 사람의 신원을 입증하게 함으로써 해결이 가능하다. 이러한 행위를 인증이라 하고, 그 인증을 담당하는 기관을 인증기관(CA)이라

하며, 인증기관은 가입자의 신원정보와 전자서명 검증키가 포함된 인증서를 발행함에 따라 문제는 해결되게 된다.

디지털서명에 관한 고려사항을 제시하면 다음과 같다.

- 송신자 외에 문서의 내용 및 서명의 변경, 삭제는 불가능하다. 만약 문서의 내용을 변조하면 서명이 바뀌는데 이는 송신자가 문서 내용과 서명에 부인하는 요인이 발생한다.
- 디지털서명을 통하여 어느 누구도 송신자가 누구인지 확인이 되어야 한다. 이러한 조건은 메시지 전송상의 분쟁이 발생함으로 인하여 해결이 원만이 이루어져야만 한다.
- 디지털서명은 쉽고 바로 인식되어야만 한다.
- 비밀키 보관을 위하여 하드웨어적으로 고려되어야만 한다.
- 디지털서명에 대한 위조는 불가능하도록 구조화되어야 한다.
- 공개키로 비밀키를 복원함은 불가능해야만 한다.
- 동일 서명으로 나타났을지라도 서로 다른 메시지를 찾기란 불가능해야만 한다.

(2) 인증(authentication)

인증은 기술적으로 어떠한 사람의 전자서명 공개키가 그 사람의 것임을 신뢰받는 제3자의 기관이 증명해주는 것을 의미한다. 이러한 의미에서 인증기관은 기존의 인감에 대한 인감증명기관, 인증서는 인감증명서 등에 해당하는 것이다. 인증은 공개키 디지털 ID인 인증을 발행, 갱신하고 폐기하며 이러한 기능을 수행하기 위한 인증 절차를 정립하고 관리하는 것이다.

이러한 인증은 기본적으로 기업 간 인터넷비즈니스의 경우와 소비자 간 인터넷비즈니스를 대상으로 하는 인터넷비즈니스에서의 보안 기능을 개선하고 또한 기업 내부에 있어서의 접근 제어와 여러 애플리케이션들을 위한 기능을 구현하기 위해 존재한다. 기본적으로 인증기관은 공정하게 운영되는 제3자에 의해서 행해지거나 국부적인 관리를 위해 기업내부에서 자체적으로 운영될 수 있다.

인터넷비즈니스 애플리케이션을 인터넷상에서 수행하기를 원하는 경

그림 15-36 인증구조 흐름도

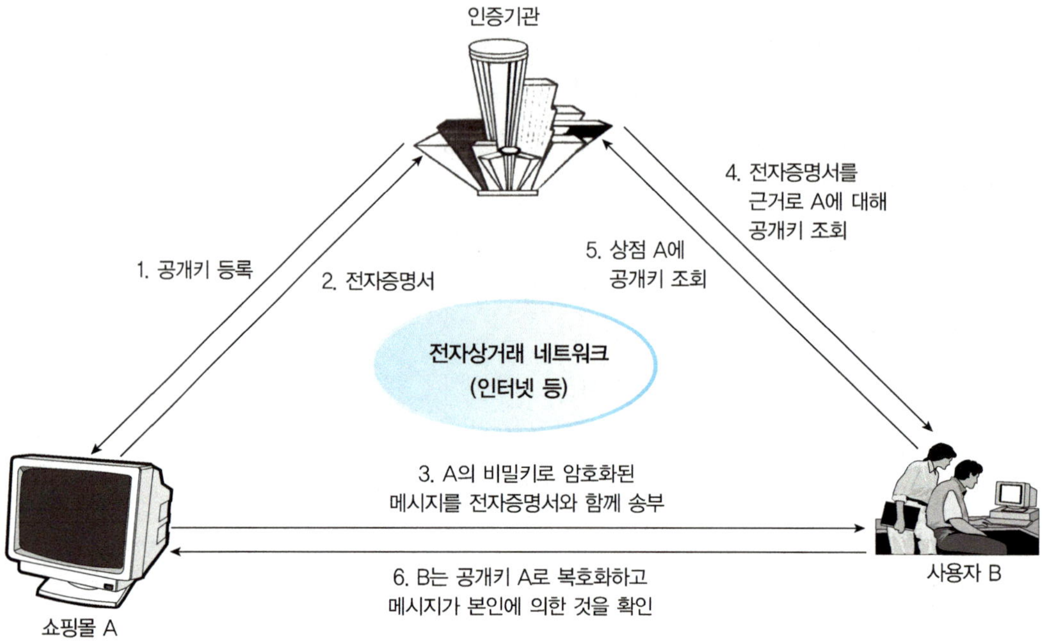

우 강력한 인증기능이 수행되어야 한다. 그런데 인터넷상에서 사용자 인증을 위해 ID/패스워드를 사용하는 것보다는 제3자로부터 인증된 증명서를 확인함으로써 각 사용자들에 대한 인증을 하는 방법이 더 안전하다. 앞으로 인증은 인트라넷, 엑스트라넷에서 폭넓게 활용될 것이다.

인증구조 체계는 보편적으로 [그림 15-36]과 같다. 국내공인 인증기관은 디지털서명이 본인의 것이라는 증명서(인감증명서)를 발행한다.

① 쇼핑몰 A는 전자서명에 사용하는 공개키 A를 인증기관에 신고한다. 즉 인감등록에 해당한다.

② 인증기관은 쇼핑몰 A의 신청을 받아 인증기관 자신의 서명과 쇼핑몰 A를 포함한 증명서를 발행한다. 즉, 인감증명 발행에 해당한다.

③ 쇼핑몰 A는 사용자 B에게 메시지 본문에 자신의 디지털서명과 인증기관 증명서를 첨부해서 보낸다. 우편물로 예를 들면 날인한 것에 인감증명을 동봉하는 것에 해당한다(메시지 본문, 쇼핑몰 A의 서명증명서, 인증기관의 서명 공개키 A).

인증기관
보안 적격 여부 및 메시지 암호화를 위한 공개키의 발급과 관리를 담당하는 네트워크상의 기관

국내 공인인증기관
- 한국정보화진흥원 www.nca.or.kr
- 금융결제원 www.yessign.or.kr
- 한국정보인증 www.signgate.com
- 한국증권전산 www.koscom.co.kr
- 한국전자인증(주) www.crosscert.com
- 한국무역정보통신 www.tradesign.net

④ 사용자 B는 인증기관의 서명을 인증하는 공개키 B를 인증기관으로부터 입수한다.

⑤ 사용자 B는 공개키 B를 사용해 인증기관의 서명을 인증하고 증명서가 변조되지 않은 것을 확인한다. 증명서 내의 공개키 A가 쇼핑몰 A의 것이라는 것을 확인한다.

⑥ 사용자 B는 증명서 내의 공개키 A를 사용해 쇼핑몰 A의 서명을 인증한다. 쇼핑몰 A로부터의 메시지가 틀림없이 본인의 것이고, 내용이 개조되지 않은 것을 확인한다(메시지 본문, 쇼핑몰 A의 서명 증명서, 인증기관의 서명 공개키).

(3) 인증서

[그림 15-37]은 인증서를 발급받는 절차에 따라 그 과정과 기능을 나타낸다. 첫 번째로, 사용자가 자신의 전자서명 비밀키 및 전자서명 공개키를 생성한다. 두 번째 단계에서는 인증기관을 방문하여 자신의 신원을 증명하고 전자서명 공개키를 제시하며, 전자서명 검증키에 대등한 전자서명 비밀키를 소유하고 있는 사실을 제시한다. 세 번째로 인증기

디지털 인증
www.verisign.com
www.thawte.com
www.belsign.be
www.certco.com
www.openca.org

그림 15-37 인증서의 내용

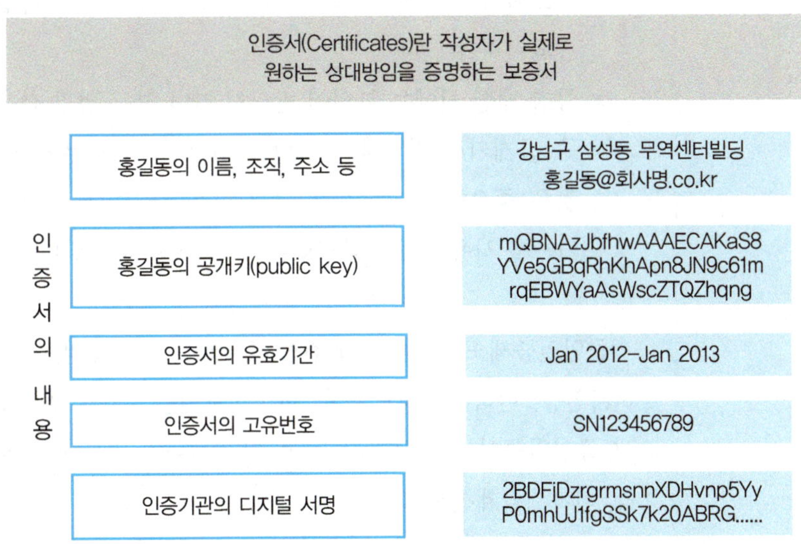

관은 전자서명 공개키와 그 키에 대응하는 사람의 신원을 확인한 경우, 신원이 확인되면 인증서를 발행한다. 여기서 인증서란 공개키와 신원이 증명된 사람과의 관계를 증명하는 전자적인 기록으로, 인증서에는 인증기관, 가입자, 가입자의 전자서명 검증키 등의 정보를 포함하고, 인증기관의 서명을 붙이는 것이다.

인증서의 유효기간은 인증서를 사용할 수 있는 기간을 표시한 것으로 예를 들어 [그림 15-37]에서는 2012년 1월부터 2013년 1월까지 1년으로 되어 있다. 인증서에 대한 인증기관의 전자서명은 위의 인증서를 인증기관의 비밀키로 전자서명한 정보이다. 마지막으로 인증기관은 가입자에게 인증서의 내용을 확인시키고 인증기관은 인증관리체계를 통해 인증서를 모든 사람에게 접근 가능한 형태로 유지한다. 여기서 인증기관이 관리하는 인증관리체계에는 취소 또는 정지된 인증서의 목록이 포함되어야 한다. 인증기관에서 인증서를 발급받으면 그 인증서를 메시지와 메시지의 전자서명에 첨부하여 송신하게 된다. 이때 수신자는 먼저 인증서를 인증기관의 전자서명 공개키를 이용하여 풀어서 송신자의 전자서명 공개키를 얻고, 이 인증서가 인증취소목록에 포함되어 있는지의 여부를 확인한 후, 그렇지 않은 경우 송신자의 공개키를 이용하여 메시지 요약을 생성한다.

- 암호화와 인증은 세심한 고려가 필요한 인터넷 특성이고 함께 사용되어져야 한다.
- 통장 개설 시에는 본인이 반드시 가야 하는 것과 같은 원리이다.
- 즉 공개키/비밀키를 부여받은 사람이 정말 본인인가를 확인하는 것은 중요하다. 제3자가 그 사람을 사칭해서 비밀키를 부여받고 카드를 사용한다면 암호화는 모두 소용 없게 된다.

공인인증제도는 한국증권전산, 한국정보화진흥원, 금융결제원, 한국전자인증, 한국무역정보통신, 한국정보인증의 6개 공인인증기관을 통해 공인인증서를 발급받고 각종 전자입찰을 비롯해 전자구매, 전자계약, 전자세금계산서의 발급 등에도 이용되고 있다.

EXERCISES 연 · 습 · 문 · 제

1. 인터넷의 역사를 고찰하고 한국인터넷진흥원에 접속하여 인터넷망구성도, 자원통계, 이용자수 등을 조사하시오.
2. IPv4와 IPv6를 비교 · 설명하시오
3. IP와 DNS와 상호관계를 설명하시오.
4. 웹브라우저 종류를 설명하시오.
5. 트위터는 무엇인지 설명하고, 장 · 단점을 설명하시오.
6. 네트워크의 의미를 설명하시오.
7. 블루투스에 대하여 실제 개인이 적용할 수 있는 사례를 설명하시오.
8. 네트워크의 작동원리와 Ping을 실행하고 자신의 컴퓨터에 적용하여 설명하시오.
9. 전용선과 FTTH에 대하여 설명하시오.
10. 이동통신의 연대기를 조사 · 설명하시오.
11. 와이브로와 4G를 설명하시오.
12. 스마트폰의 통신규격, 즉 와이파이에 대한 규격을 설명하시오.
13. 해외로밍서비스란 무엇인지 설명하시오.
14. IPTV와 위성방송 간의 차이점을 설명하시오,
15. 현재 DMB의 서비스 채널을 조사하시오,
16. 인터넷비즈니스 관련 기술 중 보안에 대하여 설명하시오.
17. DRM에 대하여 설명하시오.
18. 대칭형과 비대칭형 보안에 대하여 설명하시오.
19. 디지털서명과 인증을 설명하시오.

▪ 참고문헌 ▪

갈정운, "이것이 지식경영의 핵심이다", 창해, 1999.

고려번역, "디지털 경제 2000", 한마음사, 2000.

김문구, 박종현, 조명환, "훤히보이는 IT소비자 행동의 이해", 전자신문사, 2010.

김범열, "B2B Marketplace의 성공조건", LG주간경제, 2000.7.

김범열, "e-SCM의 성공적 실행전략," LG주간경제, 2000.4.

김성원, "인터넷 비즈니스 성공전략", 혜지원, 1999.

김성희, 김재경, 장기진, "인터넷과 전자상거래", 무역경영사, 2000.

김성희, 장기진, "전자상거래운영 및 관리", 한국전자거래협의회, 2000.

김성희, 장기진, "전자상거래.com", 도서출판 청람, 2004.

김성희, 장기진, "e-비즈니스.com", 도서출판 청람, 2007.

김은환 외 5인, "전통기업의 디지털 스위치 전략", 삼성경제연구원, 2000.5.

김형수, 김영걸, 박찬욱, "고객관계관리 전략 원리와 응용", 사이텍미디어, 2009.

박기환 역, "유비쿼터스 RFID", 성안당, 2005.

박종현, 김문구, 이지형, "훤히보이는 스마트 IT", 전자신문사, 2012.

양유석, "전자상거래 비즈니스 모델과 미국의 EC동향", 삼성경제연구소, 2000.

양정식, 함유근, 김대호, "정보시스템" 3e, 한경사, 2011.

유서진, "디지털 시대의 밸류 시스템", 삼성경제연구원, 2000.10.

이두희, 한영주, "인터넷 마케팅", 영진출판사, 1997.

이상근, 이충권, 최정일, 이영찬, 이준기 공역, "전자상거래", 5판, 2009.

이종오, "MRO시장의 전자상거래 열풍", LG주간경제, 2000.8.

임춘성, 김범조, "전자상거래", 북플러스, 1998.

임춘성, "기업정보화 방법론", 커뮤니케이션북스, 2008.

임춘성, 장기진, "스마크정보경영론", 도서출판 청람, 2011.

정희연, "비즈니스와 IT융합", 이담출판사, 2010.

정진욱 외 4인, "정보통신배움터", 생능출판사, 2011.

조기오, 김승운, 장성용, 한영춘 공역, "Turban의 전자상거래", 사이텍미디어, 2006.

진휘철, "CRM의 실체는 무엇인가?", 삼성SDS IT Review, 2000.5.

최남희, "유비쿼터스 컴퓨팅 기술의 응용과 과제 : U-비즈니스를 중심으로", ICAT 학술대회, 2003.

표철식 외 7명, "훤히 보이는 RFID/USN", 전자신문사, 2008.

홍진우 외 7명, "훤히보이는 스마트 TV", 전자신문사, 2012.

LG경제연구원, http://www.lgeri.co.kr
삼성경제연구원, htttp://sericon.seri.org
"지식관리시스템", 마이크로소프트웨어, 1999.8.
e비즈니스 백서, 산업자원부/한국전자거래진흥원, 2006.
eBizKorea, 한국전자거래진흥원, 2005년 1월~12월호
eBizKorea, 한국전자거래진흥원, 2006년 1월~12월호
ebTRM 2010, 산업자원부/한국전자거래진흥원, 2006.
식서비스백서, 지식경제부/정보통신산업진흥원, 2010.

Bocij, P., A. Greasley, S. Hickie, *Business Informatiom System*, Pearson, 2008.

Brown, C., D. DeHayes, J. Hoffer, E. Martin, W. Perkins, *Managing Informatiom Technology*, Pearson, 2012.

Coupey, E., *Digital Business, 2e*, Pearson Prentice-Hall, 2005.

David M. Kroenke, *MIS Essentials, 3rd*, Pearson, 2013.

Haag, Baltzan, Phillips, *Business Driven Technology, 4e*, McGraw-Hill, 2010.

Jeston and Nelis, *Business Process Management*, Elsevier, 2006.

Kumar and W.J. Reinartz, *Customer Relationship Management*, Wiley, 2006

Laudon, K., C.G. Traver, *E-commerce 2012, 8e*, Pearson, 2012.

Laudon, K., J.P. Laudon, *Management Information Systems, 12e*, Pearson, 2012.

Laudon, K., J.P. Laudon, *Essentials of Business Information Systems, 9e*, Pearson, 2011.

Myerson, J.M., *RFID in the Supply Chain*, Auerbach publications, 2007.

O' Brien, J.A., *Management Information Systems, 10e*, McGraw-Hill, 2011.

Piccoli, G., *Information Systems for Mangers*, Wiley, 2008

Pearlson, K.E., and C.S. Saunders, *Managing and Using Information Systems, 2e*, Wiley, 2004.

Rainer and Watson, *Management Information Systems*, Wiley, 2012.

Turban, Leidner, McLean,Wetherbe, *Information Technology for Management, 6e*, Wiley, 2008.

Turban, Rainer, Potter, *Introduction to Information Technology for Management, 3e*, Wiley, 2008.

Turban, Volonino, *Information Technology for Management, 7e*, Wiley, 2010.

Williams and Sawyer, *Using Information technology, 6e*, McGraw-Hill, 2005.

▪ 찾아보기 ▪

국문

[ㄱ]

가격전략 488
가상 IP 640
가상커뮤니티 70
가시화 356
가치중심경영 606
가치체인 207
검색 및 검색엔진 250
게이트웨이 631
경매 68
고객 432
고객전략 484
공개키 709
공급자 재고관리 382
공급체계관리 374
공동구매 69
공인 IP 639
공인인증 718
광역통신망 662
교차기능별 74
교차셀링 452
구매조달 209
구전마케팅 69
국제표준코드 406
균형성과관리 608
근거리통신망 660
기술개발 209
기업 하부구조 209
기업지식포털 251

[ㄴ]

네트워크 659
네트워크 어댑터 631
니치 41

[ㄷ]

대외무역법 418
대중마케팅 472
데이터마이닝 251
데이터베이스 249
데이터웨어하우징 251
Dell컴퓨터 392
도메인 네임 641
디자인서비스 259
디지털경제 7
디지털서명 714
디지털혁명 9

[ㄹ]

라우터 630
레거시 356
로밍서비스 691
롱테일법칙 39

[ㅁ]

마이클 포터 207
마이클 해머 330
마케팅 및 판매 208

매몰비용 52
머천트 서버 286
모바일 보안 112
모바일 상거래 106
모바일 오피스 106, 113
모바일 지불 109
모바일마케팅 474, 496
모바일상거래 64
모바일컴퓨팅 99
무선인터넷 86
무역 412
물리공간 150

[ㅂ]
바코드 161, 396
방화벽 675
배너 511
보안 251, 706
보안관리 356
분석 CRM 458
브릿지 630
블랙베리 앱월드 121
블로그마케팅 473
블루투스 87, 666
비밀키 709
비즈니스 인텔리전스 599
비즈니스모델 20
빅데이터 81

[ㅅ]
4G 687
사파리 649
산출물류 208
3G 683
서비스 208
센서 170
소비자창 450
소셜네트워크 117, 656
소셜네트워킹마케팅 474
소셜비즈니스 126
소셜상거래 64
소셜커머스 122
소프트웨어산업 266
수확체감 7
수확체증 7
스마트경제 6
스마트폰 97, 119
시험 · 분석 · 인증서비스 264
신용장 417
실시간 10

[ㅇ]
안드로이드마켓 121
RFID태그 157
암묵지 240
앱마케팅 474, 503
앱스토어 120
업셀링 452
에너지절약전문기업 265
에스크로우서비스 283
엑스트라넷 702
역경매 305
연구개발 260
오퍼 416
오페라 649
오프라인광고 510
오픈마켓 275
온라인광고 510
와이브로 685
왑 102
운영 CRM 458
운영/생산 208
월마트 393
웹마케팅 473
웹브라우저 647
위성 DMB 698
위성항법시스템 135
위치기반서비스 127
u-교통 181
u-물류 409

유비쿼터스 147
유비쿼터스 네트워크 187
유비쿼터스 비즈니스 187
유비쿼터스공간 149
유비쿼터스마케팅 501
유비쿼터스컴퓨팅 187
유통산업 263
유통전략 491
UPC코드 399
융합비즈니스 25
의료서비스산업 266
이노베이션 556
이동통신 679
e-러닝산업 264
e-마켓플레이스 297
e-비즈니스전략 524
EAN코드 400
2G 682
익스플로러 648
인적자원관리 209
인증 715
인터넷 624
인터넷광고 506
인터넷마케팅 476
인터넷쇼핑몰 275
인터넷전화 650
인트라넷 700
일대일 마케팅 473
1G 681

[ㅈ]
자동발주시스템 379
전략적 혁신 194
전문쇼핑몰 278
전사적자원관리 361
전사적지식포털 578
전시산업 262
전자결제시스템 710
전자공간 150
전자교환시장 312
전자무역 419
전자문서 표준 424
전자문서관리시스템 249
전자시장 70
전자입찰시스템 68
전자조달 306
전자태그 157
정보 230, 238
정보전략 200
제조실행시스템 359
제품데이터관리 350
제품라이프사이클 관리 353
제품전략 486
제휴마케팅 68
제3공간 149
조직내 상거래 64
증강현실 120, 132
지상파 DMB 698
지속적 혁신 556
지식 236
지식경영 235, 240
지식경영시스템 246
지식서비스 252
지혜 239
직접마케팅 68

[ㅊ]
창조경제 6
촉진전략 494

[ㅋ]
카카오톡 654
컨버전스 25
컨설팅 260
콘텐츠전략 485
크로스도킹 381
크롬 649
클라우드서비스 534
클릭스트림 470

[ㅌ]
투입물류 208
트위터 656
틈입형 512
티펙 139

[ㅍ]
파레토의 법칙 39
파이어폭스 648
80/20법칙 39
패션산업 261
패키징 261
표적마케팅 472
프랜차이즈 262
프로세스 328

[ㅎ]
핵심성과지표 612
허브 631
헬스케어 179
혁신 192
협업 250, 356
협업 CRM 459
협업상거래 64
협찬형 512
형식지 240
홀로그램 156
홈네트워크 664
활동기준관리 613

영문

[A]
ABM 82, 613
ADSL 675
Advanced Shipping Notice 381
application marketing 474
Application Service Provider 533
AR : Augmented Reality 120, 132
ASN 381
ASP 533
authentication 715

[B]
B2B 62, 296
B2B2C 64
B2Bi 568
B2C 63, 274
Bar Code 396
BI 599
BigData 81
blog marketing 473
Bluetooth 100, 666
BPM 338
BPR 330
bridge 630
BSC 82, 608
Business Process Management 339
Business Process Reengineering 330

[C]
C2B 63
C2C 63
CAD 355
CALS 59
CAO 379
CODE 128 401
Collaboration 356
Convergence 25
CPA 517
CPC 354, 519
cPDM 354
CPFR 383
CPM 519
CRM 77
Cross Docking 381
cross-functional 74
CRP 380
CSU 632

Customer 432
Customer Relationship Management 77, 436

[D]
DBMS 357
Digital MockUp 356
DMB 697
DMU 356
DNS 641
DRM 704
DSU 632

[E]
e-marketplace 297
e-procurement 306
EAI(Enterprise Application Integration) 347, 566
ebXML 426
ECR 388
EDI 413
EFT : Electronic Funds Transfer 57
EHCR 394
EKP : Enterprise Knowledge Portal 251, 578
Electronic Product Code 165
EMS 100
Enterprise Resources Planning 76
EPC 165
ERP 76
ERP Ⅱ 363
ESCO 265
Escrow Service 283
exchange 312
Extranet 702

[F]
facebook 118
Flickr 118
Franchise 262
FTTH 677

[G]
G2B 65
G2C 65
gateway 631
GPS 100, 135
Group purchasing 69
GS1 406

[H]
HSM 632
hub 631
Hub-and-Spoke 319

[I]
IC라벨 157
IC카드 157
information 238
Intranet 700
IP 633
IP 주소 636
IPTV 694
IPv6 638

[K]
KAN 402
KMS 246
knowledge 239
Knowledge Management 240
Korean Article Number 402
KPI 612

[L]
LAN 660
Legacy 356
linkedin 118
LMDS 87
long-tail 39
LTE 100, 688

[M]
m-commerce 106
Manufacturing Execution System 359
mass marketing 472
MEAP 115
MES 359
MICE 262
Michael Hammer 330
Michale Porter 207
MMDS 87
MMS 100
mobile computing 99
mobile marketing 474
MRO 309
MRP Ⅱ 363

[N]
Network 659
network adapter 631
NFC : Near Field Communication 110, 174

[O]
offer 416
one-to-one marketing 473

[P]
P2P 65
Payment Gateway 282
PDA 100
PDM 350
PG 282
PLM 353
Point Of Sale 405
POP 635
POS 405

[Q]
QR(Quick Response) 167, 386

[R]
R&D 260
Radio Frequency IDentification 156
real time 10
RFID 156
RFM 445
Roaming service 691
ROI 339
RosettaNet 426
router 630
RTE 589

[S]
S-HTTP 708
SCM 76, 374
SCOR 411
SEM 604
sensor 170
SMS 100, 574
SMTP 635
SOA 573
SoC 155
Social commerce 122
social networking marketing 474
SSL 707
sunk cost 52
Supply Chain Management 76
System Management Software 574
target marketing 472

[T]
TCO 358
TCP 633
TPEG 139
Transport Protocol Expert Group 139
twitter 118

[U]
u-city 174
u-Education 183

u-Security 184
u-TradeHub 422
Ubiquitous 147
Ubiquitous Healthcare 179
Ubiquitous Sensor Network 169
UI 102
URL 645
USN 158, 169
UX 102

[V]
VBM 82, 606
VDSL 677
Viral marketing 69
Visualization 356
VM 110
VMI 382
VoIP 155, 650

[W]
WAN 662
WAP 100, 102
web browser 647
web marketing 473
WiBro 685
WiFi 100, 689
wisdom 239
WLL 87

[X]
XML 59

[Y]
YouTube 118

저자약력

김성희
서울대학교 공과대학 졸업
미국 Stanford대학원 경영정보학 박사
미국 Michigan경영대학원 경영정보시스템학과 객원교수 역임
한국과학기술원 테크노경영대학원 원장 역임
현, 한국과학기술원(KAIST) 테크노경영대학원 교수
한국과학기술원(KAIST) 전자정부/Green IT 연구센터 센터장

〈주요 저서〉
인터넷과 전자상거래(공저, 무역경영사, 2000)
e-비즈니스 원론(공저, 무역경영사, 2001)
전자상거래.com(공저, 도서출판 청람, 2004)
e-비즈니스.com(공저, 도서출판 청람, 2008)
전자상거래.com(2판, 공저, 도서출판 청람, 2010)
다이나믹 리엔지니어링, 정보기술과 의사결정 등 10여 편 외 논문 다수
전 화 : (02)958-3611
e-mail : seekim@business.kaist.ac.kr

장기진
동국대학교 공과대학 산업공학과 졸업
한국과학기술원(KAIST) 경영정보 공학박사
한국IT비즈니스진흥협회 책임연구원 역임
한국산업경제연구원 선임연구원 역임
국제e비즈니스학회 사무국장 역임
연세대학교, 단국대학교, 항공대학교, 한성대학교 강사 역임
현, 극동대학교 정보경영학과 교수
(주)한경아이넷 사외이사, (주)그립 사외이사
(주)플러스시스템 감사 및 기술자문위원
(사단법인)국제 e비즈니스학회 회장
(사단법인)한국통상정보학회 부회장
(사단법인)국제지식서비스학회 편집위원장
기업체 등의 e-비즈니스 분야 전문강사 및 평가활동

〈주요 지서 및 상벌〉
인터넷과 전자상거래(공저, 무역경영사, 2000)
e-비즈니스원론(공저, 무역경영사, 2001)
전자상거래관리사원론(공저, 무역경영사, 2002)
전자상거래.com(공저, 도서출판 청람, 2004)
e-비즈니스.com(공저, 도서출판 청람, 2008)
정보기술경영론(공저, 도서출판 청람, 2008)
전자상거래.com(2판, 공저, 도서출판 청람, 2010)
스마트정보기술론(공저, 도서출판 청람, 2011) 등 논문 다수
2009년 "대한민국 IT Innovation 대상" 지식경제부 장관상 수여
2010년 현대 한국인물사 등재(한국민족정신진흥회)
2012년 Marquis Who's Who in the world, ABI, IBC 세계 3대 인물사에 등재
전 화 : (043)879-3603
e-mail : kjjang@kdu.ac.kr

e-비즈니스.com (제3판)

2004년 2월 10일 1판 1쇄 발행
2017년 9월 10일 3판 3쇄 발행

저 자 | 김성희 · 장기진
발 행 인 | 이수영
발 행 처 | 도서출판 청람
서울시 마포구 독막로 288(대흥동, 세양상가 109호)
전 화 | 02)3272-2601(대)~2
팩 스 | 02)3272-2603
이 메 일 | crbooks@daum.net
홈페이지 | www.crbooks.co.kr
등 록 | 2000년 8월 26일 제6-0509호

ISBN 978-89-5972-333-1 93320 [정가 29,000원]